本钢集团有限公司

本钢年鉴
BENGANG NIANJIAN
2021

《本钢年鉴》编纂委员会 编

图书在版编目（CIP）数据

本钢年鉴.2021/《本钢年鉴》编纂委员会编.—沈阳：辽宁人民出版社，2021.11
ISBN 978-7-205-10308-8

Ⅰ.①本… Ⅱ.①本… Ⅲ.①钢铁集团公司—本溪—2021—年鉴 Ⅳ.①F426.31-54

中国版本图书馆CIP数据核字（2021）第214821号

出版发行：辽宁人民出版社
    地址：沈阳市和平区十一纬路25号 邮编：110003
    电话：024-23284321（邮 购）024-23284324（发行部）
    传真：024-23284191（发行部）024-23284304（办公室）
    http://www.lnpph.com.cn

印 刷：辽宁鼎籍数码科技有限公司
幅面尺寸：185mm×260mm
印 张：36.5
插 页：12
字 数：830千字
出版时间：2021年11月第1版
印刷时间：2021年11月第1次印刷
责任编辑：张婷婷
封面设计：白 咏
版式设计：新华印务
责任校对：郑 佳
书 号：ISBN 978-7-205-10308-8
定 价：188.00元

《本钢年鉴》编纂委员会

主　任　　杨　维　汪　澍

副主任　　赵忠民　杨成广　曹爱民　高　烈

　　　　　　张　鹏　张贵玉　张彦宾　王代先

　　　　　　曹宇辉　王乔鹤　蒋光炜　齐　振

　　　　　　卫传文　程　斌　韩　梅　邵剑超

　　　　　　赵铁林　苑兴垚　戴法贞　王凤民

　　　　　　谭洪柱　李明伟

委　员（按姓氏笔画排序）

王东晖　白宇飞　吕学明　任　卓

孙　震　李　凡　李洪武　李　林

时圣海　吴忠刚　杨晓芳　张　伟

张永帅　林　东　林永光　荆　涛

郭银辉　钱振德　陶玉民　翁　宇

常　勇　黄作为　康　杰　韩永德

霍　刚　瞿宏伟

《本钢年鉴》编辑人员

主　编　孙　震

副主编　陈　军　那　丽　赵　伟

编　辑　邹丽颖　刘　欣　全英实

编 辑 说 明

《本钢年鉴》（2021）是由本钢集团有限公司主办，本钢集团各部门、子公司、直属单位供稿，本钢集团办公室及档案中心组织编纂而成的本钢集团第35部年鉴，是系统记载2020年度本钢集团各个方面工作情况的资料工具书。

《本钢年鉴》（2021）设有图片、特载、大事记、概述、经营管理、综合管理、党群工作、钢铁主业、多元产业、改制企业、统计资料、人事与机构、人物与表彰、附录等14个栏目，栏目下设分目。主体内容以条目为记述的基本形式，条目标题用黑体字加方括号显示，部分条目下配有照片、图表。

本钢集团有限公司在本部年鉴中简称"本钢集团""集团公司""本钢"；其他子公司、直属单位用全称或规范简称。

本部年鉴采用的稿件、资料、数据均由本钢集团各部门、子公司、直属单位及所属单位提供并审核，记载的时间跨度除特别说明的外均为2020年1月1日至12月31日，所引数字及资料均以2020年12月31日为限。

本部年鉴编纂过程中，得到了各级领导及有关单位和部门的积极支持协助，对此，我们深表谢意。为进一步提高编纂质量，诚盼读者指正。

《本钢年鉴》编辑部
2021年6月

图　　片

2020年6月16日,省委常委、省纪委书记、省监委主任廖建宇来本钢调研

2020年3月9日,省委常委、宣传部长、第五督导组组长张福海一行来本钢督导检查复工复产和疫情防控工作

2020年8月28日,省委常委、省军区司令员张联义少将来本钢集团调研

2020年3月18日,省人大常委会副主任,省总工会党组书记、主席杨忠林来本钢集团调研

2020年3月31日,副省长崔枫林来本钢调研复工复产及疫情防控工作

2020年8月11日,省委军民融合办常务副主任、省国防科工办主任杨维一行到本钢调研参观

2020年9月7日,省审计厅厅长一行到本钢调研

2020年5月22日,省科技厅厅长王大南一行来本钢调研

2020年6月23日,姜小林来本钢调研中央生态环保督察及"回头看"整改落实情况

2020年12月22日,市委常委、市纪委书记、市监委主任白英一行来本钢走访调研

2020年10月9日,中国钢铁工业协会党委副书记姜维一行来本钢调研交流

2020年8月14日,省国资委副主任徐吉生一行到本钢调研

2020年8月10日,省军区副司令员来本钢集团调研

2020年3月26日,本溪军分区司令员马英南一行参观板材炼铁厂新一号高炉生产现场

2020年7月28日,东北大学王国栋院士到本钢集团座谈

2020年7月29日,中国五矿集团董事长唐复平一行到本钢集团座谈

2020年8月27日,浦项(中国)投资有限公司客人来访本钢

2020年8月19日,荣程祥泰集团客人来本钢进行洽谈交流

2020年8月18日,本钢集团与中国钢研签署战略合作框架协议

2020年4月29日,辽宁省职工职业技能培训基地——罗佳全劳模创新工作室授牌

2020年11月30日，本钢板材新五号高炉顺利开炉

2020年12月18日，本钢集团党委书记、董事长杨维会见公安局客人

2020年12月19日,党委书记、董事长杨维到北营公司调研

2020年1月23日,总经理汪澍深入生产一线检查指导安全生产工作

2020年4月27日,总经理汪澍到发电厂CCPP工程现场调研

2020年12月17日,本钢集团党委举行学习宣传贯彻党的
十九届五中全会精神专题辅导报告会

2020年12月21日，本钢集团党委召开一届八次全会

2020年12月25日，本钢集团有限公司一届五次职工代表大会暨
2021年经济工作会议胜利召开

2020年10月30日，本钢集团召开反腐倡廉警示教育大会暨廉政专题党课

2020年12月16日，党委书记、董事长杨维为"工匠杯"职工职业技能竞赛颁奖

2020年9月21日,本钢集团举行2019年度优秀高校毕业生表彰暨2020届入职典礼

2020年12月22日,本钢集团第二届青年素质挑战赛圆满落幕

编辑 陈 军

摄影 田 峥 邓立岩

目　录

特　载

全面加强党的领导　深度融入生产经营
以高质量党建引领本钢高质量发展新局面
　　——在中共本钢集团有限公司一届
　　七次全委（扩大）会议上的工作
　　报告 …………………………………… 3
加强体系建设　聚焦主责主业
为推进本钢集团高质量发展提供坚强保障
　　——在中共本钢集团有限公司第一届纪律
　　检查委员会第六次全体会议上的工
　　作报告 ………………………………… 12
中共本钢集团有限公司委员会关于制定本
　钢集团"十四五"发展规划纲要的建议
　………………………………………… 18
关于《中共本钢集团有限公司委员会关于制
　定本钢集团"十四五"规划和二〇三五年
　远景目标的建议》的说明 ………………… 43
坚持以效益为中心，深化改革创新发展
努力实现本钢集团"十四五"高起点开局
　　——在本钢集团有限公司一届五次职工
　　代表大会暨2021年经济工作会议
　　上的工作报告 ………………………… 48
在本钢集团有限公司一届五次职工代表
　大会暨2021年经济工作会议上的讲话
　………………………………………… 59

大事记

大事记 …………………………………… 69

概　述

历史沿革 ………………………………… 91
企业现状 ………………………………… 92
生产经营 ………………………………… 92
党群工作 ………………………………… 94
社会责任 ………………………………… 95

经营管理

规划投资管理

概况 ……………………………………… 99
规划管理 ………………………………… 99
投资管理 ………………………………… 99
扶贫工作 ………………………………… 100

科技管理

概况 ……………………………………… 101

I

科技项目管理……………………101	职业规划及人才测评……………108
品种开发管理……………………101	体系认证…………………………109
产品认证工作……………………101	培训工作…………………………109
科技成果管理……………………101	技能鉴定…………………………109
专利管理…………………………102	争取补贴资金……………………109
对外技术交流与合作……………102	协力派工人员管理………………109
研发平台建设……………………102	劳务市场管理……………………109
政府科技项目申报………………102	

运营管理

财务管理

概况………………………………102	概况………………………………110
组织机构管理……………………103	主要经济指标……………………110
流程管理…………………………103	部门建设…………………………110
制度管理…………………………103	预算管理…………………………110
体系管理…………………………103	价格管理…………………………111
企业内部控制……………………103	融资管理…………………………111
成果管理…………………………104	资金管理…………………………111
绩效考核…………………………104	资产管理…………………………112
深化改革…………………………104	税费筹划管理……………………112
对标工作…………………………105	会计基础管理……………………112
多元管理…………………………105	

资本管理

人力资源管理

概况………………………………106	概况………………………………113
员工配置管理……………………107	资本运营工作……………………114
理顺劳动关系……………………107	国企战略性重组和混改工作……114
职工档案管理……………………107	资本类投资管理工作……………115
推进ERP人资模块运行…………107	资本管理工作……………………115
薪酬管理…………………………107	资产处置工作……………………116
养老待遇审核工作………………108	

审计管理

保险管理…………………………108	概况………………………………116
专业技术职称管理………………108	制度建设…………………………116
高校毕业生管理…………………108	审计项目完成情况………………116
岗位聘任管理……………………108	审计负责的专项工作……………117

审计工作创新举措……………… 117

法律事务管理

概况……………………………… 117
法律审核………………………… 117
案件管理………………………… 118
工商事务………………………… 118
商标管理………………………… 118
法律培训………………………… 118

生产质量管理

概况……………………………… 118
主要产品产量指标完成情况…… 119
生产组织管理…………………… 119
经济运行管理…………………… 119
港途耗管理……………………… 120
生产计划………………………… 120
产品设计管理…………………… 120
原料质量管理…………………… 120
工序质量管理…………………… 120
产品质量异议…………………… 121
质量体系运行…………………… 121
产品质量认证…………………… 121
卓越绩效管理…………………… 121
质量改进工作…………………… 121
标准管理………………………… 121
规程管理………………………… 122
运输管理概述…………………… 122
主要运输指标…………………… 122
车辆管理………………………… 122
费用管理………………………… 122
组织与协调管理………………… 123
降本增效………………………… 123

设备工程管理

概况……………………………… 123
设备基础管理…………………… 124
设备运行管理…………………… 124
设备检修管理…………………… 125
专项管理………………………… 125
设计管理………………………… 126
施工管理………………………… 126
工程质量管理…………………… 126
工程预算管理…………………… 127
工程计划管理…………………… 127
工程招投标管理………………… 127

安全管理

概况……………………………… 128
安全责任体系建设……………… 128
安全基础管理…………………… 128
安全教育培训…………………… 128
职业健康体系建设……………… 129
安全生产专项整治工作………… 129
防火安全管理…………………… 130
安全隐患整改资金投入………… 130

能源环保管理

概况……………………………… 130
能耗指标管理…………………… 131
能源介质系统节能……………… 131
重点节能工作…………………… 131
降低电费支出…………………… 132
节能项目实施…………………… 132
基础能源管理…………………… 132
环措专项计划…………………… 133

环评和环保验收……133
水保和水保验收……133
环保设施……133
大气污染防治……133
水污染防治……134
固体废弃物利用……134
环境信访……134
污染物排放量……134
环保税……134
辐射安全管理……134
危险废物管理……134
环境管理体系运行……135
同比总量减排……135
环境监测……135
厂容绿化及设施管理……135

营销管理

概况……135
价格管理……135
品种钢开发……136
物流管理……136
客户服务……136
反倾销管理……137
分公司管理……137
风险管控……137
采购开拓新平台……138
期货贸易……138

采购管理

概况……138
全方位对标……138
供应商管理……139
质量管理……139
途耗管理……139

资金管理……139
信息化建设……139

招标管理

概况……139
经营指标……140
营运管理……140
招标管理……140
交易平台管理……141
招标专家管理……141
供应商管理……141

计量管理

概况……142
计量器具管理……142
计量数据管理……142
计量过程管控……142
计量设施建设……142
测量体系管理……143
生产组织……143
工程管理……143
降本增效……143
安全管理……143
人力资源……144
党群工作……144

信息化建设

概况……145
主机网络平台建设……145
应用平台建设……145
信息化管理……146

企业文化建设

概况	147
企业文化建设	147
企业形象塑造	148
新媒体建设	148
网络舆情监控	149

综合管理

办公室工作

概况	153
疫情防控	153
综合工作	153
政研工作	153
督查工作	154
机关工作	154
行政后勤	154
制度修订	154

行政管理工作

概况	155
后勤保障	155
费用管控	155
房产土地管理	155
维修管理	155
档案管理	155
公车运行	156
疫情防控	156
党建工作	157

档案工作

概况	157
基础业务建设	157
工程项目档案建档验收	158
档案业务指导培训	158
档案信息化建设	158
档案学术研究	158
改革改制档案工作	158
助力社会化专项工作	159

保卫信访工作

概况	159
门禁管理	159
治安管理	160
交通管理	160
疫情防控	160
工作作风整顿	161
反恐怖防范和国家安全教育工作	161
平安建设（综治工作）	161
信访案件办理	162
矛盾隐患排查与领导包案工作	162
重点群体与突出信访问题办理	162
"五级书记抓信访"工作	162
敏感时段维稳工作	162
党建工作	163

离退休人员和退养职工管理工作

概况	163
落实离退休人员待遇	163
落实退养职工待遇	164

退休人员社会化推进工作	164
疫情防控	166
内部管理	166
党群工作	167
工会工作	167

党群工作

组织工作

概况	171
充分发挥党组织在疫情防控中的保障作用	171
开展"基层党建工作建设年"和"基层党建制度建设年"活动	171
基层党建制度学习	171
基层组织建设基础工作	171
基层组织设置	171
党组织标准化规范化建设	172
党员教育管理	172
党员日常管理	172
推动党建工作与生产经营深度融合	172
党费和党建工作经费管理	173
省管干部考核调整	173
领导干部政治理论和业务培训	173
领导干部日常管理与考核	173
领导班子配备和领导干部调整	174
干部管理基础工作建设	174
年轻干部培训与挂职锻炼	174
人才队伍建设	174
乡村振兴与消费扶贫	174
外事事务审批与管理	175

宣传工作

概况	175
学习型党组织建设	175
宣传思想工作	176
落实意识形态工作	176
形势任务教育	176
宣传舆论氛围营造	176
精神文明建设概况	177
"创建做"活动	177
道德典型选树及宣传	177
本钢好人评选及宣传	177
学雷锋志愿服务活动	178
法治宣传	178
国防教育	178
"法轮功"教育转化	178
新闻宣传概况	178
三大基本亮点	179
《本钢日报》出版发行	179
《今日本钢》电视概况	179
新媒体建设	179
对外宣传	179
新闻宣传综合管理	180

纪检监察工作

概况	180
疫情防控工作	180
派驻监督工作	181
纪律审查工作	181
落实中央八项规定精神工作	181
党委巡察工作	182
廉洁宣教工作	182
纪检监察干部队伍建设工作	182

统一战线工作

概况	183
统战活动	183

政协工作	184
民主党派工作	184
党外知识分子工作	184
民族宗教工作	184
对台侨务工作	184
本钢各民主党派概况	184

工会工作

概况	186
疫情防控	186
组织建设工作	186
民主管理工作	186
宣传教育工作	187
经济技术工作	187
劳动保护工作	187
权益保障工作	188
女职工工作	188
职工文体活动	188
财务与经审工作	188

共青团工作

概况	189
青工思想教育	189
团组织建设	189
服务企业生产经营	189
服务青年成长成才	190

人民武装工作

概况	191
国防教育工作	191
国防动员	191
军事训练	192
双拥工作	192

人防工作	193
武器装备	193
民兵参建工作	193
战备工作	194

科协工作

概况	194
讲理想比贡献活动	194
科技之家建设	194
学术交流活动	195
科学普及活动	195
学会、协会工作	195

机关党委工作

概况	195
组织工作	196
宣传工作	197
党风廉政建设工作	197
工会工作	197
共青团工作	198

钢铁主业

本钢板材股份有限公司

概况	201
主要经营指标	201
安全生产运行	201
公司治理	202
管理创新	202
科技创新	202
营销工作	203
采购工作	203
党建群团	204

民生及社会责任…………………… 204

技术研究院

概况……………………………… 204
产品研发………………………… 204
技术攻关………………………… 205
对外合作………………………… 205
技术交流………………………… 206
认证工作………………………… 206
实验室建设……………………… 207
基础管理………………………… 207
党群工作………………………… 207

炼铁厂

概况……………………………… 208
指标情况………………………… 208
安全管理………………………… 208
生产经营………………………… 208
设备管理………………………… 209
企业管理………………………… 209
党建工作………………………… 210

炼钢厂

概况……………………………… 210
安全管理………………………… 210
高效生产创效益………………… 210
管理创新增效益………………… 211
技术创新要效益………………… 211
能源管理………………………… 212
设备管理………………………… 212
改造工程………………………… 212
疫情防控………………………… 212
环保工作………………………… 212

文明生产………………………… 213
体系审核………………………… 213
党群工作………………………… 213
群团工作………………………… 213

热连轧厂

概况……………………………… 213
生产管理………………………… 213
成本管理………………………… 214
质量管理………………………… 214
设备管理………………………… 214
安全管理………………………… 215
疫情防控………………………… 216
党建工作………………………… 216
群团工作………………………… 216

冷轧厂

概况……………………………… 217
安全管理………………………… 217
对标降本管理…………………… 217
生产运行管理…………………… 218
技术质量管理…………………… 218
能源环保管理…………………… 218
技改工作………………………… 218
人才管理………………………… 219
防疫工作………………………… 219
党群工作………………………… 220

本钢浦项公司

概况……………………………… 220
安全管理………………………… 221
生产管理………………………… 221
技术质量管理…………………… 221

设备管理 …………………………… 222
能源环保管理 ……………………… 222
降本增效 …………………………… 222
人才管理 …………………………… 222
党群工作 …………………………… 223

特钢厂

总体概况 …………………………… 224
降本增效 …………………………… 224
提质创效 …………………………… 224
安全环保 …………………………… 225
企业管理 …………………………… 225
技改工程 …………………………… 225
党群工作 …………………………… 226

焦化厂

概况 ………………………………… 226
安全管理 …………………………… 227
生产管理 …………………………… 227
技术质量管理 ……………………… 227
设备管理 …………………………… 227
技改工程管理 ……………………… 227
环保工作 …………………………… 228
党群工作 …………………………… 228

发电厂

概况 ………………………………… 229
生产组织 …………………………… 229
安全管理 …………………………… 229
设备环保管理 ……………………… 229
技改工程 …………………………… 230
经营管理 …………………………… 230
人资管理 …………………………… 230

疫情防控 …………………………… 230
党建工作 …………………………… 230

铁运公司

概况 ………………………………… 231
安全管理 …………………………… 231
运输组织 …………………………… 232
设备管理 …………………………… 232
经营管理 …………………………… 232
党群工作 …………………………… 233

能源总厂

概况 ………………………………… 233
安全管理 …………………………… 234
生产运行管理 ……………………… 234
设备管理 …………………………… 234
降本增效 …………………………… 235
工程建设 …………………………… 235
环保工作 …………………………… 236
疫情防控 …………………………… 236
人资工作 …………………………… 236
党建工作 …………………………… 237
群团工作 …………………………… 237

原料厂

概况 ………………………………… 237
安全管理 …………………………… 237
生产管理 …………………………… 238
设备管理 …………………………… 238
成本管理 …………………………… 239
防疫工作 …………………………… 239
党建工作 …………………………… 239
群团工作 …………………………… 240

废钢厂

概况	240
指标情况	241
安全管理	241
生产组织	241
设备管理	242
成本管理	242
基础管理	243
党群工作	243

检化验中心

概况	243
检化验管理	244
设备管理	244
培训管理	244
安全和文明生产管理	245
人力资源管理	245
疫情防控	245
党群工作	246

储运中心

概况	246
经济指标完成情况	246
验质管理	246
仓储管理	246
配送管理	247
物品管理	247
安全设备能源管理	247
基础管理	247
党群工作	248

包装公司

概况	248
产品包装量完成情况	248
产品包装成本完成情况	248
产品包装质量完成情况	249
文明生产及现场 6S 管理工作	249
党建工作	249

辽阳球团公司

概况	250
生产管理	250
安全、环保、文明生产	250
设备管理	251
质量管理	251
降本增效	251
人力资源	251
疫情防控	252
党群工作	252

不锈钢丹东公司

概况	253
安全管理	253
疫情防控	253
生产管理	254
设备管理	254
技术质量管理	254
成本管理	254
人事管理	255
党建工作	255
工会和团委工作	255

北营炼铁厂

- 概况 257
- 主要经营指标 257
- 成本降耗管理 257
- 安全管理 257
- 生产管理 258
- 设备管理 258
- 重点工程项目 258
- 环保管理 258
- 技术管理 258
- 科技质量成果 259
- 管理创新 259
- 人资培训 259
- 治安保卫 259
- 党群工作 260
- 疫情防控 261

北营炼钢厂

- 概况 261
- 主要经济技术指标 261
- 科技成果 261
- 生产组织 262
- 技术质量 262
- 安全保障 262
- 能源环保 262
- 设备管理 263
- 技改工程 263
- 降本增效 263
- 人资管理 263
- 保卫工作 264
- 科协工作 264
- 创新管理 264
- 党群工作 264

北营轧钢厂

- 概况 265
- 安全消防管理 265
- 生产管理 265
- 设备管理 266
- 技术管理 266
- 降本增效 267
- 党群工作 267

北营焦化厂

- 概况 268
- 指标情况 268
- 安全工作 268
- 环保工作 268
- 生产组织 269
- 技术质量 269
- 降本增效 270
- 设备管理 270
- 工程建设 270
- 防疫工作 271
- 党建工作 271

北营铸管公司

- 概况 271
- 产品销售 271
- 生产组织 272
- 设备管理 272
- 产品质量 273
- 党群工作 273

北营矿业公司

概况	274
安全管理	275
生产组织	275
设备管理	275
环保管理	275
降本增效	276
矿山可持续发展	276
党群工作	276

北营冶金渣公司

概况	277
经营管理	277
生产组织	278
安全管理	278
设备管理	278
疫情防控	278
党群工作	279

北营公运公司

概况	279
生产管理	279
安全管理	279
设备管理	280
综合治理	280
党建工作	280
群团工作	281
防疫工作	281
特色管理	281

北营铁运公司

概况	281
安全管理	282
生产技术管理	282
设备管理	282
工程建设	283
疫情防控	283
成本管理	283
党群工作	284

北营原料厂

概况	284
主要经营指标	284
安全管理	285
生产组织	285
成本管理	285
设备管理	285
环保管理	286
四定工作	286
管理创新	286
职工培训	286
劳纪管理	286
治安保卫	287
党建群团	287
抗击疫情	287

北营发电厂

概况	288
主要经济技术指标	288
生产组织	288
成本管理	288
设备管理	289

安全管理……289
环保管理……289
疫情防控……290
党群工作……290

北营能源总厂

概况……291
疫情防控……291
安全管控……291
环保管理……292
生产组织……292
设备管理……292
工程技改……293
降本增效……293
人资管理……293
党群工作……293

北营生活服务中心

概况……294
基础管理……294
职工配餐……295
道路清扫及环境整治……295
道路维修及厂容治理……295
防汛及工程项目建设……295
宿舍及宾馆服务……296
疫情防控……296
党群工作……296

北营退管中心

概况……297
主要指标……297
行政工作……297
安全管理……298

党群工作……298

矿业南芬露天铁矿

概况……299
生产组织……299
安全管理……299
设备管理……299
成本管控……300
重点工程……300
干部管理……300
环保绿化……300
疫情防控……301
党群工作……301

矿业歪头山铁矿

概况……302
安全管理……302
生产组织……303
设备管理……303
成本管控……303
重点工程……303
人力资源……304
环保工作……304
党群工作……305
防疫工作……305

矿业南芬选矿厂

概况……305
生产组织……305
安全管理……306
环保工作……306
文明生产……306
设备管理……306

能源管理 …… 306	党群工作 …… 313
重点工程 …… 307	
成本管控 …… 307	**矿业矿产品厂**
创新管理 …… 307	
疫情防控 …… 307	概况 …… 313
党建工作 …… 307	安全管理 …… 313
群团工作 …… 308	设备运行管理 …… 313
	留守工作 …… 313

矿业石灰石矿

矿业设备修造厂

概况 …… 308	概况 …… 314
疫情防控 …… 308	生产管理 …… 314
生产组织 …… 309	安全管理 …… 314
设备管理 …… 309	设备管理 …… 315
安全管理 …… 309	能源环保 …… 315
降本增效 …… 309	成本管理 …… 315
环保管理 …… 309	技术质量 …… 315
质量管理 …… 309	人资管理 …… 315
人力资源 …… 309	党群工作 …… 315
技术管理 …… 310	
炼铁厂协力 …… 310	**矿业汽车运输分公司**
集体企业改制 …… 310	
党建工作 …… 310	概况 …… 316
群团组织 …… 310	生产管理 …… 316
	安全管理 …… 317

矿业辽阳贾家堡铁矿有限责任公司

	设备管理 …… 317
概况 …… 310	成本管理 …… 318
基础管理 …… 310	疫情防控 …… 318
安全管理 …… 311	党群工作 …… 318
生产组织 …… 311	
设备管理 …… 311	**矿业炸药厂**
工程管理 …… 312	
矿山规划 …… 312	概况 …… 319
环保管理 …… 312	安全管理 …… 319
财务管理 …… 313	生产组织 …… 319

炸药质量 …………………………… 319	
设备管理 …………………………… 319	**本钢集团财务有限公司**
工程管理 …………………………… 319	
防疫防控 …………………………… 319	概况 ………………………………… 328
党群工作 …………………………… 320	结算业务 …………………………… 329
	信贷业务 …………………………… 329
	票据业务 …………………………… 329
矿业矿产资源管理办公室	保函业务 …………………………… 329
	风险管控 …………………………… 329
概况 ………………………………… 320	信息化建设 ………………………… 330
矿权办理 …………………………… 320	党建工作 …………………………… 330
资源评估 …………………………… 320	
党群工作 …………………………… 320	
	辽宁恒亿融资租赁有限公司
多元产业	概况 ………………………………… 330
	直接租赁业务情况 ………………… 330
	财务管理 …………………………… 331
本钢集团国际经济贸易有限公司	风险管控 …………………………… 331
	党建工作 …………………………… 331
概况 ………………………………… 323	
出口工作 …………………………… 323	
进口工作 …………………………… 323	**辽宁恒基资产经营管理**
非钢产品销售 ……………………… 324	**有限公司**
铸管销售 …………………………… 324	
调坯轧材 …………………………… 324	概况 ………………………………… 331
电商销售工作 ……………………… 324	依法依规实施本溪大河实业公司
党群工作 …………………………… 324	股权转让工作 …………………… 331
	规范有序地开展僵尸企业退出工作 …… 331
	退休人员社会化管理 ……………… 332
本钢板材股份有限公司	外埠房产管理 ……………………… 332
采购中心	控股参股公司监管 ………………… 332
	尽职调查 …………………………… 332
概况 ………………………………… 325	党建群团 …………………………… 332
采购经营指标 ……………………… 325	
保产保供工作 ……………………… 325	
降本增效工作 ……………………… 327	
党建及职工队伍建设工作 ………… 328	

辽宁恒汇商业保理有限公司

概况 ··· 333
经营情况 ·· 333
主要职能 ·· 333
内部控制情况 ······································· 334

辽宁容大投资有限公司

概况 ··· 334
市场开发 ·· 335
行业合作 ·· 335
项目清收 ·· 335
信息化建设 ··· 335
风险管理 ·· 335
疫情防控 ·· 336
综合管理 ·· 336
党建工作 ·· 336
群团工作 ·· 336

机械制造有限责任公司

概况 ··· 336
企业定位 ·· 337
市场拓展 ·· 337
生产组织 ·· 338
项目拉动 ·· 338
技术创新 ·· 338
安全管理 ·· 338
党建工作 ·· 338
群团工作 ·· 339

修建（维检）公司

概况 ··· 339
检维修管理 ··· 339
技改工程管理 ······································· 340
质量管理 ·· 340
安全管理 ·· 340
企业管理 ·· 340
人力资源管理 ······································· 341
疫情防控 ·· 342
保障职工利益 ······································· 342
党群工作 ·· 343

建设有限责任公司

企业概况 ·· 343
指标情况 ·· 343
管控运营 ·· 344
企业改革 ·· 345
党群工作 ·· 346

辽宁恒通冶金装备制造有限公司

概况 ··· 346
市场营销 ·· 347
质量技术管理 ······································· 347
生产组织 ·· 347
安全环保 ·· 348
财务成本管控 ······································· 348
设备管理 ·· 348
重点项目 ·· 348
人力资源管理 ······································· 349
党建工作 ·· 349

辽宁恒泰重机有限公司

概况	350
市场销售	350
生产组织	350
成本控制	351
安全管理	351
劳动纪律管理	351
质量管理	351
基础管理	351
抗疫工作	351
党群工作	352

信息自动化有限责任公司

概况	352
保产保供	353
市场开发	353
技术创新	353
降本增效	354
基础管理	354
党群工作	354

新实业发展有限责任公司

概况	355
指标完成情况	355
生产服务工作	356
后勤服务工作	356
城市服务工作	356
疫情防控工作	357
基础管理工作	357
党群工作	357

冶金渣有限责任公司

概况	358
安全管理	358
生产管理	358
设备管理	359
环保管理	359
工艺改造、装备升级	359
成本管理	359
人力资源管理	359
治安防范	359
党群工作	359

辽宁冶金职业技术学院

概况	360
教学工作	360
学生工作	361
招生就业工作	361
培训工作	361
技术服务工作	362
安全工作	362
管理工作	362
党建工作	362

房地产开发有限责任公司

概况	363
人力资源管理	363
主业开发	363
企业改革	364
经营管理	364
多元产业	364
积极稳妥处理历史遗留问题	364
党建工作	365

防疫工作……365

热力开发有限责任公司

概况……366
生产管理……366
重点工程……366
安全管理……366
营销管理……367
成本管理……367
稽查工作……367
客服服务……368
法律事务……368
企业管理……368
企业党建……368
群团工作……369
疫情防控……369

北台钢铁（集团）有限责任公司

概况……369
生产经营……370
安全环保……370
疫情防控……370
综合管理……370
党建工作……371

本溪钢联发展有限公司

概况……371
生产经营……372
安全环保……372
党群工作……373
厂办大集体改革……374

改制企业

本钢耐火材料有限责任公司

概况……377
生产管理……377
疫情防控……377
安全管理……377
劳动人事管理……378
设备管理……378
质量管理……378
党群工作……378

本钢汽车运输有限责任公司

概况……379
运输服务管理……379
设备成本管理……380
安全管理……381
财务管理……381
人力资源管理……381
职工福利待遇……381
动迁还建工作……381
党群工作……381

本钢电气有限责任公司

概况……382
生产经营……382
企业管理……382
疫情防控……383
党群工作……383

本钢设计研究院有限责任公司

概况 … 383
经营管理 … 384
工程管理 … 384
企业管理 … 384
质量管理 … 384
党群工作 … 384

统计资料

工业总产值及主要产品产量
　完成情况 … 387
主要技术经济指标完成情况 … 390
主要产品质量完成情况 … 392
主要消耗指标完成情况 … 394
总能耗及工序能耗 … 398
主要钢铁工业产品产、销、存实物量 … 401
基层单位安全情况 … 404
环境保护主要指标完成情况 … 406
生产设备完好情况 … 409
固定资产投资完成情况表 … 410
主要财务状况表 … 416
产品销售利润构成 … 418
劳动工资情况 … 420
公有经济企业专业技术人才
　基本情况 … 422
中国钢铁工业协会重点统计钢铁
　企业排名 … 423

人事与机构

2020年本钢集团组织机构图 … 427
2020年本溪钢铁公司组织机构图 … 428
2020年板材公司组织机构 … 429
2020年本钢集团有限公司机构
　变动情况 … 430
2020年板材公司机构变动情况 … 431
领导干部一览表 … 432
第十三届全国人民代表大会代表 … 438
辽宁省第十三届人民代表大会代表 … 438
本溪市第十六届人民代表大会代表 … 438
中国人民政治协商会议辽宁省
　第十二届委员会常委、委员 … 439
中国人民政治协商会议本溪市
　第十三届委员会常委、委员 … 439
本钢集团晋升高级技术职称
　人员名单 … 440
2020年本钢集团晋升高级技师
　人员名单 … 442

人物与表彰

先进人物

全国劳动模范 … 445
辽宁"五一劳动奖章"获得者 … 446

荣誉表彰

获省以上荣誉称号先进集体名单 … 453
获省以上荣誉称号先进个人名单 … 458
本溪市劳模创新工作室 … 464
本溪市职工创新工作室 … 464
2020年度本钢集团先进党委 … 464
2020年度本钢集团先进单位 … 464
2020年度本钢集团先进党支部 … 465
2020年度本钢集团先进作业区 … 466

2020年度本钢集团优秀共产党员标兵
……………………………… 468
2020年度本钢集团劳动模范 ………… 469
2020年度本钢集团优秀共产党员 …… 470
2020年度本钢集团先进生产（工作）者
……………………………… 471
2020年度本钢集团"三八"红旗集体
……………………………… 472
2020年度本钢集团"三八"红旗标兵
……………………………… 473
2020年度本钢集团"三八"红旗手
……………………………… 474
2020年度本钢集团五四红旗团委标兵
……………………………… 474
2020年度本钢集团五四红旗团委 …… 474
2020年度本钢集团五四先进团委 …… 474
2020年度本钢集团五四红旗团支部
……………………………… 475
2020年度本钢青年精英团队 ………… 475
2020年度本钢集团青年五四奖章 …… 475
2020年度本钢集团青年标兵 ………… 476
2020年度本钢集团大学毕业生创业
成才标兵 …………………………… 476
2020年度本钢集团优秀团委书记 …… 476
2020年度本钢集团优秀团干部 ……… 476
2020年度本钢集团优秀共青团员 …… 476
2020年度本钢集团三好学生 ………… 477
2019年度优秀高校毕业生 …………… 477
新冠肺炎疫情防控工作先锋
青年突击队 ………………………… 477
新冠肺炎疫情防控工作优秀青年突击队
……………………………… 477

科技奖项

2020年度科技进步奖名单 …………… 479
2019年度企业管理创新成果名单 …… 484
2020年度名优产品名单 ……………… 489
2020年度优秀六西格玛项目名单 …… 490

附　录

上级文件目录………………………… 495
董事会文件目录……………………… 502
党委文件目录………………………… 503
行政文件目录………………………… 509
行政文件目录（上行）……………… 528
本溪钢铁公司党委文件目录………… 536
2020年部分社会媒体对本钢集团
报道索引…………………………… 537

索　引

索　引………………………………… 553

本钢年鉴 2021

☆ 特载

　　大事记

　　概述

　　经营管理

　　综合管理

　　党群工作

　　钢铁主业

　　多元产业

　　改制企业

　　统计资料

　　人事与机构

　　人物与表彰

　　附录

本钢集团

特　载

全面加强党的领导　深度融入生产经营　以高质量党建引领本钢高质量发展新局面

——在中共本钢集团有限公司一届七次全委（扩大）会议上的工作报告

（2020年6月）

汪澍

各位委员、同志们：

现在，我受集团公司党委常委会委托，向大会报告工作。

第一部分　2019年工作总结

2019年，是本钢集团坚持和加强党的全面领导，持续深化企业体制机制改革，抢抓机遇创新突破，向世界一流企业集团奋力迈进的关键一年。一年来，本钢集团各级党组织坚持以习近平新时代中国特色社会主义思想为统领，深入贯彻党的十九大和十九届二中、三中、四中全会精神，贯彻落实省委"1571"、省国资委党委"121"基层党建总体工作思路，紧紧围绕生产经营和企业改革中心任务，以推进省委巡视反馈意见整改和主题教育工作为抓手，以实施"固元铸魂""固本强基"工程为载体，着力夯实基层党建工作基础，全面提升党的建设科学化水平，切实发挥党建引领作用，企业深化改革取得历史性突破，治理体系和治理能力建设更加完善，钢铁主业和多元版块协同发展迈出全新步伐，党建工作与生产经营深度融合，为实现本钢集团改革发展稳定提供了坚强政治、思想和组织保证。

一年来，我们主要做了以下几方面工作。

一、强化思想政治建设，改革发展的引领力不断提升

一是强化思想政治学习。集团公司领导班子成员和各级党员领导干部深入学习贯彻习近平新时代中国特色社会主义思想。通过党委理论学习中心组学习、"三会一课"、党校理论宣讲，教育引导各级党员领导干部"读原著、学原文、悟原理"，做到学懂、学通、学透。集团公司党委召开了一届六次党委全委（扩大）会议，组织学习贯彻习近平总书记关于辽宁振兴的重要指示批示精神；开展理论学习中心组集体学习24次。二是提升主题教育学习效果。集团公司党委班子围绕"三个推进""四个着力"、党的十九届四中全会精神等主题，开展集中专题学习研讨10次。组织下发主题教育专题学习书籍69500余本，指导各级领导干部和党员职工学习。8月8日，本钢集团党委书记、董事长陈继壮以"不忘初心、牢记使命，扎实推进本钢集团新一轮体制机制改革"为主

题为党员干部上主题教育专题党课。组织开展全省最大规模学习先进典型活动，全集团7万名党员职工观看了先进典型电影《黄玫瑰》。12月中旬，集团公司党委组织宣讲团深入基层，在7家直属党委及所属基层党委开展"学习贯彻党的十九届四中全会精神巡回宣讲"活动，实现本钢集团副处级以上领导干部、负责组织和宣传工作人员、民主党派成员、青年代表辅导全覆盖。三是牢牢把握意识形态工作领导权。将意识形态工作纳入重要议事日程，领导班子把意识形态内容纳入民主生活会、组织生活会、班子成员述职报告、干部年度考核等内容，定期报告意识形态工作情况，使"软约束"变成"硬指标"。建立党委书记第一责任人、党委班子其他成员"一岗双责"、齐抓共管的意识形态工作责任体系，将业务工作与意识形态工作同部署、同检查，切实担负了领导责任。在2019年一季度省属企业意识形态工作分析研判会议上，本钢集团党委作了经验交流。组织广大党员充分利用"学习强国"平台学习，共计24848名党员注册了学习强国，占党员总数92.5%，本钢集团荣获省属企业"学习强国"学习平台推广使用工作先进单位。四是推进"两学一做"学习教育常态化制度化。每季度制定下发《本钢集团基层党组织和党员开展"两学一做"学习教育安排》，对各基层党组织推进"两学一做"学习教育工作进行明确布置和具体安排。五是推进重大议事规则完善修订。针对"三议一报告一执行"相关的党委议事规则、董事会议事规则、经理（厂长）办公会议事规则、"三重一大"决策制度实施办法等不健全、不完善情况，组织各单位开展对相关文件的学习，健全、完善各层级相应的规章制度。

二、不断夯实基层组织，党支部战斗堡垒作用充分发挥

一是坚决贯彻上级组织文件精神。贯彻落实新时代党的组织路线和全省基层党建工作会议精神，落实《辽宁省基层党建质量提升行动计划（2019—2021年）》以及省委"1571"、省国资委党委"121"基层党建总体工作思路，修订《本钢集团有限公司加强基层党建重点任务三年工作规划（2018—2020）》，深入推进各项党建工作。二是规范基层组织建设。狠抓基层"三会一课"、主题党日、民主评议党员等组织生活制度落实，完成矿业公司、本溪钢铁公司等10家单位党委换届及委员增补工作。组织基层支部开展组织生活会，民主评议党员，合格以上的党员占98.96%。三是丰富基层党建工作载体。组织深入实施"固元铸魂""固本强基"工程，全面开展党员先锋工程和建功立业活动。截至目前，本钢集团共设立党员先锋岗1104个，党员责任区1286个，党员先锋队394个，党员先锋工程334个，采纳党员合理化建议1515条，创造经济价值近2亿元。组织各级党委书记开展党建项目化管理，确定党建项目109项。在《本钢日报》增设学习支部工作条例和主题教育专题版块，60余家基层单位参与投稿，全年发稿35期，累计140余篇。四是推进基层党组织理顺组织架构。针对"四定"改革后，各单位相应组织机构有所调整的情况，按照"四同步、四对接"的要求，组织各单位随之做好党组织架构理顺、调整和委员补选工作。五是推进支部规范化建设。按照"组织健全、制度完善、运行规范、活动经常、档案齐备、作用突出"的标准，各基层支部深入学习贯彻《中国共产党支部工作条例（试

行）》，广泛开展"大学习、大检查、大规范、大提升"活动。各基层支部共计排查出问题728个，完成整改704个，支部规范化建设水平不断提升。六是强化党员管理。加强党员学习教育，组织首期144名党员技术能手培训班。组织入党积极分子集中培训工作，全年发展党员369名。贯彻"两学一做"学习教育常态化制度化要求，结合党支部"三会一课"、党日活动等，组织开展党员教育，确保了党员集中培训年均不少于32学时。深入开展党员过政治生日活动，14名党员的政治生日感言在省国资委党委固本强基系列书籍中刊登。

三、持续规范干部人才机制，打造干事创业的良好氛围

一是推进领导班子主体责任贯彻落实。年初围绕贯彻新时代党的组织路线、全面从严治党等重点内容，制定《本钢集团有限公司党委2019年度工作要点》，召开党委一届六次全委（扩大）会议，总结2018年党建工作，布置2019年党建工作具体任务，对基层党委书记抓基层党建工作进行现场和书面述职评议，评价为较好以上的占97.4%。各基层单位也组织开展了支部书记抓党建工作述职评议。各级领导班子先后组织召开年度民主生活会和主题教育专题民主生活会。二是强化领导干部队伍建设。组织完成了领导班子和领导干部2018年度综合考核评价工作，对15名群众满意度不高、履职尽责不好、团结协作不力的领导干部进行了转岗、降职或免职，打破了领导干部能上不能下的僵局。选派40余名领导干部参加省委举办的各类高端培训，打造高素质、高能力管理团队。组织701名干部注册在线学习，提升干部队伍整体素质。推进干部不担当、不作为问题专项整治，落实严管厚爱要求。开展领导干部问责追责，制定领导干部问责追责管理办法补充规定和实施细则。对本钢集团领导干部配偶、子女及其配偶经商办企业行为进行规范。三是健全人才队伍选拔任用机制。坚持"四个注重"的选人用人导向，组织对部分领导干部岗位公开竞聘，334人参加竞聘，20名优秀人才走上管理、技术、业务关键岗位，真正建立起能者上、平者让、庸者下的选人用人机制，干部人事制度改革迈出了重要一步。组织开办MBA三期、四期班，发现、培养、储备年轻干部和后备人才近200名。四是创新人才培养模式。遵循市场规则，实施差异化薪酬待遇，引进宗男夫等21名高素质博士和硕士人才。推荐刘宏亮等14名同志为辽宁省百千万人才工程人选，提升本钢科技人才知名度。完成1606名高层次人才信息采集工作，建立了专家人才库。与知名高校联手建立人才培养模式，培养企业所需各类人才。

四、全面从严治党向纵深推进，凝聚改革发展正能量

一是组织开展党委巡察工作。为做好巡视反馈意见整改落实，健全和完善党内监督体系，2018年下半年以来，在全集团组织开展了三轮的党委巡察工作，先后组织编印了《巡察工作实用手册》，绘制了《巡察组工作流程图》。从前两轮巡察情况来看，共发现问题491件，移交纪委问题线索32件。其中，首轮巡察反馈的199项问题中，4家被巡察单位共完成问题整改187项，整改率达到93.97%。各被巡察单位修订各类规章制度176个，累计清理追缴违规款6.06万元。移交纪委的15条问题线索已经全部办结完

毕。第二轮4家巡察单位已针对巡察反馈的问题完成了整改方案和整改报告，巡察办及巡察组正在对相关整改材料进行审核。第三轮巡察刚刚结束，各项巡察数据还在统计中。通过运用巡察成果，开展了借出差之机旅游等问题专项排查工作，共排查出问题44项，涉及基层单位13个，人员98人次，收缴违规报销差旅费共计5.72万元。二是按照省委巡视整改要求，围绕巡视反馈问题较为集中的党建工作经费、党委换届、党支部设置等问题，通过约谈责任人、自查自纠、规范制度、专项检查等方式完成整改。强化党建工作经费审批管控，指导基层党委建立党建工作经费业务账，规范党建工作经费管理和使用。组织修订《本钢集团有限公司党支部工作细则》等6项党建工作制度，本钢党建制度体系逐步完善，从制度层面为党组织标准化、规范化建设提供保证。三是深入落实中央八项规定精神。先后组织开展了违规报销差旅费、操办升学宴等党风专项治理。四是发挥派驻纪检组作用。派驻人员不定期到驻在单位走访调研、掌握情况，提高监督的力度和质量。2019年1—10月，各派驻纪检组累计参加驻在单位党委会、"三重一大"会等各类重要会议826次，处置各类问题线索164件。五是组织开展多种形式反腐倡廉教育。集团公司领导班子不断强化学习，认真汲取近年来辽宁发生的违反政治纪律和政治规矩典型案例的深刻教训，深入剖析近年来本钢典型案例，以及中央、省委巡视督导督查中暴露出来的反面典型，持续开展政治性警示教育。组织召开副处级以上干部廉政教育警示大会，观看了省纪委最新拍摄的警示教育片，通报本钢内部的典型案例，促进各级党员干部筑牢思想防线，推进党风廉政建设和反腐倡廉工作全方位覆盖。全年，集团公司纪委受理信访举报和问题线索327件，给予党政纪处分118人。

五、创新党建工作思路，推动党组织建设全覆盖

一是"不忘初心、牢记使命"主题教育取得扎实成果。6月10日，召开千人规模动员大会，正式开启主题教育工作。集团公司党委成立4个指导组，确保四大措施协同推进。各级领导班子成员围绕企业存在的突出问题和职工群众关心关注的热点问题，确立调研项目344项。制定"10+2+1"专项整治方案，出台整治措施70个，解决问题92个，建立长效机制36个。本钢集团先后两次在全省主题教育工作会议上作了经验介绍，顺利通过省委和省国资委党委两轮考核评估验收，在所有省属企业中排名前列，省委和省国资委党委对本钢主题教育开展情况给予了高度评价。二是积极做好大规模派驻乡村工作，进一步帮助乡村脱贫脱困。加大第一批和第二批20名选派干部派驻乡村的政策扶持力度，支持发展村集体经济和党建活动场所阵地建设，下拨专项党费120万元，帮助乡村建大棚和桥，推动地区产业发展，实现130余户贫困户脱贫脱困。完成第三批19名派出干部的选拔推荐和业务培训工作，规范补贴政策，为派出干部创造良好的支农环境。三是开展整顿软弱涣散党组织专项整治。组织对基层党建工作、党组织建设和党员教育情况进行了3次综合排查，共排查出18个后进党支部、87个组织生活不规范党组织和538个空白班组，其中前两项已完成整改，空白班组整改369个，2020年全部整改完毕，使基层党组织管理更加规范，组织力不断提升。

六、持续强化初心使命，宗旨意识进一步增强

一是针对职工普遍关注的健康疗养、停车通勤、餐饮洗浴等基本民生问题，集团公司主要领导不断加强与职工群众的直接联系，加大解决实际问题的投入力度。制定《本钢集团有限公司党员领导干部双重组织生活制度实施办法》，带头深入基层调研，听取职工意见，帮助其解决工作和生活中的实际困难。主题教育期间，集团公司领导班子成员先后深入51个部门和基层单位调研68次，解决问题53项。下发意见建议征集表，共计征集意见建议148条，全力组织解决。二是推进全员体检、全员疗养，全年参检9万人次，投入体检费用1377万元；全年组织18533名职工疗养，共计支出1050万元。三是为职工修建多座大型停车场，职工停车难问题彻底解决；结合各单位实际，为职工群众解决了就餐难、通勤难、洗衣难等问题。四是坚持重大节日福利待遇制度，春节、"五一"、"十一"分别为每名职工发放过节奖金1000元，职工群众的满意度和幸福感不断提升。五是坚持工会经费50%用于职工集体福利，加强了职工福利共性需求强的物品的招投标平台建设，对米、面、油商品和职工生日蛋糕卡等进行了招标，全年发生职工集体福利费用2828万元。

七、精神文明建设成果丰硕，品牌影响力不断提升

一是不断创新丰富本钢精神文明建设"创建做"活动内容，4人荣获辽宁省"辽宁好人·身边好人""学雷锋·最美志愿者""辽宁省岗位学雷锋学郭明义标兵"等荣誉称号，4人荣获本溪市"本溪好人·道德模范"等荣誉。春节前夕，集团党委走访慰问7名市级以上道德模范，营造尊敬、学习、关爱、宣传道德模范典型的浓厚氛围。二是集团公司各单位荣获全国工人先锋号1个、全国钢铁工业先进集体1个、全国钢铁工业劳动模范2人、辽宁省五一奖状1个、辽宁省工人先锋号1个、辽宁省五一奖章7人等众多荣誉。集团公司团委被团中央授予"全国五四红旗团委"荣誉称号。3名本钢退役军人被授予"新时代最美退役军人"殊荣。三是秉承"树立本钢形象、传播本钢声音、讲好本钢故事"的工作基调，大力宣传企业改革发展成果，在中央电视台、新华社、《中国冶金报》、辽宁电视台等省以上媒体刊发稿件达168篇，提升了本钢集团的影响力、公信力。四是积极承办辽宁省和本溪市职工技能大赛，3名本钢职工荣获省技术大赛状元，9人获得市技术大赛状元，展现了新时代本钢工人的卓越风范。

一年来，各级党组织积极支持工会、共青团、武装保卫、科协、统战等群团组织独立自主开展工作，取得了新成效，为集团公司改革发展做出了应有贡献。回顾总结一年来的工作，虽然取得了一定成绩，但对照上级和新时期国企党建工作要求，还存在一些问题和差距。一是从省委巡视反馈和内部巡察反映的问题来看，部分基层单位还存在党建工作基础不扎实，组织生活不严肃、不规范等问题。二是党建工作与生产经营融合不紧密，部分基层单位还存在"两张皮"的现象，党建工作对生产经营的保障作用不足。三是个别基层党委书记履职不够，抓基层党建工作主动性不强，党建工作总体规划不清晰，有效措施不多，对党建工作落实情况跟踪验收不够。四是个别党员领导干部进取意识和担当精神不足，工作标准不高，自我要求不

严，不想干、不会干、不敢干的问题依然存在。以上问题，必须引起各级党组织和全体党员干部的高度重视，认真研究加以解决。

第二部分　2020年工作安排

2020年，是中国共产党完成第一个百年目标的决胜年，是国家"十三五"规划的收官年，也是本钢集团锐意进取、加快发展，实现企业规划目标的关键一年。本钢集团各级党组织要按照党中央和省委要求，坚持围绕中心、服务大局，进一步强化责任落实、任务落实、考核落实，采取切实可行措施，完成好全年党建工作目标任务，把党组织建设得更加坚强有力。

2020年本钢集团党建工作指导思想是：坚持以习近平新时代中国特色社会主义思想为指导，深入贯彻党的十九大和十九届二中、三中、四中全会精神，全面贯彻新时代党的建设总要求和全国国有企业党的建设工作会议精神，贯彻落实省委工作部署和省国资委党委企业党建工作会议要求，坚持和加强党的领导，以政治建设为统领，以全面从严治党为主线，以坚定理想信念宗旨为根基，以学习贯彻《中国共产党国有企业基层组织工作条例（试行）》为重点，以落实"省（中）直企业基层党建工作建设年"活动要求为契机，进一步加强企业党的政治建设、思想建设、基层组织建设、干部队伍建设和党风廉政建设，充分发挥党组织领导核心和政治核心作用，深度融入生产经营，以高质量党建引领本钢高质量发展新局面。

一、坚持党的领导不动摇，充分发挥领导核心和政治核心作用

一是围绕"把方向、管大局、保落实"，强化党的领导融入公司治理，明确和落实党组织在公司治理结构中的法定地位，做到组织落实、干部到位、职责明确、监督严格。二是进一步完善企业党委议事前置程序和"双向进入、交叉任职"的领导体制，把党建工作要求写入公司章程。严格执行"三重一大"决策制度和"三议一报告一执行"制度，严格履行党组织在决策、执行、监督各环节的权责，确保党组织发挥组织化、制度化、具体化作用。三是坚持党建工作与企业改革发展同步谋划、党的组织和机构同步设置、党组织负责人和党务工作人员同步配备、党建工作同步开展，实现"四个对接"，确保党的领导、党的建设在企业改革发展中得到加强。四是聚焦政治过硬、本领高强，不断提升各级领导班子履职治企能力，做好党的建设和改革发展各项工作。切实将企业党建工作与生产经营深入融合，与企业文化、企业管理、企业群团工作相融合，不断完善"抓党建、促融合、强发展"的体系架构、工作思路、措施安排，努力建设党建强、发展强的双强企业。

二、坚持以政治建设为统领，把党建优势转化为企业发展优势

一是教育引导党员干部职工旗帜鲜明讲政治，推动各级党组织和党员干部增强"四个意识"、坚定"四个自信"、做到"两个维护"，坚持以习近平同志为核心的党中央集中统一领导，确保习近平总书记重要讲话、指示批示精神和党中央决策部署在本钢集团落实落地。二是坚定执行党的政治路线，严格遵守政治纪律和政治规矩，严格执行《关于新形势下党内政治生活若干准则》《中国共产党重大事项请示报告条例》等党内法规，严肃政治生活纪律，增强党内政治生活的政治性、

时代性、原则性、战斗性，营造风清气正的企业政治生态。三是把疫情防控作为重大政治任务抓紧抓实抓细，深入贯彻习近平总书记关于疫情防控重要讲话和指示批示精神以及省委陈求发书记来本钢集团调研时的重要讲话精神，做到疫情防控和生产经营互为促进，确保实现全年目标任务，继续在省属企业中做好表率当好排头兵。四是把"不忘初心、牢记使命"作为加强党的建设的永恒课题和全体党员、干部的终身课题，认真贯彻落实中央关于建立"不忘初心、牢记使命"制度的意见及省委、省国资委党委具体措施，巩固深化主题教育成果，梳理总结好的经验做法，建立健全学习教育、调查研究、检视问题、整改落实等"不忘初心、牢记使命"的长效机制。持续推进主题教育各项整改任务落实，继续深化专项整治，加大力度，标本兼治，推动问题彻底解决。继续推进"两学一做"学习教育常态化制度化，把学习贯彻习近平新时代中国特色社会主义思想作为每季度"两学一做"重点学习内容，推动学习进厂矿、进区域、进班组，教育党员、干部把对党忠诚、为企业尽职、为职工群众造福作为根本政治担当，把企业党组织建设得更加坚强有力，把党建优势转化为企业发展优势。

三、不断夯实理想信念根基，推动党员干部在改革发展中建功立业

一是坚持以习近平新时代中国特色社会主义思想和党的十九大精神为指导，继续深入学习贯彻党的十九届二中、三中、四中全会精神，贯彻落实习近平总书记关于辽宁振兴的重要指示批示精神，把党委理论学习中心组学习列入重要议事日程，纳入党建工作责任制，纳入意识形态工作责任制。要发挥"关键少数"的作用，以制度修订为契机，详细列出考核量化指标，明确学习重点，强化问题导向，加强督查指导，学以致用、用以促学，推动党委理论学习中心组学习制度化、规范化。同时，发挥媒体融合作用，利用宣讲、班前会等不同方式，推动学习进厂矿、进作业区、进班组、进岗位，做到学思用贯通、知信行合一，将学习成果转化为推动企业改革发展的实招硬招。二是围绕企业生产经营、改革创新发展面临的新形势、新任务、新要求，特别是"三项制度"改革等方面，深入开展主题形势任务教育以及纪念中国共产党建党99周年系列活动。坚持以企业中心工作为主线，及时总结大力宣传企业的新实践、新经验、新成效，深入挖掘和选树企业先进典型模范人物，在更大范围、更广领域，讲述国企好故事，传播国企好声音，树立国企好形象。三是坚持党管宣传、党管意识形态、党管媒体，着重加强和改进网络意识形态工作，把握正确舆论宣传导向，提升新时代网络宣传和舆情管控能力，把互联网这个最大变量转化为最大增量。同时，通过健全意识形态领域重大情况分析研判和定期通报制度，定期专题研究意识形态工作，及时向上级党委报告意识形态领域的重大情况并提出建设性意见，定期在党内通报意识形态领域情况，牢牢掌握意识形态工作领导权、管理权、话语权。四是推进社会主义精神文明建设，落实《新时代公民道德建设实施纲要》，不断增强社会主义核心价值观的凝聚力、引领力。通过开展2020年"本钢好人"评选活动，践行本钢核心价值观，推动学雷锋学郭明义活动常态化，形成争做好人、崇尚好人、关心好人的向上向善良好氛围。五是持续推进省属企业基层党组织"固元铸魂""固本强基"工程，继续组织开展"讲奉献、比业绩、创一流"建功立业活动，各级党委要进一步完善建功立业活动实施方案，将生产经营的难点任务，作为活动的重点内容。深入实施"共产党员先锋工程"，通过设定党员先锋岗、划定党员责任区、组建党员先锋队（突击队）、设立党员先锋工程项目、设立党员技术攻关课题、组建党员技术攻关小组、创建党员创新工作室、开展党员提合理化建议活动等，充分发挥党员在企业改革、生产经营等工作中的先锋模范作用。

四、坚持优选优培优用，建设忠诚干净担当的高素质干部人才队伍

一是持续推进"末位淘汰"。完善责任、权力、利益相统一的激励约束机制，科学建立综合考核评价和绩效考核的双重考核体系，对综合考评履行职责不好、群众满意度不高、绩效考核指标完成不力的领导班子和领导干部，进行调整、降职或免职。二是加大优秀年轻干部培养选拔力度。持续实施人才强企战略，按照"四个注重"的选人用人导向，坚持从基层选拔有学历、有潜力的优秀年轻人才进行培养，继续采取开办MBA培训、专业素养培训、挂职锻炼等方式，与高校联手，与专家结盟，确保管理、技术、业务三支队伍都储备一批素质高、能力强、结构优、形象好的年轻干部。三是推动领导干部合理有序流动。加大领导干部调整交流力度，积极推进职能部门与基层厂矿、党群干部与专业技术干部、后备干部与优秀年轻干部的岗位交流。要认真贯彻习近平总书记提出的"讲政治、重公道、业务精、作风好"的要求，加强党务部门建设，配强党务干部，提高素质能力，强化纪律作风，打造模范政治机关、过硬党务干部队伍。四是激励干部担当作为。加强干部监督管理，落实严管厚爱要求，通过改进谈话和函询工作方法、畅通干部监督举报电话等方式，做好预防性监督。坚持常态化的问责追责机制，让干部知晓"红线"，守住"底线"。探索建立容错纠错机制，旗帜鲜明为敢于担当、踏实做事、不谋私利的干部撑腰鼓劲。

五、深入贯彻新时代党的组织路线，提高党基层组织规范化建设水平

一是抓好基层党建制度落实。贯彻"全省基层党建制度落实年"活动要求，突出抓好《中国共产党国有企业基层组织工作条例（试行）》学习宣传贯彻，深入贯彻落实《中国共产党支部工作条例（试行）》《中国共产党党员教育管理工作条例》等党内政策法规，落实《中国共产党党内法规执行责任制度规定（试行）》，推动各级党组织和党员领导干部切实强化制度意识，带头维护制度权威，做制度执行的表率。贯彻落实省委和省国资委党委关于履行全面从严治党主体责任工作部署，督促各级党组织履行好管党治党政治责任、党委书记履行好第一责任、领导班子成员和各级领导干部履行好"一岗双责"。强化党建工作保障，完善稳定规范的企业党建工作经费保障制度。修订党费收缴使用管理实施细则，做好年度党费的收缴使用管理。二是以落实"省（中）直企业基层党建工作建设年"活动为契机，全面提升基层党建工作质量。加强党组织体系建设，结合"四定"改革工作，及时完善基层党的组织设置，科学设置党支部、划分党小组，配齐党务力量，强化党务工作者队伍建设。围绕企业改革实际，集中做好退休人员社会化管理、退休党员组织关系转接、集体企业改革期间党组织调整和党员组织关系转移工作。落

实换届提醒机制，指导提醒到期换届党组织按期换届，保证班子健全。狠抓基层党支部标准化、规范化建设，提高组织生活质量，继续组织开展"大学习、大检查、大规范、大提升"活动，持续深入整顿软弱涣散党支部。各级党委要定期专题研究党支部建设工作，开展党支部建设情况评估定级，推动党支部工作条例重点任务落实落地。三是加强党员队伍教育管理。贯彻落实全国党员教育培训工作规划，充分利用"三会一课"、"党建大讲堂"、党支部书记轮训、青年党员技术能手培训等方式，将学习贯彻习近平新时代中国特色社会主义思想、党的十九届四中全会精神、《中国共产党国有企业基层组织工作条例（试行）》作为各级领导干部和党员职工培训的重要内容，分级分类抓好各级领导干部、党务工作者和广大党员集中轮训、培训工作，提升党员、干部队伍综合能力素质。持续开展"党员过政治生日"、重温入党誓词、入党志愿等党日活动，提高党性意识和党员意识。做好发展党员工作，向生产一线和技术、操作人员倾斜，优化党员队伍结构，年底前消除党员空白班组。四是研究探索企业党建与生产经营深度融合的有效办法，完善党建工作考核评价机制，继续开展党委书记抓党建项目化管理，把抓党建、促生产的实际情况，作为重要评价指标；深入开展抓党建述职评议考核工作，组织召开党建会议，听取基层党组织书记专题汇报，将抓党建工作情况纳入年度领导干部考核内容。广泛开展党建工作融入生产经营典型宣传，多采取向上推优、适当表彰等正激励的方式，促进各单位将党建工作与生产经营紧密融合。五是持续推进"互联网+党建工程"。不断推进信息技术与党建工作有机融合，全面推进辽沈党建云平台在基层支部的试点推进工作，初步形成覆盖全集团的党建信息化工作网络，全面提升党建工作智慧化水平。六是疫情防控期间，各级党组织和广大党员要充分发挥战斗堡垒和先锋模范作用，广泛动员职工、组织职工、凝聚职工，一手抓疫情防控，一手抓复工复产，在疫情防控和生产经营工作中主动担当、积极作为。要注重典型事迹宣传，深入挖掘在疫情防控第一线和重大工程复工复产当中涌现出来的先进基层党组织和优秀共产党员，生动描绘他们的先进事迹和典型经验。

六、驰而不息正风肃纪，推进全面从严治党向纵深发展

一是持续健全和完善党内监督体系，严格贯彻执行本钢集团五年巡察工作规划和实施办法，推进第四轮、第五轮巡察工作，使从严治党延伸至本钢基层。进一步推进纪检监察体制机制改革，强化派驻纪检组人员履职管理，充分发挥"派"的权威和"驻"的优势。要持之以恒整治形式主义、官僚主义，严格贯彻中央八项规定精神，广泛深入开展廉洁从业和反腐倡廉警示教育，提升广大领导干部和党员职工的廉政意识。二是大力做好省委巡视"回头看"和主题教育后续整改整治工作。将省委巡视"回头看"和主题教育整改整治工作作为重点政治任务，对突出问题要紧盯不放、跟踪督促、严格把关、狠抓落实，对于整改效果不明显、措施不具体、职工群众不满意的问题，对相关单位和负责人进行追责问责，确保各项整改任务如期完成。三是加强企业党的制度建设，认真贯彻执行党内法规制度，完善制订符合企业实际的党建工作细则，推进企业党的建设和全面从严治党工作扎实开展。

七、加强对群团工作的领导，为本钢集团高质量发展创建和谐发展氛围

一是支持各级工会组织围绕企业生产经营，突出效益优先，深化劳动竞赛和技能大赛等建功立业活动；开展技能"传帮带"，培育技术能手和先进典型，壮大高素质技能人才队伍；大力弘扬劳模精神、劳动精神、工匠精神，发挥劳模先进引领带动效应；不断加强职工维权服务，保障职工合法权益；强化服务职能，关心关爱职工生活，不断提升职工的获得感、幸福感和满意度。二是加强共青团组织建设，推进基层团支部组织功能优化完善；加强青年思想政治引领，深化青年理想信念教育，培养青年敬业奉献精神；开展青年素质挑战赛、高校毕业生职业生涯规划等特色活动，服务青年和大学生成长成才。三是积极发挥科协、武装、统战等组织作用，凝聚各种发展力量，为企业发展提供全方位的支持。四是加强对信访稳定和综合治理工作的领导，强化各类风险防控，特别是围绕企业各项改革，主动化解风险矛盾，营造和谐稳定的企业发展环境。

各位委员、同志们，新使命催人奋进，新征程任重道远。让我们更加紧密地团结在以习近平同志为核心的党中央周围，在省委、省政府的正确领导下，在省国资委的正确指导和本溪市委、市政府的大力支持下，团结带领全本钢广大党员干部和职工群众，不忘初心、继续前进，不断开创本钢集团高质量发展新局面，为决胜全面建成小康社会、实现中华民族伟大复兴的中国梦不懈奋斗！

加强体系建设　聚焦主责主业
为推进本钢集团高质量发展提供坚强保障
——在中共本钢集团有限公司第一届纪律检查委员会第六次全体会议上的工作报告

陈　铁

同志们：

我代表本钢集团第一届纪律检查委员会常务委员会宣布本次会议主要任务是：深入学习贯彻习近平新时代中国特色社会主义思想，全面贯彻落实党的十九大和十九届二中、三中、四中全会精神，贯彻落实十九届中央纪委四次全会精神及十二届省纪委五次全会精神，总结2019年纪检监察工作，部署2020年工作任务。一会儿，集团党委书记、董事长陈继壮同志将发表讲话，我们要认真学习领会，坚决贯彻落实。

一、2019年工作回顾

2019年是新中国成立70周年，是全面建成小康社会的关键之年。集团各级纪检监察组织在省纪委和集团党委的正确领导下，全面贯彻落实党的十九大和十九届历次全会精神，贯彻落实十九届中央纪委历次全会及

省纪委历次全会精神,按照省纪委和集团党委的工作部署,坚持以习近平新时代中国特色社会主义思想为指导,忠诚履行党章赋予的职责,坚持稳中求进、实事求是、依规依纪依法,一体推进"不敢腐、不能腐、不想腐",纪检监察工作坚定稳妥、扎实有效,在高质量发展上取得了新成绩,巩固了全集团风清气正的良好政治生态。

(一)突出政治监督职能,巡察利剑作用有效发挥

深入贯彻落实中央、省委巡视巡察工作方针,紧紧围绕集团公司党委的决策部署,把握职能定位,聚焦政治监督,稳步推进巡察工作。一是夯实工作基础,加强巡察规范化建设。健全完善巡察制度体系,制定出台了《巡察报告问题底稿管理办法》《关于规范巡察报告的意见》等7项工作规则,建立了巡察机构与相关部门(单位)的协作配合机制;以提升巡察业务为导向,编印《巡察工作实用手册》,规范了巡察组工作流程,制定了"巡察组调阅的45项资料清单模块",有效提升了巡察工作质量和规范化水平。加强巡察队伍建设,创新采用"内邀外请""以巡代训""专兼结合"等培养模式,巡察干部的业务能力得到进一步提高。二是深化政治监督,扎实开展第二轮、第三轮巡察。党委巡察机构积极探索实践,创新巡察监督模式,综合运用常规巡察、"未巡先改"、延伸巡察等方式,深入开展党委第二轮、第三轮巡察工作。组织开展了对8家基层单位党委以及2个机关部门的巡察监督,撰写巡察报告12个,形成问题底稿516条,反馈发现问题604条,向纪委移交问题线索38件,起到了强有力的震慑作用。三是强化责任落实,巡察整改取得实效。严格落实被巡察单位党组织整改工作主体责任,层层分解、细化措施,推动了整改问题清仓见底、对账销号;巡察机构、纪委等相关部门坚持问题导向,将巡察整改与监督检查充分结合,强化巡察整改全过程的跟踪督查,采取"改前综合指导、改中督导督办、改后专项检查'回头看'"的方式,形成了切实有效的巡察整改工作机制,提升了巡察整改工作成效。截至目前,首轮巡察整改工作全部结束,完成问题整改191项,整改率达到96%,修订完善制度规定176项,清理追缴违规款6.6万元。第二轮巡察整改工作正在持续推进中,反馈的292项问题已完成整改80%。第三轮巡察反馈和集中整改工作已全面开展。

(二)贯彻省纪委监委安排部署,深入推进体制改革

2019年,按照省委《关于深化省纪委监委派驻机构改革的意见》精神,省纪委监委不断推进纪检监察体制改革,进一步加强省管企业纪检监察机构规范化管理,促进企业党风廉政建设和反腐败工作深入开展。按照省纪委监委统一部署,辽宁省监察委员会驻本钢集团有限公司监察专员办公室于2019年11月20日在本钢集团举行了挂牌仪式。挂牌后,监察专员办公室与集团纪委合署办公,按照监察法的授权,履行监察职能,进一步推动监察职能向基层延伸,实现对公职人员监察全覆盖。监察专员办公室的设立,承载着省纪委监委的信任和重托,凝聚着广大职工对良好政治生态的期盼和要求,是集团全面从严治党再出发的新起点,标志着本钢集团纪检监察工作进入了一个新时期。

(三)以责任落实为导向,把监督执纪问责压实做细

一是通过"一案双查"促进"一岗双责"的落实。集团纪委在纪律审查过程中,坚持"一案双查",对发现的重大问题既追究当

事人责任，又追究相关领导责任。全年有13名领导干部因此受到了处理，倒逼各级党员领导干部提高认识，促进"一岗双责"的有效落实。二是通过追责问责，督促各职能部门切实履职尽责。对纪律审查过程中涉及的专业问题，请相关部门出具专业意见，确保"定性、量纪"的准确性。对于发现的问题，及时以纪检监察建议书等形式通告相关管理部门，2019年先后下发各类建议书17份。对于在管理过程中履职尽责不力，给集团生产经营造成损失的，在处理直接责任单位和人员的同时，对相关的职能部门也进行追责问责，充分发挥纪委"监督的再监督"作用。

（四）以"零容忍"的态度保持惩治腐败高压态势，有效保障集团和职工利益不受侵害

截至2019年末，集团纪委受理信访举报和问题线索共计327件（其中信访举报273件，问题线索54件），同比增长30.8%。共给予党政纪处分118人，同比增长7.27%。受处分人员中，处级及以上干部48人，科级干部39人，其他人员31人。以上主要数据可以说明，集团公司党委、纪委推进党风廉政建设和反腐败工作的决心不变、力度不减，惩治腐败高压态势的震慑作用明显。

在纪检信访和纪律审查工作中，一是不断拓宽信访举报渠道，在传统"信、访、电"三位一体工作模式基础上，加强对网络举报和信息的搜集和关注，2019年共接收网络举报116件，比上年增长240%。二是严格坚持"有举必查"，重点查处违反中央八项规定精神、"四风"以及损害企业利益、侵占职工利益等方面案件。在执纪审查工作中，严格按照纪检监察制度流程开展工作，既敢于动真碰硬，又勇于担当负责；既追求工作效率，又保证办案质量。三是以有效提高案件质量为目的认真开展案件审理工作，严把程序关，重点对办案程序和证据材料进行审理审核，提出审理审核意见，并对审理审核意见的执行状况进行跟踪检查。四是严把干部选拔任用"党风廉政意见回复"关，及时核查掌握反映领导干部问题线索，实事求是地评价干部廉洁情况，防止干部"带病提拔"和"带病上岗"。全年共为集团有关部门出具干部廉政审核意见1917份。

（五）聚焦主责主业，实现派驻监督质量的提升

2019年，各派驻纪检组聚焦主责主业，努力发挥派驻优势，切实提高派驻监督质量。纪检监察组织派驻制管理被评为"省纪检监察系统党的十九大以来创新工作"和"辽宁省企业管理创新一等成果"。一是强化监督主业，各派驻纪检组通过参加或列席驻在单位党委会、"三重一大"和组织生活会等重要会议的方式，加强对驻在单位的监督，及时发现权力运行中"易发、多发"的问题，并充分运用监督执纪"四种形态"提醒和督促驻在单位党委落实主体责任。经统计，2019年全年累计参加驻在单位各类重要会议1500余次。特别是集团公司进行"四定"改革期间，各派驻纪检组与各单位密切配合，克服了时间集中、人员少任务重等困难，对"四定"各环节进行监督，为"四定"工作的有序平稳开展提供了监督保障。二是督促驻在单位认真传达落实有关纪律要求，并深入基层对落实情况进行监督检查，在检查过程中对有关负责人进行必要提醒，确保其认真履行监管职责。

（六）立足"教育为先，强化预防为主"的思想，以廉洁宣教筑牢拒腐防变的思想防线

一年来，集团纪委认真落实上级纪委

和集团党委的工作部署，积极开展多种形式反腐倡廉教育，促进各级党员干部筑牢思想防线。一是组织召开集团纪委一届五次全委（扩大）会议。传达中央纪委、省纪委全会精神，对本钢集团纪检监察工作进行了总结和部署，推进集团全面从严治党向纵深发展。二是加大警示教育力度。结合贯彻落实省（中）直企业党风廉政建设和反腐败工作会议精神，先后组织召开了集团中层以上干部廉政警示教育大会3次，进一步增强广大党员干部和重点岗位人员的廉洁自律意识和拒腐防变能力。三是组织签订廉洁自律承诺书。集团各级领导干部和重点岗位人员签订"廉洁自律承诺书"共计10483份。四是创新组织召开新提任领导干部党风教育大会。2019年9月，在对2018年9月份以来集团新提任的领导干部进行党风教育时，集团纪委打破以往惯例，还邀请了这些领导干部的家属参会，共组织新提任领导干部及家属165人，共同参观了省反腐倡廉教育基地，旨在通过这种新方式进一步促进大家不断强化廉洁自律意识，自觉涵养廉政家风，推动集团党风廉政建设和反腐败工作进一步延伸。

（七）围绕上级纪委工作部署和本钢集团重点工作安排，扎实开展党风专项治理，深入落实中央八项规定精神

一是通过集团OA办公系统、微信公众号等方式转发上级纪委关于年节假期等重要时间节点纪律要求，同时要求各级党组织要紧盯违反中央八项规定精神和"四风"问题不放松，坚决落实两个责任，对违纪违规问题依纪依规从严处理，积极营造风清气正的节日氛围。二是落实省纪委《关于对纪检监察机关加强问责工作开展自查的通知》要求，结合本钢集团实际，围绕问责目的是否明确等五个方面十七个问题开展自查，并按时完成本钢集团纪检监察机关问责工作自查报告。三是在集团副处级以上领导干部中开展"反对形式主义、官僚主义整治专项自查"工作，并按照集团党委要求，对各基层党委和副处级以上领导干部自查出的问题建立问题台账进行监督整改。四是结合巡察和纪律审查中发现的问题，为进一步严明纪律规矩，持之以恒纠正"四风"，在全公司范围内开展了"借出差之机旅游"等问题专项排查工作，共排查出问题44项，涉及基层单位13个，人员98人次，收缴不合规差旅费（含补助费）共计5.72万元。五是认真落实市纪委《关于严禁党员干部、公职人员违规操办或参加"升学宴"的通知》要求，各派驻纪检组汇同基层单位党委分别召开提醒谈话会传达文件精神，65家基层单位党委的746名相关人员全部填写了《党员干部子女升学事宜报告表》，未发现操办和参加非家庭性质"升学宴"问题。六是按照上级纪委关于"严肃整治领导干部利用名贵特产类特殊资源谋取私利问题"的工作要求，开展了此类问题专项整治，经全面梳理排查，未发现利用名贵特产类特殊资源谋取私利问题。七是从集团整体利益出发，积极开展清欠工作，通过细化工作措施，加强组织协调，全年与本钢各债权单位共计清回外部债权陈欠款1.47亿元。

（八）强化监督考核，坚持正面引导和反面教育相结合，建设忠诚干净担当的纪检监察铁军

在着力做好纪检监察工作的同时，集团纪委不断加强对纪检监察干部的教育和引导工作，着力增强纪检监察人员的责任意识、纪律意识、廉洁意识，对内部的不良行为和思想倾向及时批评教育，涉及违规违纪的严肃处理，始终保持队伍的纯洁性，锻造一支

让党放心、职工群众信赖的过硬队伍。一是组织召开了派驻纪检组述职述责工作会，各派驻纪检组组长分别代表本组对实施派驻以来工作开展情况进行汇报，达到了相互借鉴、相互促进、共同提高的目的。二是加强对各派驻纪检组日常工作的监督考核，同时着重运用"四种形态"中的第一种形态，对考评排名靠后、履行监督责任不到位的派驻纪检组组长进行约谈，严肃指出其存在的问题和不足，帮助其剖析问题产生的根源，督促其认真整改并聚焦主业履职尽责。三是组织召开本钢集团纪检监察系统专题警示教育大会，以杨锡怀、邱大明案件为重点教育内容，教育引导广大纪检监察干部深刻吸取教训，做到警钟长鸣，以更高的政治标准不断加强新时代纪检监察队伍自身建设。四是加强对纪检监察干部的培训工作，切实提高纪检监察干部履职本领。6月份，集团纪委各业务室负责人就信访受理、纪检监察和案件审理等专业知识面向全体纪检干部进行了系统深入的讲解，进一步提高了纪检监察干部的履职能力。五是根据省纪委监委关于开展全省纪检监察系统纪检监察业务知识测试的通知要求，集团纪委全体纪检监察干部先后参加了两次专场测试，这不仅是对纪检监察干部平时学习情况的综合检测，更是对所有纪检监察干部业务知识水平和能力的再提升过程，从测试结果上看，两场测试均取得了较好效果。

同志们，一年来，集团纪委带领全体纪检监察干部迎难而上、奋发进取、扎实工作，各项工作得到了上级纪委和集团党委的肯定，也得到了集团广大干部群众的普遍认可。这些来之不易的成绩，是上级纪委和集团党委坚强领导的结果，是集团各级党组织履职尽责的结果，是集团各有关单位（部门）协作配合的结果，是广大职工群众积极参与的结果。

但是，我们也必须清醒地认识到，党风廉政建设和反腐败斗争形势依然严峻复杂，仍存在一些不容忽视的问题：一些党组织党的领导弱化、党的建设缺失、管党治党不力、主体责任落实不力的问题仍然存在；有的党员干部对挺纪在前和"四种形态"理解不深，存在反腐斗争力度减弱、节奏放慢、尺度放松等错误认识；少数党员干部心存侥幸，不收敛、不收手，减存量、遏增量任务仍然艰巨；侵害企业利益、侵占职工利益等不正之风和腐败问题仍时有发生，职工群众反响强烈；信访举报总量仍然较大，重复访和越级访还没有从根本上得到解决；纪检监察干部在责任意识、作风、能力上与全面从严治党的要求还有差距。对这些问题，必须时刻保持清醒，认真加以解决。

二、2020年主要任务

2020年是全面建成小康社会和"十三五"规划的收官之年，做好纪检监察工作意义重大。总体要求是：以习近平新时代中国特色社会主义思想为指导，全面贯彻党的十九大和十九届中央委员会历次全会精神、十九届中央纪委历次全会精神、十二届省纪委历次全会精神，增强"四个意识"、坚定"四个自信"、做到"两个维护"，坚持"严"的主基调，协助集团党委不断深化全面从严治党，持续完善监督体系，强化对权力运行的制约和监督，一体推进"不敢腐、不能腐、不想腐"，充分发挥"监督保障执行、促进完善发展"作用，建设高素质专业化纪检监察干部队伍，推动新时代纪检监察工作高质量发展，进一步巩固发展集团风清气正的良好政治生态，为本钢集团高质量发展提供坚强保障。

（一）持续深化政治巡察，高质量推进巡察监督

全面贯彻中央、省委巡视巡察新部署、新要求，把握政治巡察内涵，发挥政治监督作用，围绕中心，服务大局，推动集团公司党委决策部署在基层落实落地。加强顶层设计，健全制度机制，规范工作程序，创新方式方法。进一步推进巡察与纪检监察、组织人事、财务审计、督查等部门监督的有效贯通、形成合力，增强监督实效。加强统筹谋划，高质量、有节奏推进巡察监督工作，力争年内开展2轮巡察；突出抓好巡察整改落实，通过巡察整改落实"回头看"，强化整改主体责任，进一步完善整改情况报告、公开制度，健全整改监督检查机制，提升巡察整改质效，更好发挥巡察整改标本兼治作用。综合用好巡察成果，精准处置巡察移交线索，堵塞制度漏洞，完善经营管理，实现"发现问题，形成震慑，推动改革，促进发展"的目标任务。

（二）加强制度建设，将纪检监察体制改革引向深入

注重在巩固纪检监察组织派驻制改革现有成效的基础上，不断加强制度建设，使派驻机构工作机制进一步完善，对派驻纪检组的管理水平进一步提升。扎实开展日常监督工作，加大创新力度，对日常监督工作的方式方法进行深入探索和完善，努力提高监督实效，并推动日常监督工作制度化、标准化、规范化。同时聚焦各类监督方式有机贯通、相互协调深化，以党内监督为主导，完善巡察监督、纪律监督、监察监督、派驻监督等统筹衔接，促进党内监督、部门业务监督、群众监督和舆论监督贯通融合、协调协同。

（三）提升监督执纪"四种形态"运用水平，保持管党治党"严"的主基调

进一步畅通信访举报渠道，按照中纪委、省纪委要求，做好信访举报平台建设，更好发挥群众监督和舆论监督作用；坚持把问题线索处理作为监督的重要手段，加强综合分析研判，强化集中管理、分类处置，确保规范科学、优质高效；始终保持正风反腐高压态势，着力提升"四种形态"运用水平，坚决遏制腐败蔓延势头，坚持党纪严于国法，把纪律作为管党治党的尺子，严格对照"六大纪律"开展纪律审查，突出重点领域、关键岗位，坚决严查靠企吃企、内外勾结等侵害企业利益的问题。同时要注重把握"三个区别开来"，既保证问题得到严肃查处，又保护干部干事创业的积极性；在案件审理方面重点把好案件受理、事实证据、定性处理、手续程序、文书质量的五个关口。进一步抓好业务指导，提高各派驻纪检监察组和基层纪委纪律审查、监察调查工作质量。

（四）扎实开展好党风监督工作，不断加强作风建设

深入贯彻落实中央八项规定精神，在坚持中深化，在深化中坚持，继续紧盯年节假期，一个节点一个节点坚守，突出领导干部"关键少数"，把违反中央八项规定精神和"四风"问题作为纪律审查调查重点，特别是发生在职工群众身边的形式主义、官僚主义问题，既要防止权力乱用滥用，又要防止权力弃用不用，对党风问题要从严查处，及时公开曝光，释放"越往后执纪越严、越往后处理越重"的强烈信号，坚决防止"四风"问题反弹回潮。结合集团实际，有针对性地开展专项整治工作，切实提高查纠"四风"问题的针对性和实效性。

（五）全方位推进"一案五监督"工作，做好查处案件"后半篇文章"

切实从"是否找准问题的主客观原因、开展纪律法律教育、健全相应制度"等五个方面对案发单位做好监督，防止纪律处分决定执行"留空档"，同时，把纪律处分的执行过程转化为对当事人和身边党员干部的再教育过程，发挥各级党组织的主体作用，通过"一案五监督"把监督的触角延伸到监督执纪的"最后一公里"，使审查调查不仅治标还体现治本功能，一体推进"三不"体系建设，积极打造风清气正的良好政治生态。

（六）充分发挥典型案例的警示教育功能，提升廉洁宣教工作成效

各级纪检监察组织要配合党组织，结合上级纪委和集团党委的工作要求及自身实际，面向集团各级党员干部深入开展理想信念教育，强化党员干部宗旨意识和党性修养，引导党员干部自觉培养高尚道德情操，抵制不良风气，使其从思想上筑牢拒腐防变的道德防线；加强对中央、省、市反腐败精神的宣传，切实开展警示教育，剖析典型案例，用好正反两方面教材，发挥正向引导和反向警示、震慑、教育作用；深入挖掘和汲取集团廉政文化基因，推进廉洁文化进基层、进家庭，推动企业风气持续好转。

（七）全面加强纪检监察干部专业能力建设，打造高素质专业化纪检监察干部队伍

深化全员培训和实战练兵，全方位加强思想淬炼、实践锻炼、专业训练，打牢监督执纪的政治根基和业务功底。要着重对纪律处分条例、监察法、监督执纪工作规则、监督执法工作规定等党内法规和国家法律法规进行深入学习，切实提高纪检监察干部的业务能力。同时全面加强纪检监察组织规范化建设，牢固树立纪法意识、程序意识、证据意识，严格按照制度履行职责、开展工作。要强化业绩导向，加强对纪检监察干部的监督、管理和考核，适时推进人员流转。同时创新纪委接受各方面监督体制机制，加强内部监督检查，并坚持刀刃向内，持续防治"灯下黑"。

同志们，全面从严治党永远在路上，各级纪检监察组织肩负的使命光荣而艰巨。让我们紧密团结在以习近平同志为核心的党中央周围，在上级纪委和集团党委的坚强领导下，不忘初心、牢记使命，不断开创党风廉政建设和反腐败工作新局面，为实现本钢集团高质量发展提供政治保障！

中共本钢集团有限公司委员会关于制定本钢集团"十四五"发展规划纲要的建议

"十四五"时期是我国在全面建成小康社会、实现第一个百年奋斗目标之后，乘势而上开启全面建设社会主义现代化国家新征程、向第二个百年奋斗目标进军的第一个五年。是辽宁实现全面振兴全方位振兴极为关键的五年，也是本钢集团积极推进战略性

重组和混合所有制改革，建设"精品、绿色、智能、共享的世界一流钢铁企业集团"的关键五年。中国共产党本钢集团有限公司第一届委员会第八次全体会议，认真学习贯彻党的十九届五中全会精神，贯彻落实省委十二届十四次全会精神，就制订本钢集团"十四五"发展规划纲要提出以下建议。

一、认真总结集团"十三五"期间各项发展成就，精准剖析问题，科学研判企业发展面临的形势

（一）"十三五"发展回顾

"十三五"期间，本钢围绕做精做强钢铁主业，不断加快品种结构调整和产品质量升级，推动全流程降本增效，实现大幅扭亏为盈；积极发展多元产业，着力构建主业突出，多元协同的产业发展格局，取得新进展。主要成就包括：

——全力推进扭亏为盈，经营效益明显好转。2019年，本钢集团实现营业收入612.8亿元，利润总额3.04亿元，销售利润率0.50%，资产负债率72.7%，相比"十二五"末的大幅亏损，实现了扭亏为盈；本钢板材实现营业收入527.41亿元，利润总额5.75亿元，相比2015年效益提升明显。

——产业规模不断扩大，产业结构持续优化。"十三五"期间，本钢不断提升钢铁主业工艺装备水平，为实现产量提升和品种质量升级奠定装备基础。2019年，本钢铁精矿、生铁、粗钢、热轧一次材产量分别为789万吨、1590万吨、1618万吨、1584万吨，国内粗钢产量排名由2015年的第十一位上升至第九位；本钢热轧板材、线材、螺纹钢及特钢棒材产量分别为1226.23万吨、248.97万吨、82.85万吨和48.67万吨。在推动做精做强钢铁主业的基础上，本钢多元产业在"十三五"期间也不断提升业务规模和竞争能力，取得新成效。贸易物流、工程技术、工业服务、城市服务和金融投资等各板块业务逐渐形成规模；金融板块在整合相关资源基础上，发展了财务公司类、股权投资类、融贸结合类、融资租赁类、融资担保类、小额贷款类等相关业务。

——节能减排工作不断强化，绿色发展水平显著提升。"十三五"期间，"绿色本钢"建设成效显著。秉承"绿色发展、循环发展、低碳发展"理念，本钢围绕钢铁生产各工序淘汰落后实现装备大型化、余热余能回收利用等关键环节，累计投资70多亿元，夯实了节能减排基础能力。2019年，本钢吨钢综合能耗比"十三五"初下降3%，预计可全面完成"十三五"节能目标任务。环境治理方面，"十三五"期间板材厂区先后完成焦炉烟气脱硫脱硝改造、烧结除尘改造、高炉煤气干法除尘、转炉一次除尘升级改造、发电厂三电车间锅炉脱硫脱硝改造、焦化废水处理以及中水深度处理等项目；北营厂区先后实施焦炉烟气脱硫脱硝改造、烧结环保除尘改造、炼铁除尘改造、转炉一次除尘升级改造、焦化废水处理以及中水深度处理等项目。通过有组织提标改造以及无组织治理，颗粒物、二氧化硫、氮氧化物排放绩效有所改善，均可以满足地方现行环保标准。同时，还实施了高炉渣、钢渣和除尘灰等固废治理和资源化项目，建设三条脱锌回转窑生产线，基本实现了"十三五"发展目标。

——两化融合不断提速，智能管控能力取得突破。"十三五"期间，本钢进一步提升了两化融合水平，有效实现综合集成，达到了集团管理、管控的预期效果，两化融合的发展已经从"集成应用阶段"正在向"融合创新阶段"迈进。本钢对信息化基础设施

包括主干网络、移动基站、主机平台、网络平台、信息安全等进行了全面升级改造，形成覆盖本钢工源厂区、矿山（南芬、歪头山两矿区）及本溪市区各单位的各业务子网，主要产线逐步实现了生产过程自动化；完成了冷轧超薄、二冷、三冷等主要生产线 MES 系统建设和上线，形成了覆盖全集团的生产、销售、质量、财务、采购、设备、工程、人力资源等业务流程的 ERP 系统，实现了业财无缝连接；OA 系统覆盖本钢集团公司及下属各部门、单位、分子公司等，覆盖集团公司一级组织 187 个，深入到作业区已覆盖 2143 个组织，共计 11604 人在线使用。

——治理结构不断优化，改革发展步伐加速。"十三五"期间，本钢规范母子公司董事会建设，优化了集团公司董事会成员结构，完善了一、二级子公司董事会建设，完善了各层级间分工协作机制，深入贯彻落实"三重一大"决策制度，形成了"职责明确、协调运转、相互制衡"的决策体制和机制。通过在董事会引入外部董事，满足董事会专业化和多元化要求，提升了董事会的决策效率和水平；实施了核心产业整合，压缩管理层级，提高效率；开展"四定"工作，进一步优化管理。

（二）存在问题与不足

"十三五"期间，本钢在推动钢铁主业品种结构优化升级，增强绿色发展能力，促进两化融合，深化机制体制改革方面取得了新成绩，但是对比国家、行业和辽宁省高质量发展要求，对比行业先进企业发展实践，本钢在发展速度和发展质量等方面还有明显差距。

——整体盈利能力不强。2019 年，本钢实现营业收入 612.8 亿元，利润总额 3.04 亿元，销售利润率 0.50%，明显低于行业平均水平 4.43%；资产负债率 72.7%，也远高于行业平均值 63.2%，未来亟待降低负债，减轻财务负担。

——钢材产品竞争力不足。本钢钢材产品附加值总体仍有较大提升空间。本钢热轧板材普通产品占比偏高，冷轧产品高附加值产品与宝武、首钢等企业相比，竞争力不足，线材产线以普材硬件配置为主，制约品种钢的生产，特钢棒材产品远离主流消费市场，整体处于国内第三梯队，螺纹钢产品三级螺纹钢占比太高，盈利能力差，竞争力弱。此外，钢材配送中心加工能力不足，也未实现在全国重点下游客户区域布局。

——绿色发展能力亟须增强。"十三五"期间，本钢各项污染物的排放绩效已经有所改善，但是对比先进企业，尤其在满足超低排放相关标准等方面，还有明显提升空间。在推进全厂系统节能，实现固废源头减量化、资源化及产品附加值等方面，本钢也有显著提升空间。

——研发创新体系支撑能力有待提升。"十三五"期间，本钢建立了较为完整的科技创新体系，取得了一系列成果。但是，在研发创新体系建设和能力提升方面，仍然存在明显不足。技术研究的行业领军人物短缺，高层次、高素质人才数量较少，科研立项、过程管理以及项目验收环节缺少信息化管理手段，信息共享性不足。

——机制体制改革任重道远。本钢组织管理体系还有进一步优化的空间。目前，企业劳动生产率明显偏低，人员结构待优化，技术人员比例偏低，操作人员比例过高，46 岁以上年龄员工比例过高，集团公司宽带薪酬体系需要进一步完善。

（三）发展环境分析

1. 宏观环境

受疫情影响，世界经济遭受严重冲击，地缘政治变得更加严峻，国际秩序面临加速变革，全球贸易环境严重恶化。疫情叠加"逆全球化"浪潮、世界经济下行等多重因素，2020年世界经济陷入衰退已成定局，且衰退程度将超过2008年国际金融危机。新冠疫情同样严重影响中国经济，2020年一季度中国GDP同比下降6.8%。但是，我国经济正处在转变发展方式、优化经济结构、转换增长动力的攻关期，经济发展前景向好的基本面并没有变。2020年10月26日，中共中央十九届五中全会召开，审议通过了《中共中央关于制定国民经济和社会发展第十四个五年规划和2035年远景目标的建议》。这次全会令人瞩目地提出了到2035年基本实现社会主义现代化的远景目标和"十四五"时期经济社会发展主要目标。全会提出加快建设现代化经济体系，加快构建以国内大循环为主体、国内国际双循环相互促进的新发展格局，形成需求牵引供给、供给创造需求的更高水平动态平衡，拓展投资空间。从长远来看，中国经济处于充分发挥国内超大规模市场优势和内需潜力，当前和今后一个时期，我国发展仍然处于重要战略机遇期，但机遇和挑战都有新的发展变化。

2.行业环境

"十四五"时期，作为国民经济的重要基础产业，钢铁工业进入了生产消费峰值弧顶后半期、市场格局深度调整期、建成钢铁强国关键决定期和创新发展历史机遇期。未来几年，我国钢铁工业面临的风险挑战主要表现在国际贸易保护导致出口形势趋紧、政策倒逼环保压力剧增、需求下降市场竞争激烈、核心地段和环境敏感区钢铁企业退城风险加剧等。钢铁工业作为我国经济高质量发展的主力军，仍将继续以供给侧结构性改革为主线。而保持供需数量的基本平衡，是我国钢铁行业能否实现高质量发展的关键。当前，我国钢铁行业尽管仍然面对供需严重失衡、资源保障问题凸显、产业集中度低、环保发展水平不平衡、布局问题新旧交织、能源约束问题日益突出、技术创新能力亟待加强等严峻挑战，但同时也迎来了兼并重组窗口期、绿色发展关键期、智能制造关键期以及国际产能合作、产业链建设、工艺技术升级、新产品研发、标准引领高质量发展机遇期。

3.区域环境

振兴东北是我国在区域发展战略上的一项基本国策。自2003年10月，中央正式发布振兴东北战略以来，历经16年，国家一直在持续优化相关配套政策，推动区域经济转型升级。贯彻习近平总书记视察东北和辽宁的重要指示，坚定信心，以新发展理念为引领，推动高质量发展，作出共和国长子应有贡献。本钢作为东北地区著名国企，在推动产业转型升级，实现高质量发展的过程中，可以充分享受相关优惠和鼓励政策。

"十四五"时期，辽宁省坚定不移贯彻新发展理念、推动高质量发展。建立更加有效的区域协调发展机制，形成以沈阳、大连"双核"为牵引的"一圈一带两区"区域发展格局。推动辽宁制造向辽宁智造转变跃升，加快建设数字辽宁、智造强省，走出辽宁"数字蝶变"的高质量发展新路。出台了促进传统产业转型升级的政策。

本溪市是以钢铁、化学工业为主的综合性工业城市，也是沈阳经济区副中心城市。一直以来，本溪市都将"绿色钢都"作为区域工业经济发展重点目标之一，并致力于打造高端绿色钢材、钢材精深加工、装备制造精品铸件三大产业基地。本钢作为区域钢铁产业发展的主要承载体,既有责任也有义务,进一步提高钢铁产业发展水平和发展质量,持续增强对区域经济和社会发展的支撑力和驱动力。

二、"十四五"时期的总体发展思路、战略目标和实施路径

（一）发展思路

坚持以习近平新时代中国特色社会主义思想为指导,全面贯彻党的十九大、十九届二中、三中、四中和五中全会精神,突出贯彻落实习近平总书记关于深入推进东北振兴讲话精神,着眼国内国际双循环的大格局和第二个百年奋斗目标的战略安排,紧紧抓住"振兴东北""智造强省"和深化国企改革的发展机遇,充分发挥本钢资源、区位、政策等优势,以提高竞争力为核心,围绕高质量发展,聚焦钢铁材料制造与服务,不断提高产业协同创新发展能力,致力于成为精品、绿色、智能、服务的世界一流钢铁企业集团。

（二）发展定位

本钢"十四五"期间,围绕"精品、绿色、智能、服务的世界一流钢铁企业集团"发展愿景,将充分发挥既有优势,实现以下三个发展定位:

——以极具国际竞争力精品板材、国内一流的优特钢棒线材基地为代表的先进钢铁材料综合服务商;

——钢铁行业高质量发展的践行者;

——国企改革先行先试的探索者。

（三）发展战略

以钢铁产业为基础,构建主业与多元协同发展的产业格局。致力于通过改革和创新,巩固提升在钢铁材料制造领域的竞争优势,打造以精品汽车板为龙头的绿色产品智慧制造体系,与装备制造、物流贸易、资源材料、工程技术、智能服务、产业金融六大重点产业的多元产业协同发展,最终建成"精品、绿色、智能、服务"的世界一流钢铁企业集团。

（四）目标指标

1.总体目标

规划到2025年,本钢实现"25115+"规划目标,高质量发展取得明显成效,机制体制改革创新取得显著突破,核心竞争力具有比较优势,对辽宁省、本溪市的支撑力与带动力大幅增强。到2035年基本建成"精品、绿色、智能、服务"的世界一流钢铁企业集团。

"25115+"规划目标:"十四五"末实现2000万吨粗钢产量,近50%冷轧汽车板比例,1000万吨自有铁精矿产量,超1000亿元营业收入,超50亿元利润,职工收入随企业效益增长稳步提高。

2.分项目标

（1）产业格局

钢铁主业与以装备制造、物流贸易、资源材料、工程技术、智能服务、产业金融六大重点产业的多元产业协同发展格局更有成效。

（2）经营效益

规划"十四五"末,本钢年营业收入超1000亿元,利润总额超50亿元,总资产规模达到1700亿元以上。其中,钢铁主业营业收入900亿元,利润45亿元;多元产业营业收入100亿元,利润6亿元。本钢资产负债率降至行业平均水平以下。

（3）绿色发展

规划"十四五"末,本钢钢铁产业环保排放全面达到超低排放标准,节能低碳水平进一步提升,全面完成国家下达的各项节能减排任务,引领区域钢铁行业绿色发展。

（4）智能制造

以支撑本钢数字化转型为主攻方向，分阶段推进智能工厂、智慧矿山等智能化建设，进一步提高本钢两化融合水平，实现由"集成提升阶段"向"创新突破阶段"迈进。

（5）创新体系

推动建立高效、协同、开放的科技创新体系，成为本钢高质量发展的技术推动力源泉。规划"十四五"期间，R&D实际投入率≥2.5%以上，专利申请量≥300项/年，国家及行业科技进步奖（作为主持单位或主要参与单位）≥2项/年，每年新工艺、新技术推广与新产品开发数量≥50项；本钢沈阳研发中心建成国际先进、国内领先的研发服务平台。本钢整体科技创新能力保持在第二集团企业领先位置。

（6）改革发展

强化机制体制创新，积极推进国有企业战略性重组和混合所有制改革；加快经营体制和分配制度改革，优化组织机构、明晰权责划分，规范管理流程，构建集团战略管控明确、母子公司权责划分明晰、管理流程规范、管控体系顺畅的管理体系，加快结构调整和转型升级、全面加强国有企业党的领导和党的建设，促进本钢整体管理水平达到国内先进。

（五）实施路径

一是全面提升钢铁主业综合竞争力取得新突破。通过高效低成本智造、产品结构优化升级，上下游产业链的进一步配套完善，节能环保低碳发展水平的进一步强化，智能化和国际化水平的进一步提升等重点措施，促进本钢钢铁主业的综合竞争力获得显著提高。

二是多元产业内部服务能力和外部竞争力建设取得重大突破。通过进一步优化多元产业的业务定位和业务种类，紧抓相关产业发展机遇，借助最新信息技术、人工智能技术等手段的应用，引进战投，迅速做大做强多元产业，使多元产业对钢铁主业的支撑保障能力和参与外部市场的竞争能力获得重大突破。

三是支撑体系和机制体制创新方面取得重点突破。通过研发创新和营销体系、信息化和智能制造体系、品牌质量管理体系、安全生产管理、集团管控体系和人力资源体系的优化提升，以及积极推进国有企业战略性重组和混合所有制改革，进一步提高本钢发展软环境的建设水平，提高对钢铁和多元产业发展的支撑能力和促进能力。

三、钢铁产业板块，要围绕提高综合竞争力，实现高质量发展

（一）产业定位

钢铁产业是本钢的核心产业板块，是集团打造国内领先的钢铁材料综合服务商的关键支撑，是发展壮大装备制造、贸易物流、资源材料、工程技术、智能服务、产业金融等多元产业的重要基础，是创建现代化企业管理体系、提升市场综合竞争力的典型示范，是适应行业发展环境、实现高质量发展的主要发力点。

（二）发展思路

"十四五"期间，本钢钢铁产业板块，围绕提高综合竞争力，实现高质量发展，重点聚焦以下三个方面开展相关工作：

——提高钢铁主业市场竞争力。以提高产能利用率为基础，优化产品结构和存量装备，大力提高产品质量和稳定性，积极拓展深加工产业链条；围绕核心产品，推进钢材品种系列化、标准化、高端化；利用数字化、智能化手段，深入挖掘降本增效潜力。

——提升绿色低碳发展水平。贯彻落实国家省市政府关于钢铁行业绿色低碳发展的相关要求，积极生产绿色产品，大力推进绿色工厂、绿色矿山和绿色园区建设，并且不断降低碳排放强度；按照国家和地方超低排放工作要求，合理制定工艺技术装备改造提升路线，按期按要求完成超低排放改造。

——加快钢铁产业布局优化。响应钢铁行业联合重组步伐，加速推动钢铁产业改革发展进程，主动作为；响应国家"一带一路"倡议，适时推进资源、产能和市场的海外布局，加快走出去。

（三）发展目标

本钢钢铁产业板块以打造极具国际竞争力的精品板材基地、国内一流优特钢棒线材基地为总体目标，实现以"汽车板、家电板、轴承钢、帘线钢"为特色的产品结构，以"钢材深加工+焦化深加工"为重点的产业链条，以"高效低成本智造+改革创新"双管齐下的经营模式，综合竞争能力达到国内领先水平，打造精品、绿色、智能、服务的世界一流钢铁产业。

（四）主要举措

1. 铁矿生产优化

"十四五"期间，要进一步发挥本钢资源优势，提高自产矿的供应能力，变资源优势为原料优势，同时通过技术改造，推进矿山全面高质量发展。加大矿区外围及其他地方的找矿与勘探工作力度，实施资源整合，提高资源掌控量，实现储量升级，力争"十四五"末掌控资源量达到59亿吨以上。

加快推进贾家堡子、花岭沟、大张北露天转地下工程，以及棉花堡子和徐家堡子等后备矿山建设，做好资源接续，科学有序合理开发。加速露天矿优化设计项目、歪头山铁矿采场扩帮延伸项目、选矿厂大型化改造及尾矿高浓度输送项目的实施，优化工艺流程，提高劳动生产率，提升信息化、自动化和绿色化水平。"十四五"末铁精矿生产能力达到1000万吨/年，"十五五"末达到1100万吨/年。

通过新建北营尾矿管输、高压辊磨、废石加工处理等项目，完善辅助生产系统，减少尾矿排放量，缓解矿山生产面临的排土场空间不足、尾矿库排尾等问题，同时有利于降低极贫磁铁矿的加工成本。夯实管理基础，进一步明确集团公司和矿山单位的职能定位，努力降低管理成本，提高企业竞争力，矿山管理水平达到国内一流。

2. 产品优化调整

热轧板带产品，集中资源大力发展热轧板带产品，以重点产品突破带动本钢热轧板带产品竞争力全面提升。重点发展汽车用钢（含车轮钢、大梁钢、汽车结构钢）、管线钢以及热轧酸洗产品，提高产品档次以及系列化生产和供货能力，此外，根据市场情况，开发铁道车辆用高耐候钢、高强集装箱用钢、磁极磁轭钢、工程机械用高强钢、耐磨钢等产品，打通TMCP+热处理+开平的高强钢生产流程。热轧品种钢全面达到国内先进水平，重点产品跻身国内第一梯队。

冷轧及涂镀产品，依托现有冷轧产线，重点聚焦盈利能力强的品种以及高附加值和战略性产品生产，尽量压减一些竞争力不强的、不盈利的普通产品生产。主要是加强汽车、家电板生产能力，进一步巩固在区域市场高档汽车板生产技术优势，根据区域客户需求，拓展高质量汽车面板以及先进高强钢等品种，增强市场竞争力。

特钢棒材产品，以电炉、特钢初轧机及大小棒拆分、电渣炉等提质升级改造项目实施为契机，以需求牵引和战略发展为导向，在现有生产能力基础上,做优做精存量,加快实施"逐步培育、品质提升、重点突破"品种发展战略。重点发展汽车用钢、高性能轴承钢、石油装备用钢三大类战略产品,轴承钢取得 SKF、铁姆肯等,齿轮钢取得伊顿、卡特彼勒等,石油用钢取得哈里伯顿、国民油井等国际知名公司认证,加快发展军工专用特殊钢,取得军工产品认证。

线材产品,进一步提升钢绞线用钢、帘线钢、冷镦钢等高附加值优特钢生产比例,压减盈利能力不高的普通建材产品产量。规划新建 1 条高速线材生产线,4 条产线实现专业化分工,提升本钢优特钢线材产品质量水平和档次。

螺纹钢产品,应维持现状发展,在产品结构方面,立足现有工艺装备适时开发高强抗震钢筋、耐蚀钢筋等产品,提升产品附加值,改善盈利能力。

铸管产品,重点发展大口径和高附加值产品,同时带动中低端铸管产品的市场销售,产量提升也有利于降低生产成本,提高市场竞争力。规划新建大口径热模管生产线,产量目标 10 万吨,高附加值中小口径水冷管 4 万吨,普通中小口径水冷管 6 万吨。

3. 产线调整举措

对 2019 年本钢各分厂产品销售收入和产品毛利润率进行了分析:从利润情况看,除板材公司热轧厂、二冷轧厂、铸管厂和北营 1780 热轧生产线有盈利,其他生产厂均亏损;从销售收入占比看,板材公司热轧厂、北营线材厂、三冷轧厂、北营 1780 热轧、一冷轧厂、二冷轧厂销售收入占比均超过 10%,其中板材公司热轧厂为 26.7%,占比最高。热轧板带生产线(含本部和北营)是本钢战略产线,同时考虑三冷厂的装备水平、产品生产情况和未来发展潜力,也作为本钢战略产线。综合考虑市场需求、生产经营、品种定位、产线升级等因素,二冷厂和特钢厂作为重点产线发展;铸管厂、北营线材作为优化提升产线发展;北营棒材、板材一冷轧不再增加大的投入,维持发展。

4. 主体工艺装备优化调整

原料场规划重点向生产清洁化、作业高效化、污染减量化、操作智能化方向发展,在保证各工序所需原燃料稳定、高效供应的同时,为烧结工序提供 100% 高质量的混匀矿,为推进精细化生产奠定基础。

加强烧结原料混匀工作和烧结筛分、混合等装备水平;建立原燃料质量评价和有害元素的准入标准;建立烧结、球团优化配料及管控模型,实现烧结、球团低成本生产;提高烧结、球团高效化、绿色化和智能化水平。

淘汰 4.3m 焦炉,升级建设大型先进水平焦炉;加强余热余能回收利用,降低工序能耗;按照超低排放要求,全面升级环保设施,提升焦化厂绿色发展水平。

加强高炉装备及配套设施的设备管理工作,建立原燃料质量评价和操作制度的标准化体系,建立生铁成本核算和影响模型,实现高炉的高效、低耗、低成本、长周期稳定顺行生产。

铸管扩大优质产品的生产能力,对现有低效、落后的生产线实施技术改造和自动化升级,提高生产效率和产品质量,增加铸管产量,降低能耗和成本,实施"高端产品打市场,带动中低端产品扩市场"的经营战略,进一步提高市场竞争力。规划铸管目标产量 20 万吨/年。

按照高质量发展要求,对现有炼钢工序进行提质改造,降低铁钢比,提升钢水质量和品种钢冶炼能力。积极推进限制类炼钢装备改造，提高炼钢工序的生产效率和节能环保水平，规划本钢年产粗钢2050万吨，其中板材厂区年产粗钢1270万吨，北营厂区年产粗钢780万吨。重点推进炼钢工序绿色化升级改造，确保稳定达标排放。

以现有石灰生产设施为基础，充分发挥存量资产作用，并重点优化升级，保证规划炼钢和烧结生产规模对石灰的需要。通过加强原、燃料质量控制以及增加节能减排措施，进一步提高现有石灰产品质量和生产效能。

热轧板材，工艺装备方面，对1880/1780/2300mm生产线老旧设备进行更新改造，保证生产线稳定运行；新增1条热轧酸洗生产线，大力发展薄规格高强度热轧酸洗产品。远期考虑新增板材热处理生产线及薄规格高强钢开平机组，满足高强钢、超高强钢、耐磨钢等产品的生产要求，进一步丰富提升热轧板材产品档次。此外，针对1880mm生产线竞争力不足的问题，远期可在外部条件允许的情况下，结合热轧板材产品开发需求，适时启动1880mm生产线改造工作。

特钢棒材，一是进行小棒分线改造，将原来1条棒材生产线拆分成大棒、小棒两条生产线，通过合理分工，充分发挥各生产线能力；二是配套完善棒材精整线，包括矫直、探伤等相关设备。

线材，规划新建1条优特钢线材生产线，满足发展高等级、高品质钢绞线用钢、高强帘线钢、合金焊丝钢、合金冷镦钢、弹簧钢、轴承钢等优特钢线材产品的生产要求，进一步丰富提升线材产品品种和档次。此外，适时对现有的二、三高线的加热炉、高压水除鳞系统、控轧控冷系统等进行提升改造，完善四高线的控轧控冷系统，以进一步提升产品质量保障能力。

冷轧板材，冷轧总体维持现有规模，局部优化调整，主要依托现有高水平产线，重点发展优势产品。规划"十四五"期间，进一步发挥高档汽车板生产技术和装备优势，拓展高质量汽车面板以及先进高强钢等品种，增强市场竞争力；规划建设高强机组，进一步保持汽车板竞争力；推进二冷轧3#镀锌线增设锌铝镁镀层改造，进一步提高镀锌产品竞争力；一冷完善性改造，适时启动四冷轧建设，暂缓硅钢机组和可开展前期研究；丹东冷轧及彩涂机组不做新增投入，采用灵活方式盘活资产。

北营棒材，保证现有生产线稳定运行，不开展较大的技改投资。

5. 公辅系统优化调整

建设本钢两厂区220kV总降提高供电能力。提高外部电源电压等级，提升供电能力和综合管理水平。调整部分66kV变电站系统为企业二级站，形成新的整体的合理布局，降低企业电费支出。减少外部线路负担。针对大量超期服役设施和国家明令淘汰设备、超过安全运行期限电缆，应落实资金彻底排查更换标准的高压五防柜，提升继电保护自动化程度，更换电缆，控制安全隐患。

进一步升级改造完善水系统，主要是板材厂区水源净化提质改造，雨污分流排水系统改造，焦化废水处理提标改造，冷轧废水处理升级改造，烧结脱硫废水治理等；北营厂区雨污分流排水系统改造，综合污水处理深度脱盐提质改造，焦化废水处理提标改造，烧结脱硫废水治理等。同时，有必要完善供水三级计量，强化水管理考核，定期开展水平衡测试，供水管网检测漏。烧结脱硫废水治理可结合脱硫脱硝改造项目一并实施。

煤气系统规划遵循"极限回收、节约使用、能级匹配、高效转化和零放散"的原则，根据煤气资源的数量、品质和用户需求不同，合理分配使用煤气，完善煤气缓冲系统，进行煤气管网改造及优化，实现煤气零放散。制氧系统大型化，加强生产保供。

热力系统遵循统筹规划、协同优化的原则，提高能源利用效率、提升整体余热余能利用率。一是大幅提升发电机组能效；二是降低空压系统能耗；三是优化蒸汽系统平衡；四是提升高炉鼓风系统能效。规划自发电量大幅提升；空压系统电耗下降10%。规划"十四五"期间厂区二次能源回收利用实现"高质高用、梯级利用、能级匹配"，热力介质供应由安全保供向经济运行转变，完善热力介质计量工作，实现精细化管理。

6.产业链延伸

针对本钢板材加工配送中心面临的外部环境及内部存在的主要问题，确定"立足东北市场、完善布点、确保地域优势，着眼沿海布局，增强远程投送及服务能力"的布局规划；逐步发展产业型深加工，从单纯的材料深加工逐步发展为零部件深加工产业。如钢材加工中心除横切、纵剪外，还将增加落料、激光拼焊、热压成型等先进零部件加工。进一步还将发展汽车车架、冷成型件等汽车零部件制造和钢结构制造产业。

本钢钢材深加工配套措施和项目：一是完善钢材加工配送中心布局，在全国布点建设加工配送中心，为下游汽车厂、家电厂、机械制造厂等提供钢材配送服务，总加工能力达到100万吨左右。二是零部件制造项目，以汽车板、硅钢为原料加工制造汽车零部件、电机硅钢片等深加工产品。

7.物流优化

成立专门的物流管理部门，以精细化为理念，以降本提质增效为目标，以激励型机制体制为动力，以信息化为工具，以标准化为支撑，对全供应链物流实施协同管理；抓住料场环保智能化改造的机会，对料场等仓储物流设施进行布局优化，抓住生产设施升级改造的机会，对主体设施进行布局优化，通过总图布局优化，使工序紧密衔接，实现流程优化，从源头上解决物料倒运问题，降低物流成本；对运输方式进行综合比选，通过运输方式优化调整，实现运输环节降本增效；以北方恒达物流园为基地，大力发展物流产业，逐步提高物流产业的盈利能力和服务水平，实现开源创效，将物流打造为本钢核心竞争力的重要组成部分。

8.国际化战略

通过扩大产品出口，加强与优势企业合作，加快出口营销服务网络布局，积极拓展国际市场份额；积极响应"一带一路"倡议，发挥辽宁省作为中国北方地区对外开放的大门户和东北地区共建"一带一路"桥头堡的作用，积极探索俄罗斯、蒙古、哈萨克斯坦、澳大利亚以及非洲等地的资源布局，加大对以上地区的铁矿石、焦煤资源的开发利用力度，跟踪研究国际矿业公司运营和项目进展；加强管理、技术、生产经营、商务外贸等国际化人才培养力度等措施，实现全球范围内生产要素的最佳配置。力争规划期末实现进口铁矿石和焦煤长协矿占比保持90%以上，钢铁产品海外销售总量达到300万吨以上。

四、多元产业要做强核心产业、培育提升新兴产业、维持低效产业，实现优化资源配置和聚焦发展

（一）发展思路与目标策略

从战略转型的高度，沿钢铁产业链上下游延伸发展相关产业。按照"核心＋培育新兴＋维持低效"发展思路，实施"6+4"产业战略，即大力发展装备制造、物流贸易、

资源材料、工程技术、智能服务、产业金融六大重点产业；培育提升城市供热、废钢加工、新能源、职业教育四大新兴产业；维持调整房地产和服务类低效产业。采取宜控则控，宜参则参发展模式，并按照同业归并、市场化运营模式，打造具有较强竞争力和盈利能力的支柱产业。2025年，集团多元产业实现营收100亿元，利润总额6亿元。

按照"做强核心产业、培育提升新兴产业、维持低效产业"的战略指导思想，以实现优化资源配置和聚焦发展为目的，运用行业吸引力矩阵分析图，从市场吸引力（未来发展前景）和本钢具备的能力两个维度进行分析，明确本钢各产业板块发展策略。重点发展装备制造、物流贸易、资源材料、工程技术、智能服务、产业金融六大重点；优化提升城市供热产业、废钢加工产业、新能源产业和职业教育等新兴服务产业；维持房地产、后勤等生产服务和社会服务板块中相关的低效资产。

按照多元产业板块化推进多元业务归并和重组，对子公司实行专业化整合，按照产业业务相近、协同性强的原则，将同类型的多元子公司划由同一产业下竞争力强的核心公司代管，统筹推进各多元子公司业务发展。

（二）各产业规划重点

1. 六个重点产业

一是装备制造产业。以本钢机总、恒通轧辊、恒泰重机、北重为平台，立足本钢服务全行业企业，产品和品牌由中低端向中高端转型。延伸主业产业链，实现初级产品的铸造、精加工、热处理、精细化、高端化生产。发展冶金、矿山、环保、基础设施领域单机和成套设备。机总公司围绕钢铁产业链延伸，整合特钢冶炼资源，提升高附加值铸钢产品和锻造产品的制造能力；充分利用本溪"人参铁"的品牌优势及高炉铁水优异的铸造性能，进行短流程高端铸铁件生产；着眼环保设备大市场大机遇，联合专业公司开展环保节能设备制造和服务。恒通公司重点开展产线总承包、轧辊表面技术服务总承包，利用特钢电炉优势引进合作发展冷轧辊项目。恒泰公司重点发展大吨位、智能化冶金；北重公司引进战略合作者，开展矿用新能源汽车和备件等业务。

二是物流贸易产业。一是开展深加工，未来发展重点在拓展广度和深度。广度方面，针对本钢板材加工配送中心面临的外部环境及内部存在的主要问题，确定"立足东北市场，完善布点、确保地域优势，着眼沿海布局，增强远程投送及服务能力"的布局规划；在本溪金桥、本溪银龙、沈阳激光拼焊、豪斯特热压成型、大连本瑞通、上海济福等基础上，进一步发展汽车车架、冷成型件等汽车零部件制造。二是打造集"仓储物流+钢材剪切加工+钢材深加工+欧冶云商"模式的快捷性北方恒达钢铁物流园。三是承接京津冀产业转移，国家支持发展建筑钢结构的政策红利，与国内战略用户合资合作发展装配式钢结构制造。四是整合企业内部运输资源，以轻资产模式整合社会运输资源，立足本钢平台开展支干线汽运服务，并结合恒达物流园、阜外剪切配送等业务，逐步发展综合物流服务，提供包括运输、仓储、货代、船代、物流咨询、车辆服务、油品供给等服务。五是以国贸公司为平台，进一步明晰职能定位，理顺管理体制机制；以国贸公司现有下游钢材产品销售为主要业务，进行国际贸易产业的培育，逐渐形成规模优势。充分开拓海外贸易融资业务，形成资金、业务规模化。

三是资源材料产业。本钢统筹牵头单位，统一规划，组建研发团队和引进战略单位深入开展综合利用业务。以冶金渣公司、新实业公司为平台,以铁精粉深加工、钢铁产业链副产品加工和环保处理为主线,实施板材厂区和北营厂区钢渣环保改造项目以及尾渣再利用;开展除尘灰有害元素处理项目、危废品综合处理项目。发挥本溪地区优质铁矿优势开发战略性新型材料。积极与国内外掌握核心技术的战略投资者合作开展资源利用,提升资源综合利用产业竞争力。

四是工程技术服务。新时期实现本钢钢铁主业高质量发展需要优质的设备维护、生产服务、工程建设保障能力,以修建维检公司、建设公司为平台,整合集团内维检资源,集中专业化运行,强化施工全寿命周期管理,强化市场竞争力。围绕两钢铁厂区及矿业等的需求,以维护保产、设备检修备件保供为依托,不断提升检维修技术水平。建设公司健全和提升资质等级,通过与强企联合合作,在环保工程、装配式建筑、钢构复合式桥梁、智能照明等高新领域抢得先机。对承揽重点建设工程,给予融资支持,全力推进产业发展,向管理型、专业化集团式现代建筑企业发展。

五是信息智能化产业。以本钢信息自动化公司为平台,依托本钢,以项目为载体,在工业智能化领域,致力于工厂自动化和信息化融合服务,应用物联网、大数据、云计算等技术,围绕企业组织管理和产品生产制造,重点开展智能工厂、智能装备、智能物流、智慧服务等核心业务,为客户提供更深层次解决方案。在服务主业自动化、信息化和智能化中提高信息自动化公司能力,积极开展本钢同铁路、港口等外协业务的信息服务等。

六是产业金融。打造本钢的资本管理服务中心和产融发展平台,发展成为以服务钢铁主业为主,辐射上下游产业链,多业务经营的大型投资控股公司。重点对部分金融子公司推进混合所有制改革,引入民营资本,实现体制机制创新;推进金融产业各公司信息技术开发和应用管理;进一步加强与各金融机构业务合作,并积极拓展产业投资基金、融资租赁、资产管理公司、国际投行等新业务领域,助力集团转型为国有资本投资公司。积极与外部资本开展合作、参股等方式适时进入基金、证券、保险、信托等行业领域。

2. 四个培育产业

一是城市供热产业。以热力公司为平台,同国内外战略投资者合作,充分利用本钢余热资源为本溪市区、北台区域、桥北工业园等提供供热服务。按省、市"蓝天工程"和节能减排相关要求,开发利用本钢工业余热替代市区洗浴燃煤锅炉项目,并积极增加低温烟气利用等余热资源。尝试多种经营,增强盈利能力。

二是废钢加工产业。废钢已成为战略资源,本钢年外购废钢约300万吨,为保障废钢经济化供应,以钢联公司为平台与国内大型废钢资源公司合作建设废钢加工基地,与本溪市政府合作建设废钢产业园。

三是新能源产业。以北方煤化工公司为平台,整合目前化工贸易和焦化产品延伸加工业务,组建本钢煤化工公司,实施产业结构转型发展。通过引进第三方相关煤化工企业参与发展煤化工产业。开展焦油、粗苯产品深加工,生产轻油、改质沥青、精制洗油、精制蒽油等,延展发展碳基新材料,发展新能源。

四是职业教育。做大做强职业技术学院,为主业发展提供蓝领人才,为国家提供职业人才。积极引进专业学校管理团队,创新办学体制,探索校企深度合作新模式,建设校企合作办学联合体。深化教学改革和实施科学规划，进一步提高学生培养质量和优化校园区位功能。同时，努力开拓外部市场，积极推动培训体系建设和提高生产服务能力，从而提升学院经营业绩。技师学院要以列入辽宁省产教融合试点单位为契机，以本钢企业办学为依托，抢抓新一轮东北振兴机遇，推进集团化办学，协同地方政府、行业企业、职业院校、科研院所等多方力量，有效整合和共享资源，提升人才培养质量和研究能力。

五、加快推进企业发展能力建设，切实保障规划目标的完成和规划路径的实施

（一）资源保障体系

1. 发展思路

铁矿石以"自产增量、外购降本"为导向，加快资源接续工程建设，提高自有矿山的生产能力，进一步变资源优势为原料优势；加强与外部供应商的合作，拓宽供应渠道和品种，降低外购成本，共同打造安全、稳定、经济的铁矿石供应保障体系。

废钢资源坚持高质量发展理念，以业务能力建设为核心，优化产业结构，完善体制机制，提高服务本钢钢铁主业支撑能力以及参与市场竞争力。

煤炭资源从资源保障和贸易两个维度开展煤炭资源业务。统一集团煤炭采购、进口和贸易业务，整合成一个贸易公司，开展煤炭资源保障和煤炭贸易业务，从事煤炭现货、期货贸易，在保障公司煤炭使用的同时，打造煤炭社会贸易业务，创造新的经济增长点。在港口建配煤炭基地，保障入场煤质量稳定，扩大煤炭供应商范围，扩大采购炼焦煤品种。

辅料矿从"自产为主，外购为辅"向"内外结合"转变，一方面以现有产能为基础，挖掘资源潜力，延长自有资源服务年限；另一方面加强外部合作，尽快确定后备矿山，增加资源储备，为下一个五年发展奠定基础。

2. 发展目标

铁矿石规划到"十四五"末，本钢自产铁精粉产量达到1000万吨/年以上，"十五五"末达到1100万吨以上；外购矿石来源更加稳定，形成更加可靠、可持续的铁矿石供应体系。

废钢资源围绕企业落实精料入炉方针，满足本钢炼钢生产配套供应优质废钢的需求，稳定废钢铁供应渠道，建设并打造规范化、先进化、清洁化的废钢铁加工基地，同时积极与区域内及周边省市的主要废钢铁回收企业建立合作关系，形成战略供需联盟，提高优质废钢铁资源的控制能力以及废钢资源在企业发展中的战略地位，争取实现年废钢加工能力200万吨，其中，自有废钢加工能力100万吨。此外，积极推进本钢废钢厂彩西供料站项目的进行，保证其150万吨废钢的供应量，确保特钢厂改造投产后的原料供应，为企业创造良好的经济、社会和生态效益。

煤炭资源2025年新增权益炼焦煤资源量2亿吨，新增权益炼焦煤供应量300万吨（按炼焦精煤算），实现煤炭100%长协供应。

辅料矿"十四五"期间，维持现有矿山生产，石灰石矿产能保持460万吨/年；外购资源取得突破，石灰石矿资源掌控量达到1亿吨以上。

3. 主要举措

铁矿资源加快露天转地下工程，花岭沟、棉花堡子和徐家堡子等后备矿山的建设进度，做好资源接续工程；尽快实施高压辊磨、干选抛尾系统、设备更新、尾矿高浓度输送等项目，降本增效的同时，保证矿山平稳生产；加强对铁矿石市场的分析和研判，

并适时调整采购标准，提高采购性价比；进一步开拓铁矿石采购渠道和品种，加强供应商战略协作，提高矿石质量稳定性；适时参股或控股周边资源和开发规模较大且证照齐全的生产型矿山，进一步发挥本溪地区的铁矿资源优势，提高地方矿使用比例。

废钢资源完善板材废钢厂露天堆料场封闭，同时新建废钢切割间，提高废钢加工能力。重新规划北营废钢厂选址，北营炼钢厂一区拆除后可用作2#废钢堆料场，同时新建废钢库房、废钢配料间和废钢加工间，并配套抓钢机、打包机、剪切机和破碎机等废钢铁装卸和加工设备，提高废钢储存与加工能力，完善1#废钢场地封闭，增加废钢切割间，提升废钢堆密度和纯净度。围绕炼钢精料入炉方针，将优质废钢作为资源保障战略中要考虑的重要因素。积极回收利用企业自产及周边地区的废钢铁资源，同时，充分发挥现有废钢加工生产线的规模效应，提高设备利用率，保障废钢原料供应量和质量稳定性。在保持自有废钢加工能力正常运转前提下，适当通过控股、参股等方式与区域内及周边省市的主要废钢铁回收企业开展强强联合，进一步扩大废钢资源保障能力，逐步构建稳定的废钢回收、采购、加工和供应网络。

煤炭资源进一步加强现有煤炭采购渠道的建设，进一步加大长协煤炭的供应比例。根据价格适当调配采购煤种比例，降低采购成本。关注利用俄罗斯煤炭作为喷吹煤。国外以澳大利亚、非洲等焦煤资源丰富地区为主要目标地区，寻找投资机会，锁定适量优质焦煤资源。国内一是加强与山西、内蒙古煤炭企业合作，入股或收购2—3家大型煤炭企业，二是加强与山西、内蒙等炼焦煤资源丰富地区民企合作，提高焦煤资源保障能力。

辅料矿资源加强同周边石灰石矿供应商的合作，签订长期合同，确保供应的连续性。尽快确定外购石灰石矿资源并积极筹备开发，为下一个五年奠定基础。

（二）科技研发体系

1. 发展思路

以国家转变经济发展方式、产业转型升级为契机，围绕高端装备制造、汽车、家电以及建筑等产业的发展需求，以实现本钢钢铁产业结构调整和产品升级为战略目标，以"创新驱动、质量为先、绿色发展、结构优化、人才为本"为原则，以优化整合技术创新资源为手段，以本钢技术改进和质量提升为目标，加强研发创新体系建设，强化优秀创新团队建设和高端人才培育，为建成具有国际竞争力和影响力的绿色钢铁产业集团提供坚实的技术支撑。

2. 发展目标

规划到2025年，R&D实际投入率≥2.5%以上，专利申请量≥300项/年，国家及行业科技进步奖（作为主持单位或主要参与单位）≥2项/年，每年新工艺、新技术推广与新产品开发数量≥50项；本钢沈阳研发中心建成国际先进、国内领先的研发服务平台。本钢整体科技创新能力争取保持在第二集团企业领先位置。

3. 主要举措

完善并理顺技术创新投入机制，把技术创新投入纳入年度预算，实际研发投入（R&D）比率达到2.5%以上，形成长期有效的稳定投入机制。用于新产品开发、前瞻性共性技术研究、生产亟须的短平快项目、节能降耗项目、科研条件建设项目、重大技术改造项目、重大环保治理项目等的研究开发，以及设备采购和人才引进等。设立专用科研经费账户，技术创新经费的管理实行创新经费专项管理，严格做到专款专用，保障科研投入的有效供给。把新产品试制等相关费用从分厂考核成本中剥离出来，根据项目立项情况拨付研发费用，切实保障科研项目的顺利推进。

制定并落实高端人才引进和培养机制，建立优秀技术创新人才国内外考察、进修、实习、培训制度。坚持引进和自主培养相结合，加强技术研发和管理骨干的人才培训，适时适量引进国内和国际高端技术创新人才，逐步建立以技术创新领军人才为骨干的研发梯次团队，并根据科技创新实际成效和企业发展需求，对重要的领军型、紧缺型科技人才，给予股权、期权等激励。对于引进的博士研究生等高端人才，可给予更高的安家费，从而吸引高端人才的加入。此外，要搭建人才成长和晋升通道，建立科学的人才评价机制，按照评价结果落实人才待遇，以此激发技术人员的创新积极性。

构建以技术研究院为主体，产销研和产学研紧密结合的研究开发体系，以分厂技术力量为主体，以服务生产现场为目标，以稳定提高和精益运营为特征的持续改进体系。技术研究院主要负责新产品研发、关键共性技术攻关、用户技术支持等，强化各分厂生产一线的技术力量，一方面承接技术研究院科研成果在各条生产线进行产业化推广，另一方面，解决生产线运行过程中出现的问题，保证生产线的稳定运行。通过技术研究院与分厂合理分工和有效协同，打造以技术研究院与分厂技术力量为核心，产学研平台为补充的本钢科技创新体系。此外，通过与东北大学联合建设具有国内先进水平的沈阳本钢技术研发中心，实现聚集人才，资源共享的目的，打造国内领先水平的产、学、研、用一体化新材料研发孵化基地与创新示范基地，进一步提升本钢的研发创新能力。

深化公司科研管理体制和运行机制改革，加快科技成果转化，激发科研机构的创新活力，对科研项目研发过程中需要进行对外开展技术合作给予部分自主管理授权。如：授权技术研究院在科研项目研发过程中确需进行对外合作，而与合作单位签订的技术开发合同、技术服务合同、技术咨询合同及技术转让合同或技术检测合同，单笔合同限额内的由技术研究院自主审批。超过年授权总额或单项限额的，按相关制度流程报公司审批。

搭建集团科技信息管理系统，实现科技项目的网上申报、审批、过程管理、项目结题、成果申报等全流程闭环管理，方便各类科研项目的进度查询，提高管理效率。

重视科技成果推广，加大奖励力度，并落实相关管理办法和奖励措施。建立和完善系统的科技创新考核激励机制和绩效评价体系，从科研项目、新产品开发、成果专利、产品认证、科技论文等多维度加大奖励力度，充分调动科技人员积极性、能动性和创新性。善用科技评价工具，设定"关键节点奖励""科技贡献累积金""利润分享计划""能级工资制"等。丰富科技评价考核体系和考核指标，由技术水平等级、目标实现程度、创效贡献度、成果及知识产权贡献度、推广应用价值、承担国家或省级项目、外部协作的依赖程度、风险控制、节点控制以及部门协作等多维度构成。定期召开集团公司科技大会，评选有突出贡献的科技创新人才，并积极向上推荐和实施重奖，从而激发全员创新活力。

以"高效、高品质和低成本"为目标，重点开展绿色化、数字化、智能化采矿技术；复杂难选铁矿石高效利用技术；烧结球团工艺节能减排技术；优化高炉炉料结构、降低能耗技术；高效长寿、稳定顺行、低成本铁水冶炼技术；超纯净钢生产工艺及夹杂物控制关键技术；高洁净度高均质化冶金关键技术；高精度轧制及轧后热处理技术；高等级汽车板质量无缺陷稳定制造技术；高表面质量、高耐蚀、环保型新镀层钢板开发技术等方面的研究，集中力量突破一批关键共性技术，推进重大技术集成和工程示范。

围绕汽车、能源、机械、铁路等重点行业、重大工程需求，以高强度、高耐蚀、高性能钢为方向，重点研发铁道车辆用高耐候钢、高强集装箱用钢、工程机械用高强钢、耐磨钢，高质量汽车面板、先进高强钢等板材产品，以及高档轴承钢、齿轮钢、合金弹簧钢、高强帘线钢、合金焊丝钢、合金冷镦钢等优特钢棒线材产品，实现产品、技术需求与科技研发的无缝对接，形成具有竞争优势和创效能力的拳头产品。

（三）市场营销体系

1. 发展思路

以市场需求为导向，以服务客户为中心，以效益最大化为目标，以产品结构调整提档升级为主线，主动适应国内外经济发展新常态，加强对国内外市场变化和客户多元化需求分析，全方位树立综合服务商理念，扩大和优化营销渠道，强化推进产销研一体化，构建稳定可持续的以战略客户为主的营销网络，加快营销服务创新和商业模式创新，提高营销和服务水平，全面构建与市场化运作相适应的、国内国外一体化的大营销体系，把本钢打造成为具有国际一流水平的钢铁综合服务商。

2. 发展目标

规划到2025年，进一步提高钢材直销比例，板材直销比达到70%以上。

3. 主要举措

完善加工配送中心布局，提升加工配送能力。在汽车、家电等下游厂家较为集中的地区建立钢材剪切加工配送中心，或与现有加工配送能力的企业合作，完善本钢销售网络，提升仓储、加工、配送服务能力。

加强专业技术培训，提升服务能力。对本钢技术服务人员定期进行专业培训，掌握汽车、家电行业等下游用户的加工工艺，以及不同加工工艺对钢材性能要求，培养模具调整、冲压、涂装等工艺的专业技术服务人员，提升用户服务能力。

强化产销研一体化运行机制，促进产品销售。强化企业已经建立的产销研一体化运行机制，根据销售人员反馈的市场用户需求，研究院与制造部设计工艺路径和满足用户需求的生产保证措施，生产厂积极配合，从而实现产销研联动和无缝衔接，满足用户个性化需求，提高本钢产品的市场竞争力。

加强产品认证，促进高端产品销售。加快推进汽车板、家电板等中高端产品的各类认证工作，取得相关用户的供货资质，促进中高端产品销售，提升企业盈利能力。

加强终端用户开拓，进一步提高直供比例。加强与下游终端用户的对接交流，积极开拓重点工程市场，进一步提高钢材直供直销比例，以市场需求带动企业产品升级。围绕效益目标，坚持不懈地"深耕高端行业，开发高端客户，全面提升产品结构"，突出结构优化，提升创效水平和核心竞争能力。

（四）绿色低碳发展

1. 发展思路

能源利用方面本钢应完成政府部门下达的节能任务量，夯实节能基础能力建设，完善三级计量器具配备，对于部分生产工序缺少的节能措施进行"填平补齐"，加强二次能源回收利用水平，加快先进节能技术的推广和落后机电设备的淘汰工作,利用"量化融合"手段促进节能,考虑扩展能管中心高级功能;环保方面,以"有组织废气排放超低化,进一步削减工序无组织排放"为重点,并通过环保智能化管控,全面实现本钢集团超低排放;资源综合利用方面,以"减量化、资源化、再利用"为原则,从源头减少固废产生量、加强过程控制、提高资源利用效率。以大宗固废利用为重点,重点开发钢铁渣中铁素资源高效回收,以及含铁尘泥精细化、梯级利用技术,从而实现资源综合利用和循环经济发展;低碳方面,本钢应将碳排放总量和强度控制作为发展重点,以完善管理机制、加强能力建设、追踪研发低碳技术、储备碳资产为抓手,全面推进企业低碳转型建设工作。

2. 发展目标

规划到"十四五"末吨钢综合能耗在"十三五"的基础上再下降6.6%,板材厂区控制在590kgce/t以下,北营厂区控制在615kgce/t左右,两厂区主要生产工序能耗值指标达到能耗限额标准先进值;两厂区全工序吨钢污染物排放指标全面优于清洁生产一级标准:板材厂区吨钢烟/粉尘排放量(含无组织)≤0.4kg,吨钢二氧化硫排放量≤0.28kg,吨钢氮氧化物排放量≤0.59kg;北营厂区吨钢烟/粉尘排放量(含无组织)≤0.4kg,吨钢二氧化硫排放量≤0.3kg,吨钢氮氧化物排放量≤0.55kg;两厂区固废资源化率达100%,实现"固废不出厂",建立信息化管理系统及综合利用体系,产品附加值、技术装备水平和智能化管理程度达到国内领先水平;规划期内吨钢碳排放强度实现降低 $0.2tCO_2/t$ 钢,炼铁、烧结工序碳排放强度保持行业中等水平,吨钢碳排放强度低于 $1.98\ tCO_2/t$ 钢,碳排放总量低于4059万t CO_2。

3. 主要举措

(1)能源利用。一是夯实节能基础能力能源建设,积极拓展能管中心的高级功能。二是加快主体生产设备升级改造,考虑对于仍然存在国家限制类的主体生产装备进行升级改造;加快高炉煤气干法除尘、转炉煤气干法除尘、干熄焦等钢铁行业先进成熟的节能减排技术在生产工序的广泛使用;工序衔接有待改进,铁、钢、轧工序间"一罐到底""连铸坯热送热装"等先进生产技术需进一步应用。三是加强二次能源回收利用,优化煤气、蒸汽平衡,减少高炉、焦炉煤气的放散,提高转炉煤气回收量,考虑淘汰老旧锅炉与发电机组,新建亚临界煤气发电机组提高发电效率。

(2)环境保护。有组织超低改造,两厂区烧结机机头、球团焙烧、焦炉烟气、转炉一次烟气治理升级改造;加热炉低氮燃烧改造;燃气锅炉采取源头控硫及末端治理提标改造,并在除尘设施维护过程中逐步实施袋式除尘器提标改造,使各污染物排放稳定满足超低要求。加强无组织治理,全面梳理并建立全厂无组织排放源清单,并按照应收尽收的原则进行改造及建设。物料堆存场所实施封闭改造(对石矿白灰作业区南山料场、粘土矿作业区料场、马球生产煤场、动力煤场),并增加除尘或抑尘装置。对两厂区重点环节缺乏治理设施点位增设除尘等相关治理设施,如烧结混料、转炉屋顶罩、焦炉机侧烟尘治理、焦化化产VOCs治理等。减少重点环节无组织排放。实现系统化、智能化环保管控。通过有组织监测能力提升及无组织排放治理设施集中管控系统,提高环保监管能力,保证环保设施长期运行的稳定性。积极追踪先进治理技术。发挥本钢超低排放引领和标杆示范作用，积极跟踪相关超低排放技术研究，如高炉煤气精脱硫技术，积极开展高炉煤气精脱硫相关技术试点应用。待技术成熟后实施工艺升级改造，从而降低高炉煤气中有机硫成分，确保后续用户（热风炉、加热炉等）SO_2达标排放，减少后续用户环保压力。

（3）资源综合利用。一是升级改造钢渣热焖系统及其配套深加工处理工艺。将原池式热焖工艺改为最新一代的"辊压破碎-有压热焖"工艺，配套建设棒磨磁选工艺，提高渣铁分离效果，同时提高磁选铁回收率，降低磁选铁粉中的磷含量，利于烧结循环利用。二是建设含钾钠除尘灰水洗生产线（产品为氯化钾和氯化钠），并配套相应的脱锌回转窑生产线，提高除尘灰处理规模；谋划布局转底炉工艺生产线或改造小高炉设施，系统化处理除尘灰及含铁尘泥，将转炉污泥、含钾钠烧结机头灰、含锌高炉布袋灰等作为转底炉工艺的主原料，最大限度地消纳复杂固废。三是优化现有脱锌回转窑生产工艺。现有产线的脱锌渣全部进入烧结配吃，生产技术及管理过于粗放，需将脱锌渣进一步破碎磁选，磁选后的铁精粉进入烧结工序循环利用，降低烧结工序能耗。四是加强尾矿和废石利用技术研究及产业化应用。建议整合矿山生产、研发和销售体系力量，加强对尾矿和废石综合利用技术的研究和产业化应用，重点推动建设分拣、破碎、多级筛分生产线，年处理废石2000万吨以上，制备一系列颗粒级别产品，作为混凝土或路基基层材料骨料，实现尾矿和废石的资源化利用。

（4）低碳发展。降低吨钢碳排放强度，通过板材CCPP发电工程、发电厂三电车间热电联产改造工程、北营高温超高压机组工程等节能减排技术的实施，促进本钢吨钢碳排放强度的降低。优化原燃料结构，重点通过降低烧结、炼铁工序焦炭、喷吹煤、无烟煤等固体燃料消耗，降低化石燃料燃烧排放。提高废钢资源利用，积极发展电炉炼钢短流程生产工艺，提高电炉产能，从源头降低碳排放。加强低碳能力建设，建立完善的碳排放管理体系。推进创新低碳技术的研发。加强碳资产管理，提前树立企业碳资产管理思想，完善制度体系建设。尽早建立碳足迹评估制度。

（五）品牌、质量和标准化建设

1. 发展思路

围绕品牌标准、质量管理引领企业高质量发展的目标，统筹协调各方面力量共同开展品牌建设、质量管理和标准化工作，加快建立形成完善的品牌管理体系，实现品牌引领的有力支撑，扩大品牌影响力和美誉度，全面深化一贯制质量管理，加快建立全流程质量管理系统，将标准化工作上升到发展战略层面，制定并执行标准化发展战略，将先进的标准作为制造高质量产品、促进技术创新、实现品牌引领的有力支撑，加快促进高质量发展。

2. 发展目标

品牌建设。统筹推进研发、质量、服务、文化一体化的"3+1"品牌建设，充分挖掘无形资产潜在价值，通过优化产品和服务质量、强化技术创新与研发、畅通推广体制机制，持续提高本钢钢铁行业影响力。

质量管理。主导产品实物质量达到国内同类企业先进水平；汽车板产品冷轧工序综合合格率96.6%，达到国内一流水平；帘线钢综合评分达到850分以上。

标准化。以快速满足市场定制化需要为导向，以彰显企业产品技术领先水平为核心，围绕本钢现有热轧、冷轧、特钢、长材、铸管、不锈钢六大系列产品，进一步建立健全标准化体系，促进产品生产效率不断提高、成本掌控能力持续提高、质量性能不断提升、上下游供需更加协调，树立良好的产品和企业品牌形象，不断提高企业在国内外市场的影响力和话语权。

3. 主要举措

（1）品牌建设

一是坚持以"技术+服务"的模式，为顾客创造超值价值。二是以质量管理体系为中心，积极推进以IATF 16949：2016标准质量管理体系和VDA 6.3过程控制的管理模式。三是坚持以服务力为抓手，培育发展新动能，带动更广阔的市场发展和深层次的合作。四是坚持以文化力为魅力，焕发品牌新活力。五是加强品牌管理制度保障。

（2）质量管理

一是通过销研产联动、全过程质量最优化控制、设备升级改造、专项质量攻关、建立全流程质量管理系统、供应商管理绩效、实施智能制造等措施实现实物质量的提升。二是借鉴本钢汽车板一贯制管理方式，通过质量体系的提升，深化一贯制质量管理。三是加快完善质量信息反馈制度，加强异常跟踪管控。四是注重钢铁生产标准与用户使用标准和规范的无缝衔接。

（3）标准化

一是制定实施企业标准化诊断及行动。二是加快制定满足细分市场和创新需要的产品标准。三是积极参与工信部百项团标应用示范项目。四是积极参与国家绿色设计产品标准。五是加强标准的实施宣贯。六是加大标准化投入，保障标准化工作得到有效实施。

（六）信息化智能化

1. 发展思路

"十四五"期间，本钢集团通过信息技术与创新驱动加快智能制造实施步伐，服务于本钢集团战略转型和业务管控，并为集团经营决策提供高效支撑，实现产业转型升级和高质量发展。

夯实基础、互联互通。推动生产、经营各要素的全面互联，实现本钢全流程数据互联互通，顺畅流动、无缝集成。智能生产，透明可视。通过控制模型、操作集控、岗位无人等手段实现产线成本降低，效率提升；利用数字孪生、人工智能等技术打造透明可视智能工厂。数据驱动，智慧决策。充分挖掘和利用本钢集团数据资产，为本钢集团领导决策提供有力支撑。一业多地，协同发展。资源统一调配，信息共享，实现板材厂区、北营厂区产销一体化协同发展。服务延伸，共建生态。实现本钢与其上游原材料供应商、下游产品与服务的分销商和终端用户之间的协调与合作；集中优势资源，聚焦核心产业，促进产业链的配套与延伸。

2. 发展目标

"十四五"期间，以制造业高质量发展为契机，以行业发展趋势及满足客户需求为导向，以支撑本钢集团数字化转型为主攻方向，基于工业互联网、云计算、大数据、人工智能、5G等新一代信息技术，进一步提高本钢两化融合水平，实现由"集成提升阶段"向"创新突破阶段"迈进。围绕产品研发设计、生产制造、经营管理、销售服务等全流程和全产业链的综合集成应用，以"少人化""集控化""透明化""高效化""便捷化"为抓手，实现生产智能化、运营数字化、产业生态化、决策智慧化，助力本钢集团高质量发展。

3. 主要举措

围绕本钢集团智能制造转型的发展目标，聚焦数字化、智能化建设需求，充分借助新一代信息技术，加强钢铁主业感知、认知、决策、执行四个方面的能力建设。从基础设施、智能装备、控制模型、信息管理、业务协同等方面分层发力、由点及面，建立横向集成、纵向贯通、协同联动的智能制造体系。

感知能力建设，充分利用互联网、云计算、大数据、5G、人工智能等现代信息技术实现数据感知。认知能力建设，以模型辨识得认知，实现关键工序智能化生产、全产线自动化、智能化排产，形成整个生产经营的全数字化能力；引进智能设备、机器人和机器手臂实现工序的人员替代；推动绿色工厂、智能工厂建设。管理决策能力建设，注重人才队伍建设，创新人才工作机制，按照外部引进与内部培养相结合方式加快本钢集团信息化人才培养速度，使其与集团智能制造建设要求相适应，同时积极探索以合同、项目方式引进信息化高端人才，拔高人才队伍整体水平，构建本钢集团信息化人才队伍"金字塔"。执行能力建设，根据生产过程的动态实时运行情况，从全局出发协调生产流程各部分操作，将物质转化机理与装备运行信息进行深度融合，实现生产流程自动化、生产调度集控化、生产管控数字化。

基于大数据、物联网、人工智能等先进技术，建设铁钢轧一体化集控中心，将现有的设备数据、工艺数据和生产数据进行收集和融合，实现原料信息、设备状态信息、工艺过程信息和质量控制过程信息的有机关联，建立铁钢轧生产全面指标体系，构建钢铁生产制造"数字孪生"体，实现操作集约化、生产精细化、管控一体化。

（七）安全生产

1. 发展思路

以习近平总书记关于安全生产的重要论述为指导，坚持以人民为中心，牢固树立安全发展理念，强化安全红线意识，坚守底线思维，以高标准、严要求、常态化为原则，压实安全生产主体责任，夯实安全生产基础建设，提升安全风险防控能力，完善安全管理体系建设，构建自我约束、持续改进的安全发展长效机制，减少和防止生产安全事故，推动安全生产水平达到国内行业先进。

2. 发展目标

全面提升企业安全生产保障能力，实现较大以上安全事故、火灾事故、重大设备事故"三为零"，千人负伤率≤1.0‰；全面提升本质化安全水平，安全设施与器材完好率、重大危险源及较大风险受控率、事故隐患排查与整改率达100%；全面提升安全管理体系建设能力，三项岗位持证上岗率、安全教育培训率达100%，安全生产标准化一级企业比例达50%；全面提升安全生产支撑体系建设能力，形成完善的科技支撑、信息网络、危险源监控、应急救援、培训教育等体系。

3. 主要举措

一是落实安全生产主体责任。制定并完善全员岗位安全任务清单和责任清单，实施"分层管理、分级负责"的管理模式，做到全员承诺、全员落实，实现安全责任落实横向到边、纵向到底，逐步形成层层负责、人人有责、各尽其责的安全模式。

二是提升设备本质化安全水平。加大安全投入，推进科技创新和安全信息化建设，实施重大危险源在线监控与预警技术，发挥智能技术在安全管理上的作用。加强设备运行状态监督，以及设备设施定期检查和维保，推进安全装备、技术和管理的提档升级。

三是隐患治理常态化及制度化。强化双重预防机制建设，持续开展风险点识别、危险源辨识、风险评价、分级管控及隐患排查治理，建立危险因素和风险源档案库、隐患排查治理标准和信息管理系统，实现动态化、信息化管理。

四是构建安全生产长效机制。提升安全管理队伍专业化建设能力，强化安全技能培训和教育培训，创新教育培训方式及方法，提升全员安全意识和素质。突出预防机制，提升应急处置能力，推进安全生产标准化升级建设。

五是加强安全管理系统性建设。构建集团公司安全生产规章标准体系框架，建立全流程、全方位、常态化的安全生产诊断机制，针对高危工序和环节制定切实可行的专项整治实施方案。加强安全文化体系建设，着力塑造具有引领力和感染力的企业安全文化。

六是提高职业卫生规范化管理水平。开展职业病危害因素辨识，及时更新、规范档案台账。加强职业病监测与预警，对存在严重职业危害的装备、设施实施技术升级改造。加强职业危害超标点原因分析、整改方案制定和整治效果分析，提升职业危害预防和管控水平。

七是提升消防安全保障能力。强化消防设备、设施、重点部位管理，开展火灾隐患排查整治。加大消防设施运行和隐患整改投入，实施消防设施管理及运行测评，严把隐患整改和消防工程质量验收关。推进消防队伍能力建设，提升应急响应及救援能力。

（八）管理提升

1. 发展思路

贯彻落实国企改革三年行动方案，围绕企业发展战略和经营目标，以对标世界一流管理提升行动为切入点，以加强管理体系和管理能力建设为主线，以效率效益提升为落脚点和着力点，夯实管理基础，优化管理流程，推动管理创新，全面提升管理现代化水平，不断增强企业核心竞争力。加强党的领导和党的建设，明确党组织在集团法人治理结构中的法定地位，把党的领导融入到本钢集团公司治理各环节。规划"十四五"期间，进一步发挥本钢国有资本投资公司作用，完善母子公司管理体制，以"精简、统一、高效"为原则，推进科学集分权制，优化治理结构和组织架构。发挥集团管理创新引领作用，以"责权清晰、运行高效"为原则，优化集团管控模式，形成高效率的组织体系，增强企业发展的活力和竞争力。

2. 发展目标

"十四五"末，本钢集团管理体制、机制更加科学，管理制度、管理流程更加完善，管理方法、管理手段更加有效，管理文化、管理理念更加先进，实现管理基础系统化、管理深度精细化、管理工具信息化、管理创新机制化，基本形成系统完备、科学规范、运行高效的具有本钢特点的现代管理体系，集团总体管理能力显著增强，部分管理指标达到或超过同行业先进水平。钢铁主业人均劳动生产率提升至 1200t/ 年以上。

3. 主要举措

（1）明确总部定位

"十四五"期间，规划精简总部人员，明确总部机关部门职能职责划分，总部职能更多侧重于核心主业发展，对多元子公司采用战略运营型管控模式，侧重于发展战略、投资、资本运作等职能，以确保各板块的发展符合战略，定位于业务利润中心。进一步优化组织机构，全面激发内部经营活力。

（2）加快集团产业结构优化和管理体系建设

为实现产业快速、协同发展，集团公司对各多元产业按照"同产业归并、同产品归类"的原则,加快推进现有多元产业的业务归并和重组。鼓励支持有条件的多元单位通过多种方式做强做大。一是通过集团公司内部整合;二是有选择地对外部相关领域的优势业务或专业机构进行战略并购;三是与国内外顶尖企业合作,引进最先进的技术、管理与市场运营模式。

(3) 优化多元运营模式

一是依托多元各产业核心公司,按照产业业务相近、协同性强的原则,将同类型的多元子公司划由同一产业下竞争力强的核心公司代管,统筹推进各多元子公司业务发展。二是成立多元管理部门,在集团层面成立统一协调多元子公司运营管理的职能部门,实现集团对多元子公司的职能管控。

(4) 建立与管控模式相适应的治理体系

集团公司董事会作为本钢决策机构,处于集团管控核心地位。集团经理层负责执行董事会各项决议,管理下属子公司。规范两级董事会建设,集团公司引入外部董事,完善专业委员会,建立现代企业制度下的董事会与专业委员会各负其责、相互制衡、协调运转的运行机制。按照"事权分开、授权经营"原则,对各产业子公司实施集中或分权管理,完善授权体系,建立战略决策集中、适度分权的分层决策机制。

(5) 优化人力资源

围绕"支撑发展、提高效率"目标,以"控制总量、用活存量、调整结构"为导向,构建"精干、实用、高效"的人力资源管理体系,实现用工总量有序优化、人才结构符合发展需要、薪酬激励助力效率提升。钢铁主业人均劳动生产率提升至1200t/年以上;构建市场化人才引进(使用)体系,国家、省、市级技术、技能人才总量提升30%以上;培养储备经营管理人才500人以上;在岗职工年人均收入与企业效益和劳动生产率同步增长,达到行业中等偏上水平。

有序控制人员总量,以自然减员为基础,提高自动化、智能化水平为依托,岗位优化、推行劳务外包(置换)为手段,打通人员流动与退出通道,逐步提升钢铁主业劳动生产率。优化人才引进和使用,围绕本钢未来发展需要,多途径、多方式保证经营、科技、营销、技能等人才引进的实用性和岗位适应性。丰富人才培养形式,以未来发展对人才需求为导向,充分挖掘内部人才潜力,积极构建内部各类人才培养平台,丰富人才培养形式,进一步强化各类人才队伍建设。强化普通人员管控,调整一般管理、业务、技术人员总量及素质管控方式,提高各单位经营管理总体水平。完善薪酬激励政策,以提升人均效率为核心指引,充分发挥薪酬激励作用,促进人力资源管理水平整体提升。

(6) 强化风险管理

一是强化财务风险管理。扩大融资渠道,强化资金管控。在争取现有授信存量及融资总量不压降的前提下,加大新增银行授信力度,积极推进本钢发债工作,控制融资成本。以收定支,量入而出,进一步压减非生产经营性资金支出,加强资金管控,保证集团资金链的稳定。加强预算管理,严格绩效考核制度。完善预算编制体系,严把绩效考核审核关,严格核实各项考核数据,做到绩效考核数据真实、可靠,准确执行绩效考核办法,达到考核结果真实反映各生产厂矿和管理部门工作情况,实现考核政策的激励目的。坚持"日核算、周通报,月考核"工作,做好对标降成本工作,进一步推进厂矿完善成本核算体系,继续推进"日清日结"基础工作,落实成本管控责任,收入与指标挂钩。二是要加强社会稳定性风险防范。在本钢推进混改进程中，势必会造成人员流失、员工失业等情况，建议在混改工作安排中，将处理员工失业问题纳入混改考虑范围，本钢集团与战略投资者一道协商处理好员工失业问题，防范社会不稳定因素加剧。

（7）加强党建工作

发挥党委领导核心和政治核心作用。始终坚持把加强党的领导、改进党的建设作为企业的"根"和"魂"，将党建工作与中心工作无缝对接、紧密融合，做到"全程领导、全程参与、全程推进、全程落实"。坚持"把方向、管大局、保落实"，切实将党的领导融入公司治理各环节，建立党委会、董事会、总经理会会议制度为决策核心的公司治理结构，坚持把党委会作为审议决策重大问题必经的前置程序，党委班子集体审议决策公司重大事项。牢固树立"党的一切工作到支部"的鲜明导向，同步建立党的组织、动态调整组织设置，坚持建强基层党组织不放松，确保业务发展到哪里、生产运行到哪里、党的建设就跟进到哪里，为企业稳健效益发展提供坚强组织保证。抓好党内政治生活全覆盖，实现组织的有形覆盖和工作有效覆盖。

六、规划投资与效益匡算

（一）规划投资分析

本钢"十四五"规划项目投资涉及产品结构升级、绿色发展、智能制造、矿产开发、多元产业等5个方面，根据必要性和效益性分A类、B类、C类，共60余个项目，"十四五"期间投资额300亿元。

综合考虑本钢集团当前经营形势，为降低本钢投资压力，将规划投资项目分为本钢投资项目和本钢合作项目两大类，对与钢铁生产链条紧密和经济效益较好的项目，由本钢自主投资；对技术复杂或者占用资金较大的项目，考虑本钢与第三方合作，由第三方投资运行，降低本钢投资压力。规划由本钢投资的重点项目投资额合计219亿元。

融资方面，"十四五"期间，由本钢投资的重点项目投资额合计219亿元。分年度看，2021—2025年各年度依次投资51亿元、49亿元、46亿元、36亿元和37亿元。结合本钢财务状况，2019年本钢折旧额达到47亿元，净利润较低，企业可用于投资的现金流达到49亿元，考虑到规划期间企业利润进一步提升，产生的现金流可覆盖投资期间最大年度投资额51亿元。考虑到本钢集团资金充裕度不高，建议进一步加大股权融资力度，聚焦股权和资本运作，深化混合所有制改革，有效利用多层次资本市场，通过多种筹资手段，最大限度引入战略投资和产业资本，降低综合融资成本。

总体上看，规划本钢融资能力有保障，可支撑开展项目投资。本钢"十四五"规划合作项目考虑通过引入第三方，解决资金需求，降低投资压力。

（二）经济效益测算

1. 营业收入

规划实施后，本钢营业收入主要来自于钢材外售，规划营业收入达到1000亿元，其中，钢铁产业营业收入900亿元，多元产业营业收入100亿元。

2. 总成本费用

成本费用估算中，各种物料的消耗根据项目设计指标及企业目前管理水平确定，各种原燃料及辅料等价格参照当地现行市场价格综合确定。经测算，达产年总成本费用合计950亿元。

3. 利润分析

规划实施后，年利润总额50亿元，税

后利润（净利润）37.5亿元。规划后，本钢盈利能力好转。一是规划投资项目的实施，助推本钢降本增效，由本钢自主投资的项目投资额达到219亿元，此类项目经济性较好，有助于提升本钢集团盈利水平。二是规划实施国企改革，积极推进国有企业战略性重组和混合所有制改革，实现体制机制创新，提升管理水平，加之规划后人员大幅减少，有利于本钢轻装上阵，助推企业高质量发展。三是规划实施智能制造，通过信息技术与创新驱动加快智能制造实施步伐，为集团经营决策提供高效支撑，推动生产、经营各要素的全面互联，实现本钢全流程数据互联互通，顺畅流动、无缝集成，提升了企业生产经营效率。四是规划实施产品结构调整，根据本钢集团钢铁产业各产线、各品种的市场竞争力，退出盈利能力差的产线，提升盈利能力高的产线生产能力，进一步提升了集团综合竞争力。

（三）规划效果分析

本钢"十四五"规划成功实施后，综合竞争力将进一步提升，高质量发展取得明显成效，对省、市经济和社会的支撑带动作用进一步增强。在十二个方面提高竞争优势：

布局规模方面。"十四五"期间，本钢钢铁主业围绕提升产能利用率，通过升级改造促进生产效率极大提升，进一步发挥规模效益。规划期末，生铁、粗钢、热轧一次材产量分别达到1869万吨、2050万吨（其中板材厂区1270万吨，北营厂区780万吨）、1997万吨，相比2019年分别增长17.5%、26.7%、26.1%。

资源掌控和开发能力方面。规划"十四五"期间，掌控资源量达到59亿吨，自产铁精矿1000万吨，本钢铁矿和石灰石矿生产技术和装备实现升级优化，排土场和尾矿库等配套条件有所改善，生产能力得以维持并进一步提高，逐步形成更加稳定、经济、可持续的资源保障体系。

高附加值产品方面。本钢以精品规模化，服务专业化持续提升钢材产品附加值，坚持"量大产品低成本，中端产品提品质，高端产品专精尖"战略，重点发展细分市场具有话语权的中高端附加值品种。规划期末，本钢品种钢占比达到60%以上，冷轧汽车板占比达到50%以上，实现产品在产业链的价值最大化。

绿色发展方面。规划"十四五"期间，本钢全面实施绿色发展，环境保护工作信息化、智能化水平全面提升，污染物控制措施及污染物排放量均达到国际先进水平。规划"十四五"末，本钢基本实现有组织及无组织排放源超低排放；整体能源利用效率处于先进合理水平，吨钢综合能耗在2019年基础上下降6.6%至596kgce/t，自发电比例提升至63%，优于行业平均值（~50%）；固废资源综合利用水平显著提升，含铁物料有价元素全部实现资源化利用。本钢成为区域钢铁企业绿色发展的标杆。

低碳发展方面。规划"十四五"期间，本钢通过技术节能降碳、结构节能降碳、管理节能降碳，到2025年，吨钢碳排放强度实现降低$0.2tCO_2$/t钢，炼铁、烧结工序碳排放强度达到行业中等水平。通过建立完善的碳排放管理体系、推进创新低碳技术的研发、加强碳资产管理、提升国际竞争力，全面提升本钢低碳发展水平。

智能制造方面。规划"十四五"期间，本钢进一步加强钢铁主业与信息产业深度融合，构建基于工业互联网的数字钢铁，关键工序数据采集率达到100%，推进智能装备、机器人在关键工序的全面应用，打造1—2

个省级智能示范工厂。规划期末,本钢基本实现生产执行少人化、生产管控集中化、运营管理高效化、经营决策智慧化。

核心技术和研发能力方面。规划期末,本钢建成完善的科技创新体系。沈阳本钢研发中心建成,并实现稳定运行;创新投入稳步提升,R&D实际投入率达到2.5%及以上;创新能力大幅提升,每年获得国家及行业科技进步奖至少2项,新工艺、新技术推广与新产品开发数量每年至少50项。整体科技创新能力达到第二集团企业领先位置。

公司治理方面。规划"十四五"期间,本钢进一步完善现代企业制度,公司法人治理结构得以优化,构建成集团战略管控明确、母子公司权责划分明晰,管理流程规范、管控体系顺畅的管理体系。

人才对外建设方面。规划"十四五"期间,本钢通过持续推进定员优化,建立进退有序的员工管理机制;建立员工流动机制,实现人力资源共享;积极推进智能改造,优化生产流程。逐步提升钢铁主业劳动生产率。规划期末,钢铁主业人均劳动生产率提升至1200t/年以上。

品牌价值方面。规划"十四五"期间,本钢统筹推进研发、质量、服务、文化一体化的"3+1"品牌建设,充分挖掘无形资产潜在价值,树立钢铁行业的产品标杆,打造以质量和服务为核心的"本钢精品钢"品牌形象。规划期末,瞄准争创金杯奖产品14个,"特优质量奖"2个,获得多家知名汽车厂"最佳供应商奖"。

国际化方面。规划"十四五"期间,本钢坚持以国内市场为主体,国内国际市场并举的发展战略,加快出口营销网络布局,拓展国际市场份额。规划期末,本钢钢材出口总量达到300万吨。

经营业绩方面。规划期末,本钢营业收入达到1000亿元,利润总额达到50亿元,经营效益进一步提升,企业盈利能力进一步增强。

实现本钢集团"十四五"发展规划目标,意义重大,任务艰巨,前景光明。集团各级党组织和广大党员干部职工要更加紧密地团结在以习近平同志为核心的党中央周围,高举习近平新时代中国特色社会主义思想伟大旗帜,在省委的坚强领导下,进一步提高政治站位,增强"四个意识",坚定"四个自信",做到"两个维护",为打造"精品、绿色、智能、共享"的世界一流钢铁企业集团而努力奋斗!

关于《中共本钢集团有限公司委员会关于制定本钢集团"十四五"规划和二〇三五年远景目标的建议》的说明

（2020年12月21日）

杨 维

各位委员、同志们：

受集团党委常委会委托，下面我就《中共本钢集团有限公司委员会关于制定本钢集团"十四五"规划和二〇三五年远景目标的建议》（以下简称《建议》）起草的有关情况向全会作说明。

一、《建议》起草的过程

"十四五"时期是我国在全面建成小康社会、实现第一个百年奋斗目标之后，乘势而上开启全面建设社会主义现代化国家新征程、向第二个百年奋斗目标进军的第一个五年。是辽宁实现全面振兴全方位振兴极为关键的五年，也是本钢集团积极推进战略性重组和混合所有制改革，建设"精品、绿色、智能、共享的世界一流钢铁企业集团"的关键五年。制定好本钢集团"十四五"发展规划，事关本钢未来发展大局，事关6万多职工福祉。现将《建议》起草有关情况向全会作说明。

去年9月，集团公司党委委托规划发展部组织研究制定了本钢"十四五"规划编制的指导性意见，指导各部门提早思考、超前研究。今年1月末完成了产品升级、物流运输、超低排放、二次能源利用、信息化智能化、多元产业发展等6个专项规划，为编制"十四五"规划奠定了基础。

今年2月21日，集团公司制定了"十四五"规划编制工作方案，成立规划编制工作领导机构和编制组，正式启动规划纲要编制工作。

为提高规划质量，本钢规划编制组协同冶金规划院共同编制本钢集团"十四五"规划，组成15个规划小组，经过多轮次的规划尽调、现场对接、课题论证、内部专家审核，8月初完成本钢"十四五"规划框架方案。

8月6日，习近平总书记对"十四五"规划编制工作作出重要指示，要求把加强顶层设计和坚持问计于民统一起来，齐心合力把规划编制好。8—10月中旬，集团公司组织各部门主要负责人与冶金规划院就规划框架方案进行多轮次讨论；9月27日，邀请中国金属学会就本钢发展关心的重大问题进行学术研讨；10月中旬，本钢邀请中钢协、特钢协会、矿山协会、焦化协会、北京科技大学、东北大学等专家召开铁前系统、钢轧系统专题审核会议。在此基础上完成了《建议》（草案）。

10月19日,《建议》(草案)通过了王国栋院士为组长的专家组审查,并提出审查意见。11月18日,根据专家组审查意见修订后的《建议》(征求意见稿)印发集团公司领导班子成员征求意见,修改形成了拟提交党委常委会审议的《建议》(审议稿)。12月2日,集团公司召开党委常委会,要求结合党的十九届五中全会和省委十二届十四次全会精神,对《建议》(审议稿)进一步修订完善。12月17日,集团公司再次召开党委常委会议,对建议稿进行了审议,形成了提交本次全会审议的《建议》。

二、《建议》起草统筹考虑的形势、环境和因素

《建议》的起草,坚持以习近平新时代中国特色社会主义思想为指导,全面贯彻党的十九大和十九届二中、三中、四中、五中全会精神,全面贯彻中共辽宁省委十二届十四次全会精神,紧密结合本钢实际,综合考虑本钢改革发展的阶段性特征和未来发展的支撑条件,重点把握了以下几点:

一是深刻把握企业"十三五"发展成就和存在的问题。"十三五"期间,本钢围绕做精做强钢铁主业,不断加快品种结构调整和产品质量升级,推动全流程降本增效;积极发展多元产业,产业规模不断扩大,产业结构持续优化,主业突出、多元协同的产业发展格局取得新进展;节能减排工作不断强化,绿色发展水平显著提升;两化融合不断优化,智能管控能力取得突破;治理结构不断优化,改革发展步伐加速。但同时,企业仍然存在整体盈利能力不强、钢材产品竞争力不足、绿色发展能力亟须增强、科技创新体系支撑能力有待提升、机制体制改革任重道远等问题。《建议》以问题为导向,着眼于解决制约企业长远发展的突出问题,打造基业长青的可持续发展能力。

二是科学研判宏观政治经济环境。从国际国内环境看,当今世界正经历百年未有之大变局,我国发展仍然处于重要战略机遇期,但机遇和挑战都有新的发展变化。"十四五"时期,中国将进一步推动产业结构、消费结构升级,形成世界上最大内需市场;大力推动创新发展,建设高标准市场经济体系,深化改革,激发经济增长活力和竞争力;继续坚持对外开放,推动经济全球化。从辽宁自身看,省委十二届十四次全会指出,经过多年努力,辽宁积蓄了强劲的发展势能,具备了迈上高质量发展新台阶的有利条件,肩负维护国家国防安全、粮食安全、生态安全、能源安全、产业安全的战略使命,地位重要、作用突出。"十四五"时期,新时代辽宁全面振兴全方位振兴将取得新突破,"数字辽宁""智造强省"建设取得显著成效,形成营商环境好、创新能力强、区域格局优、生态环境美、开放活力足、幸福指数高的振兴发展新局面。《建议》认真分析中国和辽宁经济社会发展目标方向,把本钢的未来发展融入地区和国家发展蓝图,顺势而为,乘势而上,为新时代辽宁全面振兴全方位振兴积极贡献力量。

三是全面分析行业、市场和地区环境。"十四五"时期,钢铁工业仍将继续以供给侧结构性改革为主线。尽管仍然面对供需严重失衡、资源保障问题凸显、产业集中度低、环保发展水平不平衡、布局问题新旧交织、能源约束问题日益突出、技术创新能力亟待加强等严峻挑战,但同时也迎来了兼并重组窗口期、绿色发展关键期、智能制造关键期以及国际产能合作、产业链建设、工艺技术升级、新产品研发、标准引领的高质量发展

机遇期。"十四五"时期，随着沿海产能规模扩大，沿海基地新建扩建，本钢所依赖的华东和华南地区市场将会面临越来越激烈的竞争；本钢在华东、中南地区钢材销售面临着严峻的市场风险。如何确保产品牢固站稳区域市场并掌握话语权，在此基础上积极拓展区域外市场，是本钢今后保生存、求发展的关键任务之一。与此同时，辽宁"一圈一带两区"等发展格局，为本钢的改革发展提供了良好战略机遇和政策拓展空间。本溪促进工业经济高质量发展、打造绿色钢都的发展战略，也对本钢的产业优化升级和产业链延伸，提供了有力支撑。

三、《建议》的基本架构与需要说明的内容

《建议》从发展背景、总体要求、产业规划、企业发展能力建设、规划投资与竞争力分析等5个方面进行了全面的规划布局与统筹安排。

（一）指导思想与发展战略

本钢集团"十四五"规划的指导思想是，坚持以习近平新时代中国特色社会主义思想为指导，全面贯彻党的十九大和十九届二中、三中、四中、五中全会精神，突出贯彻落实习近平总书记关于深入推进东北振兴讲话精神，着眼国内国际双循环的大格局和第二个百年奋斗目标的战略安排，紧紧抓住"数字辽宁""智造强省"和深化国企改革的发展机遇，充分发挥本钢资源、区位、政策等优势，以提高竞争力为核心，围绕高质量发展，聚焦钢铁材料制造与服务，不断提高产业协同创新发展能力，致力于成为精品、绿色、智能、共享的世界一流钢铁企业集团。

从发展战略上讲，"十四五"期间，本钢集团将以钢铁产业为基础，构建主业与多元协同发展的产业格局。致力于通过改革和创新，巩固提升在钢铁材料制造领域的竞争优势，打造以精品汽车板为龙头的绿色产品智慧制造体系，与装备制造、物流贸易、资源材料、工程技术、智能服务、产业金融等六大产业为重点的多元产业协同发展。

《建议》中对本钢"十四五"规划的战略定位有三个层次，"极具国际竞争力的精品板材基地、国内一流的优特钢棒线材基地、先进钢铁材料综合服务商"是第一个层次；"对标宝武、参照鞍钢、学习浦项，成为钢铁行业高质量发展的践行者"是第二个层次；"成为国企改革先行先试的探索者"是第三个层次。

（二）规划目标

《建议》对本钢"十四五"规划目标的设定可以概括为"25115+"，即"十四五"末实现2000万吨粗钢产量，冷系产品供汽车板比例50%，1200万吨自有精矿产量，超1000亿营业收入，超50亿利润，职工收入随企业效益增长稳步提高。到2025年，本钢高质量发展将取得明显成效，机制体制改革创新取得显著突破，对辽宁省、本溪市的支撑力与带动力大幅增强。

按照党中央的战略部署和省委工作要求，结合本钢实际，《建议》提出了集团2035年的远景目标是"基本建成精品、绿色、智能、共享的世界一流钢铁企业"。

（三）分项目标

1. 在产业格局和资本布局上，钢铁主业与以装备制造、物流贸易、资源材料、工程技术、智能服务、产业金融六大产业为重点的多元产业协同发展格局更有成效。

2. 在绿色发展方面，规划"十四五"末，本钢钢铁产业环保排放全面达到超低排放标准，节能低碳水平进一步提升，全面完成国

家下达的各项节能减排任务，引领区域钢铁行业绿色发展。

3. 在智能制造上，以支撑本钢数字化转型为主攻方向，分阶段推进智能示范工厂、智慧矿山等建设，提高本钢两化融合水平，实现智造强企。

4. 在创新体系建设上，我们要推动建立"高效、协同、开放"的科技创新体系，成为本钢高质量发展的技术推动力源泉。规划"十四五"期间，R&D投入率≥3%，专利申请量≥300项/年，国家及行业科技进步奖（作为主持单位或主要参与单位）≥2项/年，新工艺、新技术推广、新产品开发数量≥50项/年；本钢沈阳研发中心瞄准国际先进、国内一流的研发服务平台开展建设。整体科技创新能力跻身国内领先位置。

5. 在改革创新工作上，要积极推进战略性重组和混合所有制改革；加快经营体制和分配制度改革，优化组织机构、明晰权责划分，规范管理流程，构建集团战略管控明确、母子公司权责划分明晰、管理流程规范、管控体系顺畅的管理体系，加快结构调整和转型升级，全面加强国有企业党的领导和党的建设，本钢整体管理水平达到国内先进。

（四）实施路径

为完成"十四五"规划目标和2035年远景目标，《建议》在实施路径上，提出了"三个突破"。

一是全面提升钢铁主业综合竞争力取得新突破。通过极致提高现有产线产能利用率，产品结构优化升级，上下游产业链的进一步配套完善，节能环保低碳发展水平的进一步强化，智能化和国际化水平的进一步提升等重点措施，促进本钢钢铁主业的综合竞争力获得显著提高。

二是多元产业内部服务能力和外部竞争力建设取得重大突破。通过进一步优化多元产业的业务定位和业务种类，紧抓相关产业发展机遇，借助最新信息技术、人工智能技术等手段的应用，引进战投，迅速做强做大多元产业，使多元产业对钢铁主业的支撑保障能力和参与外部市场的竞争能力获得重大突破。

三是支撑体系和机制体制创新方面取得重点突破。通过研发创新和营销体系、信息化和智能制造体系、品牌质量管理体系、安全生产管理体系、集团管控体系和人力资源体系的优化提升，推进战略性重组和混合所有制改革，进一步提高本钢发展软环境的建设水平，提高对钢铁和多元产业发展的支撑能力和促进能力。

（五）钢铁主业规划

以打造极具国际竞争力的精品板材基地、国内一流的优特钢棒线材基地为总体目标，实现以"汽车板、家电板、轴承钢、帘线钢"为特色的产品结构，以"钢材深加工+焦化深加工"为重点的产业链条，以"高效低成本智造+改革创新"双管齐下的经营模式，综合竞争能力达到国内领先水平，打造精品、绿色、智能、共享的世界一流钢铁企业。

具体举措包括铁矿生产优化、产品优化调整、产线调整、主体工艺装备优化调整、公辅支撑、产业链延伸、物流优化、国际化、减量探讨等9个方面。

（六）多元产业规划

站在战略转型的高度，沿钢铁产业链上下游延伸发展相关产业。按照"核心+培育特色+维持低效"发展思路，实施"6+4"产业战略，即大力发展装备制造、物流贸易、资源材料、工程技术、智能服务、产业金融六大重点产业；培育提升绿色低碳、新兴能源、城市服务和职业教育四大特色产业；维持调整房地产和服务类低效产业。采取宜控则控、宜参则参发展模式，并按照同业归并、市场化运营模式，打造具有较强竞争力和盈利能力的支柱产业。

（七）企业发展能力建设

企业发展能力建设方面，概括来讲就是"四项体系＋四化协同＋深化改革＋加强党建"。一是加快资源保障体系、科技研发体系、市场营销体系、安全生产体系等"四项体系"建设。二是加强绿色化、智能化、品质化、标准化等"四化"协同。三是深化国资国企改革，完善公司治理机制，激发企业发展活力。四是加强党的领导，以高质量党建引领高质量发展。

（八）规划投资与竞争力分析

本钢"十四五"规划项目投资涉及产品升级、绿色发展、智能制造、矿产开发、多元产业等5个方面，根据必要性和效益性分A类、B类、C类，共60余项目，规划"十四五"期间投资额301亿元。分为本钢投资项目和本钢合作项目两大类，对与钢铁主业生产链条紧密项目，由本钢自主投资；对技术复杂或者投资额较大的项目，本钢与第三方合作投资运行。规划由本钢投资的重点项目投资额合计219亿元。规划由本钢合作引入第三方投资建设的重点项目涉及12个方面，投资额合计82亿元。

规划实施后，本钢综合竞争力将显著提升。一是规划投资项目的实施，助推本钢降本增效，由本钢自主投资的项目经济性较好，有助于提升本钢集团盈利水平。二是规划战略性重组和混合所有制改革，通过机制体制创新，提高活力，提升管理水平，加之规划后人员大幅减少，有利于本钢轻装上阵，助推企业高质量发展。三是规划实施智能制造，通过信息技术与创新驱动加快智能制造实施步伐，为集团经营决策提供高效支撑，推动生产、经营各要素的全面互联，实现本钢全流程数据互联互通，顺畅流动、无缝集成，提升了企业生产经营效率。四是规划实施产品结构调整，根据本钢集团钢铁产业各产线、各品种的市场竞争力，缩减盈利能力差的产线规模，提升盈利能力高的产线生产能力，进一步提升了集团综合竞争力。

综上所述，本钢"十四五"期间将以提升竞争优势为主线，围绕高质量发展，聚焦钢铁材料制造与服务，不断提高产业协同创新发展能力，打造"精品、绿色、智能、共享"的世界一流钢铁企业集团。

以上三个方面，是集团公司党委就《建议》起草的有关情况向全会做出的说明。

各位委员、同志们，审议通过"十四五"规划和二〇三五年远景目标建议，是这次全会的主要任务。大家要认真思考、深入讨论，提出建设性意见和建议，制定出一份高水平的发展规划。让我们同心协力、集思广益，共同把这次全会开好！

坚持以效益为中心，深化改革创新发展 努力实现本钢集团"十四五"高起点开局

——在本钢集团有限公司一届五次职工代表大会暨 2021年经济工作会议上的工作报告
（2020年12月25日）

高 烈

各位代表、同志们：

现在，我代表集团公司向大会报告工作，请予审议。

第一部分 "十三五"时期及2020年工作回顾

过去五年，在习近平新时代中国特色社会主义思想指引下，在省委、省政府和省国资委的正确领导下，在市委、市政府的大力支持下，在广大用户和战略伙伴的共同协作下，本钢集团干部职工围绕做精做强钢铁主业，积极发展多元产业，努力奋斗，基本完成了"十三五"规划确定的主要目标任务。

主要表现为，一是钢铁主业产业结构持续优化，投资126.3亿元对流程进行技术改造，新建三冷轧厂和板材炼铁厂新五号高炉，产品综合竞争力进一步增强。二是多元产业实现创新发展，金融、贸易等板块业务形成新的利润增长点。三是围绕余热余能回收利用、污染减排等关键环节，实施了一系列设备改造，节能环保成效显著。四是信息化建设不断提速，基础设施实现全覆盖，主要产线生产过程实现自动化。五是党建工作写入企业章程，党委前置审议形成制度，企业党建得到全面加强。六是依托产品质量信誉，着力塑造本钢品牌，企业影响力不断扩大。七是讲好本钢故事，履行社会责任，推进民生工程，职工荣誉感和获得感不断增强。"十三五"的发展实践证明，只要我们始终坚持党的领导，遵循客观经济规律，抢抓机遇，奋发有为，本钢集团就一定能够实现长远发展。

各位代表、同志们，2020年，本钢集团坚决贯彻落实党中央、国务院、省、市疫情防控工作部署和"六稳六保"要求，一手抓疫情防控，一手抓稳产高产，创新降耗，提质增效，做到了疫情防控和生产经营两不误。面对突如其来的疫情，集团公司迅速成立领导机构，加强组织协调，落实工作措施，形成了党委挂帅、行政落实、群团发动、全员参与的抗疫工作格局。在抗击疫情最艰难的时刻，超常规，应急生产2000吨高质量汽车板，支持华晨雷诺生产负压式救护车驰援武汉；集团为社会捐款和投入防疫资金1200余万元，截至目前，公司职工无疑似病例，无确诊病例，为全年生产经营和改革发展创造了有利条件。全年预计，实现销售

收入 615 亿元,同比增长 0.3%;利润 4.5 亿元,同比增长 48%;税费 28 亿元,同比降低 20.5%(因政策性减税降费)。预计完成生铁 1735 万吨,同比增长 9.1%;粗钢 1740 万吨,同比增长 7.6%;热轧板 1237 万吨,同比增长 0.8%;冷轧板 565 万吨,同比增长 0.5%;线材 259 万吨,同比增长 3.9%;螺纹 140 万吨,同比增长 69%;特钢材 72 万吨,同比增长 49.4%。

回首即将过去的极不平凡的一年,主要开展了以下几方面工作。

一、加强生产组织,各道工序实现高效联动

坚持以顺行、成本、质量为中心,在全工序开展隐患排查、对标挖潜、增效降耗,促进稳产高产。矿山工序全年预计完成铁精矿 840 万吨,同比增长 6.5%,为集团公司创造了可观的经济效益。炼焦工序产能释放,全年预计完成焦炭 670 万吨,同比增长 1%,集团公司没有外购一吨焦炭。炼铁工序实现了高炉长周期稳定顺行、稳产高产,进一步降低了焦比、燃料比。炼钢工序严格控制生产节奏,提高炼成率,多吃废钢及含铁料,铁耗最低达到 930 公斤/吨。轧钢工序围绕提高成材率热过热装开展攻关,成功试制了极限品种和厚度 0.3 毫米的极限规格产品,保证了合同产品的顺利交付。特钢工序实现了生产稳定顺行和增产目标,品种钢比例提升到 59%。在生产过程中,采购中心克服种种困难,实现了大宗原料稳定供应和技改检修资材及时供应;储运中心完善仓储管理,验质索赔 1000 万元,优化库存结构,降低库存 3.14 亿元;原料厂有序接卸周转,保证了供料稳定,同时实现精准配煤配矿;铁运、公运、汽运优化车辆配置,为工序顺利承接创造了条件;能源总厂、发电厂充分满足了公司生产用能需求,降成本工作显著;预计全年发电 41.14 亿千瓦时,超计划 2.9 亿千瓦时,同比增长 6.7%;废钢加工厂回收非生产废钢 4.2 万吨,超计划 1.51 万吨,满足了生产需要;检化验中心严把外购物料质量,取消让步接收和质量异议扣款 1.2 亿元;组织修订的硅铁中碳、硅含量测定 2 项国家标准发布实施。制造、设备、能源环保、安全管理、信息化、计控、保卫、行政中心等部门和直属单位,修建维检、建设、新实业、包装以及外部参建等维保服务单位,为实现稳产高产创造了有利条件。

二、采取超常举措,降本增效取得显著成果

树立全员过紧日子思想,想尽一切办法增收节支、降本增效。财务系统调整了 5—12 月降成本攻关指标,比年初预算降低 19 亿元;落实税收优惠政策,享受减税降费 3.3 亿元;降经济库存,同比减少资金占用 26.3 亿元。通过推行"日清日结",生产系统全年预计生产工序定额比预算降低 10 亿元、回收含铁料减少资金占用 1 亿元,全年港途耗比计划降低 1 亿元、配煤比预算降低 9000 万元、配矿降低 2 亿元、铁路运费落实"一口价"政策节省 2.1 亿元、公路运费节省 973 万元、合金料降低 1 亿元。设备系统降低设备修理费 6.91 亿元,实现利库 2.7 亿元,技改工程节约投资 3.85 亿元。能源系统全年预计能源消耗定额比预算降低 7.6 亿元,电费支出比计划减少 4 亿元、水费支出比计划减少 3075 万元。采购招标系统预计全年实现采购总值比预算降低 38.6 亿元;通过招标和对标采购组织设定拦标价或预测价,实现降采 11.39 亿元。销售系统细化增

效措施，预计全年实现降本增效 26.5 亿元。规划系统严把投资关，节省项目投资 4.17 亿元。金融系统实现融资业务增利 3.3 亿元；做强融资租赁业务，预计全年实现经济效益约 1.42 亿元。行政系统房产土地出租，预计全年收入 1420 万元。纪检系统开展清欠工作，清回外部陈欠款 4396.61 万元。

三、克服重重困难，营销工作实现逆势发展

2020 年受疫情影响，市场营销工作面临重重考验。一是内贸市场需求急剧下滑，主要家电企业订货较同期减少 37%。二是市场价格震荡下行，4 月初国内六大品类钢材平均下跌 523 元/吨，5 月价格才开始企稳回升。三是物流受公路设卡、码头停工、运力紧张影响，压港严重，产品输出艰难。四是境外大部分企业停工停产，钢材需求快速萎缩。五是出口合同执行压力加剧，很多国家封国、封城，部分国际快递停运，国际海运出现封港，给外贸订单执行带来巨大不确定性。在这些不利条件下，营销系统坚持以效益为导向，强化市场开发，持续优化品种结构，开发新客户 13 家，开发新钢种 60 个。加大国际市场开发力度，科学匹配资源，提高择机销售能力，积极争取出口订单，极大减轻了内贸压力，预计全年实现出口增利 2.8 亿元。非计划产品及自营产品分别实现 100% 及 95% 电商平台销售，综合提升溢价水平，预计实现增效 6350 万元。

四、坚持创新驱动，科技研发取得重大进步

在科技合作方面，承办金属学会专家委员会会议，建立本钢-中国钢研集团战略对接，与东北大学等高校、科研院所加强合作，邀请国家院士、权威专家共同研讨最新技术进展和行业发展趋势，把脉定向助推本钢集团高质量发展。在新品种研发方面，成功开发新品种 36 个牌号，辊压成型用高强复相钢 CP980 填补了本钢冷轧生产空白；石油钻采用钢系列产品实现国际市场批量供货，E4340 钢以连铸替代模铸生产，成功替代进口高端产品，属国内首创。在产品认证方面，开展认证项目 33 项，涉及 150 个牌号和 178 个规格，2000MPa 热压成型钢通过爱驰、长城汽车认证；冷轧 CR420LA 和镀锌 CR240LA 两个牌号产品通过泛亚认证。在科技成果方面，获得冶金科学技术奖 4 项、辽宁省科技进步奖 3 项，其中"最高强度与特厚规格热冲压钢研制及其系列化开发"荣获冶金行业一等奖，是本钢集团获得的行业最高奖。在知识产权方面，起草国家标准 3 项，企业标准 11 项；177 件专利获国家局受理，同比增长 21.2%；88 件专利获国家局授权，其中发明 11 件、实用新型 77 件。本钢板材股份有限公司荣获辽宁省省长质量奖金奖，被确定为"辽宁省首批高价值专利培育中心"。

五、积极主动作为，多元产业保持平稳运行

信息化公司积极抢抓市场，全年预计收入 1.79 亿元，同比增长 21.87%；利润 1200 万元，同比增长 32.45%。恒通公司全年预计收入 1.99 亿元、利润 610 万元，产品出口墨西哥、土耳其、印度。修建维检公司全年预计产值 5 亿元、利润 52 万元，落实产线承包，全力确保集团主体设备安全、稳定、经济运行。新实业公司全年预计收入 5.7 亿元、利润 130 万元，在疫情保产、后勤保障方面做出了贡献。冶金渣公司全年预计收

入 3.8 亿元、利润 2900 万元，含铁料回收 21.31 万吨，超计划 6.77 万吨，为集团公司减少废钢采购做出贡献。机械制造公司全年预计收入 3.4 亿元，全力发展冷却壁等主导产品，实现了在线维保的新突破。建设公司全年预计产值 14 亿元，其中外部产值 3.2 亿元。热力公司全年预计收入 1.99 亿元，加强余热回收利用，持续做好供暖保障。冶金职业技术学院全年预计外部教学收入 2247 万元，同比增收 373 万元，积极开展集团公司职工培训工作。房地产公司推进僵尸企业处置和清产核资工作。恒泰公司积极开展工作，重塑恒泰品牌。钢联公司预计全年完成产值 18 亿元。

六、创新管理模式，企业管理效能不断提升

体系管理加强顶层设计，统一规范生产、设备、安全三大规程，规范岗位操作，提高生产效率。流程管理加速流程优化与再造，强化验收全流程管控，实现非合格品零入库，非实质性零异议。对标管理全面推进对标世界一流管理提升行动，深入开展全方位全流程对标，重点指标取得了较好提升效果。合理化建议建立体系，搭建平台，全年预计创效 2 亿元。规划管理高质量完成了本钢"十四五"发展规划编制工作。安全管理全面实施安全生产专项整治三年行动，坚持重大危险源与风险点管控，开展事故隐患"清零"，坚持"反三违"，建立完善安全考核评价体系。设备管理推行产线承包、专业运营及考评和降低设备故障攻关，全年设备故障大幅降低；新五炉、八号铸机、转炉环保改造等 24 项重点工程达产达效。能源管理大力推进节能项目实施，深入开展主要工序、关键指标能耗对标攻关，推进全工序全流程能源管理。环保管理严格执行排放标准，中央环保督察问题整改工作全部完成销号。计量管理推进计量数据应用平台开发和建设，为日清日结和成本核算提供了基础保障。信息化建设围绕质量一贯制、计划一体化和"大部制、大厂制"的管控要求，稳步推进项目建设，为管理创新、降本增效、成本核算和智能装备等方面提供了信息化支撑。资本管理组织完成板材公司 68 亿元可转债发行工作，是上市 20 年来首次通过公开发行实现超大规模的直接再融资。审计工作切实增强审计监督实效，任前告知制度化常态化，启动党政负责人审计通报制度。法律工作实现"重大决策、经济合同、规章制度"三必审，加强法律案件管理，避免和挽回经济损失 9544 万元。督查工作坚持闭环管理，开展联合督查、专项督办，为集团挽回上千万元经济损失。信访保卫工作加强门禁管控，严厉打击厂内盗窃，开展交通整治，全面完成疫情防控、信访维稳、治安保卫和武装工作任务。档案管理通过国家档案局验收，本钢集团成为辽宁省首家国家档案局电子文件归档和电子档案管理试点企业。

七、坚持深化改革，企业活力得到有效增强

实施核心主业管控模式优化调整，对北营公司、矿业公司、板材公司及集团公司核心主业实行集中管理，24 个部门实现集中办公，管理层级由五级压缩为三级。责任状考核实现"业绩、薪酬、职位"三挂钩，以效益为导向，完善责任状考核制度，对厂矿在主包考核基础上增加成本一项否决，3 家单位被亮黄牌，2 家单位被亮红牌，班子集体免职处理。完善问责追责制度体系，编制下发《问责追责认定等级、处罚种类、经济

赔偿对照表》，通过强力开展问责追责，通报E级以上责任事故38起，处理处级干部13人，处级以下干部113人。积极稳妥推动历史问题解决，在辽宁省属企业中，首家完成退休人员社会化管理移交工作，得到省政府肯定。加强僵尸企业处置，已处置完成7户，超额完成省国资委考核任务，本钢处僵模式得到省国资委高度认可，在省属企业中推广。持续推进企业改革，按照省委省政府安排，正在积极开展改革工作。

八、坚持固本强基，党的建设更加坚强有力

一是深入学习贯彻落实习近平总书记在深入推进东北振兴座谈会上重要讲话精神，为企业生产经营提供思想保证。二是坚持加强和改进党的领导，党委前置审议在公司治理决策和企业生产经营中发挥重要作用。三是开展"基层党建工作建设年"和"基层党建制度落实年"活动，推进党建工作责任制考核评价和党支部评估定级，本钢集团被省委组织部确定为基层党建工作示范点。四是促进党建工作与生产经营深度融合，设立党员先锋岗1045个，划分党员责任区1397个，建功立业活动年创造可观经济价值。五是强化干部人才队伍建设，持续推进年度综合考核评价"末位淘汰"机制，对部分排名末位的领导干部进行转岗、降职和免职，进一步选优配强领导班子。加大年轻干部培养选拔力度，通过开办MBA班、挂职锻炼等方式，培养、储备年轻干部400余名。通过市场方式运作，招聘高校毕业生154人，钢铁主业招录硕、博人才比例和紧缺专业毕业生签约量均创新高。加大派驻乡村干部政策扶持，消费扶贫120余万元，实现了1.1万贫困户脱贫脱困目标。六是深化政治巡察，开展巡察整改"回头看"，推进第四轮、第五轮巡察工作。增强派驻监督实效，深入落实中央八项规定精神，持之以恒纠治"四风"，深入开展"厉行节约、杜绝浪费"专项整治。开展多种形式反腐倡廉教育，党风廉政建设和反腐败工作取得良好成效。

九、实施民心工程，精神文明建设成绩斐然

一是加强精神引领，本钢集团开展季度"本钢好人"评选活动，15个先进集体及个人获"辽宁好人"、省"最美退役军人"等荣誉，组建本钢基层青年志愿服务队26支，本钢集团注册志愿者3538人。加大对外宣传力度，树立本钢良好形象，在国家和省以上媒体刊发稿件达179篇。大力弘扬劳模精神、劳动精神、工匠精神，涌现出全国劳动模范罗佳全、全国青年岗位技术能手（标兵）刘鸿智和省市级五一奖状、五一奖章等先进典型。二是组织开展"当好主人翁，建设新本钢，建功新时代"主题劳动竞赛、"工匠杯"职工职业技能竞赛和"安康杯"竞赛，不断激发广大职工劳动热情和创新活力。三是关心职工生活，维护职工权益，职工代表8项提案有7项得以落实。4号门立体停车场工程，增加停车位251个；厂内公交上线运行，最大限度地满足了职工上下班通勤及停车需求。帮扶困难职工全年预计支出帮扶款物折合1500余万元。

此外，信访维稳、武装、科协、统战以及离退休管理、外事管理等各领域工作，也都为集团公司生产经营和疫情防控做出了应有贡献。在此，我代表集团公司，向一年来为本钢改革发展辛苦付出的全体干部职工和家属，以及所有关心、支持本钢发展的各级领导、各界朋友表示衷心的感谢！

一年来的成绩值得肯定，但仍存在一些问题需要我们认真面对。

一是安全工作还存在薄弱环节。"违章指挥、违章操作、违反劳动纪律"仍然是发生事故的主要原因，部分单位开展"反三违"工作力度还不够。

二是主要经济技术指标比较落后。虽然依靠强化管理和对标，普遍有所提升，但仍落后于行业平均水平，增加了企业的运行成本，企业整体盈利水平在全国20大钢中排名比较靠后。

三是体制机制僵化问题依然存在。虽然近年来通过强化管理和内部的一系列改革发生了很大变化，但因历史长期积累和部分干部职工思想观念落后等原因，企业深化改革依然任重道远。

四是企业三项制度改革工作仍需进一步深化，人均产钢量和劳动生产率低、薪酬体系不一致等问题依然存在，改革的系统性、整体性需要进一步提高。

以上问题，需要引起我们的高度关注，并在今后工作中认真加以解决。

第二部分 "十四五"主要目标及2021年工作安排

各位代表，同志们：2021年是中国共产党建党100周年，是国家"十四五"规划的开局之年，也是本钢集团贯彻新发展理念、推动高质量发展、实施本钢集团"十四五"规划的开局之年。

本钢集团"十四五"时期的主要目标是：规划到2025年，本钢实现高质量发展取得明显成效，机制体制改革创新取得显著突破，对辽宁省、本溪市的支撑力与带动力大幅增强，基本建成精品、绿色、智能、共享的世界一流钢铁企业集团。

本钢集团"十四五"时期的发展战略与功能定位是：致力于通过改革和创新，巩固提升主业竞争优势，实现钢铁板块整体上市，与装备制造、物流贸易、资源材料、工程技术、智能服务、产业金融等六大多元产业协同发展。成为极具国际竞争力的精品板材基地、国内一流的优特钢棒线材基地、先进钢铁材料综合服务商；对标宝武、参照鞍钢、学习浦项，成为钢铁行业高质量发展的践行者；成为国企改革先行先试的探索者。

从国际经济形势看，疫情变化和外部环境存在诸多不确定性，明年世界经济形势仍然复杂严峻，复苏不稳定不平衡，疫情冲击导致的各类衍生风险不容忽视。从国内经济形势看，我国将进入"十四五"时期，打造"双循环"新格局将是主要战略方向，"扩内需"成为重要的战略基点。当前，我国成为全球唯一实现经济正增长的主要经济体，三大攻坚战取得决定性成就，经济快速复苏，将带动钢铁需求显著增长。同时也要看到，钢铁生产在需求预期向好的拉动下保持高强度，钢材库存高位运行、钢材价格承压等问题较为突出，企业提高经济效益的难度也很大。因此，我们要保持清醒认识，全面贯彻落实国家"振兴东北"决策部署，紧紧抓住"数字辽宁、智造强省"的发展机遇，充分发挥本钢资源、区位等优势，保持战略定力，积极应对市场变化，坚持以经济效益为中心，聚焦主责主业，发展多元产业，提质增产，降本增效，确保本钢实现更高质量发展。

基于以上形势与任务分析，结合企业实际，我们确定了2021年总体工作思路和生产经营总目标。

——2021年总体工作思路：以习近平新时代中国特色社会主义思想为指导，深入学习贯彻党的十九大和十九届二中、三中、四中、五中全会精神，认真贯彻落实党中央、国务院、省、市疫情防控和"六稳""六保"工作要求，全面加强党的领导，规范公司治理，在抓好常态化疫情防控的基础上，坚持以效益为中心，以科技创新为引领，以深化改革为动力，以稳产高产为保障，努力实现本钢集团"十四五"高起点开局。

——2021年生产经营总目标：销售收入目标630亿元，力争实现700亿元；利润目标5亿元，力争实现10亿元；税金目标30亿元，力争实现32亿元。钢铁主业完成铁精矿875万吨，生铁1870万吨，粗钢1969万吨，热轧板1457万吨，冷轧板645万吨，特钢材75万吨，线材261万吨，螺纹钢137万吨，铸管18万吨。多元产业力争完成销售收入45.6亿元，税费3亿元，利润1053万元。安全生产实现"三为零"。

为了落实以上总体工作思路和生产经营总目标，我们将重点从以下几个方面开展工作。

一、推进智造强企建设，实现更高质量发展

一是立足"国内大循环、国际国内双循环"，坚持以效益为中心，从2021年1月1日开始模拟市场核算，生产销售适销对路的产品，实现全工序生产链条的稳产高产，确保全年实现目标计划。坚持工序服从原则，坚持"三个精准"原则，对标精准管理、精准技改、精准完善工序需求，实现效益最大化。矿山系统以铁精矿生产为核心，落实保产增产措施，满足精矿生产需求；铁前工序重点围绕高炉稳定顺行，落实均质化措施，严抓入炉原燃料质量，实现高产低耗；炼铁工序规范高炉操作制度，改进操作参数，降低焦比、燃料比，确保高炉长周期稳定顺行和经济冶炼；炼钢工序重点做好铁钢平衡工作，钢铁料消耗板材炼钢实现1087公斤/吨，北营炼钢实现1077公斤/吨，板材特钢实现1059公斤/吨；轧钢工序保证钢轧平衡；保供系统要努力实现零影响。

二是苦练内功，持之以恒地推进降本增效。以高目标产量为基础，全过程、全方位地研究和落实降低成本措施，实现全年降低成本23.8亿元的攻关指标。牢固树立过紧日子思想，强化可控费用管理，精打细算，降低资金占用。推进对标挖潜工作，将"日清日结"工作推向深入，落实成本管控责任，收入与指标挂钩，严格绩效考核。

三是深入推进产线分工。在提产降本的同时，发挥各机组装备和工艺优势，提高机组效率。深化产品结构调整，提高产能利用率，以产线效益和品种效益为基础，优化资源配置和品种结构，提升高规格品种比例，实现产品效益最大化，品种钢创效4.3亿元。

四是全力推进质量一贯制工作。以降低质量非计划工作为抓手，从工艺、生产、过程管控入手，制定解决措施，做好重点工序整改措施的现场落实，加强质量检验监督抽查，保证产品质量持续有效提升。发挥计量管理监督作用，加强测量体系建设。

五是加强设备管理提升运行效能。深入贯彻落实设备点检定修制，追求精准点检和恰当定修，把握设备劣化倾向，追求高效率、高质量、高效益。强化设备经济管理，推进产线承包，提高设备联检质量，降低设备故障率，充分提升设备运行效能，把设备管理水平推向新高度。全力推进重点工程项目建设，确保板材CCPP工程、板材特钢电炉工程、北营炼钢产能置换工程、矿山高压辊磨等项目按期达产达效。

六是抢抓市场机遇做好营销工作。要推进"品种结构、产线结构、区域结构、客户结构"调整,提高高附加值产品比例。要加强驻外技术服务组建设,做好客户开发和产品认证工作,加强服务和引导,让用户充分了解、熟悉本钢产品,使用本钢产品。要加强物流园区运营,稳定供应链关系,研究推进配送合作开发。要保持出口领先优势,积极参与"一带一路"沿线国家的重点工程项目,以效益最大化为原则,加强重点品系、重点区域开发。要加强营销队伍建设,要推进建立数字化营销体系。

七是支持多元产业健康发展。坚持"一企一策"原则,指导子公司优化发展定位,紧抓产业发展机遇,大力发展装备制造、物流贸易、资源材料、工程技术、智能服务、产业金融等重点产业。要加强组织领导,依据"十四五"规划总体目标,落实各子公司规划实施方案,完善相应改革方案和举措,按照时间节点统筹推进。要通过实施规划和改革举措,解决资源的重复配置和内部同业竞争问题,降低内部交易费用,形成企业发展合力;要集聚产业资源及相关配套政策,提升产业规模,实现专业化运作;要发挥比较优势,积极稳妥推进改革工作,实现集团公司和多元产业整体利益最大化。

二、加强安全管理工作,实现节能绿色发展

一是加强安全管理。通过完善安全综合考评、强化领导安全履职、严肃事故问责追责,深化安全生产责任体系建设。持续深化双重预防机制建设,优化完善应急预案体系,提高风险管控和应急救援能力。按照"管专业必须管安全"和"谁主管、谁负责"原则,加大重大危险源和风险点辨识,加强隐患排查整治,全面开展"反三违",推进安全生产专项整治,推行重点作业项目安全措施标准化,丰富安全培训方式,提升职工安全素养,提升本质化安全水平。

二是加强能源管理。推进节能本钢建设,进一步强化基础管理,严格制定并执行各项管理办法和制度,全面推进能源管理体系建设日常化。重点围绕入炉焦比、负能炼钢、增发电量、吨钢耗新水等项目开展攻关,力争取得显著成效。加速推进余热暖民二期工程等节能项目实施,实现二次能源的充分回收和利用。深入开展节水工作,做好中水深度处理等项目的调试并尽快达效。

三是加强环保管理。推进绿色本钢建设,2021年计划大气污染物排放量降幅3.1%,废水污染物排放量降幅35%。强化环保问责追责,落实环保管理责任。严格落实环保税管理。强化环保专项管理,以废水、废气为重点开展专项监察,每季度至少开展一项环保专项管理和检查。推进环保治理项目建设,提高环保装备水平。持续加强厂容绿化管理,推进厂区绿化美化。

三、坚持创新驱动战略,推进智能工厂建设

一是全面落实"十四五"发展规划。以中共中央、辽宁省委《关于制定国民经济和社会发展第十四个五年规划和二〇三五年远景目标的建议》为依托,完善制定符合本钢集团实际、富有时代感、具有创新精神的高质量规划。同时,按照"对标一流、瞄准痛点、注重实效,集中规划、专业设计、分步实施"的总体工作思路,推进本钢"十四五"规划落实和重大课题论证和实施。要立足于百年本钢基业长青,以开放的视野谋划长远发展,推进后备矿山资源储备、开发和合理利用。

二是全面提升科技创新水平。推进科技本钢建设，进一步加强和完善以总工程师、首席为代表的集团、厂矿、作业区三级技术体系，提高技术人员薪酬待遇，加大科技创新激励力度，全力推进工艺技术进步。推进沈阳本钢技术研发中心、本钢－沈阳材料科学国家研究中心联合研发中心、本钢－瓦轴联合研发机构等建设工作。发挥汽车轻量化技术创新战略联盟等平台作用，带动技术创新水平的整体提升。积极与高校院所、战略客户等开展"产学研用"合作，力争承担或参与国家、省重大技术创新专项。加大产品认证推进力度，力争在奔驰重卡、雷诺汽车、宝马、铁道车辆用钢等重点认证有新的突破。

三是全面加强信息化、数字化、智能化建设。全面实施信息化建设三年行动规划，大力推进MES升级改造和系统建设；加快实施板材智能化料场项目；全面制定本钢智能制造的远景规划，逐步建立起能够满足企业各种生产过程控制和管理需求的生产运营有关的大数据平台（确保数出一源，一源多用）；逐步实现全流程远程集中操控，各工序、各子流程的一键操控；逐步实现"安全、生产、技术、质量、能源、设备"等各系统、各要素的管控一体化，有效缩短产品的研制周期、降低各种资源和能源消耗、降低运营成本、提高产品和服务质量、提高生产运营效率，在行业竞争中占据优势地位。

四、夯实各项基础管理，提升企业管理效能

一是探索新型组织架构体系。在钢铁主业积极探索事业部制管理模式，结合钢铁主业开展智能制造、产业升级，研究实施相应的机构调整，建立更加扁平化和高效市场化的组织管理体制。

二是推进精益管理深入实施。以合理化建议为依托，导入精益管理思想，通过对合理化建议加快实施开展、注重总结经验、固化复制成果、树典型立标杆等手段，凝聚全员共识，打造精益管理基地。

三是推进人力资源管理优化。聚焦"十四五"发展规划目标，控制总量、盘活存量、用好增量，积极优化用工结构和方式，提高人力资源配置效率。树立"新招录人员向一线核心岗位补充、在岗人员向一线岗位流动"人力资源配置导向，对标行业先进企业，提高劳动生产率，降低人工总成本。

四是发挥财务管理重要作用。拓宽融资渠道，加大新增银行授信力度，降低融资成本，控制财务费用。加强资金预算管理，以收定支，对资金进行归集管理，确保资金安全。持续开展资产实地抽查，强化问题督促整改。执行动态经济库存考核，控制存货资金占用。推行财务共享中心建设项目上线工作。

五是加强审计形成有效监督。注重抓重大问题、抓要害问题、抓事关全局的突出问题和生产经营的重点环节，强化对投资、生产、采购、销售、招标、财务、境外资产等重点领域、重要资产和大额资金进行流程管控，强化对价格、质量、验收、存货、能源、消耗等关键环节开展合规审计。强化审计成果有效应用，全面推进各单位审计整改率高标准考核，努力构建集中统一、权威高效的审计监督体系。

六是加强招标采购管理促进降本增效。推进采购品种环比降价降本工作，严格落实各品种降价采购方案，全力降低采购成本。要紧随市场变化，适时进行择机采购。要通过加大引入优质、规范的供应商，形成充分有效竞争。要继续推进招标采购全覆盖，巩固招标保质、降本、增效。

七是切实发挥督促检查职能。坚持问题导向、结果导向、绩效考核、闭环管理，集团重要指示类督办任务，要"一督到底"，推动决策落实；长期推进重点工作类督办任务，要"一跟到底"，彻底解决问题；问题类督办任务，要"一查到底"，督促问题整改。民生舆情类督办任务，要加强"督查服务热线"宣传，畅通民诉渠道，将高质量服务带给职工。

八是推进法治本钢建设，将法律风险防范意识贯穿于经营管理全过程。贯彻中央全面依法治国工作会议精神，加强法制宣贯，全面实施法治企业三年建设实施方案，做好法律风险事前防范、事中控制工作。突出抓好规章制度、经济合同、重大决策的法律审核把关，切实加强案件管理，着力打造法治国企，为企业生产经营提供法治保障。

五、坚定不移深化改革，激发企业发展活力

深入实施《本钢集团深化改革三年行动计划（2020—2022）》，加快建立健全现代企业制度，加快结构调整和转型升级，落实任务清单，有序高效推进。

一是推进鞍钢本钢重组及混合所有制改革。目前，改革工作已进入关键阶段，改革发展的总体方向不会变，要按照省委、省政府的决策部署，按照"四个有利于"的原则，选择制定符合本钢集团长远发展、符合本钢集团六万多名职工利益的最佳方案，确保本钢集团基业长青。

二是统筹优化绩效考核体系。实行组织绩效、责任状、专项奖、特殊奖体系化管理，建立和完善绩效考核指标库，为绩效指标设计及考核提供分析依据，强化过程管控，完善责任状精准考核和指标评价体系，发挥考核机制激励作用。

三是加强问责追责工作。强化集团公司规章制度执行情况的检查落实。建立健全问责追责执行情况常态检查机制，完善问责追责的全方位系统管理，形成有效衔接、上下贯通的责任追究体系。

四是推进薪酬体制改革。完善宽带薪酬体系，实行工资总额定员包干，强化薪酬激励，完善薪酬分配闭环管理，充分发挥薪酬"指挥棒"的作用。

五是持续推进"僵尸企业"处置工作。细化分解工作任务，强化跟踪、落实，保证各项工作扎实推进；坚持问题导向，加强组织协调，调动各方力量，促进处僵工作依法、规范、高效开展。

六、坚持党对企业领导，提供坚强政治保障

一是加强思想政治建设。深化党委理论学习中心组学习，以习近平新时代中国特色社会主义思想为指导，深入贯彻落实党的十九届五中全会精神，确保党中央决策部署有效落实。

二是加强党对企业的领导。夯实党在企业的执政基础，聚焦把方向、管大局、保落实，强化党委在决策中发挥作用的运行机制，为集团公司改革发展提供坚强的政治保证、思想保证、组织保证。

三是加强党建基础工作。推进党委书记抓党建工作述职评议和党建工作责任制考核，巩固深化主题教育成果，推进党支部标准化规范化建设，严格规范党内组织生活，持续推进党支部评估定级，把党建工作融入到生产经营的各个角落，提升基层党建工作水平。以建党100周年为契机，围绕生产经

营、改革创新发展，深入开展建功立业活动。

四是加强干部队伍建设。持续深化领导班子和领导干部队伍建设，以季度测评为周期，开展多元化的领导班子和领导干部日常考核评价工作，实现日常考评与年度考评、组织绩效评价与个人评价联动。规范开展干部选拔任用工作，巩固年轻干部培训和挂职锻炼工作成果，规划做好优秀年轻干部选拔和40岁左右领导班子成员的配备工作。

五是坚持全面从严治党。深入贯彻落实党风廉政建设责任制，进一步加强党内监督，充分运用监督执纪"四种形态"，抓早抓小，推动日常监督工作制度化、常态化。狠抓作风建设，锲而不舍落实中央八项规定精神，持续纠治"四风"，扎实开展党风廉政建设突出问题专项治理工作，严肃工作纪律，严查不担当、不作为、侵害企业利益、职工群众利益等不良行为。深入开展党委巡察及整改落实"回头看"。

七、坚持以人民为中心，凝聚职工发展力量

一是加强职工理想信念教育，发挥榜样示范引领作用。组织引导职工积极参加党史、国史、本钢史重大纪念日活动，培养广大职工爱党、爱国、爱本钢的政治情怀。大力弘扬劳模精神、劳动精神、工匠精神，让更多职工走近劳模、崇尚先进、学习先进、争当先进，积极营造劳动光荣、知识崇高、技能宝贵和精益求精的敬业风气。

二是开展劳动竞赛和技术比武，为企业创新创效人才成长创造条件。劳动竞赛要围绕集团公司生产经营目标，以提高经济效益为中心，不断提升针对性、实效性。深入开展职工技能竞赛和青工技术比武活动，将竞赛与技术培训等活动相结合，以提升企业核心竞争力为目标，为企业培育知识型、技能型、创新型的能工巧匠。

三是推进文化本钢建设。加强职工文化阵地建设，活跃职工业余文化生活。深化"中国梦·劳动美"主题宣传教育，围绕庆祝建党100周年，开展系列大型文体活动，编辑出版《本钢作家作品选》，开展职工摄影、书法、美术等文化公开课，提高职工文艺素养，满足职工的多样化文化需求，不断为广大职工创造情趣高雅的文化生活。

四是推进和谐本钢建设。要做好共青团、武装、科协、统战以及信访保卫、行政管理、离退休管理、档案管理等各项工作，促进企业文明健康和谐发展。要全面贯彻习近平总书记"把人民群众生命安全和身体健康放在第一位"的指示要求，落实常态化疫情防控工作部署，落实企业主体责任，保障广大职工的身体健康、生命安全和企业生产顺行，维护企业稳定。

同志们，当今世界正经历百年未有之大变局，本钢改革发展任重而道远。"惟其艰难，才更显勇毅；惟其笃行，才弥足珍贵。"让我们紧密地团结在以习近平同志为核心的党中央周围，坚决贯彻落实党中央国务院和省委省政府的决策部署，培育发展新动能，塑造竞争新优势，奋力推进新时代辽宁全面振兴全方位振兴，为实现本钢集团"十四五"高起点开局新目标而努力奋斗！

在本钢集团有限公司一届五次职工代表大会暨2021年经济工作会议上的讲话

（2020年12月26日）

杨 维

各位代表、同志们：

本钢集团一届五次职代会经过各位代表的共同努力，圆满完成了各项任务。高烈同志代表集团经理层所作的行政工作报告，客观总结了集团一年来的工作成效，科学分析了企业面临的内外形势和存在的突出问题，对2021年的工作部署，振奋人心、鼓舞士气；此外，报告还提纲挈领地总结了本钢"十三五"期间的工作成果，系统提出了"十四五"时期的奋斗目标和2035年远景目标，是对集团党委一届八次全会精神的具体落实，我完全赞同。

各位代表在讨论过程中，积极踊跃发言，提出了很多极具建设性的意见和建议。可以看出，大家是带着责任、带着基层声音、带着职工的期望和重托来参加这次会议，会后请集团工会和写作班子要认真归纳吸取各位代表意见建议，融入到明年的行政工作报告中，进一步修订完善后印发至各单位，作为集团2021年生产经营工作的纲领性和指导性文件抓好贯彻落实。同时，对各位代表的意见和建议要进一步梳理、归纳，在新的一年里跟踪、推进、解决。明年的职代会上要对全年的意见和建议完成情况进行点评。

刚才11个代表团做了表态发言，表达了决心、体现了信心、展示了干劲。集团公司和有关单位代表签订了经营业绩责任状，我和彦宾同志分别代表企业方和职工方签署了集体合同。这些都体现了一份责任、一份使命和一份担当，我们要在明年的工作中，落实好责任状和合同中的各项条款。

关于今年以来的各项工作，报告中已经讲得很具体、很充分了，这个报告经过集团党委常委会审议通过，代表了集团党委的意见，这里不再重复。

下面结合回到本钢20天的调研、走访和座谈，谈几点思考和意见，跟同志们共勉，共同把明年的工作开展好。

一、关于企业面临的形势

对于明年的宏观政策和发展环境，我想大致有这么几个层面。

第一，从国际大环境看，按照党的十九届五中全会和12月16日至18日中央经济工作会议的表述，当今世界正经历百年未有之大变局，国际环境日趋复杂，不稳定性不确定性明显增加，疫情冲击导致的各类衍生风险不容忽视，新一轮科技革命和产业变革深入发展，国际力量对比深刻调整。

第二，从国家宏观形势和政策看，当前和今后一个时期，我国发展仍然处于重要战略机遇期，但机遇和挑战都有新的发展变化。

我国已转向高质量发展新阶段，制度优势是显著的，市场空间是广阔的，发展韧性是强劲的，社会大局是稳定的，继续发展具有多方面优势和条件，但发展不平衡不充分问题仍然突出，重点领域关键环节改革任务仍然艰巨，经济恢复基础还不是很牢固。

今年我国成为全球唯一实现经济正增长的主要经济体，按照中央经济工作会议的提法，是"交出了一份人民满意、世界瞩目、可以载入史册的答卷"。会议定调明年宏观经济政策"连续性、稳定性、可持续性""不急转弯"，强调"新发展格局""需求侧管理""新基建""资本市场改革"等，传递众多重大信号。

第三，从辽宁的振兴发展来看，"十四五"时期，中央对东北振兴有明确要求，习近平总书记批示指出，"新时代东北全面振兴，'十四五'时期要有突破"。国家的"十四五"规划对东北振兴如何突破作出了具体安排。东北振兴看辽宁。省委、省政府新一届领导班子，紧紧抓住这一历史机遇，作出了一系列重大部署。省委十二届十四次全会提出，要着力建设数字辽宁、智造强省，加快工业振兴，做好改造升级"老字号"、深度开发"原字号"、培育壮大"新字号"结构调整"三篇大文章"。张国清书记在讲话中明确指出"辽宁能称得上'老字号'的主要还是装备制造业""装备制造业是我们的优势产业，是我们的家底，绝对不能丢"。国清书记还特别指出"钢铁身子块头大，但神经系统、感知系统和智慧大脑欠发达"，对本钢的未来发展指明了清晰的方向，那就是吃"技术饭"、吃"创新饭"、吃"智能饭"、吃"高质量发展的饭"。

第四，从本钢所处的钢铁行业来看，中国近现代钢铁工业在历经130年的曲折发展之后，已经走出了一条中国特色社会主义的钢铁发展之路，创造了世界钢铁发展史上的奇迹。2020年，在相隔不到3个多月的时间里，习近平总书记两次到钢铁企业调研座谈，体现了总书记对钢铁行业的高度重视，体现了钢铁行业在国民经济中的重要地位。总体看，在疫情最严重期间，钢铁行业在所有大类工业行业中保持了最高的开工率，用实际行动证明了钢铁行业是中国国民经济的中流砥柱，有定力、有能力、有实力成为经济平稳运行的"稳定器"和"压舱石"。

近年来，经过一系列重组并购和优化升级，宝武集团已经成为世界钢铁行业当之无愧的"老大"，中国的粗钢产量已经连续多年稳占全球的半壁江山，同时中国代表性的钢铁企业，已经走在全球钢铁行业智能制造、绿色发展的最前沿。钢铁行业成为我国为数不多的、具有国际竞争优势的大类工业行业。但历次科技革命都将催生新的产业格局，钢铁也不例外，智能制造正成为新一轮工业革命的核心驱动力，数字化、智能化必将重塑钢铁行业。

从2021年的钢铁市场展望看，随着"双循环"发展新格局不断完善，供给侧改革和需求侧管理形成更高水平动态平衡，随着全球经济逐步恢复，钢材进出口有望恢复常态，对钢材价格将起到较强的支撑作用。今年以来，进入11月份，钢材价格持续大幅攀升、屡创新高，呈现多年未见的"白热化"状态，市场表现强劲。与此同时，进口铁矿价格也持续高位运行。这对于拥有自有矿山的本钢来讲，是难得的历史机遇。

本钢吃的是"钢铁饭"，我们必须对这个行业和市场有全面、科学的认识，同时也要保持清醒的头脑，解放思想，顺势而为，积极对标对表，推进生产组织方式和经营管理方式的根本性变革，推进产业转型升级和商业模式的创新，不断提升企业的现代化水平和核心竞争实力。

二、关于企业存在的问题

企业要发展，得正视自己的问题，还得以问题为导向。从12月7日省委决定我到本钢任职，到今天整整20天时间，我作为一个本钢人，在本钢工作20多年，离开本钢已经有七八年时间，这期间企业方方面面工作都有了很大的进步和改观，但成绩终归属于过去。通过这一段时间和同志们的交流、座谈、了解，感受到同志们对本钢抱着热切的希望，对企业存在的问题也是感到深深的痛心。通过这段时间看，我觉得在以下几个方面，我们还应该进一步提高，进一步引起重视。

一是企业运行的规范性亟待提高。这个规范性体现在各个领域、各条战线、各个层面，是一个系统性的问题。行政命令式的管理模式在企业生产经营中占据重要地位，导致专业技术意见得不到重视、支持和执行，个人意见多，集体决策少；对上级文件和精神研究得不透、落实得不到位，没有结合企业实际真正转化成内在的、规范性的长效机制，很多地方不能充分理解和消化省委省政府的各项决策部署。

二是大局意识和全局意识还不够强。主要体现在各单位在生产、管理、改革、改造等各项工作中，各自为政、画地为牢，不算宏观大账，只追求局部小经济、小算盘，急功近利完成表面工作任务，工序服从和后评价意识淡薄，全员、全工序以效益为中心的理念严重缺失。不能把市场要求的各种信息、要求、开发的方向，从后道工序传递上去，各道工序没有保盈利、保效益的概念。经常靠投资、靠技改工程来代替管理，而且完成一项工程不能认真进行投入产出的评价。

三是跑冒滴漏严重，止损能力和止损意识不足，没有建立良性纠错和运转机制。从生产上讲，管理的粗放和责任意识、考核机制不到位，导致能源、物料、备件上浪费严重，资材过度损耗，备件库存长期居高不下；从经营上讲，没有科学、系统的风险评价和防控机制，导致在付款、回款、融资等领域，人为主观色彩较重，局限性较强，企业长远利益没有得到有效保障，形成隐性亏损；从发展策略上看，对亏损的子企业和存在短板的工序环节，没有及时认真研究扭亏为盈的办法，没有用更多、更好的体制机制的改革措施和改革力度来发展我们的子公司，使子公司培育、成长、壮大、走向市场，错失很多发展机遇，形成长期的出血点。

四是组织架构设置和职数配备不够科学合理，缺乏刚性标准和约束机制，导致机构臃肿、人浮于事，两级机关庞大，管理岗比重大，人工成本偏高。同时，由于高负债率和不合理的融资结构，导致财务费用偏高。我们的吨钢人工成本和吨钢财务费用远高于行业平均水平，这两项费用高企，大幅挤压了企业的盈利空间，影响了运行效率和发展质量。

五是缺少与外界的良性互动，积极争取政策支持的能力不足，没有树立务实、积极、与时俱进的现代企业形象。横向上讲，与行业协会、同行业企业的沟通联系相对较少，特别是集团层面的走访、交流、深度互动不够；纵向上讲，积极主动与中央、省、市政府部门的有效沟通协调严重缺失，导致本钢作为国有企业、特别是辽宁省属第一大企业的天然政治优势没有得到有效发挥，企业的外在形象是模糊的。

简单归纳了上述五个方面问题,一些小的和细节方面的内容,不展开讲了,不一定全面,也不一定全对,随着我们认识的深入和工作的开展,对自身问题的剖析也会更加透彻。批评和自我批评是党的三大优良作风之一,也是一个企业保持生机与活力、实现基业长青的必然选择。讲这些问题,我们还要追问一个问题,我们要扪心自问,以上这些问题都是什么原因造成的,我们的高、中层管理者,核心经营管理部门,都有没有责任?我们的责任心都在哪里?

在今后的工作中,我们要以问题为导向,直面困难、直面矛盾,开阔视野、放大格局,用改革创新的办法,不断推进各类问题的解决,逐步建立起科学、健康、规范、行稳致远的运转机制,不断开创企业高质量发展新局面。

三、关于明年的工作思路

2021年是"十四五"开局年和建党100周年,叠加百年未有之大变局,是扩大内需的同时注重需求侧改革、加速构建国际特别是国内大循环的重要窗口期,是新一届省委、省政府领导班子各项决策部署集中发力的窗口期,也是本钢集团积极推进鞍钢本钢重组和混合所有制改革的窗口期,这一系列窗口期表明,2021年在我国现代化建设进程中、在新时代辽宁振兴进程中、在百年本钢的改革发展进程中,都具有特殊重要意义。因此谋划和做好明年的工作责任重大、关系长远。

关于明年的具体工作,这次会议通过的行政工作报告中,已经做了很系统的安排,我完全同意。明年的生产经营计划,很多指标都是历史新高,除了计划指标,还有力争要达到的目标,各单位、各部门要把这些指标分解下去,不折不扣地抓好贯彻落实。结合明年工作,提几点具体要求,便于大家更精准地把各项工作落到实处。

(一)坚定不移讲政治、顾大局、当表率,用行动践行忠诚担当

忠诚担当不能停留在口头上,要体现在行动上。2016年10月,习近平总书记在全国国企党建工作会议上指出,国有企业是中国特色社会主义的重要物质基础和政治基础,是我们党执政兴国的重要支柱和依靠力量。也是在这次会议上,总书记提出了"坚定不移把国有企业做强做优做大"的历史性方针。今年10月,《求是》杂志发表习近平总书记署名文章,对国有企业在疫情中的表现给予充分肯定。总书记指出,"在这次抗击疫情过程中,国有企业冲在前面,发挥了重要作用,在促进产业循环中也起到了关键作用",文章同时指出,国有企业"绝对不能否定、绝对不能削弱",并首次提出了"要坚持和完善新型举国体制"。

本钢作为省属最大的国有企业,要深刻认识自身的政治属性,要把党赋予国有企业的责任、使命和担当坚定不移地扛在肩上、落到实处。在12月7日本钢干部大会上,枫林副省长指出,2018年下半年以来,本钢混改曾一度搁浅,原因是非国有战投谋求的不仅是经营权,而是公司控制权,这样就会背离当初省委省政府通过混改方案时为鞍钢本钢重组留有通道的承诺,这是国家战略布局,底线不能突破。会上,枫林副省长明确了推进鞍钢本钢重组及混合所有制改革要遵循的"四个有利于",即有利于保障国家战略资源安全,有利于提高我省钢铁产业集中度,有利于培育具有全球竞争力的世界一流企业,有利于保障集团全体干部职工的合

法权益。国清书记对本钢的改革发展同样寄予厚望，他强调要选择符合本钢长远发展、符合本钢6万多职工利益的最佳方案，确保本钢基业长青。

因此，在推进鞍钢本钢重组及混合所有制改革的问题上，省委省政府始终站在广大职工的立场上，站在本钢长远发展的角度，深思熟虑、用心良苦。对本钢来讲，我们要深入学习贯彻习近平总书记关于国有企业改革发展的重要论述，坚定不移贯彻落实省委省政府和省国资委，关于国资国企改革的决策部署，要找准定位、站稳立场，心无旁骛抓好生产经营各项工作，成为苦干实干的典范；要坚决服从服务于国家战略和辽宁振兴大局，成为坚决执行省委省政府决策部署的典范；要锐意改革、创新发展，再次成为国有企业改革的先锋、高质量发展的典范。

（二）全流程再造、全方位突破，全面提升企业的管理能力、竞争实力与发展合力

本钢是一个传统行业中的传统企业，一些朴素的管理理念应该得到足够重视，并深度融入企业的各项工作，成为整个管理架构的基础。首先，要在规范运行上进行系统性重建，要按照各类规范性文件要求，对上市公司运作、法人治理结构、"三会"规范、干部职数设置、技术体系强化、一贯制体系、各职群待遇标准等所有领域进行系统梳理、对照，逐项落实工作要求，建立长效机制。其次，要落实前道工序服从后道工序，所有工序服从市场的工序服从制原则，建立工序服从考核体系，有效提升工作效率，实现生产顺行。第三，全流程牢固树立以效益为中心的理念，研究从原料到铁、钢、轧各工序，以效益为中心、为核算单元的生产工序管理模式，建立总厂制逐步过渡到事业部制的管理模式，把生产厂只管生产制造成本不过问市场效益的行为，扭转到以效益为中心，核算出企业内部各工序产品的成本和内部利润，将市场压力逐级传递，形成责任共同体，实现生产经营模式的彻底转变。第四，精准对标与全方位对标相结合，有效提升企业的综合实力。要准确分析设备状态与外围条件，找到真实的差距和原因，要通过对标宝武、参考鞍钢、学习浦项，立体推进对标挖潜工作，迅速缩短与先进企业的差距。第五，要按照市场倒推原则，开发适合本钢、盈利能力强的品种，精准安排产线分工，从小试到小批量，到稳定大批量，要加大直供户开发和服务力度，要服务直供户、开发直供户、引导直供户，围绕产业链和市场需求部署技术创新链，形成相辅相成、齐头并进的良性发展格局。这里我以点带面提了五个方面，管理的基础工作还有很多，但都有章可循，需要我们耐下心来，认认真真，一点一滴去夯实。只要我们扑下身子，从基础抓起，从点滴做起，坚持不懈、步伐坚定，由量变产生质变，本钢的未来一定大有希望。

此外，集团近期组织成立了整顿工作作风、严肃工作纪律、树立本钢形象工作推进组等5个专项工作推进组，全部由我和汪澍担任组长，各位副总挂帅担任常务副组长和副组长，明确一个牵头部门，各组根据工作需要再划分若干小组，明确参加部门，落实到人头，并制定了详细工作机制和任务目标。（已经在会前发给大家）

一是整顿工作作风、严肃工作纪律、树立本钢形象工作推进组，牵头领导赵忠民，牵头部门组织部；二是改革发展工作推进组，牵头领导杨成广，牵头部门资本管理部；三是钢铁主业安全生产确保良性运转工作推进组，牵头领导高烈，牵头部门制造部，同时

财务部、运营改善部联合牵头;四是以效益为中心,推进产品创新体系、服务创新体系、提升直供比例工作推进组,牵头领导张鹏,牵头单位国贸公司;五是以智能化、数字化为手段,进一步优化、完善流程工作推进组,牵头领导王代先,牵头部门运营改善部。

这5个工作推进组分别在集团公司党委、董事会和经理层的领导下开展工作。12月23日,集团公司召开党委常委会和董事会,审议通过了各推进组的工作目标、工作原则、领导机构、工作任务及进度计划、保障机制等,相关工作已经在有条不紊地向前推进。成立推进组的主要目的,是在一些关键领域的关键问题上,集中专业力量,形成战略突破,起到牵一发而动全身的效果。这5个工作组的成立一是代表了一种工作态度,代表了集团公司在这5项工作上的决心;二是这5个方面的工作,要坚定不移向前推进;三是集团公司党委会和董事会,要每月听取一次汇报,每月一调度。按照我们设定的目标,半年见成效、一年大变样、三年步入行业前列、5年达到"十四五"规划目标。集团公司对这项工作高度重视、全力支持并寄予厚望,希望各推进组能够提高政治站位,强化责任落实,在各自的领域不断取得新突破,为集团公司下一步的改革发展奠定坚实基础。

同志们,习近平总书记指出,打铁还需自身硬。我们要不等不靠,不能消极被动地等着混改或者等着重组,要把自己的事办好,强健自身体魄,这样无论是重组还是混改,我们都会更有底气、更有话语权,也能为本钢争取更多的权益。我们坚信,通过我们的不懈努力,随着本钢的不断强大,我们在外部改革上的主动权会越来越大,本钢的品牌和价值将越来越厚重,那时的本钢才是让6万职工自豪的本钢,才不会辜负省委省政府的期望和重托,才无愧于一个百年企业的初心和梦想!

(三)勇于改革创新,激发企业活力,在辽宁国企改革中干在实处、走在前列

改革是企业永恒的主题。在企业内部改革上,近年来本钢实施了一系列改革措施,这些措施进展到什么程度,产生了什么效果,还存在哪些问题,需要我们进行系统的总结和评价,而且要在横向上把各项孤立的改革任务统筹整合,形成改革的合力。要按照枫林副省长要求,进一步完善公司治理机制,继续深化三项制度改革,深入实施工资总额承包制度,完善各项激励政策,从上到下加强考核、加大考核、对标考核,在考核中奖优惩劣,用考核的力量激发企业发展活力。要以改革创新的思路研究非钢产业发展问题,非钢产业大都拥有深厚的积淀和特色优势,是我们的资源而绝对不是包袱,面临的困难也都是暂时的,我们要加大支持力度,一企一策,深入研究其长远发展的内生动力,按照市场原则,重新优化配置非钢产业资源,逐一扭亏为盈,每拯救一个企业,我们就减少了一部分亏损、产生了一部分盈利、造福了一部分职工,这是功德无量的事业,要坚定不移推进落实。各非钢子公司的领导层,一定要下定决心、加快改革,认真用好集团公司给予市场的机会,锻炼、培养队伍,把自己的能力培养起来,给改革的方式走向市场。同时,要按照省国资委的要求,把本钢的《国企改革三年行动方案》做细、做实,形成操作性强的具体措施、阶段目标、实施路径,深度融入企业改革发展的各项工作。要充分发挥有关专项工作推进组的作用,在优化组织架构、理顺核决权限、做强做优上市公司等改革发展领域不断取得新突破。

（四）认真落实新发展理念，把推动企业科技创新摆在更加突出的位置，走创新路、吃科技饭

习近平总书记指出，"新一轮科技和产业革命正在创造历史性机遇"。智能制造正成为新一轮工业革命的核心驱动力。钢铁是一个传统制造产业，工况非常复杂恶劣，对控制精度要求非常高，因此对智能化和数字化的需求非常迫切。我们要抓住省委省政府打造数字辽宁、智造强省的难得机遇，充分发挥数字技术、人工智能在生产中的赋能引领作用，强化问题导向，实施流程再造，使本钢逐步走向产业数字化、数字产业化、智能化、绿色化的发展之路。

要把以总工办为牵引、各道工序从上到下、从前到后的技术体系建起来，在生产工艺上形成以技术为核心的、规范的管理架构，在各个层面建立技术管理服务体系，完善技术规程。

要以沈阳本钢技术研发中心的建成为契机，加大与王国栋院士领衔的国家重点实验室合作力度，强化与殷瑞钰院士及中国钢研集团的战略合作，同时，在卢柯院士的指导下，持续做强本钢－沈阳材料科学国家（联合）实验室，通过与外部院士专家、科研院所的深入合作，进一步健强本钢的技术体系，落实创新驱动战略。

集团组织人事部门，要认真研究在晋升通道和薪酬待遇上，不断向技术领域、系统、人员倾斜，从制度上保障待遇落实，鼓励更多的职工从事技术工作，在集团上下牢固树立技术至上的理念，努力打造尊重技术、崇尚创新的良好氛围。

（五）以高质量党建引领企业改革发展全局

要深入学习贯彻习近平总书记关于国有企业改革发展和党的建设重要论述，深入学习贯彻党的十九届五中全会及省委十二届十四次全会精神，坚持党对国有企业全面领导，加强企业党的建设。一要以党的政治建设为统领，全面履行经济责任、政治责任、社会责任，坚持把提高企业效益、增强企业竞争力、实现国有资产保值增值作为工作的出发点和落脚点，推进党建与生产经营深度融合。二要深入实施"强党建、兴国企"行动，把党建工作成效转换为企业发展活力和竞争实力。三要充分发挥党组织把方向、管大局、保落实的领导作用，全面落实"三议一报告一执行"决策机制，把党的领导融入公司治理各环节。四要拓宽选人用人视野，遵循以德为先、业绩突出、人岗相适、开拓创新和靠人品、靠实绩、靠公认的鲜明用人导向，真正把能者上、平者让、庸者下的干部选用机制落到实处，真正把那些政治过硬、本领高强、专业精深的优秀人才选拔出来，搭建科学、合理的干部梯队，有效支撑和保障集团各项改革发展任务。五要坚决贯彻以人为本理念，把在岗职工的健康体检、疗养、休假以及春节、"五一"、国庆的1000元红包等各项福利，坚持不懈落到实处；要逐步推广实施厂区免费一餐，让企业发展成果更多、更好地惠及广大职工。同时，要搭建更广阔的发展平台，积极为青年职工成长成才创造良好条件，让更多的年轻干部脱颖而出，给年轻人更多展示机会，让年轻人看到本钢的希望，要让本钢成为年轻人的未来。

（六）要有底线思维和风险防范意识，周密部署、系统推进，认真抓好岁末年初各项生产经营工作

临近年底，省市及全国的"两会"都将陆续召开，各项收口工作也比较集中，各部门、各单位的压力都很大，希望大家振奋精

神、勠力同心，统筹安排好岁末年初各项工作，以最高标准、最严要求，把安全生产、信访稳定、风险防范等各项措施落到实处，确保生产经营大局稳定。

一要全面系统抓好安全生产工作。要进一步完善安全风险防控体系，不断提升安全管理水平，建立健全并落实风险管控和隐患排查治理双重预防机制。要强化信息监测预警和应急管理，提升应急救援能力，严格执行领导干部带班、关键岗位24小时值班值宿等制度，确保安全生产万无一失。

二要全面做好维护稳定工作。要全力做好重点时期、重点群体、重点人员的稳控工作，全力做好源头防范化解，掌握各类重点群体、重点人员，严防漏管失控。

三要认真落实全省国有企业债务风险防控工作电视电话会议精神，严格落实债务风险防控主体责任，深刻汲取华晨集团等企业出现金融债务违约的教训，更加注重形势研判，更加注重资金的科学调度，积极探索建立第三方支付机制，拓展融资方式渠道，提高各项预案的前瞻性和精准性，坚决守住不发生债务风险的底线。

四要毫不放松抓好疫情防控。近期国内和省内周边又出现了零星的确诊病例，要引起高度重视，落实好常态化防控措施，广大干部职工要坚持做好个人防护，戴口罩、勤洗手、多通风、不扎堆、常消毒。坚决落实国家、省、市各项疫情防控举措，密切关注疫情动态，及时更新各项防控方案。指挥部要提高警惕、落实责任，严格抓好报备、排查、核酸检测、隔离观察等各项工作，为生产经营的稳定顺行提供坚实保障。

各位代表、同志们，《尚书》有云"功崇惟志，业广惟勤"，本钢已经走过了115年的光辉历程，见证了中国钢铁工业从无到有、由弱到强的沧桑巨变，也证明了本钢跨越历史、基业长青的内在品质。今天，历史把这个接力棒交到我们这一代人手上，责任重大、使命光荣。让我们携起手来，在省委省政府、省国资委党委的坚强领导下，在本溪市委市政府的大力支持下，励精图治、砥砺前行，重现本钢久违的荣耀与辉煌，让一份生生不息的事业和梦想，在我们手中薪火相传，行稳致远。

各位代表、同志们，崭新的2021年即将到来，希望全体本钢人众志成城、团结奋进，不断开创百年本钢高质量发展新局面，向省委省政府交出一份满意的答卷，向建党100周年献礼。

再过5天，2020年就结束了，在这里我代表集团公司党政班子向一年来奋战在各条战线的广大干部职工表示诚挚的问候和衷心的感谢！年终岁尾，"两节"将至，也借此机会祝愿全体干部职工及你们的家属，在新的一年里，身体健康，万事如意，阖家幸福，再创佳绩！

谢谢大家！

栏目编辑　　陈　军

本钢年鉴 2021

- 特载
- ☆ 大事记
- 概述
- 经营管理
- 综合管理
- 党群工作
- 钢铁主业
- 多元产业
- 改制企业
- 统计资料
- 人事与机构
- 人物与表彰
- 附录

本钢集团

大 事 记

大 事 记

1月

2日 《本钢日报》电子版在本钢集团官微上线。

6日 中国金属学会在北京组织召开了科技成果评价会，对本钢集团完成的"超高强度系列热冲压成型钢研制开发"和"电镀锌产品自主研发与技术集成"两项科技成果进行了评价。会议由中国金属学会副秘书长高怀主持，本钢集团副总经理、总工程师张贵玉参加了会议。专家组形成一致意见，认为本钢集团研发的两项科技成果均达到国际先进水平，其中超高强度2000MPa热成型钢技术达到国际领先水平。

7日 本钢集团召开2020年安全生产工作会议，以问题为导向，深刻剖析点评2019年安全生产工作，全面部署2020年安全生产工作任务。新年伊始，本钢集团议安全生产"大计"，为企业高质量发展提供安全保障。本钢集团党委书记、董事长、安委会主任陈继壮，总经理、安委会主任汪澍，副总经理、安委会常务副主任高烈，以及总经理助理唐朝盛、奈作鑫、邵剑超等领导参加会议。高烈主持会议。

8日 本钢集团组织召开了退休人员社会化管理信息采集工作动员大会及业务培训工作会议，安排部署本钢集团退休人员社会化管理信息采集工作。

9日 本钢集团党委书记、董事长陈继壮，总经理汪澍，党委副书记赵忠民，与张文达、张营富、于天忱等集团离退休老领导共聚一堂，亲切座谈，畅谈发展变化，共话美好未来。

14日 本钢集团召开退休人员社会化管理工作动员部署大会，本钢集团党委副书记、本钢集团退休人员社会化（集中）管理推进工作领导小组组长赵忠民参加会议并讲话，对本钢集团退休人员社会化管理工作进行部署和动员。自此，本钢集团退休人员社会化管理工作全面启动。

15日 省总工会经审委主任周晓娟、女工部部长李日琴等一行，在本溪市总工会主席李少平和本钢集团工会主席张彦宾的陪同下，到本钢建设公司走访慰问，并带来省工会给困难企业的10万元慰问金。

同日 本钢集团召开纪检监察干部警示教育大会。会议集中学习了习近平总书记在中央纪委十九届四次全会上的讲话精神；传达了省纪委书记廖建宇同志关于审查调查工作的讲话要求；通报了党的十九大以来辽宁省纪检监察系统典型案例。本钢集团纪委书记陈铁参加会议并提出要求。

16日 本钢集团党委书记、董事长陈继壮到北营炼铁厂十号高炉和北营焦化厂三号焦炉生产现场检查指导安全生产工作。本钢集团副总经理高烈，副总经理、总工程师张贵玉，以及制造部、设备部、安监部、能源环保部和北营公司等部门负责人一同检查。

14—17日 本钢集团党委组织开展慰问道德模范活动。本钢集团党委副书记赵忠民，本钢集团工会主席张彦宾等领导代表本钢集团党委慰问了5名道德模范，并送去新春祝福和慰问金。本钢集团党委组织部、宣传部，本钢集团工会相关负责人参加慰问。

20日 本钢集团2019年度"双先"颁奖晚会在本钢文化中心隆重举行。来自本钢集团各条战线的先进集体和先进个人以及先进人物代表家属等参加了颁奖晚会。本钢集团领导班子参加颁奖晚会。陈继壮、汪澍、赵忠民、杨成广、曹爱民、陈铁、高烈、张鹏、张贵玉、张彦宾、唐朝盛分别为2019年度先进集体和先进个人代表颁奖。

同日 本钢集团总经理汪澍到板材原料厂混匀库、冶金渣公司、板材废钢厂生产一线检查安全生产措施落实情况，指导安全生产工作。本钢集团副总经理高烈、副总经理、总工程师张贵玉，以及制造部、设备部、安监部、能源环保部等部门负责人一同检查。

21日 市委书记姜小林，市委副书记、市长田树槐，市人大常委会主任李景玉，市政协主席孙旭东，市委常委、秘书长孟广华，市人大常委会副主任、总工会主席李少平，副市长高巍、市政府秘书长栾奎杰等领导来到北营公司，看望慰问本钢集团干部职工，感谢他们在各自岗位上的辛勤付出，并致以新春问候和美好祝愿。本钢集团领导陈继壮、汪澍、赵忠民、杨成广、曹爱民、高烈、张鹏、张贵玉、张彦宾、唐朝盛等参加了慰问座谈。

同日 共青团本钢一届二次全委（扩大）会议召开。会议总结回顾了2019年本钢集团共青团工作和青年工作，安排部署了2020年共青团工作任务。

22日 本钢集团传达落实习近平总书记对湖北武汉市等地新型冠状病毒感染的肺炎疫情防控工作作出的重要批示精神以及省市有关工作要求。本钢集团党委书记、董事长陈继壮提出明确工作要求。

23日 本钢集团成立了党委书记、董事长和总经理任组长的疫情防控领导小组，并逐级建立组织机构，全面开展疫情防控。

24日 下发《本钢集团新型冠状病毒感染的肺炎疫情联防联控工作方案》，指导各单位开展防疫工作。

26日 启动本钢集团新型冠状病毒感染的肺炎疫情防控Ⅰ级响应。本钢集团疫情防控指挥部每天召开专题会议，及时传达国家、省市通知要求，对各单位疫情防控工作进行实时分析研究，结合实际情况进一步做好工作部署，全力以赴做好疫情防控工作，确保党中央、国务院，省委省政府和市委市政府的决策、部署、措施件件落实到位。

27日 根据疫情变化情况，迅速组建了疫情防控指挥部，设立8个专业工作小组，建立5个工作联系微信群，覆盖所有基层单位，在本钢集团党委的统一领导下，开展疫情防控工作。

30日 省国资委党委副书记、副主任项鸿林来本钢集团督导检查疫情防控工作。本钢集团党委书记、董事长陈继壮，副总经理高烈向项鸿林作工作汇报。

2月

4日 本钢集团党委紧急划拨党费140

万元，用于支持抗击新冠肺炎疫情，其中40万元专项用于支持选派干部所驻乡村疫情防控工作。

6日 省委常委、常务副省长陈向群到本钢集团生产一线检查指导疫情防控工作，亲切慰问坚守岗位的本钢集团广大干部职工，鼓励本钢集团科学统筹，加大生产力度，确保疫情防控和生产经营工作两不误、两促进。市委书记姜小林，市长田树槐陪同检查指导。本钢集团党委书记、董事长陈继壮汇报了近期本钢集团疫情防控和生产经营工作概况。

8日 本钢集团工会划拨专款建设4条"健康通廊"全部完工并投入使用。

10日 本钢集团召开视频会议，进一步安排部署疫情防控和生产经营工作。本钢集团党委书记、董事长，本钢集团新冠肺炎疫情防控指挥部总指挥陈继壮对疫情防控期间各项工作进行再强调再部署。本钢集团领导班子成员分别在集团主会场及能管大楼生产指挥中心会议室参加会议。

同日 本钢集团党委书记、董事长，本钢集团新冠肺炎疫情防控指挥部总指挥陈继壮深入北营厂区一号检查站、北营炼钢厂炼钢作业区浴池、北营新区食堂和北营公司机关办公楼，实地检查疫情防控措施落实情况。本钢集团工会主席、本钢集团新冠肺炎疫情防控指挥部副总指挥张彦宾，本钢集团新冠肺炎疫情防控指挥部办公室相关负责人参加检查。

同日 本钢集团召开疫情防控视频会议。会议着重要求，坚决贯彻落实《本钢集团关于进一步做好疫情防控工作的安排意见》，30条内容要逐条落实，做好第二个14天外省返溪职工隔离工作，确保本钢集团打赢新冠肺炎疫情防控阻击战。本钢集团副总经理、新冠肺炎疫情防控指挥部副总指挥高烈参加会议。会议传达落实了2月10日上午本溪市委、市政府防疫会议及本钢集团疫情防控和生产经营安排部署视频会议精神。

13日 本钢集团成立外埠来本钢办事人员防疫接待站。

14—16日 本溪市迎来近年来最强降雪。本钢集团去冬今春防寒防冻防滑方案、预案准备充分，在持续加强疫情防控的同时，各部门、单位积极应对，迅速采取有效措施，全力降低强降雪对生产的影响，经受住了严峻考验，生产经营实现安全稳定顺行。

16日 应用本钢集团供货生产的40辆负压型救护车抵达武汉。

20日 省委书记、省人大常委会主任、省疫情防控指挥部总指挥陈求发来到本钢集团，就疫情防控、生产经营等工作进行调研。对本钢集团近期工作给予充分肯定，并对防疫、生产经营和企业改革工作提出明确要求。本溪市委书记姜小林，市委副书记、市长田树槐，省工业和信息化厅等部门领导参加调研。本钢集团党委书记、董事长陈继壮，本钢集团总经理汪澍陪同调研。本钢集团副总经理高烈参加座谈。

23日 板材公司2020年第一阶段设备联检正式开始。此次联检以板材炼铁厂七号高炉三号热风炉过渡为中心展开，计划工期10天。

25日 本钢集团党委书记、董事长陈继壮深入技术学院、建设公司和恒泰公司调研指导防疫保产工作。本钢集团副总经理杨成广，副总经理、总工程师张贵玉参加调研。

26日 本钢集团党委书记、董事长陈继壮先后到新实业公司、恒通公司、修建（维检）公司和机械制造公司，调研疫情防控和生产经营工作，就贯彻落实习近平总书记在统筹推进新冠肺炎疫情防控和经济社会发展工作部署会议上的重要讲话精神，以及省委书记、省人大常委会主任陈求发来本钢调研时的重要讲话精神提出要求。本钢集团副总经理杨成广，副总经理、总工程师张贵玉参加调研。

27日　本钢集团党委理论学习中心组进行第四次专题学习，传达学习习近平总书记在统筹推进新冠肺炎疫情防控和经济社会发展工作部署会议上的重要讲话精神。

28日　本钢集团召开视频干部大会。传达学习习近平总书记在统筹推进新冠肺炎疫情防控和经济社会发展工作部署会议上的重要讲话精神，传达学习省委书记、省人大常委会主任陈求发来本钢集团调研时的重要讲话精神，安排部署本钢集团下一阶段疫情防控和生产经营工作。本钢集团党委书记、董事长陈继壮主持会议并提出工作要求。本钢集团领导班子成员分别在集团主会场及能管大楼生产指挥中心会议室参加会议。

3月

3日　板材公司2020年第一阶段设备联合检修比计划工期提前15.5小时结束。

6日　本钢集团党委书记、董事长陈继壮，本钢集团总经理汪澍分别到工作岗位看望慰问了本钢优秀女职工代表——本溪市"三八"红旗手、板材信息化中心俞静和本钢集团"三八"红旗标兵、板材铁运公司张丽英，并向奋战在本钢集团各条战线的全体女职工送去节日的祝福。

9日　省委常委、宣传部长、第五督导组组长张福海一行深入本钢集团生产一线，实地督导检查复工复产和疫情防控工作。本溪市委书记姜小林、市长田树槐一同督导检查。本钢集团党委书记、董事长陈继壮，副总经理高烈陪同督导检查。

同日　本钢集团副总经理高烈代表本钢集团疫情防控指挥部传达了省、市近期召开的疫情防控工作会议精神，并就严格落实上级会议精神对本钢集团疫情防控工作进行再安排、再部署。

10日　本钢集团重点节能减排工程——9万立方米焦炉煤气柜项目，正式并网进入带气调试阶段。该煤气柜的建成投运将推动本钢集团能源管控水平大幅提升，实现环境效益和经济效益"双丰收"。

12日　在上汽乘用车公司举行的2019年度供应商视频年会上，本钢集团获得2019年度优秀供应商称号。本钢集团是本年度唯一一家获得该称号的国内钢铁企业。

16日　本钢集团副总经理高烈代表本钢集团疫情防控指挥部传达3月14日召开的省新冠肺炎疫情防控指挥部（扩大）会议精神，并结合会议精神对本钢集团当前疫情防控等相关工作进行部署。

同日　本钢集团2020年高校毕业生招聘启事经官方微信发布，推进"云招聘"采取"网络面试"。

18日　省人大常委会副主任，省总工会党组书记、主席杨忠林深入本钢集团生产一线，实地调研复工复产和疫情防控工作。本溪市委书记姜小林，市长田树槐，市委常委、秘书长孟广华，市人大常委会副主任、总工会主席李少平参加调研。本钢集团党委书记、董事长陈继壮，党委副书记赵忠民，工会主席张彦宾陪同调研。陈继壮向杨忠林一行汇报了本钢集团目前疫情防控工作情况和生产经营情况。

同日 本钢集团党委六个巡察组采取书面反馈形式，分别向国贸公司、采购中心、本钢保卫中心、制造部、设备部、恒泰重机公司等六家被巡察单位反馈了第三轮巡察情况。本钢集团党委巡察办负责同志参加了反馈，传达了本钢集团党委常委（扩大）会精神，并就做好巡察整改工作提出明确要求，被巡察单位党组织主要负责人作表态发言。

26日 本溪军分区司令员马英南、政治委员涂砺、政治工作处主任智军一行来本钢集团调研。本钢集团党委书记、董事长陈继壮，总经理汪澍，党委副书记赵忠民同马英南一行进行了座谈，双方共叙军民鱼水情，共谋军民融合发展。

31日 副省长崔枫林一行深入本钢集团生产一线调研复工复产及疫情防控工作。省政府副秘书长王永威、省国资委副主任王惠莲、省国资委改革处处长孙非等一同调研。本钢集团党委书记、董事长陈继壮，总会计师曹爱民陪同调研。

4月

1日 本钢集团党委书记、董事长陈继壮主持了2020年本钢集团党委理论学习中心组第六次集体学习，围绕习近平总书记赴湖北武汉考察新冠肺炎疫情防控工作时的重要讲话和《中国共产党国有企业基层组织工作条例（试行）》进行学习。本钢集团党委理论学习中心组成员参加集体学习。

3日 省委常委、宣传部部长张福海一行深入本钢集团生产一线，调研复工复产和疫情防控工作，重点对省委书记陈求发到本溪市调研时提出的9项服务企业工作落实情况进行督导检查。本溪市委书记姜小林，市委副书记、市长田树槐，市委常委、宣传部部长刘伟才，副市长高巍等一同督导检查。本钢集团党委书记、董事长陈继壮，党委副书记赵忠民陪同督导检查。

同日 国家税务总局辽宁省税务局党组成员、总经济师吕辉一行，就减税降费政策落实情况来本钢调研。本溪市税务局党委书记、局长孙德儒陪同调研。本钢集团总会计师曹爱民与吕辉一行进行了座谈。

8日 省国资委副主任王惠莲一行来到本钢集团，就企业人才工作进行调研。本钢集团党委副书记赵忠民参加调研座谈。

16日 本钢集团召开二季度安全生产工作视频会议，总结点评一季度安全生产工作，分析存在问题，全面部署二季度安全生产工作任务。本钢集团领导陈继壮、汪澍、赵忠民、杨成广、陈铁、高烈、张鹏、张贵玉、张彦宾、唐朝盛等参加会议。会议由本钢集团安委会常务副主任、副总经理高烈主持。

20日 北营公司2020年第一阶段设备联合检修正式开始。

同日 下发《关于加强近期和"五一"长假期间疫情防控工作的通知》。

21日 工商银行辽宁省分行副行长徐言峰带领省行公司部、本溪分行相关领导来到本钢集团，对本钢集团生产经营情况及复工复产情况进行调研。本钢集团总会计师曹爱民与工行客人进行了座谈。

26日 本钢集团党委书记、董事长陈继壮深入北营公司生产一线检查指导安全生产工作，强调，要深入贯彻落实习近平总书记关于安全生产工作的重要指示批示精神，迅速贯彻落实全国、全省安全生产电视电话会议精神，增强安全意识、加强隐患排查、强化安全管理，坚持不懈筑牢安全生产坚固防线，为夺取疫情防控和生产经营发展双胜利提供有力的安全保障。本钢集团副总经理高烈，副总经理、总工程师张贵玉一同检查。

27日 本钢集团总经理汪澍深入板材厂区重点工程施工现场和生产一线，检查指导安全生产工作。强调，安全生产监管的重心在基层，要加强考核，夯实作业区级安全管理。同时，加强安全隐患排查，深入开展好隐患"清零行动"，为企业高质量发展提供坚实安全保障。本钢集团副总经理高烈，副总经理、总工程师张贵玉一同检查。

同日 为纪念五四运动101周年，本钢集团召开"五四"表彰暨优秀青年代表座谈会。会议表彰了2019年度本钢共青团先进集体和先进个人，以及在新冠肺炎疫情防控工作中表现优异的青年突击队，对做好新形势下企业共青团和青年工作进行了部署和要求。部分优秀青年代表在会上进行了交流发言。

28日 本钢集团总经理汪澍来到板材炼铁厂新一号高炉生产现场，为省劳模创新工作室——张守喜劳模创新工作室授牌。

29日 本钢集团党委书记、董事长陈继壮来到机电安装公司，为辽宁省工会职工职业技能培训基地——罗佳全劳模创新工作室授牌。罗佳全劳模创新工作室是目前本钢集团唯一一个省级职工培训基地。

30日 本钢集团召开一季度生产经营工作分析视频会议。会议全面总结了一季度工作，部署二季度及下一阶段工作。会议由本钢集团党委书记、董事长陈继壮主持。17家主要职能部门和厂矿负责人，在主会场汇报了一季度生产经营重点工作、存在的问题和下一阶段工作措施。

5月

3日 市委书记姜小林一行深入矿业石灰石矿和辽煤化公司检查安全生产工作，并就进一步做好安全生产工作提出要求。市委常委、秘书长孟广华，本钢集团总经理汪澍、副总经理高烈陪同检查。

7日 本钢集团召开退休人员社会化管理工作座谈会。本钢集团党委副书记、本钢集团退休人员社会化（集中）管理推进工作领导小组组长赵忠民参加会议。

10日 中国冶金报社隆重发布2020年中国钢铁行业品牌榜。本钢集团荣获"中国卓越钢铁企业品牌"和"中国钢材市场优秀品牌（板卷类）"称号。

11日 北部战区善后办副主任胡昌明少将、原沈司直属工作部部长蒋辉平大校、辽宁陆军步兵第192师师长冯忠国大校等一行来本钢集团调研。本钢集团党委书记、董事长陈继壮，总经理汪澍，党委副书记赵忠民，工会主席张彦宾等陪同调研。

13日 本钢集团党委理论学习中心组进行第八次集体学习。结合本溪市、本钢集团"生态文明活动月"工作要求，围绕习近平总书记在全国生态环境保护大会上的重要讲话进行专题学习。本钢集团党委理论学习中心组成员参加集体学习。

同日 本钢集团党委书记、董事长陈继壮，总经理汪澍会见了来访的大连重工·起重集团有限公司董事长、党委书记，大连华锐重工集团股份有限公司董事长丛红和大连重工·起重集团有限公司总经理、党委副书记，大连华锐重工集团股份有限公司副董事长邵长南等一行，双方就持续深化合作，拓展合作领域，实现共同发展进行了深入探讨。本钢集团副总经理、总工程师张贵玉参加会见。

14日 本钢集团召开核心主业管控模式调整工作安排视频会议，就近日本钢集团党委常委会议审议通过的核心主业管控模式调整方案要点进行通报。

同日 本钢集团召开疫情防控专题视频会议。会上，本钢集团相关部门和单位汇报了近期疫情防控工作。针对当前周边地区出现的疫情形势，本钢集团副总经理高烈代表本钢集团疫情防控指挥部对下一阶段疫情防控工作作出安排部署。

15日 副市长、市公安局局长王会奇率市政法委、市公安局和市信访局相关负责人，就疫情防控期间稳定工作到本钢集团进行调研指导，分析研判当前形势，安排部署当前及今后安全稳定工作任务。本钢集团总经理汪澍、党委副书记赵忠民以及总经理助理卫传文参加调研会。

18日 本钢集团党委书记、董事长陈继壮会见了冶金规划院党委书记、总工程师李新创一行，双方就疫情形势下钢铁行业发展，本钢集团"十四五"规划等内容进行了深入交流和探讨。本钢集团副总经理、总工程师张贵玉参加会见。

同日 本钢集团召开技能大师工作站经验交流视频会议。本钢集团党委副书记赵忠民出席会议并讲话。本溪市人力资源和社会保障局副局长李艳萍参加会议，并分别为新晋的7家集团公司级和市级技能大师工作站授牌。会议由本钢集团党委宣传部部长钱振德主持。

19日 本溪市召开国有企业退休人员社会化管理移交本钢专场工作会议。本溪市副市长高巍出席会议，并对下一步国有企业退休人员社会化管理工作作出部署。本钢集团党委副书记、本钢集团退休人员社会化（集中）管理推进工作领导小组组长赵忠民出席会议并讲话。

22日 省科技厅厅长王大南一行来本钢集团，就疫情防控和企业科技创新工作进行调研，并到板材冷轧厂进行实地考察。本溪市委书记姜小林参加调研。本钢集团总经理汪澍、副总经理高烈陪同调研。

6月

1日 全国人大代表，本钢集团党委书记、董事长陈继壮主持了本钢集团党委理论学习中心组第九次集体学习，传达学习贯彻全国"两会"精神，进行工作部署。

同日 本钢集团安全生产月活动全面启动。

3日 辽宁省委、省政府向本钢集团发来感谢信，感谢本钢集团为抗击新冠肺炎疫情捐款300万。

5日 本钢集团党委召开一届七次全委（扩大）会议。会议全面客观地总结了本钢集团2019年党建工作，提出2020年工作目标和要求，安排部署党建各项工作任务。

同日 本钢集团纪委召开一届六次全委（扩大）会议，总结2019年纪检监察工作，部署2020年工作任务。

同日 中国冶金报社2020"寻找最美绿色钢城"评选结果重磅揭晓。本钢集团荣获"2020绿色发展标杆企业"称号。

4—5日 本钢集团第二届青年素质挑战赛举行复赛演讲比赛。

8日 本钢集团召开干部大会，宣布辽宁省委关于本钢集团领导班子的调整意见。

根据中央组织部选派干部到老工业基地挂职工作的有关要求，经辽宁省委研究决定，王代先同志任本钢集团有限公司党委委员、常委、副总经理，任职两年。

12日 本钢集团工会召开一届六次全委（扩大）会议。会上，与会人员听取了题为《聚力双服务，推进新发展，团结带领广大职工为企业改革发展建功立业》的工作报告。会议全面总结了本钢集团工会2019年各项工作，对2020年工作进行了部署。本钢集团工会主席张彦宾参加会议并讲话。

13日 本钢板材公司2020年第二阶段设备联合检修全面展开。

15日 本钢集团召开2020年度防汛工作视频会议，传达省、市防汛工作会议精神并通报汛前检查情况，同时对2020年防汛工作进行具体安排。本钢集团防汛指挥部总指挥、副总经理高烈对当前及下一阶段防汛工作作出部署。

同日 本钢集团党委巡察工作领导小组召开第四轮巡察工作动员部署会议，标志着本钢集团党委第四轮巡察工作正式启动。本钢集团纪委书记陈铁在会上代表本钢集团党委作动员讲话。

16日 省委常委、省纪委书记、省监委主任廖建宇来本钢集团，就企业党风廉政建设、疫情防控、生产经营和改革发展等工作进行调研，并主持召开座谈会，听取相关工作情况汇报。市委书记姜小林，市委常委、市纪委书记、市监委主任白英等参加调研。本钢集团党委书记、董事长陈继壮，总经理汪澍，党委副书记赵忠民，纪委书记、省监委驻本钢集团监察专员陈铁陪同调研。

18日 省国资委主任何庆到本钢集团就国有企业改革发展进行调研。省国资委党委委员兼考核分配处处长夏凡、省国资委企业改革处处长孙非陪同调研座谈。本钢集团党委书记、董事长陈继壮，总经理汪澍，副总经理杨成广，总会计师曹爱民，纪委书记陈铁，副总经理高烈，副总经理王代先参加调研座谈。

19日 本钢集团党委书记、董事长陈继壮主持了本钢集团党委理论学习中心组第十次集体学习，围绕习近平总书记关于统计工作重要讲话、指示批示精神，专题学习《中华人民共和国统计法》等相关政策法规，并观看了《赵明远案件警示教育片》。

20日 本钢集团2020年"工匠杯"职工职业技能竞赛全面开赛。

23日 市委书记姜小林来本钢集团，就中央生态环保督察及"回头看"整改落实情况进行实地调研。市委常委、副市长吴世民参加调研。本钢集团总经理汪澍、副总经理高烈、总经理助理陈新陪同调研。

24日 本钢集团有限公司第一届职工代表大会第十一次代表团长联席会议在山上会展中心召开。会议表决通过了《本钢集团关于加强新冠肺炎疫情期间员工管理的暂行规定》。

30日 市委常委、统战部部长柴力君来本钢集团调研。本钢集团党委书记、董事长陈继壮，党委副书记赵忠民参加调研座谈。

7月

1日 本钢集团开展厂区机动车辆综合整治工作，为规范本钢集团厂区内交通秩序、减少交通事故、清洁道路环境、全面清理入厂车辆，本钢行政管理中心会同本钢集团制造部、设备部、安监部、能环部、保卫中心联合成立了厂区机动车辆综合整治管理小组，整治时间为期3个月，从7月1日起至9月30日结束。

2日 本钢板材股份有限公司对外公告，68亿元A股可转换公司债券已成功完成发售，根据发售数据显示，此次发售最终向原股东优先配售1683642700元，网上投资者缴款认购4715159100元，剩余401198200元，由主承销商包销。此次成功发售，标志着可转债整体发售工作顺利完成。这是本钢集团运用资本运营手段、助力绿色钢铁制造、推动企业高质量发展的成功实践。

5日 板材能源总厂中水深度处理回用工程除盐系统充水试验成功，标志着该工程进入设备调试阶段。

6日 本钢集团党委各巡察组分别进驻被巡察单位，召开巡察工作动员会，标志着本钢集团党委第四轮巡察工作全面展开。

7—9日 组织党支部书记、党务工作者、党员发展对象等共1754人参加了由省委组织部和省国资委党委联合举办的首次"辽宁国企党建云课堂"。

8日 本钢集团与盛京银行签订战略合作协议，盛京银行将为本钢集团提供100亿元授信支持，助力本钢集团发展。辽宁省政府副省长崔枫林、沈阳市常务副市长高伟、盛京银行董事长邱火发、监事长韩力、常务副行长沈国勇出席签约仪式。本钢集团党委书记、董事长陈继壮出席签约仪式。总会计师曹爱民代表本钢集团与盛京银行常务副行长沈国勇在战略合作协议上签字。

10日 省国资委副主任王惠莲来本钢集团调研"僵尸企业"处置工作情况，并就处置工作中遇到的问题与困难以及下一步工作了解情况。市国资委主任白松陪同调研。本钢集团党委书记、董事长陈继壮，副总经理杨成广参加了调研座谈。

同日 本钢集团68名专职纪检监察干部参加了省纪检监察系统模拟监察官资格测试。

15日 本钢集团党委书记、董事长陈继壮主持了本钢集团党委理论学习中心组第十一次集体学习，围绕习近平在中央政治局第二十次集体学习时的重要讲话进行了学习；再次学习了习近平总书记关于宗教工作重要论述。本钢集团党委理论学习中心组成员参加集体学习。

16日 财政部辽宁监管局副局长杜原一行来本钢集团，就本钢集团混合所有制改革推进情况进行专题调研。常务副市长吴世民、副市长高巍陪同调研。本钢集团总会计师曹爱民参加调研座谈。

21日 本钢集团召开三季度安全生产工作视频会议，总结点评二季度安全生产工作，分析存在问题，全面部署三季度安全生产工作任务。本钢集团领导陈继壮、汪澍、赵忠民、曹爱民、高烈、张鹏、张贵玉、张彦宾、王代先，总经理助理邵剑超参加会议。会议由本钢集团安委会常务副主任、副总经理高烈主持。

23日 本钢集团管理人员能力提升——清华大学"云课堂"干部教育培训开班。来自本钢集团各条战线的190名管理、技术干部和部分年轻干部参加了培训。

24日 本钢集团召开上半年生产经营工作分析视频会议。会议全面总结分析了上半年生产经营情况，重点部署下半年工作。会议由本钢集团党委书记、董事长陈继壮主持。

同日 本钢集团采购专区在欧冶平台上线，专区整合了本钢集团下属两大采购组织——本钢采购中心和本钢国贸的采购信息，同时嵌入本钢工业品商城，将国产品牌、进口品牌、工业品商城等采购需求集中展示，方便用户高效快捷地从统一门户网站获取采购信息。

28日 本钢集团、东北大学举行科技交流会，本钢集团党委书记、董事长陈继壮，副总经理、总工程师张贵玉，副总经理王代先，总经理助理邵剑超等参加会议，与中国工程院院士、东北大学教授王国栋等一行7人进行了交流。

同日 本钢集团召开2020—2022年处置"僵尸企业"工作启动大会，就未来3年处置"僵尸企业"工作的整体安排进行传达部署。本钢集团副总经理杨成广参加会议并提出工作要求。

29日 中国五矿集团有限公司党组书记、董事长唐复平一行来访本钢。本钢集团党委书记、董事长陈继壮，总经理汪澍，总会计师曹爱民，副总经理高烈，副总经理、总工程师张贵玉与唐复平一行举行了座谈。

30日 北方恒达物流园冷轧纵切机组热负荷试车成功，标志着该物流园一期建设已经进入收尾阶段。

31日 市政协副主席、九三市委主委董安鑫带领市政协人资环委相关负责同志来本钢走访了本钢籍人资环委政协委员并进行座谈交流。本钢集团党委副书记赵忠民参加座谈会并讲话。

8月

3日 本钢集团迅速传达贯彻落实7月31日国务院联防联控机制及我市疫情防控电视电话会议精神，结合我市市委常委（扩大）会议上提出的本溪市疫情防控工作要求，就本钢集团严防聚集性疫情做好秋冬季防控工作进行了安排部署。本钢集团领导陈继壮、汪澍、赵忠民、杨成广、曹爱民、高烈、张贵玉、张彦宾参加会议。

7日 本溪市委书记姜小林、市长田树槐率队来到本钢集团，就中央生态环境保护督察整改、安全生产及防汛工作进行调研。本钢集团总经理汪澍陪同调研。

同日 北部战区陆军保障部副部长张鹰大校一行到访本钢集团。本钢集团党委副书记赵忠民与张鹰大校一行座谈，并陪同张鹰大校一行参观了板材特钢厂。

10日 省军区副司令员陈军栋少将、省军区保障局高级工程师孙立中大校一行来本钢集团调研。市军分区司令员马英南大校，政治委员涂砺大校，副司令员付大勇大校参加调研。副市长、市公安局局长王会奇，本钢集团总经理汪澍、党委副书记赵忠民陪同调研。

11日 省委军民融合办公室分管日常工作副主任杨维率省委军民融合办公室调研组来本钢集团调研。副市长高巍参加调研座谈。本钢集团党委书记、董事长陈继壮，副总经理高烈，副总经理、总工程师张贵玉同杨维一行进行了座谈。

12日 盛京银行常务副行长沈国勇一行来本钢调研。本钢集团党委书记、董事长陈继壮参加座谈并讲话。本钢集团总会计师曹爱民陪同调研并参加座谈。

13日 本钢集团召开清欠工作专题会议。会议全面总结了2019年及2020年上半年本钢集团清欠工作所取得的各项成绩和存在的不足，对2020年后几个月的清欠工作作出部署。

14日 省国资委副主任徐吉生、规划发展处处长王乔鹤、副处长苏宇飞一行，来本钢集团就企业稳增长、推动高质量发展进行专题调研。本钢集团党委书记、董事长陈继壮，总会计师曹爱民参加调研座谈。

17日 省发改委副主任王卓明率省发改委"十四五"规划调研组来本钢集团，就本溪市"十四五"规划等相关内容进行调研。常务副市长吴世民参加调研。本钢集团总经理汪澍陪同调研。

18日 本钢集团与中国钢研科技集团有限公司签署战略合作框架协议。双方将充分发挥在产业与创新等方面的优势，围绕产业发展方向，聚集创新要素，建立"产学研用"高效融合的合作机制，开展多层次、多渠道、多形式的合作与交流，实现强强联合、优势互补、合作共赢、共同发展。本钢集团领导陈继壮、汪澍、杨成广、曹爱民、陈铁、高烈、张贵玉、张彦宾、王代先，以及总经理助理邵剑超，中国工程院院士、钢研总院名誉院长殷瑞钰，中国钢研副总经理、钢研总院常务副院长田志凌等16位院士、专家出席签约仪式。

同日 本钢集团与中国钢研科技集团有限公司举行战略合作对接会议。本钢集团领导陈继壮、汪澍、杨成广、曹爱民、张贵玉、张彦宾、王代先，中国工程院院士、钢研总院名誉院长殷瑞钰，中国钢研副总经理、钢研总院常务副院长田志凌等16位院士、专家参加会议。会议由本钢集团副总经理王代先主持。

19日 荣程祥泰集团董事会董事、荣程钢铁集团董事长张君婷一行来本钢集团进行洽谈交流、参观学习。省国资委副主任王惠莲专程来到本钢，与张君婷一行进行了座谈交流。本钢集团党委书记、董事长陈继壮，总会计师曹爱民参加了座谈交流。

21日 历时106天的板材炼钢厂五号转炉环保节能改造工程告竣，比预计工期提前45天顺利开炉。本钢集团副总经理高烈到开炉现场检查指导。

同日 北营炼铁厂十号高炉点火送风，标志着该高炉大修工程圆满结束，并于当晚顺利出铁。

同日 本钢集团召开致谢援鄂医务人员及家属座谈会。本钢集团工会主席张彦宾参加座谈会并讲话。

24日 北方恒达物流园举行首批入驻贸易商签字仪式，标志着该物流园向正式运行迈出实质性步伐。在签字仪式上，北方恒达物流有限公司经理李明与首批入驻贸易商代表本溪钢之家板材有限公司、鞍山市天利铁路器材加工有限公司相关负责人签订了入驻框架协议。

25日 本钢集团党委书记、董事长陈继壮主持了本钢集团党委理论学习中心组第十二次集体学习，围绕习近平总书记在吉林考察时的重要讲话进行学习。同时，观看省纪委最新警示教育片，进一步增强廉洁自律意识，提高拒腐防变能力。

27日 浦项(中国)投资有限公司董事长兼总经理(中国区总代表)吴亨洙一行来访本钢。本钢集团党委书记、董事长陈继壮与吴亨洙一行，就双方关心的生产经营和发展合作等相关问题进行了座谈交流。浦项(中国)投资有限公司副总经理朴昌周、李元铁一同来访。本钢集团副总经理高烈参加座谈。

28日 省委常委、省军区司令员张联义少将一行来本钢调研，并代表省军区向本钢集团赠送了印有"甘于奉献展现拥军本色，助力强军彰显国企担当"的锦旗。市委书记姜小林、市长田树槐，本钢集团党委书记、董事长陈继壮，总经理汪澍陪同调研并同张联义一行进行了座谈。省军区保障局局长肖恩波主持座谈会。省委军民融合办分管日常工作副主任杨维、省政府副秘书长李国伟等一同参加调研。市军分区司令员马英南、副司令员付大勇陪同调研。

9 月

2—4 日 本钢集团举办工程质量管理专题培训，来自板材公司、北营公司、矿业公司有建设项目(或有此管理需求)的各厂矿主管工程质量的管理人员参加了为期3天的培训。

3 日 本钢集团MBA（五期）培训班开班典礼在本钢集团山上会展中心举行。开班典礼上，本钢集团党委副书记、本钢党校校长赵忠民作开班动员讲话。

同日 本钢集团纪委纪检监察干部培训班开班。本钢集团纪委书记陈铁在开班仪式上讲话。本钢集团纪委全体纪检监察干部参加了培训。

4 日 省外事办副主任宋岐一行来本钢集团，为在"辽沈最美翻译官外语云端演讲大赛"中获得优异成绩的4名本钢职工颁奖并调研座谈。本钢集团党委副书记赵忠民参加座谈并讲话。

同日 本钢集团纪委组织纪检监察干部到沈阳正风肃纪大数据监督警示教育展示馆参观，体验以大数据监督为载体的开放式警示教育带来的全新感受。

15 日 板材能源总厂中水深度处理回用工程除盐系统单体试车成功，一级反渗透装置出水，工程全面进入联动调试阶段。

17—18 日 本钢集团党委第四轮巡察四个巡察组分别向板材发电厂、板材原料厂、北营铸管公司、建设公司矿山实业分公司全面反馈了巡察情况。本钢集团党委巡察办负责同志出席了反馈会议，传达了本钢集团党委常委会精神，并就做好巡察整改工作提出明确要求，被巡察单位党委主要负责人主持会议并作表态发言。

21 日 本钢集团举行"星怀梦想，乘风远航"2019年度高校毕业生表彰暨2020届入职典礼。本钢集团党委书记、董事长陈继壮为2020届新入职高校毕业生代表颁发《入职通知书》，总经理汪澍为被评为2019届"潜力希望之星"的高校毕业生颁奖，党委副书记赵忠民、工会主席张彦宾、副总经理王代先分别为荣获2019届"成长进步之星""岗位实干之星"和"学习钻研之星"的优秀高校毕业生颁奖。

同日 本钢集团振兴乡村发展消费扶贫集体福利采购订货会在金山宾馆举办。本钢集团派驻干部带着当地特色农畜产品在订货会上亮相。本钢集团党委副书记赵忠民参加订货会，为选派干部加油鼓劲。

22 日 本钢集团党委书记、董事长陈继壮会见了来访的中国邮政储蓄银行辽宁省分行行长韩四喜一行，双方就当前合作面临的形势以及未来推进更深层次合作等方面工作交换了意见。本钢集团总会计师曹爱民参加座谈。

22—24 日 中国合格评定认可委员会现场评审组对板材检化验中心实验室认可体系运行的可行性进行了现场评审。现场评审组认为，该中心实验室认可体系运行有效，能够保持已经获得的认可检测能力，实验室认可复评审通过现场审核。

24 日 本钢集团召开2020年防汛工作总结及防寒工作启动会议。本钢集团副总经理高烈参加会议并讲话。

26 日 本钢集团举办了第十二届青年大学生趣味运动会。本钢集团领导陈继壮、汪澍、赵忠民、杨成广、曹爱民、陈铁、高烈、张鹏、张彦宾、王代先参加了开幕式。来自本钢集团所属47家单位团组织的1146名运动员参加了14个趣味项目的比赛。

同日 中国劳动学会冶金分会人力资源对标研讨会在本钢召开。中国劳动学会冶金分会会长、本钢集团党委副书记赵忠民致欢迎词。中国劳动学会冶金分会副会长兼秘书长闫永志、常务副秘书长马宴林，中国劳动学会标准委员会副秘书长吕润泽，以及来自首都经贸大学、冶金工业出版社、宝武集团、首钢集团、鞍钢集团等多家会员单位的54名代表齐聚一堂参加讨论交流。

27日 由中国金属学会主办、本钢集团承办的2020年中国金属学会专家委员会会议在本钢召开。中国金属学会常务副理事长赵沛、副理事长兼秘书长王新江、专家委员会主任王天义、副主任李文秀和洪及鄢参加会议，专家委员会委员和高校、科研院所的领导与专家36人参加会议。本钢集团副总经理、总工程师张贵玉，副总经理王代先参加会议。

28日 本钢集团总经理汪澍深入板材公司重点工程施工现场检查指导安全生产工作，并对近期安全生产工作提出明确要求。副总经理高烈，副总经理、总工程师张贵玉一同检查指导。

同日 本钢集团党委与中国三冶党委在板材炼钢厂联合举办"牢记初心使命、矢志忠党报国"党建联建共建特色活动，通过活动回顾历史、展望未来。中国三冶党委书记、董事长代贵雪，本钢集团党委副书记赵忠民参加活动并讲话。

同日 本钢集团举行"迎十一 展新姿 爱本钢 促发展"观光长跑比赛。本钢集团工会主席张彦宾为比赛发令。

29日 省纪委驻省国资委纪检监察组组长、省国资委第四监督检查组组长王献耀一行，就学习贯彻"习近平总书记对制止餐饮浪费行为重要批示精神，培养节约习惯"工作的执行情况，来本钢集团进行实地检查指导。本钢集团副总经理杨成广与王献耀一行进行了座谈，并到能源管控中心食堂进行现场检查。

同日 本钢集团团委、本溪团市委联合举办"仲秋寻梦、情系你我"单身青年交友活动，为本钢单身青年促进交流、增进友谊、找寻知己、共叙情缘提供平台。本溪团市委、本钢党委宣传部（团委）相关负责人参与活动。

同日 本钢集团与桓仁县共同举办的《大美桓仁·好景好物齐分享》爱心助农本钢专场直播准时开播。这次直播主要面向本钢集团全体职工和家属，在两个多小时的直播中，直播间累计观看人次达10万＋，成交3890单，线上销售额43万元，同时促成线下销售额30万元，总计实现销售收入73万元。

10 月

1日 本钢集团抖音短视频平台企业官方账号正式上线。

9日 中国钢铁工业协会党委副书记姜维一行来本钢集团进行调研交流。本钢集团党委书记、董事长陈继壮，党委副书记赵忠民与姜维一行进行了座谈交流。

10日 国家档案局组织专家召开视频会议，对本钢集团电子文件归档与电子档案管理试点工作进行验收。国家档案局经科司领导，验收专家组成员，辽宁省档案局有关领导，本钢集团党委常委、工会主席张彦宾、总经理助理邵剑超参加视频会议。

15日 板材炼铁厂六号高炉停炉检修，标志着板材公司2020年第三阶段联检启动。

同日 由本钢集团承办的"十一钢"钢研院（所）长联席会热成型钢产品开发及应用专题技术交流会在金山宾馆召开。来自东北大学、中科院等高校和科研院所以及鞍钢集团、宝武集团、河钢集团、酒钢集团、马钢集团、首钢集团、太钢集团、华菱湘钢集团、攀钢集团、本钢集团等十一家钢企的30余名专家代表齐聚一堂，围绕"热成型钢产品开发及应用"的最新研究进展进行了全面分享和深度研讨，共享热成型钢产品技术最新成果，共话热成型钢产品应用技术的发展方向。

同日 本钢集团党委书记、董事长陈继壮会见了工银投资一部总经理陈国立一行，双方就进一步加强银企合作，积极探寻新的合作模式等事宜进行了深入交流。本钢集团总会计师曹爱民参加座谈交流。

17日 由中国移动辽宁公司主办的2020第三届辽宁移动信息化展示大会在沈阳召开。本钢集团凭借雄厚的科研实力及5G未来广阔的发展前景受到主办方的青睐，就开展"5G+智慧钢铁"示范区应用推广，本钢集团副总经理王代先与中国移动通信集团辽宁有限公司副总经理王晓明正式签署战略合作协议。

19日 由本钢集团规划发展部承办，邀请国内相关行业专家，组织召开《本钢集团"十四五"发展规划纲要（讨论稿）》审查会议。中国工程院王国栋院士、中国金属学会、钢铁行业协会、北京科技大学、中钢自动化院、辽宁省国资委、省工信厅，以及冶金工业规划院的有关领导、专家参加会议。

本钢集团副总经理、总工程师张贵玉，总经理助理赵铁林参加会议。

22日 本钢集团党委书记、董事长陈继壮亲自启动了板材炼钢厂八号板坯连铸机开浇按钮。10时40分，一块火红的板坯缓缓进入人们的视线，这是本钢八号板坯连铸机第一坯，标志着该机组一次热负荷试车成功。本钢集团副总经理、总工程师张贵玉等领导参加了试车仪式。

同日 本钢集团召开四季度安全生产工作视频会议，总结点评三季度安全生产工作，分析存在问题，全面部署四季度安全生产工作任务。本钢集团安委会常务副主任、副总经理高烈参加会议并讲话，本钢集团安委会副主任、副总经理、总工程师张贵玉主持会议。

28日 本钢集团召开职业技能等级认定试点工作启动会，本溪市人社局副局长李艳萍参加会议。

30日 本钢集团召开了反腐倡廉警示教育大会暨廉政专题党课。会上，本钢集团党委书记、董事长陈继壮以"坚持全面从严治党，大力加强正风肃纪，为实现本钢集团高质量发展提供坚强保障"为题，为与会人员讲授了一堂廉政专题党课。本钢集团领导班子成员、总经理助理、副总师以及本钢集团中层以上管理干部等相关人员参加了会议。本钢集团党委副书记赵忠民主持会议。

11月

5日 本钢集团党委巡察工作领导小组召开第五轮巡察工作动员部署会议，标志着本钢集团党委第五轮巡察工作正式启动。

9日 本钢集团组织收听收看党的十九

届五中全会精神中央宣讲团报告会。本钢集团党委书记、董事长陈继壮，党委副书记赵忠民，总会计师曹爱民，副总经理张鹏，工会主席张彦宾，总经理助理唐朝盛，总经理助理邵剑超，总经理助理赵铁林，总经理助理陈新等出席。

11日 本钢集团正式启动了禁毒大会战专项行动。本钢集团禁毒委常务副主任、总经理助理卫传文参加启动仪式。本钢集团禁毒委副主任、溪钢公安分局局长邓锐主持会议。

12日 本钢集团党委书记、董事长陈继壮主持了本钢集团党委理论学习中心组第十五次集体学习，专题学习党的十九届五中全会精神。

同日 为深入贯彻落实习近平总书记重要指示精神和党中央决策部署，落实省市疫情防控会议精神，进一步部署本钢集团常态化疫情防控工作，本钢集团召开疫情防控专题视频会议，本钢集团副总经理高烈参加会议并讲话。本钢集团疫情防控领导小组（指挥部）主要成员单位相关负责人参加了会议。

13日 本钢集团参展辽宁国际投资贸易洽谈会，辽宁省省委书记张国清、辽宁省省长刘宁，以及本溪市委书记姜小林先后参观了本钢集团展台。了解了本钢集团产品结构、市场销售结构等情况，肯定了本钢集团调整产品结构，实现高质量发展所取得的成绩。

同日 本钢集团召开2020年《集体合同》履行情况集中检查工作会议，对矿业公司、北营公司所属各单位《集体合同》履行情况进行检查。

18日 本溪市中级人民法院党组书记、院长王海霞，党组成员、副院长于文芝一行来本钢集团，就本溪市中级人民法院开展的推进落实"人人都是营商环境"活动进行调研，本钢集团党委书记、董事长陈继壮，副总经理杨成广参加了调研座谈。

19日 北部战区陆军保障部王伟大校一行来访本钢，代表北部战区陆军保障部向本钢集团赠送了印有"心系国防镕斧钺谱军民融合新曲、情注强军讲奉献奏双拥共建强音"的锦旗，对本钢集团一直以来心系国防建设以及在促进军民融合发展上做出的突出贡献表示肯定和感谢。本钢集团党委副书记赵忠民参加座谈并就后续军企合作相关问题同王伟大校一行进行了深入交流。

19—25日 本钢集团规划发展部（科技发展部）联合人力资源管理中心，根据《本钢集团2020年职工培训计划》相关要求，举办了"以科技创新推动高质量发展、降本提质，打造创新型人才队伍"主题培训，来自规划发展部（科技发展部）、设备部、制造部、技术研究院、各基层生产单位的部门负责人、专业科技人员、生产操作技术人员等130余名学员参加了培训。

22日 热轧1700生产线完善改造后一次热负荷试车成功，这是该机组第五次"升级"，比计划提前3天。本钢集团党委书记、董事长陈继壮，副总经理高烈，副总经理、总工程师张贵玉等领导，现场参加了试车仪式。

23日 2020年度本钢集团质量/环境/职业健康安全/能源/两化融合管理体系内审工作正式启动，相关部门和单位按照要求全面投入内审各项工作中。

同日 为贯彻本钢集团关于加强厂区道路交通安全工作精神，结合冬季行车工作实际，本钢集团组织开展了大客车驾驶员交通安全培训。本钢集团大客车驾驶员、车管员和厂内公交车驾驶员百余人参加了培训。

24日　本钢集团职工罗佳全被授予"全国劳动模范"光荣称号。

26日　本钢集团安监部牵头组织开展了煤气排水器现场安全技能培训。此次培训在北营能源总厂煤气防护站进行。参加培训人员包括各厂矿涉及煤气排水器作业安全生产管理人员、操作人员、巡线人员、检维修人员和冬季临时用工人员等200余人。

30日　本钢板材炼铁厂新5号高炉顺利竣工投产，标志着板材炼铁厂5号高炉产能置换工程圆满完成。本钢集团党委书记、董事长陈继壮为新5号高炉投产点火送风。本钢集团副总经理高烈，副总经理、总工程师张贵玉参加了竣工投产仪式。

同日　本钢集团党委书记、董事长陈继壮主持了本钢集团党委理论学习中心组第十六次集体学习，围绕关于力戒形式主义、官僚主义等内容再次进行学习。

同日　板材冷轧厂三号酸轧机组创下月产超20万吨新纪录，标志着该机组突破设计产能，比肩国内领先水平。

12月

1日　板材炼铁厂新5号高炉一次开炉成功顺利出铁。

3日　本溪市委常委、秘书长孟广华一行来本钢集团调研，并为"辽宁省向上向善好青年"称号获得者、板材技术研究院副院长刘宏亮，以及"全国青年岗位能手标兵"称号获得者、板材热连轧厂一热轧生产作业区作业长刘鸿智颁奖。本钢集团党委副书记赵忠民参加调研并讲话。团本溪市委书记于丹、副书记尹伊翘参加调研。

同日　本钢集团举办高端智能制造技术交流会，来自制造部、设备部、运营改善部、板材技术研究院、板材信息化中心、板材热连轧厂、北营轧钢厂、信息自动化公司等多个部门和单位的有关负责人和相关技术人员参加了会议。

4日　辽宁省省长质量奖颁奖大会在沈阳举行，本钢板材公司获颁省长质量奖金奖。本钢集团副总经理、板材公司董事长高烈参加颁奖大会。

7日　本钢集团有限公司召开干部会议。省委常委、组织部部长陆治原宣布省委关于本钢集团主要领导任职决定并讲话。副省长、省政府党组成员、省国资委党委书记崔枫林主持会议并讲话。省委决定：杨维同志任本钢集团有限公司党委委员、常委、书记、董事、董事长。陈继壮同志不再担任本钢集团有限公司党委书记、常委、委员、董事长、董事职务。省委组织部、省国资委有关同志，本钢集团有限公司领导班子成员，集团本部内设机构（部门）领导人员，二级单位领导班子成员参加会议。

同日　本钢集团举办了2020年本钢炼钢专业技术交流会暨"第八届高品质钢研讨会"回来再交流会，由外出学习归来的5名科技人员主讲。在技术交流中，5名科技人员将行业内的新技术、新思想带回来与大家分享。

11日　党委书记、董事长杨维同集团公司总经理助理进行调研座谈。

12日　党委书记、董事长杨维到板材公司进行工作调研。

14日　早调度会上，本钢集团党委书记、董事长杨维对近期生产经营工作提出明确要求。杨维强调，要紧紧抓住当前钢铁市场形势好转的有利时机，充分发挥自有矿山资源优势，在确保安全的前提下，加大生产组织力度，以效益为中心，科学组织产品销售及原燃料采购工作，各部门单位、各生产环节互创条件，全力以赴创高产、降成本、增效益，确保年末各项工作稳步有序推进，实现既定目标。

同日 党委书记、董事长杨维同集团公司副总师进行调研座谈。

同日 党委书记、董事长杨维到矿业公司工作调研。

15日 党委书记、董事长杨维到国贸公司工作调研。

16日 本钢集团党委书记、董事长杨维主持召开党委常委（扩大）会议。本钢集团领导班子成员，总经理助理，副总师，纪委副书记等参加会议。会上，本钢集团党委组织部（人力资源部）部长吕学明宣读了省委关于本钢集团部分领导调整决定：曹宇辉同志任本钢集团有限公司党委委员、常委、纪委书记。王乔鹤同志任本钢集团有限公司党委委员、常委、副总经理。免去陈铁同志本钢集团有限公司党委常委、委员、纪委书记和副总经理职务，办理退休。

同日 本钢集团召开2020年"工匠杯"职工职业技能竞赛表彰会暨罗佳全劳模创新工作室微课展示会，对在各类竞赛中表现突出的先进集体和先进个人进行表彰。本钢集团党委书记、董事长杨维，党委副书记赵忠民，副总经理杨成广，工会主席张彦宾出席表彰会，并为各级竞赛"状元"代表、"功勋教练员"、"竞赛先进单位及优秀组织单位"代表颁奖。同时，为罗佳全颁发"本钢职工首席培训师"聘书。本钢集团总经理助理邵剑超、陈新参加表彰会。

同日 党委书记、董事长杨维到采购中心工作调研。

17日 本钢集团党委书记、董事长杨维主持党委理论学习中心组第十七次集体学习。领学《中共辽宁省委关于制定辽宁省国民经济和社会发展第十四个五年规划和二○三五年远景目标的建议》（以下简称《建议》）及《建议》说明和辽宁省委书记张国清在中共辽宁省委十二届十四次全体会议上的讲话等内容，并提出要求。

同日 本钢集团党委举行学习宣传贯彻党的十九届五中全会精神专题辅导报告会。邀请省委讲师团成员、本钢党校高级顾问、本溪市委党校特聘教授、本溪市党建研究会副会长刘晓方教授作题为《认真领会五中全会精神、全力实现规划建议目标》的专题辅导报告。报告会由本钢集团党委书记、董事长杨维主持。本钢集团领导班子，各职能部门、基层单位中层以上领导干部，各单位负责组织、宣传工作相关人员，各民主党派及党外知识分子代表，部分基层党支部书记共450余人聆听了报告会。

同日 省国资委党委调研考核组组长、省国资委二级巡视员李育林率省国资委党委调研考核组来本钢集团调研考核党建工作，本钢集团党委副书记赵忠民陪同实地调研。

18日 本钢集团党委书记、董事长杨维会见了本溪市副市长、市公安局局长王会奇一行。双方共同回顾了一年来在维护企业利益和安全稳定等方面的工作情况，并就下一步加强沟通、紧密合作进行了深入座谈交流。市公安局党委副书记、分管日常工作的副局长吴英君，副局长张昕，驻市局纪检监察组组长储信顺，副局长王晓楠参加了座谈。本钢集团党委副书记赵忠民、副总经理高烈、工会主席张彦宾、总经理助理兼钢联公司经理卫传文参加了会见。

同日 共青团本溪市委开展"走进本钢，服务本钢，共青团助力优化营商环境建设"

活动，组织全市团干部及青年文明号代表到本钢集团生产一线参观调研，并现场召开服务本钢优化营商环境座谈会，将共青团优化营商环境工作的内容做实、形式搞活、平台拓宽。

同日 本钢集团召开2021年《集体合同》平等协商会议。本钢集团党委副书记赵忠民受本钢集团法定代表人委托，作为企业方首席代表出席并主持会议。本钢集团工会主席张彦宾作为职工方首席代表出席会议。

19日 党委书记、董事长杨维到北营公司工作调研。

21日 中国共产党本钢集团有限公司召开第一届委员会第八次全体会议。本钢集团党委委员27人出席会议。本钢集团各部门、单位有关负责同志，本钢集团第一次党代会部分基层代表列席会议。全会由本钢集团党委常委会主持，本钢集团党委书记杨维作总结讲话。全会审议通过了《中共本钢集团有限公司委员会关于制定本钢集团"十四五"规划和二〇三五年远景目标的建议》。杨维就《建议（讨论稿）》向全会作了说明。

同日 本钢集团党委书记、董事长杨维主持召开领导班子成员任职见面会，欢迎新调整的领导班子成员就职并就今后工作提出要求。本钢集团全体领导班子成员参加会议。

22日 市委常委、市纪委书记、市监委主任白英一行，结合市纪委监委开展的"走百企，督百事，解百难"监督保障优化营商环境专项行动，来本钢集团开展专项走访调研。本钢集团党委书记、董事长杨维会见白英一行。双方就如何进一步建立沟通机制、解决实际问题、优化营商环境、服务本钢发展等共同关心的话题进行了深入座谈交流。市纪委副书记、市监委副主任卢文春、范大明、朱海锋参加座谈。本钢集团党委副书记赵忠民，副总经理、总工程师张贵玉，纪委书记曹宇辉参加座谈。

同日 "中国移动5G杯"本钢集团第二届青年素质挑战赛决赛落幕。本钢集团党委书记、董事长杨维，党委副书记赵忠民，工会主席张彦宾，中国移动本溪分公司党委书记、总经理高耸等领导莅临比赛现场并为获奖选手颁奖。

23日 本钢集团党委书记、董事长杨维主持召开本钢集团党委第27次党委常委（扩大）会议，会议审议并原则通过5个专项工作推进组工作方案。本钢集团领导班子成员、总经理助理、副总师和相关部门、单位负责人参加会议。

同日 本钢集团党委书记、董事长杨维主持本钢集团党委理论学习中心组第十九次学习，学习传达贯彻省委常委会（扩大）会议精神。本钢集团党委理论学习中心组成员参加集体学习。

24日 本溪市委书记姜小林，市委副书记、市长田树槐会见了本钢集团党委书记、董事长杨维一行。双方就密切沟通交流、开展地企深度合作，着力推动本钢集团和本溪市经济高质量发展等共同关心的话题进行了深入座谈交流。市委常委、市纪委书记、市监委主任白英，市委常委、市委秘书长孟广华，副市长高巍参加会见。本钢集团党委副书记赵忠民，副总经理高烈、副总经理王乔鹤参加座谈。

同日 党委书记、董事长杨维到财务部工作调研。

25—26日 本钢集团有限公司一届五次职工代表大会暨2021年经济工作会议胜利召开。大会对本钢集团"十三五"时期取得的主要成就进行简要回顾，对2020年各项工作作了全面总结，系统提出了"十四五"时期奋斗目标和战略定位，科学部署了2021年本钢集团经济工作。本钢集团领导杨维、赵忠民、杨成广、曹爱民、高烈、张鹏、张贵玉、张彦宾、王代先、曹宇辉、王乔鹤、唐朝盛，以及总经理助理邵剑超、卫传文、赵铁林、陈新等出席会议。大会开幕式由本钢集团工会主席张彦宾主持。闭幕式由本钢集团党委副书记赵忠民主持。会上，本钢集团副总经理高烈受本钢集团委托作了题为《坚持以效益为中心 深化改革创新发展 努力实现本钢集团"十四五"高起点开局》的行政工作报告。本钢集团党委副书记赵忠民向大会做《2020年集体合同履行情况的报告》。

25日 板材炼钢厂四号转炉节能环保改造工程实现热负荷试车一次成功，较计划工期提前5天完成。

28日 党委书记、董事长杨维到技术研究院工作调研。

29日 党委书记、董事长杨维到组织部（人力资源部）、人力资源管理中心工作调研。

（李 学）

栏目编辑　　赵　伟

本钢年鉴 2021

- 特载
- 大事记
- ★ 概述
- 经营管理
- 综合管理
- 党群工作
- 钢铁主业
- 多元产业
- 改制企业
- 统计资料
- 人事与机构
- 人物与表彰
- 附录

本钢集团

概　述

概　　述

本钢集团有限公司（简称"本钢""本钢集团"；英文名称 BEN GANG Group Corporation）地处辽宁省本溪市，是世界著名的"人参铁"产地，始建于1905年，是新中国最早恢复生产的大型钢铁企业，被誉为"中国钢铁工业摇篮""共和国功勋企业"，是我国重要精品钢材基地，是辽宁省属最大国有企业集团。

历史沿革

本钢是我国历史最为悠久的工业企业之一。本钢的前身是1905年12月18日成立的"本溪湖大仓煤矿"。1912年1月23日，"本溪湖大仓煤矿"改名"本溪湖商办煤铁有限公司"，1915年1月13日，1号高炉点火投产。孙中山先生在《建国方略》中将当时中国钢铁事业概括为"南有汉冶萍（汉阳铁厂、大冶铁矿、萍乡煤矿），北有本溪湖（本溪湖煤铁公司）"。1948年秋，本溪解放后，本钢回到人民手中，1949年7月15日，正式恢复生产。在社会主义建设时期，本钢积极响应党中央"为工业中国而斗争"的号召，新中国制造的第一批枪、第一门炮、第一辆汽车、第一套发电机组、第一颗人造卫星上都使用了本钢的产品，本钢为建设新中国做出了卓越贡献，被誉为共和国的功勋企业。

党的十一届三中全会以后，本钢重新焕发青春与活力。1994年11月，被国务院确定为全国百家现代企业制度试点单位之一。1996年7月，经国家批准改制为本溪钢铁（集团）有限责任公司，成为国有独资的大型钢铁联合企业。1997年4月，被国务院确定为全国120家大型企业集团试点单位。1997年6月，成立本钢板材股份有限公司，发行A股股票1.2亿股、B股股票4亿股并成功上市。

在三年改革与脱困时期，本钢通过深化改革、转换机制、进行大规模技术改造和强化企业管理，企业核心竞争力进一步增强，步入良性发展轨道，取得阶段性发展成果。

进入新世纪后，本钢集团在国家宏观政策指导下，科学谋划、稳步实施推进自身发展，坚持科学发展观，走新型工业化道路，有效落实了"十五""十一五""十二五"发展的规划要求，实现了发展规划目标。本钢采用世界先进技术进行了大规模技术改造，在淘汰落后产能的同时，先后对国产1700毫米热轧机组、2000立方米高炉、120吨转炉等设备进行改造，与韩国浦项公司合资建设冷轧薄板厂，采用国际顶级技术建设了本钢三冷轧厂等，装备水平已达到国际先进水平，产品结构更加趋于合理，高端产品市场占有率进一步提升。2008—2009年，有效化解了世界金融危机的影响与挑战，在逆势中实现了跨越发展。2010年，在辽宁省委、省政府的主导下，本钢平稳完成了与北钢合并重组工作，组建成立了本钢集团有限公司。在顺利实现"十二五"规划发展目标基础上，本钢集团坚持落实中央"四个全面"战略布局，按照"四个着力"的要求和"稳增长、促改革、调结构、惠民生"的总体部署，科学制定本钢集团"十三五"发展规划，为企业发展明确了方向。党的十九大以来，本钢集团进一步完善了《本钢集团做强做优做大实施方案》，以习近平新时代中国特色社会主义思想为统领，全面贯彻新发展理念，明确到2020年实现2000万吨钢产能的发展目标，以供给侧结构性改革为总抓手，以深化国企改革和技术创新为主线，更加注重与市场接轨、更加注重结构调整、更加注重技术升级，钢铁主业在不新增钢铁产能的前提下通过提质提效、产品升级、深加工服务、绿色智造、保持自有矿比较优势，实现做强做优做大；多元产业通过聚焦优势业务，培育发展新兴业务，实现做优做强。

2020年，在完成"十三五"规划主要目标任务的同时，本钢集团科学制定"十四五"规划和二〇三五年远景目标，明确到2025年，本钢集团高质量发展将取得明显成效，体制机制改革创新将取得显著突破，对辽宁省、本溪市的支撑力与带动力将大幅增强。本钢集团"十四五"时期的发展思路是以提高竞争力为核心，坚持高质量发展，聚焦钢铁材料制造与服务，不断提高产业协同创新发展能力，打造世界一流钢铁企业集团，成为极具国际竞争力的精品板材基地、国内一流的优特钢棒线材基地、先进钢铁材料综合服务商；成为钢铁行业高质量发展的践行者；成为国企改革先行先试的探索者。

企业现状

目前，本钢集团拥有亚洲第一低磷低硫露天矿——南芬露天矿、拥有东北地区最大容积的4747立方米高炉、拥有我国第一台年产500万吨2300mm热连轧机组；与韩国浦项合资成立本钢二冷轧厂，工艺技术水平达到世界领先；本钢三冷轧厂，是国内能提供最宽幅、最高强度汽车用冷轧板和最高强度汽车用热镀锌板的钢铁企业，能满足未来汽车行业发展对安全、节能和环保的要求。

本钢拥有国家级技术中心和检测中心，建有国家院士专家工作站、博士后科研工作站、先进汽车用钢开发与应用技术国家地方联合工程实验室等研发平台，在汽车板、高强钢、硅钢、棒线材等产品生产和研发中处于国内领先水平，形成了线材、螺纹钢、球墨铸管、特钢材、热轧板、冷轧板、镀锌板、彩涂板、不锈钢等60多个品种、7500多个规格的产品系列，是国家工信部认定的"国家技术创新示范企业"和"中国工业企业品牌竞争力百强企业"。

截至2020年末，本钢集团拥有资产规模1534亿元，在籍员工6.5万人，粗钢产能2000万吨，是中国十大钢铁企业之一。

生产经营

2020年，本钢集团坚决贯彻落实党中央、国务院、省、市疫情防控工作部署和"六稳六保"要求，一手抓疫情防控，一手抓稳产高产，创新降耗，提质增效，做到了疫情防控和生产经营两不误。面对突如其来的疫情，集团公司迅速成立领导机构,加强组织协调,落实工作措施,形成了党委挂帅、行政落实、群团发动、全员参与的抗疫工作格局。在抗击疫情最艰难的时刻,超常规应急生产2000吨高质量汽车板,以支持华晨雷诺生产负压式救护车驰援武汉;为社会捐款和投入防疫资金1200余万元。截至2020年底,公司职工无疑似病例,无确诊病例,为全年生产经营和改革发展创造了有利条件。全年实现销售收入615亿元,同比增长0.3%;利润4.5亿元,同比增长48%;税费28亿元,同比降低20.5%(因政策性减税降费)。实际完成生铁1733万吨,同比增长8.97%;粗钢1736万吨,同比增长7.32%;热轧板1224万吨,同比减少0.26%;冷轧板565万吨,同比增长0.4%;线材259万吨,同比增长3.96%;螺纹139万吨,同比增长67.87%;特钢材72万吨,同比增长48.2%。

一是高质量完成"十四五"发展规划纲要编制工作,对企业未来五年改革发展作了全面的规划布局和统筹安排,并提出了集团2035年的远景目标。按照"均质化、集约化、智能化、超低排化"目标,完成钢铁主业多项专项规划及实施计划工作。开展全方位全流程对标,借鉴优秀企业管理模式,构建全方位对标管理体系,编制《本钢集团对标世界一流管理提升行动实施方案》,开展对标提升行动。以管理功能高度集成、各层级高效协同、运行高度标准化为基本目标,搭建集团层面信息化管理平台,实现机制创新突破。新五炉、八号铸机、转炉环保改造等24项重点工程达产达效。

二是坚持创新驱动,科技研发取得重大进步。在科技合作方面,承办金属学会专家委员会会议,建立本钢-中国钢研集团战略对接,与东北大学等高校、科研院所加强合作,邀请国家院士、权威专家共同研讨最新技术进展和行业发展趋势,把脉定向助推本钢集团高质量发展。在新品种研发方面,成功开发新品种36个牌号,辊压成型用高强复相钢CP980填补了本钢冷轧生产空白;石油钻采用钢系列产品实现国际市场批量供货,E4340钢以连铸替代模铸生产,成功替代进口高端产品,属国内首创。在产品认证方面,开展认证项目33项,涉及150个牌号和178个规格,2000MPa热压成型钢通过爱驰、长城汽车认证;冷轧CR420LA和镀锌CR240LA两个牌号产品通过泛亚认证。在科技成果方面,获得冶金科学技术奖4项、辽宁省科技进步奖3项,其中"最高强度与特厚规格热冲压钢研制及其系列化开发"荣获冶金行业一等奖,是本钢集团获得的行业最高奖。在知识产权方面,起草国家标准3项,企业标准11项;177件专利获国家局受理,同比增长21.2%;88件专利获国家局授权,其中发明11件、实用新型77件。本钢板材股份有限公司荣获辽宁省省长质量奖金奖,被确定为"辽宁省首批高价值专利培育中心"。

三是在深入开展节能降耗攻关的基础上,通过精细管理,落实责任制,积极组织增发电工作,全年完成发电量41.48亿kWh。同时,进一步加大环保工作力度,严格执行排放标准,持续提升厂容厂貌管理;积极推进中央环保督察问题整改工作,并全部完成销号。

四是积极克服疫情带来的不利影响,坚持以效益为导向,强化市场开发,持续优化品种结构,开发新客户13家,开发新钢种60个。加大国际市场开发力度,科学匹配资源,提高择机销售能力,积极争取出口订单,极大减轻了内贸压力,全年实现出口增利2.43亿元。非计划产品及自营产品分别实现100%及95%电商平台销售，综合提升溢价水平。同时，进一步加强资本管理，组织完成板材公司68亿元可转债发行工作，是上市20年来首次通过公开发行实现超大规模的直接再融资。

五是实施核心主业管控模式优化调整，对北营公司、矿业公司、板材公司及集团公司核心主业实行集中管理，24个部门实现集中办公，管理层级由五级压缩为三级。责任状考核实现"业绩、薪酬、职位"三挂钩，以效益为导向，完善责任状考核制度，对厂矿在主包考核基础上增加成本一项否决，3家单位被亮黄牌，2家单位被亮红牌，班子集体免职处理。完善问责追责制度体系，编制下发《问责追责认定等级、处罚种类、经济赔偿对照表》，强力开展问责追责，通报E级以上责任事故38起，处理处级干部13人，处级以下干部113人。积极稳妥推动历史问题解决，在辽宁省属企业中，首家完成退休人员社会化管理移交工作，得到省政府肯定。加强僵尸企业处置，全面完成18户僵尸企业处置任务。本钢处僵模式得到省国资委高度认可，在省属企业中推广。持续推进企业改革，按照省委省政府安排，积极开展改革工作。

六是多元产业积极主动作为，保持平稳运行。恒通公司积极开拓市场，产品出口墨西哥、土耳其、印度。修建（维检）公司落实产线承包，全力确保集团主体设备安全、稳定、经济运行。建设公司全力开拓外部市场，先后对接青海市场，推进了兰新客专张家庄隧道综合整治疏排水等工程项目落实落地。新实业公司在疫情保产、后勤保障方面做出了重要贡献。冶金渣公司加大含铁料回收力度，为集团公司减少废钢采购做出贡献。机械制造公司全力发展冷却壁等主导产品，实现了在线维保的新突破。热力公司加强余热回收利用，持续做好供暖保障。冶金职业技术学院在做好外部教学的同时，积极开展集团公司职工培训工作。房地产公司推进僵尸企业处置和清产核资工作。恒泰公司积极开展工作，重塑恒泰品牌。

党群工作

2020年，本钢集团坚持固本强基，党的建设更加坚强有力。一是深入学习贯彻落实习近平总书记在深入推进东北振兴座谈会上重要讲话精神，为企业生产经营提供思想保证。二是坚持加强和改进党的领导，党委前置审议在公司治理决策和企业生产经营中发挥重要作用。三是开展"基层党建工作建设年"和"基层党建制度落实年"活动，推进党建工作责任制考核评价和党支部评估定级，本钢集团被省委组织部确定为基层党建工作示范点。四是促进党建工作与生产经营深度融合，设立党员先锋岗1045个，划分党员责任区1397个，建功立业活动年创造可观经济价值。五是强化干部人才队伍建设，持续推进年度综合考核评价"末位淘汰"机制，对部分排名末位的领导干部进行转岗、降职和免职，进一步选优配强领导班子。加大年轻干部培养选拔力度，通过开办MBA班、挂职锻炼等方式，培养、储备年轻干部400余名。通过市场方式运作，招聘高校毕业生154人，钢铁主业招录硕、博人才比例和紧缺专业毕业生签约量均创新高。加大派驻乡村干部政策扶持，消费扶贫120余万元，实现了1.1万贫困户脱贫脱困目标。六是深化政治巡察，开展巡察整改"回头看"，推进第四轮、第五轮巡察工作。增强派驻监督实效,深入落实中央八项规定精神,持之以恒纠治"四风",深入开展"厉行节约、杜绝浪费"专项整治。开展多种形式反腐倡廉教育,党风廉政建设和反腐败工作取得良好成效。

社会责任

2020年,本钢集团大力实施民心工程,精神文明建设成绩斐然。一是加强精神引领,本钢集团开展季度"本钢好人"评选活动,多个个人获"辽宁好人"、省"最美退役军人"等荣誉,组建本钢基层青年志愿服务队26支,本钢集团注册志愿者3538人。大力弘扬劳模精神、劳动精神、工匠精神,涌现出全国劳动模范罗佳全、全国青年岗位技术能手(标兵)刘鸿智和省市级五一奖状、五一奖章等先进典型。二是组织开展"当好主人翁,建设新本钢,建功新时代"主题劳动竞赛、"工匠杯"职工职业技能竞赛和"安康杯"竞赛,不断激发广大职工劳动热情和创新活力。三是关心职工生活,维护职工权益,职工代表8项提案有7项得以落实。4号门立体停车场工程,增加停车位251个;厂内公交上线运行,最大限度地满足了职工上下班通勤及停车需求。

(金一嘉)

栏目编辑　　赵　伟

本钢年鉴 2021

特载

大事记

概述

☆ 经营管理

综合管理

党群工作

钢铁主业

多元产业

改制企业

统计资料

人事与机构

人物与表彰

附录

经营管理

规划投资管理

【概况】 2020年规划发展部（科技发展部）内设机构为规划管理、投资管理、科技管理三个职能单元。按照集团公司《核心业务整合定岗定编及聘任安置实施方案》和《核心业务整合岗位聘任和分流安置工作安排》要求，规划发展部完成业务整合和人员分流安置后，截至2020年12月末共有在籍人员34人（在籍集团27人、在籍板材7人），其中部长1人、副部长6人、总监2人、高级业务师2人、主任业务师9人、专业业务师7人、责任业务师4人、主任工程师2人、专业工程师1人。有正高级技术职称人员2人、副高级技术职称人员19人。

【规划管理】 1.高质量完成本钢"十四五"发展规划纲要编制工作。2020年，规划发展部克服疫情影响，组织有关部门会同冶金规划院组成10个规划小组，经过多轮次的规划尽调、现场对接、课题论证、内部审核，历时7个月完成了本钢"十四五"发展规划纲要的编制，并通过了王国栋院士为组长的专家组审查，按照审查意见修改后，已提交集团公司党委会和董事会审议。2.组织完成钢铁主业多项专项规划及实施计划工作。按照"均质化、集约化、智能化、超低排化"目标，历时一年时间，组织完成了板材厂区、北营厂区料场环保智能化改造规划及实施计划，规划2025年完成改造任务，届时吨铁成本可降低40元。为解决两厂区焦化节能减排环保项目总图布置难点，结合板材、北营两厂区大规划和焦化升级改造，完成总图布置和分阶段实施意见，避免重复投资。推进数字化转型，组织专业机构历时1年完成两厂区三维信息系统工作，数字化总图极大地提高了规划论证、工程设计工作效率，同时为后续的生产调度、安全管理等工作提供智能升级空间。3.推进地企合作和区域合作，拓展企业发展空间。按照省领导要求和省工信厅安排，组织协调在本钢召开省内供货商与本钢、凌钢、东北特钢和五矿营口中板的配套协作交流会。与溪湖区签订彩西废钢供料站项目入驻协议，与平山区合作的发挥高炉短流程精密铸造和特钢短流程铸造项目正在组织招商，与沈阳浑南新区合作建设本钢沈阳研究中心项目已完成可研论证。联合保卫中心与省军区、北部战区沟通协调，做好报废武器销毁工作。协调省国资委、省发改委解决澳煤禁用后续问题。协调市工信局、环保局、安监局完成建设公司油漆厂关闭及辽煤化公司卫生防护距离改造项目的验收工作。4.协调国家各级政府部门，新建项目征地取得批复。2020年，共完成项目用地批复1个（露天矿4号土场征地面积266公顷）、项目用地林业批复1个（选矿厂卧龙沟尾矿库336-380征地面积6.3公顷）、项目用地土地出让2个（北方恒达物流园征地29.36公顷、彩西废钢厂料场征地5.17公顷），启动项目土地报批3个（403公顷）以及3个项目土地（54.5公顷）不动产证的办理工作。本钢共202宗授权经营及作价入股土地，已办完88宗土地手续变更，剩余114宗（3362公顷）土地存在测绘面积与土地证面积不一致、房产土地权利人不一致等问题，正在协调省市国土部门办理变更手续。

【投资管理】 1.投资计划管理严把投资关，

确保额度控制在全年计划之内。截至12月末,规划发展部履行集团投资审批程序,累计已下达固定资产投资年度计划82.8亿元,与年初经党委会审议通过的全年83.04亿元的预测额相比,年度投资指标余额0.24亿元,确保将全年的年度投资下达额控制在年初计划额以内。2.重点项目前期工作完成15个重点项目推进,科学论证,严格审核,节省投资需求4.17亿元。针对年初集团确定的重点项目,规划发展部全面启动项目前期工作,做到每个项目都有集团副总师牵头把关,每个项目都成立了项目可研/方案审核专家组,确保项目前期工作稳步、扎实、有序,按计划推进。截至12月末,规划发展部组织完成了歪矿辊磨干选、南芬精矿管输等15个重点技改项目的集团专家组可研审查及方案优化,项目总投资合计19.3亿元,并已陆续履行集团党委会投资审议程序下达投资计划。2020年规划发展部通过严格执行专家评审、推进规范设计、可研/初设设计联动制度等措施,在板材220kV变电站、南芬精矿管输、歪矿低品位矿及废石辊磨干选等重点技改项目建设方案审核工作中,累计为集团节约项目投资需求4.17亿元,切实为集团当好投资方向和投资优化的管家。3.争取到中央预算内资金7137万元,是历年来的最好水平。中央预算内资金历来争取难度大、审批严格,规划发展部2020年化疫情风险为机遇,紧跟国家政策导向,抢抓国家项目建设相关支持政策,通过积极组织申报,板材特钢电炉改造、北营高温超高压发电、歪矿低品位矿及废石辊磨干选3个项目共获得中央预算内专项资金补助7137万元,取得了近年来的最好成绩。4.在建项目合规性管理完成74个项目政府备案。2020年,规划发展部完成了歪矿辊磨干选等74个项目的政府备案工作,并结合项目总投资额,将项目陆续通过网络录入到各级发改委及工信委的大项目库中,为这些项目后续办理环评和能评手续、合规开工、争取国家政策支持创造了条件。为确保本钢集团每月完成投资数据上报市发改委和统计局的合规性和完整性,规划发展部牵头每月将项目"形象进度与财务付款"相结合,将项目完成投资做到应统尽统,为本溪市统计口径规上工业完成投资额提供了有力支撑。在项目核准手续办理工作中,花岭沟铁矿项目已报省发改委审批。该项目取得核准手续后,将进一步提升本钢集团铁精矿的自给率,降低生产成本。5.国家生态红线调规工作取得实质性进展。2020年由规划发展部牵头,会同能环部及各项目业主单位,加大与省市政府主管部门的协调力度,目前本钢集团的调规方案已经辽宁省自然资源厅和生态环保厅联合组织专家组审核通过,并已正式上报国家自然资源部和生态环保部待批,这为本钢未来规划项目的选址和用地创造了条件。6.为集团68亿元可转债发行提供了"有力+有利"的项目支撑。按照证监会及券商的严苛要求,规划发展部与各设计院、省市发改委、工信厅反复沟通,做了大量工作,确保了板材炼铁厂5号高炉产能置换工程等6个项目最终顺利通过了证监会的评审,拿到了发行可转债的许可,保障了可转债的顺利发行。

【扶贫工作】 持续巩固扶贫工作成果,连续两年无一户返贫。2020年集团公司拨付资金65万元,投入到结对帮扶对象桓仁县黑沟乡石虎子村的抗击疫情、增加村集体产业收入、改善农田基础设施、打造美丽乡村、利用抖音直播带货开展消费扶贫等多项扶贫帮困活动中,全村136户299人建档立卡贫困

户全部脱贫，并连续两年无一户返贫，为打赢脱贫攻坚战奠定坚实基础。（于海洋）

科技管理

【概况】 规划发展部（科技发展部）下设科技管理单元，2020年末在职职工9人，其中副部长1人、总监1人、正高级职称1人、副高级职称5人、中级职称2人，研究生3人、本科生5人，党员9人。

【科技项目管理】 精细化闭环管理科技项目实施全过程，提升管理水平和服务效率。严把立项关，经三级评审确定2020年公司级重点科技项目40项、厂矿自管科技项目134项；加强过程管控，定期召开项目汇报会，协调相关方共同推进项目；适时组织项目结题验收，组织专家组验收、评价项目61项；实施全过程监控、分阶段考核，首次对公司级项目的立项、结题进行激励；项目按期完成率由以前的55%提升到89%；部分项目在降本增效中发挥重要作用，处于国内领先水平，创造可观的经济效益。

【品种开发管理】 依托本钢现有工艺装备，紧密结合用户差异化需求及未来技术发展方向，积极开发适销对路的新产品。成功开发新品种36个牌号。其中冷轧和镀锌产品9个、涂镀（酸洗）产品5个、热轧高强钢产品8个、长材产品14个。"辊压成型用高强复相钢CP980"填补本钢冷轧产品复相钢生产空白；"低成本590MPa级热镀锌双相钢"充分发挥本钢三冷轧镀锌机组装备优势，全新设计低成本合金方案，吨钢成本降低240元；E4340钢以连铸替代模铸生产，成功替代进口高端产品，属国内首创；"锌铁合金双相钢HC420/780DPD+ZF"是本钢现有装备完成的最高强度级别锌铁合金产品；"供三一工程机械用地质钻杆用钢SY550"使本钢成为国内继宝钢之后供货的第二家企业；"高强汽车结构用钢QStE700TM"是目前本钢汽车结构用钢最高强度级别产品，达到宝钢同类产品性能指标；"高铁转向架用钢Q355NE"成功供货标志着本钢产品成功迈入国内高铁市场；"热成型钢PHS2000产品"纳入长城哈弗、爱驰汽车两家主机厂的供应商平台。

【产品认证工作】 2020年共组织完成冷轧、镀锌、酸洗、特钢等产品认证26个牌号，涵盖汽车板、家电板、特钢材等用户。热压成型钢通过爱驰汽车、长城汽车认证；高强钢2个牌号通过通用汽车认证；双相钢通过神龙汽车认证；华晨雷诺、瓦轴、东风日产等重点认证项目取得阶段性成果；完成武器装备科研生产备案认证；完成船级社、北营CARES和自愿性产品，ROHS及Reach产品检测认证等年度常规工作。

【科技成果管理】 依托自主创新，2020年本钢集团科技成果取得历史性突破。全年共获省、部级科技进步奖9项，其中4个项目荣获冶金科学技术奖，"最高强度与特厚规格热冲压钢研制及其系列化开发"荣获一等奖，是本钢集团有史以来在冶金行业获得的最高等级奖项；"汽车用热镀锌烘烤硬化高强系列产品研制开发与应用"等3个项目获辽宁省科技奖三等奖。2020年本钢科技进步奖共征集94个合格参评项目，经评审公示，获奖项目38项，首次评出特等奖2项。组织4项科技成果申请中国金属学会组织的技术评价，有3项成果达到国际先进水平，1项成果达到国内领先水平。

【专利管理】 2020年共有225件专利获国家知识产权局受理，其中发明专利110件、实用新型115件。105件专利获国家局授权，其中发明15件、实用新型90件。本钢板材股份有限公司被确定为"辽宁省首批高价值专利培育中心"14家单位之一，并顺利通过"国家知识产权优势企业"和"辽宁省知识产权优势企业"年度考核。申报中国专利奖1项（车轮轮辐用铁素体－马氏体双相热轧酸洗板及制备方法）。

【对外技术交流与合作】 重视产学研用联合，强化高校、科研院所、企业合作，注重技术资源合理配给，积极推进对外合作项目实施。与清华大学、东北大学、国汽（北京）汽车轻量化技术研究院有限公司、冶金工业信息标准研究院、冶金工业规划研究院等进行多层次、多渠道、多形式的合作与交流，共签订9个合作项目，加速了科技成果向现实生产力的转化。为推进与用户的交流合作，与国汽（北京）汽车轻量化技术研究院有限公司联合开展《本钢汽车用2Gpa热成型钢产业化技术验证》项目，使本钢的2Gpa热成型钢极快地得到市场认可，并成功打入部分用户的供应商平台。为促进产学研合作，与东北大学合作开展的《热轧抗氧化免涂层热成型钢产品开发》《转炉－精炼－连铸流程高效、洁净、智能炼钢工艺技术开发》，与清华大学合作开展的《北营微合金化钢连铸坯角部裂纹控制技术开发》等项目的成功实施，对集团公司产品结构优化、工艺技术进步等起到积极推进作用。

【研发平台建设】 搭建"产学研用"研发平台，积极融入国家技术创新体系，加强"辽宁本钢先进高强汽车用钢专业技术创新平台"建设，利用政府资助资金100万元购置实验软件。完成省工信厅"省级企业技术中心年度评价"工作，本钢集团6家子公司技术中心均通过审核评价。通过国家工信部"国家技术创新示范企业"年度审核工作。成功承办2020年"中国金属学会学术委员会会议"。精心组织并参加"2020年辽宁省国际贸易投资洽谈会"，本钢2.0GPa热冲压成型钢荣获"2020辽宁制造"荣誉称号。

【政府科技项目申报】 申报各类政府科技项目共计29项，已获批6项，其中与中科院金属所合作的"多孔介质燃烧技术研究及其在钢铁行业应用示范"项目通过专家组审核并被列为辽宁省科技厅首批摘牌项目。技术研究院院长黄健荣获省科技厅2020年"科技领军创新人才"称号。本钢集团荣获"智汇本溪、聚力振兴，山城英才和优秀组织单位"评选活动优秀组织单位。全年共获得政府资金支持54.552万元。

（孙忠斌）

运营管理

【概况】 本钢集团有限公司运营改善部是集团公司运营管理和实施改革的总牵头部门，与本钢板材公司运营改善部、本溪钢铁公司运营改善部合署办公。下设管理创新、绩效考核、改革发展、对标办公室、多元管理五个职能单元。2020年末共有职工31人，其中部长1人（在籍集团公司办公室）、副部长4人、总监（含副处级）5人，高级业务师1人、主任业务师7人、专业业务师8

人、责任业务师 4 人，专务 1 人，党员 29 人，在籍职工均为专科及以上学历。

【组织机构管理】 核心主业管控模式优化调整，有效地释放了企业活力。一是制定《核心主业管控模式调整方案》，确定了在各级法人关系保持不变的前提下，集团总部对核心主业统一采用运营管控型模式，实行集中一贯制管理，压缩纵向管理层级，实现职能部门一体化运作（合署办公）。二是按集团公司"两确保""两不落"总体部署，组织 31 家部门（单位）落实对接。完成 341 项业务移交，1135 人接收到位，涉及的 24 个部门实现集中办公。三是对涉及整合单位机构重新进行核定。按部门口径测算，厂矿级机构由 83 个压减到 72 个，压减比例 13%，作业区级机构由 101 个压减到 69 个，压减比例 32%。

【流程管理】 加强核心业务流程管理，持续开展流程梳理、优化。通过现场调研、会议讨论、节点梳理等多种形式，对外购物资验收流程进行优化，加强验收全流程管控，统一验收标准，界定相关职责，强化管控措施，整改流程缺陷。通过优化整改，验收把关严格程度持续提高。

【制度管理】 不断完善制度体系建设，为企业管理提供有力支撑。一是为实现一体化运作后职责清晰完善、制度统一规范，组织 23 家制度管理部门对集团、板材、北营、矿业公司制度统一进行清理。清理后集团、板材、北营、矿业公司有效制度为 769 个，较清理前减少 230 个。二是将规程管理纳入到体系中，组织集团公司 59 家单位统一规范"生产、设备、安全"三大规程，修订规程 9317 个，夯实企业基础管理，规范岗位操作，提高生产效率。

【体系管理】 2020 年受新冠肺炎疫情影响，为确保集团公司管理体系持续的适宜性、充分性和有效性，4 月份开展了集团公司质量／环境／职业健康安全／两化融合／能源管理体系五体系非现场审核；7 月份开展了本钢集团核心主业一体化整合后集团公司质量／环境／职业健康安全／两化融合／能源管理体系五体系和北营公司质量／职业健康安全／能源管理体系三体系现场审核，顺利通过了国家管理体系认证机构审核并获取相应体系认证证书；11 月份组织开展了本钢集团核心主业一体化整合后的首次内部审核，共抽调 29 名内审员，分成 6 个小组开展了现场审核，涉及集团公司、板材公司和北营公司等共 50 家单位、55 个区域。

【企业内部控制】 深入贯彻落实省国资委《关于进一步加强省属企业内部控制工作的通知》要求，依据《企业内部控制基本规范》及其配套指引，以风险管理为导向，以内控合规要求为原则，按照"逐级建立、分步推进"的工作思路，推进本钢集团内部控制体系建设。一是董事会下设了风险管理委员会、审计管理委员会，风险管理主管部门、审计部门会同其他各职能部门形成全公司的内部控制组织体系。二是加强董事会的规范运作，对重大投资、重大决策、重大人事变动和重大资金流向等"三重一大"问题依法实施监管。三是强化制度管控、流程管控，确保了内部控制体系顺畅运行。同时加强专项监督，加大法律审核、纪检监察力度，把监督关口前移。四是加强了内控评价和审计，对上市公司本钢板材内部控制体系运行的有效性、规范性进行独立评价，实现了内控重大缺陷为零的目标。

【成果管理】 加强管理创新，充分调动各单位的积极性，不断提高公司管理水平及行业知名度。一是集团公司征集基层单位80项管理创新成果，经过初审、专家评审、答辩，共评出本钢集团管理创新成果40项，其中，特等奖1项、一等奖5项、二等奖9项、三等奖25项。二是选取优秀成果向辽宁省和中钢协推荐，分别获得辽宁省管理创新成果一等奖1项、二等奖2项，中钢协二等奖2项、三等奖3项。其中本钢集团有限公司组织部（人力资源部）和运营改善部合作成果《以"四定"工作为核心的三项制度改革创新与实践》荣获辽宁省一等奖、中钢协二等奖和本钢集团特等奖。

【绩效考核】 持续优化绩效考核模式，完善绩效考核办法，初步形成组织绩效考核、领导干部契约化管理、责任事故问责追责相结合的绩效考核体系。一是以"效益优先、问题导向、统筹优化、精准激励"为原则，以集团年度预算为核心，承接集团公司核心业务整合，按照各单位生产经营特点设计差异化考核指标。其中，钢铁主业以成本、产量为主导，多元子公司以利润为主导。突出绩效考核的针对性，使激励导向更加精准。二是进一步完善责任状考核制度，将各厂矿领导干部考核指标与单位主包奖金系数相关联，并在此基础上增加"成本否决指标"，形成以效益和业绩为导向的考核模式。同时，根据职能部门工作职责分解出考核指标，通过在线测评模式首次实现对职能部门的实质性考核。三是强力开展责任事故问责追责工作，编制下发《本钢集团领导干部问责追责认定等级、处罚种类、经济赔偿对照表》，组织各单位对公司E级以下责任事故及处理标准细化分解，制定实施细则，形成失责必问，问责必严的良好生态。2020年共通报E级及以上责任事故43起，问责追责处级领导干部16人。

【深化改革】 认真贯彻落实省委、省政府决策部署，提前完成"僵尸企业"处置年度考核任务，圆满完成退休人员社会化管理、厂办大集体改革收尾等改革工作。一是基本完成18户"僵尸企业"处置工作。其中法院下达受理破产裁定1户企业，完成清算注销7户企业，其余10户企业对照《关于进一步明确"僵尸企业"处置中有关具体事项的通知》（发改财金〔2020〕735号）要求，已履行完决策程序，停止生产经营，完成职工安置，有切实可行的资产、债务处置方案并已启动相关工作，符合视同完成处置标准。二是率先完成国有企业退休人员社会化管理移交工作。截至2020年9月，本钢集团全面完成国有企业退休人员社会化管理工作，分别与本溪、大连、丹东等市相关县区政府和部门签订退休人员社会化管理移交协议，共向属地政府移交国有企业退休人员和人事档案63170人，其中本溪地区62685人；移交退休党员组织关系1246人，其中本溪市1218人；退休人员、人事档案、退休党员移交率均为100%。向本溪市相关接收地区政府移交退休人员活动场所5处，面积1417平方米，资产净值17.92万元。三是基本完成厂办大集体改革扫尾工作。围绕政策规定的财政专项补助资金的使用去向，组织核定和返还个人替企业垫付保险费，应返还垫付保险费14353人、25383万元，已返还14044人、25049万元；与市人社部门、财政部门、税务部门协同做好养老保险、医

集团公司领导与基层子公司签订 2020 年经营业绩责任状（郭万行 摄）

疗保险的接续工作，解决工伤和失业保险关系，支付补缴保险金额合计 43896 万元，其中医疗保险补费 13524 万元、养老保险补费 2177 万元、工伤保险补费 13112 万元、失业保险付费 15083 万元。

【对标工作】 围绕生产经营中心，落实"全流程、全方位"对标工作。一是深入学习宝武集团"全面对标找差，创建世界一流"的对标管理理念，组织集团各单位（部门）提出对标管理的意见和建议共计 232 条。二是推进"亮指标、选标杆""对指标、找差距""定措施、创效益"三个阶段工作，建立三级指标系统，筛选主数据指标 123 项、专业指标 603 项、工序指标 1964 项，确定了各指标的基准值和标杆企业。三是采取关键指标立项方式，指标得到显著提升。成立以集团副总师等为组长的 15 个对标攻关小组，对标攻关组、职能部门、生产厂矿分别选取重点技术经济指标开展对标工作，共立项 120 项。四是在疫情影响外出对标的情况下，组织板材、北营两厂区同工序生产单位进行内部对标，对比 112 项关键指标。五是在疫情缓解期间，组织赴鞍钢、莱钢、马钢等单位对销售政策、生产管理、主要技经指标等进行对标考察。六是形成指导督促机制，下达集团督办任务，对行业或标杆企业数据进行动态比对，对 18 家单位下发督办指标 69 项。七是按国务院国资委、省国资委启动国有企业对标世界一流管理提升行动的总体要求和部署，成立 9 个对标提升行动专业组，围绕加强战略管理等 9 个领域开展对标提升行动。编制《本钢集团对标世界一流管理提升行动实施方案》，确定了 48 项重点任务 82 个具体指标，全面完成了对标管理提升启动阶段的各项任务。在省国资委组织的对标提升行动实施方案评审中，本钢集团获得最高等级"A 类"。八是对集团公司 19 个专业网站信息实现共享，授予部门查阅权限 144 个、厂矿查阅权限 271 个。加强使用管理，实现网站信息共享稳定运行，为疫情期间查找行业信息提供有力支持。

【多元管理】 按照集团公司对多元产业协

本溪市国有企业退休人员社会化管理移交（本钢专场）会议现场（胡文涛 摄）

同发展的总体要求，结合具体工作实际，从基础管理入手，摸清底数，找准定位，确定发展方向。一是对本溪钢铁（集团）有限责任公司所属机械制造公司、建设公司、实业公司等13家主要子公司开展调研，尝试运用IFE、EFE、IE及大战略、定量战略分析矩阵五大战略工具，对子公司运营进行初步评价。二是按照集团公司厂办大集体改革后相关企业改革推进小组部署，编制《大集体改革后相关系列工作推进方案》，组织财务部、资本管理部、组织部（人力资源部）等部门对钢联公司成员单位开展调研。三是完成《本钢集团合理化建议奖励管理办法》的修订，实现了合理化建议工作从管理模式、管理手段到奖励机制的全面创新。通过合理化建议创效平台上线运行，实现了管理功能高度集成、各层级高效协同、运行高度标准化的目标，有效建立起通用快速规范的提报通道。2020年共征集合理化建议13553条，全年预估创效2亿元。 （方 娜）

人力资源管理

【概况】 本钢集团有限公司人力资源管理由员工管理、薪酬绩效、专家管理、培训开发、保险管理等业务模块组成。

组织部（人力资源部）为人力资源管理职能部门，从政策层面管控人力资源管理全面工作，下设组织管理处、干部管理处、干部监督处、外事管理办公室、员工管理职能单元、薪酬绩效职能单元。截至2020年末，共有职工27人，其中本科学历17人，硕士及以上学历10人。

人力资源管理中心为人力资源管理业务机构，负责相关业务的具体实施，下设用工管理室、劳动组织室、薪酬福利室、保险管理室、专家管理室、员工发展室、员工培训室、协力管理室、离岗管理室和综合管理室。截至2020年底，在籍职工3368人，其中管理人员57人、协力职工2840人、派驻人员48人、其他人员423人。管理人员中，研究生学历9人、全日制本科学历21人。

【员工配置管理】 截至2020年底，根据《本钢集团有限公司2020年人力资源配置计划》，2020年集团公司共招聘员工1322人，其中大学本科及以上毕业生171人（博士2人、研究生18人、本科生151人）、高职专科生488人（定向实习242人）、退役士兵178人、中职技校生485人。与辽宁冶金职业技术学院等开展校企合作，为本钢培养紧缺专业技能人才，446名中高职学生已顶岗实习。优化劳动用工结构，加强集团公司内部人员调剂使用，解决富余人员就业问题，继续实行内部协力用工制度，截至2020年12月末，共计使用协力用工2188人。

【理顺劳动关系】 8月27日，集团公司在本钢综合工业公司会议中心举行"选择回集团公司安置的全民派集体职工安置大会"，按照用工单位和待安置职工双向自愿选择的原则，通过揭牌的方式圆满地完成了安置任务。根据《本钢集团全民派集体职工安置工作实施方案》，134名选择不参加集体企业改革的原全民派集体职工得到了妥善安置，另有14名全民派集体职工选择与原派出单位解除劳动合同，参加集体企业改革。10月1日，集团公司核心业务整合分流安置人员在新单位起薪，标志着本次核心业务整合人员安置工作取得圆满成功。本次核心业务整合是集团公司成立以来最大的一次集团公司和所属子公司两级机关业务整合，共分流安置1136人。其中原集团15个职能部门分流76人，安置至集团职能部门7人，安置至集团直属单位3人，安置至板材公司、本溪钢铁公司所属单位23人，办理离岗休息43人；北营、矿业公司机关分流1060人，安置至15个集团职能部门330人，安置至集团业务机构66人，安置至北营公司、板材公司、矿业公司、本溪钢铁公司所属单位645人，辞职1人，退休18人。

【职工档案管理】 8月20日，本钢集团与本溪市国资委签订本钢退休职工档案社会化移交协议，标志着本钢集团61848名退休职工档案整理和数字化工作达到本溪市国资委和档案局要求。为按期完成本钢集团退休职工档案整理和数字化工作，集团公司人力资源部牵头，克服疫情等不利因素，按照目标导向，采取"倒排工期（包括公休假日）、定额定量、日调度、日监督、人休机器不休"等方式，历经10个月时间，保质、保量地完成了全公司退休职工人事档案规范化整理和数字化工作，得到省国资委高度赞扬。

【推进ERP人资模块运行】 为确保ERP人资信息系统数据准确率，加强信息管理，持续开展各类基础信息核查工作，同时，针对"四定"相关内容，持续开展各项程序优化工作。

【薪酬管理】 依托集团公司"四定"工作，继续强化薪酬管理。依据管理、业务和技术人员聘任结果，确定个人薪酬，实行以岗定级、以人定档、以业绩定奖，引导员工努力工作、增加技能、提高业绩。继续深入推进《本钢集团有限公司薪酬总额包干办法》，并在板材焦化厂、矿业选矿厂推行了定员包干，引导各单位合理配置人力资源和提高劳动生产率，充分发挥薪酬激励与约束作用。2020年全年（含北钢）审批工资总额44.6亿元，全员年人均工资67440元，同比提高3.7%；在岗年人均工资69996元，同比提高3.4%。

对正常履行劳动合同规定义务的职工发放了春节、劳动节和国庆节奖金各1000元/人，全集团共计发放"三节"奖金1.89亿元。

【养老待遇审核工作】 根据省人社厅建立特殊工种信息库规定和市人社局工作要求，开展本钢特殊工种梳理专项工作，按国家名录对各单位相关岗位进行核对、确认，完成岗位信息填报等工作。根据新冠疫情期间市退休审批部门弹性工作制及不见面办公等措施，制定档案申报、保存、审批流程等具体规定，制定下发操作说明，组织单位在减少接触、合规申报的基础上，有序开展工作。根据省人社厅专项核查通知，组织各单位对2019年度提前退休人员档案进行复核、整理。经审核查，均顺利通过省人社厅专项核查。

【保险管理】 本钢集团从2020年起参加市生育保险，全年共完成本钢全民企业基本养老保险、基本医疗保险、工伤保险、失业保险缴费复核，大额医疗补充保险的核定缴费及统筹外自付项目的审核等工作。企业与个人共缴纳各项社会保险费139921.97万元，审批统筹外自付项目21043.30万元。调整占地招工退休人员生活补助、军转退休人员生活补助、未达法定退休年龄1—4级工残人员企业年金等。新冠肺炎疫情期间，受益于国家减税降费优惠政策，2020年2至12月，合计减免各项社会保险费32963.38万元。

【专业技术职称管理】 认真贯彻落实国家和省职称改革精神，工程系列副高级及以下职称开展自主评审，其余职称推荐到省、市相关主管部门评审或参加国家、省统一考试，全日制普通高校毕业生以"确定"形式对其确定资格。全年共进行资格审核及推荐1756余人次，审核推荐经济等各类人事考试报名634余人次。全年取得各系列各级别技术职称人员共计1011人，其中正高级职称11人、副高级138人、中级354人、初级508人。通过确定资格取得技术职称102人，其中中级7人、初级95人。

【高校毕业生管理】 为全面提升毕业生的认同感、归属感和获得感，经过层层推荐，评选2019年度优秀高校毕业生48名，9月份组织优秀毕业生表彰暨2020届毕业生入职典礼，为每名优秀毕业生发放奖励资金2000元，对2020年新入职毕业生颁发《入职通知书》。为106名2018届毕业生办理转正定岗手续，17名毕业生安排到业务岗位工作，49名毕业生安排到技术岗位工作。

【岗位聘任管理】 按照管理权限，完成板材信息化中心、修建（维检）公司等单位"四定"后2657人ERP岗位异动审批。指导板材能源总厂、板材检化验中心等33家单位完成236个岗位聘任上岗及任职资格审批。组织北营公司13家单位开展高技能操作岗位设置及竞聘工作，竞聘岗位共1309个（首席操作98个、高级操作1211个），报名参加竞聘2220人（首席操作147人、高级操作2073人），实际竞聘上岗1176人（首席操作55人、高级操作1121人）。

【职业规划及人才测评】 按照《本钢高校毕业生职业生涯规划管理指导意见》，指导44家单位开展高校毕业生职业规划，511名毕业生纳入规划，配备导师871名，评选优秀导师60名、优秀毕业生50名，首次发放导师津贴72.28万元。通过霍兰德测试和取向分析，为每名毕业生设计3年短期职业规划方案。实施见习期轮岗制度，轮岗率达到100%。导师授课、业务交流、公开竞聘、组织大赛、责任承包等制度已全面实施。广泛开展人才测评工作，在2019年高校毕业生网络招聘中组织42人进行职业能力测试，在2019届高校毕业生职业规划中组织106人进行霍兰德职业兴趣测试。

【体系认证】 组织完成质量、环境、职业健康安全、能源、两化融合和测量6大体系的人力资源管理内、外部审核，以及IATF16949外部审核，通过率为100%。组织48家单位对综合体系相关岗位员工的岗位能力进行评价，评价人数19774人，评价率100%。其中评价结果为A级7333人、B级8633人、C级3626人、D级182人。编制年度综合体系《人力资源配置和职工培训情况报告》。

【培训工作】 本钢集团全年累计开办各类培训班1889个班次，共计培训121671人次，全员培训率达到84%，集团公司计划执行率达到92%。完成本钢MBA（五期）培训班课程设置工作，本期学员共50人，以东北大学的企业管理类课程为主，增设智能制造、赴东北财经大学学习战略财务管理与企业财务融合课程，过程中穿插赴井冈山教育培训基地培训学习内容；应对疫情拓展培训方式，依托清华大学等高校和行业协会开展直播培训，与清华大学合作开办"云课堂"干部培训，以直播课程和录播课程相结合的形式开展"管理创新与领导艺术""科技创新与创新驱动发展"等培训，共有近200人参加此次培训；积极与中国钢铁工业协会合作，组织人员参加《冶金行业铁路技术管理规程》中工务、车辆、电务知识培训，通过对铁路线路组成等专业知识、常见故障及处理方法、典型案例分析等相关知识的学习，开阔了视野，提高作业区检修质量和检修安全。外聘北科大专家开展高品质钢材产品开发及制备技术培训、高炉布料技术优化与控制技术培训、低成本高效率炼铁技术等培训；有序组织开展安全、质量、环境、两化融合、设备系统、党群等业务系统培训，共计培训近20000人次。

【技能鉴定】 全年共组织完成集团公司4601人的鉴定报名工作，其中初级工169人、中级工947人、高级工2828人、技师657人。在2018年未办理职业技能鉴定证书的2443人中，为2412人办理了2020年职业技能等级认定证书，为31人办理了本钢内部的2018年职业资格证书。申报获批1家省级技能大师工作站、2家市级技能大师工作站，共争取技能大师工作站补贴26万元。

【争取补贴资金】 2020年共计为本钢集团申领培训补贴723.66万元。其中新型学徒制培训补贴235.5万元、高危行业领域安全技能提升培训补贴178.8万元、"以工代训"培训补贴309.36万元。

【协力派工人员管理】 密切联系协力用工单位，突出用工单位的管理职能，强化协力员工日常业绩考核。增强服务意识，做好后勤保障工作，让协力员工没有后顾之忧。2020年接收新招录协力派工人员338人，解除劳动合同34人。

【劳务市场管理】 严格按照集团公司劳务用工管理相关规定，认真履行劳务市场管理职责。全年审核认定有合作资质的劳务单位47家，组织签订各类劳务协议累计131份，其中劳务派遣协议39份、业务承包合同64份、内部协力用工协议28份。通过审核劳务单位资质条件、备案各类用工资料、考核劳务协议执行及审批劳务费用等工作，实施了劳务用工过程中的监督与控制管理。

（刘淑玲　代　志）

财务管理

【概况】　本钢集团实行财务集中管控的管理体制，以集团财务部为财务职能管理部门，构建本钢集团的财务管控管理体系。2020年，按照集团公司"核心主业管控模式调整机构核定方案"的要求，北营公司财务部和矿业公司财务部由集团公司财务部统一管理，分别下设会计、成本、资金、税费4个职能室，另设27个派驻厂矿财务室，按作业区层级管理。2020年9月，按照集团公司对"业务整合单位定岗、定编及定责工作安排"，遵照"制度公平、过程公开、结果公正"的聘任原则，财务部对北营和矿业财务人员进行了岗位聘任，实现了核心业务"管理高效、人员精干"的目标。在完成机构调整、人员聘任工作的基础上，本钢财务部共有集团、板材、北营、矿业四个管理板块，非钢子公司仍单独设立财务部门，继续实行财务总监派驻制进行管控。2020年末，本钢财务部在籍人员390人，党员242人。其中集团财务部92人、板材财务部141人、北营财务部89人、矿业财务部68人，研究生学历18人，本科学历288人，副高级以上职称94人，中级职称126人。

【主要经济指标】　2020年本钢集团实现销售收入615.43亿元，同比增长0.42%；实现税金27.6亿元，同比下降21.7%；实现利润4.53亿元，同比增长48.83%；总资产1554.01亿元，同比增长1.28%。

【部门建设】　不断转变工作作风，增强服务意识，树立"忠诚、干净、担当"的机关队伍形象，努力做到"管理到位、指导到位、服务到位、考核到位"，充分发挥机关部门的协调指导、桥梁纽带和带头表率作用。在2020年集团公司部门工作作风测评中，财务部居第三名。财务部党总支继续加强思想建设，筑牢政治根基。持续推进党风廉政建设，从严治党，以廉洁教育、改进工作作风为重点，抓实教育、制度、监督三个重点环节，通过开展多种形式的党建活动，提高党员干部的思想政治素质。做好疫情防控工作的传达和落实，积极组织全体党员为抗击疫情捐款，154名党员共捐款26150元。坚决落实集团公司"四定"工作部署，对部分重要岗位人员进行了轮岗，达到了集团公司"干部能上能下，员工能进能出，收入能增能减"的总目标，有效地提高了财务工作效率。不断重视人才业务晋升通道的搭建，有计划、有步骤、阶梯式地培养一批年轻业务骨干，加强对新进大学生的培养，召开大学生座谈会，关心关爱新生力量；重视基层锻炼经历，将有能力的年轻人调整到基层，进行重点培养和磨炼，着力培养一批强有力的财务后备人才。

【预算管理】　强化全面预算管控工作，树立以经济效益为中心的目标，优化调整产品结构，提高产品综合价格，持续改善原燃料成本结构，不断降低各工序定额消耗，压缩各项可控费用，不断降低生产成本，提升集团盈利能力。以集团公司预算总体目标为依据，严格分解落实各项预算指标，每月结合公司实际生产安排，及时、准确下达各月考核指标计划，保证绩效考核的可操作性。严把绩效考核审核关，严格核实考核数据，做到绩效考核数据真实、可靠。通过考核政策的执行，达到了考核结果真实反映各厂矿和管理部门工作成果，最大限度地调动各单位人员积极性的目的。细化生产经营分析，健全成本利润分析模型，对比预算和2019年数据，准确分析出各项财务数据的差异，详细分析重要指标和偏差较大数据形成差异的具体原因，深刻剖析存在的不足，提出建设性意见，为集团公司经营发展提供决策依据和数据参考。深入开展日清日结工作，对各工序重点指标细化分解，落实改进措施，对成本消耗指标进行量化，增强"先算账、后干活"的降成本意识。严格执行周例会制度，针对重点成本指标进行分析，查找存在问题，分析原因，督促厂矿整改。科学编制集团公司2021年经营预算，以产量计划为基础，组织销售、采购部门进行市场研判，组织各归口部门准确核定工序消耗和可控费用，以此为基础完成2021年效益测算工作，并编制2021年集团公司预算方案。在预算方案汇报通过后，按照集团公司会议精神，组织各单位、各部门落实各项考核指标及考核方案，完成各项考核指标核定。

【价格管理】 2020年国内外钢材、原燃料市场价格波动较大，价格管理工作紧跟市场变化节奏，根据市场价格变化趋势及时对产线、品种成本及效益进行测算，为集团公司产线品种调整、决策提供数据支撑；配合采购部门和销售部门，在择机采购、废钢盈亏、择机销售工作方面给予决策数据支撑。根据市场钢材价格变动情况，瞄准各大钢企的价格政策，分析市场行情和动态趋势，提出价格政策意见，确保了本钢价格政策和同行业以及市场价格保持在一个水平线上。遵循经济效益为中心的原则，及时关注市场，增强市场意识，坚持产品价格与市场、生产联动，分析出最优化的各品种钢生产量及生产比例、全流程生产成本中的各项比例，并瞄准市场价格变化趋势，及时做好各产线盈利能力测算和分析，为集团公司合理配置资源、做好产线调整提供强有力的数据支撑，从而使研发、生产、销售紧密结合，使集团公司品种增利工作得到进一步深化和落实。

【融资管理】 拓宽融资渠道，控制融资成本，保障资金需求，始终将集团公司资金稳定运行放在第一位。2020年，融资部门克服国家产业政策、银监系统强监管、银行钢铁行业限额政策及辽宁地区金融环境不断恶化等不利影响，完成疫情银团新增授信48.3亿元，全年累计发行债券市场融资40亿元、股权质押融资9.5亿元，并通过科学决策、合理安排资金融资倒贷，满足了集团公司的资金需求，保障了集团公司整体资金运行的安全稳定。大力调整融资负债结构，通过开发操作融资产品将上市公司授信转向非上市公司。控制融资成本，创收增效，截至2020年末，本钢集团带息负债融资综合平均成本4.07%，比上年同期下降0.027个百分点；低价变现银承，节约财务费用约2.5亿元、利用外汇产品及操作套利业务实现收益0.95亿元。

【资金管理】 严抓资金收支管理，坚持资

金计划管理制度，保障资金安全。下发《本钢集团资金计划及支付管理规定》，在坚持"以收定支"资金支付原则的基础上，进一步规范资金支出计划及支付管理流程。完善资金预警机制，执行资金月预算、周平衡、日预警，保证资金收支平衡。强化集团资金统管并按时点归集各子公司资金，保证财务公司银行存款日余额符合监管并满足支付要求。通过采取压缩、缓付资金，以及商票、财务公司电票、银行承兑汇票等多种支付方式并行等措施，有力地缓解了集团支付压力。贯彻执行《保障中小企业款项支付条例》，缩短票据期限，扩大票据支付范围，调整付款节奏，维护资金安全，从而保证了集团公司正常的生产运行秩序。持续完善债权债务基础工作，强化外部债权清收管理，全年清回 2015—2019 年度欠款 14.52 亿元，实现当年应收尽收 72.92 亿元。积极响应省减负办、省国资委关于清理拖欠民营企业账款工作要求，全年实现零拖欠。

【资产管理】 坚持资产"实地检查、发现问题、早会通报、督促整改"相结合的管理方式，严防跑冒滴漏现象发生，督促各单位规范资产管理基础工作。2020 年资产检查组开展辅料备件、工程物资 2 项专项检查及 2 项常规检查；开展实地检查和复查 46 项次，定期通报；发现问题 47 项，后续复查整改 17 项，持续整改 30 项。制定集团公司固定资产折旧政策调整方案，下发《关于调整固定资产折旧年限的通知》，预计实施后可为公司降低折旧费用约 6 亿元。加强存货管理，编制物料存储定额，执行经济库存动态考核。2020 年末，集团存货经济库存平均实际占用 64.6 亿元，各月末时点平均库存比计划降低 10.08 亿元。全年共编制 50 期主体单位存货实物库存周报，实时关注存货资金占用趋势。

【税费筹划管理】 2020 年，在国家"实施疫情防控期间减税降费政策措施，稳住经济基本盘"的背景下，集团税费工作以疫情防控期间税费优惠政策宣贯、降低企业涉税风险为主线，在依法纳税的同时，充分享受国家减税降费等优惠政策红利，合理降低企业税负。一是根据防控新冠肺炎疫情相关税费优惠政策及时进行梳理宣贯，统筹督导各单位落实执行。2020 年享受减税降费金额约 3.32 亿元，其中减税金额约 0.02 亿元，降低企业保险费约 3.3 亿元。降低企业保险费包括减免企业社保费（企业部分）2.95 亿元，减征职工基本医疗保险费（企业部分）0.34 亿元。根据国家出台的疫情防控重点保障物资生产企业全额退还增值税增量留抵税额政策，2020 年享受退税 1.91 亿元。二是充分享受其他税收优惠政策，减轻企业资金压力。根据出口产品免抵退税政策，2020 年收到出口退税款 4.2 亿元。利用增值税期末留抵税额增量退税政策，全年办理退税 0.64 亿元。根据产教融合型企业享受抵免附加税费政策，全年减税约 0.07 亿元。在 2019 年度企业所得税汇算清缴工作中，充分利用研发费用加计扣除等优惠政策，共计节税约 0.22 亿元。三是积极开展个税年度汇算清缴等业务培训和宣贯工作，确保本钢职工充分享受国家改革的红利。

【会计基础管理】 规范各级子公司会计核算，加强财务报表管理与年度决算工作，按时、保质组织月份、年度合并财务报告，国资委、财政、钢协快报编制上报工作。受新冠疫情影响，2019 年审计决算前期工作组织采取线上审计方式，重点组织审计分组、人员对接、各单位基础数据填报、各项函证等审计工作，积极克服疫情影响，按时间节点完成新、老集团审计报告披露工作。组织集团公司各子公司2019年度国资委及财政决算软件填报工作，106家独立法人单位逐级填报汇总并及时完成上报工作。组织2019年度省国资委考核本钢集团经营指标考核工作（审计数据），完成2019年度经营业绩专项稽核报告、工资总额专项稽核报告及薪酬分配专项稽核报告数据准备及数据审核。组织公司各部门确定本钢集团2020年经营业绩目标建议值、2019—2021三年任期考核指标建议值上报省国资委。2020年，本钢住房公积金管理中心继续有序推进"放管服"改革，完善住房公积金综合服务平台各项功能，优化"双贯标"公积金信息系统，增加支付宝公积金城市服务功能，手机公积金使用普遍推开，并在新冠疫情期间发挥了重要作用；住房公积金异地转移接续平台投入使用，职工发生跨省、市工作变动时，住房公积金实现"账随人走，钱随账走"；实现个人住房公积金缴存和贷款等信息异地查询、异地申请开具公积金贷款结清证明、正常退休职工异地提取住房公积金等"跨省通办"服务事项，住房公积金的服务效能再次得以提升。2020年，集团公司公积金缴存人数6.7万余人，缴存额8.63亿，提取额4.86亿元，共办理住房公积金贷款871笔，发放贷款额2.27亿元。7月，按时调整职工住房公积金缴存基数，缴存比例10%，最高月缴存额1455元。对本钢住房公积金相关文件进行了修订，删除了不符合现行管理需要的条款，反映了"双贯标"之后各项业务管理上的变化，内容更完善，操作性更强。新公积金系统上线后，住房公积金管理"以系统带动业务"，窗口服务水平得以显著提升，积极催缴逾期贷款，风险管控得到加强。2020年，财务部克服疫情影响积极组织完成相关财务专项工作。一是根据省政府整体工作安排，本钢集团继续稳妥推进改革相关工作。按省国资委要求，以2020年7月31日为基准日，组织了本钢集团公司财务审计、资产评估工作，按照整体推进计划，按时完成财务审计及资产评估各项推进工作。组织完善后续资料及底稿，与中介机构积极沟通对接，资产评估初稿按整体推进时间上报省国资委。二是按省国资委工作要求，组织上报本钢集团受疫情影响对重点经济指标的预测与研判。上报本钢集团疫情期间对中小企业、个体工商户房租减免测算；根据审计署驻省国资委审计组需求清单，组织填报企业享受疫情期间优惠电价、气价情况。三是组织公司各职能部门完成"全国国资监管系统企业国有资本布局和产业链水平情况摸底调查"工作，完成本钢产业链数据库填报及本钢集团产业链情况报告。四是组织推进本钢集团实施新的企业会计准则。2020年，按照新准则修订了《本钢集团有限公司会计核算制度》。本钢集团自2021年1月1日起全面施行《企业会计准则第14号——收入》和《企业会计准则第22号——金融工具确认和计量》。为加深对新准则的了解，适应新准则变化，考虑疫情因素，采用线上购课录制视频发放给财务人员自学的方式进行了培训。

（邱丽红）

资本管理

【概况】 2011年1月，本钢集团有限公司设立资本运营项目部，同年4月，设立资本运营部。2018年1月29日，集团公司下发《本钢集团有限公司关于调整组织机构设置的通知》（本钢董发〔2018〕1号），根据《本钢集团"四定"工作指导意见》，集团公司决定对组织机构设置进行优化调整，设立资本管理部，主要负责资本类投资、合资合作（不含新增项目）、产权管理、股权多元化、上市工作、资产处置、参控股公司派出董、监、高人员综合管理、参股公司股权投资收益管理等工作。下设资本运营、资本管理2个职能单元。

截至2020年末，资本管理部在籍人员12人，其中部长1人、副部长2人（1人兼职）、业务总监2人、高级业务师1人、主任业务师3人、专业业务师1人、责任业务师2人，党员12人。

【资本运营工作】 1.本钢板材顺利完成68亿元可转债发行。本钢板材公开发行A股可转换公司债券项目启动于2019年4月，本次发行可转债拟募集资金不超过68亿元，募集资金用于投资建设高牌号高磁感无取向硅钢工程项目、炼钢厂8号铸机工程项目、炼铁厂5号高炉产能置换工程项目、特钢电炉升级改造工程项目、CCPP发电工程项目和4号~6号转炉环保改造工程项目以及偿还银行贷款。2020年1月22日，本钢板材收到证监会关于核准公开发行可转债的批复文件。新冠肺炎疫情暴发后，资本管理部在做好疫情防控的同时，密切关注资本市场变化情况，与保荐承销机构持续沟通，及时调整发行方案，会同本钢板材办公室，全力做好本钢板材可转债发行网上路演等相关工作。2020年6月29日，本钢板材68亿元可转债成功完成网上公开发行。2020年8月4日，本钢板材可转债在深交所上市交易。

本次发行可转债是本钢板材上市以来首次通过公开发行实现超大规模的直接再融资，同时也是国内钢铁行业和东北企业近年来启动和成功发行最大的资本市场公开发行融资项目。2.增持上市公司股票和利用市值打新工作。为提振资本市场对本钢板材未来发展的信心，本溪钢铁公司自2020年2月至7月，通过集中竞价方式累计增持本钢板材股份2852.3万股，增持金额近1亿元。增持后，本溪钢铁公司持有本钢板材股票240962.81万股，占本钢板材股份总数的62.18%。2020年，继续利用本溪钢铁公司现有股票市值开展网下打新，全年共完成网下新股申购83支，共实现收益100.29万元。

【国企战略性重组和混改工作】 1.按照国家发改委推进国企混改试点的要求和省委、省政府决策部署，2018年下半年以来，本钢集团在省国资委组织和指导下，积极稳妥推进与各类潜在投资者洽谈和审计评估等各项工作。2020年11月，按照省国资委关于继续推进本钢改革的相关要求，本钢集团组织相关中介机构以2020年7月31日为基准日开展新一轮审计和评估工作。本钢集团将坚决执行省委省政府决策部署，服从国家战略布局，在省国资委主导下，按照有利于保障国家战略资源安全，有利于提高省内钢铁产业集中度，有利于培育具有全球竞争力的世界一流企业，有利于保障集团全体干部职工的合法权益的要求，积极配合省国资委推动本钢集团战略性重组和混改相关工作。2.为贯彻落实国企改革三年行动和对标世界管理提升行动，按照省国资委通知要求和集团公司统一部署，资本管理部配合相关部门编制了《本钢集团深化改革三年行动计划（2020—2022年）》《本钢集团"十四五"

2020年6月24日，本钢板材可转债发行网上路演（刘存友 摄）

发展规划框架方案》和《本钢集团对标世界一流管理提升行动实施方案》。结合本钢实际，起草了《本钢集团混合所有制改革三年行动方案（2020—2022年）》，按照"完善治理、强化激励、突出主业、提高效率"的总要求，积极稳妥推进本钢集团各级子公司混合所有制改革。

【资本类投资管理工作】 辽宁海通新动能股权投资基金是辽宁省政府为推动产业创新升级、优化国有资产布局，通过市场化、商业化发行运作的私募股权投资基金，2019年开始筹建，邀请部分省属企业参与。为拓展新产业，发展新动能，本钢集团同意出资1亿元参与设立辽宁海通新动能股权投资基金。2020年1月20日，本钢集团配合海通证券完成了辽宁海通新动能股权投资基金相关协议签署和基金设立等工作，该基金首期规模15亿元。2020年3月，本钢集团对辽宁海通新动能基金的出资额由1亿元调整为5000万元，并签订了《合伙协议补充协议一》。5月18日，辽宁海通新动能基金完成了基金业协会的备案。

【资本管理工作】 1.完善产权管理相关制度。一是修订完善集团产权管理相关制度流程，按照集团业务管控模式调整的安排，承接了原北营公司产权股权管理工作，并根据工作情况对人员分工、相关制度、流程进行了修订。二是制订下发《本钢集团有限公司评估管理办法》。三是根据省国资委要求修订了《本钢集团有限公司国有资产交易监督管理办法》，并向省国资委备案。2.开展产权管理自检自查。按照省国资委《关于加强产权管理综合信息系统建设和企业产权登记管理的通知》要求，资本管理部组织各产权管理单位开展自检自查工作，修正完善产权管理系统中的数据；为配合省国资委调研，按工商登记口径逐一梳理汇总本钢集团产权关系，对变化情况进行分析说明，并按时上报省国资委。3.参控股公司股权日常管理工作。对集团各参股公司2019年应收分红情况进行整理，对各参控股公司2019年经营情况进行汇总分析，按省国资委对国有企业的考核标准进行对比分析，形成专题报告。组织对集团部分参控股公司股东会、董事会议题进行审议并提出具体建议和意见，包括欧冶云商、中天证券、辽宁配售电、本溪银行、东北特钢、大连摩根、汽运公司、大连小额贷款公司等。对上海济福、北京中联钢等参股公司增加经营范围等具体事项提出意见。4.加强对金融板块经营业务的管理和风险管控。按月收集财务公司、容大公司、融资租赁公司、恒汇保理公司的业务情况进行整理汇总上报，为公司决策提供依据。

【资产处置工作】 1.集团公司闲置设备处置工作。研究修订本钢集团闲置设备处置方案，明确了处置程序、销售渠道。由设备部将闲置设备处置的整套流程写入《本钢集团有限公司固定资产实物管理实施办法》，使集团公司闲置设备处置进入常态化管理。2.本溪钢铁公司持有辽健集团股权转让工作。为配合华润集团对辽健集团的战略重组，按照省国资委要求，将本溪钢铁公司持有辽健集团11.7%的股权转让给辽健投资集团。2019年末组织签署了股权转让协议等文件。2020年2月14日，本溪钢铁公司收到股权转让款。3.恒基公司持有大河公司股权转让工作。资本管理部制定股权转让方案，组织专家对大河公司资产评估报告进行评审，由专家出具评审意见，并就大河公司股权转让相关情况向省国资委进行报告，履行政策规定的报备程序。4月24日，大河公司完成股权转让的工商变更。4."僵尸企业"处置相关工作。编制并监督协调破产工作进度，重点对富乐多破产过程中收购问题，经破产管理人同意，已将本溪钢铁公司持有的富乐多公司债权转让给本钢集团。厂房经沈阳交易所挂牌后由本钢集团成功收购，设备于10月11日在沈阳交易所挂牌出售。

（刘存友）

审计管理

【概况】 本钢集团审计部（简称审计部）在董事长领导下开展各项内部审计工作。审计部下设经营审计、投资审计和管理审计三个职能单元。主要负责离任经济责任审计、任中经济责任审计、工程竣工决算审计、年薪兑现指标完成情况审计、领导安排的专项审计、后续整改审计等业务。截至2020年底，审计部在籍员工23人，部长1人、副部长1人、总监3人、高级业务师1人、主任业务师5人、专业业务师9人、责任业务师3人，高级职称15人、中级职称8人。

【制度建设】 致力于通过审计监督提高集团公司经营活动的经济性、效率性和效果性，为生产经营服务，为管理层决策服务，为企业不断增值服务。持续完善内部审计制度，2020年制定发布了《本钢集团有限公司单位负责人任中经济责任审计全覆盖实施办法》，至此共建立审计管理制度10项，从多角度维度出发，构建了完善的内部审计闭环管理体系。

【审计项目完成情况】 2020年，全年开展审计项目70项，完成62项。其中集团公司领导直接交办或部门委托的专项审计4项、年薪兑现指标完成情况审计1项（共34家）、离任经济责任审计34项、任中经济责任审计12项、重点技改工程投资竣工决算审计6项、工程专项审计1项、工程前期合同审计4项。审计直接削减3679.33万元；提出审计处理意见及建议368条；督促被审计单位建立健全各项规章制度67项。

辽宁省审计厅来溪调研内部审计工作（陈宝国 摄）

【审计负责的专项工作】 1.完成省审计厅对本钢集团的资产、内控专项审计调查工作。按照要求，积极组织上报各类材料，严格把控上报流程，保证省厅审计高效开展。2.参加省国资委党委党费专项审计检查。克服审计人员紧张的实际情况，抽调3名同志参加省国资委组织的"省（中）直企业党委管理党费"专项审计检查，帮助其建立党费审计模板，收到省国资委来信表扬。3.派出1名审计总监支持省审计厅，对省属企业辽渔集团开展经济责任审计。4.配合集团工会开展工会经费专项审计。抽调2名同志对集团公司下属各单位工会会费使用情况进行合规审计。

【审计工作创新举措】 1.开展任中经济责任审计26项，重点对以往审计、巡视（巡察）中发现问题的整改情况进行审计，强力推进审计整改。2.实行审计整改销号制度，2020年建立整改问题台账258项，整改一项、销号一项，已整改214项，整改率83%，审计整改率大幅提升。3.创新审计思路，投资审计前移监督关口。开展工程前期合同审计4项，从事后监督转变为事前预防，使业主单位采纳审计建议，主动停止实施非必要项目，节约工程投资430万元。

（李晓炜 陈道军）

法律事务管理

【概况】 法律事务部负责集团公司法治体系建设、法律审核、工商事务管理、商标管理、诉讼仲裁案件管理、外聘律师管理等工作。下设合规管理、案件管理2个职能单元，均按厂矿层级管理。截至2020年底共有人员12人，其中部长1人、副部长2人、职能单元总监2人（1人由副部长兼任），主任业务师3人、专业业务师4人、新入职见习期人员1人，集团公司在籍8人、板材公司在籍4人。

【法律审核】 2020年，法务部更加广泛深入地参与集团生产经营活动，将法律业务与经营任务深度融合，从集团整体战略和业务实际预测法律风险，审慎提出法律意见，并将法律审核作为公司业务流程重要节点，充分确保重大决策的合法合规。实现了省国资委要求的"重大决策、经济合同、规章制度"三项审核100%。同时，梳理并修订了全集团范围内的合同范本27份。全年共审核各单位、部门送审的各类合同协议211份；审查规章制度191项；审核供应商信息变更文件40份；参加违规供应商联席会议6次。

【案件管理】 2020年，案件管理工作一方面以重大诉讼案件为重点，强化法院沟通，加大案件执行力度；一方面强化和规范子公司案件管理及呈报备案工作，夯实法律案件基础管理，成体系地做好风险预警工作。全年共处理各类诉讼仲裁案件68件，其中新增案件42件，结案33件，成功为集团避免挽回经济损失9621万元。

【工商事务】 2020年，法务部在按期完成各项重大工商登记工作的同时主抓集团下属单位工商变更登记审核、指导工作，从根本上减少违规、违法事项发生，确保集团下属各单位企业依法合规经营。按照集团公司核心主业整合要求，接收矿业公司、北营公司及下属子公司共10家单位营业执照，完成上述单位2019年度企业信息报送和公示工作，并有效组织集团公司下属各单位做好年度公示工作，集团公司及各所属单位公示通过率达到100%，圆满完成集团公司营业执照2019年度信息公示工作。2020年共计审核、指导下属单位办理法定代表人、经营范围、经营期限、经营场所等工商变更登记事项30余次。

【商标管理】 2020年，商标管理工作延续2018年年底启动的新商标注册事宜，就新设计的"BENGANG及图"相关商标标识在国内进行全行业防御性注册申请。截至2020年底，在国外就钢铁主营产品在巴基斯坦、巴西等16个单一国家以及马德里体系（121个成员国）提交注册申请；取得国内新商标证书76件，单一国家商标证书或其他证明文件14件；在马德里体系中34个国家取得新商标保护。目前，本钢集团已拥有"本钢""BENXI STEEL""BENXI STEEL及图"、图形以及新设计的"BEN GANG及图"等相关商标证书240件。

【法律培训】 2020年8月11日，以集团各单位新上岗合同管理员和对外签订合同的委托代理人为培训对象，举办了四期合同管理岗位资格培训，对民事代理、合同法律风险防范以及《民法典》中合同编制基础及实务进行了详细解读，提升了相关合同管理具体工作人员的业务能力。集团各单位共有187人参加培训，全部考试合格。2020年9月23日，以2018年取得合同管理岗位资格人员为培训对象，举办了两期合同管理岗位资格复审培训，对民事法律行为效力、合同主体等相关合同法律实务进行了详细解读，集团各单位共有104人参加培训，全部考试合格。

（史占春）

生产质量管理

【概况】 本钢板材股份有限公司制造部（简称制造部）代行本钢集团管理职能。下设管控中心、标准管理、生产计划、产品设计、原料管理、异议管理、质量监督、运输物流、综合管理、工艺管理、矿产品管理等11个职能单元。主要负责公司月以下生产计划（物料计划、产品资源计划）、生产组织、标准管理、产品设计、质量管理、质量监督、质量考核、异议处理、运输物流等工作。

2020年，制造部在籍职工189人，其中部门级正职1人、部门级副职6人（含专务1人）、单元总监9人、副处级6人、高级业务师1人、主任业务师30人、专业业务师42人、责任业务师40人、主任工程师10人、专业工程师26人、责任工程师18人、党员144人、高级职称41人、中级职称100人。

【主要产品产量指标完成情况】 2020年，本钢集团有限公司生铁完成1732.6万吨；转炉钢完成1706.4万吨；电炉钢完成29.5万吨；特钢材完成72.1万吨；热轧板完成1223.5万吨；一冷轧冷轧板完成171.1万吨；二冷轧冷轧板完成187.9万吨；三冷轧冷轧板完成205.9万吨；线材完成258.8万吨；棒材完成139.1万吨；球墨铸管完成8万吨；冶金焦完成675.4万吨；铁矿石完成2228.9万吨；铁精矿完成838.1万吨；球团矿完成391.2万吨；生灰完成170.7万吨；发电量完成38.6亿kWh。

【生产组织管理】 组织相关部门、单位推进回收含铁料加工消耗攻关，全年在将新发生量全部消化的基础上，实现主要品种回收含铁料总场存降低30余万吨，减少资金占用1亿元。组织板材及北营炼铁工序共消耗小品种物料182.8万吨，比年初预算增加19.79万吨，降低生产成本3288.9万元；组织炼钢工序共消耗渣铁、粒铁等40.22万吨，比年初预算增加6.68万吨，降低生产成本3000万元。合计降低成本6288.9万元。针对冬季物料冻块偏多及港口部分矿砂回运困难的情况，组织两个原料厂保证翻车机、解冻库运行稳定，顺利接卸路局车辆。疫情防控及暴雪期间，制定落实了《本钢集团预防新型冠状病毒应急保产预案》《本钢集团应对暴风雪寒潮天气保产预案》，保证了集团公司总体生产稳定。围绕板材新5炉投产过渡及360平烧结机大修，重点落实好了烧结矿、酸性料保供方案，确保联检顺利及生产稳定。联合检修期间均实现铁钢平衡，保证了转炉、铸机的顺利检修。在板材高炉检修期间，通过开发钢管厂新场地，组织原料厂、铁运公司落地储存焦炭12万吨，保证了后续高产期间不外购大高炉焦炭。在焦化干熄焦检修期间，提前组织备用干熄焦2000余吨，为高炉稳定顺行、稳产高产创造了条件。围绕7月份马球年修，组织炼铁厂、原料厂、铁运公司落实了储备球团工作，在保证酸性料结构稳定的同时，与外购相比降低生产成本1000余万元。深挖内部潜力，加大内部废钢铁回收力度，2020年集团公司回收非生产废钢94847吨，板材公司27614吨、北营公司32724吨、矿业公司10726吨、子公司23783吨，超计划回收35087吨（年初计划59760）。按照12月废钢市场采购计算（2710元/吨）为公司节约采购资金2.57亿元。

【经济运行管理】 以降成本为工作重点，以强化质量管理为手段，努力提升大宗原燃料管控能力，为高炉生产提供有力的原燃料保障。通过精心研究策划、科学组织实施，2020年配煤配矿降低成本3.2亿元，其中配煤1.02亿元、配矿2.18亿元。2020年利用高炉年修有利时机生产小高炉焦炭55.23万吨，降成本2873.74万元；全年消耗低价气煤3.84万吨，降低配煤成本1290.24万元。建立炼焦煤保产预警机制，针对进口煤和内贸煤个别品种库存量威胁正常生产接续时及时预警，2020年共计预警13次，其中进口煤2次、内贸煤11次。每周召开一次保铁会，从入炉原燃料、设备、能源、工艺操作等多方面分析问题、解决问题，给高炉稳定顺行创造良好的外部条件。建立高炉有害元素管控体系，监控、均衡、控制不同炉型高炉有害元素负荷；完善铁前原燃料开发新资源的管理办法，成功开发新麦克粉和曹妃甸混合粉，作为配矿储备资源。

【港途耗管理】 港途耗全年发生额7754万元、比率0.36%，其中港耗发生额1404万元、比率0.19%；途耗发生额6350万元、比率0.55%。全年共降低成本10444万元，其中港耗比率比计划降低0.36%，降低成本2673万元；途耗比率比计划降低0.65%，降低成本7771万元。

【生产计划】 全年合同下达总量1687.70万吨，完成1646.50万吨，合同交付率97.56%。汽车板合同下达141.73万吨，完成140.67万吨，合同交付率99.25%。重点品种合同下达417.86万吨，完成415.58万吨。全年接卸外购钢坯6.78万吨，进行调坯轧材，合计增加效益725.46万元。按效益最大化原则，将有限的产品资源向盈利能力最大、边际效益最大的产线、产品倾斜。全年调整资源量57.5万吨，增加边际效益4560.44万元。借助云商平台将热轧、冷轧、特钢和长材等非计划产品，随时进行网上竞拍，及时清理厂区存货产品，2020年经济库存计划68.75万吨，实际完成70.68万吨，库存增加1.93万吨，资金占用增加0.51亿元。

【产品设计管理】 2020年，重点围绕合同评审、产品设计、ERP冶金规范建立维护、转产产品管理、钢种成本管理、产品产线认证等方面开展工作。2020年组织完成合同评审295项、产品标准成本测算123项、质量异议技术分析36笔；组织开展日标JIS、船板钢等产品产线认证工作14项；建立维护ERP冶金规范759个，及时准确率达到100%；组织转产产品过程稳定性分析28项、重点合同跟踪141笔，目前制造部产品设计单元负责管理的产品占公司2020年总产量的85.85%，其中热轧产品占比91.98%、冷轧占比78.59%、特钢占比79.9%。

【原料质量管理】 强化外购物料质量管控，严格执行取消让步接收政策。完成外购炼焦煤、地方铁精矿粉和菱镁石等全部20种生产用物料供货技术条件修订工作，组织相关单位对物料理化指标、质量标准进行了重新审核、确定。针对冷轧关键物料质量管理，组织采购中心、检化验中心、冷轧厂等相关单位对冷轧用关键物料的管理办法进行了重新修订，将包装材料全部纳入冷轧用关键物料管理范畴，增加了不合格品处置方式，关键物料出现一批次不合格者，由制造部向采购中心下发整改通知单，采购中心及时通知供应商进行整改，并将整改结果报制造部备案，连续出现2批次不合格品，由制造部向采购中心下发停止进货通知单，对关键物料供货商质量有了制度上的约束，使物料管理更加规范，确保了入厂关键物料的质量稳定。

【工序质量管理】 完成铁精矿粉、石灰石和球团矿等17种产品质量标准修订工作，细化、完善铁前工序产品质量要求。为规范物料料号管理，开展铁前工序13大类物料料号梳理确认工作,共确定"停用"料号16个。围绕降低非计划产品数量、减少质量损失,组织钢后各工序持续开展质量改进攻关工作,2020年全年钢后产品总非计划493651吨,其中板材公司钢后产品非计划447384吨、率4.01%,比2019年降低0.83%;北营公司钢后产品非计划46267吨、率0.68%,比2019年降低0.13%。

【产品质量异议】 严格遵守疫情防控要求,改变质量异议处理方式,圆满完成异议处理工作。年初受新冠疫情影响,质量异议处理不能到达用户现场进行勘验认定。为了服务用户,及时处理质量异议,反馈市场信息,异议管理单元改变质量异议现场认定方式,利用网络资源和社交软件工具,采用照片、录像或视频直播等方式进行现场勘验。全年共计处理质量异议6783笔,圆满完成了质量异议处理工作任务。侧重市场质量问题的信息反馈和整改,不断提高本钢产品实物质量。2020年认证异议总量32022吨,比2019年减少20%;异议额1919万元,比2019年减少6%;异议吨钢损失1.15元/吨,比2019年降低10%。

【质量体系运行】 按计划开展了IATF16949:2016体系内审和VDA6.3过程审核;受新冠疫情及公司检修影响,本钢浦项、板材公司、北营公司IATF16949质量体系监督审核分别于5月、6月、9月单独进行,并通过了莱茵公司审核;9月下旬通过了劳氏公司为期4天的CE产品认证监督审核;为保证公司IATF16949质量管理体系有效运行,对公司FMEA、控制计划编制人员组织开展了新版FMEA培训。

【产品质量认证】 2020年组织完成钢协冶金产品实物质量培育"金杯奖"的申报与评选工作,获得3项金杯优质产品奖;组织完成焦化厂粗苯等3个产品生产许可证换证工作。

【卓越绩效管理】 2020年5月12日,本钢板材股份有限公司(以下简称板材公司)与辽宁省市场监督管理局签订《卓越质量管理模式推广示范基地建设合作协议》。板材公司成立以高烈副总经理为组长的基地建设领导小组。制造部负责示范基地建设的总体推进。示范基地建设以卓越绩效模式有效运营为前提,以本钢板材获得2019年辽宁省省长质量奖金奖为契机,以充分发挥百年本钢卓越质量管理示范引领作用为落脚点,制定示范基地建设方案。2020年8月18日,省市场监督管理局领导到本钢视察示范基地建设情况。2020年9月8日,制造部撰写《卓越质量管理推广示范基地建设验收-自评报告》上报辽宁省质量强省工作领导小组办公室。

【质量改进工作】 完成了第十四期六西格玛项目的跟踪评审工作,组织开展第十五期六西格玛黑带项目选项评审、阶段培训、DMA阶段评审、结题评审工作;6个项目荣获2020年度中国质量协会质量技术奖全国优秀六西格玛项目;组织15人申报并通过了中质协六西格玛黑带复查换证;2020年注册QC项目25项,获得质量信得过班组28个,均已完成结题评审。

【标准管理】 按照国家标准化改革要求及总体部署,修订、印发《本钢集团有限公司技术标准管理办法》,制定、印发《本钢板材股份有限公司技术标准管理办法》。制修订本钢钢铁产品《热轧钢板和钢带的尺寸、外形、重量及允许偏差》等42项企业标准。研究ISO、欧洲（EN）、日本（JIS）、美国（ASTM）等国际先进标准22项，将国外标准转化为《结构钢热轧钢板和钢带》等8项企业标准。编制《国外标准汇编——热轧钢板及钢带（译文）》《常用中外钢铁牌号表示方法手册》《热轧钢板和钢带尺寸、外形及允许偏差对比手册》。制修订《外购地方铁精矿》等34项物料采购技术条件。本钢主持GB/T 5687.12-2020《铬铁磷、铝、钛、铜、锰、钙含量的测定电感耦合等离子体原子发射光谱法》国家标准的研制。本钢参与GB/T 24595-2020《汽车曲轴用调质钢棒》等2项国家标准的修订。本钢参与T/CISA 072-2020《再生钢铁原料》团体标准的研制。

【规程管理】 修订、印发《本钢集团有限公司生产岗位工艺技术规程、生产岗位操作规程管理办法》，重新对38家生产单位的生产岗位规程进行修订，整理后的生产岗位规程数量329个，其中生产岗位工艺技术规程103个、生产岗位操作规程226个。对生产岗位应该使用哪类规程进行识别确认，共识别5190个操作岗位，比原来增加了155个岗位。其中生产操作岗位3226个、设备岗位1397个、其他岗位567个，并落实了每个生产操作岗位人员应该执行的岗位规程或管理制度。

【运输管理概述】 制造部下设运输物流单元，2020年5月份将北营公司及矿业公司的运输物流业务及人员划归制造部统一管理，集中管理集团公司铁路、公路运输相关业务，协调组织矿山产品、产品销售外发、原燃料接卸车和港口原燃料回运工作及集团公司铁路、公路运输费用业务。

【主要运输指标】 2020年，集团公司接卸原燃料路局车53.5万辆，其中板材接卸路局车34.8万辆，北营接卸路局车18.7万辆，日均接卸1467辆。同时组织南芬、歪头山、大明山专组调运6037组，其中南芬3289组、歪头1416组、大明山1332组，确保了南芬、歪头山、大明山专组的运行和公司生产需求。2020年，集团公司发送钢材类产品208523车，其中板材公司146555车（含三冷轧32185车）、北营公司61968车（含1780线26466车）；水渣66786车，其中板材公司50202车（集装箱320车）、北营公司16584车；其他类7086车，其中板材公司6283车、北营公司803车，保证了公司产品外发。2020年港口原燃料回运量1579.27万吨，其中铁矿石1286.38万吨、煤炭291.59万吨、废钢铁1.3万吨，日均回运量4.33万吨，比2019年同期增加回运量139.91万吨，增幅9.72%。2020年组织公路运输量2190万吨，其中计划内板材1296万吨、矿业公司458万吨、北营公司436万吨。

【车辆管理】 2020年，制造部办理各类车辆入厂卡共5153张，另外办理了2831张（处级、部门）私家车入厂卡。2020年7月份重新核对车辆管理平台信息，同时对《本钢集团有限公司公路运输管理办法》和《本钢集团有限公司公路运输装载管理办法》文件进行修订完善并组织下发。

【费用管理】 2020年，铁路运费发生108355.56万元（不含采购中心运费），其中板材82116.61万元、北营及其他单位

26238.95万元。另外2020年集团公司发生铁路封装车费用12425.96万元。重新修订2020年费用预算,较年初费用指标下降14%。为了确保2020年集团公司生产经营目标的实现,制造部对公路运费严格按照"先计划后审批"和"先请示后发生"的原则,采取了对公路运输费用按季度统计、半年考核的方式,规范了运费审批管理,2020年公路运输费用实际发生19729万元,其中板材9852万元、矿业5186万元、北营4599万元,老本钢92万元。

【组织与协调管理】 2020年5月,集团公司两级机关管理职能进行整合,在保证生产运行的前提下制造部优化了管理流程。2020年沈阳局铁路集团有限公司领导多次来本钢集团访问,双方就友好合作及本钢集团产量及运量等方面进行了交流与沟通,进一步探讨更多的合作方式和合作范畴。2020年11月6日,沈局集团公司副总经理李玉旦、于志学组织沈局货运部、车辆部、运输部、调度所、本溪货运中心、丹东铁成等部门(单位)召开"本钢卷板矿粉循环专组运输"专题会议,明确卷钢矿粉采用将钢支架固定在C70车底板制成卷钢矿粉专用车,从金家堡发运卷钢到港口,到达港口卸车后回装矿粉到本溪的循环专组运行模式,从而提高集团公司产品外发效率和港口矿粉回运能力。2020年因集团公司经济库存管理要求,物料冬储后延,11月份进入冬季保产期,制造部加强协调解冻库煤气资源,保证解冻库随时处于完好状态,合理安排进库品名,充分发挥解冻库能力,采取"后到优先,重点优先"原则进库,对重点翻卸车设备及解冻设备进行跟踪写实,并要求各厂矿对翻卸车设备、解冻设备及重点运输线路按重点设备进行维护。

【降本增效】 2020年,制造部在巩固路企合作基础上积极与铁路部门沟通协调,通过一口价申请运价下浮(含钢材、水渣、铁矿粉、石灰石和线材等品类)降低铁路运费约20593.33万元。2020年公路运输费用计划指标19731万元,实际发生费用19729万元,节省运费2万元。 (阚利志)

设备工程管理

【概况】 本钢板材股份有限公司设备部(简称设备部)代行集团职能,下设设备管理单元、设备运行管理单元、工程计划管理单元、工程管理及质量监督管理单元、工程设计管理单元、工程预算管理单元共6个职能管理单元和1个临时原料项目部。其中设备管理单元、设备运行管理单元和工程计划管理单元负责集团公司设备基础管理、设备运行管理、设备检修管理,以及设备专项相关管理工作。工程设计管理单元、工程计划管理单元、工程预算管理单元、工程管理及质量监督管理单元负责组织、协调、监管、考核公司基建技改工程全过程管控及实施工作,是各工程项目经理部工程管理工作的监督考核部门和业务指导部门。临时原料项目部负责推进集团公司智能料场项目。

2020年年底,设备部在籍人员130人,正部级2人、副部级2人、正处级2人、总监4人、副处级2人、高级业务师4人、主任业务师33人、专业业务师26人、责任业务师55人。其中男职工99人、女职工31人,党员106人,少数民族21人,硕士研究生14人、本科学历92人、大专学历24人,副高级职称35人、中级职称70人、初级职称18人。

【设备基础管理】 2020年设备部以"设备三支队伍"建设为核心,以标准化作业和绩效考评为抓手,全面深入贯彻PDCA闭环管理理念,重点抓好设备点检定修制落实,创新设备队伍履职检查体系,开创了"管理、专业、点检、现场和维保"五维度的综合考评模式,分别于6月、11月集中开展设备春秋检,11个设备管理专业对35家单位工作情况进行全面检查评比。春检细化了"五个维度检查",从以往"评比到厂"细化到"评比到岗、评比到人",首次将设备管理室科长、副科长的履职纳入春检。秋检推行"设备指标量化评价",将以往"定性评价为主"转向"定量评价为主",量化指标占比70%,突出设备关键指标(KPI)绩效。2020年累计考评设备科长、科员、点检员、维保人员共6089人,并严格奖罚处理。通过考评,深入查找问题,对比曝光差距,分析问题根源,制定整改措施,为进一步提升设备管理水平夯实了基础。在春检和秋检之间穿插各专业分散式专项检查,如电缆防火检查、炉窑管理检查、特种设备检查等。通过集中和分散交叉式履职检查、督导,逐步健全设备部、厂矿、作业区一贯制设备管理体系。完善了点检业绩考评长效机制,即作业区每月考评、厂矿每季度考评和公司每半年考评。设备部组织专业管理人员和优秀点检员开展了3次公司级考评,共考评点检员918人次、设备主任208人次,考评覆盖率50%。通过点检考评,激发了点检员的工作热情,同时查找点检工作中的不足,开展培训和帮扶,并找出点检队伍薄弱环节,规范点检员工作方式、方法,提升点检员责任心和业务能力。

2020年,设备部大力推进备件订单采购、包消耗工作,降低备件采购成本4749万元。设备部制定订单项目审核标准,对2019年订单供应商进行质量评价,以三年消耗数据为基础制定了2020年订单消耗上限,制定了降单价、降消耗的攻关目标。为了稳定供应渠道,保证供货质量,订单协议期设定为两年,共签订合同333份,单价同比平均降低10%,降采购成本2839万元。

【设备运行管理】 2020年,公司主要生产设备可开动率计划92.19%,实际完成92.80%,比计划提高0.61%。主要生产设备事故故障停机率计划不超过13.28‰,实际完成2.03‰,比计划降低11.25‰。在板材、北营两厂区主要工序继续推行两次定修之间"零故障"嘉奖体系,提高各级设备管理人员工作积极性,提升点检质量、定修质量。共计嘉奖板材、北营两厂区79条主要产线2100余人,嘉奖金额600万元。定修工作以采取月度统筹安排,周协调平衡为主,按照"PDCA"闭环管控,提前组织平衡会,安排部署安全、质量、工期、物资准备等工作;过程及时跟踪协调,及时查违纠错;强化质量验收;做好定修实绩统计分析总结。全年定修工作均按计划完成,同时逐步优化定修模型,北营1780与板坯铸机由周检优化为10天/次,两厂区烧结定修由月检优化为40~45天/次。2020年备件费14.22亿元,比2019年降低3.53亿元,降幅17%。通过备件包消耗降费1910万元、订单采购降费2839万元、国产化降费610万元、通用化降费460万元,通过备件利库减少采购额3亿元,备件库存呈逐年下降趋势。检修辅料消耗1.96亿元,完成指标计划,比2019年降低了31%。通过利库、利废、调剂工作节省费用2394万元。

【设备检修管理】 2020年，集团公司范围内共组织实施了五次大型联合检修，历时197天，投入施工力量2.6万人次，检修项目1.9万项，实现了"不伤一个人、不着一把火、保质量、保工期"的目标，圆满完成了2020年联合检修工作任务。五次联合检修完成了两个主要任务：一是根据检修模型按周期集中完成各产线常规年修项目，减少检修期间公司总体生产损失，满足铁钢平衡、物料平衡、能源平衡的生产需要；二是结合联检完成板材新5号高炉、8号铸机等技改工程投产过渡，以及10号高炉大修、1700轧线改造等项目的实施。第一阶段联检：2月23日—3月4日，总工期9天，以板材区域3座高炉、薄板坯连铸机和1880轧线为主要产线，实施检修项目3019项，投入人力3751人。第二阶段联检：4月20日—6月6日，总工期47天，安排北营公司以2座大高炉年修季修为起点，以3座小高炉停炉检修为核心，组织400平烧结机年修、1780轧线检修、二区2号转炉环保除尘改造等项目实施，全面开展北营各产线联检工作，并组织一棒材产线快速复产，实施检修项目2285项，投入人力4500人。第三阶段联检：6月13—25日，总工期12天，以板材区域4座高炉、2号连铸机和1700轧线为主要产线，实施检修项目3349项，投入人力4268人。第四阶段联检：6月20日—9月15日，总工期87天，涉及14条主要产线，实施检修项目2967项，投入人力6000人。第五阶段联检：10月15日—11月30日，总工期46天，以新老5号高炉过渡和其他三座高炉年修为核心，安排了3台转炉、7号铸机、2300轧线、冷轧本浦区域年修的联合检修，360平烧结改造、1700轧线改造结合实施，实施检修项目7469项，投入人力8800人。

【专项管理】 2020年完成升级改造项目金额248万元；开展两轮次的电气安全防火检查，排查隐患330项，全部完成整改；两期"电缆隐患整改"已下达投资计划1680万；更换热缩电缆头683个，剩余电缆头两年内全部更换完毕；持续开展设备系统文明生产大检查，共检查出问题594项，现场基础管理水平明显提升；开展轧制产线功能精度排查、焦化厂煤气净化工序技术状态评估、能耗类换热器普查等专项工作，有效改善设备运行状态。通过开展油品优化整合，供应商由40家减少至15家，品种由498个减少至190个，降低油品采购费用6000万元；备件修复率达到20.5%，修复节约额为3.14亿元，实现了液压阀、潜水泵、皮带滚筒等项目的定点维修；全年共计完成检维修项目136个，涉及33家业主单位写实工作219次，削减不实费用约155万元，业主单位签证准确率由2019年的87.53%上升至96.7%。全年检验特种设备4708项〔起重机1313项、锅炉174项、电梯178项、压力容器2125项、罐（包）918项〕，按周期检验执行率计划达到100%。全年特种设备按周期检验执行率实际完成达到100%，特种设备技术状态较好。2020年审批报废固定资产数量3895台套，原值9.92亿元，净值1.75亿元，积极回收废钢3.1万吨，并委托国贸公司对外处置废旧金属设备2300吨，销售金额1664万元。同时盘活利用闲置资产，完成公司内部设备调剂52台（原值1738万元，净值882万元）。2020年完成公务用车抹账103台，原值2036.97万元，净值260.17万元，合同额295.41万元。

【设计管理】 设备部从可行性研究开始提前介入工程管理，参与确定设计原则、设计规模、工艺总图布置、主体设备选型、能源介质设施管线及接点、配套生活设施建设标准、安全、消防、环保、节能等内容的讨论，检查可研设计中是否存在缺项漏项，保障可研设计内容在初步设计及施工图设计阶段的贯彻与实施。2020年组织开展板材1700热轧完善改造工程、板材炼铁厂7号高炉新建4号热风炉工程、板材焦化净化二作业区脱硫系统改造工程、北营炼钢一区产能置换外围配套项目钢渣综合治理工程、板材废钢厂彩西特钢供料站工程、板材特钢电炉外围配套工程、板材能源总厂新建东风厂区至煤气柜焦炉煤气管线工程、板材焦化厂8/9号焦炉脱硫脱硝工程、板材炼钢厂1号铸机改造工程、板材发电厂高压车间超低排放改造项目、板材炼铁厂烧结系统电除尘改造、板材能源总厂新建220kV变电所工程、板材和北营中水深度处理回用工程、北营生活服务中心新建中央厨房工程、北营焦化废水处理改造工程、北营3.5万立制氧机工程、北营炼钢一区产能置换外围配套项目生灰破碎还建工程、北营60万吨优质高线工程、歪矿难选贫矿及废石辊磨干选资源综合利用工程、南芬露天矿二号排土场排土工艺优化及综合治理工程等项目初步设计及施工图设计工作。对集团公司新增项目前期方案参与论证，加强设计进度落实，强化对设计单位的考核和责任追究。通过设计周报、月报结合专题会等方式及时协调解决问题，推进和保障工程进度。重点抓初步设计及施工图设计优化工作、组织设计交底工作，规范业主单位设计变更和材料代用的审批程序管理，有效地控制了工程中的损失和浪费。

【施工管理】 2020年3月，集团公司发布了36项重点基建技改工程工期计划节点，其中需2020年完成26项，需转年完成10项；克服疫情影响，累计投入施工力量1889人，截至2020年12月共完成25项重点基建技改工程，2020年项目完成率为96%。板材炼钢厂8号铸机工程克服区域狭窄、24小时连续作业的困难，仅用175天完成大板坯连铸机建设并顺利投产。北营10号高炉工程克服生产与施工交叉作业、工期紧等困难，仅用105天完成高炉建设恢复生产，高炉产量达1850t/日。炸药厂歪头山生产线改造工程克服疫情期间外地施工人员进场复工时间晚、土建与安装交叉作业等困难，比计划工期提前12天完成，并且成功通过国家验收。2020年全年完成工程报量16.23亿元，其中板材公司完成11.97亿元，北营公司完成3.27亿元，矿业公司完成0.99亿元。

【工程质量管理】 2020年，工程质量管理单元以制度为标尺，提高工程建设质量管理水平，集团公司在建工程总体施工质量可控，未出现较大的施工质量问题和质量事故。通过开展质量春秋检及加强日常巡检，共发现质量问题799项，其中实体质量问题570项、质保资料问题229项，所发现问题均已处理完毕。共组织钢结构样板引路检查10次、大体积混凝土联合检查6次，组织全集团技改工程质量管理人员培训1次。在实体质量检查时通过第三方检测机构复检发现新5炉热风炉炉壳焊接存在重大质量缺陷，组织施工单位及时处理消除了质量隐患。在板材能源总厂旋流池施工中发现池壁渗水，立即组织召开旋流池堵漏方案审核，并指导施工单位及时处理了旋流池渗漏问题。下发整改通知单5份、考核通知单17份，共考核施工

炸药厂歪头山生产线改造（邹华 摄）

单位 50000 元。在春秋检评比中，根据排名对项目部共计奖励 14000 元，考核 8000 元。工程质量监督受理登记 62 项，全部指派专人进行管理。工程监督管理人员对所监督工程下达质量监督计划书，开展质量监督工作，做到工程质量监督覆盖率 100%；工程质保金返还 59 项，返还金额共计 5539.75 万元。参加单位工程验收 35 项，合格率 100%。

【工程预算管理】 2020 年，围绕着提高预算审批质量，严把建安费用中心工作，想方设法控制建安投资。全年共审批施工单位编报预算 9.74 亿元，削减额为 2.75 亿元。预算审批准确率达到了 98% 以上，完成了公司 97% 的考核标准。

【工程计划管理】 根据集团公司规划发展部下达的投资计划情况，进行工程实施阶段的计划管理，及时进行投资计划分解及费用归集编号编制；保证在建厂矿资金计划编制的及时性和准确性的同时，注意体现资金流向的正确性，真正发挥资金对保证工程实施的最大效能；以建安合同年度实施计划推进项目实施，审核过程中注重投资分解质量。重点项目在投资计划下达后及时组织在建厂矿召开项目签订落实会，专题研究落实具体内容和计划时间，并以季度为单位进行调整；及时完成施工单位选择，应招尽招；采取两种措施常态化推进重点改造工程项目决算，一是每季度召开一次项目决算推进大会，二是针对决算推进难度较大的特殊项目召开专题会推进。2020 年集团公司共下达固定资产投资计划（当年）87.67 亿元，其中集团公司当年计划投资 3.55 亿元、板材公司当年计划投资 51.63 亿元、北营公司当年计划投资 20.34 亿元、矿业公司当年计划投资 12.15 亿元。2020 年完成投资总额 44 亿元，有 25 项工程按期投产，工期进度基本可控。

【工程招投标管理】 2020 年检修工程招标项目完成 97 项，计划金额 6866 万元，定标金额 5727 万元，按照计划额计算，节省修理费 1139 万元，节省比例 17%；技术改造及专项工程招标的项目完成 158 项，招标计划金额 211970 万元，定标金额 178412 万元，按照计划投资额计算，节省投资 33558

万元，节省比例15.8%。　　　　（邹　华）

安全管理

【概况】 本钢集团有限公司安全管理监督部（简称安监部），是集团公司安全生产综合监督管理部门，负责安全生产（包含安全生产、职业卫生、防火安全）工作的监督、指导、协调、考核，下设综合管理、安全监察、防火监察3个管理单元。2020年末有职工26人，其中部长1人、副部长3人、总监2人、副处级2人，高级业务师1人。2020年，本钢集团有限公司牢固树立安全发展理念，坚守安全发展红线意识和底线思维，全面压实安全生产工作责任，细化全员安全教育培训，健全安全风险排查、管控和隐患治理机制，强化应急保障能力建设，夯实基层安全基础管理，实现较大生产安全责任死亡事故、较大火灾事故、重大设备事故"三为零"。

【安全责任体系建设】 一是围绕集团公司安全生产工作目标，强化安全生产责任制的落实，集团公司与32家单位签订安全生产责任状，明确安全管理指标任务，各单位将责任目标层层分解到了作业区、班组。二是建立完善集团公司、厂矿、作业区、班组的安全评价体系，细化考评标准和考核指标，并与安全绩效考核挂钩，量化排序，奖优罚劣，实现了对53家基层单位考评全覆盖，连续两个季度排名末尾的单位领导在集团公司安委会上做检讨发言，切实增强各级人员的安全履职意识。三是召开集团公司安委会办公室工作会议，坚持问题导向，落实"谁主管谁负责""管业务必须管安全"原则，对问题整改作出安排部署，要求部门按照任务清单落实责任，明确整改时间要求，落实专业部门安全检查制度，加大专业部门安全检查力度，推动部门落实安全生产管理责任。

【安全基础管理】 一是强化安全基础管理，根据集团公司核心主业业务整合的实际，组织修订完善了《领导干部安全履职管理办法》《安全生产监督管理办法》等20项制度，并组织进行全公司宣贯，基层单位同步完成了安全管理制度的完善和宣贯。二是推进安全生产许可证申办工作，完成板材危险化学品经营许可证延期换证工作，推进建设项目安全、消防及职业病防护设施审查和验收，共完成预评价审查32项、设施设计审查26项、验收审查13项。三是按照集团公司"三大规程"修订工作的总体要求，组织开展了安全规程修订工作，新增岗位安全规程1220项，删除不适用内容454项，修订各类安全规程5213条。

【安全教育培训】 一是全年开展主要负责人、安全管理人员岗位资格培训、员工反三违防事故培训、安全管理知识培训、新入职员工安全培训等17项培训，共计培训人数13000余人；二是全面实施新员工"白帽子"安全培训制度，累计对1700余名三年内新入职员工持续开展安全培训和实操考评，从严把住新员工上岗安全准入关；三是以全国第十九个安全生产月活动为契机，组织486名作业长开展安全技能竞赛，检验作业长的安全素质，提升风险辨识和隐患排查整改能力；在《本钢日报》上开展作业长安全访谈、"安全为了谁"安全征文，利用大屏幕等开展安全公益广告播放，组织3.3万多名职工参加安全常识"马拉松"答题活动，全面提升职工安全意识。

本钢集团 2020 年作业长安全生产知识竞赛实操比赛现场（梁虹桥 摄）

【职业健康体系建设】 一是针对板材焦化厂等五家单位的 19 项重大危险源建设视频监控及数据采集系统，并与省应急管理厅联网，加强重大危险源视频监控及压力、温度、流量等实时在线数据管控，提高了重大危险源的预警监测和事故防范能力，严格落实重大危险源"源长制"、安全承诺公告制、危险作业报备制等各项管理规定，切实落实管理责任。二是全面实施风险分级管控和隐患排查治理双重预防机制，共辨识各级安全风险 34887 项，将管控责任全部分级落实到人，并按频率履行安全检查职责，同时完善了安全风险四色分布图、岗位标准化作业卡、安全风险公告等具体管控要求，实施常态化、动态化管理。根据季节特点，继续实行危险作业报告单制度，有效管控安全风险。三是按照集团公司《职业病危害专项治理工作方案》，举办三期职业卫生管理人员培训班，培训企业负责人和职业卫生管理人员共计 232 人，加强日常监测和定期检测，完成了 44 个厂矿 8444 个点位的职业病危害因素检测，对浓度（强度）超标岗位开展专项治理，组织 30281 人进行职业健康体检，监督检查职业禁忌人员调离。

【安全生产专项整治工作】 一是根据国务院、省、市政府和省国资委的指导意见，围绕集团公司安全生产薄弱环节、短板和难点问题，编制并下发了《集团公司安全生产专项整治三年行动实施方案》，确定 2 个专题和 9 个专项整治实施方案，集团安委办成立专项整治推进工作小组，每月召开工作推进会，统筹协调工作开展。二是有效治理事故隐患，结合集团公司实际，分两个阶段开展了九个方面隐患"清零"行动，公司上下共排查隐患 32309 项，整改率 98.2%，有效解决设备设施在安全防护上存在的问题以及历史遗留问题。三是全年重点开展重大生产安全事故隐患排查整治、重大危险源、建筑施工、电气安全、危险化学品、民用爆破、消防安全等专项检查 23 项，对风险控制措施和执行作业标准等方面存在的隐患问题开展全面检查，集团层面督促整改不符合问题 1654 项，下发安全管理通报 147 期，下达安全管理监督指令书249份，并全部督促落实整改。四是全面规范联合检修和重点工程安全管理，围绕板材冷轧一冷工序、北营10号高炉、1780轧线等联合检修，新5号高炉、8号铸机、1700轧线等重点技改工程，强化落实施工组织和现场安全管理责任，严格执行停送电挂牌、危险介质停送联系确认制，严格履行作业审批、监护、检查责任，落实标准化检修安全措施、强化工程安全准入，实现了联合检修"不伤一个人、不着一把火"，重点工程安全"零事故"目标。五是持续开展"反三违"，加大对违章行为查处力度。通过旁站式安全检查和调取视频监控等方式，加大违章作业行为的检查力度，对34项违反集团公司"二十条安全禁令"的行为，比照事故进行分析，并给予了严肃考核。六是立足防大汛、抢大险、救大灾，做好各项防汛应急准备工作，重点落实矿山采场边坡、排土场、尾矿库的检查、监测、治理，加强流经厂区河流的管理，建立与地方政府联动响应机制，落实各级防汛责任，实现安全度过主汛期。

【防火安全管理】 一是突出重点消防风险防控，全年持续开展高温区域、液压系统、电缆设施、仓储场所、皮带通廊、高层建筑和人员密集场所防火安全检查，严格监管动火作业。二是严格执行自动消防设施管理运行周、月报制度，以问题为导向，及时处置报警和故障，提高消防设施运行质量。三是加强森林火灾高风险期、重点时段的森林火灾防控，做好重点部位防火隔离带清理，保障救援队伍和灭火应急装备储备，落实森林防火工作要求。

【安全隐患整改资金投入】 集团公司全年投入安全资金11963万元，其中防暑降温费用1800万元，劳动保护费用4646万元，消防安全、安全宣传及其他安全费968万元。下达安措计划67项、4549万元，用于配备安全用品及安全防护装置缺失、煤气管道泄漏等隐患整改。

（梁虹桥）

能源环保管理

【概况】 能源环保部下设能源管理单元、能源技术单元、环保管理单元、环保技术单元、监测站，在职人员78人。其中管理岗位11人（部长1人、副部长5人、总监5人）、业务岗位34人、技术岗位20人、操作岗位13人、高级职称20人、中级职称29人、初级职称8人、其他21人。能源环保部管理职责包括：集团公司能源管理体系、环保管理体系的建立、完善、认证及运行管理；日常能源管理，公司用能审批、稽查，能源统计、计划、分析、考核，协调解决能源计量问题；能源介质运行、质量、平衡管理，参与事故处理、分析、纠纷裁定；对公司所属单位能源环保工作进行指导、监督、检查和考核；公司建设项目能源评价、环境影响评价、水资源论证、水土保持评价，督促评审意见落实，组织后续验收工作；节能、环保技术推广应用；能源环保法律、法规、标准的宣贯和培训工作；公司能源、环境应急预案管理，参与突发事故的调查和处置；负责重污染天气应急响应的综合管理；公司环境统计、排污许可、环保税和清洁生产审核以及碳排放管理；制订公司环境监测计划，负责环保设施运行的监督管理；公司危险废物及辐射安全的综合管理；公司厂容绿化工作的综合管理。

【能耗指标管理】 2020年集团外购能源费用184.04亿元，其中炼焦煤占比58.16%、电23.47%、无烟煤11.46%、烟煤3.66%、汽柴油1.35%、动力煤1.28%、水费0.62%。集团水费支出1.1539亿元，比计划降低2865万元；电费支出43.1922亿元，比计划降低3.7178亿元。集团能源定额比预算降低7.4775亿元，其中板材降1.9006亿元、北营降5.152亿元、矿业降0.4249亿元。

【能源介质系统节能】 在节水方面，重新制定并实施工业水、生活水最严厉的定额考核办法，在1月份实际完成基础上再降15%；板材生物脱氮稀释水由观音阁水改为三水源水，年增中水回用量88万m^3，并改善了水质；北营三电、四电铺设供水专线，实现分质供水，年节新水105万m^3；北营焦化溴化锂制冷及煤气冷却效果差，大量补充观音阁水降温保产，造成水费升高；通过夜间降压、查漏补漏等措施，年降生活水费159万元；严格按照预算定额审批水处理药剂，并进行公开招标，年降费用800万元；板材中水回用量同比增加0.5万m^3/d；北营中水回用量同比增加2.10万m^3/d，吨钢耗新水板材完成2.77m^3，同比降低0.2m^3，北营完成3.39m^3。在节电方面，通过利用电业局设备检修契机开展66kV线路检修，安排电鼓等大型设备错峰启动等措施，年降基本电费6266万元；根据产线的饱和程度制定考核标准，实行多厂矿联合躲峰，年降电费7530万元；获得板材220kV变电站建设批复，并推进实施建设；集团公司30kW以上高耗能电机4189台、高耗能变压器563台，急需淘汰。在节气方面，完成板材新1号、6号、7号高炉和北营新1号、2号高炉热风炉自动烧炉项目，节煤气量达4%以上；将供三冷轧焦炉煤气掺混至三电煤气管道，减少焦炉煤气放散0.3%，年增发电近1800万kWh；完成板材4号、6号转炉和北营新区1号、2号转炉一次除尘新OG改造，煤气含尘量降至60mg/m^3以下；两厂区煤气用户不足，煤气放散率偏高，板材、北营年高炉煤气放散分别为2.95%、2.19%，焦炉煤气放散2.17%、3.59%；两厂区焦炉煤气H_2S超标严重，影响用户使用，同时造成煤气计量表失准；积极组织氧氮氩液体生产，年销售7.01万吨，创效4744.8万元。在余热利用方面，完成三热轧饱和蒸汽送二冷轧使用，年减少蒸汽放散5.5万吨；完成一热轧余热蒸汽送焦化使用，年减少蒸汽放散2.5万吨；完成北营新1号和板材6号高炉冲渣水换热器清洗，完成板材7号高炉冲渣换热器改造，年增余热供暖15MW；夏季蒸汽存在放散，其中板材炼钢小时放散25吨、三热轧小时放散8吨、特钢小时放散8吨，北营炼钢厂小时放散15吨、北营发电五区小时放散10吨。

【重点节能工作】 在增加自发电量方面，将发电量列入主包考核，调动了发电、炼铁、能源总厂职工积极性；利用能效管理平台精准管控，实现烧结机与余热发电机数据共享，实现高炉中控室与TRT控制室密切配合；将三冷轧精制焦炉煤气掺混至北营三电高炉煤气管道用于发电；板材发电厂年发电量19.82亿kWh，超发0.12亿kWh，TRT发电量完成3.76亿kWh，超发0.36亿kWh；北营发电调整发电机运行方式，压缩锅炉检修时间，年发电量完成14.69亿kWh，超发3.19亿kWh，创历史最好水平。在降低焦比方面，充分利用公司保铁周例会平台解决影响高炉顺行和焦比的问题，保障原燃料质量稳定，提高热风炉风温，优化操作制度，提高煤气利用率；在提高风温方面，完成了板材7号高炉热风炉烟囱过渡及双预热器投运；在保障原燃料质量稳定方面，板材铁区MES对焦炭、烧结矿、球团实现实时监控，减少焦化配煤比变动次数，对地矿进行混匀处理；在高炉操作方面，板材6号、7号高炉及北营新2#高炉持续调整优化布料制度；板材入炉焦比完成385公斤，北营完成383公斤。

【降低电费支出】 充分利用国家降电费优惠政策，全年完成直购电交易量31.2亿kWh，减少电费2964万元；板材公司35亿度和北营公司5亿度获直购电准入资格，集团直购电达72亿度，实现新突破；将矿业公司账户并入板材公司账户，使矿业公司电量具备跨省资格，可增加跨省交易电量3.5亿度；利用疫情期间电费95折优惠政策，减免电费2635万元；北营厂区获减免系统备用容量费1320万元；利用供电公司设备检修和联合检修契机同步完成66kV线路及大型变压器检修24次，实施炼钢厂3#LF电炉错峰启动备用电动鼓风机5次，全年降低基本电费支出6980万元。

【节能项目实施】 2020年完成板材、北营两厂区5座大高炉热风炉自动烧炉改造，自控率达到99%。板材热连轧2300线2号加热炉和北营轧钢二棒材加热炉自动烧钢项目正在实施。下达能措项目49项，投资19905万元；积极推进板材热连轧厂高压水除鳞系统节能改造、板材炼铁厂7号高炉换热器系统改造、两厂区焦化上升管余热利用等项目建设。

【基础能源管理】 积极推进"日清日结"信息平台建设和计量仪表完善，全年投资13673万元建设信息平台，投资5139万元完善计量仪表，投资2893万元完善计量网络和电能网；完成铁、焦、烧、原料及矿山系统三级计量仪表完善和平台建设，集团80%以上主体单位完成了成本"日清日结"系统建设，为公司节能降耗提供了信息平台支撑。深入开展能耗对标工作，按集团整体对标部署，有序开展第二阶段"对指标、找差距"

发电厂热网回水余热利用改造（谢大尉 摄）

工作，确立能源对标攻关36项，完成了对标措施的制定并组织有效实施；完成了炼铁、炼钢、热轧、焦化、能源总厂、发电6个主要工序的内部能耗对标；针对能源指标、能源价格、动力装备、节能技术应用等方面，开展了与鞍钢、凌钢的对标工作，取得了明显效果；根据《本钢集团对标世界一流管理提升行动工作方案》，制定了能源系统对标提升实施行动方案和工作清单，设立了高炉焦比、吨钢综合能耗、吨钢耗新水、自发电比例等4项对标提升项目，制定并落实提升措施。

【环措专项计划】 为解决感官污染、在线超标、对职工有影响的岗位粉尘、厂容整治等环保问题，2020年集团公司共下达环措专项投资21项，共5511万元。重点项目为：焦化厂VOCS治理、焦化厂拦焦车升级改造、焦化厂焦三作业区推焦除尘系统升级改造、北营焦化厂一区1号及2号焦炉出焦、加煤除尘提标改造、南芬露天矿中心锅炉房达标排放改造、热力公司南芬集中供热锅炉房新增脱硝系统等。通过实施重点环保项目，持续推进集团环保管控能力提升。

【环评和环保验收】 2020年完成环评报告编制并通过政府审批的项目18项，其中北营炼钢一区产能置换工程取得了省生态环境厅环评批文；板材及北营两厂区中水深度处理回用工程、北营公司建设年产60万吨优质线材生产线工程、特钢轧机改造工程（二期、三期）等10个工程项目取得了本溪市生态环境局环评批文；南芬露天铁矿代家店工业场地加油站工程取得了区级环保局环评批文；板材发电厂热电车间超低排放改造工程、北营焦化一区VOCS治理工程等5个工程项目取得了环评登记备案。完成自主环保验收项目8项：热力公司南芬集中供热工程、北营公司石灰石二次破碎工程、北营公司800吨生灰回转窑工程、北营一高线高速棒材改造工程、辽宁北方煤化工（集团）有限公司氨合成系统节能技术改造工程。

【水保和水保验收】 完成了本溪钢铁（集团）矿业有限责任公司炸药厂歪头山生产点工业炸药生产线技术改造工程水土保持方案报告书，取得了本溪市水务局批复。全年缴纳矿业公司南芬露天铁矿1000万吨/年开采工程等7个项目水土保持补偿费1118.344万元。

【环保设施】 2020年本钢集团环保处理设施主要有电除尘器、电袋除尘器、布袋除尘器、烧结、球团脱硫等废气处理设施，焦化、能源总厂、轧钢等工序废水处理设施。其中2020年主要新增了两厂区焦炉烟囱脱硫脱硝、VOCS治理设施、板材发电燃煤锅炉脱硫脱硝设施。污染源自动在线监控设施116台套，其中板材公司气在线53台、水在线4台，北营公司气在线48台、水在线2台，矿业公司气在线2台，辽煤化公司气在线1台、水在线3台，热力公司气在线3台。

【大气污染防治】 集团公司为加强污染防治实施超低排放改造项目，建成板材7号焦炉和北营2号焦炉脱硫脱硝工程、板材发电厂热电超低排放改造项目，同时新五号高炉出铁场、矿槽除尘器按照超低排放建设并投入使用，各项污染物指标达到超低排放要求，在线联网数据稳定传输。2020年完成了板材焦化三回收和北营焦化一回收VOCS尾气治理项目，新建焦球线原料通廊布袋除尘器、焦化厂焦炉无组织排放治理、新建板材炼铁总厂原料分厂 Y5 转运站除尘等重点项目，项目实施后，治理点位污染物达超低排放标准。

【水污染防治】 2020 年投资 3.1 亿元，对板材、北营厂区污水处理厂进行深度处理回用改造，在原有基础上新建膜法除盐系统和生化系统，减少外排水量，提高废水处理系统稳定性。投资 6023 万元，在北营炼铁总厂焦化分厂建设一套酚氰废水处理站，采用生化+臭氧+超滤反渗透组合工艺，反渗透产生浓水用于冲渣，清水回用工业循环水系统。投资 140 万元，开展板材、北营厂区雨污分离的可研和初步设计，计划对厂区逐步实施雨污分离改造。

【固体废弃物利用】 2020 年全年回收、外售冶炼废物 8169551.1 吨；外卖、利用粉煤灰 94275.173 吨、锅炉渣 28868.485 吨；外卖处置脱硫石膏 126527.52 吨；外卖锌锭 3049.36 吨；回收利用氧化铁皮 375551.98 吨、无机废水污泥 163183.5 吨、生物脱氮污泥 3027.9 吨、工业粉尘 1043805.34 吨；安全处置尾矿 15232208.16 吨，综合利用尾矿 83075 吨。

【环境信访】 2020 年共收到本溪市生态环境局转来信访投诉 12 件，主要涉及蒸汽放散噪声、焦炉烟气及切割烟尘、废气气味排放及在线数据异常等问题。本钢集团及时自查，对属实项完成整改，对不属实项借鉴防控，全部按照要求落实完成。

【污染物排放量】 2020 年本钢集团污染物排放总量分别是：COD284.31 吨、氨氮 8.27 吨、二氧化硫 9689.52 吨、氮氧化物 19520.86 吨。

【环保税】 2020 年本钢集团共缴纳环保税 5136.20 万元，其中板材公司 2842.28 万元、北营公司 2039.28 万元、矿业公司 102.48 万元、本钢公司 152.16 万元。

【辐射安全管理】 集团公司共有放射源 91 枚，其中Ⅳ源 51 枚、Ⅴ源 40 枚，板材公司 47 枚、矿业公司 25 枚、北钢公司 1 枚、北营公司 18 枚。共有射线装置 72 台，其中Ⅱ类装置 7 台、Ⅲ类装置 65 台，板材公司 59 台、北营公司 2 台、本溪钢铁公司 11 台。板材炼钢厂新购置 2 枚 Co-60，办理完成进口审批及备案手续。北营公司《辐射安全许可证》按期完成换证。

【危险废物管理】 2020 年共产生废油（HW08）1906.901 吨，委托处置 1907.99 吨（含 2019 年贮存量），贮存 277.395 吨；废油泥（HW08）1089.48 吨，委托处置 1176.62 吨（含 2019 年贮存量）；产生精（蒸）馏残渣（HW11）5393.44 吨，与炼焦煤混合生产型煤，配煤炼焦或外卖；脱硫废液 28413 吨，全部用于提盐工艺处置；煤焦油 259657.72 吨，用于深加工生产蒽油、洗油等产品或外卖；废树脂（HW13）贮存 20.645 吨；废定显影液贮存 0.02 吨；含铬污泥（HW21）贮存 0.08 吨；委托处置其他废物（HW49），其中废蓄电池 145.19 吨；废脱硝催化剂 102.14 吨；废滤布 27.32 吨。废化学药品包装物贮存 0.93175 吨、废化学药品贮存 0.644 吨。废油桶 539.622 吨，打包压块作为炼钢原料利用 528.692 吨（含 2019 年贮存量），累计贮存 73.57 吨。

【环境管理体系运行】 按照公司推进实施质量/环境/职业健康安全管理体系整合认证审核工作要求，持续有效地改进环境管理体系。对环境管理体系涉及的42个单位和部门进行现场审核。经跟踪验证，责任单位能认真分析存在问题，采取了纠正预防措施，整改有效。

【同比总量减排】 2020年本钢集团污染物同比减排率分别是：COD19.38%、氨氮87.29%、二氧化硫13.88%、氮氧化物12.39%。

【环境监测】 本钢厂区：全年共取得污染源手工监测数据7462个，其中烟气点位168个，取得监测数据1624个；大气降尘点位27个，取得监测数据324个；厂界噪声监测点位5个，取得监测数据160个；废水监测点位10个，取得监测数据4847个；各项临时监测数据507个。全年取得环境空气质量自动监测数据52000个。板材厂区优良天数312天，优良率85.5%。北营厂区：废气固定污染源监测点位115个，无组织监测点位13个；大气降尘点位8个，取得监测数据96个；厂界噪声点位5个，取得监测数据192个；全年采集水样2230个，取得监测数据16530个。北营厂区优良天数308天，优良率84.4%。

【厂容绿化及设施管理】 厂容绿化建设总投资2100万元，用于完善绿地管护和道路保洁、垃圾外运及新建维修厂容设施。完成新建及维修道路8万平方米，维修及新建硬质铺装2200余平方米，新建及修缮路沿石3240延长米，道路标线3100平方米。栽植乔木1195株、花灌木1340墩、模纹地被32050平方米、宿根花卉11300平方米、草花11万余株。新建、补植绿地3.8万平方米。

（马广强　严　浩）

营销管理

【概况】 本钢国贸公司营销体系承担集团公司各分、子公司生产的各类钢材产品、焦化副产品、液态气体产品以及各类冶金渣、可利用材及废旧物资的市场开发、内外贸销售及客户服务工作；承担集团公司设备、大宗原燃材料的进口采购，以及对外劳务输出、工程承包、技术引进等工作；承担集团公司物流服务、技术服务、销售分（子）公司管理、开展期货业务等工作。

本钢国贸公司营销体系现有职工584人，其中国贸公司(含国贸腾达公司)365人、板材销售中心187人、北台大连进出口公司25人、本钢浦项销售部7人。

营销体系总部设立出口市场销售部、出口计划执行部、进口部、热轧产品销售部、冷轧产品销售部、冷轧专用钢销售部、长材销售部、特殊钢销售部、不锈钢销售部、铸管销售部、营销管理部、商贸部、物流事业部、客户服务部、综合管理部、非钢产品销售部、期货贸易部共17个业务职能部门。国内在上海、广东、江苏、福建、重庆、天津、山东、本溪、沈阳、长春、黑龙江等地设立11个驻外贸易分公司。在香港、欧洲、美洲、韩国、越南、日本等地设立6个境外贸易分公司。

【价格管理】 及时了解国内外宏观经济形势，分析国内外钢材市场运行状况，及时掌握钢材市场价格变化、各钢厂价格调整情况，定期测算用户盈亏，做好盈亏测算报表及钢厂价格对比报表，为价格政策制定提供科学、准确、合理的参考依据。对本钢生产的各品种钢材进行每日市场价格及网站价格信息采集，形成各品种市场价格走势基础数据库；通过走访市场、钢厂，搜集、整理境内外分公司反馈的市场信息，定期编撰《市场行情分析》，为价格委员会的定价决策提供依据；定期调整内外贸价格政策、做好 ERP 价格管理与维护，不断完善和夯实价格及信息管理的基础工作。

【品种钢开发】 热轧产品：2020 年新开发车轮钢河北亚盛、嘉兴四通车轮，低碳钢无锡联创、晋江伟业城等直接或间接直供及 Gr70、460QK、20Cr、SY550 四个新牌号。冷轧产品：全年新开发钢种 34 个，新开发汽车配套用户 16 个。获得上汽乘用车、东风日产、爱驰汽车新车发包共计 6 项。完成上汽通用冷轧牌号 CR420LA、镀锌牌号 CR240LA 认证工作；本钢正式成为宝马潜在供应商；完成江淮汽车认证冲压试验，验证结果合格；完成长城精工冷轧牌号 HC420/780DP、镀锌牌号 HC340/590DPD+Z、热压成型牌号 PHS2000 认证工作；完成爱驰汽车热压成型牌号 PHS2000 认证工作；完成上汽乘用车冷轧牌号 DC05（外板）、DC06（外板）、HC180Y（外板）认证工作；完成神龙汽车冷轧牌号 HC280/450DP、HC340/590DP、HC450/780DP 认证工作。完成东风日产酸洗牌号 SP251-590 认证工作。启动上汽大众、恒大新能源认证工作。荣获东风日产"2020 年度最佳营销合作奖"。特钢产品：2020 年成功开发特钢产品 14 项，包括石油用钢 4140A-1、4715、E4140、9310、齿轮用钢 17CrNiMo6、FAS3420H（RH），低合金高强度结构钢 Q355NE、Q390D、Q460ND、S355J2+N、L245NS，钎具钢 ZK40，锅炉用钢 G20，铁路用钢 40CrNiMoA。长材产品：2020 年开发新钢种 3 个，焊丝用钢 2 个：XY50-G5、GH20-2，建筑材 1 个：HRB500E，实现商务合同批量订货。

【物流管理】 优化资源分配、海运方案，充分利用港口、海运公司资源，最大限度减少了疫情影响，确保本钢产品稳定输出，原料顺利保供，同时有效降低港耗及海运成本。2020 年，国贸公司全年共完成转港产品 1049 万吨，其中内贸产品 858 万吨，出口装船量 193 万吨（CFR 量 48 万吨），完成水渣转港 395.36 万吨，原燃材料及废钢转港 1627 万吨。实现钢材铁路发车 22.5 万车、1248.05 万吨。成本方面：在充分保证质量、效率的前提下，利用资源优势，优化港口资源分配，强化港耗管理工作及铁路运价下浮工作，共计为集团降本增利 1.28 亿元。同时利用国家在疫情期间针对物流行业的相关优惠政策，减免项目涉及进出口船舶的港建、港务、保安等杂费共计 0.77 亿元。创新方面：针对宁波镇海港常态化压港情况，通过增加集散、集装箱运输方式，实现本钢船舶直靠，较其他钢厂缩短靠泊时间 5～7 天，确保了本钢在该区域的销售优势。外贸通过引入优势航线船公司，有效提升了东南亚、印度、欧美等航线竞争力及平台活跃度。安全方面：应对疫情影响，加强与港口、海运公司的计划管理，提前锁定港口、海运资源，确保本钢转港产品、原燃料的正常运转，实现了本钢销售及保产保供工作的顺行。

【客户服务】 客户服务部及技术服务组全

体成员积极应对疫情影响，通过向重点用户发放调查表及信函等方式，了解疫情期间用户的服务需求及向用户传递本钢服务用户的决心。对疫情"低、中、高"地区分别设置了不同的服务方式，对低风险地区正常派服务人员驻厂服务，中、高风险地区通过电话、邮件、建立微信群等方式进行远程服务，并随时根据风险等级进行方式调换。在严格遵守国家及各地区疫情防控政策的同时，做到技术服务、异议处理、信息反馈不中断。2020年，客户服务部及技术服务组共处理内贸异议6931笔，处理异议数量36095吨，累计赔偿金额2054万元。处理外贸异议19笔，处理异议数量320吨，累计赔偿金额12.39万美元。2020年客户服务部共反馈产销研周报120篇，其中冷轧94篇、热轧12篇、特钢12篇、长材2篇。通过技术服务组质量周报的反馈，制造部酌情召开质量分析会，并将整改措施通过客户服务部传递给技术服务人员及所服务用户，由服务组人员对整改后的产品进行后续的验证跟踪，形成完善的闭环管理。2020年本钢获得东风日产优秀供应商，部分技术服务组人员也获得了由服务用户授予的"最佳技术服务"奖。

【反倾销管理】 及时了解和跟踪本钢出口产品目的国家的贸易救济案件预警工作，并与中国商务部、中国钢铁工业协会及各涉及的国内同类钢铁企业进行有效的信息交流，为本钢产品出口工作保驾护航。2020年，本钢参与应诉的马来西亚镀锌反倾销调查经过两轮对终裁结果的上诉赢得了最终胜利，马来西亚最高法院判决本钢板材股份有限公司和本钢浦项冷轧薄板有限公司反倾销税率均为零税率。这是中国钢铁企业境外上诉案件全面胜诉的重大胜利。2020年，辽宁省商务厅会同本溪市商贸局继续推进本钢集团"应对国际贸易摩擦预警工作站"建站工作，加强本钢在应对国际贸易摩擦案件中资金、培训、法律服务等方面的重点支持。

【分公司管理】 持续加强分公司日常管理和风险防范工作，以"强化责任，细化管理"为方针，严格按照集团公司、国贸公司经营要求分解量化经营目标，明确责任，层层落实，强化监督，确保执行有力，并通过绩效考核引导分公司市场开发方向；从合同、仓储、物流、销售、结算、日常管理等多方面修订完善规章制度，规范分公司经营活动，保障分公司安全运营。强化分公司现货管理，对分公司现货库存每日统计、每周通报，并结合集团公司、国贸公司要求，对分公司现货销售及时提出风险预警，督促分公司做好商情研判，控制好库存数量和品种结构，杜绝超期库存，保证资金及时回笼。2020年，分公司现货电商销售占比达到97%。建立境内外分公司周视频工作汇报制度，及时反馈市场行情、用户需求及需要总部解决的问题，形成分公司与总部互联互通。

【风险管控】 根据集团公司的业务理念和工作方针，结合公司由于疫情原因所带来的新的风险环境，适应公司新时期业务需要，对公司相关部门的业务流程体系进行重新梳理，努力适应政策和市场环境急剧变化，并结合风控体系在实际工作中存在的问题进行归纳、梳理，进一步加强制度建设，提升了相关部门适应新的风险环境的能力。2020年，新增制度15项，修订制度40项，废止制度3项，为进一步规范业务管理提供了有力保障。

第三届中国国际进口博览会上本钢与施耐德电气签约仪式(刘佳丽 摄)

【采购开拓新平台】 运用本钢招标公司和欧冶采购平台,实现招标采购平台化、公开化。与本钢招标公司充分对接,开展进口设备备件多品牌招标、铁矿石现货招标和物流代理协议招标;部分设备备件的单一品牌招标与欧冶采购平台对接,建立了"本钢招采模块"。

【期货贸易】 期货贸易部成功申请大连商品交易所铁矿石交割仓库,拥有保税区交割及厂库交割双重方式,是国内为数不多的拥有铁矿石交割厂库的钢厂,为将来铁矿石交割、仓单质押、现货贸易提供了便利。参与大连商品交易所"2020年企业风险管理计划",其中铁矿石场内期权项目获得一等奖,焦炭场外期权项目获得一等奖及奖励金50万元。开展期权业务,拓展套期保值业务范围,降低套期保值风险。2020年,为发挥期货套期保值功能,择机为大连进出口公司做套期保值。通过研判宏观经济、钢厂基本面及现货行情,选择为10月中旬出口的1000吨线材做完全套期保值,期现合并计算后企业实现盈利。建立了较为完备的宏观产业(煤、焦、钢、矿、有色、合金、不锈等)数据库。构建了宏观、行业、基本面、技术分析等分析框架体系,发布期货周分析报告48份。搭建了自有的信息、分析、交易体系。

(贺 聪)

采购管理

【概况】 本钢板材股份有限公司采购中心(简称采购中心)代行本钢集团有限公司采购管理职能,负责集团公司生产、工程所需大宗原燃料、辅料、设备备件等物资的采购经营工作。

【全方位对标】 开展了全方位对标,成立采购对标工作领导管理小组,制定采购中心对标管理办法,明确对标原则、流程、相关工作要求及考核办法。以采购价格及采购成本为核心,组织确定对标立项项目,采购100万以上品种全部立项对标,共计立项

437项，通过三轮对标，有效促进了采购成本的降低。10月末，采购中心组织相关单位和部门到鞍钢、沙钢进行管理对标，针对发现的问题和不足，制定整改措施，提出整改建议，目前已有6项措施开始实施。对标管理的不断深入，为采购中心供应商引入、公开招标、保产保供提供了强有力支撑，促进了采购管理水平的进一步提升。

【供应商管理】 进一步加强供应商管理，持续推动优质供应商开发，严把供应商入口关，严格供应商日常考核，不断完善供应商管理各环节实施细则，逐步构建供应商闭环管理模式。2020年新开发合格供应商384家，在淘汰部分综合能力较差的供应商的基础上，2018年以来，合格供应商数量从1843家增加到现在的3288家（扣除年度评价不合格供应商数），解决独家选厂2277项。强化供应商考核，针对采购中标后未履行合同、起诉本钢等问题，59家供应商被取消供货资格并被列入黑名单。因验收、使用异议，33家供应商被暂停招标选厂及取消供货资格，148家供应商受到警告处分。不断优化供应商队伍，为集团公司生产经营提供有力保障。

【质量管理】 提升了质量管控能力，严格执行取消让步接收专项工作，通过加强采购物资的质量监督管控，公司考核的七项大宗物料进货合格率全部达到历史最好水平。通过加大质量问题的处理力度，全年完成了质量扣款及索赔4186万元，处理各类异议918笔，处理供应商181家次。质量问题的及时处理不仅避免了经济损失，而且对供应商起到了警示作用。

【途耗管理】 强化了途耗管理，通过事前管控、过程跟踪、结算管控等多种有效措施，实现途耗率、途耗金额同比分别降低了0.35%、4661万元，超额完成集团考核指标及采购中心攻关指标。对途耗异议开展索赔，对各供应商异议处理模式进行梳理，分类制订不同的索赔标准。全年完成索赔金额1050万元。

【资金管理】 进一步加强资金管理。2020年下半年，集团公司资金面临严重短缺，前后压缩支付采购资金29亿多元。面对严峻形势，采购中心没有等、靠、要，一方面根据集团公司整体资金情况，组织召开经理办公会及时调整采购付款节奏，把有限的资金用在刀刃上；另一方面，通过与供应商商谈，积极宣传本钢的诚信理念，增强供应商与本钢携手共渡难关的信心。在资金紧张的情况下仍然全面完成保供、降本任务，保证了集团公司生产稳定运行。

【信息化建设】 按照业务主导、IT支撑的信息化管理思路，梳理了采购供应链条各环节及相关流程，先后完成了欧冶商城、供应商线上审批以及结算业务供应商网上协同办公等8个项目，较好地支持了采购经营工作。

（孙玉娟）

招标管理

【概况】 本钢招标有限公司是本钢集团招标采购的归口管理和业务实施单位。主要承担本钢集团原燃辅料、设备备件、工程建设、国际成套设备及备件、服务等项目的招标采购工作，下设营运管理部、原燃材料招标部、设备备件招标部、工程招标部、国际招标部、财务室6个部室。2020年末在籍员工30人，党员20人，全部为大学本科及以上学历。其中高级职称9人、中级职称18人，国家注册职业（执业）资格9人。

【经营指标】 2020年，完成各类招标采购项目5908项，累计中标金额77.44亿元，累计降采额12.17亿元。招标量、中标额、降采额均超额完成集团公司考核指标。其中完成采购中心委托的招标项目3968项，累计中标金额49.57亿元，累计降采额6.01亿元。完成设备部委托的招标项目168项，累计中标金额18.81亿元，累计降采额3.62亿元。完成国贸公司委托的设备招标项目78项，累计中标金额4.07亿元，累计降采额0.62亿元。完成其他部门及子公司委托的招标项目206项，累计中标额4.98亿元，累计降采额1.92亿元。

【营运管理】 发挥电子化招标平台优势，积极抗击疫情，全力保产保供。面对新冠肺炎疫情带来的严峻形势，招标公司严格落实集团公司各项防控措施，制订《招标公司疫情防控及突发疫情应急预案》《招标公司新型肺炎疫情防控期间招投标业务开展暂行规定》，充分发挥电子招标采购平台优势，通过创新招评标模式、建立评审专家健康登记台账等，最大程度减少人员聚集，最大可能实现"无接触""不见面"招标。采取远程视频评标、投标单位在线答疑等方式，在满足防疫要求的同时，保证各招标项目规范高效有序进行。建立健全本钢集团招标采购管理制度体系，完善业务流程。以"管理制度化、制度流程化、流程信息化"为努力方向，以强化制度执行力为重点，不断提升完善招标制度管理水平。制定、修订了《本钢集团有限公司招标采购管理办法》《本钢集团有限公司评标专家管理办法》《本钢集团有限公司投标方管理实施办法》《本钢招标有限公司招标业务材料归档实施细则》等招投标专业管理制度。截至2020年底，招标公司共制定发布各类规章制度31个。以建设"廉洁高效、能力突出、业务精湛、技术过硬"的高素质人才队伍为管理目标，提高从业人员素质，培养专业招标团队。聘请外部专家和集团公司内部相关专业专家，开展招投标法律法规、国家政策、本钢采购管理制度和管理现状、电子招标业务实施等方面的培训，并与鞍钢招标公司交流对标，不断提升员工理论和实操业务能力；签订《本钢招标公司廉洁从业承诺书》，改进自身工作作风；根据《本钢招标有限公司问责追责实施办法》，按照"失责必问、问责必严、追责到底"的工作原则，强化领导责任，加强内部管理，提高员工廉洁自律意识。

【招标管理】 按照集团公司降低采购成本的总体要求，招标公司根据不同采购项目的类别特点逐项进行分析，通过主动寻源引入新供应商参与竞标；积极通过网络查询、成本分析、对比分析、历史数据挖掘等方式研判投标方报价合理性，逐项梳理、优化招标策略和评标规则，促进了投标供应商间形成充分竞争，有效降低了采购价格。2020年，露天矿外委剥岩招标项目、耐火材料年标项目、油品招标项目、设备备件年标项目、包装材料招标等取得了显著成效。为保证招标过程规范和取得良好招标效果，招标公司对采购方制定的采购方案进行审核、优化，重点针对招标方式选择的合规性，资质、业绩条件设定的适当性，组包的合理性，采购清单信息的标准性和完整性，技术要求和技术协议的有效性，评标规则、中标原则的可行性等进行复核把关，积极与采购组织和使用单位协调，不断规范采购组织行为，促进采购基础管理水平有效提升。同时积极与运营改善部、采购中心、设备部等管理部门协调，商讨当前招标采购过程中存在的问题，在保证合规的前提下，不断优化、修订、完善招标流程，对招标各节点操作提出时间要求和建议，力求提高招标时效性。积极协助采购组织开展重点工程及联合检修项目的物料招标，为工程建设和联合检修提供保障。围绕基层厂矿的实际需求，不断梳理招标流程，完善规章制度和操作方式，力求为采购组织提供更优质的服务。

【交易平台管理】 本钢集团电子招标采购交易平台自2018年上线以来运行平稳。2020年在原有功能基础上，实现与本钢集团档案系统的业务对接，招标过程文件按照档案管理要求定期归档到本钢集团档案馆，保障了招标业务数据的完整性和招标过程文件的全程可追溯性。同年本钢集团电子招标采购交易平台实现与ERP系统合同数据的接口对接，实现货物类招标采购项目合同签订情况的业务跟踪。2020年3月，本钢集团电子招标采购交易平台CA秘钥投标功能上线，投标人可使用电子招投标交易平台提供的CA秘钥对投标文件及价格进行加密，有效提升本钢集团电子招标采购交易平台的公信力。同时，本钢集团电子招标采购交易平台利用微信公众号向全社会进行推广，2020年招标公司微信公众号共计发布153篇信息，其中寻源公告85篇、招采公告52篇、其他类型公告16篇。公众号吸引供应商用户共2690人关注，发挥了良好的企业宣传作用。

【招标专家管理】 为持续完善本钢集团评标专家库建设，进一步提升评标专家使用率，按照《本钢集团有限公司评标专家管理办法》规定，2020年招标公司在集团组织部的协助下开展评标专家库评估和整理工作，向全集团公司发布专家评估征集通知。截至2020年9月共反馈评标专家信息单位50家，合计反馈专家人数426人，其中新增评标专家220人，临时专家转正164人，追加评审专业42人。各单位反馈清退专家59人。截至2020年底，本钢评标专家库正式专家1459人、临时专家597人，同时新增具备专业造价、预算能力的经济类专家41人。经过招标公司为期5个月的2020年评标专家库评估和整理工作，目前评标专家人数满足评标随机抽取使用要求，全面实现评标专家的随机抽取。

【供应商管理】 招标公司始终秉承以"公开、公平、公正"的招投标环境吸引优质投标方参与的管理理念，通过中国公共招标服务平台、中国采购与招标网等平台接口，发布招投标信息，通过信息媒体手段开发招标公司电子导览系统，展示招标公司对外形象。完善供应商注册流程，联系供应商修改注册信息，提高注册效率。2020年，新增注册潜在投标方6454家，参与投标12324项次。其中1153家投标方成功中标，转为本钢网内合格供应商。同时，为维护健康有序的投标环境，对投标方的投标行为进行严格的过程监管，共处罚涉嫌串标围标的投标方236家。

（秦文鑫）

计量管理

【概况】 本钢板材股份有限公司计控中心（简称计控中心）行使本钢集团有限公司计量管理职能。负责集团公司计量管理和一二级计量设备管理与维护工作；承担集团公司流体能源介质检测、电力系统试验、物资计量检斤、计量器具检定等业务；建立一级计量标准33项、二级计量标准9项。截至2020年末，计控中心职工总数651人（含人力资源派工66人），其中管理岗40人、业务岗31人、专业技术岗62人（含首席工程师1人）、生产操作岗518人，研究生学历15人，本科学历124人，副高级职称19人，中级职称114人，高级技师9人，技师46人。

计控中心下设6个职能室、10个作业区。党委下设16个党支部，党员227名。固定资产按类别分：机械设备57台套、动力设备3台套、传导设备5台套、运输设备4台、冶金专用设备17台、自动化控制及仪器仪表1030台、工业建筑物56座，非生产用设备及器具70台套，固定资产原值23178.68万元，净值9927.74万元。2020年，设备可开动率100%，生产工艺仪表运行率97.68%，生产工艺仪表完好率99.44%，计量仪表运行率100%，轨道衡运行率100%，轨道衡完好率99.9%，事故故障停机率0.18%，计量检测率100%，计量检测准确率100%，继电保护正确动作率100%，计量器具周检计划完成率100%。

【计量器具管理】 2020年，计控中心共组织各类衡器设备检定148台次，标定1199台次；完成流体能源计量仪表抽检校验4661台次；完成计量器具检定13485台。

【计量数据管理】 开展生活水损失率攻关，组织对生活水管网普查，通过数据比对、现场勘查，发现兴安、冶金渣、特钢等区域4处管道存在漏点，经整改，上述区域每月可为集团公司节约生活水量2万余吨，板材特钢段生活水损失率由原来的41%降到了13.47%。开展电量倍率普查，合计排查板材、矿业、北营三个厂区61家单位2297个计量点，发现问题17项，这些问题点一方面影响集团内部单位真实成本核算，另一方面涉及外部单位的计量点问题易造成集团利益受损。例如北营焦化厂转供东灏化工厂计量点，普查前结算倍率1500，普查后实际倍率2000，追缴电量合计17个月，共计897870kW·h。

【计量过程管控】 围绕合金料管控、两钢调料、降低港途耗、成材率攻关等重点工作，加强计量全流程管控。实现外购合金料等贵重物资从进厂到入储实现全流程计量管控，发放和使用环节得到有效的计量监管。针对两钢调料工作，完善计量管理措施，并对无人值守两钢检斤数据超时、超差报警程序进行测试，以满足实际生产需求。在产品成材率攻关方面，通过加强板材炼钢厂板坯秤计量性能管控，加大标定与点检频次，做到问题早发现、早解决。加大计量监督检查力度，针对公司不合格测量设备处置、标准替代物管理、铁塔公司用电计量等情况进行了检查，共发现台账类、操作类、日常校准类、管理类问题99项，下发整改通知单24份。

【计量设施建设】 推进集团三级计量建设，

实现板材、北营工业环网搭建,由计量网统一提供基础数据支持。对板材、北营15家主线厂矿能源调度监测平台进行开发,实现了公司、厂、作业区三级调度对能耗的实时监控。板材焦化厂合理运用监测平台,加强能耗计量数据的日常分析和严格管控,全年降低能耗成本2400万元。物资计量方面,组织对运行状态波动较大的板材炼钢厂4流板坯秤进行改造,在北营区域新建2台汽车衡,解决坯料无法计量问题,为各产线成材率攻关提供准确的计量数据。

【测量体系管理】 为更好地解决影响钢后产品质量的计量问题,中心协调宝钢、马钢、鞍钢和包钢计量专业技术专家,针对冷轧低碳高强钢"碳"元素检验结果偏差较大的问题进行技术"会诊",为有效解决该问题提供了良好的技术借鉴;组织板材、北营两大板块的38家部门和厂矿开展测量体系内审工作,开具9个不符合项报告,提出其他问题74项,全部完成整改;11月18日,本钢集团一次性通过2020年测量管理体系外审。

【生产组织】 2020年,计控中心共组织较大仪控设备故障抢修4起、衡器故障抢修10起、完成电气设备故障抢修试验任务150次,重点设备和建筑物防雷装置监测951点;组织区域大停电作业3次,完成继电保护试验1960套、高压绝保试验11350件、绝缘工器具测试3010件、避雷器试验510台、互感器试验230台、绝缘油分析320种、电能表检测1367块、防雷接地测试951点;完成一级外进大宗原燃料、一级外发成品和二级内部转运物资检斤任务,检斤总量达1.8亿吨,创历史新高,保证了集团公司生产和物流顺畅。解决板材炼铁厂7号高炉顶压波动较大问题,疫情期间由于设计厂家无法到达现场,计控中心主动承担了7号高炉的顶压调节工作,将波动范围由16kPa降至7kPa,满足了高炉生产需求,保证了主体设备顺利投入运行。积极参与板材新5号高炉开炉准备工作,新5号高炉过渡阶段,计控中心全力配合并主动排查仪控设备存在的问题,对高炉本体所有仪控故障检查、处理及校验1593点,并组织8台铁水秤整套设备安装、调试,为新5号高炉顺利开炉提供了有力保障。

【工程管理】 积极参与集团公司各主要厂矿检维修工程,解决各厂矿现场仪控设备运行实际问题,保证仪控设备稳定运行。全年完成检维修、技改和专项工程27项。电能计量信息管理系统改造项目,完成板材炼铁厂、焦化厂等9个厂矿156个变电所、840块智能电表、220台采集终端等设备安装、服务器搭建、平台建设和采集配置,从现场硬件到后台软件现已全面通过验收并上线运行,实现了各单位电量查询、能耗分析等功能需求。计量网升级改造和三级能耗平台建设项目,重新搭建了集团能源计量信息系统框架,形成功能强大、技术先进、方便快捷的计量结算平台,满足了各厂矿日清日结基本需求。

【降本增效】 公司下达变动费用考核指标2185.87万元,实际发生1942.74万元,降低费用指标243.13万元。积极开展修旧利废工作,完成设备备件自修42项,创效益38.41万元。

【安全管理】 持续推进职业健康安全管理

体系有效运行，落实制度标准，突出隐患整治，强化教育培训，提高职工安全意识，实现了安全生产"三为零"工作目标。不断完善安全制度，健全安全生产责任体系，加强各级领导干部安全履职情况督察，有效落实"党政同责、一岗双责、齐抓共管"要求。深化安全生产标准化建设，层层签订安全生产责任状，严格落实安全生产激励约束机制，安全生产的各个环节逐步纳入制度化、规范化管理。建立安全风险分级管控和隐患排查治理双重预防机制；全面开展隐患"清零"专项整治行动；组织开展"安全为了谁"专题大讨论；对51名新入职毕业生进行系统性安全教育培训，同时组织近三年毕业生开展为期一周的中心级安全教育。注重实效性的多项举措，为中心生产经营缔造了良好的安全氛围。加大安全监督和检查力度，有效开展隐患排查与整改，全年共开展隐患排查清零、用电安全、仓储物资安全、消防设施安全等专项检查71次，开展日常安全检查75次，查出各类隐患（问题）82项，下发隐患（问题）整改通知单62份，已全部整改完毕。

【人力资源】 2020年，计控中心分配定向委培实习生35人、大专生10人、本科生6人，合计51人。经过安全、生产、技术等方面培训，实习生已全部分配到基层岗位，有效缓解了人员不足的问题。完成"四定"试用期考核工作，对全中心"四定"工作中聘任上岗的管理、业务、技术和操作岗位人员进行试用期考核。开展点检员岗位竞聘，通过竞聘，点检员岗位由原33个精简至24个，同时开展竞聘上岗人员点检知识培训，提高了点检队伍业务能力和点检工作水平。加大劳动纪律管理力度，切实转变工作作风，全年共开展劳动纪律检查36次，查出各类违纪问题20个，处罚金额4000元。

【党群工作】 计控中心党委认真贯彻执行集团党委统一部署，坚持以习近平新时代中国特色社会主义思想为指导，以创新工作思路为主线，党建工作稳步推进。开展"基层党建工作建设年"和"基层党建制度落实年"活动，推进党建工作责任制考核评价和党支部评估定级，党组织书记抓党建工作责任得到有效落实。开展建功立业活动取得实效，促进党建工作与生产经营深度融合，设立党员先锋岗，划分党员责任区。全面从严治党持续深化，全力配合集团党委第五轮常规政治巡察工作。深入落实中央八项规定精神，持之以恒纠治"四风"，深入开展"厉行节约、杜绝浪费"专项整治。开展多种形式反腐倡廉教育，召开警示大会，通报典型案例，党风廉政建设和反腐工作取得良好成效。在抗击疫情工作中，计控中心上下同心，众志成城，令行禁止，步调一致。疫情发生以来，组建了77人的"守护健康保产顺行"志愿者团队，防疫资金累计支出62598.5元，计控中心600多名职工无一例疑似病例，无一例确诊病例，为全年生产经营和改革发展创造了有利条件，为本钢集团疫情防控工作贡献了应有的力量。持续开展两节"送温暖"、夏季"送清凉"等活动，全年共发放慰问金20100元，职工集体福利累计支出金额298750元，办理医疗保险理赔106人次，赔付金额114876元。全面完成建党99周年大庆、三级"两会"等敏感时期的信访维稳任务，保证了计控中心正常的生产经营秩序。

（孙 玮）

信息化建设

【概况】 本钢板材股份有限公司信息化中心（简称信息化中心）代行集团公司信息化管理职能，主要负责信息化综合管理、信息系统运行和维护、自动化系统运行和维护、应用软件开发、智能化技术应用、市场开发等工作。下设综合管理组、应用开发组、系统管理组、信息自动化公司。截至2020年底，信息化中心在籍职工211人，其中管理岗18人、业务岗23人、技术岗170人，副高级职称67人、中级职称48人。

2020年，按照集团公司第二轮信息化"智慧运行、智慧制造、智能装备"整体规划目标，以"计划一体化"和"大部制、大厂制"的管控要求为重点，稳步推进信息化项目建设。在推进防疫工作常态化基础上，从信息化运维、管理、建设三大职能着手，围绕信息化运维工作、"十四五"信息化规划、两化融合管理体系、核心机构业务整合、信息化制度、推进软件正版化等方面开展具体工作，全年实现了信息化系统稳定运行、对生产"零"影响的总体目标。

【主机网络平台建设】 2020年，各主机、网络平台整体运行稳定。1.运行维护：克服疫情影响等不利因素，采用现场和远程视频跟踪巡检相结合的方式，对ERP、OA、MES等业务系统平台344台主机及存储设备、302套相关系统平台软件进行巡检200余次，及时处理更换硬件、软件及日常问题200余个，确保全年主机、网络设备运行正常；加强光缆线路巡检，积极应对特殊天气，及时维护加固，保障生产运营的顺利进行；开通、调试个人业务办公VPN权限100余个，满足业务人员在家就可以登录本钢集团各业务系统，足不出户完成疫情防控通报、销售、采购、生产等一系列业务办理；集中升级替换10年以上重点区域网络设备，设备整体新度系数提高至57%；ERP系统三秒执行率稳定在98%以上，ERP数据库每月增长量稳定在20G。2.运行管理：面对计算机勒索病毒，及时响应，通过点对点联系、远程视频、远程演示等方式，对15个应用业务系统的158台主机进行重点关注和防护，部署24小时防病毒软件离线的报警提醒，及时发现异常并排查，保障核心系统安全运行。3.项目建设：2020年6月，本钢集团网接入层交换机升级改造项目二期开始施工，9月完成集团内网14台核心层和471台接入层设备改造及配线升级工作。板材厂区及矿山各主要生产单位网络环境全面升级，实现万兆互联、千兆到桌面，将本钢的接入层网络逐步改造成一个相对稳定可靠的信息高速公路；2020年8月，本钢能中数据中心核心机房、三级机房、能管机房共计768支蓄电池完成更换，共计6个电池柜安装了隔离防护罩，并于地面铺设绝缘胶板，切实做好了蓄电池的安全运行防护。

【应用平台建设】 2020年，结合集团信息化工作总体思路和原则，落实强基础、补短板具体工作措施，加大智能制造试点项目实施力度，逐步完善信息化应用平台建设。1.2020年1月档案系统顺利完成系统功能升级，实现招投标、客服协同平台、电子质量证明书系统电子文件归档，10月10日完成国家试点验收。2.按照"大部制、大厂制"强管控战略，冷轧MES升级改造项目实现了ERP集中管理、MES现场精细管理的功能分担目标;根据钢轧一体化工作目标,同步实施的炼钢MES升级改造和热轧MES升级改造,实现了本钢热冷轧生产计划统一平台管理、生产库存统筹管理、热装计划线上化管理,将板材三个热轧区MES层填平补齐,提升了生产厂生产执行管理水平。3.鱼雷罐跟踪系统通过RFID电子标签识别技术的深度应用,实现了鱼雷罐的实时跟踪定位,为提高鱼雷罐周转率、降低生产能耗提供了系统支撑。4.6月18日,冷轧老线区的ERP产销质改造正式上线运行,实现了冷轧老线区7条产线ERP统一平台计划管理、库存管理,重点实现电镀锌返修、二冷重卷返修的线上化管控。按计划完成冷轧数据归档系统上线,保障冷轧MES系统在线数据量稳定和离线数据可查、可用、可追溯。5.GK整合项目,通过简化工作流程,完善板坯匹配原则,建立健全生产判定机制,精确展示本钢GK整体规模,掌握可合炉的订单范围,引领合炉生产模式全面落地。加快板坯流转速度,有效提升资金利用率。6.4月20日,责任状测评模块按期上线运行,顺利完成前两个季度及半年责任状测评工作,涉及25个被考核部门、79个评分单位、158项指标。此功能成功上线后,可清晰地掌握被考核单位责任状指标计划及完成情况,简化管理,提高责任状量化工作效率,为管理及工作推进提供支撑。7.10月,北方恒达物流园信息化平台各主要功能正式投入运行,包括园区的电子商务、智慧运营、智慧无人仓储、智能车辆运输、包括5G技术应用的智能装备、智慧行车等功能,打通了与本钢ERP接口,支持本钢厂区与物流园区的移库、加工、销售等业务。

【信息化管理】 2020年,全面推进两化融合管理体系及制度建设,围绕集团战略规划,实现智能制造的总体目标,制定"十四五"规划信息化子规划;积极开展创新技术交流及培训,建立具备独立建设MES项目的技术和业务能力团队,实现"建设先进系统,打造精英团队,培养优秀人才"的目标。1.进一步深化两化体系贯标与日常工作融合,按照业务流程优化、组织结构调整、技术实现、数据开发利用、规范与匹配五要素要求,规范项目文档标准化管理,稳步推进ERP产销质和冷轧、炼钢、热轧MES项目建设,推进本钢集团在信息化环境下的新型能力建设。结合核心业务整合,完成22项信息化制度修订及宣贯,从而提升公司内部管理水平。2.根据集团公司整体战略规划,结合近两年强基础、补短板、补漏洞的要求,进行了基础平台完善。通过对各单位信息化系统现况调研,摸清各单位产线装备及控制系统现况、信息化系统应用及需求,结合技改同步建设、完善相关信息化系统,夯实信息化基础。3.在确保生产经营稳定运行,确保所有人员状态稳定基础上,开展与北营、矿业各项管理工作的对接,共接收14名北营职工,解决19项问题,完成38类1569件新旧设备及材料物资的盘点,交接工程项目档案509卷;梳理板材与北营信息化中心现有工程管理业务流程21项,同时完成北营自主开发运维的9个应用系统的对接及验证。配合各部门增加接入矿业、北营监控246点,完成增铺网线600米,开通、修改ERP及OA系统人员权限500人5000余条,实现了核心业务一体化整合后资源共享,信息化工作规范化管理,夯实了区域信息化运维基础,从而确保系统稳定可靠运行、各项业务顺利开展。4.加强对软件正版化工作的推进力度,制定下发了《本钢集团有限公司软件正版化管理规定》并进行了多轮宣贯，提高各单位相关人员的正版化意识。以推进 AutoCAD 正版化工作为抓手，在公司范围内进行小规模试用，向 26 个部门及单位发放两款国产软件试用版本 80 套，为下一步推进软件正版化、国产化提供数据支撑。5. 通过参与项目、实战演练和技术培训相结合的方式，达到培养复合型人才的目的。加强新员工培训过程控制与信息反馈工作，积累优化培训课程内容，构建新员工入职培训课程体系，形成线上线下相结合的新员工入职培训模式。2020 年，通过"请进来、走出去"的方式，以远程会议、视频交流、现场考察等形式开展了网络安全、炼钢热轧 MES 培训、智能化料场、铁区 MES 技术交流，截至 2020 年底参加培训人员 850 余人次、课时 93 学时，对业务人员进行岗位业务传授和技能再巩固，匹配与新系统相适应的新知识、新理念、新技能，为系统新功能的后续应用打下坚实基础。6. 积极策划、稳步推进科技管理工作，按照集团公司信息化三年发展规划，构建科技管理工作体系，鼓励员工积极参与科技立项、科技成果、科技论文的编写，并以技能大师工作站为抓手，通过在线 JAVA 培训教程，有效提高部门整体技术水平。其中辽宁省金属学会科技论文评比中获得一等奖论文 2 篇、三等奖论文 7 篇。《矩阵式管理在本钢信息化项目管理中的建立和实施》《推进两化深度融合助推企业精益生产及产销一体化的管理与实践》均获得集团管理创新成果二等奖，其中《矩阵式管理》被推荐到中钢协及辽宁省管理创新成果评审中。 　　　　　　（冯晓蕾）

企业文化建设

【概况】 本钢集团企业文化工作由本钢集团党委宣传部（统战部、企业文化部、团委）具体实施。2020 年，企业文化建设围绕企业改革创新发展，以加强和改进网络意识形态工作为中心，以规范视觉文化体系、塑造企业良好形象、展现企业核心竞争力为基础，以彰显企业社会担当、创新网络舆情管理、创作企业文化产品为重点，打造文化软实力，提升企业知名度，扎实推进企业文化建设。

【企业文化建设】 充分发挥企业文化引领作用，推进管理与文化有机融合，增强企业凝聚力和核心竞争力。以全面提升企业管理能力、管理水平为遵循，按照集团公司"十四五"规划编制要求，编写"十四五"规划中企业文化及品牌建设方面内容，完成《本钢集团对标世界一流管理提升行动实施方案》涉及企业组织文化建设的工作标的、工作目标、工作清单及三年行动推进计划。加速实现企业文化作用于企业管理，利用《本钢日报》、《今日本钢》电视、本钢集团官方网站、OA 办公自动化系统、微博、微信公众号、厂区大屏幕和文化长廊、宣传报栏等宣传平台，对企业文化理念和企业文化体系进行全方位、多角度宣贯。尤其注重职工文化意识培养，将企业使命、企业精神、企业核心价值观、员工誓词、《本钢之歌》等纳入集团公司各级管理人员、职工职业技能培训及新入职大学生培训，扩大覆盖面，辐射管理层，使广大职工充分认识理解本钢企业文化体系的深刻内涵，使广大职工自觉成为企业文化的传播者、践行者，使企业文化切实成为本钢集团统一价值观念、提升企业管理水平的有效动力。大力开展视觉文化建设，规范视觉文化体系。以企业标识、商标改版为契机，深入推进企业标识和企业英文名称规范使用，使企业视觉文化建设规范化，并重点对矿业南芬露天铁矿、板材炼铁厂新一号高炉、炼钢厂连铸工序、热连轧厂2300生产线、冷轧总厂二冷轧工序和三冷轧工序等主要参观区域、参观通道宣传文化内容进行调研、规范、修缮，彰显企业文化建设时代活力。

【企业形象塑造】 围绕百年本钢厚重的文化历史和精神传承，以塑造企业形象、提升企业影响力和知名度为重点，以参加行业论坛、文化峰会和组织创作庆祝中国共产党建党100周年文化产品为载体，丰富企业形象宣传渠道，扩大本钢企业品牌传播。利用"全国冶金企业文化论坛"、"企业文化研讨会"、《中国冶金报》、《冶金企业文化》等平台，对本钢企业文化成果及经验进行宣传、推介，增进了本钢对外企业文化交流。通过参加"中外企业文化2020杭州峰会"、"中国钢铁工业协会宣传交流工作委员会成立大会暨《钢铁脊梁》纪录片拍摄启动仪式"等，本钢企业文化对外形象得到进一步推广和延伸，其中集团公司党委副书记赵忠民被授予"十三五"中国企业文化建设典范人物荣誉称号，进一步扩大了企业知名度、提升了本钢集团影响力。按照本钢集团向建党100周年献礼项目内容，本钢集团党委与辽宁省广播电视局、本溪市委宣传部共同创作一部以百年本钢百年党为主线内容的大型历史类工业题材电视纪录片《一个世纪的淬炼》，作为献礼文化产品向中央电视台、辽宁电视台推荐播出；组织创作献礼书籍《逐梦成钢》，作为《往事如铁》的姊妹篇进行出版、发行。通过"一片一书"的拍摄和创作，充分将一百年来本钢的文化历史、红色基因和一代代本钢人始终与党同心、与时代同行、与祖国同梦的英雄情怀、钢铁精神进行记录、凝聚和传承。为深入学习贯彻落实习近平总书记关于精准脱贫的系列讲话精神及展现本钢集团作为辽宁省最大国有企业的社会担当，本钢集团与桓仁县合作开展了一次"大美桓仁、好景好物齐分享——爱心助农本钢专场"直播带货活动，总计实现销售收入73万元，以办实事、见效果的实际行动彰显了本钢集团的政治担当。同时，还通过协助做好"中钢研科技集团战略合作技术对接会""辽宁北方恒达物流园招商推介大会""辽宁省国际贸易洽谈会"等工作，使本钢集团坚持全球化战略、持续推进管理创新、加强合作共赢的良好企业形象得到充分展示。

【新媒体建设】 充分发挥新媒体传播快、覆盖面广、形式灵活等优势，围绕集团公司全年生产经营目标和企业改革中心工作发挥重要作用。进一步增强新媒体宣传可读性和互动性，提升新媒体宣传开发、应用及推广的工作质量，拓宽本钢对内对外宣传渠道。加强新媒体与传统媒体的深度融合，通过网络传递正能量，凝聚向心力。在本钢集团各项重大活动、先进典型宣传、总结推广经验等方面，新媒体平台利用立体互动式宣传优势，对企业进行全方位、多角度宣传，为企业发展提供有力舆论支持。加强新媒体平台建设，开办"本钢集团"抖音官方账号，积极推进本钢集团官方网站、微博、微信公众号等新媒体平台栏目的创新与调整，适时调整增设"展望十四五""专项工作进行时"等一批全新栏目和官方网站"主要产品－网络销售"等内容。加强知识产权保护的法律风险防范意识,会同法律事务部举办"网站、微博、微信公众号及视频、平面广告等方面著作权法律风险防范"专题培训。结合集团核心业务调整,对各单位、各部门新媒体平台建设进行重新统计管理,并全面利用新媒体对本钢在疫情防控期间的国企担当、扶贫攻坚中的社会担当以及辽宁本钢队参加CBA联赛等情况进行了充分的宣传报道,彰显了本钢集团的政治责任和家国情怀,激发了职工的荣誉感、自豪感。本钢集团官方微信公众号连续多年被评为"本溪市十佳微信公众号"。

【网络舆情监控】 提升网络舆情管控能力,制定下发《本钢集团有限公司网络舆情管理办法》。持续加强和改进网络意识形态,坚持管用防并举,统筹网上网下两条战线,牢牢掌握网络意识形态工作领导权、管理权、话语权。完善舆情监控报告机制,密切关注网络舆论焦点和热点舆情信息,及时了解掌握涉及集团公司网络舆情,形成《网络舆情周报》,为各级领导了解情况、指导工作、科学决策提供舆情信息支持。加大重要节点和特殊时期舆情监控力度,特别是在全国"两会""国庆"等重点阶段,加大舆情监控人员投入,组织各级网评员采取值班、轮换等工作机制,确保舆情及时发现,及时上报,为本钢集团相关部门和领导做好研判、处置提供第一手信息资料。围绕本钢集团疫情防控、核心主业管控模式调整工作安排、退休人员社会化管理、大集体改革后续工作等重点事项,将舆情监控前移,与各基层单位保持密切联系,从源头上避免舆情扩散。加强网络评论员队伍建设,重新选拔组建40名政治可靠、能力素质高的本钢骨干网评员队伍,有效发挥网络评论员的"隐性引导"作用。组织参加2020年全省网评队伍管理培训,提升网评员素质,并通过及时了解掌握职工思想动态、化解矛盾纠纷等举措,营造良好的网络舆论氛围。 （张 磊）

栏目编辑　　赵　伟

本钢年鉴 *2021*

特载

大事记

概述

经营管理

★ 综合管理

党群工作

钢铁主业

多元产业

改制企业

统计资料

人事与机构

人物与表彰

附录

本钢集团

综合管理

办公室工作

【概况】 集团公司办公室（党委办公室、董事会办公室、经理办公室合署办公）主要负责本钢集团有限公司的办公室业务工作，内设综合室、政策研究室（机关党委工作室）、督查室。2020年末，在籍职工28人，其中主任1人（正部级）、副主任2人（正处级）、正处级1人、副处级3人、高级业务师2人、主任业务师7人、专业业务师10人、责任业务师2人，研究生学历5人、大学学历23人，副高级职称7人、中级职称16人、初级职称4人、无职称1人。

【疫情防控】 2020年，在集团公司疫情防控领导小组领导下，办公室迅速落实，职工自愿放弃春节休假，全面启动疫情防控工作。从1月21日开始，优质完成起草文件、传达指令、组织排查、信息上报、沟通协调、督导检查等各项工作，做到疫情防控不留死角。一是组织保障有力。落实集团疫情防控领导小组和指挥部分工职责，构建了指挥部工作机制，确保防控高效有序。办公室领导干部24小时在岗值班，核心工作人员每天工作12小时以上，手机保证24小时开机。二是制度保障完善。根据国内外疫情形势变化和上级部署，迅速组织制定《新型冠状病毒感染的肺炎疫情应急预案》及《疫情联防联控工作方案》，为本钢集团疫情防控工作的快速开展奠定了基础。三是动态网格管理。建立了5个工作联系微信群，实时汇总、核实、动态跟踪掌握重点人员排查情况，严格实施"日报告、零报告"，及时报送《防疫工作简报》和动态日报，为本钢集团领导班子准确把握疫情防控工作情况，开展科学决策提供了翔实准确的第一手信息。四是形成闭环管理。在组织好日常人员信息排查、协调统筹等工作的同时，牵头开展对各单位落实防控工作的督导检查，持续深入一线，确保集团各项部署落实到位。

【综合工作】 一是优质完成本钢集团党委一届七次纪委一届六次全委（扩大）会议、本钢集团2020年上半年生产经营工作分析视频会、本钢集团一届五次职工代表大会暨2021年经济工作会议等集团级会务工作。二是严格把控用印程序，全年用印7227枚。接收办理上三级文件3529件，下发文件531件。三是调整了保密委员会成员，指导基层单位开展保密工作，并在下半年将保密业务移交至保卫中心，顺利完成相关密件和材料的移交。四是圆满完成集团领导各项服务工作和节假日值班工作安排。

【政研工作】 一是起草完成本钢集团党委一届七次全委会工作报告、董事会2019年度工作报告、本钢集团一届五次职工代表大会工作报告、向省委省政府汇报材料等重要文稿二百余篇，字数超百万。二是整理完成了本钢集团2020年一季度、上半年生产经营工作分析会讲话，上级领导到本钢调研讲话，集团公司主要领导调研讲话等大型综合会议的文字材料40余篇。三是完成党委会议纪要23期、董事会议纪要16期。四是高质量完成信息报送工作，报送的"本钢集团跻身第三代汽车钢生产商行列"等3条信息被国务院国资委网站采用。五是加强档案管理，完成核心主业管控模式调整档案清理移交；审核103家立档单位的年度统计报表，《全国档案事业统计调查报表》上报省档案局。六是完成《本钢年鉴》（2020版）编辑、校对、复核、出版工作。

【督查工作】 2020年，围绕集团重大决策、重要工作部署和领导交办重要事项开展督查督办，在持续跟进做好日清日结、清欠工作等15项长期督办任务的基础上，新接审计、巡察问题整改以及发行债券、地矿采购和降港口产品库存等督办任务42项，按督办时间节点完成反馈报告。一是切实将集团公司党委巡察发现的整改问题上升到政治任务来抓，以严肃认真的态度督促责任部门推进各项问题整改到位，确保将巡察成果体现好、运用好、深化好。第三轮巡察发现的6项问题和第四轮巡察发现的3项问题均已整改完毕。二是围绕集团降成本、取消让步验收、资产清查和审计问题整改等集团发展难点、焦点问题57项，开展联合督查、专项督办，有效地推进了工作进度和问题的整改，为集团挽回了上千万元的经济损失。三是围绕职工群众反映的食堂就餐、通勤、劳保发放等重点、热点问题，第一时间开展现场调研，掌握第一手资料，积极快速协调解决，让职工感受到集团领导真正把他们放在心上。四是围绕疫情督导，积极组织协调8个督导组，深入一线开展专项督导，在关键点、重要部位、薄弱环节开展了行之有效的督导工作，为集团整体疫情防控"零病例"奠定坚实基础。五是通过落实责任、完善整改措施等手段，全力推进解决职工群众关心、关注的热点问题。2020年，通过微信、电话、邮箱受理职工群众反映和咨询的业务共计32项，全部完成办结。

【机关工作】 全面做好了机关党委支部换届（改选）和委员增补调整工作，重点开展了警示教育活动，建立了个人廉政档案，认真执行婚丧喜庆报备工作常态化。深入开展职工普惠、送温暖工作，在疫情期间为基层分会和职工购置了微波炉、消毒柜、饮水机等日常所需设备。组建"守护健康保产顺行"志愿者团队，协助、配合做好疫情排查、日常消毒、防疫知识宣传等工作，保障职工生命安全和身体健康。通过"建功立业"评比活动，共评选"先锋党支部"10个、"旗帜党员"84名、抗击疫情先锋集体7个、抗击疫情先锋个人23名。

【行政后勤】 完成了烟囱拆除、食堂修缮、楼梯维修、新建刷车库、部分区域破损路面修复等工作，解决了安全隐患问题。引入专业环保队伍，清理外运死树枯枝525立方米、平整场地1572平方米、清理场地322平方米，改善了山上区域的办公环境。加强沟通协调，着重提升服务班服务质量，整体精神面貌有所提升。对停车场进行了重新规划，新增设停车位65个，解决了山上区域停车难的问题。解决多年来职工饮水差问题，更换了水箱，购置了直饮机，将原有7个饮水点减为4个，提升了饮用水质量，降低了能源消耗。更换浴池水箱，持续开展跟踪调研，彻底解决职工浴池用水水质问题。

【制度修订】 成立制度流程推进工作组，按照实用原则、效率原则、优化原则、协同原则，根据核心主业管控模式调整，对集团办公室管控的制度进行全面梳理和修订，对北营公司办公室和矿业公司办公室管控的制度进行全面清理。整合后集团办公室管控制度共34项；北营办公室管控对接业务制度共有11项，清理后保留5项；矿业办公室管控的对接业务制度共有9项，清理后保留

综合管理

6项；板材办公室管控制度独立运行，共有制度33项，其中对5项制度进行了重新修订和下发。编制了《办公室业务工作手册》。

（金一嘉）

行政管理工作

【概况】 行政管理中心为本溪钢铁公司直属单位，行使集团公司管理职能，中心组建于2018年1月，主要负责集团公司行政及后勤事务管理、存量土地管理、厂（矿）区外房产管理、档案管理、公务用车管理、计划生育、物业管理等工作，下设9个部室及8个作业区，共有在岗职工439人，管理人员80名。

【后勤保障】 以服务至上为理念，顺应集团改革发展要求，为集团公司、板材公司两级机关做好服务工作。2020年，在集团核心主业管控模式调整工作中，做好办公场所的调整，恢复工位117个、改造办公室13间，协调解决基层单位及部门提出的对接问题44项、调配办公家具609件（套），节省费用62.7万元。对北营公司三处机关办公楼宇进行了整合，有效降低了运行成本，节省能源性费用92.31万元。

【费用管控】 2020年，行政管理中心结合集团确定的工作职责范围，梳理工作流程、明确工作标准，重新修订印发了《本钢集团有限公司印刷品管理规定》《本钢集团有限公司办公用品管理规定》《本钢集团有限公司固定电话通讯费用管理规定》等制度文件，为实现有序管理、规范管理奠定了制度基础。全年管控费用计划额为1612.26万元，实际发生费用1373.81万元，节约资金238.45万元，比计划下降14.79%。

【房产土地管理】 全面加强房产、土地基础管理，统筹安排，优化资源配置，充分发挥资产效率。2020年，在混改评估、退休人员社会化管理、僵尸企业处置、厂办大集体改革及板材公司可转债发行等项目中提供数据、提出专业意见，为本钢下一步改革发展奠定基础；成功完成了海口土地的纳税办证工作，节省税费支出170万元；完成大耐土地确权的地籍调查和勘测定界工作；移交退休人员社会化管理活动（服务）场所5处、设施265件；完成房产土地监察工作，清查房屋5972栋、土地361宗，2020年房产土地全年出租收入1505万元，比计划增收695万元，增幅85.8%（其中清缴陈欠415万元）。

【维修管理】 2020年，在全面调研板材厂区食堂浴池硬件设施的基础上，对板材厂区6处食堂、9处浴池进行维修，更换破损墙、地砖5100平方米，补大白6100平方米，维修上水管道、下水外线300余延长米，更新两套排烟系统设备，工程总造价140万元。不仅改善了职工的就餐、洗浴环境，而且改善了食品加工的操作环境。

【档案管理】 档案馆全年共接待纸质档案利用1415人次5538卷件，档案信息系统电子档案点击利用4565人次17431件次；针对企业退休人员社会化人事档案规范化整理和数字化转换工作，共培训指导检查399场次，验收数字化图像25万余张，为本钢集团圆满完成省国资委考核指标做出了重要贡献；在核心主业管控模式调整中，将北营公司档案馆、矿业公司档案室库存档案共计

18.4万卷件按期纳入集团档案馆业务集中管理范围；本钢档案信息化三期工程上线运行，实现了对招投标、客服协同、质量证明书等业务系统电子文件的有序归档及管理；电子文件归档和电子档案管理课题项目顺利通过国家档案局验收，本钢集团成为辽宁省首家通过国家档案局电子文件归档和电子档案管理试点验收的企业。

【公车运行】 2020年，公车中心持续提高服务保障能力、提升服务满意率。公车全年安全运行136万公里，在保障公务出行的同时组织车辆自修，降低材料费7.78万元，节省修理费30.12万元。公车管理平台APP上线试运行，优化了公车服务流程，改善了员工的乘车体验，规划板材厂内公交路线、科学设置公交站点，合理安排发、收车时间，解决了4号门入厂职工的交通问题，提高了职工的满意度。厂内公交全年合计运行9万公里，共计运送职工18万人次。

【疫情防控】 行政管理中心作为集团疫情防控指挥部成员单位，在做好本单位疫情防控的同时，承担全集团公共区域疫情防控的管理职责。2020年，制定下发《本钢集团公共区域新型冠状病毒疫情防控工作暂行规定》《本钢集团食堂、浴池疫情防控期间管理暂行规定》《关于本钢厂内启动公交运行方案》等7个管理文件，指导基层单位的防控工作；对31个食堂、45个浴池、6个宿舍的疫情防控开展了常态化专项检查；强化管控、科学防控，保证了集团机关、板材机关、国贸大楼办公环境的公共卫生安全，先后为集团机关部门发放7批次防疫口罩4万多个；全力做好疫情防控用车服务保障，安排专用值班车每天4辆，每天2车2人次火车站值守，24小时轮值待命；指定专人每天对厂内公交车辆全面消毒、安排乘车代表做好人员管理；行政管理中心开发了扫码登记APP，司乘人员全程佩戴口罩，确保职工及司乘人员的乘车安全。行政管理中心被本溪市精神文明委员会评为"本溪市最美抗疫志愿者团队"。

本钢职工有序乘坐厂内公交（闫家兴　摄）

【党建工作】 深入学习贯彻党的十九届四中、五中全会精神，学习领会习近平总书记关于国企改革发展、新冠肺炎疫情防控、制止餐饮浪费等重要指示精神，为中心经营管理提供思想保证。通过《本钢日报》、《今日本钢》等媒体，对后勤保障工作、公务用车管理、档案信息化建设和民生工程进行宣传报道，树立了行政管理中心服务制胜、优质管理的新形象。开展"基层党建工作建设年"和"基层党建制度落实年"活动，按期完成对7个党支部的评估定级；开展建功立业活动，创建党员先锋岗11个、党员责任区11个，参与党员96人，充分发挥党员先锋模范带头作用。中心班子深入贯彻执行"三重一大"制度和"三议一报告一执行"决策机制，制定印发《本钢行政管理中心党委会前置研究讨论事项清单》，确保全面从严治党主体责任落实到位。深入开展"厉行节约、杜绝浪费"专项整治，营造"反对浪费、崇尚节约"的良好风尚。选举产生了行政管理中心首届工会委员会；中心工会组织职工代表与其他行政部门不定期地对劳动合同执行情况、劳动保护用品的发放佩戴等进行检查指导；全年用于为职工送温暖资金1.33万元，为职工发放普惠制福利食品、生日礼包、送清凉等共计9.38万元。在新冠肺炎疫情防控工作中，组织开展了党员自愿捐款活动，共捐款1.83万元；为444名职工办理了职工互助医疗保险，为女职工办理特殊疾病保险，增强了团队凝聚力，调动了职工爱岗敬业积极性。

(康　帅)

档案工作

【概况】 本钢集团档案工作实行统一领导、分级管理的管理体制，建立了由各级立档单位分管领导、分管部门、集团档案馆、各立档单位档案室、各立档单位职能部门和项目部归档网点组成的档案管理网络。其中本钢集团办公室是本钢集团档案工作的归口管理部门，本钢集团档案馆是本钢集团具有永久、长期保存价值档案的存储保管中心、利用服务中心和数据管理中心，基层单位档案室是本单位档案的保存和管理机构。截至2020年12月，本钢集团共有立档单位89个、档案管理人员140人、兼职网络人员612人，档案管理人员中本科学历79人、专科学历60人，高级职称17人、中级职称75人。两级档案部门共保管以卷为单位档案886872卷、以件为单位档案379958件、照片档案47245张、荣誉（实物）档案4581件，其中集团档案馆保管以卷为单位档案341436卷、以件为单位档案117286件、照片档案13584张、荣誉（实物）档案1014件。2020年7月，本钢集团拟成立档案中心，为集团公司业务机构，在集团办公室领导下开展工作。

【基础业务建设】 一是发挥组织管理作用，制订年度工作计划。2020年2月，集团办公室下发《本钢集团有限公司2020年档案工作计划》，明确全年档案工作任务。二是以责任状指标考核为抓手，大力加强档案资源建设。采取制发归档通知、细化账外文件归档、移交清单预审、电话沟通指导、专项通报等多种措施，确保了集团公司各部门、各单位文件材料年度归档工作的圆满完成。2020年，各立档单位共归档以卷为保管单位档案23271卷、以件为保管单位档案23190件、照片档案716张、荣誉（实物）档案147件，其中集团档案馆共归档以卷为保管单位档案12301卷、以件为保管单位档案 8420 件、照片档案 706 张、荣誉（实物）档案 119 件。三是不断强化安全管理，坚持档案安全底线思维。通过每日巡查、节假日前夕安全大检查、档案馆安全风险自查评估等方式保障档案实体安全；通过严格执行档案利用需求审查和权限控制制度，确保档案信息利用合法合规。四是严抓疫情防控，创新利用服务机制。启用"门禁管理、专箱投递、优先使用电话和网络办理利用服务"的新机制，做到了疫情防控不松懈，利用服务不耽误。2020 年，各立档单位共完成网上利用 5442 人次 21278 件次，现场利用 30387 人次 136056 卷件。五是从规范管理角度出发，细化统计基础工作。通过账物核查、建立健全各类档案统计台账、年度统计报表审查等方式不断夯实档案馆室统计工作基础。

【工程项目档案建档验收】 一是提前介入，掌握情况。两级档案部门持续关注集团公司年度投资计划下达、工程项目监管部成立、项目后评价工作开展等文件，多渠道获取集团公司和本单位工程项目建设情况。二是加强指导，过程可控。加强两级档案部门之间、档案部门与职能部门之间、档案室与项目部之间的业务联络，做好工程项目文件材料收集积累归档整理过程中的质量控制。三是规范程序，抓好验收。对纳入本钢集团竣工验收和后评价范围的工程项目，严格履行档案专项验收程序，为后续规范开展工程档案验收评价工作打好基础。

【档案业务指导培训】 集团办公室、档案馆继续履行对各立档单位的业务指导培训职责，电话沟通、网上联络、实地指导、远程处理、现场授课、专题交流、网络学习等多种方式并举，开展多维度业务指导培训。

2020 年，共提供业务指导服务 791 人次，组织完成本钢集团新上岗档案人员岗位资格培训和辽宁省档案专业继续教育培训 231 人次。

【档案信息化建设】 2020 年 10 月 10 日，本钢集团电子文件归档和电子档案管理试点项目通过国家验收，本钢集团成为辽宁省首家通过国家档案局电子文件归档和电子档案管理试点验收的企业；档案信息化三期工程于 2020 年 1 月 16 日全面上线，实现了招投标、客服协同、质量证明书等业务系统电子文件归档和电子档案管理，系统运行稳定，用户反馈良好，于 2020 年 12 月 30 日完成集团公司内部验收。

【档案学术研究】 2020 年，集团档案馆共编制申报国家档案科技项目 1 项、辽宁省档案科技项目 1 项，并应国家档案局编纂《企业电子文件归档和电子档案管理试点案例集（管理系统卷）》书籍的邀请，完成了《本钢集团电子文件归档和电子档案管理试点案例》编写工作。经辽宁省档案科技项目立项评议，《企业集团数字档案馆建设与应用研究》项目列入辽宁省 2020 年度档案科技项目计划并于 2020 年 12 月顺利结项。2020 年，经辽宁省档案局评审，赵伟、邹丽颖等 2 名同志入选辽宁省档案专家库专家。

【改革改制档案工作】 集团办公室持续关注 2018—2019 年度 9 个合并重组单位的档案清理整合状况，经过 2019—2020 连续 2 年的初检、复检，下发《关于对 2018—2019 年度合并重组单位档案清理整合工作检查情况的通报》，总结存在的问题和提出加强档案管理工作要求；集团办公室根据集团公司核心主业管控模式调整工作安排，制发《关于下发档案和文件材料专项清理工作的通知》，组织有关单位做好机构改革中的档案工作；集团档案馆顺利完成北营、矿业档案业务接收工作，将北营公司档案馆、矿业公司档案室库存档案共计18.4万卷件按期纳入业务集中管理范围。

【助力社会化专项工作】 在"国有企业退休人员社会化管理"专项工作中，集团办公室和档案馆全力配合集团人力资源部、退管中心做好人事档案规范化整理和数字化培训指导、检查验收工作。在该专项工作中共培训指导检查399场次，人工验收数字化图像25万余张，整理档案移交资料27卷，为本钢集团圆满完成省国资委社会化工作考核指标做出较大贡献。 （赵 伟）

保卫信访工作

【概况】 本钢保卫中心（武装信访部）隶属本溪钢铁（集团）有限责任公司，授权行使本钢集团有限公司管理职能，主要负责治安保卫、人民武装、信访接待等工作。保卫中心下设综合管理处、门禁管理处、交巡管理处、信访接待处4个处室，处室下设监控指挥中心、板材警卫大队、东风厂区警卫大队、桥北厂区警卫大队、北营警卫大队、机关警卫大队、板材巡逻防范大队、板材交通管理大队、北营交巡大队、办证中心等13个大队及机关办公室、人力资源室、党群工作室、人防科等10个业务科室。保卫中心现有人员914人，其中在籍人力资源中心322人，配合溪钢分局工作53人，管理岗位27人、业务岗位61人、操作岗位826人，退伍军人768人，研究生学历8人、本科学历118人、专科学历252人、高中学历294人，副高职称7人、中级职称40人、初级职称30人。保卫中心党委下设警卫大队党总支、巡逻防范大队党总支、机关支部等18个党（总）支部，现有党员500人，占职工总数55%。

【门禁管理】 严格执行门禁管理制度，强化人员车辆检查，做好重点物资监管，严防物资流失，保障生产经营稳定顺行。全年办理临时入厂车辆17.85万余台次（车辆大宗原燃料入厂5.68万余台次），执行各级预案144次，执行警卫任务57次，核对、审批延期往返出门证492张，考核违规补销出门证2张；办理跨厂区超时入厂出门证59张；核销外销物资ERP出门证29.56万张，纠正错误59次；核销OA出门证11.46万张，驳回59张，考核违规出门证29张。处理个访325次408人，集访57次1280余人（主要因工资、工伤、大集体改制等问题来访），出警613人，搜集信访工作信息23条，协助溪钢分局控访81次。对外排现场加强监管，全年跟排抽查134次，提出整改要求9次，制止外排5次。对车辆安全设施以及混装等违规现象进行检查，全年共检查危化品车辆1.39万余台次，纠正违规车辆125台次，拒绝入厂81台次，处罚17台次。为重点工程和联合检修开辟"绿色通道"，全年办理紧急出门证352张；办理夜间往返出门证173份，开辟绿色通道249次，为工程单位登记临时工具入厂375次。推进板材、北营门禁管控集中统一管理，2020年9月1日起，板材厂区、北营厂区各单位统一执行《本钢集团有限公司公路运输物资出入厂实施办法》（本钢发保字〔2020〕81号）。办证中心办理车辆入厂卡1.32万张，人员卡4.99万张，协助相关部门调取、查询车辆卡（证）信息1.40万台次。全年处罚违规人员239人次，教育放行296人次，移交公安机关4人次，处罚违规车辆267台次，上缴处罚款15.33万元。

【治安管理】 落实治安防范管理责任，对厂区矿区27家主体单位开展治安专项检查，发现治安隐患54处，责令整改41处。完善治安基础工作，重新统计排查基层单位治安信息，建立重点部位、易发案区域、贵重库房等5项基础档案。加强重点施工现场的治安管理，做好专项治安保卫工作。先后到炼铁厂、炼钢厂等6家主体单位和发电CCPP工程项目、五炉工程项目2家施工单位进行治安警示教育。加强厂区周边围墙、钢网、偏远死角等易发案区域的治安巡查，确保"三防"措施运行良好。做好废钢清收工作，落实集团公司废钢"日清日结"要求，全年清收废钢502.92吨，押运废钢2631.37吨。开展水渣、尾渣外排情况调研，提出治安建议，堵塞管理漏洞，防止公司资产流失。2020年5月，开展专项治安整治。整治期间在板材、北营厂区，整改治安隐患69处，查获违规违纪行为56人；在南芬、歪头山矿区，检查重点部位53处、库房95处，对存在严重隐患的6处库房暂停使用。全年查获违规违纪人员878人，其中移交公安机关处理52人，按公司规定处理247人，处罚款13.88万元；督促基层单位整治治安隐患445处。

【交通管理】 加强车辆交通安全管理。针对运输车辆发生的多起伤人事故，到汽运公司、钢材轧制厂、实业公司进行专项整治，开展专题安全教育，提出整改要求，维护职工安全。大力整治违章行为。2020年7—9月，开展3个月的交通整治，对机动车超速、闯铁路道口信号等违规行为进行查处。整治期间，共查处各类违规车辆285台次，处罚6.02万元。2020年8月，重点整治车辆飘撒物料、未加盖苫布和无入厂卡车辆，查处无入厂卡车辆5台，清理"三无"车辆2台。开展车辆安全检查。对集团公司6家重点车辆单位的大客车、大货车、危化品运输车进行安全检查，共检查车辆279台，发现存在安全隐患车辆47台。在大客车安全联检中，共检查10家单位484台大客车，发现存在隐患车辆65台。更新板材、北营厂区31家单位1465台厂内车辆及危化品运输车辆基础信息，与车辆单位管理人员建立微信联络机制。为汽运公司、冶金渣公司等单位办理厂内牌照车辆通行证264台，为实业车队、汽运公司等单位办理钢铁路沿线保产车辆高峰期通行证31台。全年查处违章车辆1022台，处罚款30.93万元，为施工项目开辟绿色通道123次，护送大型结构件77次。

【疫情防控】 成立疫情防控工作领导小组，制定下发《本钢保卫中心新冠疫情联防联控实施细则》《保卫中心防控工作应急预案》。制定信息传递报送制度，建立61个报平安微信群。配合本溪市公安局开展"千名民警联系百万群众"平安微信群"两防两保"工作。严格执行疫情防控"两个必须，两个加强，一消毒"要求。在板材厂区1号岗、2号岗等4个重要岗站制作测温棚，保证测温工作正常进行。成立30人的疫情防控应急分队，全天候备勤。2020年2月6日，组建35人的志愿者服务队，到板材厂区1号和2号岗参与早高峰防疫工作，全年共计650人次参与志愿服务。2020年2月14日，牵头成立

保卫中心警员执行疫情防控测温检查（张兴阁 摄）

本钢集团小堡高速口防疫接待站，组成工作组开展工作。接待工作历时9天，共接待排查外来车辆63台次，接待排查随车人员75人次。全年共拒绝6000余名未戴口罩人员进入厂区和办公区，纠正防护不规范人员3.1万人次；登记外埠车辆4.68万台，登记外来人员4100余人，清洁消毒4万余次；捐助防疫口罩2280个、手套60副，捐助的消毒液价值12750元，捐款4200元。党员抗疫捐款4.4万元。保卫中心志愿者团队被市文明办授予"最美防疫志愿服务团队"称号，板材警卫大队一中队被集团公司授予"疫情防控青年突击队"荣誉称号。

【工作作风整顿】 2020年5月12日，开始集中整治警员工作作风。整治期间，共召开专题干部大会2次，进行检查、督查27次，查出重点问题13项，提出整改要求8项，全部落实到位；门禁处和交巡处提出整改措施32项，基层警队排查出问题59项，已全部整改。建立、完善门禁处相关管理制度6项。门禁处、交巡处将警员工作形象、工作作风纳入月度绩效考核，与警员收入挂钩，形成常态化的激励考核机制。

【反恐怖防范和国家安全教育工作】 制定《本钢集团"社会治理，法治先行"反恐宣传年活动实施方案》，开展反恐怖普法宣传活动，落实重点行业反恐防范标准，提升企业防范处置能力。宣传《反恐怖主义法》，发放《公民预防恐怖活动行为指引》手册。重新明确集团公司反恐怖防范重点部位，重新审核确定了省级重点防范部位1处、县区级9处、集团公司内部级102处。2020年4月15日（全民国家安全教育日），组织人员学习习近平总书记关于疫情防控系列重要讲话精神，利用"学习强国"平台，在线学习国家安全教育内容。

【平安建设（综治工作）】 按照省市平安建设工作要求，制定下发"平安本钢"建设工作要点。与60家单位签订平安本钢建设责任状。成立本钢国家安全工作领导小组，制定相关工作职责。在《国家安全法》颁布施行5周年纪念期间,围绕"坚持总体国家安全观,健全国家安全法律制度体系"主题,开展宣传活动,并组织观看国家安全警示教育片。按照《本溪市推进市域社会治理现代化试点工作任务分工表》,全面完成反恐、信访、安全生产、扫黑除恶专项斗争、反诈骗宣传等方面工作。开展重大风险隐患排查,排查重点要害部位94处,排查信访案件118件,其中重点信访案件24件,全部落实稳控化解措施。全年核实违法犯罪职工29人。

【信访案件办理】 2020年窗口接访量总体下降,接访量受疫情影响同比降低21.73%,全年窗口共接待来访461批次、1668人次,其中集访54批次、1187人次,个访407批次、481人次。进京访29批次、32人次。去省11批次、50人次(个访8批次、12人次;集访3批次、38人次)。网上信访办理235案次、4300余人次(网上来访19案次、910人次;网上投诉159案次、3390余人次;网上来信57案次、117人次)。办结率100%。本钢信访"三率"工作完成率99.15%,提前超额完成省里制定的95%的指标,得到市信访局高度评价。全年共受理8890平台交办案件216件,办结率100%。其中春节期间涉及疫情投诉27件,与政府主管部门建立政企快速联系通道,均及时按要求回复,得到本溪市8890平台的高度认可。全年共化解销号上级交办案件45案:省交办集中攻坚台账(重点群体)5案,化解率100%;省交办集中攻坚台账(重点案件)5案,化解率100%;2020年攻坚台账11案,化解率100%;2020年初访台账24案,化解率70.59%。超额完成了省、市的化解目标,受到上级领导的好评。

【矛盾隐患排查与领导包案工作】 全年共计排查出矛盾隐患100件、重点人91人,落实领导包案91件。对重点人落实"五位一体"包保责任,实施了警企、区企对接,确保重点群体的稳定可控。

【重点群体与突出信访问题办理】 全年共协调处理个访320余人次、集访36批次2260余人次。先后完成本钢厂办大集体职工15件越级访案件的办理以及1200余名参与上访接龙人员基本情况的排查和核对工作,并做好与公安部门的对接。完成退休人员社会化管理社会风险评估工作。形成评估报告,按要求报市政法委备案。积极配合做好退休人员社会化管理社会稳定风险评估合同办理等其他临时性工作。做好"涉军"人员维稳工作,先后化解矿机修徐某某和采购中心王某某等人上访诉求。农民工案件得到妥善处理。全年共协助本溪市劳动监察支队办理农民工欠薪案件25件。

【"五级书记抓信访"工作】 省、市信访局交办的"五级书记抓信访""抓稳定,促和谐"四大台账案件得到有效化解。2020年,通过采取责任落实、层层包保、严把政策、严肃考核等措施,较好地完成了省、市的化解目标。本钢信访老户的化解督查工作以及本钢"抓稳定、促和谐"信访矛盾减存控增落实情况得到上级领导的表扬。

【敏感时段维稳工作】 全国"两会"、十九届五中全会期间,严格落实领导干部接访制度,主动开展工作。重点人所在单位与属地派出所、社区密切配合,确保上访人始终在视线之内。本钢厂处级以上领导干部共接访50余人次。圆满完成了全国"两会"、十九届五中全会维稳工作目标。市两会期间，组织相关单位到现场劝离上访人15人次。省两会期间，本钢共有1批次8人次去省上访，信访部及重点单位及时劝返，圆满完成省市两会稳控工作任务。

【党建工作】 党委班子持续巩固"不忘初心、牢记使命"主题教育成果，认真落实中心组学习制度，召开专题民主生活会查摆问题，严守党委议事前置程序，认真履行党组织在决策、执行、监督各环节职责。推进党支部建设情况评估定级工作，评出"好"支部7个、"较好"支部8个。13个党（总）支部完成换届工作。制定巡察整改落实方案，认真完成巡察整改工作，积极转化巡察整改成果。同169名中层干部、重点岗位人员签订《廉洁自律承诺书》。对新提任干部和新聘任业务岗位人员共计48人进行岗前廉洁自律教育，对新提职干部进行廉洁自律考试。对试用期满的业务岗位人员进行考核评价，41名按期转正，2名延长试用期。开展廉洁自律警示教育专题讲座，共有160余名党员干部现场接受教育。全年发表各类宣传稿件88篇、电视报道25条。疫情防控期间，投入资金9万余元为职工购买防疫消毒用品。开展走访慰问困难职工、"送温暖"、"送清凉"、金秋助学等活动，为915名职工送去生日祝福。忠诚卫士班圆满完成集团公司第十二届大学生趣味运动会升旗任务。

（徐大伟　王立国）

离退休人员和退养职工管理工作

【概况】 退管中心对离退休人员和退养职工采取直接管理和委托管理两种管理模式。截至2020年12月，退管中心管理的离退休人员和退养职工共计73213人（离休干部150人、退休人员72133人、退养职工930人），其中直接管理58885人，委托4家改制单位管理2871人，委托矿业系统管理11457人。退管中心下设24个管理室，其中8个职能管理室、16个直管管理室；增设4个临时机构。退管中心在岗职工115人，其中领导班子成员7人（部门正职2人、部门副职3人、高级业务师2人）、专务（部门副职）2人、区域正职22人、区域副职1人，主任业务师11人、专业业务师23人、责任业务师38人、主要操作8人、一般操作3人。高级职称19人、中级职称38人、初级职称21人。

【落实离退休人员待遇】 落实生活待遇方面：按时完成离退休人员社保统筹内资金和工龄补贴等统筹外费用的变更、审核、发放等工作。完成工龄补贴按月发放、异地离退休人员及精简下放人员费用邮寄、遗属及精简下放人员的复查、新中国成立前参加工作的老工人的护理费审批及变更梳理核对、留企教师排查和相关信息统计工作；完成占地人员养老金和退休人员独生子女费的发放、2021年度大额医疗补充保险的收取工作；协调处理退休人员医保卡不能住院使用的问题，持续关注医保卡个人账户未进费用问题。根据部分离休干部生活相对困难的实际情况，积极向省委老干部局争取帮扶政策，2020年共有12名离休干部得到省里帮扶。为保障集中管理后的工作科学有序，认真梳理集中管理后存在的特殊问题并加以解决，例如换行代发问题。分三个批次为集团机关、板材公司离退休人员和退养职工报销2019

年度取暖费3682万元；开展集中管理和社会化管理后首次大规模取暖费的票据收缴、业务咨询、政策解释、信息反馈工作和费用报销的效能监察、审核审计、转账准备相关工作。重点组织退休人员、享受特贴专家、本钢集团老领导的健康体检工作。落实政治待遇方面：为本钢集团离休干部、退休处级干部、高工和联络员订阅发放了《老同志之友》《辽宁老年报》《共产党员》《本钢日报》等报纸杂志。春节、"十一"等重大节日前夕，完成本钢集团主要领导走访慰问部分公司级老领导以及迎新春座谈会和其他走访慰问工作；退管中心代表本钢集团到本钢总医院走访慰问住院的离休干部；各直管室走访慰问本钢离休干部、新中国成立前参加革命工作的老工人、退休处级干部和困难职工。退管中心党委走访慰问老党员、离休干部党员和部分生活困难党员；协助本钢集团党委完成对两名离休干部党员的走访慰问工作。"五一"和"八一"前夕分别为离退休老劳模和军转干部发放慰问金；重阳节前夕为80岁以上高龄的离退休人员发放慰问金。抗美援朝纪念日前后，为符合条件的离退休人员发放"中国人民志愿军抗美援朝出国作战70周年纪念章"。

【落实退养职工待遇】 2020年，为168名退养职工办理退休手续；为155名退养转退休职工计算退休待遇；移交退养转退休职工人事档案92卷；借阅档案45卷；按时完成退养职工生活费计算工作；向社保局申报人员变动变更179人，缴纳各项社会保险费982.77万元；为23名退养职工补缴养老保险；申报、审核工伤退养职工疗养3人，为21名退养职工返还医疗账户款1.76万元；对19名遗属人员进行生存认定并发放遗属费10.48万元；完成1044名退养职工2020年社会保险年度基数采集工作；走访慰问35名困难职工并发放救济款1.06万元；审核上报退养职工住院二次报销60人；查找到子公司失联退养职工25人。完成20名退役士兵的社会保险补费资格的审查、上报及补费工作；完成44名1983—1992年合同制工人的养老保险补费资格的审查、上报及补费工作；收缴5名退养职工大额医疗补充保险；完成2020年度困难职工的申报终审工作，15名退养职工得到工会的困难救助；完成个人信息的采集、电子档案的维护及正常生活认定和服务工作。

【退休人员社会化推进工作】 本钢集团结合中央、省、市政策文件要求，制定下发《本钢集团退休人员社会化管理工作实施方案》等"1+N"系列配套文件。2020年1月14日，组织召开本钢集团退休人员社会化管理工作动员部署大会，本钢集团党委副书记赵忠民参加会议并做重要讲话。截至2020年底，本钢集团退休人员社会化管理移交总任务量为62333人（其中驻溪企业61848人、丹东钢管有限公司54人、大连耐火材料有限公司431人），退休党员党组织关系转接1190人（其中驻溪企业1162人、丹东钢管有限公司6人、大连耐火材料有限公司22人）。一是退休人员信息采集专项工作组负责新冠疫情期间退休人员信息采集和户籍核实工作。成立退休人员信息采集工作领导小组，下设综合协调组、技术指导组、统计审核组、宣传服务组和信访接待组5个专项工作小组。2020年1月8日，召开退休人员信息采集动员部署大会。受疫情影响，信息采集工作领导小组重新修订实施方案。3月20日，组织召开本钢集团关于完成疫情防控期间退休人员社会化管理服务信息采集和户籍核实工作部署会议。5月19日，本溪市领导小组办公室设立本钢移交专场，市政府副市长高巍和本钢集团党委副书记赵忠民出席并做重要讲话，退管中心主任栾景民代表本钢集团与"两县五区"相关领导签订移交协议。至6月15日本钢集团所属国有企业先后与本溪市、丹东市、大连市等相关接收地区政府、社保中心等单位完成全部相关移交协议的签订工作。成立地企联动工作领导小组，派遣联络员和志愿者深入到街道和社区开展工作。退管中心临时成立社会化移交管理室，承担对退休人员社会化基本信息的持续维护等工作。12月29日，组织召开本钢退休人员社会化管理协调工作启动会议，安排部署了三年过渡期的退休人员社会化管理协调相关工作。二是人事档案移交专项工作组负责档案规范化整理和数字化处理工作。本钢集团自筹资金，累计投入资金130万元，购置140台扫描仪、745个存储硬盘、64000个档案盒，组织30多家单位的300余名工作人员，科学统筹人力物力，于规定时间内完成相关任务。退管中心是档案规范化整理和数字化处理任务量最大的单位，占驻溪企业61848卷总任务量的42%。面对突发疫情、标准变更、设备不足、人员素质参差不齐等不利因素，退管中心积极组织协调，通过外部借入和内部挖潜，先后有板材公司各单位抽调人员、各管理室工作人员、部分退休老同志、退管中心志愿者服务队、兄弟单位支援的工作人员、本钢应届技校实习生共200余人参与这项庞大的系统工程。由于本溪市退休人员档案管理中心处于立项阶段尚未建成，本钢退管中心与本溪市国资委虽然签订《本溪市国有企业退休人员人事档案交接文据》，但退休人员人事档案仍暂由本钢集团责成退管中心保管，2020年底签订了为期两年的托管协议。三是本钢集团党委组织部负责退休党员党组织关系的转接工作。本钢集团党委组织部制定并下发了《关于做好本钢集团退休人员中党员组织关系转接工作的通知》，指导退管中心、矿业公司、机制公司、北营公司、修建（维检）公司等38家单位或子公司，按期完成退休党员组织关系转接工作。疫情期间，落实组织关系转接工作党员"最多跑一次"工程，针对老弱病残的退休党员，党群工作人员亲自上门服务，主动与社区做好对接，提高工作效率，确保应转尽转。本钢集团驻溪企业退休党员组织关系转接的考核任务量是1162人，其中退管中心承担任务量是383人。四是服务活动场所移交专项工作组负责完成场所移交工作。服务活动场所移交专项工作组制定了《本钢集团退休人员社会化服务活动场所移交方案》。2020年1月9日，本钢集团党委常委会通过了服务活动场所移交的相关方案。春节后，按疫情防控要求关闭全公司所有用于退休人员的活动场所，适时调整部分场所的使用功能。7月2—3日，专项工作组会同领导小组办公室分别与平山区、南芬区、明山区政府正式交接5处专用活动场所和设备设施，活动场所总面积1417平方米，账面资产净值17.92万元；活动用品283件，账面资产估值3.85万元，签订了《资产移交补充协议》，完成了活动场所和设备设施的实质性移交。截至7月28日，全面完成移交资产账务处理、资产调拨、活动室产权变更手续等工作。五是统筹外费用处理专项工作组负责费用的梳理完善工作。领导小组办公室召集统筹外费用处理专项工作组成员单位召开20余次会议研讨相关工作，形成《本钢集团统筹外费用分类处理方案》。2020年7月15日，本

本钢集团退休人员社会化管理工作动员部署大会（马冠群 摄）

钢集团党委常委会听取了专项工作组的专题汇报，会议原则同意专项工作组的意见，对梳理出的40项费用归并整理为29项继续执行，其余项目2021年1月1日起停止执行。

【疫情防控】 按照本钢集团的统一部署，退管中心成立疫情联防联控工作领导小组，制定相关工作方案和应急预案。在疫情严峻时期，综合办公室及时准备各种防控疫情物资，开展接待外来人员值班制度；对办公区域特别是食堂、浴池和车辆等进行及时消杀；暂时关闭职工浴室和职工食堂用餐区域，严格执行分餐制，认真执行车辆调度制。活动中心完成各活动场所的消毒工作；监督巡查各子公司老年活动室关闭的执行情况；监督指导各老年协会组织发挥自管协会作用，做好思想稳定工作；工伤管理室对外地转诊回来需办理报销手续的工伤退休人员严格执行隔离14天的防疫制度，对外转就医工伤退休人员加强行程管理，按疫情要求安排好工伤退休人员康复疗养等工作；党群工作室认真执行"非必要不出市，出市必报备"的请假制度和"接龙报平安"制度；退管中心党委组织广大党员开展捐款工作，共有612名党员参加捐款，捐款总额89000元；退管中心工会成立志愿者团队开展相关工作；退管中心主任栾景民代表本钢集团慰问了本钢总院支援武汉医务人员家属；为解决疫情期间职工上班就餐问题，统一为全体员工购买了保温饭盒。

【内部管理】 因集中管理调入工作人员38人，增设直管室6个，对相关部门人员进行充实和微调，并与矿业系统有退管业务的7家单位签订了托管协议。按照本钢集团核心业务整合定岗定编工作要求，从原北营退管中心划拨工作人员10人，增设管理室2个；自愿提出离岗申请8人，人事和组织关系调入人力资源管理中心。为适应退休人员社会化管理的工作需要，经公司批准增设4个临时机构，即离休干部管理室、档案管理室、社会化移交管理室、社会化管理联络办公室。

加强现场环境管理，做好办公楼的内部改造、设施维护，加强停车场管理、冬季防寒保暖和夏季防暑防汛工作；加强对司机和车辆的安全管理，做好车辆的油耗、维修和调度、协调工作；加强安全工作责任制的落实，完善各项安全管理制度，建立排查治理隐患和监控危险源预防机制。

【党群工作】 召开领导班子2019年度民主生活会；定期开展党委中心组学习，深入学习宣传贯彻党的十九届四中、五中全会精神和习总书记系列讲话精神。贯彻落实"两学一做"学习教育安排，实现学习教育的常态化制度化，用理论武装头脑、指导实践、推动工作。以参观"九一八"纪念馆党日活动的形式对学习强国优秀学员给予荣誉奖励。2020年，党群工作室利用5个月时间完成了退休党员组织关系转接任务。开展"基层党建制度落实年"和"基层党建工作建设年"相关活动，对在职党支部按程序完成了党支部评估定级工作。按照新修订的《本钢集团有限公司党费收缴使用管理实施细则》，对2020年度党费收缴额度进行重新测算。按要求制定《关于学习贯彻习近平总书记对制止餐饮浪费行为重要指示精神的工作方案》。组织全体党员干部继续学习《中国共产党党内监督条例》《中国共产党纪律处分条例》等党法党规；组织区域正职干部和重要岗位人员签订《廉洁自律承诺书》；建立退管中心干部重大事项和婚丧喜庆事宜登记台账，要求党员干部个人家庭重大事项需向组织及时报告备案；组织党员干部和重要岗位人员观看了警示教育片。

【工会工作】 组织召开2020年度退管中心职工代表大会、双先表彰会。配合行政完成退休人员信息采集和户籍核实、退休人员档案数字化处理为主要内容的两项劳动竞赛的总结表彰工作。完成市总组织的在职住院医疗保险参保工作和职工医疗互助保险工作。为49名在职女工和退养女工安排健康体检。为在职职工置办春节和中秋福利，为办公楼各楼层安装了热水器和微波炉，为家中有高考子女的职工举办助学活动。在档案专项工作中，采纳了由职工提出的使用"档案流转质量检查专用章"和利用SVN软件技术建立局域网对档案整理数字化进行全过程跟踪的合理化建议。在退休人员信息采集和户籍核实、退休人员档案数字化处理工作中，招募志愿者参与义务奉献。国庆节后，退管中心爱心志愿者服务队联合本钢第二义工总队，以取暖费收缴期间老同志相对集中为契机，提供政策咨询、疫情防控、办事引导、理发、测量血压和养生建议等志愿服务，为离退休人员和退养职工理发200余人次，测量血压600余人次。

（赵洪波　李军英）

栏目编辑　赵　伟

本钢年鉴 2021

特载

大事记

概述

经营管理

综合管理

★ 党群工作

钢铁主业

多元产业

改制企业

统计资料

人事与机构

人物与表彰

附录

本钢集团

党群工作

组织工作

【概况】 截至2020年12月31日，本钢集团党委下设直属党委7家、基层党委86家，党总支100个、党支部1199个、党小组2477个，党员25137名，党员人数占职工总数的38.5%。

【充分发挥党组织在疫情防控中的保障作用】 疫情期间，下拨145万元专项党费，为各级党组织疫情防控提供保障。组织全体党员开展为支持新冠肺炎疫情防控工作自愿捐款活动，全集团共有26741名党员累计捐款242万元，在岗党员捐款比例达100%。配合省委组织部《支部力量》栏目完成拍摄，板材冷轧总厂本浦酸轧作业区党支部抗疫先进事迹登上辽宁卫视、"学习强国"等平台。

【开展"基层党建工作建设年"和"基层党建制度建设年"活动】 根据省国资委党委《关于在省（中）直企业中开展"基层党建制度落实年"活动的通知》要求，本钢集团党委结合工作实际，聚焦基层党的建设与制度落实，创新活动方式，组织开展"基层党建工作建设年"和"基层党建制度建设年"（以下简称"两个年"）活动，制定印发《本钢集团党委关于开展"两个年"活动的工作方案》，制作党建重点工作、基层党支部建设、党员队伍建设和"三议一报告一执行"决策机制执行情况4大调研任务清单，共计22大项、55小项，涵盖各项党建工作重点任务，指导各基层党委逐项查摆、逐项整改。注重总结2020年度党建工作经验做法，形成党建研究成果报告5篇并报省国资委党委和省属企业党建研究会。

【基层党建制度学习】 集团公司党委对党的十八大以来中央、省委、省国资委党委和本钢集团党委制定出台的基层党建制度进行梳理汇总，形成了《本钢集团党建工作文件选编》一、二册，涵盖20项本钢基层党建制度，印发至各基层党组织。开展落实"基层党建制度年"主题征文活动，入围征文34篇，优选4篇报省国资委党委。各级党委将基层党建制度纳入教育培训重要内容，通过"三会一课"集中学习、主题党日专题研讨等方式，抓好基层党员干部经常性学习教育，掀起基层党建制度学习热潮，广大领导干部和党员职工对党建制度了解和掌握程度进一步加深。

【基层组织建设基础工作】 认真学习贯彻《中国共产党国有企业基层组织工作条例（试行）》，将其与支部《条例》党员教育管理《条例》紧密结合，分层级、多形式、有重点地组织开展学习教育培训。制作《基层组织建设调研自查统计表》，组织各级党组织对党支部各项基础工作开展自查整改，基层组织建设存在的问题得到有效解决。狠抓党建责任制落实，组织开展党组织书记抓基层党建工作述职评议考核工作，94.5%以上的党（总）支部书记评议结果为"较好"以上。召开党委一届七次全会，在对2020年党建工作作出部署的同时，对75名党委书记进行述职评议考核，评定为"较好"等次以上占94.7%，考评结果在集团范围内进行了通报。

【基层组织设置】 围绕核心主业机构整合，按程序撤销北营公司机关、北营生活服务中心及北营退管中心3家党委，完成相关党员组织关系转接477人，进一步调整理顺组织管理体系。动态梳理各级党委班子配备情况，落实换届和委员补选督促提醒机制，指导板材特殊钢厂、北营矿业公司、机械制造公司等9家涉关领导干部调整的单位完成党委委员补选工作，106个基层党支部按期换届，确保基层党组织建设全覆盖。

【党组织标准化规范化建设】 全面开展基层党支部评估定级工作，有效带动支部升级。对照61项党支部工作内容和评价标准，组织各党支部逐条对标对表，开展自查整改，并深化二次评估定级党支部持续转化升级工作，146个党支部得到有效升级，96.2%的党支部评价为"较好"以上。狠抓党的组织生活制度落实，通过电话随机抽查等方式，对69家基层党委组织生活开展情况进行检查，检查结果在全集团范围内进行通报。制作《如何记好党支部组织生活记录本》视频课件，指导基层党组织规范开展组织生活、记好党支部工作记录。深入北钢公司、修建（维检）公司、集团机关等单位党委，围绕基层党建、组织生活等相关工作，对党务工作人员和党支部书记进行专题业务培训，提升业务水平。推进"共产党员之家"综合服务阵地建设，2020年，各级党组织新建"共产党员之家"74个，全集团现有"共产党员之家"214个，平均每个党委2个以上。

【党员教育管理】 组织党支部书记1130人、党务工作者269人、党员发展对象355人共计1754人，参加"辽宁国企党建云课堂"，开启"互联网+"党内培训新模式。举办第2期青年党员技术能手培训班，来自基层各单位的100名青年党员技术骨干参加培训。各基层党委通过邀请专家作专题讲座、开展党建知识网络竞答活动、利用"学习强国"视频会议平台开展线上党课等多种途径，组织开展党员集中教育培训工作。2020年，各级党委组织基层党组织书记、专兼职党务干部、基层党员共计25000余人次参加教育培训。

【党员日常管理】 严格按照发展党员"25步"工作要求，各领域共发展新党员351名。定期开展党员组织关系转接排查工作，重点推进社会化管理退休党员组织关系移交，向居住地党组织移交1234名退休党员组织关系。强化党员牢记入党时间，统一设计印制具有本钢特色的党员政治生日贺卡28000张，广泛开展为党员过政治生日活动，提高党员党性意识。狠抓空白班组消除工作，通过班组合并、调入党员和培养积极分子等方式，共计消除空白班组538个，消除率100%。

【推动党建工作与生产经营深度融合】 围绕"强党建、兴国企"行动，以党员建功立业活动为载体，促进党建工作与生产经营深度融合。各基层党委围绕生产经营中心工作，广泛组织开展"党员示范工程"、创优增效立功竞赛、"学全会、谋发展，我为本钢献一计"党员提合理化建议、"八比八争做""保安全、创高产、降成本、创佳绩"等具有特点特色的党建活动，为生产经营任务的完成提供有力保障。同时，注重典型引路、榜样带头，以全国劳动模范罗佳全领创的"罗佳全党员创新工作室"和本溪市劳动模范刘书超领创的"刘书超党员创新工作室"为引领，号召各基层党委积极创建以党员技术骨干名字命名的党员创新工作室，充分发挥党员技术人才的技术引领和模范作用。截至2020年，本钢集团共设立党员先锋岗1045个，划分党员责任区1397个，组建党员先锋队（突击队）428个，确立党员先锋工程项目348个，年创造经济价值上亿元。

【党费和党建工作经费管理】 修订印发《本钢集团有限公司党费收缴使用管理实施细则》，将党费基数由按月核定调整为全年恒定的方式，实现去繁就简，符合基层党组织工作实际。在南芬选矿厂开展工行"党建云"平台手机交纳党费试点，实现党费缴纳更加方便快捷。开展春节和"七一"走访慰问工作，共计走访慰问生活困难党员、老党员和老干部1182人次，发放慰问金及慰问品140余万元。向基层党组织下拨党费205万元，全部用于开展党员教育管理和党内活动。

【省管干部考核调整】 2020年6月5日，省委决定王代先同志任本钢集团有限公司党委委员、常委、副总经理（挂职，时间2年）。2020年12月4日，省委决定曹宇辉同志任本钢集团有限公司党委委员、常委、纪委书记，王乔鹤同志任本钢集团有限公司党委委员、常委、副总经理。2020年12月7日，本钢集团有限公司召开干部会议，省委常委、组织部部长陆治原宣布省委关于本钢集团主要领导任职决定并讲话。副省长、省政府党组成员、省国资委党委书记崔枫林主持会议并讲话。省委决定杨维同志任本钢集团有限公司党委委员、常委、书记、董事、董事长。陈继壮同志不再担任本钢集团有限公司党委书记、常委、委员、董事长、董事职务。根据省委组织部的统一安排和部署，积极配合省委考核组对集团公司领导班子和领导干部进行2020年度考核。省委考核组组织召开了考核工作会议，集团公司党委书记、董事长杨维代表领导班子进行了述职述廉。围绕领导班子思想政治建设、领导能力、工作实绩、党风廉政建设、作风建设以及领导干部的德、能、勤、绩、廉等方面进行了全面考核。集团公司中层领导干部133人参加考核会议并进行了民主测评，39人与考核组进行了考核谈话。目前，集团公司共有省管干部12人（其中挂职干部1人）。

【领导干部政治理论和业务培训】 强化领导干部政治素养和业务能力培训。按要求参加省委党校和省国资委举办的各类培训班，积极探索网络培训、远程培训和微课培训等方式，组织7300余人次参加国务院国资委举办的"企业家高端对话"活动；通过"直播+录播"的培训方式，组织120余名领导干部参加人力资源管理高端培训；与清华大学联合开办在线"雨课堂"和"云课堂"，245名领导干部和优秀年轻干部通过网络聆听名师名课。充分用好培训平台，组织40余名基层单位党委书记参加省国资委举办的"十九届四中全会精神"培训。按照省委干部教育培训规划总体要求，组织各级领导干部、管理人员、专业技术人员积极开展"干部在线学习"工作。

【领导干部日常管理与考核】 加强领导班子和领导干部的管理与考核，持续实施问责追责机制，累计对13名领导干部进行了问责追责，促进集团公司生产安全和经营管理等各项工作落实到位。开展2020年度集团公司党委管理的领导班子和领导干部综合考核评价工作，对107个领导班子、562名领导干部、38名首席专家、首席工程师和79名高级业务师进行了综合考核，累计下发测评票 16285 张，1947 人参加了考核谈话，对排名靠后的领导班子和领导干部进行调整、转岗。

【领导班子配备和领导干部调整】 贯彻执行省委干部管理"4+10"系列文件精神，修订完善干部管理基础制度，规范开展干部选育用管工作。优化干部选拔任用程序，调整和完善民主推荐的方式和范围。强化干部选拔任用的政治标准，建立"本钢集团新任职领导干部政治素质和综合能力测试系统"，深入考察政治忠诚、政治定力、政治担当、政治能力、政治自律等方面情况。认真贯彻落实 20 字好干部标准，科学进行领导班子配备和领导干部调整，2020 年调整干部 4 次，交流领导干部 101 人次，切实优化班子结构，选准用好干部。

【干部管理基础工作建设】 夯实干部管理制度体系建设，修订完善本钢集团干部选拔任用管理办法等制度文件，进一步规范选人用人程序，营造风清气正的选人用人环境，及时更新完善干部选拔任用纪实文书档案等基础信息。进一步从严管理干部人事档案，持续对基层单位的人事档案工作进行业务指导，推动档案管理科学化、制度化、规范化，提升集团公司干部人事档案管理工作水平。

【年轻干部培训与挂职锻炼】 继续开办 MBA（五期）培训班，拓宽学员职级和岗位覆盖面，加大对年轻干部和高学历人才的培养选拔。50 名学员系统学习了企业管理核心课程，穿插赴大连交通大学、东北财经大学和井冈山红色根据地学习，有针对性地补短板、强弱项，开阔了视野、增长了知识和才干。全面落实省委《关于适应新时代要求和全面振兴需要大力发现培养选拔优秀年轻干部的实施意见》，推进本钢集团干部队伍建设，选派 23 名优秀年轻干部到基层单位挂职锻炼，为本钢集团全面振兴、全方位振兴提供源源不断的干部储备和人才支撑。

【人才队伍建设】 贯彻落实省委决策部署，持续做好疫情期间人才的激励、管理和考核。组织召开人才工作调研会议，宣传集团公司人才工作经验做法，赢得省国资委党委工作认可和政策支持。扎实做好"国务院政府特殊津贴人员、百千万人才工程国家级人选"等人才选拔推荐工作，向省级及以上推荐各类高精尖人才 30 余人。积极拓宽招聘渠道，适时转变招聘方式，通过"云招聘"和"网上见"等方式，招聘高校毕业生 154 人，招聘数量和质量创近年来最好水平，为企业发展提供强有力的人才支撑。

【乡村振兴与消费扶贫】 认真贯彻落实省委关于大规模选派干部到乡村工作决策部署，协调做好派驻乡村工作，切实践行国企担当。疫情期间，坚决扛起政治责任，下拨 40 万元专项党费支持派驻干部做好所驻乡村疫情防控工作，以有力行动展现国企担当。坚持正向激励，大力宣传派驻乡村干部在脱贫攻坚主战场上的担当作为，累计发表新闻报道和稿件 51 篇，树立先进典型 4 个，推荐省、市级以上先进个人 2 人。贯彻落实省委和省国资委党委号召，切实做好消费扶贫工作，通过组织开展"振兴乡村发展消费扶贫集体福利采购订货会"和"大美桓仁、好景好物齐分享"抖音直播带货活动。本钢"消费扶贫"工作累计销售额达 565.37 万元，切实帮助贫困户脱贫脱困。

【外事事务审批与管理】 2020年1月1日，本钢集团正式启用外事审批权。严格规范审批流程，不断提高办事效率，积极服务本钢集团生产经营活动。疫情期间，组织板材冷轧厂等单位开展邀请外国人来访事宜，妥善做好审批、防疫、接待等一系列工作；组建集团公司外事管理专办员专（兼）职队伍，线上开办多期外事相关业务培训班；组织来自国贸公司等单位的77名同志参加第四期"辽宁省外事系统翻译技能提高线上培训班"，10名同志参加"辽沈最美翻译官外语云端演讲大赛"并取得优异成绩，获得省政府外事办及省内各行业参赛人员的高度认可；完善出台《本钢集团外事工作管理办法》，全年共自行审批因公出国（境）任务5批7人次，所有团组均按计划圆满完成各项工作任务，未发生出访团组违反外事纪律、违反有关规定以及严重涉外事件；从严把关，强化因私出国（境）制度的执行和落实，切实做好特殊身份人员的动态管理，确保因私出国（境）报撤备人员信息的精准、有效。2020年本钢集团新增特殊身份报备人员821人，撤备人员404人，共办理因私出国（境）审批13人次。　　　　（朴永鹏　李维家）

宣传工作

【概况】 本钢集团党委宣传部（统战部、企业文化部、团委）下设宣传统战处、企业文化、团委三个职能单元。主要包括宣传思想、统战、企业文化、共青团、新闻宣传等方面工作。2020年共有在籍人员11人。其中部长1人、副部长1人、职能单元负责人3人、专业业务师4人、责任业务师2人，共有高级技术职称6人。宣传中心为宣传部直接领导的业务机构，负责相关业务的具体实施，下设综合策划室、报纸编辑室（含周末版）、报纸记者室、电视工作室、新媒体工作室、舆情监控室6个内设科级机构。在籍采编人员55人，其中副科（含副科）以上管理人员13人，其他采编人员42人；中级（含中级）以上职称47人、初级职称8人，女职工26人，中共党员49人。本钢集团宣传工作主要由党委宣传部（统战部、企业文化部、团委）、宣传中心组织实施，主要包括思想建设、理论教育、落实意识形态工作责任制、形势任务教育、精神文明建设、法治宣传、国防教育、"法轮功"教育转化及对内、对外新闻宣传等方面工作。

【学习型党组织建设】 一是通过修订《本钢集团有限公司党委理论学习中心组学习管理规定》《本钢集团有限公司党委理论学习中心组学习考核办法》，形成全集团公司各级理论学习中心组的"学、查、评"管理机制。二是本钢集团领导班子带头进行党委理论学习中心组学习，全年共开展19次，提高了学习的规范性、针对性和实效性。根据不同时期学习重点，按季度下发《本钢集团党委理论学习中心组学习要点》及《各单位党委理论学习中心组学习抽查情况通报》，指导基层党委理论学习中心组学习，明确阶段性理论学习内容，促进思想观念的转变，不断提高政治理论和政策水平。三是12月17日，省委讲师团成员、本钢党校高级顾问、本溪市委党校特聘教授、本溪市党建研究会副会长刘晓方教授就全面解读党的十九届五中全会精神作题为《认真领会五中全会精神，全力实现规划建议目标》的专题辅导报告。本钢集团党委书记、董事长杨维主持报告会。本钢集团领导班子，集团公司党委管理的领导干部，各单位负责组织、宣传工作相关人员，各民主党派及党外知识分子代表，部分基层党支部书记共450余人聆听了报告会，分层次、有侧重地抓好基层党员干部和普通党员学习教育。

【宣传思想工作】 一是通过制定《本钢集团有限公司宣传工作管理办法》，修订《本钢集团有限公司新闻宣传管理办法》，为宣传思想工作提供制度保障。二是为贯彻落实本钢集团一季度生产经营工作分析视频会议精神，制定技能大师工作站经验宣传推广方案，5月18日，宣传部牵头召开本钢集团技能大师工作站经验交流视频会议，陆续刊发"敬业精业育匠才"技能大师工作站系列报道，为企业高技能人才队伍建设和实现高质量发展发挥了积极作用。三是深入开展"守初心、担使命，开创高质量发展新局面"党建思想政治工作课题论文征集评选活动，总结推广来自基层的党建思想政治工作经验和做法。对征集的43家单位100篇论文进行评选，共评选出一等奖6篇、二等奖15篇、三等奖20篇、优秀奖22篇，并推荐6篇优秀论文参加全国冶金政研会举办的"全国冶金行业思想政治工作优秀论文评选"，其中由集团党委课题组撰写的《运用"四三四"工作法推动新时代冶金企业思想政治工作强起来》获一等奖，其他论文获二等奖1篇、三等奖3篇、优秀奖1篇，为近5年来最好成绩。

【落实意识形态工作】 一是本钢集团党委认真贯彻落实党中央和省、市委、省国资委党委关于意识形态工作的决策部署及指示精神，积极推进意识形态工作责任落实工作。报送本钢集团党委一至四季度、上半年及全年意识形态分析研判报告，一季度宣传思想、统战、共青团工作情况报告。二是做好2019年度报刊出版单位社会效益评价考核工作，实现社会效益和经济效益相统一。三是各基层单位党委切实把意识形态工作作为党的建设的重要内容，纳入重要议事日程，纳入党建工作责任制、纳入领导班子、领导干部目标管理，与生产经营工作和党建工作紧密结合，一同部署、一同落实、一同检查、一同考核。基层党委每半年向本钢集团党委书面报告一次本单位意识形态工作情况。四是加强舆情管控，有效引导舆论。本钢集团党委对涉及疫情防控、各项改革措施出台、大集体改革后续工作，离退休人员社会化管理等工作进行前瞻性专题分析研判，形成《网络舆情周报》，重大、突发事件随时报告，为集团领导提供决策依据。

【形势任务教育】 一是根据本钢集团生产经营实际，深入开展形势任务教育。围绕开展合理化建议，做好本钢集团开展合理化建议综述和矿业南芬选矿厂、板材冷轧厂、炼钢厂等基层单位典型经验报道并下发《合理化建议典型经验宣贯材料》。二是在疫情发生后，第一时间成立疫情防控宣传教育组，制定下发《本钢集团疫情防控宣传工作方案》，利用各种新闻媒介，发布权威信息，全方位做好疫情防控宣传。三是编制发布了《疫情防控知识手册》，增强职工防护意识和防护能力。加大社会宣传力度，利用条幅、标语、电子显示屏、宣传栏、厂区大喇叭宣传疫情相关信息，做到疫情防控宣传无死角、全覆盖。

【宣传舆论氛围营造】 一是为纪念中国共产党成立99周年，会同党委相关部门，制定《本钢集团党委关于开展纪念建党99周年系列活动的通知》，指导各级党组织和全体党员开展形式多样、主题鲜明、广泛参与的纪念活动。二是充分利用各媒体平台，开办专题、专栏，广泛宣传中国共产党的光辉历史和光荣传统，从严治党、加强党的建设的成功经验和做法，基层党组织、党员中的先进典型和先进事迹，进一步发挥党的光荣传统和先进典型的示范引领作用，不断提升全体党员干部和职工群众的政治素质和思想道德水平。

【精神文明建设概况】 通过弘扬社会主义核心价值观，践行"人本、人和，至精、至强"的企业核心价值理念，深入开展"创文明单位、建文明班组、做文明职工"（以下简称"创建做"）活动，使广大干部职工在理想信念、价值理念、道德观念上紧密团结在一起，为开创百年本钢高质量发展新局面凝聚强大精神力量。

【"创建做"活动】 一是做好2018—2020年度本溪市、辽宁省精神文明单位创建申报备案工作。本钢集团荣获"2018—2020年度全省文明单位标兵"荣誉称号，这是2010年新本钢成立以来首次获此殊荣。板材能源总厂等3家单位获得"2018—2020年度全省文明单位"荣誉称号。板材发电厂等8家单位获得"2018—2020年度本溪市文明单位"荣誉称号。二是有效开展精神文明建设各项工作。其中开展系列制止餐饮浪费培养节约习惯的宣传活动成效显著。各基层单位通过悬挂条幅、张贴标语、电子屏幕等多种形式开展常态化宣传教育，使职工树立节约意识，并将其融入到企业各项生产经营工作当中。

【道德典型选树及宣传】 在全公司范围内广泛开展"宣传好人、学习好人、崇尚好人、争做好人"活动。一是组织做好"辽宁好人""本溪好人"的推荐宣传工作。板材热连轧厂郭鹏荣获2020年度"辽宁好人·最美人物"称号、本溪市"本溪好人·道德模范"称号。二是组织做好辽宁省"最美退役军人""最美志愿者"和本溪市"雷锋号"典型的推荐宣传工作。本钢建设机电安装公司罗佳全荣获2020年辽宁省"最美退役军人"称号。三是组织做好2020年度"本溪好人·最美志愿服务团队（志愿者）"的推荐宣传工作，5个集体和4名个人获奖。四是积极做好道德模范走访慰问工作，走访慰问本钢建设机电安装公司罗佳全等6名市级以上道德模范，礼遇先进，增强模范的荣誉感。

【本钢好人评选及宣传】 "本钢好人"评选活动是本钢集团党委全面加强社会主义精神文明建设，践行社会主义核心价值观，集中展示本钢职工道德建设丰硕成果，充分发挥先进典型引领作用开展的一项创新工作。一是评选分为敬业奉献、诚实守信、助人为乐、见义勇为、孝老爱亲5大类。二是按照从严把关、优中选优的原则，经过严格规范的评选程序，2020年共评选出事迹突出、品德高尚、职工认可度高、示范引领作用大的40名季度"本钢好人"和11名年度"本钢好人"。三是大力宣传本钢好人精神，传播向上向善正能量，在《本钢日报》《今日本钢》电视、本钢集团官方微信公众号开设"本钢好人"专版专栏，对40名"本钢好人"进行专题报道，共同见证"好人精神"在本钢集团开花结果，传播致远。四是"本钢好人"评选活动被本溪市委宣传部评为2020年全市宣传思想工作十大"创新项目"。

【学雷锋志愿服务活动】 一是宣传、下发并悬挂学雷锋志愿服务主题宣传标语口号，营造良好氛围。二是开展以"80，雷锋正年轻"为主题的学雷锋志愿服务活动，吸引越来越多的学雷锋志愿者加入其中，组织广大干部职工参加志愿者实名注册，共有3565名职工成功注册。三是开展"雷锋精神学习宣传日"活动。"3·5"学雷锋活动期间，广大职工开展立足岗位做贡献、清理现场卫生等活动，传递"奉献、友爱、互助、进步"志愿精神。四是在纪念"3·5"学雷锋活动57周年之际开展以"做一颗永不生锈的螺丝钉"为主题的学雷锋志愿服务主题宣传活动，宣传13个荣获2019年省级以上先进人物事迹。五是围绕本溪市首个"生态文明月"开展以"清洁厂区·爱我本钢"为主题的形式多样的环保志愿服务活动，激励本钢广大职工争做维护绿水青山的生态先锋。

【法治宣传】 坚持"依法治企"和"以德治企"相结合，全面推动法治本钢建设宣传教育系列活动的深入开展。一是通过多种形式组织学习《中华人民共和国民法典》，与法律事务部联合在《本钢日报》和本钢集团官方公众微信号开辟"以案说'典'"专栏，解读民法典中的特色亮点。二是在全集团组织开展"社会治理、法治先行"宣传年系列活动，通过突出学习宣传宪法、深入学习宣传党章和党内法规、开展疫情防控专项法治宣传、开展依法化解信访矛盾法治宣传等活动，切实发挥了法治宣传教育作用。三是组织开展国家机关工作人员《中华人民共和国民法典》法律知识测试暨旁听庭审活动，参加全市"12·4"国家宪法日宪法法律知识考试。四是以"深入学习宣传习近平法治思想 大力弘扬宪法精神"为主题，开展"12·4"国家宪法日"宪法宣传周"系列宣传活动，使宪法学习宣传更加贴近基层、贴近职工，学习宣传常态化、制度化。五是按照上级工作部署，出色完成全省国资系统、本溪市"七五"普法总结验收工作，得到上级部门高度认可和好评。

【国防教育】 以纪念《中华人民共和国国防教育法》颁布实施19周年为契机，结合新冠肺炎疫情防控实际，有效开展了系列活动。一是将《中华人民共和国国防教育法》的学习教育纳入依法治企普法宣传教育的主要学习内容中，加大对全员国防教育活动的宣传教育和指导。二是会同集团保卫中心（武装部）开展以"奋进新时代 聚力强军梦"为主题的"全民国家安全教育日"和《中华人民共和国国防教育法》教育活动。三是以"热爱人民军队，共筑钢铁长城"为主题，配合本钢集团保卫中心（武装部）做好"'9·15'全民国防教育日"教育系列活动。

【"法轮功"教育转化】 按照省、市防范办的统一部署，在广大干部职工中深入开展"崇尚科学、反对邪教、珍爱生命、共享和谐"的社会主义核心价值观教育。重点做好国家省市区"两会""新年""春节""清明节""端午节""中秋节""国庆节"以及"4·25""5·13""6·4""7·22"等敏感节假日期间"法轮功"重点人"零平安报告"的防控接续帮教维稳工作。

【新闻宣传概况】 本钢集团新闻宣传工作由本钢集团党委宣传部（统战部、企业文化部、团委）、宣传中心共同实施。2020年，主要负责《本钢日报》出版、《今日本钢》电视播出和本钢新媒体宣传以及网络舆情监控、对外宣传等工作。本钢自有媒体包括《本钢日报》、《今日本钢》电视、《本钢手机报》和本钢日报官方微信、微博等新媒体推送平台。省级以上本钢外宣媒体主要有中央电视台、新华社、《人民日报》《新华每日电讯》《工人日报》《经济参考报》《中国产经新闻》、辽宁电视台、《辽宁日报》《中国冶金报》《辽宁职工报》《共产党员》《当代工人》等。

【三大基本亮点】 一是宣传中心结合本钢集团生产经营实际，紧密围绕集团中心工作，积极与相关部门配合，聚焦点、挖亮点，使得新闻报道的针对性更强，传播效果更好。二是2020年初受疫情影响，《本钢日报》休报日期延长，集团重要新闻均由本钢集团官方微信、微博统一发布，为了保证发布的时效性和质量，宣传中心及时协调将本钢集团官方微信公众号每天发布次数由1次增至3次，并紧急调动报纸、电视采编人员参与到新媒体采编工作中来，及时宣传报道本钢集团和各单位、部门疫情防控工作部署和措施，以实际行动在战"疫"中践行初心，在疫情防控宣传中担当使命。三是宣传中心注重报纸、电视、新媒体多渠道融合报道，创新报道形式，丰富报道内容。

【《本钢日报》出版发行】 《本钢日报》创刊于1948年12月。立足本钢，面向全国公开发行，国内统一刊号：CN21-0031。2020年，为对开四版周六刊，分"正刊""副刊"两大版块。全年共编辑出版《本钢日报》287期、1148版，约发稿9200余篇、计982万字，每期发行1.2万份，总发行344.4万份。

【《今日本钢》电视概况】 宣传中心电视工作室承担本钢集团电视新闻宣传任务，主要负责《今日本钢》电视节目制作、播出工作。《今日本钢》电视节目开播于1987年9月。借助本溪电视台综合频道即BXTV-1面向全市播出。《今日本钢》电视为日播节目，即每日播出1期，节目时长10分钟，按新闻和综述（周末）两大版块播出。2020年，采编并播出《今日本钢》电视节目1096期次，总时长10960分钟（均含重播、再播），约播发稿件1560篇，播发稿件文字量110多万字。

【新媒体建设】 2020年，新媒体工作室共发布微信推送2245期，微博9565条，抖音短视频42个（10月1日正式上线运行）。一是突出重点，全面覆盖，积极做好新闻宣传工作。二是策划先行，媒体跟进，提高新闻宣传的针对性和有效性。三是采编合一，创新表现形式，稳步推进媒体融合发展。四是强化管理，完善流程，工作质量和工作效率大幅提升。

【对外宣传】 2020年，宣传中心牢固树立"大外宣"理念，紧密围绕企业中心工作，抓住重要时间节点和重大新闻事件，与省级以上媒体互动，拓宽对外宣传视野，拓展对外宣传平台，形成多角度、立体式的对外宣传态势，扩大了企业的品牌影响力。全年在中央电视台、新华社、《人民日报》《新华每日电讯》《工人日报》《经济参考报》《中国产经新闻》、辽宁电视台、《辽宁日报》《中国冶金报》《辽宁职工报》《共产党员》《当代工人》等省级以上媒体刊发稿件达174篇，超额完成年度外宣考核指标。

【新闻宣传综合管理】 综合管理主要工作：一是宣传中心将2020年确定为党建工作基础建设年，认真贯彻落实本钢集团党委和机关党委相关工作要求，全面梳理、规范各项基础工作，加强队伍建设，推进媒体融合发展，坚持"弘扬主旋律、传递正能量"，全力做好新闻宣传工作。宣传中心党总支开展了以"忆初心 明职责 当先锋"为主题的系列党日活动，组织全体党员走进记者笔下"最美新闻人物"，学习先进典型的先进事迹，体验工匠精神，提升党员形象，践行服务宗旨，讲好本钢故事。二是2020年初，面对突如其来的新冠肺炎疫情，宣传中心全媒体开设"抗击疫情 本钢在行动""本钢人·温度"等专栏，报纸累计编发疫情防控报道850篇；开设"防疫在线"专版，累计刊发专版15期。三是在宣传中心党总支的带领下，各支部以创建"先锋党支部"和"旗帜党员"为着眼点和落脚点，工会组织利用业余时间，开展了徒步走、登山、做广播体操等职工群众喜闻乐见的文体活动。宣传中心党总支成员还不定期地走访慰问困难党员、困难职工。四是宣传中心全面实施绩效考核，领导班子经过广泛调研，制定并出台了《"四定"后评价标准》，按岗级、职级进行严格考核，将部门职责、绩效项目、定额指标、考核方式、奖罚细则等形成制度，细化了职工工作任务和质量指标，体现奖勤罚懒、多劳多得的分配原则。宣传中心广泛开展全员轮岗机制，让采编人员对其他媒体技术有了一定的认知。五是宣传中心采编人员始终坚持新闻宣传"三贴近"原则，记录着本钢集团在新时代实现高质量发展的创业历程。宣传中心陆续刊发了《本钢集团2135mm规格花纹板实现国内首次轧制》《本钢集团创新管理模式向精细化高效化推进》《本钢集团举办振兴乡村发展消费扶贫集体福利采购订货会》等报道。六是以"大外宣"理念为引领，内、外宣形成合力，扩大本钢品牌影响力。通过采取多种报道方式，将本钢集团的决策部署以及销售、研发、生产经营等方面取得的成果展现给受众。七是宣传中心以集团中心工作和职工群众关注的热点、难点问题为抓手，加大舆情监控力度，及时准确地为领导决策提供第一手信息资料。

（顾春明　朱丹　刘发顺　刘佳璇）

纪检监察工作

【概况】 本钢集团有限公司纪委（监察部）、辽宁省监察委员会驻本钢集团有限公司监察专员办公室、本钢集团有限公司党委巡察工作领导小组办公室合署办公。党委巡察办下设巡察处、综合处；纪委（监察部）下设信访案件管理室、纪检监察室、案件审理室、纪检监察干部监督管理室、党风监督室（清欠办公室）和15个派驻纪检监察组。2020年，纪委（监察部、巡察办）在籍人员均为中共党员，共计66人（不含纪委书记），其中改做专项工作4人。在籍人员中处级50人（含纪委副书记兼任党委巡察办主任和监察部部长1人）、主任业务师7人、专业业务师7人、责任业务师2人。

【疫情防控工作】 为深入贯彻落实习近平总书记关于疫情防控工作的重要讲话指示精神，确保省委疫情防控和复工复产要求落实到位，集团纪委立足职责定位，紧密结合本钢集团疫情防控工作实际，主动履职担当，以严格监督检查和严明纪律要求督促各单位切实开展疫情防控工作，深入到基层开展督导检查70余次，并通过现场检查、微信电话了解情况、日报等多种形式进行跟进式监督。对于日常监督发现的疫情防控工作做得不到位的单位，进行全公司点名批评，用追责问责倒逼各级组织、党员领导干部在疫情防控工作中切实履职尽责。

【派驻监督工作】 集团纪委聚焦监督首要职责，充分发挥派驻机构"探头""前哨"作用，把监督挺在前面，突出监督重点，强化监督措施，推动驻在单位全面从严治党不断向纵深发展。一是明确监督重点。加强对"关键少数"的监督，督促驻在单位"一把手"履行第一责任人责任，班子成员履行"一岗双责"，党委全面落实从严治党政治责任，推进全面从严治党向纵深发展、向基层延伸。二是切实履行监督首责。积极参加驻在单位的党委会、党风廉政建设专题会以及研究"三重一大"等事项的重要会议，把监督关口前移，对苗头性、倾向性问题做到早提醒早预防。各派驻纪检组全年累计开展会议监督583次、检查监督211次、谈话监督212人次、警示教育114次。三是强化监督结果运用。各派驻纪检组坚持问题导向，围绕监督发现的问题，充分运用第一种形态，全年共给予约谈提醒116人次、批评教育40人次、责令检查11人次、诫勉谈话11人次。

【纪律审查工作】 坚持无禁区、全覆盖、零容忍，坚持重遏制、强高压、长震慑，持续保持惩治腐败高压态势，一体推进不敢腐、不能腐、不想腐，不断推动党风廉政建设和反腐败斗争向纵深发展。2020年，集团纪委共接收各类信访举报491件，同比下降22.1%，其中重复件159件、业务外转有关单位或部门97件、初次举报235件（办结127件），共给予党纪政务处分147人。在开展具体工作时，一是进一步畅通和拓宽信访渠道，对信访举报和反映问题线索实行专人负责、专账登记，做到件件有落实、事事有回音。二是严格按照"二十四字"方针要求，以有效提高案件质量为目的，认真审理违规违纪案件，涉及集团中层干部的重点案件均通过纪委班子会集体讨论、集体决策，确保定性量纪准确，并对审理意见的执行状况进行跟踪检查。三是严把干部选拔任用"党风廉政意见回复"关，全年共为有关部门出具干部廉政审核意见421份。四是通过追责问责，督促各职能部门切实履职尽责。针对执纪监督中发现的体制机制问题和管理漏洞，及时以纪检监察建议书等形式通告相关管理部门，2020年共下发监察建议书14份、纪律检查建议书5份。

【落实中央八项规定精神工作】 集团纪委切实提高政治站位和政治能力，以严防节日腐败和专项整治为抓手，确保中央八项规定精神在集团落实落地。一是紧盯传统节日等重要时间节点下发纪律要求，做到早研究、早部署、早提醒、早警示，积极营造风清气正的节日氛围。二是按照上级纪检监察机关工作部署扎实开展专项治理工作。针对高考招录工作特殊节点，在集团范围内开展了"升学宴"专项整治工作，在2020年涉及高考的920名党员干部及重点监察对象中未发现违规操办或参加"升学宴"问题。三是为深入贯彻落实习近平总书记关于坚决制止餐饮浪费行为的重要指示批示精神，在集团范围内开展了"厉行节约、杜绝浪费"专项整治工作，督促引导党员干部切实把勤俭节约体现在生活细节上和实际工作中。

【党委巡察工作】 一是健全完善巡察制度机制。根据中央、省委巡视巡察有关制度规定及文件精神，进一步完善巡察规章制度、细化流程，有效推进了巡察与其他监督有效贯通、形成合力。二是扎实开展第四轮、第五轮巡察工作。按照集团党委的统一部署，7月1日—8月14日，分别对板材发电厂等四家单位党委开展了常规政治巡察，共发现问题204条，向集团公司纪委移交问题线索3条，移交相关部门督察督办问题12项。11月10日，党委第五轮巡察5个巡察组分别进驻板材特钢厂等5家基层党组织开展为期一个半月的常规巡察。截至12月末，已完成巡察了解阶段的全部任务，正在组织向巡察工作领导小组报告巡察工作情况。三是切实开展巡察整改"回头看"。结合第四轮巡察工作，对前两轮被巡察的8家单位进行了整改落实情况"回头看"。经"回头看"检查组核实判定，前两轮被巡察的8家单位491条原巡察反馈问题已完成整改473条，反馈问题整改完成率为96.3%。四是总结经验，加强巡察宣传报道。为进一步扩大巡察影响力，结合前三轮巡察工作实际，在《本钢日报》刊发系列报道文章和巡察小故事，切实提高了职工群众对巡察工作的认知度。此外，省纪委监委官方网站刊发了《本钢集团党委创新驱动打造巡察企业模式》等2篇文章，重点介绍了本钢集团党委开展巡察工作的制度机制、方式方法以及整改模式，充分体现了对本钢集团党委巡察工作的高度认可。

【廉洁宣教工作】 一是召开了本钢集团纪委一届六次全委（扩大）会议，认真传达学习了党的十九大精神、十九届中央纪委四次全会精神及省纪委五次全会精神，融入到实际工作中进行贯彻落实。二是为进一步强化党员干部和重点岗位人员的自律、自警、自省意识，组织集团各级领导干部和重点岗位人员签订《领导干部廉洁自律承诺书》共计10973份。三是深入开展警示教育活动，有效将案件资源转换为教育资源。按照上级纪检监察机关工作要求，组织作业区级以上人员共计4665人观看赵明远案警示教育片；下发警示教育书籍《百方治疗"未病"》和《遗忘的初心》警示教育资料共计2200册；于10月份召开了本钢集团反腐倡廉警示教育大会，会上对集团内部典型案例进行了通报，集团党委书记围绕会议主题为全体党员干部上了一党廉政专题党课。参会的近600名中层干部集中观看了警示教育片《悔》，会后又组织全集团近7000名党员干部观看了该片。四是有针对性地对集团各单位合同管理人员、新入职大学生和部分单位重点岗位人员进行反腐倡廉教育。

【纪检监察干部队伍建设工作】 集团纪委结合"不忘初心、牢记使命"主题教育和省纪委关于构建"四专"培训格局推动全员培训提质增效的工作安排，通过加强学习培训，强化实战练兵等方式，不断提升干部队伍政治素质和业务能力。一是进一步规范派驻纪检组日常工作。结合实行派驻以来的工作实际，制定并下发了《本钢集团纪委派驻纪检组工作细则（试行）》，进一步地明确了监督方式、工作机制、成果运用等多方面内容。二是以政治过硬、本领高强为目标开展教育培训。在一季度因疫情严重无法开展审查调查的特殊时期，集团纪委要求全体纪检干部要通过多种形式加强学习，努力提升党性修养和理论水平；8月份举办了2020年本钢集团纪检监察干部业务培训班，通过开展红色历史教育、业务知识培训、参观沈阳正风肃纪大数据监督警示教育展示馆等形式，进一步提高纪检干部政治素质和履职能力。三是举办纪检监察业务知识学习论坛，以实案讲解分析，丰富实战经验，进而提升工作成效。四是积极参加全省模拟监察官资格测试和全省纪检监察干部在线培训年中测试，所有参加测试人员成绩全部合格。五是切实开展警示教育。坚持教育在先、警示在先、预防在先，结合省纪委工作要求，通过召开纪检系统警示教育大会，通报典型案件，手写廉洁从业承诺书等形式，引导全体纪检干部进一步存戒惧、知敬畏、守底线。六是坚持刀刃向内，严防"灯下黑"，对3起反映纪检监察干部的问题线索进行了严肃认真的核查和处理。

（王树新）

统一战线工作

【概况】 本钢集团党委统一战线工作由本钢集团党委宣传部（统战部、企业文化部、团委）具体实施。2020年，深入开展学习贯彻习近平总书记关于加强和改进统一战线工作的重要思想，贯彻落实《中国共产党统一战线工作条例》文件精神，宣传贯彻党的统一战线的路线、方针、政策以及中央、省、市统战工作会议精神；负责围绕企业生产经营中心工作，夯实基础，丰富载体，创新思路，充分团结党外各界人士，调动统战成员积极性，努力发挥统战工作在企业改革发展中的作用；负责省、市、区政协委员，党外人大代表的推荐、考核和管理工作；负责协调指导本钢各民主党派和无党派人士、党外知识分子以及民族、宗教、对台、侨务等统战各项工作。

【统战活动】 一是疫情期间，集团党委统战部下发了《致本钢广大统战成员的一封信》，号召广大统战成员积极投身社会防疫工作。本钢党外知识分子积极协助社区开展疫情排查，主动承担公交车防疫消杀任务以及开展社会防疫宣传等志愿服务活动，引起了良好的社会反响。二是由集团党委统战部牵头开展的《实施两大工程 推进统战创新 为本钢实现高质量发展凝聚强大合力》的课题项目被评为2020年度辽宁省统战工作实践创新成果。三是积极开展统战信息报送工作，本钢集团党委统战部荣获本溪市2019年度统战信息工作先进单位。推荐3篇稿件在省委统战部《信息快讯》和《本溪统战纪实》上刊登。四是省委统战部副部长张兴奎、市委常委、统战部部长柴力君以及市政协副主席、九三市委主委董安鑫等省市领导到本钢调研，对本钢统战工作给予充分肯定。五是按照本溪市统战工作领导小组要求，开展了2020年度本钢党外人士联谊交友、结对子工作，进一步促进了集团主要领导同党外人士的联系和交往，推进联谊交友制度有效落实。六是全年共有9名统战成员荣获"辽宁好人""本钢好人""本钢青年五四奖章"等荣誉。七是组织本钢民主党派和无党派代表参加了市委统战部组织的党的十九届五中全会精神学习培训班以及本钢集团学习宣传贯彻党的十九届五中全会精神专题辅导报告会。八是统战宣传月期间，深入挖掘、选树党外人士代表的先进典型事迹，在《本钢日报》头版刊发本钢统战工作综述，开辟专版对14名统战先进典型事迹进行了宣传报道。

【政协工作】 一是按照上级统战部门《关于对十二届省政协委员、常委变化情况调查的通知》《关于对十三届市政协委员、常委变化情况调查的通知》的有关要求，做好本钢2名省政协委员、常委以及33名市政协委员、常委的调查工作，并按上级要求完成了2名市政协委员的调整工作。二是积极促进本钢籍政协委员建言献策，履行参政议政职能，全年被市政协采纳提案18件。三是按照《本溪市十六届人大四次会议和本溪市政协十三届四次会议疫情防控工作方案》要求，建立本钢籍政协委员"14天流调检测群"，实行每日反馈汇报，组织健康接龙工作。

【民主党派工作】 一是支持本钢各民主党派基层组织开展自身建设，指导民革、九三等9个支部（社）完成换届工作。二是疫情期间，在防疫物资极其紧缺的关键时期，号召本钢各民主党派成员充分发挥自身优势，有组织地踊跃捐款捐物，为打赢疫情防控阻击战积极贡献力量。三是推荐3名党派成员参加市委统战部培训班。

【党外知识分子工作】 一是按照省委统战部有关部署，下发了《关于开展本钢集团党外知识分子统战工作"五个一"活动的通知》，号召各单位党委重点围绕"共识教育、建言献策、服务中心、社会服务、队伍建设"等方面开展党外知识分子"五个一"主题活动。二是充分依托本钢板材技术研究院人才密集优势，组织开展了2020年度党外高学历人才课题立项、科技攻关活动，全年共开展课题立项攻关22项，结题11项，创造经济效益5800余万元。此外，本钢无党派代表人士刘宏亮主持的《最高强度与特厚规格热冲压钢研制及其系列化开发》课题项目荣获2020年冶金科学技术一等奖。这是有史以来以本钢集团为主体研发的在行业最高科学技术奖中获奖等级最高的一次。三是组织本钢4名无党派知识分子参加本溪市委统战部举办的"无党派人士培训班"。

【民族宗教工作】 一是围绕《关于依法治理民族事务促进民族团结的意见》的有关精神，持续做好落实宪法和民族区域自治自查工作。二是按照市委统一战线领导小组要求，对《本溪市落实中央宗教工作督查"回头看"反馈意见整改方案》进行了意见反馈。三是按照市委统战部《关于做好宗教工作方针政策法规学习访谈测试的通知》要求，完成了《宗教事务条例》学习及答题等相关工作。四是积极配合本溪市民族团结进步宣传月活动，对本钢少数民族职工事迹进行了宣传。

【对台侨务工作】 一是1月20日，按照市侨联要求，对市侨联民主生活会征集意见工作进行了反馈。二是6月5日，按照市侨联要求对《关于开展本溪市侨联改革方案征求意见的通知》进行了意见反馈。三是9月17日，推荐北营能源总厂林庆峰、辽宁冶金职业技术学院朱文栅为辽宁省第十届侨代会代表。

【本钢各民主党派概况】 本钢集团现有"民革本钢支部、民盟本钢总支、民建本钢委员会、民进本钢总支、农工党本钢支部、致公党本钢支部、九三学社本钢委员会"7个民主党派，共有基层委员会（总支）、支部（社）

等组织29个,民主党派成员284名。其中,民革本钢支部下设3个支部,现有党员43名,市、区政协委员3名;民盟本钢总支下设8个支部现有盟员75名,市、区级人大代表、政协委员8名;民建本钢委员会,现有会员52名,市、区级人大代表、政协委员4名;民进本钢总支下设3个支部,现有会员33名,市、区级人大代表、政协委员4名;农工党本钢支部现有党员6名,市政协委员1名;致公党本钢支部现有党员16名,市、区级政协委员5名;九三学社本钢委员会,下设6个支社,现有社员55名,市、区级人大代表、政协委员7名。一是理论学习方面。结合疫情防控要求,民革、民盟等党派利用微信群、腾讯视频等方式组织学习习近平总书记在民主党派座谈会上的讲话精神、十九届五中全会公报等党的政治理论和党的会议精神。民进本钢总支选派会员参加市委举办的基层干部培训班。九三本钢委员会组织社员学习了中共中央《关于加强中国特色社会主义参政党建设的意见》等"三个文件"精神。二是组织建设方面。民革本钢支部完成了3个分支部的换届工作,选举产生新一届支部委员。民盟本钢总支全年发展新盟员2人,完成了副科级以上、副高级以上、政协委员、人大代表、市级以上奖励人员等代表性人士统计工作。民建本钢委员会、民进本钢总支完成下设支部的人员划分以及优秀会员考核,为支部换届做好准备。三是参政议政方面。民革综合支部对桥北工业园区的规划以及未来愿景的展示模型进行实地考察及观摩。对投资、发展环境、规划情况等问题提出了中肯的建议与意见。民盟本钢总支报送议案、提案8件。其中3项建议被市政协采纳。民建本钢委员会积极组织会员参加市政协参政议政人才库会议、政协委员暨中国移动5G讲堂,参与民建市委集体提案和社区代表委员参政议政座谈会等活动。九三本钢委员会全年报送提案2篇、统战信息3篇,其中机关支社主委吕原鑫提出的《关于海军冠名本溪舰的建议》被社市委带到省政协会议上交流。四是特色活动方面。民盟北营支部参加了民盟本溪市委开展的"不忘合作初心,继续携手前进"和"学思想凝心聚力·比贡献助力振兴"主题教育实践活动,参观了南芬区大冰沟抗联遗址。民进本钢总支组织会员成立了本溪民进羽毛球俱乐部,定期开展活动,丰富会员业余文化生活。九三本钢委员会组织参加了纪念九三学社成立75周年暨九三学社本溪市委成立35周年主题教育活动等,积极投身本钢建设,激发了广大社员爱国爱社爱企的情怀。五是社会服务方面。疫情期间,民革本钢综合支部积极响应号召,捐款献爱心,共捐款1400元。民盟技术学院支部组织盟员到圣火养老院慰问,与老人们同贺重阳节,为他们送去了棉衣、棉被、水果和牛奶等物品。六是岗位建功方面。民盟盟员符振华荣获集团公司先进生产者称号。技术学院支部盟员2020年获得8个奖项,其中国家级4人、省级2人、市级1人、本钢级1人。九三学社社员李胜兰参与国家退役士兵项目教学并担任多门专业课程的讲授工作,参与出版计算机专业教材1本,参与国家级科研课题立项1项;侯珍珠获得国家实用新型专利1项,获得本钢集团六西格玛项目二等奖,三篇论文被国家级期刊《金属世界》选用;王亚芬撰写的论文荣获本溪市金属学会论文二等奖、辽宁省金属学会三等奖,并分别在《金属世界》和《物理测试》刊物上发表。

(王鹏飞)

工会工作

【概况】 本钢集团有限公司工会（简称集团工会）下设劳动经济工作处、组织民管保障处、文体处、综合财务单元。集团工会工作人员23人，其中管理岗位8人，分别为常务副主席1人、副主席1人、处长3人、正处级干部1人、副处级干部1人、区域正职1人；业务岗位15人，分别为主任业务师8人、专业业务师1人、责任业务师6人。2020年末，所属厂矿级工会77家、作业区分会708个、工会小组4443个。

【疫情防控】 积极落实国家、省市和集团公司疫情防控工作要求，第一时间下发推动做好联防联控群防群治通知，建立全集团工会系统疫情防控机制，制定工会疫情防控应急预案，有效指导基层工会围绕疫情防控和稳产顺行开展工作。组织动员广大职工积极投身疫情防控，向各级工会组织和广大职工发出《抗击疫情，争做守护健康、保产顺行志愿者倡议书》，组建了一支近1800人的志愿者团队，开展了政策文件宣讲、防控知识传播、疫情排查监督、安全生产保障、环境卫生监护等大量工作。在疫情防疫物资紧缺的重要关口，各级工会组织迅速建立疫情防控专项资金，千方百计购买发放了大量口罩、测温仪、消毒液等防控物品；承担板材厂区4条保温通廊建设费用和返企外地大学生隔离住宿费用；为27名援鄂医务人员家属送去援鄂慰问金27万元，召开致谢援鄂医务人员及家属座谈会；全集团工会系统累计投入使用疫情防控专项资金达500万元。加强疫情防控宣传教育，本钢集团工会公众号发布200余条疫情防控消息，及时向职工传达疫情防控信息和普及科学防控知识；设立"抗击疫情 工会在行动"专栏，广泛宣传各级工会组织、工会干部、劳动模范和志愿者团队抗疫事迹。第一时间发挥职工创作优势，推出鼓舞人心的抗疫歌曲《我们在一起》、抗疫朗诵《武汉祈使句》、抗疫快板《众志成城战病毒》等文化作品，举办"凝聚抗疫之心"文化作品网络展示活动，拍摄本钢工会抗疫专题片《责任与担当》。

【组织建设工作】 深入基层开展工会工作调研，在充分听取基层工会意见的基础上，组织召开集团公司工会一届六次全委（扩大）会议，落实全国、省市总工会和集团公司党委的全会精神，部署全年工会工作，全面指导基层工会开展工作。规范基层工会组织建设，强化工会组织管理工作，指导基层工会依法选举，12家基层工会分别按期完成组建、换届。全面履行基层工会法人资格登记制度，为43家符合条件的基层工会办理工会法人登记注册和变更信息业务，针对新登记注册的单位开展工会法人资格业务培训。

【民主管理工作】 认真落实职工代表职责，引导职工代表正确行使提案权，制定职代会提案工作规范，开展"我为企业发展献一计"优秀提案征集评选活动，组织提案撰写培训；跟踪督办8件提案，7件已立案实施，1件正在调研论证；"职工心声"网络平台上线试运行，收集职工问题近千条，共性问题经归纳转办后公布答复结果；接待职工来访11起，接收处理市总信访件6件，多次接访厂办大集体职工，对信访职工反映的情况进行调查核实，做好政策解释工作。召开集团公司2021年《集体合同》协商会议。

召开集团公司一届五次职代会暨2021年经济工作会议，签订2021年《集体合同》。

【宣传教育工作】 坚持以学习贯彻习近平新时代中国特色社会主义思想为首要政治任务，认真学习贯彻党的十九届五中全会和全国劳模大会精神，进一步增强"四个意识"、坚定"四个自信"、做到"两个维护"。组织各级工会干部和广大职工开展学习《习近平谈治国理政》（第三卷）活动，以新时代新思想为引领，推动本钢集团工会事业创新发展。大力弘扬劳模精神、劳动精神和工匠精神，充分发挥示范引领作用。强化工会宣传工作，全年外宣53篇，其中在《工人日报》、《辽宁日报》、辽宁卫视、《当代工人》、《辽宁职工报》和学习强国等国家级和省级媒体上重点宣传了以全国劳模罗佳全为代表的12名劳模事迹。开展"讲劳模故事 促本钢发展"主题作品征集活动，共征集视频类、图文类、剧本类劳模故事作品126个；在本钢集团工会公众号上宣传劳模52人，充分展示了劳模风采。参加中国机械冶金建材工会"工匠直播月"活动，辽宁工匠郭鹏在全国产业工人学习社区进行技术直播，全国5.5万人次收看。积极参加"网聚职工正能量 争做中国好网民"主题活动，荣获4个奖项，其中《工匠之路》微课获全国一等奖，入选中国工人数字资源库；本钢工会网上工作案例荣获中央网信办"走好网上群众路线"全国优秀案例奖。

【经济技术工作】 以效益为中心，开展了"当好主人翁 建设新本钢 建功新时代"主题系列劳动竞赛活动，在铁钢轧生产工序开展了"强化对标 节能降耗 精心管控 提质增效"生产劳动竞赛，还开展了冬季保产、重点工程建设等专项劳动竞赛；矿业露天矿和建设公司被评为全省劳动和技能竞赛优胜单位，获省总支持资金40万元；全年劳动竞赛投入资金达148.5万元。开展了"强化技能 倡导传承 致力创新 注重实践"为主题的"工匠杯"职工职业技能竞赛，覆盖27个集团级工种，参加比赛7000余人次；参加全省职工技能大赛和省"技师杯"精英挑战赛，均取得优异成绩，2名选手荣获辽宁省五一奖章；召开了"匠心闪耀"——2020年度"工匠杯"职工职业技能竞赛表彰大会，发布了罗佳全劳模创新工作室微课视频。促进劳模（职工）创新工作室科技创新立项和培训工作，获得全国钢铁行业创新成果一等奖1个、二等奖2个，省科技进步三等奖1个；获得中国机械冶金示范性工作室1个、省级职工培训基地1个、省级劳模创新工作室1个、省级职工创新工作室4个、市级劳模创新工作室4个、市级职工创新工作室2个。全年荣获全国劳动模范1人、中国机械冶金行业工匠1人、辽宁五一奖状1个、辽宁工人先锋号2个、辽宁五一奖章12人。

【劳动保护工作】 深入开展"安康杯"竞赛，保障职工安全健康权益。开展了"查身边隐患 保职工安康 促企业发展"群众性监督检查和隐患排查活动；征集并展示了安全生产摄影、漫画、书法等作品123幅；举办了"安全短视频"和"安全短语"征集活动，征集作品315个；与安监部联合开展职工"马拉松"安全知识网络答题活动，5万余名职工分批参与；与安监部联合举办四期优秀班组长培训班，共53家单位300余名班组长参加培训；为高温、露天等艰苦岗位的职工送去60余万元的电器和14万斤西瓜，为矿山职工送去10万元冬季保暖装备，改善了职工生产作业条件；开展联合检修以及重点工程建设慰问，投入慰问金25万元。

【权益保障工作】 精准帮扶工作成效显著。全年帮扶困难职工1815户次，累计投入中央、省、市帮扶资金715.13万元；开展"送温暖"活动，积极争取全总、省总送温暖资金576.65万元；为全体困难职工采购春节慰问粮油，累计投入70.5万元；继续开展职工医疗互助保障工作，全年64871名职工参保，6622名职工获得理赔，赔付金额约为687.07万元；拓宽帮扶形式，为1245名困难职工每人发放一张1000元格力电器购买券；开展金秋普惠活动，为考入大学的职工子女发放1600份纪念品。做好参加本溪市紧急无偿献血活动的组织保障工作，为1933名职工志愿者每人发放一份营养食品包。职工集体福利采购逐步从"两节"向四季延伸。组织开展米面油等福利物品的招标采购工作，全年各级工会用于职工集体福利近3300万元；申请京东商场"酷兜"平台，完成1.2万人注册工作，为本钢职工提供专属优惠；参与"消费扶贫"工作，组织协调相关单位和部门完成扶贫任务；开展本钢团购车活动，职工购车270辆。

【女职工工作】 积极推进女职工巾帼建功主题实践活动，在"三八"节日期间，结合疫情防控形势，利用新媒体平台广泛宣传女职工先进典型事迹，表彰了集团公司10名"三八"红旗标兵、84名"三八"红旗手和47个"三八"红旗集体。根据《女职工劳动保护特别规定》维护广大女职工的利益，做好女职工"四期"保护工作，组织1189名女职工参加妇女病普查普治；继续做好女职工"两癌"筛查体检工作，组织7000余名女职工体检，对患"两癌"的34名女职工向省总工会申报并落实了关爱补助费用；在本钢集团工会微信公众号上设立女性"两癌"预防知识与女性健康保健知识科普专栏。积极响应"传承好家风 女职工在行动"活动倡议，评选18个美丽家庭。积极参与企业有关政策、法规制定和监督，做到事前参与，事后监督维护；在政策支持下，针对各单位工作环境，更加灵活有效地做好哺乳期女工这一特殊群体的关爱工作。推选1名一线优秀女职工成为省妇联执委。

【职工文体活动】 持续丰富职工文化生活，增强职工队伍生机与活力。参加"中国梦·劳动美——决胜小康 奋斗有我"辽宁职工战"疫"朗诵大赛，获金奖1名、纪念奖2名；参加"我爱阅读 逐梦辽宁"全省职工读书征文大赛，获金奖1名、银奖2名、铜奖1名。分期举办书法、朗诵、摄影、写作、歌曲等文艺作品同题挑战赛，征集作品百余个，评选优秀作品31个；参加"全民健身·活力中国"中国企业职工气排球赛（嘉兴站），获第4名；举办职工平板支撑网络赛，全程网络直播；举办职工"三对三"篮球赛，树立强身健体、抵抗疫情的观念；举办"迎'十一'、展新姿、爱本钢、促发展"职工观光长跑比赛，组织参赛队员参观三冷轧厂区，营造爱国爱企爱岗的浓厚氛围。

【财务与经审工作】 持续强化工会经费管理，加大工会审计力度。完成集团公司工会本级和基层工会2019年决算和2020年预算的编制工作；对基层工会2019年度经费使用情况进行检查指导，举办了会计人员业务培训和工会财务软件培训。与审计部联合对56家基层工会2019年度经费收管用情况进

行审计，出具内部审计报告，进一步推动工会财务管理规范化建设，确保工会经费使用安全。 （肖　林）

共青团工作

【概况】　本钢集团共青团工作由本钢集团党委宣传部（统战部、企业文化部、团委）具体实施，承担本钢团组织建设、青年思想教育、青工安全、青年文化建设以及青年人才培养等职责。截至2020年末，集团团委下设直属团委、团（总）支部69个，基层团（总）支部247个。

【青工思想教育】　一是组织团员青年认真学习贯彻习近平新时代中国特色社会主义思想、党的十九大精神等一系列党的重要思想理论，按照团中央、团省委、集团公司党委的有关要求，通过会议传达、专题辅导、主题团日等活动，重点对党的十九届五中全会精神进行学习贯彻。二是加强爱国主义教育，国庆前夕，组织千余名团员青年开展了升旗仪式以及国旗下演讲活动，丰富了教育形式和内容；围绕纪念中国人民志愿军抗美援朝出国作战70周年主题，开展了参观抗美援朝教育基地等纪念活动，回顾抗美援朝战争的光辉历程，牢记英雄事迹，传承爱国精神。三是加强新媒体宣传教育阵地建设，组建本钢团委"新媒体青年志愿工作室"，创建本钢团委"青春本钢"官方微信公众号、抖音号，全年制作发布图文消息208条，在加强青年舆论引导上发挥了积极作用。四是深入开展"青年大学习"活动，全年组织32000人次进行了网上学习，本钢团委在省企工委系统排名稳居前十位；板材计控中心、板材采购中心、矿业歪头山铁矿、辽宁冶金职业技术学院、北钢容大公司等各级团组织开展了青年大学习知识竞赛活动，调动了青年学习热情。

【团组织建设】　一是按照团中央要求，按时完成了"智慧团建""对标定级"、基础信息数据的更新维护工作。截至2020年末，本钢集团共有基层团组织453个（含技术学院148个），团员4526名（含技术学院2855人）。全年新发展团员54名，推荐66名优秀团员加入党组织，完成团组织关系转接256人次。二是加强组织制度建设，重新修订下发了《本钢集团基层团委工作细则》《本钢集团基层团支部工作细则》《本钢集团基层团组织选举工作细则》《本钢集团团费收缴、使用和管理规定》《本钢集团团员发展、教育和管理工作细则》5项基础工作制度，为基层团组织开展工作提供指导和依据。三是经过认真调研和反复沟通，争取到了本钢集团共青团工作经费，并制定下发了《本钢集团有限公司共青团工作经费管理办法（暂行）》，使长期困扰基层团组织工作开展的经费问题得到切实解决，提升了工作活力。四是围绕建团98周年、纪念五四运动101周年，深入挖掘先进典型，积极开展共青团评选表彰活动，全年由集团团委评选表彰的先进集体55个、先进个人122名；荣获国家级荣誉2项、省级荣誉5项、市级荣誉7项。

【服务企业生产经营】　一是疫情期间，积极响应团中央、团省委号召，发动组建了本钢疫情防控青年突击队34支，围绕企业复工复产和疫情防控工作实际，积极开展保产保供、防疫消杀、测温排查等工作。本钢保卫中心一中队青年突击队坚守本钢门卫，筑牢疫情防控第一道防线；板材热连轧厂三热轧青年突击队，节日期间奋战生产一线，创日产班产新高；板材铁运公司青年突击队，暴雪期间及时恢复铁路道岔 300 余组，做到保运行、零影响；其他各支青年突击队也结合本单位生产和防疫"急、难、险、重"任务，冲锋在前、不惧风险，充分发挥了生力军和突击队作用，为本钢生产经营和疫情防控两不误做出了积极贡献。二是深入推进"青安杯"竞赛建设和"青安岗"创建活动，制定下发了《本钢集团"青安杯"竞赛活动方案》《本钢集团"青年安全生产示范岗"创建活动的指导意见》，重新规范"青安杯"建设和"青安岗"创建依据；积极争取青年安全评比荣誉，北营能源总厂煤气防护站荣获"全国青年安全生产示范岗"称号，板材储运中心合金耐材作业区保验二班荣获"辽宁省青年安全生产示范岗"称号。安全月期间，集团团委联合集团安监部开展了青安岗视察、青年安全座谈会、青年作业长安全知识竞赛等活动，板材炼铁厂、北营发电厂、本钢冶金渣公司等团委分别开展了消防安全大练兵、应急救援技能综合演练、安全知识竞赛等活动，切实提升了一线青工的安全技能水平。三是按照集团公司推进精神文明建设工作要求，积极动员广大团员青年开展志愿者网上注册活动，注册青年志愿者 3538 人，并组建了由各基层团委指导的青年志愿服务队 26 支。三月学雷锋活动月和五月本溪市首个"生态文明月"期间，板材检化验中心、矿业南芬露天铁矿、矿业贾家堡铁矿、矿业石灰石矿、北营铁运公司、北营原料厂等团委集中开展了厂容厂貌美化、绿化植树、废品回收利用等志愿服务活动，为企业绿色健康发展做出贡献；板材发电厂、板材冷轧厂等团委组织的志愿团队，在寒冬腊月走入校园开展困难学生温暖帮扶，展现了本钢青年的爱心和担当，彰显了本钢青年良好形象。四是结合企业青年技能人才培养需要，联合工会、组织部（人力资源部）开展了第三十七届青工技术比武活动，广大青年积极参与，37 人获得"本钢青年技术能手"荣誉，进一步调动了青年学技能、练本领的热情。板材焦化厂、矿业南芬选矿厂、建设公司等团委结合企业实际，积极开展了拜师学艺、技术培训、技能比武等活动，在促进技能传承，弘扬劳动精神等方面发挥了积极作用。

【服务青年成长成才】 一是深入推进"青年文明号"阵地建设，国贸公司、板材铁运公司、信息化中心三家单位的青年集体获本溪市"青年文明号"，并实施挂牌管理，在引领青年提升服务意识、提高工作质量、强化职业文明和职业道德建设方面发挥作用。二是持续扩大本钢优秀青年的引领力和影响力，推荐人力资源管理中心任枭一同志当选全国青联委员；举行"全国青年岗位能手标兵"和"辽宁向上向善好青年"荣誉授予仪式，本溪市委常委、秘书长孟广华专程为获奖青年颁奖；以集团团委名义授予本钢板材热连轧厂青年刘鸿智为"本钢青年敬业创优先锋"并举行荣誉授予仪式，号召本钢广大青年向典型青年学习。三是成功举办了本钢集团第二届青年素质挑战赛复赛和决赛。通过演讲、素质拓展、辩论等方式，评选出冠、亚、季军及一、二、三等奖选手共 16 名，为本钢优秀青年脱颖而出、展示风采搭建了平台。四是联合人力资源中心，继续推进大学生职业生涯规划工作，并继续开展 2019 年度优秀大学生表彰暨 2020 年入职典礼活动，有效拉近企业与新入职大学生之间的距离，为大学生今后扎根本钢奠定了情感基础。五是以"迎中秋、庆国庆"为主题成功举办本钢集团第十二届青年大学生趣味运动会，参与青年1200余人，为历届之最，进一步丰富了青年的业余文化生活。六是创建"青友团"本钢单身青年交友平台，联合团市委成功开展了两期大型单身青年婚恋交友活动，促成16对男女青年现场牵手成功；同时积极开展线下单对单的"牵线搭桥"，不断扩大本钢单身青年"朋友圈""交际圈"，切实帮助企业留人留心，长远发展。

（王鹏飞）

人民武装工作

【概况】 本溪钢铁（集团）有限责任公司人民武装部下设军事科、政工科、人防科、武器装备科。在籍职工13人，其中正部级1人、正科级2人、科员1人、工人9人，高级职称1人、中级职称1人、初级职称1人。本钢集团共53家单位设立武装机构，专武干部均为兼职。2020年，荣获"新一届辽宁省爱国拥军模范单位""辽宁省军区先进基层人武部""全省民兵组织全面考核实力会审全省市、县第二名"等荣誉称号。

【国防教育工作】 2020年是《中华人民共和国国防教育法》颁布实施19周年，为进一步加强国防教育，弘扬爱国主义精神，本钢集团党委宣传部、本钢集团保卫中心（武装部）联合在《本钢日报》开辟专版，以聚焦"传承红色基因，担当强军重任"为主题宣传国防知识。基层单位运用电子显示屏、网站、微信、QQ群等多种平台加大宣传力度，强化职工群众国防观念，在贯彻落实《国防教育法》以及"七五"依法治理普法宣传活动期间涌现出许多"拥军、爱军、建军、兴军、强军"典型事迹；为解决疫情影响下无法集中授课难题，结合各编兵单位生产工作实际，在民兵预备役人员中广泛开展政治教育学习活动，每季度向基层民兵、专武干部发放政治教育学习活页进行政治学习，累计发放政治教育活页4000多份。本钢各编兵单位按照武装部要求，坚持重点教育与普及教育相结合，突出重点对象，区分不同层次，推进公司国防教育的普及与延伸，民兵政治教育取得了预期效果。9月30日（烈士纪念日），抽调50人参加向本溪市烈士丰碑敬献花篮仪式。

【国防动员】 以全省民兵调整改革工作会议及本溪军分区会议精神为依据，以加快民兵预备役队伍建设转型为牵引，结合集团公司生产经营实际，扎实开展编兵整组工作。调整本钢2020年基干民兵组建任务及专业区分，对本钢集团856名基干民兵及86名预编民兵信息进行采集。以民兵整组"千分制"考评细则为标准，重点对规划落实、布局结构、指标数据、编建标准、信息填报30个评分项进行逐项落实，共调整专业对口人员500余人，对特殊民兵岗位协调相关单位新增基干民兵98人，对856名基干民兵及86名预编人员按户籍区域划分进行政治审查，党员、退役军人、驾驶员岗位分别到组织部、退役军人事务局、市公安交警支队进行信息审核工作，模拟省军区电话抽查民兵，核实信息237人次。组织856名基干民兵分批次进行健康体检，合格率达100%。省军区、本溪军分区深化民兵调整改革考核小组先后对本钢基干民兵工作进行检查考核，本钢在全省民兵组织实力全面考核会审中取得全省市、县第二名的好成绩；6月25日，根据辽宁省国防动员委员会《关于上报国防动员潜力分析评估报告及科技成果专题报告的通知》要求，本钢集团结合企业实际，全面梳理本企业国防动员潜力调查相关数据上报省国资委；利用民兵整组时机，按照军分区及省国资委和民兵工作"三落实"的要求，对复转退伍军人进行登记统计，摸清底数，掌握分布情况。同时，继续抓好军地通用装备物资、后勤保障能力、军队与地方对口专业技术人才的登记统计与核对工作。

【军事训练】 3月27日，组织专武干部、基干民兵骨干10人参加由本溪军分区及本溪市蓝天救援队组织的森林扑火救灾综合演练；7月3日，组织专武干部8人参加全市专武干部培训活动；7月30日，组织专武干部、基干民兵骨干共计8人参加由本溪军分区组织的防汛骨干集训；10月中旬，参加军分区组织的专武干部、基干民兵创（破）记录比武7个单项活动，获得3个科目第一名、总分第一名的好成绩；11月10—23日，组织120应急队伍完成年度应急训练任务。

【双拥工作】 在新冠肺炎"防疫抗疫"工作中，充分发挥整体防控的补充作用、帮扶群众的服务作用、舆论宣传的引导作用、稳定社会的配合作用和恢复生产的骨干作用；根据省军民融合办及上级工作安排，本钢集团2020年承担辽宁省军区、北部战区、东三省武警总队、省公安厅、长春装甲兵学院、沈阳炮兵学院6家部队退役报废武器集中销毁任务。武装部作为牵头单位积极协调各部门，从8月11日至11月22日总计销毁各种武器、备品备件3700吨。8月31日，省委常委、省军区司令员张联义少将对本钢集团在军民融合发展工作中做出的突出贡献表示肯定和感谢，并代表省军区向本钢集团赠送了印有"甘于奉献展现拥军本色，助力强军彰显国企担当"的锦旗；认真落实《本溪市春节走访慰问困难退役军人和重点优抚对象工作方案》，春节期间集团公司领导及各单位走访慰问部分困难退役军人，其中省市级18人、本钢级15人、厂矿级120人、作业区级30人。慰问金额达74,253元，为优抚对象发放米2000余斤、面1500余斤、油60余桶。"八一"前夕集团公司领导分

参加本溪军分区比武（刘广军 摄）

别对出席省、市级"最美退役军人"的罗佳全等3名退役军人进行走访慰问；2020年是本溪市创全国双拥模范城"九连冠"目标年，本钢积极配合市双拥办做好检查考评工作。上报市双拥办近4年本钢双拥工作计划、方案、照片、视频、总结等材料，集团公司在本钢厂区主要门岗悬挂条幅6处，35家基层厂矿制作各种形式的宣传标语100余幅。本钢荣获"新一届辽宁省爱国拥军模范单位"；积极参与"辽宁好人·最美退役军人"和本溪市第二届"最美退役军人"评选活动。本钢机电安装公司罗佳全被评为省"辽宁好人·最美退役军人"，板材热连轧厂赵柏峰被评为本溪市"最美退役军人"，板材炼铁厂李宾被评为本溪市"最美退役军人"提名奖；根据《中共本溪市委退役军人事务工作领导小组办公室关于印发〈开展解决部分退役士兵社会保险问题工作实施方案〉的通知》（市委退役军办发〔2019〕5号）相关规定，配合集团公司人力资源部对各单位退役军人社会保险欠缴情况进行调查统计。共统计上报68家单位，确认符合补交保险退役士兵4276人，其中有安置介绍信退役士兵4004人、无介绍信退役士兵272人，确认《退役士兵社会保险欠费补缴审核表》21380份。

【人防工作】 定期对人防工程进行日常维护与管理，结合"全国安全月"活动，开展了人防工程安全大检查、人防工程开发、平战结合转换等工作，发现问题及时整改，坚决不留隐患。"9·18"前夕，对所有警报器进行全面检查与维修，确保国防日试鸣时鸣响率达100%；春节前夕，针对重点厂矿和人防专业队伍进行了《人防法》等人防知识的宣传教育工作，采取了分发宣传手册和发放特制人防宣传扑克的方式进行宣传；结合抗疫工作对全体职工进行普法宣传，重点宣传《传染病防治法》《突发事件应对法》《野生动物保护法》以及《刑法》《治安条例处罚法》等法律法规；组织基层单位业务骨干参加市人防办举办的各种学习培训班，学习"国家安全形势、联合防空作战、人口疏散演练、人民防空组织指挥行动、识图用图"等理论知识并通过考试；制定《本钢重要目标防空袭预案》。

【武器装备】 严格执行武器装备管理的各项规章制度，做好库区安全警卫工作，按武器管理相关要求，完成武器装备、战备物资春季保养擦拭和周保养、月检查，按班组划分，责任到人，确保所有武器合理维护与保养，使武器装备保持良好的技术状态，保证部队遂行训练的需要；改造武器物资装备库房，克服工期短、时间紧、任务重、品种多等困难，对库内物资进行搬迁、清点、摆放，保障库房改造顺利、安全进行，库内物资真正达到"三分四定"；督促在岗人员做好用火用电安全工作，定期检查库区灭火器材数量是否达标、状态是否完好，梳理灭火器材使用日期是否有效等，确保武器物资装备库连续多年安全管理无事故；7月中旬，按照省军区、本溪军分区统一部署，圆满完成双三七高炮（12门）、四联高机（6挺）及备品备件共计60多吨10余车退役报废武器、物资清点装载及销毁任务。

【民兵参建工作】 紧紧围绕提高基干民兵"平时服务、急时应急、战时应战"的能力，在整组工作中进一步优化组织结构，围绕企业改革发展和生产经营目标，发挥民兵预备役生力军和突击队作用。武装部成立了130

人的抢险救灾应急队伍，承担企业和社会责任。组织广大民兵预备役带头承担企业急、难、险、重任务，在生产建设、重点工程改造、扶贫帮困、维护厂区治安等方面发挥民兵预备役组织突击队和战斗队作用。努力争取"军事训练当尖兵，生产经营做标兵"，强化使命和责任意识，发挥本钢民兵预备役组织在应对突发事件上的重要作用。

【战备工作】 积极应对多种安全威胁及突发事件，坚持战备值班，每年根据实际及时修订和完善应急预案，做好春夏两季防火、防汛和重大节日、敏感时期极易发生安全威胁时段的工作落实。根据军分区要求，安排民兵预备役战备值班5次，涉及45家单位、330多人。 （刘广军）

科协工作

【概况】 本钢集团有限公司科学技术协会（简称科协）（兼本溪市金属学会办公室）有专职工作人员3人，其中高级技术职称2人、中级职称1人。本钢集团共74个单位设立科协组织，其中二级子公司科协4个、二级厂矿科协70个，专兼职科协干部143人；科协分会319个、科协小组518个、专业学组273个；科协会员10649人。

【讲理想比贡献活动】 本钢科协广泛发动和组织科技人员紧紧围绕生产经营建设开展献计献策、提合理化建议、科技攻关、技术创新和科技论证等活动，把这些活动作为"讲、比"活动的主要内容狠抓落实。全公司参加"讲、比"活动的科技人员达10280多人次，共立项7382项，已完成4168项，取得了可观的经济效益。2020年，板材炼钢厂、本钢信息自动化公司、板材炼铁厂、板材技术研究院、板材热轧厂、板材冷轧厂、板材焦化厂、板材发电厂、矿业选矿厂、北营炼钢厂等单位在"讲、比"活动中取得了突出成绩。例如板材炼钢厂组织科技人员推进复吹工艺，采用后搅模式，强化钢水动力学条件，为钢中氧交换提供了良好条件，降低了终点氧。同时，优化转炉吹炼温度控制模型，合理匹配废钢和降温料，减少终点温度低炉次导致的点吹，再次降低终点氧。两措并举使终点氧从2019年同期的平均598ppm降低到543ppm，获得了可观的经济效益。

【科技之家建设】 进一步加强优秀科技人员事迹和科技成果的宣传工作。2020年，继续会同本钢宣传中心开办"创新视野"专栏，开展有奖征文活动，全年共组织刊发各类稿件132篇。组织全公司科技人员开展迎接"科技工作者日"活动，在《本钢日报》刊发《精准聚焦问题 精准实施对策 精准用力发力》——本钢集团广大科技人员在大战大考中践行初心使命、《科技为企 奋斗有我》——本钢集团青年科技人才担起科技创新重任等宣传稿件。各单位科协以不同形式开展宣传，其中信息自动化公司、修建维检公司等单位通过新媒体宣传本单位科技人员先进事迹，效果显著；刊发《汽车冷轧外板表面夹杂缺陷得到有效控制——本钢集团汽车板表面夹杂缺陷分类与控制研究取得突破》《内部产品合格品率由85%提升到96%以上——本钢集团电镀锌产品质量提升攻关成效凸显》《挖掘属于我们自己的效益——北营新1号高炉入炉焦比攻关10个月实现效益近亿元》等一系列宣传报道，极大地激发了广大科技人员岗位做贡献的热情。

【学术交流活动】 组织开展学术论文征评和推荐工作。开展2019年度科技论文评审工作，评选出一等优秀论文10篇、二等优秀论文30篇、三等优秀论文90篇。推荐198篇优秀科技论文参加"辽宁省金属学会优秀科技论文评选"活动，获一等奖30篇、二等奖50篇、三等奖118篇。组织开展2020年度本钢科技论文征评活动，共征集论文439篇。组织开展第十届中国金属学会青年学术年会征文活动，共征集论文37篇，录用25篇，6篇论文作者参加宣讲。组织板材炼钢厂5名科技人员参加了由燕山大学主办、中国金属学会炼钢分会协办的第八届高品质钢研讨会；组织2名科技人员参加2020年国家专业技术人才知识更新工程高性能先进钢材产品开发及数字化技术在产品开发中的应用高级研修班；组织承办了2020年中国金属学会专家委员会会议，8位专家作了学术报告，16家单位60余名科技人员参加会议。组织开展了2020年本钢炼钢专业学术交流会，45名科技人员参会，板材技术研究院曹志众等5名科技人员做了专题交流。

【科学普及活动】 2020年，共组织开展科普活动7129次，其中举行科普讲座3638次、出刊科普宣传板2248期、展出科普挂图300余套、放映科普录像438场次。根据央视十频道"健康之路"创作整理健康科普知识，在《本钢日报》周末版"健康科普知识"专栏上刊登，每周一期。在《本钢日报》开设了"科普之窗"栏目，每周一期，开展科普宣传。利用"本钢科协工作"微信群开展新冠肺炎的预防等科普知识宣传。组织全公司科技人员收看由中国科协学会服务中心、中国科协先进材料学会联合体、辽宁省科学技术协会、辽宁省国家新型原材料基地建设工程中心等推出的第二期"中国冶金材料大讲坛"视频公益讲座，发放《辽宁省公民科学素质答题手册》400册，邀请《钢铁》《中国冶金》《连铸》杂志主任尚海霞、副主任薛朵、编辑何禛来本钢开展高水平科技论文写作培训，本钢109名科技人员参加了培训。

【学会、协会工作】 组织本钢39名代表参加辽宁省金属学会第九次会员代表大会，其中有12名理事候选人当选为理事，孙东升当选为副理事长，王忠东当选为副秘书长。组织本钢65名代表参加了本溪市科学技术协会第九次会员代表大会，其中有16名委员候选人当选委员，刘明辉当选本溪市科协副主席。

（田　宏）

机关党委工作

【概况】 中共本钢集团有限公司机关委员会（简称机关党委），是本钢集团有限公司党委下设的直属党委，机关党委书记由办公室主任兼任，日常工作由办公室党群工作室组织开展。具体负责集团公司机关党的组织建设、党风廉政建设、宣传、统战、工会、共青团、计划生育、科协、综合治理、武装等各项工作。截至2020年末，机关党委下设5个党总支、17个直属党支部、31个分支部、75个党小组，有正式党员1422人，其中女党员376人；研究生学历139人，本科学历802人，大专学历356人，大专以下学历125人。

【组织工作】 1.坚持以习近平新时代中国特色社会主义思想为指导。按照集团公司党委季度学习教育安排，制订切实可行的支部学习计划，以党员大会、党课学习以及党日活动等多种形式组织党员深入学习贯彻习近平新时代中国特色社会主义思想，达到真正学懂弄通做实，自觉用习近平新时代中国特色社会主义思想武装头脑、指导实践、推动工作的效果。2.履行全面从严治党主体责任。机关党委严格督促总支、支部认真执行"三重一大"报告制度、积极做好巡察反馈问题整改落实，以"主题党日"活动、"三会一课"、组织生活会、民主生活会、谈心谈话、党员民主评议等制度为载体，依照《全面从严治党派驻纪检监察组织监督责任工作任务清单》寻找差距。组织召开机关党委全面从严治党专题工作会议，认真总结机关党委在全面从严治党工作中取得的成绩及存在的不足，保证党的绝对领导，确保机关党内政治生活氛围风清气正。3.开展党支部评估定级提升支部建设。按照《关于开展党支部评估定级深入推进党支部标准化规范化建设的实施方案》的通知精神，结合"党建工作年""制度落实年"支部建设工作要求，机关党委以"清单管理"为主线，建立"党支部标准化建设清单""党员管理清单""党支部重点工作清单"等清单管理台账，全面夯实各总支及支部各项基础工作。7月，在17个直属党支部（总支）、31个分支部中深入推进了党支部标准化、规范化建设评估定级自评和测评工作，使机关各总支和支部的基础工作水平得到了有效提升。4.开展"建功立业"评比，营造争先创优氛围。为深化"不忘初心、牢记使命"主题教育成果，加强机关党的建设，充分发挥各级党组织战斗堡垒作用和共产党员先锋模范作用，机关党委下发了《机关党委关于深入开展"不忘初心，创建先锋党支部，争当旗帜党员"岗位建功立业活动的通知》。2020年，共评选出"先锋党支部"20个、"旗帜党员"115人、抗击疫情先锋集体7个、抗击疫情先锋个人23人、抗击疫情先进个人84人。4.为提升基层党支部建设整体水平，机关党委大力支持基层党支部做好党建活动阵地建设并提供指导服务。宣传中心党总支、运营改善部党支部、人力资源管理中心党支部3个基层党组织共投入4.2万元对党建活动阵地进行建设。5.基层党组织机构设置调整及部分支部书记职务任免工作。机关党委严格落实基层党支部换届提醒机制，指导能源环保部党支部换届（改选），办公室党支部、宣传中心党总支等5个党支部增补选举支部委员等工作。因工作需要，先后撤销了子公司监事会党支部、板材财务部驻厂一支部、板材财务部驻厂二支部3个党支部。成立了矿产资源办公室党支部、财务部党总支矿业财务部党支部、北营财务部党支部、板材财务部驻厂党支部4个党支部，并对部分党支部书记进行了任免。6.党员管理工作。严格履行发展党员工作组织程序，认真审核组织发展材料。全年共发展党员15名，按期转正预备党员8名。顺利完成北营、矿业机关党员组织关系转接工作434人次，2020年共转接党员组织关系676人次。按照《机关党委困难党员走访慰问方案》规定，春节、"七一"前夕，组织开展困难职工普查工作，对机关困难党员实施动态管理，全年共走访慰问困难党员33人，救助金额51500元。7.党员教育培训工作。深入推进"两学一做"学习教育常态化制度化，全年各总支、支部组织各类学习培训102期，参与学习人数1481人。组织99名机关专、兼职党务工作者和15名发展对象参加"辽宁国企党建云课堂"培训，撰写学习心得体会45份。8.党费收缴工作。机关党委4月份对全体党员党费收缴基数进行了核准，重新计算2020年月党费收缴金额。利用一周时间对集团公司省管领导干部2016年5月至2020年年薪党费情况进行了清查。9.疫情防控工作。机关党委在疫情防控期间尤其是在春节期间承担了集团公司疫情防控指挥部下达的板材公司及本溪钢铁公司各单位疫情排查及各类统计工作。累计上报排查信息约1300条，为本钢疫情防控工作贡献了力量。组织904名党员自愿捐款20.37万元。对春节期间奋战在疫情防控一线的机关党员、职工进行了慰问，发放慰问金66700元。

【宣传工作】 1.深入开展"本钢好人"的选树宣传工作。机关党委号召总支、支部广泛宣传发动，积极挖掘选树职工身边的各类好人和道德模范，2020年共推荐"本钢好人"候选人6人，经过组委会严格评选，有3名同志被授予"本钢好人"荣誉称号。2.坚持正面舆论导向，不断加强主流意识形态建设。2020年机关党委在意识形态工作中充分发挥宣传阵地导向作用，通过中心组学习、党委工作会议等平台定期分析研判意识形态领域情况，辨析思想文化领域突出问题，结合疫情常态化防控、集团核心业务整合管控模式改革等重大事件，利用走访谈心、座谈调研、意见征求等方式，及时关注职工诉求，把握职工舆情，有效引导职工舆论，传递正能量。

【党风廉政建设工作】 1.开展警示教育活动。机关党委以总支、支部为单位，组织由全体党员、中层以上领导干部、重点岗位人员参加的"提醒教育会"；组织警示教育片观看活动17场，观看人数共计1101人。在元旦、春节、清明、"五一"、中秋、"十一"等重大节日前组织各总支、支部对全体党员进行节前教育，严明节日纪律。2.党风廉政建设工作。机关党委建立个人廉政档案1180份，组织机关部处级党员领导干部签订《党员领导干部廉洁自律承诺书》235份，同时建立重点岗位人员名册，并指导各总支、支部自行组织本部门重点岗位人员签订《重点岗位人员廉洁自律承诺书》659份。组织机关党委书记与党委委员，党委书记与各总支书记、直属党支部书记，总支部书记与分支部书记，层层签订《党风廉政建设目标责任书》55份。

【工会工作】 1.助力疫情防控、守护职工健康。根据疫情防控需要，分批次为职工购买发放餐盒、洗手液、口罩、消毒湿巾等防疫物品，为基层分会配置消毒柜、挂烫机。2.切实履行工会职能、维护职工权益。严格履行民主推荐程序，组织完成了省五一劳动奖章、本溪市劳动模范、集团公司"三八"红旗先进集体和个人评选推荐工作。征求各级职工代表对《本钢集团关于加强新冠肺炎疫情期间员工管理的暂行规定》的意见和建议并及时反馈。3.贯彻落实省、市和集团公司消费扶贫有关要求，国庆、中秋节开展了消费扶贫职工普惠活动，采购本钢集团派驻干部所驻乡村和本钢定点扶贫帮扶单位农、畜产品用于职工普惠，助力脱贫攻坚。积极开展职工生日及退休慰问、互助保险、金秋助学、送温暖等工作。为全机关1687人（含人资中心223人）和人资中心北营离岗587人参保（续保）互助保险，为职工补助保险费12.65万元。2020年，帮助职工办理住院理赔127人次，获得理赔13.87万元。为基层分会和职工购置了微波炉、冰箱、饮水机等日常所需设备，帮助职工解决用餐、饮水等生活问题。4.加强活动阵地建设、关心关爱女职工。开展"4·23"读书日和职工赠书活动，向全体职工发放红色教育书籍《红星照耀中国》，营造良好的读书和学习氛围。10月组织开展了女职工"妇女病普查"工作，协调安排体检时间，跟踪体检进度和体检结果，保证普查工作顺利有序进行。5.夯实组织基础、完善工作机制。7月23日，组织召开了集团机关第十次工会会员（职工）代表大会、机关第十届工会经费审查委员会第一次全体会议和机关第十届工会委员会第一次全体会议，选举产生了机关工会第十届委员会、经费审查委员会、工会主席及副主席、经费审查委员会主任，工会换届工作取得圆满成功。加强会员管理，因北营机关、矿业机关与集团机关核心主业整合，对整合后机关各部门人员、群团工作联系人等信息进行完善，并按季度进行更新，保障各项工作顺利、有序开展。加强工会经费使用管理，工会经费使用、集中采购、工会经费现金收支、库存现金管理等严格按照财务制度执行。

【共青团工作】 1.贯彻落实团内各项制度、加强团的组织建设。组织团干部深入、细致学习公司团委下发的六项规章制度，进一步规范团的组织行为，提升团干部理论水平和业务能力。建立团费、共青团经费收缴及使用台账，加强和规范费用使用。开展团支部"评标定级"工作，各团支部按照"对标定级"参考标准进行自评，对照标准查找不足、夯实基础，加强自身组织建设。2.积极培养推荐优秀典型。2020年，机关财务部团支部荣获"辽宁省五四红旗团支部"，机关团委荣获集团公司"五四红旗团委"，4名优秀青年分别荣获"本钢青年标兵"和"本钢大学毕业生创业成才标兵"称号，以青年榜样力量，带动广大团员青年立足岗位、建功立业。组织38名机关青年参加本钢第二届青年素质挑战赛，经过两轮初赛、复赛，3名青年脱颖而出入围决赛，并获得1个一等奖和2个三等奖。3.强化青年思想引领。持续组织团员青年参加"青年大学习"网上主题团课学习，加强学习组织及落实，全年共组织团员青年进行了25期网上主题团课学习。举办超龄团员离团仪式，重温入团誓词，通过仪式教育增强团员青年思想意识。4.积极组织开展青年活动。开展学雷锋主题活动，组织团员青年参与防疫消杀、测温、防疫知识宣传以及环境卫生清扫和道路除雪。开展青年志愿者实名注册工作，机关130名青年注册成为志愿者，组建了机关志愿者服务团队。9月，组织青年大学生参加集团公司大学生趣味运动会，通过活动促进青年间相互学习交流，提高团队协作意识。机关科协、计生等组织积极围绕生产经营中心开展工作，促进了机关和各部门各项工作目标的完成。

（刘豫晶　王　莉）

栏目编辑　　全英实

本钢年鉴 *2021*

特载

大事记

概述

经营管理

综合管理

党群工作

☆ 钢铁主业

多元产业

改制企业

统计资料

人事与机构

人物与表彰

附录

本钢集团

钢铁主业

本钢板材股份有限公司

【概况】 本钢板材股份有限公司(简称本钢板材)是本钢集团有限公司所属的国有控股钢铁主业上市公司(股票简称:本钢板材,股票代码:000761、200761),注册资本 3875371532 元。截至 2020 年 12 月末,总资产 650.07 亿元,固定资产 262.85 亿元,净资产 210.18 亿元。公司下设办公室(党委办公室、董事会办公室)、规划发展部(科技发展部)、运营改善部、人力资源部(组织部)、财务部、制造部、设备部、能源环保部、资本管理部、审计部、法律事务部、安全管理监督部、企业文化部(宣传部、统战部、团委)、纪委(监察部)、工会 15 个职能部门;采购中心、销售中心、技术研究院(技术中心)、信息化中心、计控中心 5 个直属单位;炼铁厂、炼钢厂、热连轧厂、冷轧厂(本钢浦项)、特殊钢厂、焦化厂、发电厂、铁运公司、能源总厂、原料厂、废钢加工厂、检化验中心、储运中心、辽阳球团公司 14 个厂矿级单位。在职员工 16745 人,其中生产人员 12922 人、销售人员 188 人、财务人员 141 人、技术人员 1532 人、行政人员 1962 人,博士 14 人、硕士 359 人、本科学历 3765 人、大专学历 5325 人、中专高中技校及以下学历 7282 人。

【主要经营指标】 2020 年,板材公司全年生产生铁 1006.9 万吨,同比增长 3.52%;粗钢 1031 万吨,同比增长 3.47%;热轧板 1223.5 万吨,同比降低 0.26%;冷轧板 564.87 万吨,同比增长 0.4%;特钢材 72.1 万吨,同比增长 48.14%,安全生产较大人身事故、较大火灾事故、重大设备事故实现"三为零"。

【安全生产运行】 2020 年,本钢板材坚决贯彻落实党中央、国务院、省、市疫情防控工作部署和"六稳六保"要求,一手抓疫情防控,一手抓稳产高产,创新降耗、提质增效,做到了疫情防控和生产经营两不误。在抗击疫情最艰难的时刻,超常规应急生产 2000 吨高质量汽车板,支持华晨雷诺生产负压式救护车驰援武汉。完成危险化学品经营许可证延期换证工作,推进建设项目安全、消防及职业病防护设施审查和验收,共完成预评价审查 32 项、设施设计审查 26 项、验收审查 13 项。炼铁工序实现了高炉长周期稳定顺行、稳产、高产,进一步降低了焦比、燃料比;炼钢工序严格控制生产节奏,提高炼成率,多吃废钢及含铁料,铁耗最低达到 944.76 公斤/吨;轧钢工序围绕提高成材率和热过热装开展攻关,成功试制了极限品种和厚度 0.3 毫米的极限规格产品,保证了合同产品的顺利交付;特钢工序实现了生产稳定顺行和增产目标,品种钢比例提升到 90%;储运中心完善仓储管理,验质索赔 1000 万元,优化库存结构,降低库存 3.14 亿元;原料厂有序接卸周转,保证了供料稳定,同时实现精准配煤配矿;能源总厂、发电厂充分满足了公司生产用能需求,降成本工作显著;全年发电 41.14 亿千瓦时,超计划 2.9 亿千瓦时,同比增长 6.7%;废钢厂回收非生产废钢 2.7 万吨,满足了生产需要;检化验中心严把外购物料质量,取消让步接收和质量异议扣款 1.2 亿元;组织修订的硅铁碳含量、硅含量测定 2 项国家标准发布实施;包装、原料、铁路运输等保产单位积极配合保产保供,为生产顺行提供了稳定可靠的保障。

【公司治理】 在公司董事会领导下，围绕公司治理、三会运作、资本运作等方面开展工作。在公司治理方面，严格按照《公司法》《证券法》《上市公司治理准则》及《公司章程》等相关法律法规、规范性文件的规定和要求，不断完善公司法人治理结构和内部控制制度。在三会运作方面，积极做好股东大会、董事会、监事会的会议组织和筹备工作，全年共召开董事会9次、监事会7次、股东大会1次。通过审议董事会报告、监事会报告、2020年投资框架计划、内部控制自我评价报告、公开发行可转债相关议案等，确保股东权利的行使和股东大会运作规范。在议案编撰和信息披露方面，公司严格按照《深圳证券交易所股票上市规则》和《信息披露管理制度》等规定的要求，真实、准确、完整地履行信息披露义务，全年编撰定期报告4份，各项议案共计70余项，披露文件600余件。2020年，公司被深圳证券交易所评为信息披露A级单位。在可转债发行方面，2020年8月4日，公司68亿可转债在深圳证券交易所成功上市。本次可转债发行上市是公司上市20年来首次通过公开发行实现超大规模的直接再融资。

【管理创新】 承办金属学会专家委员会会议，建立本钢－中国钢研集团战略对接，与东北大学等高校、科研院所加强合作，邀请国家院士、权威专家共同研讨最新技术进展和行业发展趋势。统一规范生产、设备、安全三大规程，规范岗位操作，提高生产效率。流程管理加速流程优化与再造，强化验收全流程管控，实现非合格品零入库，非实质性零异议。全面推进对标世界一流管理提升行动，深入开展全方位全流程对标，重点指标取得了较好提升效果。全面实施安全生产专项整治三年行动，坚持重大危险源与风险点管控，开展事故隐患"清零"，坚持"反三违"，建立完善安全考核评价体系。推行产线承包、专业运营及考评和降低设备故障攻关，全年设备故障大幅降低，新五炉、八号铸机、转炉环保改造等24项重点工程达产达效。大力推进节能项目实施，深入开展主要工序、关键指标能耗对标攻关，推进全工序全流程能源管理。严格执行排放标准，中央环保督察问题整改工作全部完成销号。在产品认证方面，积极推进开发和认证工作，不断拓展销售渠道，努力争取汽车板订单。全年开展认证项目33项，涉及150个牌号和178个规格，2000MPa热压成型钢通过爱驰、长城汽车认证；冷轧CR420LA和镀锌CR240LA两个牌号产品通过泛亚认证。持续优化钢铁主业产业结构，投资126.3亿元对流程进行技术改造，新建三冷轧厂和板材炼铁厂新五号高炉，产品综合竞争力进一步提升。围绕余热余能回收利用、污染减排等关键环节，实施了一系列设备改造，节能环保成效显著。审计工作切实增强审计监督实效，任前告知制度化常态化，启动党政负责人审计通报制度。

【科技创新】 以质量稳定、成本合理、附加值高以及较强的市场竞争力为目标，紧密结合市场需求及未来技术发展方向，积极开发适销对路的新产品。2020年成功开发新产品牌号36个，含冷轧和镀锌产品9个、涂镀（酸洗）产品5个、热轧高强钢产品8个、长材产品14个。其中"辊压成型用高强复相钢CP980"填补本钢冷轧产品复相钢生产空白；"低成本590MPa级热镀锌双相钢"

充分发挥本钢三冷轧镀锌机组装备优势,全新设计低成本合金方案,吨钢成本降低240元;E4340钢以连铸替代模铸生产,成功替代进口高端产品,属国内首创;"锌铁合金双相钢HC420/780DPD+ZF"是本钢现有装备完成的最高强度级别锌铁合金产品;"供三一工程机械用地质钻杆用钢SY550"使本钢成为国内继宝钢之后供货的第二家企业;"高强汽车结构用钢QStE700TM"是目前本钢汽车结构用钢最高强度级别产品,达到宝钢同类产品性能指标;"高铁转向架用钢Q355NE"成功供货标志着本钢产品成功迈入国内高铁市场;"热成型钢PHS2000产品"纳入长城哈弗、爱驰汽车两家主机厂的供应商平台。2020年组织完成冷轧、镀锌、酸洗、特钢等产品认证26个牌号,涵盖汽车板、家电板、特钢材等用户;下达公司级重点科技项目40项、自管科技项目134项。重视产学研用联合,强化高校、科研院所、企业合作,注重技术资源合理配给,积极推进对外合作项目实施。与清华大学、东北大学、国汽(北京)汽车轻量化技术研究院有限公司、冶金工业信息标准研究院、冶金工业规划研究院等进行多层次、多渠道、多形式的合作与交流,共签订9个合作项目,加速了科技成果向现实生产力的转化。依托自主创新,2020年科技成果取得历史性突破。全年共获省、部级科技进步奖7项,其中4个项目荣获冶金科学技术奖,"最高强度与特厚规格热冲压钢研制及其系列化开发"荣获冶金行业一等奖,是有史以来在冶金行业获得最高等级奖项;"汽车用热镀锌烘烤硬化高强系列产品研制开发与应用"等3个项目获辽宁省科技奖三等奖。组织2项科技成果申请中国金属学会组织的技术评价,有1项成果达到国际先进水平,1项成果达到国内领先水平。2020年共有225件专利获国家知识产权局受理,其中发明专利110件、实用新型115件;105件专利获国家局授权,其中发明15件、实用新型90件。本钢板材股份有限公司被评为"辽宁省首批高价值专利培育中心"。

【营销工作】 2020年受疫情影响,市场营销工作面临重重考验,内贸市场需求急剧下滑,主要家电企业订货较同期减少15%,4月初国内四大品类钢材较春节前平均下跌608元/吨,5月价格才开始企稳回升。物流受公路设卡、码头停工、运力紧张影响,压港严重,产品输出艰难。在诸多不利因素影响下,营销工作坚持以效益为中心,强化市场开发,持续优化品种结构,合理匹配资源,不断加大市场开发力度,开发新客户21家,开发新钢种70个,实现汽车板销售140万吨。非计划产品及自营产品分别实现100%及95%电商平台销售,综合提升溢价水平,实现增效4635万元。

【采购工作】 以"保产保供"为天职,以"降本增效"为核心,以强化管理和对标挖潜为手段,积极应对市场变化,在资金紧张情况下及时调整采购策略,不断优化采购模式,全面完成了各项经营目标,为公司生产稳定顺行提供了坚实的物资保障。全年实现采购总值239.44亿元,比预算降低19.45亿元。在年初制定的月环比降本700万基础上,自压重担,以2019年末采购价格为基准,制定了全年降价降本6.26亿元的工作目标,通过责任落实到人、精准奖罚激励、全方位开展对标、开发新品种进行功能替代、实施择机采购、开发新供应商促进竞争等多项措施,全年实现采购环比降本0.81亿元,实现采购定比降本6.15亿元。

【党建群团】 公司各级党组织认真贯彻落实习近平新时代中国特色社会主义思想和党的十九届二中、三中、四中、五中全会精神,坚持把加强党的政治建设贯穿于全面从严治党的始终,教育引导全体党员干部牢固树立"四个意识",坚定"四个自信",做到"两个维护"。认真执行"三重一大"报告等制度,保证党的绝对领导。以"基层党建工作建设年"和"基层党建制度落实年"活动为依托,以"主题党日"活动、"三会一课"、组织生活会、民主生活会、谈心谈话、党员民主评议等制度为载体,深入开展基层党组织党建工作。不断加强党员管理、党费收缴及教育培训工作。进一步规范党费收缴使用管理工作。扎实推进党员建功立业活动,2020年度设立共产党员先锋岗269个,划分共产党员责任区370个,组建共产党员先锋队(突击队)150个,确立共产党员先锋工程项目169个、创新工作室31个。各级党组织领导带头、分级负责,开展走访慰问生活困难党员、老党员和老干部活动,了解他们思想动态和诉求,有针对性地帮助解决实际困难,全年发放慰问金33.5万元。

【民生及社会责任】 履行社会责任,推进民生发展,职工荣誉感和获得感不断增强。按照集团公司新冠肺炎疫情防控指挥部统一部署,严格履行疫情防控主体责任,全面落实应急响应措施,强化对疫情防控工作的督导检查,全力保障疫情防控所需物资配给到位,全面推进疫情期间各项工作有序开展。组织开展大型爱国卫生环境整治活动,累计动员1.4万余人次,清理绿地70余万平,粉刷墙体1.5万余平,粉刷护栏800余延长米,有效推进厂区环境提升。根据本溪市血液保障红色预警响应要求,组织板材公司15个单位889名职工分批分期参加无偿献血,为本溪市血液保障公益事业履行自己的社会责任。认真执行《职业病危害专项治理工作方案》,举办职业卫生管理人员培训班,完成14个单位1463个职业病危害因素点位的检测,对浓度(强度)超标岗位开展专项治理,组织10095人进行职业健康体检,确保职业健康安全风险降至最低。(范志成 梁丽娟)

技术研究院

【概况】 本钢板材技术研究院(技术中心),承担着本钢新产品、新技术、新工艺的开发推广及应用,属国家级技术中心,拥有国家级实验室。现有职工180人,其中管理人员8人、业务人员21人、专业技术人员130人、生产操作人员21人,博士学位研究生10人、硕士学位研究生66人,副高级以上职称83人、中级技术职称46人。下设综合管理、技术管理2个职能单元以及汽车板研究所、工程结构用钢研究所、表面涂镀工艺研究所、钢轧工艺研究所、长材产品研究所、应用及检测技术研究所、铁焦工艺研究所共7个研究所和1个中试基地。现有设备740多台,其中拥有国内外先进水平的大型研发检验设备110余台,固定资产原值已达1.35亿元,并处于可控状态。

【产品研发】 2020年,研究院依托本钢现有工艺装备,紧密结合用户差异化需求及未来技术发展方向,积极开发适销对路的新产品。现已成功开发新品种36个牌号,其中冷轧和镀锌产品9个、涂镀（酸洗）产品5个、热轧高强钢产品8个、长材产品14个，产品质量均满足产品标准和客户使用要求。完成了2020年新产品开发责任状考核指标，其中成功开发冷轧复相钢CP980，并通过客户验证，该钢种具有更高的屈服强度和更显著的轻量化效果，填补了本钢冷轧产品复相钢生产空白。低成本590MPa级热镀锌双相钢，充分发挥本钢三冷轧镀锌机组装备优势，吨钢成本降低240元，实现供货7460余吨，力学性能全部合格。E4340、4715、4140A-1、9310等石油钻采用钢系列产品，标志着本钢石油钢成功打入油气钻采用钢国际市场。锌铁合金双相钢HC420/780DPD+ZF是本钢现有装备完成的最高强度级别锌铁合金产品。特种车辆发动机用齿轮钢20CrMoH、防弹钢SF500(BGFD)，已完成工业生产试制，各项性能满足要求，测试合格，装车使用效果良好，为国防建设做出贡献。系列高强大梁钢BG750L、BG750L、BGJTM700L，标志着700MPa以上级别高强大梁钢已经实现系列化、个性化开发。本钢供三一工程机械用地质钻杆用钢SY550，用户首检及制管后各项性能都满足标准要求，已稳定批量供货，成为国内继宝钢之后供货的第二家企业，居国内领先水平。电力及通讯铁塔用钢A572Gr60满足高承载、远距离输送电力铁塔性能要求，实现减重30%。高强汽车结构用钢QStE700TM是目前本钢汽车结构用钢最高强度级别产品，已形成批量供货，其性能满足标准要求，板型优异，达到宝钢同类产品性能指标，位于国内领先水平，填补本钢高强汽车结构钢产品空白。低屈强比薄规格高级别管线钢X70屈强比≤0.90，比传统的管线钢耐压性高16.5%以上，解决了国际管研所管道工程中热点问题，为本钢供货三一重工奠定了基础。高铁转向架用钢Q355NE累计供货2400余吨，标志着本钢产品成功迈入国内高铁市场。此外，本钢特色优势产品热成型钢PHS2000产品纳入长城哈弗、爱驰汽车两家主机厂的供应商平台，PHS1500产量超过1.28万吨。

【技术攻关】 技术研究院大力开展技术攻关，针对上汽乘用车冷轧外板开发，实现了4个车型、5个部件的批量稳定供货，累计3077吨。提升中高端车型冷轧汽车表面板质量，与宝钢同类产品的平均水平相当。三冷生产高等级冷轧汽车外板合格率达到77.72%，完成既定目标。对厚规格冷轧双相钢DP780进行优化，一检合格率100%，产品力学性能和表面质量良好，满足用户使用要求。对DP780、DP590、TRIP590先后进行成分及全流程生产工艺优化和调整，解决了高强钢扁卷和焊接问题的同时，生产效率和成材率均得以提高。提高齿轮钢质量稳定性末端淬透性，齿轮钢20CrMnTiH3一次检验合格率97.78%，同比2019年提升14%。

【对外合作】 积极推进对外合作项目实施，通过校企合作，强化产学研联合。2020年有效实施对外合作技术开发项目17项，新签订项目3项。已经通过公司结题2项，预计全年结题约8项。按时计划实施率82.35%，同比2019年提升7.35%。与辽宁科技大学签订的《高炉高效煤粉喷吹技术研究》《炉渣综合性能优化研究》《北营炼焦煤质量控制与优化配煤炼焦技术开发与应用》联合基金项目得到有效实施，进入到工业化实验末期。板材新1号高炉与6号高炉分别降低燃料比8.36kg/t和17.43kg/t，降低焦比4.5kg/t和22.5kg/t；板材6号炉镁铝比

（MgO/Al2O3）达到 0.52，为高炉顺行稳定创造了条件。北营炼焦煤配煤方案已经确定，在焦炭质量不变的前提下，吨焦降低成本 7 元左右，已经具备结题条件。《960MPa 级超高强度热轧非调质结构钢研发》已完成装车试制，效果良好，已经具备供货能力，项目通过结题。《镀锌双相钢 DP980 研制开发》完成工业化试制，正在完善焊接测试报告，已在冲压厂进行通用汽车前车脸支撑连接环零部件试冲压，效果良好，满足使用要求，年末具备结题条件。《基于物理冶金原理的工业大数据挖掘与智能制造》目前模型预报性能达到目标要求，预报准确率≥ 90%，模型预报精度 88%。《板材高速拉伸试验及车身模态、刚度、碰撞数值模拟方法研究》完成了高速拉伸仿真对标分析及侧碰及偏置碰撞的模型建立、工况加载以及边界条件设定。本钢计算分析的结果与清华大学苏州汽车研究院计算分析结果相吻合，并通过华晨现场审核。

【技术交流】 技术研究院注重对外交流合作，多次组织高层交流与技术走访工作，为研发人员创造更多的学习机会，通过学习增强了本钢内部研发人员自主研发能力。就轴承钢的生产、应用以及轻量化电池包设计、冷轧高强钢焊缝断带、车身连接综合技术等共性技术问题与瓦轴、天津玛斯特、清华大学苏州研究院等搭建联合实验室开展共同研发，实现资源共享、优势互补。成功承办"十一大"钢铁企业研究院"热成型钢产品开发及应用专题技术交流会"，各钢企 30 余名专家代表共同围绕"热成型钢产品开发及应用"的最新研究进展进行了全面分享和深度研讨，共享热成型钢产品技术最新成果及发展方向。组织参加 2020（第十四届）国际汽车轻量化大会暨展览会，扩大了本钢产品在汽车行业的知名度，与多家企业达成合作意向，为本钢快速融入国家汽车轻量化技术创新体系提供契机。全年共派出 100 多人次先后到奔驰、宝马、日产、广汽乘用、通用泛亚、吉利、上汽等主机厂走访交流；拜访清华大学苏州汽研院、中汽研技术研究院、上海大学等多家科研院校；与宝钢、首钢、河钢、鞍钢等兄弟企业进行技术交流与对标，提升本钢企业形象，增强市场影响力。全年参加大型学术会议论文宣讲 10 人次，组织内、外部技术交流、培训 60 场次，参加超 500 人次，营造了良好的学术氛围。

【认证工作】 2020 年，研究院共组织开展认证项目 33 项，涉及 150 个牌号和 178 个规格。其中东风日产新奇骏 P33A、一汽轿车认证、通用汽车冷轧 CR420LA 及镀锌 CR240LA 等 8 项已通过认证，涉及 44 个牌号和 50 个规格。预计全年研究院承担认证工作的完成率约为 90%，完成 2020 年责任状考核指标，其中实现供货 2 项。瓦轴轴承钢 GCr15、GCr15SiMn 认证、东风日产冷轧板 VP121AE、VP121AME 认证、奔驰重卡酸洗板 S315MC 认证等 16 项已完成厂内的工作，处于等待用户验证阶段，其中冷轧 CR420LA 和镀锌 CR240LA 两个牌号产品正式通过泛亚认证。东风日产（尼桑车型）认证工作已完成冲压、焊接、涂装试验，合格率 100%。供奔驰重卡电镀锌认证的冷轧、热镀锌装车试验料已全部发往德国奔驰总部进行相关测试。电镀锌汽车板正在开展奔驰重卡实验室料片认证工作。冷轧 HC550/980DP 和 HC500/780DP 产品完成试验并获得华晨汽车认证报告。完成了瓦轴产线认证中首批认证料模铸 35 吨和连铸 20 吨

大规格 Φ120mm 的生产。

【实验室建设】 技术研究院稳步推进国家级实验室建设，创新能力不断增强。2020年，顺利通过国家级实验室换证复评审，其中测量审核11项，结果全部为"满意"。为奔驰、华晨雷诺、恒大、泛亚、爱驰汽车、观致汽车等多家汽车厂提供性能数据及仿真mat文件及EVI技术支持，彰显了研究院EVI技术实力。2019年1300万元专项投资项目已进行收尾，部分设备已到货并完成安装调试。2020年1500万元投资计划已陆续开展，研发平台建设得到加强。

【基础管理】 按照集团公司要求，建立了安全管理机构、完善了管理制度，认真履行安全管理主体责任，坚持制度落实、监管落实、检查落实，重点开展了反习惯性违章作业、电气设备设施防火隐患排查治理、煤气安全管理整治等多项专项整治工作，安全隐患整改达标率100%。在制度管理上，完善了《本钢技术研究院经济责任制考核办法》《本钢板材技术研究院绩效量化考核方案》和《本钢板材技术研究院劳动纪律管理办法》等20多项管理制度，保证技术研究院各项基础管理工作有条不紊地运行。依据《本钢板材技术研究院技术岗位聘任及考核管理办法》和《本钢板材技术研究院管理、业务岗位聘任及考核管理办法》对所有管理、业务和技术人员进行年度考评。为进一步加强高校毕业生的培养，使新入职大学毕业生尽快了解本钢生产工艺和生产流程，为未来的个人成长和职业发展夯实基础，通过安排毕业生到相应的生产厂矿现场实习或挂职锻炼，鼓励大家继续学习深造等方式营造学术氛围。技术研究院对知识产权管理持续发力，科研成绩交出满意答卷。2020年，荣获冶金科学技术奖4项，其中《最高强度与特厚规格热冲压钢研制及其系列化开发》获评一等奖，实现历史性突破；荣获中国钢铁工业产品开发市场开拓奖1项；荣获冶金行业产品实物质量品牌1个；荣获"辽宁品牌"产品1项；荣获2019年度辽宁省科技进步奖3项；参与起草国家标准3项，企业标准11项；申报专利47项，获专利授权19项，其中发明专利5项。另外，2020年，获国务院特殊津贴1人、兴辽领军人才1人、"兴辽英才计划"青年拔尖人才1人、中国金属学会青年科技奖1人、辽宁省五一奖章1人、辽宁省向上向善好青年1人、本溪市劳动模范1人。应用技术检测所应用技术室获本钢集团精英团队荣誉称号。

【党群工作】 技术研究院党委把学习贯彻习近平系列重要讲话精神和《中国共产党国有企业基层组织工作条例》等作为领导干部和党员职工培训的重要内容，通过中心组学习、领导班子成员讲党课等形式，提升党员干部的理论素养，不断增强"四个意识"，坚定"四个自信"。坚持把理论学习同研究解决技术研究院的具体问题相结合，不断统一思想、理清思路，充分发挥党委的把关定向作用。牢固树立"抓基层打基础"的鲜明导向，健全党建工作制度，促进党建责任落实，强化基层党建工作标准化，提高组织生活质量。组织党支部开展"党员过政治生日""党支部书记讲党课"等形式多样的党日活动，进一步增强广大党员的宗旨意识、廉洁意识。为打赢疫情防控阻击战，体现广大党员支持疫情防控斗争的强烈愿望，党员自愿捐款12860元支持新冠肺炎疫情防控工作。"七一"前夕，走访慰问生活困难党员，发放慰问金 4000 元，帮助他们解决实际困难，进一步增强了党员的归属感和荣誉感。坚持把党风廉政建设"两个责任"抓在手上、扛在肩上、落实到行动上，会同纪检派驻组研究党风廉政建设工作。与基层党支部签订《党风廉政建设目标责任书》，党支部与全体党员签订责任书。坚持以党员领导干部和关键岗位人员为重点，组织召开院内廉政教育会议，观看警示教育片。全面贯彻落实集团公司新型冠状病毒疫情各阶段联防联控工作要求，及时掌握每名职工出行信息、健康状况等，全面排查是否接触外市及重点疫区来溪人员等情况，确保底数清楚、报告及时、措施有效。整个疫情期间做到了无一位职工及家属感染。此外，信访维稳、武装保卫、综合治理、科协统战等领域工作立足岗位，以严谨的工作态度，扎实的工作作风，积极探索，锐意进取，为技术研究院各项成绩的取得做出了应有的贡献。　　（宋宪伟）

炼铁厂

【概况】　2020 年末，本钢板材股份有限公司炼铁厂（简称板材炼铁厂）在籍职工 1872 人，其中管理人员 41 人、业务人员 76 人、技术人员 116 人、操作人员 1639 人，高级职称 31 人、中级职称 149 人、初级职称 36 人。下设 5 个管理室、12 个作业区。党委下设 20 个党支部、56 个党小组，党员 649 人。全厂主要设备包括 4 座炼铁高炉（5 号高炉炉容为 2600 立方米，6 号、7 号高炉炉容均为 2850 立方米，新 1 号高炉炉容为 4350 立方米）、2 台 265 平方米烧结机、1 台 360 平方米烧结机、1 台 566 平方米烧结机、8 台煤粉中速磨、2 台铸铁机。主要产品为炼钢生铁，副产品主要有高炉水渣、高炉煤气等。

【指标情况】　全年生铁产量完成 1006.92 万吨，同比提高 34.2 万吨；烧结矿产量完成 1441.98 万吨，同比提高 51.05 万吨。焦比完成 385 公斤，同比降低 19.3 公斤；燃料比完成 539 公斤。

【安全管理】　厂级领导挂帅，成立六个安全生产检查小组，本着管业务必须管安全的原则，明确责任、分工，建立自上而下的安全检查网络，对生产工艺各环节进行系统排查，积极推进安全生产履职工作，把安全责任层层分解到一线班组，逐级、逐层签订安全生产责任书，做到人人有责任、事事有人管、层层有专责，形成安全管理齐抓共管的良好局面。全年现场检查共纠正违章 260 起，查处违反公司 20 条禁令行为 2 起；围绕第一次隐患"清零"排查项目 576 项，第二次隐患"清零"排查项目 1668 项，已全部整改完成。

【生产经营】　在上半年受七炉热风炉风温制约的不利情况下，全厂通过强化生产组织和技术操作，生产始终保持在高水平上运行，四座高炉持续稳定顺行、稳产高产，1 月、5 月、8 月、9 月，生铁产量、焦比连续刷新历史最好水平。其中 1 月份生铁产量完成 89.14 万吨，同比提高 5.4 万吨；焦比完成 390 公斤/吨铁，同比降低 35 公斤/吨铁；燃料比完成 539 公斤/吨铁，同比降低 3 公斤/吨铁；5 月份生铁产量完成 89.20 万吨，同比提高 15.44 万吨；焦比完成 378 公斤/吨铁，同比降低 20 公斤/吨铁；燃料比完成 534 公斤/吨铁，同比降低 1 公斤/吨

老五炉关停,一代功勋炉光荣退役(张新 摄)

铁;8月份生铁产量完成90.23万吨,同比提高1.37万吨;焦比完成374公斤/吨铁,同比降低9公斤/吨铁;燃料比完成529公斤/吨铁,同比降低9公斤/吨铁;9月份生铁产量完成87.68万吨,同比提高5.15万吨;焦比完成375公斤/吨铁,同比降低29公斤/吨铁;燃料比完成527公斤/吨铁,同比降低35公斤/吨铁。同时,老五炉于10月30日关停,一代功勋炉光荣退役,新五炉于11月30日一次开炉成功,标志着本钢炼铁生产全面完成升级换代,迈出崭新的一步。烧结系统以"提质降耗、满足高炉需求"为宗旨,努力为高炉生产提供优质原料。煤粉、铸铁、原料运输、水渣、防尘等供辅系统立足"零影响、零故障"方针,严细管理,强化服务,实现了安全保供。

【设备管理】 高炉设备休风率完成1.62%,烧结机可开动率完成96.22%,均完成公司考核指标。优化检修周期,实现高炉每4个月定检一次,烧结机每45天定检一次的攻关目标。产线承包一改过去设备维护费用"管吃管添"、年底结算的模式,改为定标准、"大包干"、限费用、重结果的维保模式,实现了可预期、可控制的良好效果。在2月23日、6月15日和10月15日打响的三次大规模联合检修"战役"中,通过方案详细论证和良好的施工组织,保证了七炉3号热风炉顺利投入使用,4号热风炉过渡、三烧提产改造等工程顺利完成,共计完成高炉、烧结系统检修项目1805项,总工期提前60.64小时。大力开展修旧利废,全年领用外委修复类备件1034万元,累计节约资金532万元;自修备件678件,降成本775万元,均完成公司下达指标。控制备件领用消耗,备件消耗总额较2019年同期降低662万元。

【企业管理】 不折不扣落实集团公司要求,将问责追责制度作为治厂大法强力推进。全年先后下发《板材炼铁厂领导干部问责追责管理办法》和《板材炼铁厂问责追责管理办法补充规定》。一年来,厂依据问责追责制度处理作业区级各类事故9起,依据相关事故标准,处罚相关责任人43人次,其中3人被免去现职、4人记大过、4人记过、4人被行政警告、1人被调离原岗位、3名班长被撤职、5名职工分别被试岗1—3个月,其他责任人也相应被扣罚当月综合奖的20%—100%。

【党建工作】 在突如其来的疫情考验面前，厂党委发挥了坚强有力的政治保障作用。坚决贯彻习近平总书记疫情防控重要指示和国务院常务会议精神，严格落实辽宁省、本溪市和集团公司疫情防控各项工作要求，全年共统计排查出省出市及外出返溪人员1061人，其中居家隔离216人。做好防疫物资保障工作。全年为职工购买发放硫黄皂3630块、洗手液2500瓶、喷壶152个、饭盒2360个，共计支付资金11.35万元。积极组织全厂党员为疫情防控捐款6.5万元。党建基础不断夯实。学习贯彻党的十九届五中全会精神，结合集团公司党委2020年党建工作要点，制定下发厂党委全年党建工作要点，形成清单43条，明确工作时限、细化工作内容、提出工作要求、确定检查考核时间，确保党建工作在厂各级党组织中有条不紊深入开展。关心关爱职工，保障职工权益。严格执行《劳动法》，以职工满意度为标准，结合生产岗位实际，将倒班班次逐步由"四班三运转"调整为"四班两运转"，全厂职工普遍赞同。厂工会慰问驰援武汉医疗工作者家属，发放慰问金500元/人。大力开展民生工程，春节期间为全厂职工购买米面油支付61.7万元，端午节购买鸭蛋支付16.2万元，购买生日蛋糕卡支付9万元；结合消费扶贫政策，为全厂职工购买苹果支付6.1万元。

（张　新）

炼钢厂

【概况】 本钢板材股份有限公司炼钢厂（简称板材炼钢厂）截至2020年底共有在籍职工1963人，其中管理人员50人、业务人员53人、技术人员108人、生产（操作）人员1752人。主要拥有7台铁水预处理站、7台转炉、5台RH真空精炼装置、1台AHF化学升温装置、5台LF钢包精炼炉、2台1600mm双流板坯连铸机、2台1750mm薄板坯铸机、1台矩形坯连铸机、1台2300mm单流板坯连铸机、1台1900mm双流板坯连铸机、1台1900mm单流板坯连铸机、1台铸坯表面火焰清理机等具有国际先进水平的技术装备。可生产汽车板用钢、石油管线钢、电工硅钢、集装箱用钢、冷轧深冲钢等10余个系列、600多个钢种。

全年共产钢1002.5万吨，创历史最高纪录，其中1#、2#铸机完成389.3万吨，5#铸机完成49.1万吨，3#、4#铸机完成189.8万吨，6#、7#铸机完成374.3万吨。2020年比预算降低成本13278万元，实现了全工序负能炼钢。2020年非计划率为2.13%，对比公司考核指标降低0.41%。

【安全管理】 2020年实现安全生产事故为零，千人负伤率为零。较大风险消除或控制率100%；职业健康体检计划执行率100%，作业场所职业危害检测计划执行率100%；主要负责人、安全管理人员、特种作业人员持证上岗率100%；安全技术措施投资计划执行率100%。此外，在隐患排查、制度完善及修订、安全教育培训、应急预案演练、疫情期间安全管理、相关方管理和安全管理创新等方面也取得较好成绩。

【高效生产创效益】 一是全面推进精益生产管理，提高常规铸机产量，鼓励工序岗位缩短处理周期提高班产。2020年以来频频打破班产、日产、月产纪录，2020年9月13

日创下转炉班产 32427 吨、铸机班产 33271 吨纪录；2020 年 8 月份产钢 91.05 万吨，创下月产纪录；2020 年 9 月份日平均产量 30180 吨，创下日平均产量纪录。二是通过完善转炉智能炼钢系统提升转炉终点成分、温度控制准确率等措施，降低精炼工序的处理周期和升温时间，有效降低了电耗和 RH 升温铝消耗，缩短精炼工序处理周期，2020 年精炼处理周期对比 2019 年降低 4.1 分钟，为后续提升铸机拉速提供保障。三是按新老系统分区域组织生产，实现生产工艺和生产物流优化，合理匹配钢包周转，缩短精炼处理周期，减少工序处理温降和降低升温铝量。对铸机周期和拉速进行调整，最终将转炉—钢包—精炼—连铸周期全线匹配，实现铸机生产和质量的高效稳定运行。此外，使用倒角结晶器、推行 VSV 控流技术、细化钢种的锰硫比要求、降低钢包下线时间、双路径改单路径生产、单 RH 供钢、鱼雷罐周转率攻关等工作也都取得了显著成效。

【管理创新增效益】 推行质量绩效管理，严格控制过程关键点，将质量指标与岗位收入紧密挂钩，有效地提升了产品质量。通过实施转炉复吹寿命承包、铸机不漏钢承包等重点岗位风险承包，复吹使用寿命得到较大提升，平均达到 5000 炉使用寿命，四号转炉实现 6969 炉历史最好水平；铸机不漏钢率近两年得到较大提升，有效降低了生产和设备影响。利用 MES 系统自主开发设计日清日结成本报表，转炉区域利用智能控制系统实行炉清炉结，将成本指标分解至班组并与收入捆绑，确保降成本措施落到实处。此外，留渣操作、转炉落地渣回收、优化渣罐、翻车周转、炉渣间落地渣回收、提高钢包自浇率、提高钢包透气率、降低热停时间、降低返炉量、降低 11 状态坯库、采用生铁替代废钢等工作也都创造了可观的经济效益，促进了生产稳定顺行。

【技术创新要效益】 通过实施提高复吹冶金效果、采用后搅工艺、优化造渣制度等措施，结合过程智能控制模型，转炉终点氧量大幅度降低，2020 年转炉平均终点氧含量为 598ppm；降低转炉供氧时间方面，一是研发大流量氧枪喷头，供氧流量从 30000Nm^3/h 提高到 40000Nm^3/h，并通过相关工艺攻关稳定炼钢冶炼工艺，降低了炼钢供氧时间。二是结合转炉复吹工艺，强化转炉搅拌，提高氧气利用率，缩短供氧时间。目前转炉供氧时间为 13.97 分钟，达到国内领先水平；通过在预处理铁水罐中加入适量石灰石，利用加入的物料分散渣中硫含量进而降低扒渣量，同时利用添加物脱硫产物的特性稠化炉渣，达到渣铁易分离和使渣中带铁量降低进而降低铁损的目的。有效利用石灰的脱硫作用降低镁粉消耗，每炉降低镁粉消耗 10 公斤；通过降低转炉终点氧量、煤脱氧替代铝、RH 钢种煤改渣工艺、降低钢包下线时间、缩短处理周期等措施，钢水铝消耗得到有效降低，在提升钢水质量的同时降低成本。2020 年度铝单耗对比 2019 年降低 0.24 kg/t，降低成本 3.21 元/t；对比 2018 年铝单耗降低 0.45 kg/t，降低成本 6.03 元/t。本钢作为出口钢的生产大户，对于含硼钢、加铬钢等包晶合金钢的铸坯角部质量要求严格，而倒角结晶器能够减轻此类钢种的角部裂纹缺陷，提高铸坯的热过率。通过采用倒角结晶器技术，2020 年连一区域热过率为 70.88%，对比 2019 年提升 4.33%；连三区域 2020 年热过率为 67.57%，对比 2019 年提升 6.10%。

【能源管理】 强化能源管理，深入推进负能炼钢，2020年全工序能耗完成 –0.797kgce/t。一是钢包及中间包烘烤采用节能型烘烤器，8台节能型烘烤器投入运行，采用当前国内先进的射流式烘烤技术，实现一键式自动烘烤，温度可达1000℃，节能效果为33.7%。二是实现新、老区蒸汽并网，600立方米球形蓄热器投入运行，蓄热器的蓄热能力可达到1500立方米，缓冲能力提高，发电厂蒸汽消耗同比降低0.003GJ/t。

【设备管理】 一是开展设备系统创新工作，通过对铸机控制系统优化，实现铸机自动开浇自动化等，对设备进行有利于运行、高产、自动化等方面的技术创新。二是全面梳理现存设备隐患，做好日常定修调整及备件资材储备工作，确保设备稳定顺行。三是通过年修提升铸机、辊道运行精度及稳定性，为优质高产奠定坚实基础。

【改造工程】 各项技改工程克服新冠疫情影响，严格按照工程网络计划组织施工。5#转炉节能环保改造工程于2020年8月24日胜利完工并实现一次热试成功，比计划工期提前1个月零15天。4#转炉节能环保改造工程于2020年9月5日开始施工，2020年12月完成热试，转炉系统产能大大释放，炼钢接铁不再是生产难题。精整火清机改造工程于2020年11月15日热试成功，解决了影响产品质量的难题。8#铸机于2020年10月22日实现一次热试成功。8#铸机关键设备和技术从德国西马克公司引进，是西马克公司近13年来在中国市场第一台常规板坯铸机，大大提高了板材炼钢厂的连铸机装备水平。

【疫情防控】 全面开展职工及相关方人员疫情排查，每日组织"接龙"报平安，严格实施全员戴口罩，职工错峰洗澡，禁止食堂聚餐，班前会、调度会等会议采取视频会方式进行并减少会议频次，严格做好办公室、操作室等重点部位的消毒工作，外来物资配送人员、外来施工人员严格履行集团公司相关管理规定，厂内疫情防控工作保持稳定。

【环保工作】 2020年，多次开展废气、废水、固体废物等专项环保整治工作，保证环保设

8#铸机一次性热负荷试车成功（陈浩 摄）

备达标运行，最大限度地控制了厂区感官污染。同时，实施了一系列环保改造项目及采用新工艺控制生产过程的环境污染问题。一是推进4#、5#转炉节能环保改造工作，改造后转炉一次烟气排放颗粒物含量小于等于40mg/Nm³，满足《炼钢工业大气污染物排放标准》（GB28664-2012）中大气污染物特别排放限值要求。二是推进转炉三次除尘系统的规划、可研、设计等前期筹备工作。

【文明生产】　积极推进文明生产综合整治工作，生产现场、岗位环境、厂容厂貌得到了较大改观。

【体系审核】　为实现集团公司进军高端汽车品牌的战略部署，按照集团公司的统一部署，积极开展体系认证准备工作，对二方模拟审核及时总结经验，针对不足按期整改，积极做好质量体系及IATF16949认证工作，接受北京国金恒信、莱茵公司及公司内部的认证审核，确保质量体系的长期有效运行，促进了质量管理水平的进一步提升。

【党群工作】　一是加强思想政治建设，巩固"不忘初心、牢记使命"主题教育成果，广大党员干部进一步坚定了理想信念，责任担当意识大大增强，取得了扎扎实实的成效。二是利用中心组政治理论学习、主题党课等形式，继续深入推进习近平新时代中国特色社会主义思想的学习宣传贯彻，进一步用先进思想武装头脑、指导实践。三是推进党建工作与生产经营深度融合，以共产党员创新工作室为载体，依托"百名党员一带三"活动，积极开展科技创新、提合理化建议、建功立业活动等，充分发挥了党员的先锋模范作用。

【群团工作】　一是围绕生产经营继续开展劳动竞赛、合理化建议、青安岗等活动，积极组织开展登山、乒乓球比赛等文体活动，增强企业的凝聚力和向心力。二是坚持以职工为中心的思想，解决职工在休息、就餐、洗浴等方面遇到的实际困难，提升了职工的幸福感和获得感。三是抓好信访稳定、综合治理、治安保卫、网络舆情等工作，完成了两会、国庆等敏感时期的维稳工作。

（郑第科）

热连轧厂

【概况】　本钢板材股份有限公司热连轧厂现有职工总数1023人，其中管理人员41人、业务人员48人、专业技术人员135人、生产操作人员799人，高级职称43名、中级职称189名、初级职称188名。厂下设5个管理室、12个作业区、1个改造项目部。党委下设2个党总支、17个党支部，党员523人，党员占职工总数51.1%。主要设备有三条轧制线，其中1700生产线有4台加热炉、3架荒轧机、7架精轧机、3台卷板机；1880短流程生产线有2台辊底式加热炉、2架荒轧机、5架精轧机、2台地下卷取机；2300生产线有4座步进式加热炉、1架定宽压力机、2架荒轧机、7架精轧机、3台卷取机等；1套1700平整分卷机组、1套2250平整分卷机组。主要产品为热轧板。2020年，热轧卷板缴库量945.56万吨，同比2019年增产2.48万吨。厂变动成本累计降低6472.78万元，吨钢降成本6.83元。全厂实现重大安全事故"三为零"。

【生产管理】　产量纪录不断突破，文明

生产深入人心。热轧品种钢（不含DC01、Q235B）累产674万吨，占总产量的71%。冷轧料累产514万吨，冷轧料中汽车板占比29%，酸洗板占比10%。商品资源中耐候钢、汽车结构钢等高附加值产品比例均有所提升，配合公司开发调试新钢种如热轧抗氧化免涂层热成型钢HRCF01、供一汽大众薄规格酸洗板S600MC、高强汽车车轮用钢RS690、980MPa复相高强热镀锌钢GQ28、防弹用热轧带钢BGFD等20余个，为公司拓展高附加值产品市场、提升效益奠定了基础。随着板材及北营高炉逐步恢复，连续创造高产纪录。6月29日全厂日产35484吨，再次刷新日产纪录；6、7、12月，2300线月产量达43.5万吨以上，其中6月份轧出量435578吨，刷新小月（30天）月产纪录，12月份轧出量454882吨，刷新2300线投产以来月产纪录。钢卷库物流运转三次单日自提量达9000吨以上，创造历史纪录。文明生产管理引入KPI理念，修订了《板材热连轧厂网格化管理制度和考核标准》等三个管理文件，推行百分制综合评价体系，培训做到了所有层级全覆盖。

【成本管理】 成本指标持续降低，绩效联动效果明显。全年在预算指标大幅提升的基础上，降成本6472.78万元，其中能源动力降本占比45%、原料降本占比36%、辅料消耗降本占比8%。针对公司下达的每月在预算基础上再降成本800万元的工作目标，重点对能源动力、原料消耗、辅料消耗开展攻关。7月份实现降成本845万元，12月份实现降成本830万元。开展了与山钢、河钢以及北营轧钢厂的成本、质量对标，不断推进措施落实。

【质量管理】 完善制度体系，填补工艺空白，提升实物质量，满足用户需求。修订下发《热连轧厂产品质量管理责任制》等一系列管理制度，新建立了两条平整机组综合工艺质量管理体系，填补了工艺空白，改善了作业环境，从根本上杜绝平整机组二次缺陷产生，高级别酸洗产品合格率得到大幅提升。通过了公司IATF16949内审、莱茵公司IATF116949审核、供沙特产品的SGS第三方公司审核、五体系外审、CE审核。2020年申报公司级科技项目2项、厂内自管科技项目7项；申报专利申请19项；申报合理化建议成果14项，立项21项。获得本钢集团管理创新三等奖2项；厂内确立的27项重点攻关项目均较好完成，获得厂内奖励10余万元。全厂质量一次合格率99.67%，相比公司考核指标提升0.07%；外部异议率0.21%，相比公司考核指标降低0.24%；返修率2.09%，相比公司考核指标降低0.87%。自主搭建用户特需显示平台，确定缺陷判定标准，生产用户个性化产品，受到用户欢迎。

【设备管理】 1700产线完善改造工程胜利竣工，三条产线年修高效完成，设备管理创新成效初显，设备运行和费用指标进一步优化。1700产线完善改造是集团公司重点技改工程，也是该产线自2001年改造以来的又一次重大升级改造。这次改造于10月30日启动，历时24天，在国内十余家建设施工单位的共同参与下，于11月22日一次热负荷轧制成功，比计划工期提前3天完成任务。这次改造后，1700产线的生产控制能力达到国内同类轧机一流水平，产能将提升至380万吨，产品质量规格将与2300产线产品保持较好衔接。设备年修任务圆满完成。1880线比计划提前18.58小时完成，

1700 线比计划提前 24 小时完成，2300 线比计划提前 75 小时完成，为生产赢得了宝贵时间。设备管理创新成效初显。2300 产线平均单次检修时间同比 2019 年减少了 2.29 小时；1700 产线设备故障时间同比 2019 年降低 22%，达到近五年来最好水平；1880 产线油品降耗指标对比之前降低了 50%。设备产线互检活动促进了各专业和岗位的技术交流与能力提升，为下一步点检员互动轮岗奠定基础。厂设备规程实现了 AB 类设备全覆盖。三条产线设备故障时间同比降低 4.73 小时，降低 5.48%。设备故障同比减少 7 次。三条产线设备检修同比平均单次检修时间减少 1.9 小时，降幅 15%。检修超时同比减少 1 次，检修计划精准度有所提高。厂设备管理工作取得公司点检考评第二名，春检工作获公司第一名，秋检工作获公司第二名。费用指标实现经济运行。检修备件费全年指标对比前 4 年平均水平下降 29%。通过技术攻关、油品吨钢承包、储运利库、修旧利废等措施，不断优化各项费用管控。强化能源管理，实现环保达标。通过开展日清日结工作，完善三级成本管理机制，能源成本累计降低 2169.34 万元。同比 2019 年降低 2467.25 万元。通过开展 1700 线降低电量消耗攻关，电耗降低 816.15 万元，同比 2019 年降低 635.21 万元。2300 线降低煤气攻关累计降低 542.4 万元，同比 2019 年降低 524.62 万元。全厂生活水连续 8 个月完成在 1 月份基础上降低 15% 的目标。全年蒸汽回收后一热轧转供蒸汽 278.49 万元，三热轧转供 1028.31 万元。危废管理以及大气污染防治等工作完成了钢铁协会、环保税、排污许可证等限定的多项指标，有效改善了厂区环境。

【安全管理】 压实责任，双重预防，安全隐患得到有效整治。热连轧厂安委会与所属 12 个作业区的党政领导班子签订"安全生产目标考核责任书"，制定安全生产百分制考核细则。在安全风险分级管控和隐患排查治理双重预防机制建立工作中，共发现安全隐患 1020 项，整改完成 1008 项，其余问题正在整改中。在消防专项工作中，开展 4 次煤气泄漏和 4 次电缆隧道火险的应急疏散演练。在 2020 年三条产线年修工作中，厂安全检查小组对年修现场进行 24 小时安全防

1700 轧线升级改造后热负荷通钢一次成功 （张丽莉 摄）

火专项检查，叫停违章多起，隐患问题均得到整改。在安全文化建设中，录制了安全文化建设短视频，撰写了《热连轧厂安全生产事故汇编》培训教材，修订发布了《热连轧厂安全教育培训管理制度》，制定了《热连轧厂关于对新入职员工安全管理规定》，开展多样化的安全培训。安全生产全年实现重大人身、设备、火灾事故"三为零"，千人负伤率<1.2‰；主要负责人、安全管理人员、特种作业人员持证上岗率达到100%；较大危险源及较大风险受控率达到100%。

【疫情防控】 严抓细管，层层落实，防疫生产两不误。面对突发疫情，按照公司总体安排和部署，先后制定了《本钢板材热连轧厂新型冠状病毒感染的肺炎疫情联防联控工作方案》《板材热连轧厂疫情期间人员物资联防保产应急预案》，及时传递防疫信息，认真排查相关人员，对348人实行了集中隔离和居家隔离，无迟报、漏报、瞒报等现象。特定时期实行领导干部24小时值班、取消不必要会议、实行分时就餐、分散洗浴、每班给职工量体温以及定时消毒等措施。在市公交车停运期间，临时开通职工通勤车，解决了职工上班通勤难的问题。厂工会投入13万元为一线职工购买防疫物资。疫情期间，全厂人员、生产、设备稳定，产量、成本均完成公司计划，实现疫情防控与生产两不误。

【党建工作】 政治引领，规范保障，党建工作带动了企业高质量发展。厂党委以党建工作的新作为推动企业高质量发展。在政治理论学习和宣传思想工作中，精心组织中心组理论学习和专题研讨；为基层党支部制作专题学习课件。全年在央视等新闻媒体发稿144篇；推送了以荣获"辽宁好人""本溪市道德模范""辽宁最美职工"郭鹏和荣获"第二十届全国青年岗位能手标兵"刘鸿智为代表的一大批先进模范职工；热连轧厂获本溪市先进单位荣誉称号，热连轧厂及厂党委获得集团公司"双先单位"。在党组织工作标准化建设中，实施上线了"热连轧厂党支部组织生活管理系统"，规范统一了组织生活记录、党费收缴记录。表彰了党员建功立业先进单位、先进个人。纪检监察工作常抓不懈。厂党委与34名中层干部、70名重点岗位人员签订了《热轧厂作业区级管理人员廉洁自律承诺书》和《重点岗位人员廉洁自律承诺书》；对全体中层干部开展了两次集中廉洁自律教育，对五个部门正副职开展廉政约谈；对6名新提职中层干部进行岗前廉政谈话；对有子女升学的党员、重点岗位人员进行约谈提醒；对1名中层干部进行诫勉谈话；对3名中层干部进行了处罚和约谈；对3名重点岗位人员进行了教育，提高了干部廉洁从业的自觉意识。

【群团工作】 助推职工成才，关怀职工生活，群团组织建设成果丰硕。工会围绕生产经营中心工作，积极开展群众性生产创新和技能竞赛活动。劳模创新工作室获得全国机械冶金协会示范性工作室1个、省职工创新工作室1个、本溪市劳模创新工作室1个。获2020年全国"安康杯"竞赛优胜单位、获全国钢铁行业职工创新项目1个、获辽宁省职工创新项目1个。承办的2020年集团公司热轧轧钢工技术比武大赛中，热连轧厂选手包揽比赛前6名。在维护职工合法权益方面，答复了职代会意见建议11条、职工代表视察意见建议8条、职工满意度调查意见建议37条。在关心职工生活方面，为职工购买米面油、发放生日礼券、办理住院保险，购买扶贫产品。慰问劳模、生产骨干以及在疫情期间做出贡献职工和生活困难职工；在三线设备年修和暑期生产中，为一线职工送去慰问品；为职工子女上大学发放高考补助。　　　　　　　　　　（刘彦东）

冷轧厂

【概况】　2020年末，本钢板材股份有限公司冷轧厂（简称冷轧厂）职工总数2468人（在籍职工1949人、人力资源中心479人、正信劳务职工40人），其中研究生学历38人、全日制本科学历303人、高级职称75人、中级职称312人。下设6个管理科室、1个临时改造项目部、20个作业区。党委下设22个党支部，共有党员837人，占职工总数的34%。拥有酸轧联合机组、罩式退火、连续退火、热镀锌、电镀锌、彩涂、热轧酸洗和硅钢连退等30条生产线。主要生产冷轧板卷、热镀锌卷、电镀锌卷、彩涂卷、酸洗卷、冷硬卷和硅钢卷七大类产品，广泛应用于汽车制造、家电、石油化工和建筑等行业，不仅直供东风日产、上汽、格力、美的等国内知名汽车和家电企业，而且成功进入戴姆勒奔驰供货平台，同时出口"一带一路"沿线50余个国家和地区。

2020年，冷轧厂克服资源不足、品种钢产量同比增长20%等影响因素，主要生产经营指标与2019年相比全面提高。全年降低工序成本9273万元，同比多降1.36亿元；完成总产量565万吨，同比增产2.72万吨；质量非计划率完成2.69%，同比降低0.31%，异议量同比减少3884吨；实现安全生产"三为零"目标；设备运行整体平稳向好，部分机组达到行业先进水平。

【安全管理】　运用"体系"思维建立横向到边、纵向到底的安全绩效综合考评体系，切实将日常安全管理实绩与职工收入和干部岗位紧密挂钩，同时修订完善安全规程和安全生产责任制，有效促进各级人员的安全履职。全面落实安全风险分级管控和隐患排查治理双重预防机制建设，抓住开展安全生产隐患"清零"专项治理行动的有利契机，实施全方位的隐患排查，细致落实管理责任，依托专业化检查小组将防范和化解安全风险的关口前移，保证全厂安全生产形势稳定可靠。累计辨识危险源2077项，逐项制定预防措施；顺利完成两个阶段隐患"清零"工作，共计排查出各类隐患1873项，完成整改1870项，剩余3项已上报2021年安措计划，为全厂生产经营工作奠定了稳定可靠的安全基础。

【对标降本管理】　健全和完善管控制度，提升全员对标的内生动力和主动意识，构建"内外兼修、齐头并进"的对标工作模式，实现对标工作的制度化、常态化。通过加大激励力度和九项厂级降本攻关项目的引领，打通了全工序的降成本脉络，在完成预算的基础上实现了从5月份开始月均增降800万元的工作目标。一是根据疫情防控阶段性要求，一方面拓宽对标渠道，坚持"走出去、请进来"的方式引入先进的管理方法，另一方面开展厂内同类型机组的全方位对标，拉齐产线间的管控水平。二是在MES系统中新增工序成本CA单元，深化日清日结"点对点"式的细致管控，实现班组级成本在线核算。能源介质比预算降低成本2728.6万元。三是通过细化工序间的切损和减宽制度、恢复引带机组生产、与热轧共同开展宽度控制精度攻关等有效举措，成材率指标比预算降低成本3106.82万元，同比多降6323.98万元。

【生产运行管理】 以保障合同交付为主线，抓住重点机组"以赛促产"，深入推进产线分工替代攻关和工艺参数优化，累计刷新产能纪录36次，主要机组小时产量同比提高5%。一季度完成产量155.08万吨，创历史新高，超机组设计达到年产610万吨水平。深化设备系统对标和OEE设备综合评价，结合生产节奏和品种需求实施全面细致的设备状态评估。建立点检员分级评价机制，严格落实问责追责制度，有效减少故障次数和问题处理时间，多条机组刷新历史最好运行纪录，设备管理水平呈螺旋式上升。其中，2#酸轧机组月产达到18.63万吨，打破了维持7年的月产纪录，6月份故障时间为6.12小时，达到行业先进水平；3#酸轧机组全年故障时间同比降低28.55%，11月份在日历时间30天且原料不足的情况下创造了20.14万吨的新月产纪录，超设计能力5%。

【技术质量管理】 开展"40+N"重点缺陷攻关，组织内部体系审核进一步落实管理责任，用体系的思维和方法提升质量管理水平。客户服务系统应用更加顺畅，实现了异议调查全流程的网上办理。重点用户资料库达到89家，通过了解不同用户的个性化需求以及整改措施的有效落实，产品实物质量明显提高。开展"质量大讲堂"活动，由厂领导授课，极大地提高了全员的质量意识。以电镀锌汽车板为"敲门砖"，成功进入戴姆勒奔驰平台，打开了本钢供高端汽车用钢的市场大门。中高端汽车外板内部合格率达到78.6%，同比提升3.79%，先后收到了上汽集团、宝武青山和广州浦项关于产品使用后的良好反馈。从企业发展出发，加大新品种的研发及试制力度。成功试制了980DP+Z、CP980、PHS2000等9个极限或超极限品种，以及奔驰重卡16个牌号规格的认证料。《超宽幅高质量冷轧板稳定生产关键技术开发及应用》项目获得中国金属学会国际先进水平评价；《降低连退机组上汽面板内部降级率》项目获得中国质量协会优秀六西格玛项目；3#连退机组甲班获得辽宁省质量"信得过"班组。

【能源环保管理】 依托能源调度系统将传统粗放式的管理转变为精细到"点"的动态实时管控，实现日清日结，杜绝用能过剩。通过提升机组生产效率、深化退火炉专业管理、细化经济运行方案以及分解指标到岗位等有效措施，各项能耗攻关取得显著成效。其中，蒸汽成本降低2375.61万元，电耗成本降低1085.39万元。将环保、文明生产和厂容环境治理等工作紧密结合，形成分工明确、重点突出的网格化管控体系，对关键部位和重点问题进行跟踪落实，确保措施有效、管控得力，现场管理水平和员工素养逐步提升。同时，按照机组设计标准对环保设施隐患进行系统排查，累计整改问题21项，实现了检测计划执行率、危险废物合法处置率、污染物排放总量达到排污许可证要求率100%，重大突发环境污染事件为零。

【技改工作】 为应对疫情影响，创新开展"云谈判"，利用网络视频的方式与供应商进行技术交流100余次。同时根据公司投资情况，按照项目范围适当、装备水平适用、处理能力适度的原则组织多轮次的技术论证，仅废水站改造方案调整1项就节约工程投资2000万元。目前，1#酸轧改造项目已完成详细设计；平整机改造项目处于合同签

一冷区域新建重卷机组产出第一卷成品（王平 摄）

订阶段；公辅、镀锌改造项目以及MES新建机房项目已具备招标条件；新建重卷项目于9月29日成功生产出第一卷合格产品。本浦公司提质完善改造工程3#重卷项目正在进行设备制造；轧机乳化液磁过滤器改造项目结合年修完成了1台设备的安装调试；3#、4#热镀锌机组捞渣机器人已投入使用。

【人才管理】 通过开展领导班子结构分析和"四体系"人员挂职锻炼等方式，不断夯实基层"司令部"建设和干部后备力量培养，为企业发展奠定坚实基础。突出"大师工作站"在建设技能型人才队伍中的带动作用，培养专业技能人才6人，创造经济效益199.88万元。坚持"开门问策"，累计征集合理化建议131项，组织实施101项，预计可创经济效益2915.9万元。2020年以来，冷轧厂获得集团公司科技进步奖一等奖1项、二等奖1项、三等奖2项，管理创新成果二等奖1项、三等奖2项，发明及实用新型专利9项，在国家级刊物发表科技论文14篇。坚持培训是员工的最大福利，结合冷轧特点组织开展更多专业化、个性化的培训课程。以开展可视化培训教程录制和"自我提升"系列讲座为牵引，实施厂级培训41项、作业区级培训174项，技术交流平台发布学习材料155篇，实现岗位和专业的全覆盖，有效促进全员综合素质的快速精准提升。

【防疫工作】 深入贯彻执行集团公司疫情防控指挥部的各项工作部署，建立健全防控机制，压实各级人员工作责任，主动出击、不等不靠，自筹防疫物资，保障了职工队伍稳定和生产经营顺行。组建10个督导组，由厂领导牵头采取"包干到人"的管理模式，各基层单位按照属地管理原则，形成统一指挥、分兵把守，全厂上下"一盘棋"的防疫工作氛围。在防控初期为保证实现分餐制，第一时间为每名职工购买了保温饭盒，并为作业区配发了微波炉等用品。在公交车暂停营运期间，积极联系汽运大客临时接送老冷和硅钢区域职工上下班，为职工安全、方便出行提供了保障。开展共产党员捐款活动,全厂848名党员共计捐款77355元,捐款率达到100%。此外,春节期间圆满完成了2000吨华晨雷诺供疫区所需救护车的汽车板生产任务,展示了本钢速度,彰显了国企担当。

【党群工作】 坚持以党建工作为引领,把党建优势转化为企业的发展优势,用坚强可靠的组织保障和团结奋进的职工队伍推动冷轧厂生产经营再创佳绩。一是强化组织保障,基层党支部和职工队伍建设更加夯实。根据省委"基层党建制度落实年"和省国资委党委"基层党建工作建设年"的工作要求,开展"三学三促进"专项活动;同时进一步细化党支部评价内容与标准,结合本单位生产经营指标完成情况进行综合评价,从而实现党建和生产经营的互促互进。注重精神文明建设,充分利用内外宣传平台报道企业发展动向和先进人物事迹,营造争先创优的良好氛围。2020年12月,冷轧厂荣获2018—2020年度辽宁省文明单位称号。开展"爱心助学桓仁行"活动,充分发挥"党建+"的教育脱贫功能,用实际行动助力脱贫攻坚。二是加强纪律约束,为企业营造风清气正的生产经营环境。在纪检派驻组的指导下,党风廉政建设工作质量得到显著提升。召开三次警示教育大会,认真宣贯落实集团公司会议精神,组织773名领导干部和风险岗位人员签订《廉洁自律承诺书》。建立全体党员及监察对象廉政档案828份;拓宽信息反馈渠道,在四个厂区设立了"意见箱",公示"领导干部信息服务热线",为职工群众监督、反映党员干部的违规违纪问题开设了"直通车"。精准查找风险点,在各成品发车区域增设了监控设备和自提车辆排号显示牌,有效遏制了发货"排队加塞"的风险

隐患。三是紧密联系职工,发挥群团组织作用,凝聚企业发展合力。冷轧厂班子成员定期到基层走访调研,征集意见建议112项,均已得到解决或答复。将关心关爱职工落到实处。全年慰问生病及直系亲属去世职工118人、新婚职工20人、退休职工30人,发放慰问金6.48万元。开展除夕在岗职工、年修参战职工送温暖及夏季送清凉活动,投入资金15.8万元。另外,通过举办优秀班组评比、天车工技能比武、青年主题团日、防疫征文以及迎国庆主题环厂跑等活动,增强了全体职工的凝聚力和战斗力,为企业发展奠定基础。

(薛乃斌)

本钢浦项公司

【概况】 本钢浦项冷轧公司于2007年投产,是本钢与韩国POSCO共同投资建设的合资公司,是国家"十一五"重点工程项目之一,也是本钢建设精品板材基地的关键工程。本钢浦项引进一贯制技术,生产高档汽车板和家电板等产品,工艺及质量控制技术达到国际领先水平。2020年末,本钢浦项职工总数595人(在籍职工524人,人力资源中心71人),其中研究生学历17人、本科学历247人,高级职称30人、中级职称86人。下设8个管理科室(含改造办)、8个作业区。党委下设10个党支部,共有党员185人,占职工总数的31%。

2020年,本钢浦项克服资源不足、品种钢大幅增加的困难,按照"对标、提质、降本"的生产经营主线开展工作,实现销售收入73.27亿元,盈利4318万元,同比增长156%;全年完成总产量187.86万吨;非计划率完成3.03%,同比降低0.11%;总加工

成本同比多降4457万元；安全生产实现"三为零"目标。

【安全管理】 按照"党政同责、一岗双责、齐抓共管、失职追责"原则，严格落实安全生产责任制。逐级签订了《安全生产目标考核责任书》38份。切实做好新冠肺炎疫情防控期间安全生产工作，严格管控重点危险作业，确保了人员和防疫物质的安全。推进双重预防机制建设，开展安全生产隐患"清零整治行动"。强化安全生产标准化作业，杜绝习惯性违章行为。全面修订岗位安全规程，做到岗位全覆盖，满足"不落一个岗位、不遗漏一台设备、不丢一项操作环节"的要求。共编制修订123项安全操作规程。强化安全教育培训，提升全员安全素质。全年共参加安全培训1236人次。强化设备年修安全管理，实现年修"三为零"工作目标。强化职业健康安全管理体系有效运行，修订安全相关文件，制作近年来事故典型案例教材，组织职工学习讨论。组织415名接触职业病危害因素岗位人员进行职业健康体检。完善现场安全防护装置、安全警示标识、职业危害告知板的设置和维护管理，提高设施设备本质化安全水平。

【生产管理】 转变生产组织模式，全面推进效益最大化。突出以合同交付为中心的生产组织模式，充分发挥区域管制中心的核心作用，根据产品结构和产线状态优化生产计划编制，重点关注汽车板、品种钢等高附加值产品的生产组织，实现生产路径最优，确保产品质量满足用户要求。抓住重点机组"以赛促产"，对制约产能的高强钢生产开展专项竞赛，有效调动了各作业区及班组职工的积极性，薄窄料合同、高端汽车板产量稳步提升。深入推进产线分工替代攻关和工艺参数优化，累计刷新产能纪录13次。其中，酸轧机组3月份产量达到18.64万吨，打破了月产纪录；连退机组5月份产量达到9.11万吨，刷新了历史纪录。1#镀锌机组各月切边产量稳步提升，从每月500吨上升到9月份的10537吨，创历史最好水平。

【技术质量管理】 以解决生产现场实际问题为导向，组建了多层次、多专业的攻关团

酸轧机组突破尘封7年的月产纪录，创造了18.64万吨的历史新高（金进 摄）

队,产品内涵持续提升。开展"40+N"重点缺陷攻关和"质量大讲堂"活动,韩方副总经理赵暎镐亲自授课,极大地提高了全员的质量意识,丰富了管理方法和经验。以科研项目、技术攻关、合理化建议为载体,全面开展自主攻关和创新创效活动,全厂异议量和异议额同比实现"双降"。以电镀锌汽车板为"敲门砖",成功进入戴姆勒奔驰平台,打开了本钢浦项供高端汽车用钢的市场大门。中高端汽车外板内部合格率达到78.6%,同比提升3.79%。生产品种钢61.45万吨,同比增加12.77万吨,增长26.23%。

【设备管理】 建立点检员分级评价机制,严格落实问责追责制度,多条机组刷新历史最好运行纪录。1#、2#镀锌机组分别实现连续64天和45天无故障运行,创造了历史新纪录,达到行业先进水平。其中,酸轧机组两度刷新月故障时间纪录,6月份为6.12小时,达到行业先进水平;2#镀锌机组4、5月份连续两个月实现设备零故障运行。运行OEE设备综合评价机制,与行业先进的设备运行管理接轨,进一步提升设备管控水平,全厂综合设备开动率完成96.56%。开展"检维修大包体制"取得初步成效。日常检维修及年修工作组织得力,能够做到保质量、保安全、保工期和降费用的总体要求。完善全流程管控,组织用"过筛子"的方式落实备件现有库存以及利库的详细措施,为降成本工作及稳定运行奠定基础。为应对疫情影响,创新开展"云交流",利用网络视频的方式与供应商进行技术交流20余次。本浦提质完善改造工程2#重卷项目正在进行设备制造;轧机乳化液磁过滤器改造项目结合年修完成了1台设备的安装调试;1#、2#热镀锌机组捞渣机器人已投入使用。

【能源环保管理】 对标行业先进,实施能源动态精准控制,完善计量手段,将传统粗放式的管理转变为精细到"点"的实时性网格化管控,杜绝用能过剩现象,使能源管控更加科学高效。通过提升机组生产效率、深化退火炉专业管理、细化经济运行方案等有效措施,蒸汽成本降低1600万元,电耗成本降低440万元。持续提升环保工作标准,开展"我是环保志愿者"活动,发动广大职工找问题、做改善,有效提升全员环保意识。将环保、文明生产和厂容环境治理等工作紧密结合,分工明确,实现了检测计划执行率、危险废物合法处置率、污染物排放总量达到排污许可证要求率100%,重大突发环境污染事件为零。

【降本增效】 以韩国浦项、宝钢等同类型产线为标杆,细化对标项目,健全和完善管控制度,提升全员对标的内生动力和主动意识。构建"内外兼修、齐头并进"的对标工作模式,以九项厂级降本攻关项目为引领,打通了全工序的降成本脉络。各作业区把对标工作与日常工作相结合,以"降成本、增效益"为立足点,由对指标向对方法转变,广泛交流,取长补短,促进全厂整体管理水平的提升。固化降本措施,围绕成材率、锌耗、能耗等重点攻关项目做好推进工作,并结合指标完成情况予以奖励。成材率指标比预算降低成本1265.93万元,同比多降2052.04万元;锌耗指标比预算降低成本425.58万元,同比多降2803.46万元;能源介质比预算降低成本1622.38万元。

【人才管理】 牢牢抓住"人"在企业经营中的核心作用,建立完善的专业化人才培养机制和考评体系,畅通各序列人员的晋升路径。逐步建立核心人才团队，从而实现提炼核心技术，打造核心产品的"共赢"发展新局面。通过开展领导班子结构分析和"四体系"人员挂职锻炼等方式，不断夯实基层"司令部"建设和干部后备力量培养，为企业发展奠定坚实基础。坚持"开门问策"，累计征集合理化建议41项，组织实施33项，预计可创经济效益1845.61万元。2020年以来，本钢浦项获得集团公司科技进步奖二等奖1项、三等奖1项，管理创新成果二等奖1项、三等奖2项，已受理发明专利5项，在国家级刊物发表科技论文14篇。坚持培训是员工的最大福利，结合本钢浦项特点组织开展更多专业化、个性化的培训课程。以开展可视化培训教程录制和"自我提升"系列讲座为牵引，实施厂级培训41项、作业区级培训44项，基本实现了岗位和专业的全覆盖，有效促进全员综合素质的快速精准提升。

【党群工作】 根据省委"基层党建制度落实年"和省国资委党委"基层党建工作建设年"的工作要求，开展"三学三促进"专项活动。把意识形态工作作为全面从严治党的重要内容，与党建工作和业务工作紧密结合。充分利用内外宣传平台报道企业发展动向和先进人物事迹，营造争先创优的良好氛围。《支部力量——本钢板材冷轧厂本浦酸轧作业区党支部》的先进事迹在辽宁卫视、辽宁都市频道播出。结合机组年修设置了5个共产党员先锋工程项目，充分发挥党员骨干的突击队作用和基层党支部的战斗堡垒作用。召开警示教育大会，认真宣贯落实集团公司会议精神。组织211名领导干部和风险岗位人员签订《廉洁自律承诺书》，建立全体党员及监察对象廉政档案246份。精准查找风险点，在成品发车区域增设了监控设备和自提车辆排号显示牌，有效遏制了发货"排队加塞"的风险隐患。全年慰问职工33人，发放慰问金1.01万元。开展除夕在岗职工、年修参战职工送温暖及夏季送清凉活动，投入资金5.8万元。开展纪念建党99周年主题系列活动，组织部分支部书记和党员代表参观辽宁东北抗日义勇军纪念馆，传承抗联精神，开展"爱心助学桓仁行"活动。通过举办优秀班组评比、天车工技能比武、青年主题团日以及迎国庆主题环厂跑等活动，增

本钢浦项职工李生乐——中国诗词大会上第一位钢铁工人

强了团队的凝聚力和战斗力。　　（金　进）

特钢厂

【总体概况】　2020年末，本钢板材股份有限公司特殊钢厂（简称板材特钢厂）下设6个管理室、1个临时项目部、8个作业区。现有职工1843人，其中在籍职工1589人，人力资源中心派遣254人。管理、业务、技术三类职群占比12.3%，本科以上学历占15%。全厂主要设备包括50吨交流电弧炉2座、50吨LF精炼炉2座、50吨VD精炼真空炉1座、R15米3机3流方坯铸机1台、蓄热步进式加热炉2座、拥有达涅利Φ1150mm BD轧机1架、Φ850mm短应力线高刚度轧机3架、Φ735mm高刚度轧机1架、意大利VAI-POMINI公司引进的无牌坊短应力线轧机17架和二辊预应力减定径机3台。主要产品以轴承钢和齿轮钢为主，生产优质特殊钢钢锭、方坯和优质特殊钢棒线材。

2020年，特钢厂坚持"双一流"建设目标，在集团公司的正确指导和大力支持下，锐意进取、苦练内功、顽强拼搏，向技术改造要发展，向管理要发展，向对标要效益，向装备要效益，向安全要效益，向产品要提升，加快落实企业规划目标，各项经营指标不断提高，全年完成特钢材72.4万吨，比计划多完成11.38%；完成电炉钢28.5万吨，比计划多完成14%；全厂成本比计划降低1050万元；产品质量一次合格率完成98.15%，比计划提高0.2%；采购总值完成31501万元，比计划降低188万元；合同交付率完成94.77%，比计划提高4.77%。全年取得了良好的发展业绩，荣获集团公司"先进党委"和"先进单位"荣誉称号。

【降本增效】　以实现月成本降低额在年初预算基础上再降低300万元为目标，成本系统不断完善"日清日结"体系，创新经济责任制考核方式，深入推进节能降耗，开展降低铁耗、降低钢铁料消耗、降低煤气消耗、缩短出钢-VD吊包周期等对标攻关活动并实现重大突破，对标项目比基准值累计创效1308万元。通过采取尾坯优化、高碱度覆盖剂应用等技术措施，综合成坯率提高到97.59%，降低成本241.5万元；实施高合金返回钢、低价代高价工艺，合金消耗降低17.19元/吨，降成本450万元；通过优化供电曲线，电极消耗完成3.8Kg/t，比2019年降低0.42Kg/t，冶炼电完成260KWh/t，比2019年降低83KWh/t；优化加热工艺，煤气消耗完成2.31GJ/t，比2019年降低0.45GJ/t，降成本775万元；加大成材率攻关，推进降低烧损和切损方案，中方坯成材率完成97.79%，比2019年提高3.05%，矩形坯成材率完成94.7%，比2019年提高1.54%。

【提质创效】　立足改造后技术储备，技术系统大力推进"一贯制"体系建设，不断强化过程管控，完善工艺规程，相继对26个项目进行对标攻关，实现了产品质量的稳定和提升。大棒材外观和内部质量大幅提高，径向尺寸精度提高到国标Ⅰ组水平；表面质量合格率由60%提升到96%以上；开展大规格轴承钢内部质量攻关，供瓦轴120mm以下规格试验合格率100%，130mm试验合格率达到72%。品种钢比例提升到59%，石油用钢4140A-1等16个新产品成功开发，E4340钢以连铸替代模铸生产，成功替代进口高端产品，属国内首创。主要产品质量指标轴承钢氧含量稳定在 7ppm 以下，创造了月平均 6.47ppm 的历史最好水平；推进特级轴承钢工艺开发，Ti 含量稳定在 15ppm 以下，技术难题得到攻克；供一汽齿轮钢平均氧含量达到 8ppm，末端淬透性满足小于 4HRC 控制要求，达到国内高级别齿轮钢控制水平。

【安全环保】 特钢厂强化安全发展理念，切实落实"党政同责、一岗双责、齐抓共管"，结合技改工程和生产特点，强化安全生产主体责任。实行月安全工作大会制度，强化应急演练、强化安全培训、注重抓好事故隐患检查考核、整改落实，安全形势稳定可控。共培训职工 1800 人次；组织专项检查 90 余次；组织应急演练 100 余次；隐患"清零"查出问题 1962 项，整改率 100%；辨识危险源点 529 项，均处于可控状态，实现安全生产"三为零"。坚持建设绿色特钢。以落实排污许可证制度为主线，坚持环境管理和环保治理相结合，查缺补漏、规范管理，推进中央环保督察问题整改和落实省委环保督察制度，持续推进绿色生态特钢建设。

【企业管理】 坚持周班子例会的工作机制，研究防疫和生产经营任务，形成任务清单 52 项，推进经营责任状签订和指标的实现，完善 E 级以下问责追责制度，制定《特钢厂领导干部问责追责认定等级、处罚种类、经济赔偿对照表》，实施厂内问责 56 项，开展重要事项督办制，进一步统一思想，推进工作落实。开展岗位竞聘试用期考核，制定考评方案和工作流程，对管理、业务、技术、高技能操作 328 人全面考评，有效促进了职工能动性的提高。围绕建设"一流特钢"需求，注重职工素质提升，开展了大量工艺和操作培训，取得良好效果。全年参加公司各类培训班 9 个、培训 370 人次，厂内培训开班 86 个、培训 3006 人次，职工培训率 72.4%。着力提升标准化作业水平。围绕管理精细化，操作标准化，深入推进标准化作业。在"三项规程"梳理基础上，组织专人和团队围绕安全、生产、设备职工岗位操作标准，全面推进标准化作业整理整顿，对操作规程和工艺规程进行严格的修改完善，制定职工岗位标准化作业指导书。

【技改工程】 2020 年 5 月 6 日，集团党委会通过特钢厂小棒轧线技术改造方案，标志着特钢厂包括冶炼系统及配套连铸机、两条轧线及配套钢材后部精整设施的技术改造方案全面确定。全厂着眼于改造后产品定位和竞争力提升，不等不靠，以达产达效和效益为中心，找准症结点，提前谋划，围绕新电炉经济技术水平和产品规划进行重点研究。开展废钢市场调研和成本测算，制定了新电炉使用废钢的标准和方案，进一步明确了改造后装备水平、产品结构和竞争力提升方案。根据集团公司对项目节点的要求，特钢厂认真组织，严格执行疫情期间企业复产"十到位"和员工复工"十必须"，通过采取视频等形式推进项目可研，为节点实现创造了有利条件，较好地完成了主要设备的技术谈判、招标、监造和工程建设。按照"计划管理、预算控制"的原则，全面加强资金管控，严格控制预算，认真执行合同投资。电炉升级改造工程签订设备采购合同 71 项、建安合同 13 项，其他 98 项辅助及单体设备按计划推进。电炉主体炉壳、倾动平台已完成组队焊接。电炉主厂房钢结构共设计 9 连跨，钢结构总重约 23000 吨，7 月 20 日电炉跨第一根厂房柱子完成安装，标志着厂房钢结构安装正式开始。通过对钢结构工厂设计进行优化，比常规设计预计减少约3000吨钢材，节约工程造价2100万元。目前，完成钢结构制作安装11000吨，重点完成了除尘管道等钢结构施工，同步完成电炉跨100吨吊车安装；在建项目综合楼主体工程、一沉池施工浇筑、大下水主干道施工等均按计划进行。小棒分线改造完成了减定径机组主体设备及附属、加热炉本体等设备采购计划的提报。9月16日至10月16日期间，完成了一次过渡改造第一阶段工作，11月10日与轧线年修同步完成第二阶段工作。精整线完善项目完成了120吨退火炉、多辊矫直机等设备采购计划的提报。储运A跨厂房整体工程及精整线搬迁安装工程于2020年9月30日完工，已投入生产使用。九辊矫直机8月份达到月产7317吨，实现年产8万吨设计产能，简易探伤线达到了具备30mm—100mm圆棒材生产能力的设备功能要求。

【党群工作】 2020年，厂党委围绕推进"不忘初心、牢记使命"主题教育常态化这条主线，抓住把党建工作深度融入生产经营这个重点，创新载体、发挥优势，实现党的政治建设、思想建设、组织建设、作风建设、纪律建设新提升。持续深化主题教育，深入学习习近平新时代中国特色社会主义思想，持续开展微党课、微培训、微竞赛等活动，长效常态推进主题教育，推动政治学习入心入脑。坚持抓党建促经营，继续深化"党建＋项目"，完善《党支部目标考核办法》，实施双向考核，丰富党建载体，充分发挥党建在改革、改造、生产经营中的助推作用。坚持内鼓士气，外树形象，加强意识形态和正确的新闻宣传舆论导向，加大先进人物推选和先进事迹宣传力度，弘扬正能量。认真落实主体责任，切实履行"一岗双责"。抓住关键节点，突出重点领域，开展党风廉政建设综合督查，以查促改，提升廉政建设水平。进一步提高政治站位，认真贯彻落实本钢集团党委第五轮巡察第一巡察组巡察动员大会精神，自觉接受巡察，强化支持配合、积极响应和保障工作要求，坚持即知即改、立巡立改，抓好巡察反馈问题的整改落实。坚持党建引领，党工团群共建，以群团组织为平台，以各种活动为载体，不断丰富企业文化内涵，有效营造了建设新特钢的奋进氛围。

（黎 伟）

焦化厂

【概况】 本钢板材股份有限公司焦化厂简称（板材焦化厂），共有职工1083人，其中管理、业务、技术岗位160人，生产操作岗位923人，中共党员424人，具有中、高级专业技术职务任职资格116人。下设6个管理室、11个作业区。固定资产原值45.73亿元，净值17.13亿元。现有焦炉8座，其中6m-60孔焦炉4座、6m-45孔焦炉2座、7m-60孔焦炉2座。配套干熄焦系统5套，其中处理能力110t/h的2套、150t/h的2套、190t/h的1套。煤气净化系统3套，设计煤气处理能力分别为100000m^3/h、100000m^3/h、76395m^3/h。焦油精制系统2套，年设计处理焦油能力20万吨。还有2套生物脱氮污水处理设施，设计处理能力分别为180t/h、70t/h。焦炭年设计生产能力480万吨。2020年生产焦炭466.51万吨，其中冶金焦产量403.66万吨，冶金焦率达86.53%。焦油产量15.76万吨，粗苯产量4.62万吨，焦油精制率达98.51%。

【安全管理】 安全管理室负责安全、防火、职业卫生管理及业务指导。建立了《板材焦化厂安全绩效考核办法（暂行）》暨"安全百分制考评"，规范了安全管理制度，建立了安全管理考评标准，充分发挥经济杠杆在安全管理工作中的约束与激励作用。规范厂级安委会、作业区安委会、班组安全活动等基础工作，落实班组班班讲、作业区每周检查、厂长每月抽查的"事事有人管、落实有时限"的循环式安全管理体系模式。开展"隐患清零活动"，其中厂级安全隐患整改206项、作业区级安全隐患整改853项。2020年审批动火3764项，其中特级336项、一级3327项，查出并纠正现场违章问题172项，全厂324处危险源全部处于受控状态，实现全厂安全生产事故"五为零"，千人负伤率为零。

【生产管理】 生产技术室负责生产管理及业务指导。2020年狠抓操作岗位工艺纪律、焦炭质量等工作，共生产焦炭466.51万吨，冶金焦日平突破11000吨，冶金焦率达86.53%；焦炭M40完成89.46%，同比升高0.26%；M10完成5.63%，同比持平；CSR完成68.21%，同比上升0.46%；CRI完成20.72%，同比降低0.59%。焦油收率2.64%、粗苯收率0.73%、焦油精制率98.51%。焦油深加工12.77万吨，外销焦油3.26万吨。全焦工序定额成本1904.38元/吨，比预算1926.97元/吨降低22.59元/吨，成本累计降低10537.31万元。可控费用比预算降低72.97万元。全年比预算共降低成本6668.12万元。

【技术质量管理】 生产技术室负责技术质量管理及业务指导。以稳定焦炭质量、煤气质量和降低炼焦成本为主要任务，从配煤、炼焦、干熄焦等环节严格操作管控和制度落实，保证产品质量稳定。对原料煤进厂全程管控，从跟踪质检样到货场货位抽查样，从槽下样到配合煤样全过程化验管控，保证配煤准确度。优化用煤结构，降低配煤成本，检查入厂煤样800余个、配合煤样150余个、槽下煤样6500多个，配合煤和贫瘦煤粉碎后细度监控300余次，调整配煤比96次。加大外发化产品质量抽检力度，保持产品质量稳定受控，2020年外供焦炭质量综合合格率达99.91%，硫铵合格率、工业萘合格率、粗苯合格率、煤沥青合格率均达到100%。

【设备管理】 设备管理室负责设备运行、检维修、三电管理及业务指导。2020年焦化厂以优化点检、维保队伍建设为抓手，制定了焦化厂设备设施维保考核细则，修改焦化厂设备管理制度31个、设备规程137个。坚持隐患排查制度化，坚持月度、季度周期性检查。每次定修工作前制定细化方案，确保定修实现"修则全，改则到位"，开展年修后评价工作。全年实现清仓降库20%的目标，同比2019年2398.32万元降低库存426.51万元。全年根据废钢高价位形势，拆除闲置管路和设施，积极推进废钢切割及保运工作，超额完成计划，共计送出废钢2696.54吨。同时合理利用丹东不锈钢公司自产废次白钢材44.52吨，对厂内干熄焦作业区、净化作业区易腐蚀的管路进行白钢保温等。

【技改工程管理】 项目部负责技改工程管理。2020年完成了6#、7#焦炉干熄焦锅炉改造项目施工及竣工决算验收工作。焦化厂重新修订了技改及专项工程的立项、论证、施工管理细则，对工程的各个节点落实时间及责任人，明确责任、严肃考核，从源头保证工程进度和质量。净化一作业区一塔式脱硫改造工程、净化二作业区脱硫系统改造工程、净化三作业区脱硫系统改造工程、VOCS尾气治理工程、8#及9#焦炉烟气脱硫脱硝工程项目按计划稳步实施。

【环保工作】 设备管理室负责能源环保管理及业务指导。2020年焦化厂重点治理焦炉无组织排放和地面站放灰的烟尘治理，更换拉条14根、看火孔底座30余个、蓄热室风墙抵抗墙350余面、砖煤气道喷浆700余孔、清透死火道30余个、陶瓷焊补炉墙170余面。利用公司措施项目投资及自身维保力量组织除尘攻关治理，相继完成焦三推焦除尘器反吹系统检修、焦四加煤及推焦除尘器改造、2#干熄焦除尘器改造、焦二4炉组加煤及推焦除尘器补漏等工作，感官污染大幅下降，环保税同比减少133.11万元；污染物排放量同比减少1291吨，创历史最好水平。加大对厂区内下水各项指标监测及检查频次，提盐系统加设摄像头，安排检验作业区加密检测水样，重点防控部位累计采样450次，确保下水系统排放稳定达标。

【党群工作】 学习贯彻《中国共产党国有企业基层组织工作条例（试行）》，开展"基层党建工作建设年"和"基层党建制度落实年"活动，完成党支部评估定级工作。开展"不忘初心、牢记使命"专题民主生活会整改情况回头看情况自查，问题整改率100%。持续开展党员建功立业主题实践活动，疫情期间组建党员先锋突击队，利用下拨党费为防疫先锋队购买消杀物资，全厂党员为支持新冠肺炎疫情防控工作自愿捐款，工会购买温度计和保温饭盒。强化意识形态管理和舆情动态管理，建立网格化管理模式。开展廉洁教育专题会和集体约谈，规范党员干部办理婚丧嫁娶活动报告制度，建立廉政个人档案、签订廉洁承诺书，完善党政纪处分、信访举报情况台账。对标自查班子和领导干部全面从严治党主体责任落实情况。召开2020年工会全委扩大会议、工会二十届全委二次会议。承办集团公司化验蒸馏分析工技术比武，自行举办焦油蒸馏、工业萘蒸馏岗位技术比武。组建并完善基干民兵、防化防疫专业队伍，获得本溪市先进武装部的称号。

（张敬波）

净化一作业区一塔式脱硫改造工程竣工结束
（张敬波 摄）

发电厂

【概况】 2020年末，本钢板材股份有限公司发电厂（简称发电厂）在籍职工1105人，其中管理岗37人、技术岗65人、业务岗42人、生产操作岗961人、协力中心派遣职工54人，具有高级技术职称16人、中级技术职称79人、初级技术职称57人、高级技师5人、技师156人、硕士研究生7人、本科89人、大专以上282人。厂内设6个工作室、9个作业区、72个班组。党委下设1个总支、11个分支部、47个党小组，党员413人。拥有固定资产原值23.63亿元，净值10.84亿元。主要设备有锅炉13台（包括燃煤锅炉4台、全燃煤气锅炉4台、煤气煤粉混烧锅炉1台、烧结蒸汽余热锅炉4台）、汽轮发电机组15台、鼓风机组5台（包括电鼓2台，汽鼓3台）。主要产品为风、电、蒸汽、除盐水、余热水。2020年完成发电量19.82亿千瓦时，超发电1200万千瓦时。能源介质生产全面满足公司生产需要，其中供风量1088.24万立方米、供热量1079万吉焦、外供除盐水量367万吨；全厂成本指标比年度预算降低5032.68万元，超额完成全年降成本任务。安全生产实现"四为零"目标。

【生产组织】 坚持保生产稳定，实现优质保供，开展成本攻关，增强全员节能降耗意识。提升发电比例，烧结余热机组以发电为主、供汽为辅方式运行，比同期增加发电量2591万千瓦时。进一步优化联检改造工期，提高自发电量4567万千瓦时。科学分配机组的运行负荷，实施错峰停机、躲峰用电，优化自用电比例，最大限度地减少上网电量，充分发挥设备潜能，仅空压机一项与同期相比节约耗电118万千瓦时，优化备用电鼓试转模式减少基本电费，全年可减少支出600万元。紧盯煤气放散，全力组织增烧富余煤气，其中5月份动力煤消耗仅0.41万吨，实现近五年来的月份历史最好水平。原煤量累计完成29.5万吨，比计划37.44万吨减少7.94万吨，为公司减少采购成本4922万元。

【安全管理】 坚持以人为本的安全理念，狠抓安全生产责任制落实，全面实施安全生产专项整治三年行动，坚持重大危险源与风险点管控，开展事故隐患"清零"，排查286项，整改81项，标识排查299项已全部整改完毕。重视职工安全培训教育，重新修订完善《安全规程》，对全厂职工进行"20条禁令"贯彻学习，开展新员工"白帽子"安全知识和隐患排查培训。进一步加强防火工作管理，对全厂甲乙类物质数量及存放场所进行全面排查。安全活动月开展职工安全承诺、应急预案演练、安全"为了谁"大讨论、安全答题、安全征文等活动。

【设备环保管理】 强化设备基础管理，重新修订设备系统规程，对各项设备制度进行梳理，排查盲区，补齐管理短板，编制设备管理人员作业指导书，推行点检员作业卡，制定点检员绩效考核评比指导性意见。强化设备劣化倾向分析，准确掌握设备实际运行状态，达到状态检修，全年设备可开动率为94.5%，比计划提高0.43%；故障停机率1.09‰，比计划降低2.74‰；全厂故障时长完成指标计划1500小时，实际650.8小时，降低849小时。充分利用两个阶段的设备联检，提前进入准备，克服工期短、组织难度大等不利因素，对24台主体设备进行检修，特别是31号机组蒸汽管路加装闸阀项目用时26小时完成检修任务，为公司解决了设备隐患，为发电厂尽早投入减压做好准备，避免了公司能源浪费，大幅降低发电厂运营成本。深化费用管控，大力开展备件修复，清仓利库。全年备件外委修复实际发生额为169万元，节约新品备件费135万元；进一步推进环保设施和危废管理工作，完善危废库房的建设，电厂危废管理全面符合要求，环保设施全部达标排放。全年缴纳环保税额为269.21万元，减免123.75万元。

【技改工程】 CCPP工程项目土建工程按时间节点稳步推进，主体设备已陆续到达现场，余热锅炉本体及锅炉厂房钢架安装完成，即将进入主要设备安装阶段。经过精心组织、周密部署，热电作业区超低排放改造工程的两台锅炉分别于10月10日和11月25日一次点火成功投入生产。改造后的锅炉大气污染物排放量完全符合国家超低排放标准。重点能措项目31号机组升压改造和33号机组凝汽器改造项目在确保工程安全的前提下，按照计划保质保量地完成建设并达产达效，小时增发电量分别达到3000千瓦时和2500千瓦时，效益显著。

【经营管理】 开展对标工作，成立"对标攻关"项目组，吨焦吨矿发电量有较大幅度提升，其中566机组接近国内先进水平，通过分析重点指标制定攻关目标，实现每月再降成本200万元。完善三级表计，跟踪重点计量表计准确性，对照规程抓好运行参数的调整和优化，为日清日结和成本核算提供了基础保障。积极推动合理化建议工作，鼓励广大职工直接参与企业管理，全年征集合理化建议76条，采纳73条，奖励143人次，累计创效649万元。进一步加强制度体系建设，从学习先进管理理念和各项管理规章制度入手，严格建章立制，使企业规章制度逐步深化、细化。全面推进能效平台建设，组织单机经济诊断、计划成本模块软件开发，完成全厂指标经济核算日清日结画面开发，电厂成本核算和能效分析逐步进入信息化阶段。

【人资管理】 一是组织完成高级操作和燃机作业区高技能首席岗位竞聘。二是开展"微课"线上培训，采取短平快的微课开发模式，制作完成微课22节，职工通过手机即可阅读学习相关知识。三是大力开展两级机关工作作风整顿，开展作业区对管理部门工作作风公开测评，并向全厂公示测评排序，提升管理室服务基层意识。四是优化人员结构，通过制定职业生涯规划加大青年大学生的培养力度，各职群公开竞聘选人用人，做到能者上、庸者下。

【疫情防控】 层层压实责任，切实落实好"本钢新30条"，严格执行日报、零报告、微信接龙报平安等工作制度，建立完善的闭环管理体系，职工出市必须提前报备，返岗前必须提前向单位报告，经审核同意方能上岗。利用疫情动态表和网络系统及时上报信息表和微信接龙。全年对涉关疫情排查989人、隔离109人、在岗观察115人。电厂职工无疑似病例、无确诊病例，为全年生产经营和企业稳定创造了有利条件。

【党建工作】 全面强化党建基础工作，升级作业区"共产党员之家"，夯实规范支部记录台账，制定下发各类党建规章制度。开展"先锋支部、旗帜党员"评选活动，全年共评选出"旗帜党员"82名,"先锋支部"8个。强化思想政治工作,召开意识形态领域专题会议研究相关工作,制定施行《意识形态工作实施细则》,牢牢掌控意识形态工作主动权、话语权。注重巡察实效,抓好巡察整改落实工作与贯彻落实集团公司党委各项要求相结合,对巡察发现的问题照单全收,专题部署,及时整改。逐一研究整改措施、明确整改责任、限定整改期限,52项具体问题已完成整改50项,其余2项持续整改之中。发挥党委主体责任,加强党员干部党风廉政教育,落实中央八项规定精神,做好各项制度执行的监督工作,增强党员干部廉洁从业意识。工会组织维护职工合法权益,充分落实职工群众知情权、参与权、表达权、监督权。组织电气值班员技能大赛,以技能大赛、劳模创新工作室活动和技能培训为抓手,努力提高职工素质。开展创建"六型"标杆班组活动,建立安全监督检查网络体系,积极开展"查身边安全隐患"有奖征集活动,查隐患121项,全部整改并奖励。共青团组织开展"绽放战疫青春·坚定制度自信"主题宣传教育实践活动,成立疫情防控青年突击队开展防疫工作,市慈善总会为"常青藤"青年志愿者爱心团队授旗,开展植绿护绿活动,创建青年林。板材发电厂团委参加中国第五届青年志愿服务项目大赛,获辽宁赛区铜奖。

(姜 涛)

铁运公司

【概况】 2020年底,本钢板材股份有限公司铁运公司职工总数1774人(包含人力资源职工325人),其中管理岗47人、业务岗53人、技术岗59人、生产操作岗1290人,研究生学历7人、本科学历143人,副高级职称12人、中级职称87人、初级职称111人、技师187人。下设5个管理室、12个作业区、89个班组。党委下设13个党总支、直属党支部,20个基层分支部、72个党小组,党员814人。固定资产原值11.02亿元,净值3.09亿元。主要设备有内燃机车50台、电力机车22台、铁道车辆784辆、铁道线路238公里、电力架线144公里、信号楼14座、道岔980组(其中电动道岔884组)、信号机1298台。2020年,铁运公司完成运输量5928万吨,货物周转量89064万吨公里,路局车在矿一次停时17.26小时。设备故障停机率0.31‰,机车工序能耗0.9公斤/吨,吨钢耗柴油0.34公斤/吨,吨钢耗电1.0千瓦时/吨。

【安全管理】 一是落实安全生产主体责任,重新编制修订完善了《铁运公司安全规程》等14项制度文件和各个层级的安全生产责任制,保证安全管理有规可依、有章可循。二是强化疫情防控和重点时段的安全监管,扎实开展了防暑降温、防火用电、应急演练等各项基础管理。三是通过建立双重预防机制,扎实推进安全体系建设,开展了隐患"清零"专项治理。排查整治各类隐患97项,累计防止各类事故93起,更新各类警示牌551处,截至年末危险源辨识591项,全部处于可控状态。四是进一步加大安全检查整治力度,铁运公司七个联合检查组以操作标准化检查为核心、反"三违"为抓手,采取"聚散结合"检查方式,现已形成常态化、制度化的检查督导闭环管理模式。五是持续深化道口安全管理,利用视频监控系统抓拍厂内闯道口各型车辆474台次,并移交本钢交管大队处理。定期调取机车监控视频,对司乘人员、调车员标准化操作进行严格监管。六是扎实开展各类安全教育培训，以"安全为了谁"大讨论为契机，组织开展了领导干部上讲台活动。全年持证上岗率、职业卫生健康体检率、职业危害检测合格率达到100%；千人轻伤率控制在2‰以下，实现了安全生产"五为零"的工作目标。

【运输组织】 一是紧紧围绕集团公司生产大局，充分发挥调度协调指挥作用，注重交接线和商管分车管理，强化各环节的有序衔接和车辆周转，保证了大宗原燃料及时接入、产成品及时外发。全年接入原燃料总车数332296辆，外发主要产品总车数177027辆。二是制定运输保产方案，通过专机配合等有效措施，顺利完成了集团公司3次联合检修、123次各类施工配合任务。三是开展同行业对标，通过平面调车系统升级，成功推行了"信令为主、语音为辅"的新型调车模式。四是提升运输作业效率。持续采取鱼雷罐跟踪、提高周转率、积极与生产厂保持信息沟通等多项措施，在减少鱼雷罐运用数量上取得了突破性进展，鱼雷罐运用由2019年的51辆减少至38辆，同比减少13辆。五是以文明生产主题日为载体，以推进"四室一场"标准化建设为抓手，强化各项基础管理，持续推进文明生产工作，全年下发通报43期。六是强化成本意识，优化运输组织，严格审核各项铁路费用，减少作业机车1台，节约临时机车90余台次，降低外部铁路运费330余万元。七是顺利完成防寒防汛工作。面对年初极端暴风雪天气，500余名职工经过三天两夜连续奋战，实现了运输保产的平稳运行。

【设备管理】 一是设备系统践行"重基础、强管理"的管理理念，深化PDCA闭环管理体系建设，加强三支队伍履职能力，持续做好设备隐患排查与整改，全年设备可开动率达96.53%。二是规范设备管理流程，修订设备规程36个，更新设备管理制度文件17份，完善设备管理组织架构、明确岗位职责和管理机制，实现设备规程覆盖率100%。三是开展设备设施和作业现场隐患排查整治，为了解决遮挡司乘人员瞭望视线的安全隐患，集中清理侵限树木131车。规范道口标准，清理景观路道口两侧废土50余吨，规范道口标志牌15处，摊铺沥青道口20余处。四是开展物料全流程管控，截至年末备件计划准确率100%，计划执行率100%，计划到货率99%。全年超额完成废钢回收任务。五是多措并举，节能降耗。将柴油定额和直流电消耗等指标纳入三级成本考核，同时采取撤并信号楼、洗浴设施改造等措施，全面完成风、水、电、汽消耗指标。六是全力推进设备升级改造，完成了炼铁小六道，炉南7、8道至南倒间双进路改造；整体道口改造按计划完成；在运输调度信息系统升级改造项目中，鱼雷罐跟踪系统正式上线运行，铁水综合自动化等系统改造升级正在有序推进。

【经营管理】 一是推进三级成本核算体系建设，将考核方案和费用指标进行全面梳理，逐项分解落实到部门和责任人，全面完成了指标压缩任务，全年可控成本比预算降低832.03万元。二是扎实开展人资对标工作，将提高劳动生产率作为对标重点，梳理完成了各项基础资料和岗位统计台账。三是持续加大培训力度。针对疫情特殊时期，采取线上线下相结合的培训方式，保证效果的同时避免和减少人员接触。运输系统、设备系统完善公司题库，编写完成模拟试卷176

套、试题19000余道。全年专业技术职称晋级40人，各岗位职工申报技师9人。四是通过建章立制，完善流程，落实责任，规范管理，全年重新修订完善铁运公司各类制度文件32份。五是稳妥推进反恐宣传、治安巡查、法制教育、维稳防控等各项工作任务，切实维护企业良好的内外部环境。六是高度重视疫情防控工作，严格落实《本钢防疫30条》，疫情防控工作形成常态化、规范化的管控体系。各级干部以非凡时期的担当作为与全体职工共克时艰，经受住了疫情袭来的重大考验，实现了疫情防控和运输保产两不误。

【党群工作】 一是开展"基层党建工作建设年"和"基层党建制度落实年"等活动，通过健全党内各项制度和推进制度落实，进一步巩固"不忘初心、牢记使命"主题教育成果。二是严格执行党委会前置研究和"三重一大"等制度，强化公司党委班子在决策中的作用发挥，将党的领导融入企业治理各个环节。三是持续强化意识形态工作责任制落实，做好舆情管控，通过正面宣传引导，为企业发展提供良好舆论生态。以加强新闻宣传为手段，不断提升基层宣传队伍能力，为安全运输保产增添动力。四是突出支部政治功能，推进支部标准化规范化建设，完成直属党支部"十本账"的建立。五是加强组织建设和党员队伍建设。按期进行各总支、支部换届，换届改选党支部20个、新组建党支部13个、撤销党支部28个，全年新发展党员12名、预备党员转正18名。六是组织广大党员以"党员责任区"为平台，以保产、保运、保安全、保设备运转为中心，开展切合铁路运输实际的各项党内建功立业活动，共创造经济价值近200万元。七是坚持干部理论学习制度，结合"学习强国"APP、"辽宁省干部在线学习"等学习平台的推广，持续强化党员干部教育培训，提升干部队伍政治素养。八是切实加强党风廉政建设。开展"以案释纪明纪、不忘初心使命"专题警示教育，撰写学习心得50篇。签订《管理岗位廉洁自律承诺书》40份、《重点岗位人员廉洁自律承诺书》148份。九是工会组织举办技术比武、岗位练兵及班组技术对抗赛等活动，荣获集团先进组织单位。十是共青团组织发挥生力军作用，全年开展"高举团旗跟党走"活动，636号机车组被团市委授予"青年文明号"荣誉称号。

（李浩源）

能源总厂

【概况】 截至2020年底，本钢板材股份有限公司能源总厂（简称板材能源总厂）职工总数1459人（包含人力资源职工287人），其中研究生学历13人、本科学历303人，正高级职称1人、副高级职称44人、中级职称180人、初级职称150人、高级技师10人、技师167人、助理技师48人。下设7个管理室、16个作业区、95个班组。党委下设19个党支部、73个党小组，党员621人。主要设备有主变压器83台、电缆回路873条、电缆总长416.02千米、架空线路127条、线路总长共计325.48千米、66KV铁塔785基座、固定电话包括窄带用户8803门、宽带用户576门、中继电路27个、核心交换机797台、制氧机组5台、29万立方米高炉煤气柜1座、9万立方米焦炉煤气柜1座、8万立方米威金斯型转炉煤气柜2座、4套TRT发电机组、4套PSA制氢系统、主体直供水泵221台、污水系统环保设备设施187台、供水管网300千米、下水管网40千米。固定资产原值48.52亿元，净值15.46亿元。

2020年板材能源总厂主要经济技术指标完成情况

指标	单位	完成情况
供电损失率	%	1.75
上网电量	万kWh	3401
高炉煤气放散率	%	2.95
焦炉煤气损失率	%	2.18
转炉煤气回收	m^3/t	96.9
TRT发电	亿kWh	3.76
氧氮电耗	kWh/m^3	0.385
吨钢耗新水	t	2.74

【安全管理】 2020年，板材能源总厂认真贯彻、执行集团公司及总厂各项安全管理要求。主要负责人、安全管理人员、特种作业人员持证上岗率100%；职业健康体检率100%。厂级领导安全履职178次。全年实现人身、火灾事故"六为零"的工作目标。发挥安全专项奖励正面激励作用，每月用15%的综合奖作为安全专项奖，围绕安全履职、隐患整治、事故管理、违章行为等方面开展综合考评，落实集团公司"严查、真改、重罚"的安全生产工作要求。加强重大危险源的管理，作为集团公司危化品生产经营单位，板材能源总厂共有7处重大危险源，均处于可控状态。每天在4#门卫进行风险公示，日常运行数据上传到市、省应急局的监控网站。全面开展"隐患清零"工作，全年所查隐患整改率达100%。

【生产运行管理】 充分发挥调度系统生产指挥和能源介质平衡的核心作用。各项生产指令和信息的传递做到了畅通、准确、及时，科学合理处置各类突发生产异常情况，及时启动相关保产应急预案，各专业之间相互协调配合，安全顺畅完成了各项生产指挥和保产保供工作任务。根据公司用能变化，提前制定各类能源介质平衡方案。针对各阶段公司生产节奏变化，适时调整生产运行方式，确保各系统经济高效运行，充分满足公司生产用能需求。不断优化岗位巡检方式方法，在全厂范围内推行巡检挂牌制度。通过采取现场抽查记录、巡视牌、视频录像等手段，逐步提升岗位人员的巡检责任心和工作效率，保证巡检质量。针对厂区外偏远部位设备巡检工作，板材能源总厂在供水管道和煤气管道巡检等工种中推行以"完美工事"为主的手机APP打卡巡检，实现实时定位巡检位置，拍照上传设备信息，详细记录巡检名称及巡检内容，进一步加强巡检工作的过程控制与监督，为建立"巡检智能化、管理规范化"开辟了一条新的途径，从而确保各类生产运行隐患能够及时发现并快速消除。

【设备管理】 明确2020年基础管理工作规划，将事故故障管理列入绩效考核，降低设备故障发生率，2020年发生影响公司生产事故时长9小时9分钟，低于全年20小时攻关目标，与2019年同期对比减少18小时50分钟，没有发生E级以上设备事故，创总厂整合以来最好水平。出色完成集团公司三次大型联合检修配套任务，总计完成658项检修任务，全面提升设备稳定运行水平。围绕专业培训、业绩测评、日常写实、考核打分四个方面，通过工作完成及考核情况逐步形成"三支队伍"管理规范化、制度化，确保全厂各类设备稳定运行。出色完成集团公司和厂内设备春检验收工作，全厂16个作业区共计发现问题407项,全部整改完成。进一步加强设备基础管理。制定专项检查计划,每月开展4次综合性基础检查,发现问题全厂通报,全年共计检查57次,覆盖全厂16个作业区、120个班组,达到相互学习、取长补短的工作效果。

【降本增效】 积极组织调整功率因数控制范围,合理利用公司联检和TRT检修模型。全年TRT发电量比计划超3578万千瓦时,创造经济效益1252.3万元。在此基础上,提出发电电鼓每月试转方式,全年降低电费支出约400万元。充分利用6#、7#制氧机增氮改造后的设备节能优势,优化制氧机运行方式,每月比计划降低电费成本300万元。充分发挥设备的调峰保产作用。发挥新投产的9万立方米焦炉煤气柜、29万立方米高炉煤气柜稳定煤气管网压力和降低煤气放散率作用,同时,在公司高产阶段,重点利用液体储备系统,减少备用制氧机的启动或运行频次,降低氧气放散率,发挥良好的节电效果。与此同时,加大液体产品生产销售力度,全年累计销售液体产品4.3万吨,实现销售收入2161万元。日清日结和对标挖潜工作积极快速推进,严格执行能源工作分析总结、月周制度,积极组织内外部对标挖潜,不断优化节能措施和方式方法。维护公司供用能秩序。围绕小用户监督检查、水系统专项稽查、厂内能源检查、配合公司能源检查以及强化水质化验等方面开展工作,确保规范能源管理和使用。在全厂人员的共同努力下,全年实现降成本10593.29万元。

【工程建设】 2020年可谓是板材能源总厂"技改年",14项改造工程总投资达15.3亿元。一是8号铸机配套水处理工程。板材能源总厂克服障碍物破除困难、施工区域狭窄、交付时间晚、设计进度慢等诸多不利因素,于10月22日具备试运行条件,并配合主线厂一次性热负荷试车成功。二是5号高炉配套工程项目。该项目是集团公司重点产能项目,板材能源总厂配套5炉干法除尘和5炉水站的工程建设。继7炉干法除尘投运后5炉布袋是板材公司投建的第二个干法除尘项目,12月1日正式引煤气运行。5炉水站主体工程于10月12日完成厂内验收并送水,板材

中水深度处理回用工程的除盐水站膜处理系统(刘阳 摄)

能源总厂两个配套项目如期投产确保了5号高炉按期达产。三是220kV变电所本体工程。此项工程是配套特钢厂电炉及发电厂CCPP项目的重点工程，其实施对集团公司电网建设有重大意义。该工程已完成13米层高框架结构施工，板材能源总厂将全力确保工程按期完成。四是中水深度处理回用工程。该项目共分除盐、达标外排和外网三大部分，总投资1.7亿，是集团公司重点环保改造项目。10月15日已实现产水目标，10月31日，中水深度处理回用工程除盐系统项目投产运行，该项目实施后将改善太子河生态环境，实现废水资源化，促进本钢集团的可持续性发展，具有良好的环境效益和社会效益。五是一号转炉煤气柜工程。该项目投产后将对集团公司转炉煤气回收及提高能源利用率发挥重大作用，该项工程施工工序复杂、难度较大，厂主管领导亲自挂帅，以新建加压站及电除尘设备和管网过渡为中心，板材能源总厂将科学组织，确保工程如期竣工。除此之外，新建第四加压站、新建CCPP焦炉煤气加压站、四万氮压机等工程均有序推进。

【环保工作】 加大治污减排力度，全年污水处理设备可开动率达100%，共计回收处理污水5753万吨，COD、氨氮、总氮、总磷等排放量均在分解标准以内，达标率100%。危险废弃物处置实现全流程管控，煤气水封井污水抽取、运输、排放实现"零泄漏"，确保水封井不出现溢流现象；废油桶、废油、废脱硫剂、废电瓶、废化学药品瓶等均按危险废弃物管理办法全流程严格管控。圆满完成在线水质监控工作，板材能源总厂坚持每天对厂区内重点排放点位和太子河沿线18个点位进行排查，重点时期两次取样进行数据对比，保证太子河本钢断面不发生超标现象。

【疫情防控】 新年伊始，新冠疫情突降，板材能源总厂迅速成立以领导班子为核心的防疫工作机构，同时建立起24个微信群，全员、全天候动态排查，确保信息畅通。为保证人员禁行期间企业正常生产，板材能源总厂每天均有近700名职工在疫情中逆行保产。在防疫物资紧缺的情况下，厂党委、厂部多方联系，先后投入14万元购买防疫物资，保障职工的身体健康和生命安全。复工复产后，板材能源总厂先后制定《板材能源总厂防疫保产工作应急预案》《板材能源总厂新型冠状病毒感染的肺炎疫情联防联控工作方案》《板材能源总厂新型冠状病毒感染的肺炎疫情防控应急预案》，厂内坚持每日全员接龙和第三方外来人员接龙，设专人对接并完成集团公司能环部、制造部、办公室每日排查任务，确保板材能源总厂有序生产和职工安全。

【人资工作】 有效实现板材能源总厂奖金分配原则的统一，依据保产难度进行档次划分、系数认定等工作，最大限度提升薪酬激励作用。制定《板材能源总厂加班费使用管理制度》，合理调整加班费使用和空岗定员奖励，极大提升了职工的获得感和价值感。进一步加强劳动纪律管理，全年共开展305个班次检查，杜绝因职工违纪造成各类事故发生。加大职工培训力度，通过完善每周一题考核方案、制作每周一题手册、签订89对师徒、推行大师工作站等措施有效提升职工岗位技能水平。完善板材能源总厂问责追责管理体系和各级各类干部日常管理办法，与日常绩效考核相结合，促进干部履职尽责。

【党建工作】 以巡察整改工作为契机加强组织建设,全面完成党建各项基础工作。以"两学一做"活动为主线,做好意识形态工作,认真组织党员学习贯彻、落实习近平在"不忘初心、牢记使命"主题教育总结大会上的重要讲话,加强舆论引导。全年共在本钢各类媒体发表稿件70余篇,树立板材能源总厂良好企业形象。加强党员干部廉洁从业教育,为生产经营营造良好外部环境。认真开展节日期间警示教育,增强干部职工廉洁从业意识,确保党员干部廉洁从业。

【群团工作】 提升职工技能素质,促进企业创新发展,通过培训、技术比武、岗位练兵,逐步搭建提升职工技能素质平台。在集团公司气体深冷分离工技术大赛中,板材能源总厂包揽了个人前4名。板材能源总厂工会有效做好精准帮扶工作,实现困难职工动态化管理,慰问各类特殊群体146人,发放慰问金54950元。职工健康疗养、大众体育比赛、职工维权、送清凉等特色服务,进一步促进了企业和谐高效发展。以实现能源介质保供"零影响"为重点开展青安岗活动,组织青年团员广泛开展"青年大学习"行动,带领青年团员在保产保供等重点工作中积极发挥生力军作用。此外,信访维稳、保卫武装、科统统战等群团组织承担各自职责和使命,结合企业发展需要,积极发挥自身作用。2020年,板材能源总厂荣获2018—2020年省精神文明创建工作先进单位、本溪市卫保工作先进集体、本钢集团先进党委、本钢集团先进单位等荣誉。　　　　(刘　阳)

原料厂

【概况】 2020年末,本钢板材股份有限公司原料厂(简称原料厂)职工总数1335人(在籍职工754人、人力资源职工61人、二建协力职工67人、正信派遣3人、常年顶岗劳务职工450人),在籍职工中管理岗23人、业务岗30人、技术岗29人、生产操作岗672人。研究生学历4人、本科学历62人,副高级职称9人、中级职称45人、初级职称53人,高级技师2人、技师46人。下设5个管理室、5个作业区、46个班组。党委下设6个党支部、26个党小组,党员296人。主要设备有翻车机10台、堆取料机18台、解冻库17座、门吊4台、吊车22台、推土机21台、装载机14台、抓料机9台、挖掘机6台、皮带机273条,皮带累计长度为74千米。

【安全管理】 落实责任,注重实效,进一步提升安全管理水平。一是结合工作实际和安全1号文件精神,各作业区制定安全生产规划,明确全年安全生产任务。厂部与作业区、作业区与班组层层签订安全目标责任状,组织全体职工签订安全承诺书,将安全压力逐层传导、责任逐层落实。厂领导班子认真履职,按时参加承包单位会议,确保全厂安全工作有序开展。二是深入开展安全生产隐患问题"清零"专项整治行动,各职能室和作业区认真落实公司、厂部工作部署,结合阶段性整治重点,划分区域、分片落实责任,进行全面隐患排查,对发现的隐患列出清单、建立台账、制订整改计划,落实责任人,实行闭环管理,通过"清零"专项整治行动,共排查整改问题624项，达到了公司"清零"工作要求。三是修订完善了《板材原料厂安全生产责任制》《板材原料厂安全规程》等29项规章制度，并且深入开展了隐患排查方法、高温安全注意事项、安全法规、安全标识标准知识等培训，组织相关人员参加集团公司安全意识、隐患排查、体系建设、职业卫生等培训，进一步增强了全员自我安全防范意识。四是继续加强相关方管理，建立特种作业人员管理台账，做好审证、换证及新办证培训工作，涉及人员达90余人次，切实整治无证、作业证到期和过期问题，强化区域管理，健全作业区监管、考核机制，坚持严监管、重考核、零容忍，确保双方工作安全。

【生产管理】 科学组织，有序供应，全面完成优质保供任务。一是切实发挥服务、协调、指挥、管理职能，科学合理组织生产，实现了物料及时高效翻卸、合理规划存储、科学有序供应，全年实现优质保供零影响。为调动工作积极性和主动性，3月份开始，对调度工作进行量化考核评比，对单班翻车量进行考核，冬储期间，结合各作业区工作任务的不同，分别制定了翻车量单日考核制度并严格执行，有效减少翻车影响，切实提高了翻车效率，全年共组织翻卸车29.3万辆，周转物料4323万吨，既保证了路局车辆的有序接卸周转，又确保了炼铁、焦化、发电生产需求。二是继续强化质量意识，提高配煤配矿均质化管理水平。为方便调度指挥生产，合理控制各煤种槽存，在储煤二作业区安装20个雷达料位仪，准确掌握各煤种槽存，并且有效杜绝了冒料问题，切实提升了配煤均质化管理水平。加强配料秤管理，更换配料秤校验标准器具，规范配料秤校验过程，并对运行情况进行日常检查，原料日清日结系统完成上线运行，进一步提高了配矿准确率，提升了均质化管理水平，全年混匀库全铁和二氧化硅稳定率完成88.5%和88.7%，达到公司考核指标。三是规范岗位操作管理，完成了五个作业区生产岗位工艺技术规程和95个生产岗位操作规程修订工作，并且制定49个相应管理制度。同时，组织岗位人员对新修订的技术规程和操作规程进行培训和考试，培训人数达921人次，进一步提高了职工的标准化操作水平，为生产稳定顺行提供保障。四是切实做好防寒防汛工作，冬季生产结束后立即部署防汛前期准备，对料场所有电缆沟、排水沟进行清淤，重新修订汛期应急保产预案，制定汛期炼焦煤各区位储存标准，并对各部位泵坑指定监护人，做到定期清淤、及时抽水，全厂实现安全度汛。入冬前，对影响冬季生产问题积极整改，全面开展解冻库排查整顿和人员上岗前操作培训。2020年冬储量35万吨，较2019年减少10万吨，进一步增加了冬季保产难度，为实现经济库存下的生产保供，原料厂积极应对、主动作为，通过细化生产预案、合理统筹组织、加强值班值宿，为全面打赢冬季生产攻坚战奠定了坚实基础。

【设备管理】 细化管理，夯实基础，设备管理水平再上新台阶。一是继续完善设备定修模型，科学制定全年设备点检定修计划，设备与生产积极协调，做好计划检修工作，全年共完成141项计划检修任务，计划执行率100%。根据集团公司联检工作安排，全面完成三次设备联检工作，科学制订计划、细致落实项目、合理组织施工，顺利完成14条产线、894个联检项目。全年设备开动率完成99.84%，实现设备运行"零影响"。

二是持续强化设备点检，深入开展点检员能力培训，组织全厂点检员进行设备检修维护使用规程培训，各作业区组织岗位点检培训，有效提升了点检人员岗位技能。为了提高维保队伍管理水平，定期对维护队伍进行评比考核，取得良好效果。三是严格落实"环保设备等同于主体设备"的理念，完善环保设施点检定修制，每周对除尘记录及运行情况进行检查、通报、考核，发现问题立即整改，确保除尘设施达标排放，同时要求除尘设施与皮带系统同步运行，实现除尘设施经济运行。四是积极配合公司部门做好料场改造前期论证，组织人员到先进企业学习，制定料场升级改造方案，为建设环保智能化料场奠定基础。

【成本管理】 有效管控，降本增效，全厂实现经济运行。切实加强费用管理，细化考核指标，完善考核办法，认真做好月经济运行分析，总结费用完成情况，分析超、降原因，确保完成各项费用指标，全年降费用800万元。切实加强能耗管控，将电费和煤气费纳入作业区副包指标，重点抓班组用电躲峰生产和煤气、蒸汽的操作管理。继续联合炼铁、焦化共同实施躲峰生产，全年用电峰谷比完成1.0，较自然系数比降低0.14，实现降电费45万元；通过开展班组评比活动，皮带小时过料量提高了1%，降电费80万元；通过合理组织解冻库生产，提高解冻效率，降电费20万元。煤气管控方面，加强解冻库日常操作管理，严格执行解冻库各项操作制度，合理控制温度和送风时间，并根据天气情况实行阶梯性停库，有效降低煤气消耗，预计全年降煤气费用20万元。全面完成了公司制定的生活水消耗降低15%的攻关指标，全年生活水费用降低55万元。

【防疫工作】 积极应对，统筹兼顾，全力做好新冠肺炎疫情防控。新冠肺炎疫情发生以来，在集团公司的坚强领导下，板材原料厂高度重视、快速反应，第一时间制定了联防联控工作方案，成立防疫工作领导小组，为全厂防疫工作的有序开展提供了组织保障。在疫情严峻时期，市内公交停运，广大职工克服困难，在做好个人防护的基础上，积极想办法按时到达工作岗位，确保了疫情期间生产顺行。为避免开会人员直接接触带来的病毒传播风险，厂防疫工作领导小组有效利用"学习强国"平台召开视频会，安排部署工作，确保疫情期间生产经营和疫情防控两不误。为了疫情防控需要，全厂建立了60个防疫工作群，及时传达集团公司和厂部防疫工作精神，并且每天开展平安接龙活动。为有效落实常态化疫情防控工作要求，结合集团公司防疫30条，原料厂制定了防疫25条，并按照"非必要不出市"规定，严格执行原料厂疫情期间职工出市审批制度，班组、作业区、综合办公室、厂领导进行逐层审批把关，及时准确掌握职工出行目的地、出行时间以及乘坐交通工具等信息，确保防疫工作有效管控。切实增强全厂应对疫情突发情况的处置能力，组织机关和5个作业区分别开展了疫情防控应急演练，并全面做好岗位消毒通风、职工上岗前测体温、外来人员登记、职工错峰洗浴、错峰就餐等常态化防疫工作，确保全厂防控工作不出问题。

【党建工作】 围绕中心，服务大局，切实加强和改进党的建设。一是继续推进"两学一做"学习教育常态化制度化，严格党委中心组学习制度，每月制定学习要点，明确学习内容，严格学习纪律，全年共组织13次集中学习，并督促班子成员开展好自学，党委书记每季度检查班子成员自学笔记，不断增强领导干部运用理论解决实际问题的能力。二是全力配合集团公司党委巡察工作，7月1日至8月14日，集团公司党委第二巡察组对我厂开展了为期一个半月的党委巡察工作。厂党委和行政高度重视此次巡察工作，积极配合第二巡察组顺利完成巡察任务。巡察情况反馈会议后，原料厂立即行动、积极整改，组织召开5次党委专题会议、1次党委扩大会议、2次党群工作例会，对50项大问题、114项小问题认真研究分析和安排部署，针对每一项问题落实责任部门和分管领导，明确整改时间节点和工作要求，确保巡察问题整改工作顺利完成。三是深入开展了"立足岗位争先锋，坚决打赢冬季优质保供攻坚战"党员建功立业活动，评选出"先进党小组"6个、"先进个人"16人、"先进单位"2个，切实发挥了党员干部在降本增效、优质保供工作中的模范带头作用。四是切实履行全面从严治党主体责任，深入推进党风廉政建设，组织管理干部和重点岗位人员签订廉洁自律承诺书170份，召开了"集体任职廉政约谈"会议，对新提职人员集体约谈2次，共计18人，强化党员干部廉洁自律意识，为企业发展营造良好氛围。

【群团工作】 以人为本，凝心聚力，不断开创群团工作新局面。厂工会深入开展冬季和汛期生产劳动竞赛，共奖励先进集体25个，先进个人50余人次，全面激发了职工积极性、主动性、创造性。切实做好职工集体福利工作，使工会经费更好惠及广大职工，充分发挥桥梁纽带作用，不断提高工会的向心力和凝聚力。春节为职工送米、面、油，端午节时送咸鸭蛋等节日慰问品，每月为过生日的职工送上生日贺卡和蛋糕卡，为初婚职工送上新婚礼包。夏季为职工送西瓜、绿豆、白糖、酸梅粉等，除夕为值班职工送牛奶、饺子等。在金秋助学活动中为2020年新考入大学的19名职工子女送去助学金。为职工办理综合住院医疗互助保障，全年共理赔163人次，返回理赔金9.3万元。疫情期间为职工购买保温饭盒、红外线测温枪、消毒喷雾器、喷壶及消毒液等防疫物资，为全厂防疫工作助力。 （刘清恒）

废钢厂

【概况】 本钢板材废钢加工厂为公司双重职能单位，是本钢板材股份有限公司下属主体厂矿之一。主要承担板材公司炼钢生产所需废钢铁的接收、加工、仓储、供应工作及公司内部废钢铁回收管理。位于兴安白石厂区，占地面积14.1万平方米。2020年末，本钢板材废钢加工厂（简称废钢厂）职工总数274人（包含人力资源职工76人、正信3人），其中管理岗15人、业务岗14人、技术岗7人、生产操作岗238人，研究生学历3人、本科学历40人（全日制本科6人），副高级职称4人、中级职称25人、初级职称13人，高级技师1人、技师4人。厂部下设5个职能室和3个作业区、15个班组，党委下设4个党支部、10个党小组，党员125人。主要生产设备37台（套），其中废钢打包机1台、QA91Y-800废钢剪切机1台、液压抓钢机14台、桥式起重机13台、龙门起重机6台、T446-20×2150mm开卷矫平剪板机组1套、切割除尘系统1套。生产工艺主要有火焰切割、冷剪加工、打包压块及精料加工。固定资产原值22199.17万元，净值9473.34万元。

【指标情况】 2020年废钢铁调入量115.67万吨,其中外购68.16万吨,内部回收47.51万吨。废钢铁供应量111.67万吨,其中供应炼钢厂97.19万吨,供应特钢厂5.8万吨,其他8.68万吨。综合能耗0.79千克标煤/吨。

【安全管理】 一是坚持"零事故,零伤害"安全管理理念,全面落实安全生产主体责任,深入推进全员安全管理,确保安全生产平稳运行。二是结合隐患"清零"整治活动及双重预防机制,明确各安全责任人及职责;积极开展"安全为了谁"大讨论活动,领导干部上讲台传授安全知识及技能,提高全员安全责任意识、专业人员的安全管理水平、作业人员的安全文化素质,使安全生产工作效率得到有效提升。三是克服疫情影响,积极开展多种形式的安全培训教育,如安全活动、安全培训、安全知识答题等,提升全员安全素养;对封闭物、爆炸物、不明物的辨识进行现场实物展示和安全教育,严把废钢铁质量关,全年共培训教育达2150人次,回收并合理销毁封闭物722枚(含134具灭火器),妥善保管爆炸物、不明物6枚;处置公司各单位送交报废灭火器20000余具。四是把安全生产隐患"清零"整治行动与日常安全检查、专业安全检查相结合,对照规程标准,狠抓隐患整改落实。及时发现和纠正违章行为,及时发现和整改设备设施存在的隐患,及时发现和整改管理缺陷;着力提高职工安全意识。五是强化现场施工、检维修作业安全管理,做到事前有安全条件确认和安全告知,事中有安全检查,坚决执行二十条禁令,从根本上减少和控制事故发生的条件,事后有总结分析,查找事故原因,为以后工作开展总结经验教训。六是强化班组安全基础管理,开展一系列准军事化管理,例如站立式召开班前会、标准化作业卡、跟吊工指吊标准化等,切实有效地提高职工的安全技能和安全意识,有效提升安全管理标准化水平。

【生产组织】 一是克服疫情影响,统筹组织协调各作业区、职能室齐心合力,面对疫情、人员短缺、设备老化、技改工程施工等困难,科学合理搭配料型,提高单斗重量,无条件地满足钢厂生产需求。几项生产指标创历史新高:①全年直配料斗达47235斗,76.73万吨;②我厂直配料斗原设计能力为105斗/天,在公司支持下新开辟一块供料场地(中心停车场),在无新投资的情况下,目前已实现直配料斗常态化的150斗/天;③12月19日,我厂日供直配料斗达168斗,创单日直配料斗新高;④9月份抢卸外采废钢2363车、10.58万吨,平均每日达78.8车,为钢厂生产顺行提供了有力支撑。二是积极响应公司多吃废钢、降铁耗、提高钢产量号召,创新鱼雷罐加废钢方式、降低铁水消耗。从设备、人员、车辆、现场设施、配加方案等方面入手,周密布置,使工作效率进一步得到提高、加入量逐步提升,为"降铁耗"工作做出了应有的贡献,得到公司部门及钢厂的一致认可。全年鱼雷罐加废钢共计8329罐、6.03万吨,为公司创造经济效益约1827万元(比较废钢与铁水差价按6.03万吨×303元/吨测算,不含税)。三是对内挖潜,积极开展"内回废钢清零"工作。合理调整各场地切割作业,采用夜间延时切割、周末出勤等方式,规避环保压力,增加作业时间,减少待加工库存,为公司节省采购成本。全年集团公司22家单位多年积压废钢实现"清零";共回收非生产废钢5.8万吨,超计划2.22万吨,为公司节约采购资金5328万元(按2.22万吨×2400元/吨测算)。切割加工8.07万吨,加工打包压块3.27万吨;加工废油桶25480个,处置各厂矿送交报废灭火器20000余具,切实解决各厂矿废油桶及报废灭火器处置难题;4月底完成场地多年积压残铁1200吨及特钢钢砣8000吨的切割加工,有效减少场地占用,节省外采资金约2208万元(按照外采废钢0.92万吨×2400元/吨测算,不含税)。四是积极协助特钢厂完成接卸北部战区报废武器装备,并安排专人现场指导切割加工作业,全力配合特钢厂完成此次政治任务。共计接卸、切割加工报废武器装备达2120吨。

【设备管理】 一是强化设备管理,提高设备作业率。通过产线承包、加强设备点检维护、科学合理安排设备检修、加强现场巡查督导、强化值班值宿、缩短各类"小耽误"及事故抢修时间等措施,确保设备完好,最大限度地提高备件效率,提高检修质量,杜绝重复修。全年共组织设备检维修74台次,其中定修65项,247.33小时;年修9项,2840.5小时;主要生产设备开动率达98.93%;设备故障停机率为0‰;设备完好率为100%。二是强化"三支队伍"建设,鼓励职工多学技术,开展传帮带工作。根据技术人员年龄结构,形成师徒对子2对;为职工晋职称创造条件,有2人取得助理工程师任职资格、1人取得工程师任职资格;公司点检专项检查中,迟文宇被评定为公司第二名,指派到专项检查组,向兄弟单位学习好的经验提升我厂点检工作;辛长利同志撰写的《QA91Y-800型废钢剪断机电气的改进》论文,被评为2019年度本钢科技论文一等奖、2020年辽宁省金属学会优秀科技论文一等奖;三是全力推进设备设施完善改造工程项目施工。①完成了除尘器设备及开平卷机组的安装调试、技术规程及各项技术资料的修改、完善,开展了设备试运行工作。②完成变电所到8号场地的电缆桥架制作及6根电缆的铺设,为三大新建设备提供供电基础。③完成107个配电箱标志牌制作安装,达到了配电柜(箱)管理的规范化、标准化、制度化的要求。④全力推进精料间屋顶修缮及吊车、抓钢机防腐刷油工作,已完成5台吊车、12台抓钢机的防腐刷油,精料间屋顶修缮于12月完工。⑤全力推进彩西特钢供料站项目工作,力争按公司设定时间节点完成项目建设;四是加强能源管控,将全年指标分解到各作业区、班组及个人,使能源工作层层有人管、处处有落实;积极参与以"绿水青山,节能增效"为主题的2020年全国节能宣传周活动,利用宣传展板、宣传标语、电子大屏幕等媒介宣讲普及节能知识,推进我厂节能、降本、增效工作,确保年度节能目标攻关圆满完成。五是加大废旧物资回收力度,全年废旧物资共回收冲减成本20.87万元,超额完成全年计划139%。

【成本管理】 2020年因疫情影响,公司对各项预算指标进行较大幅度压缩,面对严峻的成本压力,废钢厂坚持"精细化、标准化、规范化、科学化"的管理理念,一切以经济效益为中心,将各项成本指标进行分解落实、量化考核。通过班统计、日核算、周分析、月评比,形成"人人身上扛指标,一分一厘降成本"的浓厚氛围,全年可考核成本降低363.56万元,实现成本管理"零超支"。同时,做好对标挖潜和"日清日结"工作,严格控制定额消耗和各项费用支出。按"先算账后干活"的工作思路做到事前有计划、事中有控制、事后有总结，把消耗和费用控制到位，严格执行躲峰生产、设备经济操作，全年定额费用结余55.97万元、能源性费用结余38.23万元；通过采取运费招标、减少二次倒运、废钢均衡调入等有效措施，全年节约运费153.87万元。

【基础管理】 一是持续开展"四定"后评价工作，坚持"能者上、庸者下"的用人导向，打破干部终身制的传统思维。通过问责追责和"四体系"评价等手段，强化正负双向激励作用，优化人力资源配置，全面提升管理水平。二是全面推进文明生产管理工作取得成效。通过制定文明生产管理实施方案、管理制度及考核标准，推进文明生产管理向标准化、制度化、系统化迈进，目前现场环境整治亮点突出，办公区域设置规范合理，职工精神风貌焕然一新。三是着力源头防范，强化主动维稳。按照"发现得早、化解得了、控制得住、处理得好"的要求，进行全覆盖、无疏漏的大排查，确保了特殊时期无越级信访案件发生。四是深入开展对标挖潜工作，对照历史最好水平、同行业先进经验，找差距，寻措施，研对策，不断提升管理水平；积极开展合理化建议征集活动，充分发挥职工智慧及主动精神，为特钢厂发展出谋划策，激发职工参与企业发展的热情，有效提升工作效率。五是结合我厂工作实际，强化门禁管理和夜间巡查，有力打击盗窃和捡拾人员的不法行为，最大程度杜绝有色金属失盗案件的发生。

【党群工作】 一是厂党委全面落实从严治党主体责任，开展党组织评价考核工作，以主题实践和建功立业活动为契机，动员党员干部积极投身到疫情防控工作中，充分发挥党员先锋模范作用。二是厂党委强化支部建设，加强党员干部学习教育。以"基层党建工作建设年"和"基层党建制度落实年"为出发点，大力实施"固元铸魂、固本强基"工程，开展"五好支部建设"创建活动，强化支部日常检查考核评比，促进党建工作整体水平不断提高。三是厂工会组织开展走访慰问、夏送清凉冬送暖等活动，彰显组织关怀；以班组劳动竞赛为抓手，充分激发全员创造活力，大力提高职工的技术创新水平和工作能力。四是厂党委和纪检派驻组加强反腐倡廉宣传活动和廉洁从业教育，完善党风廉政责任追究体系，从源头上遏制违法违纪案件的发生。五是厂团委围绕当前疫情防控形势和保供工作，适时开展丰富多彩的活动，正确引导青年职工与企业同舟共济、共渡难关，开展征集合理化建议活动，为废钢厂的快速建设发展出谋划策。

（管兴兵）

检化验中心

【概况】 2020年，本钢板材检化验中心进一步深化"四定"工作，以工序对应为原则，持续深入推进机构改革和人员改革，下设有6个管理室、17个作业区。党委下设18个党支部、46个党小组，党员417人。截至2020年末，在籍职工（含北营）总数1130人（含协力派工人员108人），其中管理人员52人、业务人员40人、技术人员85人、生产操作人员953人，副高级以上职称15人、中级职称115人、初级职称187人。2020年，按采购结算口径，外购生产物料取消让步接收和质量折价扣款累计1.184亿元。其中退货30个品种，退货额1967万元；判废不予结算5个品种，不结算额96万元；废钢验质累计扣款1001万元；大宗物料质量折价扣款8776万元。安全生产实现"三为零"目标。累计降成本292.08万元，完成降成本工作目标。

【检化验管理】 原料系统强化过程管控和质量督查力度，及时预警外购地煤质量的波动，确保了精准配煤配矿；废钢验质克服高温高产等诸多困难，顶住压力，连续加班保供，维护了企业利益。铁前系统以"保铁"为中心，紧盯工序产成品质量，严格标准化操作，优化采样方式，加强比对分析，扎实开展各项检验工作，有效地保障了高炉的稳定顺行。钢后系统以"产品"为中心，围绕"硅钢复产""JIS认证"等阶段性工作，突出体系化运行，强化技术引领，积极配合产品异议处理和销售服务，畅通"销、研、产"协作机制，为公司高产状态下的产品质控提供了有力检验保障。在体系管理上，顺利通过CNAS现场复评审，实验室认可管理体系运行有效，已获得认可的检测能力持续保持；并以国家实验室认可（CNAS）复评审为契机，夯实体系管理基础，将作业长作为作业区体系管理的第一负责人，把"运行的体系化"作为检化验工作的日常管理基调，对标认可准则和能力标准，对照各项体系评审和产品认证，促进管理提升。持续推进检验技术创新，积极争取国家标准制定权，承担修订的硅铁中碳、硅含量测定的2项国家标准已于2020年发布实施，另有铌铁中钛含量、硼铁中硅含量测定2项标准新获准立项，在检化验领域树立了本钢标杆。坚持管理对标，中心领导班子挂帅，分工推进管理制度和"三大规程"修订工作，现有规章制度106项、操作规程474项，扎紧了制度的笼子。

【设备管理】 提升现代化装备水平，全力保障公司技改项目达产达效。炼钢快分系统集成度已达到国内一流水平，在检验中充分发挥系统稳定性和可靠性，3—5分钟即可上传铁水和钢水检验数据，不仅快速精准，还能根据钢种变化调整控制标样，为炼钢增产创造条件。紧紧抓住集团公司新一轮技术升级改造的发展机遇，完成北营采样机和检验系统升级改造，增设自动缩分系统，实现大宗原燃料的自动采样、自动缩分和背靠背验质；建立和完善废钢信息化系统，使用手持终端实现质量数据的录入和自动上传；完善视频监控系统，加大工艺纪律检查力度，确保职工标准化操作。信息化项目的投入和运行有效降低了职工的劳动强度，部分风险岗位转化为非风险岗位，排除了人为因素干扰。

【培训管理】 坚持把技术引领作为推动各项工作发展的重要支柱，积极倡导"学习之风"，大力激发广大职工学技术的热情。一是努力营造学技术的氛围。中心组织开展6个工种的技术比武，精心承办集团公司"工匠杯"技能大赛化学分析工和仪器分析工竞赛，将竞赛成绩作为选聘高级操作岗位的重要依据，待遇和各项荣誉向一线技术、技能骨干倾斜。二是倾力打造学技术的平台。开展"技术大讲堂"，围绕生产技术难题，大力推进科技项目立项攻关，组建原料、轧钢、炼钢检验创新团队，炼钢快分、油品检验、ICP检测等项目已成功应用于生产，大大提高了检验准确度、缩短了检验周期。组织开展线上、线下职工技能培训，开设专升本学历提升班，持续做好创新团队建设，促进职工技术、技能水平的提高。三是加大班组长培训力度，以文明生产这项"最基础的管理"为抓手，使班组管理网格化、标准化、体系化，做到"事事有人管，人人有事做，事事有标准"，提升基层班组抓管理、带队伍的能力。

【安全和文明生产管理】 在安全管理方面，以推动落实"双重预防机制"为重点，提升安全管理水平。重新梳理中心危险源，调动生产、设备、技术岗位人员全员参与，细化危险源辨识，达到作业项目全覆盖，召开领导班子会议研究解决专项投入资金，积极推动安全隐患清零整改。提升全员安全管理意识，结合安全规程修订，明确岗位安全生产职责，全面落实"一岗双责""谁主管、谁负责"和"管业务必须管安全"的要求。修订和完善安全专项管理制度，规范派驻安全员管理，将安全履职情况纳入安全管理绩效考核。2020年，检化验中心实现生产安全责任事故、火灾事故、设备事故"三为零"。在文明生产管理方面，重新修订印发《检化验中心文明生产管理办法》，大力开展文明生产考核月评比，对优秀单位授予流动红旗并进行嘉奖；建立中心分管领导带队、基层单位分管人员参与的横向检查，各作业区对班组开展纵向自检自查的网格化检查机制，全年共检查问题2693项，全部完成整改。2020年4月、8月连续两次在板材厂区文明生产管理评比中获得第一名，9月份以后不参加公司评比，只参与考核。

【人力资源管理】 在组织架构改革上，持续优化机构设置。撤销综合检验作业区，并对北营厂区的作业区设置进行了两次优化。全面规范和压缩作业区内设班组编制，仅冷轧检验作业区就由原来的18个班组压缩为10个班组。在人力资源改革上，继续优化存量，用好增量。全面开展操作岗位核岗，推行兼岗作业，裁撤空闲岗位，优化富余人力资源向一线倒班岗位流转，中心全年共48人由长白岗位优化到倒班岗位。同时，全年接收统招大学本科学生5人、退伍转业军人10人、劳务派遣11人，并成功开办辽宁冶金职业技术学院检验专业高职订单班（40人），为中心后续人力资源储备打下坚实基础。在薪酬绩效改革上，统一两厂区加班费标准，保障北营厂区职工权益；规范作业区薪酬分配制度，支持鼓励作业区开展"计件"分配改革，继续发放"包干工资"，激发职工工作热情；对违规分配奖金零容忍，全年考核违规中层干部4人。

【疫情防控】 抓组织领导，确保安排部署到位。专题召开疫情防控领导班子会，传达、部署疫情联防联控工作。制定下发疫情防控应急预案、联防联控工作方案、疫情防控关键期具体工作安排等文件。成立疫情防控督导工作组，建立领导干部防疫值班制度，领导干部下沉到作业区、班组进行防疫知识宣教和督导检查。抓协调对接，确保物资保障到位。将职工健康放在第一位，坚持把物资保障作为疫情防控工作的重要基础，多渠道筹集资金，紧急协调采买急需防疫物资；对电子测温枪、体温计、消杀药品、口罩等防疫物资实行统一保管和发放。抓好源头管控，确保联防联控到位。全面筑牢疫情防控安全网，严格按照集团防控要求，落实职工健康信息、出行信息、涉外信息排查以及工作和公共区域消毒通风等各项防控措施；加强外来第三方人员管控，确认健康码和行程轨迹，

【党群工作】 全面落实从严治党主体责任，以开展"基层党建工作建设年"和"基层党建制度落实年"活动为重点，加强党的基层组织建设。将中心党委中心组理论学习以周学习的方式固化下来，下发理论学习要点，组织引导各基层党支部开展理论学习，并以检查督导等形式推动各党支部理论武装工作往深里做、心里走、实里抓。扎实推进党建制度修订，以制度建设推动党建思想引领、系统谋划。切实做好公司党委巡察整改"回头看"发现问题的整改落实，坚持整改落实与建章立制并举，务求整改实效。强化党风廉政建设。周密部署党风廉政建设和反腐败工作，推动全面从严治党向纵深发展。坚持对重点风险岗位人员进行廉政谈话，对干部进行任前谈话，建立干部廉政档案，签订党风廉政责任书，筑牢干部职工思想防线，营造风清气正的良好环境。健全干部管理和追责问责体系。坚持正确的选人用人导向，积极实施优秀年轻干部梯队建设，对重点岗位干部进行制度性轮岗，全力推动干部作风建设常态化。

（王双双）

储运中心

【概况】 2020年本钢板材储运中心有职工830人（包含人力资源职工46人），其中管理岗位46人、业务岗位73人、技术岗16人、生产操作岗位695人，具有副高级职称5人、中级职称82人、初级职称87人、研究生学历7人、本科学历120人。下设6个管理室、13个作业区、67个班组。党委下设15个党支部、24个党小组，党员335人。共有设备189台套，主要在用设备有起重机67台、叉车21台、锅炉2台、电梯3台、汽车吊4台。拥有固定资产原值28487万元，净值12489万元。储运中心主要负责板材公司、北营公司、矿业公司各厂矿大宗原燃料、小原料、辅料及备件的验收、仓储、配送工作及集团公司废旧物资回收工作，紧密围绕"四保一降一树"目标，实现仓储管理创新和保产保供零影响。

【经济指标完成情况】 2020年，储运中心全年降低库存3.14亿元，严把入库质量关，挽回企业经济损失1017万元，纠正不规范用料2623万元，完成废旧物资回收额11355.7万元，超额完成计划指标1574.7万元，变动费用实际发生1559.82万元，比预算降低431.83万元。

【验质管理】 严把物料质量关，维护企业利益。储运中心严格落实物料验收相关制度，建立奖励机制，严查内勾外联和不负责任现象，制定和完善了《非合格品入库处罚办法》《物料质量验收奖励办法》。组建质量验收督察队伍，对在验收工作中做出贡献的人员重奖，对不负责任的保验员进行重罚，实现不合格品入库的"零容忍"。2020年，退、换、补、赔异议共268笔，同比增加183笔，增幅215%，挽回损失1017万元。取消供应商资质6家、暂停17家、警告52家。

【仓储管理】 2020年，储运中心创新仓储管理思路，堵塞管理漏洞，变被动管理为主动担责，开创本钢仓储物料管理的新局面。

一是历史大盘点盘清家底。历时4个月，抽调各厂矿人员，完成储运中心组建以来的首次大盘点，共盘清总库存15.49亿元，并对物料库存年限、状态进行分类，为清仓利库和集团公司采购决策提供基础数据。二是解决历史遗留初见成效。多措并举清仓利库，全年降低库存3.14亿元，减轻集团公司采购资金压力。纠正不规范用料行为，真实反映生产成本消耗，全年共追回物料9023万元。三是新增"物料无动态增储"审核，杜绝物料积压。上半年共确认此类问题76笔，经过反复通报、查办，下半年再没有此类情况发生，为杜绝物料积压提供保障。四是开展库存备件除锈保养。针对大盘点确认的2.82亿锈蚀物料开展除锈保养工作，制定《物料防锈蚀管理考核办法》，组织各厂矿开展仓储锈蚀物料的常规除锈保养，为科学化管理提供基础。五是科学整合库房。为科学管理仓储库房，做实厂矿成本监管，全年共撤销二级库24个，回运各类物料1.7万件。

【配送管理】 为进一步提高配送的准确率和及时率，储运中心对调度系统进行了全面梳理。完善了《调度岗位职责》《24小时值班值宿制度》《生产调度日报表制度》《紧急供料预案》等管理制度，并建立保供值班制度，形成了上至中心主任、下至更值人员的保供值班通信网络，为保供零影响提供了保障，实现了配送零影响。

【物品管理】 储运中心按照集团公司要求，认真落实废旧物资管理规定，全力做好应收尽收和应销尽销工作。2020年共抽查下机件20618项，累计上报设备部并停发备件454次，合计问题1582项，涉及43家厂矿，领新交旧率已由年初的65.16%上升到99.17%。全年实现销售额11355.7万元。

【安全设备能源管理】 储运中心不断加强安全设备及能源管理，全面提升基础管理水平，为保产保供顺行提供保障。在安全管理方面：一是持续开展"反三违，查隐患"活动，解决安全生产"最后一公里"问题，建立涉油设施周循环检查、周通报机制，保证涉油相关工作安全稳定。全年共查处"三违"现象32起，处罚64人次。查处安全隐患179项，完成整改179项。二是制定和修订《安全操作规程》《动火作业安全管理规定》《起重作业区安全管理规定》等安全管理制度。三是加强安全培训，强化职工安全意识，全年共举办班组长培训3场，起重、涉油重点岗位培训2场，先后有105名基层管理者和业务骨干得到了系统培训，安全技能水平明显提升。在设备能源管理方面：一是转变"救火式"设备管理理念，加强维保单位设备点检工作，扭转设备管理的被动局面。二是开展设备设施排查工作，全年共排查出设备隐患168项，整改157项，其余隐患正在协调整改中。三是按期完成"储运中心（北营）叉车等设备更新""储运中心合金库还建"等主要工程项目。

【基础管理】 储运中心在发挥管理职能的同时，不断强化基础管理，实现管理水平的稳步提升。一是严格成本控制，全年实际发生费用比预算降低22%。二是加强劳动纪律管理，全年共开展中心及作业区级工作纪律检查720次。三是强化文明生产工作，全年共清理根除库区灌木杂草10万平，维修库房屋顶12700平，对库内货架、储位进行了全面清理和划分，并设置了作业长、支部书记文明生产示范区，基本实现了库内无积灰、库外无杂草的工作目标。四是严格开展疫情防控工作，制定下发了《本钢储运中心新型冠状病毒感染的肺炎疫情联防联控工作方案》等12个相关文件，坚持微信接龙报平安、出市审批管控制度，定期结合动态疫情管理要求开展检查考核，保证了疫情防控和保产保供工作"两不误"。

【党群工作】 储运中心党委不断夯实党建基础，压实主体责任，努力提高党建工作水平。一是以巡察整改"回头看"为契机，全面加强从严治党。全面做好首轮巡察45项问题的整改落实工作，保质保量地完成了集团公司的巡察整改"回头看"检查，受到了公司表扬。二是以"标准化管理、规范化考核"，创建星级党支部星级党员活动为重要抓手，全面夯实基层党支部工作基础。建立"党支部标准化规范化建设基础台账档案盒"制度，规范"储运中心党支部标准化规范化建设基础台账清单"，编制《党支部规范化标准化建设实用参考模板汇编》，不断强化基础管理水平。三是围绕生产经营开展党建工作，坚持以"建区体系化、创岗直观化、组队先锋化"建功立业活动作为党建工作与生产经营深度融合的重要抓手，先后组建4个示范区、12个先锋岗和10个突击队，不断发挥党员的先锋模范作用。四是不断加强作风建设，储运中心党委制定和完善了《储运中心干部管理办法》，对中层干部和一般干部实行动态管理，并结合定性和定量相结合的干部考核体系建设要求，开展季度干部考评工作。在考评考核的基础上，通过加强日常工作督办督导、追责问责等具体措施，进一步加强干部履职尽责意识的培养和管理能力的提升，逐步改进干部队伍工作作风，努力按照"四个注重"和"七个能力"要求打造忠诚干净担当的干部队伍。五是开展技术比武，提升关键岗位员工素质。中心工会以推进新修订的《储运中心物料管理办法》的宣贯落实和规范验收操作流程为契机，组织全体196名保验员开展了技术比武活动，对验质水平的提升起到了促进作用。六是推进班组建设，夯实企业管理基础。针对储运中心基层管理实际，围绕规范安全管理、仓储验收、设备管理、文明生产和民主管理等内容，推进了基层班组建设的考核验收，统一了班组建设标准和记录，对企业管理基础的夯实起到了推动作用。七是打造"青字号"品牌，为企业发展积聚力量。围绕集团公司团建主题和储运中心生产经营主线，共青团组织先后举办了大学生座谈会、青年突击队授旗仪式、超龄退团仪式和中秋节外地大学生慰问等活动。

（于晓东）

包装公司

【概况】 2020年末，本钢板材包装公司在籍职工36人，其中管理岗10人、业务岗13人、技术岗4人、操作岗9人。设立3个职能科室、5个作业区。负责特钢厂、热连轧厂、一冷轧厂、本钢浦项和三冷轧厂的产品包装管理业务。

【产品包装量完成情况】 2020年度保质保量完成公司各项产品包装任务，其中冷轧产品包装量576.85万吨，热轧产品包装量290.42万吨，特钢产品包装量53.25万吨。全年共完成包装量920.52万吨。

【产品包装成本完成情况】 2020年包装

公司推进精细化管理，狠抓降成本工作。成本指标是板材包装公司工作重点之一，年初公司给定的考核指标为吨钢消耗指标，分为材料费用和人工费用两部分。为切实推进包装成本精细化管理，板材包装公司将指标分解到每条产线、每道工序中。通过严格执行包装材料使用制度、强化材料入厂检验、仓储管理等工作环节以及推进新型包装材料和包装方式的使用等手段，使包装降成本工作取得了较好效果。2020年度包装材料费用25709万元，去除材料价格上涨因素，实际降低成本约4541万元，出色地完成了全年成本管理任务。推进信息化系统建设工作，做好前期的需求设计、现场调研及人员培训工作，该项目预计于2021年竣工，届时对包装成本及包装现场的管理将更加科学有效。

【产品包装质量完成情况】 2020年产品包装质量工作创新思路，提高包装技术能力，加强包装质量管理，严格执行包装材料验收及使用过程中抽检的监督管理和年度抽检及性能检测计划，对产品包装质量形成各作业区和技术质量科两级检查制度，厂内包装不合格率明显下降，包装公司针对包装标准中"发泡膜"材料进行市场调研和开展实物包装试验。一是引进"发泡膜"材料作为内衬板包装（原为瓦楞纸板），"发泡膜"的优点为外包装遇水后，能继续保持该材料原有性能强度（瓦楞纸板遇水后缓冲功能基本失效），同时又降低包装成本。经国贸公司反馈使用效果，制造部组织相关单位论证通过后，2020年6月正式在一冷轧工序包装扩大推广使用（3个月）。目前扩大推广使用效果及后续安排，待管理部门反馈。二是包装材料实物包装试验。2020年中期，采购部门对包装材料例行招标采购。其中，0.06mm普通工业包装膜与气相防锈纸（冷轧和电镀锌用）为新供应商中标。根据集团公司相关规定，需对新供应商中标材料进行实物包装试验。目前，0.06mm普通工业包装膜试验在三冷区域已包装试验完毕并反馈给国贸公司。气相防锈纸正在二冷区域试验进行中。

【文明生产及现场6S管理工作】 一是持续推进工作纪律管理。包装公司克服岗位人员少、协力单位人员多以及管理区域大且分散等困难成立了工作纪律检查组，每周对所有科室和作业区实行全覆盖检查并形成周通报材料，督促各单位（含协力单位）强化劳动纪律管理、注意安全生产操作纪律、严格执行包装质量标准的工艺纪律等，逐步形成执行工作纪律的自觉性。二是狠抓现场文明生产管理。推行列队式交接班，规范劳动防护用品穿戴。配备手机收纳箱实行工作现场手机统一管理，重新规划包装材料存放区域，严格执行包装材料定置摆放，设置醒目的材料规格标识以避免材料的错误取用并提高产品包装效率。为包装产线配备材料和废钢收集筐，为现场指吊人员配备安全反光背心。持续开展安全生产"二十条禁令"、起重作业"十不吊"以及安全隐患"清零"专项整治工作，严格考核，杜绝踩踏包装材料等不文明行为。现场操作人员文明生产意识显著提升。三是加强党建和群团的引领服务作用，紧紧围绕生产目标，为职工解难题办实事，使广大一线职工增强了获得感，推动了各项工作的顺利开展。

【党建工作】 2020年，包装公司党委以党的十九大精神和习近平新时代中国特色社会主义思想为指导,坚持把学习理论与推动本钢改革发展结合起来,用科学理论武装头脑、指导实践、推动工作。进一步增强制度意识,维护制度权威,强化制度执行,发挥制度作用,建立严抓制度落实的长效机制,推动全面从严治党要求落实到每个支部、每名党员。促进"两学一做"、双重组织生活、民主评议党员等工作的规范化。进一步提升本钢基层党委的党建工作质量,提升基层党组织的政治功能和组织力,把党建优势更好地转化为竞争优势和企业发展优势,为打赢新冠肺炎疫情防控阻击战,实现本钢集团改革发展目标,推动新时代辽宁全面振兴、全方位振兴提供坚强保障。 （侯 亮）

辽阳球团公司

【概况】 本钢板材辽阳球团有限责任公司（简称辽阳球团公司）现有职工526人,其中管理人员26人、业务人员26人、技术人员14人、操作人员460人。下设原料、焙烧、除尘三大作业区,5个职能科室。党委下设5个党支部,共有党员145人。2020年全年生产优质球团矿216.58万吨,质量合格率累计为95.99%。球团抗压强度2277N/球,全铁品位65.43%。全年完成产值2.5亿元,降低成本928万元。

【生产管理】 全面落实保产措施,强化落实生产工艺操作制度。精心组织铁精矿接卸工作,精准配料、加强造球质量管控,保证原料系统顺行。加强工艺操作纪律的检查,推行岗位标准化操作,严格执行热工制度,优化热工参数,提高筛分效率和链算机布料的均匀性。保证产线风、水、电、汽供应及三大主机、三大风机平稳运行。在主控室的精心操作下,三个作业区密切配合,为实现稳产、优产奠定了基础。全年球团矿抗压强度、球团矿品位和转鼓指数分别比公司计划提高76N/球、0.42%和0.11%。加强汛期值班值宿和隐患排查,落实保产、保质等各项措施,为生产顺行提供有力保障。

【安全、环保、文明生产】 围绕"一个目标、两条主线、三个提升、四个强化"十项措施,全面从严管理,分解压实责任。开展安全综合评价和领导安全履职,把双重预防机制建设纳入安全绩效考核。下移管理重心,切实发挥作业区中间层的纽带作用和班组桥头堡作用。紧盯柴油库、皮带、电气等风险区域实行分级管控。下发安全行政文件23个、安委会文件22个,制定、修订了《停送电管理制度》《试转车联系确认管理制度》《安全规程》等18项管理制度。建立"白帽子"培训机制,完成第一阶段、第二阶段隐患"清零"工作。开展隐患"清零"专项行动2期。开展安全综合检查21次,开展检修安全、皮带联系确认等专项检查10次。排查事故隐患261项,已整改257项。安全、职业卫生、消防"三同时"执行率、安全资格持证上岗率、职业健康体检率和职业危害检测率、职工全员安全培训率达到100%。实现安全生产五为零。环保设施运行平稳,脱硫在线运营全年实现达标排放。完善文明生产管理方案,重新修订下发了《本钢板材辽阳球团有限责任公司文明生产联合检查制度方案》,以改善职工作业环境为前提,定期进行厂内互检,列出整改清单,每月进行考核,有力推动了文明生产的常态化,生产现场的环境有了明显改善。

【设备管理】 加强设备基础管理，完善三级点检制度，提高设备检修质量及维护标准，提高设备可开动率，保证设备经济高效运行。实现设备可开动率94.22%，比计划提高1.66%；故障停机率0.6‰，比计划降低1.25‰。完善岗位操作点检一体化标准，加强岗位点检和专业点检的检查、考核，强化点检执行力，逐步实现设备管理规范化、制度化。强化设备点检定修，合理优化检修项目，不断修订检修模型，提高检修质量和效率。共优化检修模型200余项。检修模型覆盖率、完成率100%。全年定修计划1353项，实际完成1326项，完成率98%。加强与产线检修承包单位的协调和联动，尤其是对夜间抢修进行规范，有力保证了设备的检修维护。

【质量管理】 坚持执行铁精矿指标预警制度，精确配料、精细造球、精心操作。合理调整干湿料配比，对三大主机的操作参数进行优化，保证成品质量指标完成。严格成品球团质量考核办法。每日坚持对成品球团矿和干球进行抽样检测，发现问题及时进行调整。重点做好高压辊磨工艺参数对铁精矿质量影响的相关技术指导工作，保证第一时间掌握其对铁精矿进行加工后的相关变化，全程跟踪原料铁精矿的使用情况。与复合膨润土厂家一起进行了两次配方优化，每天对矿粉、膨润土、生产煤、过程产品以及成品进行质量跟踪和分析总结，发现矿粉质量波动时及时向上级领导汇报，及时调整膨润土的配比。采取调整膨润土配比量、改进造球盘、工序管控等措施，保证球团矿质量稳中有升，满足高炉炼铁的要求。

【降本增效】 全面开展成本对标挖潜工作，制定实施方案。确定了弓矿、迁安球团厂等为主要对标对象，形成了生产、质量、设备、能源等各专业详细的对标二级体系。以对标体系为基础，对重点消耗指标实现日清日结，与标杆企业对标，找差距、补短板。完善厂、作业区、班组三级核算，强化费用管控。落实降成本措施，膨润土降低380万元，定额材料降低84万元，生产煤降低12万元，电耗降低79万元。全年共回收上交废钢670吨，超公司计划470吨，创效120万元；回收废旧物资335吨，创效170万元；修旧利废节约195.12万元；完成利库173万元。组织对结圈料破碎筛分共计15618.08吨，其中块状物料9189.1吨，粉状物料6428.98吨。完成三级计量工作和应用，落实能源攻关措施，成效显著。用电单耗30.6 kWh/t，比计划降低0.727 kWh/t。球团水单耗完成0.067t/t，与计划相比降低0.0335t/t。完成《降低复合膨润土单耗》QC项目筛选、立项、申报工作。对《岗位操作规程》和《工艺技术规程》进行修订并组织培训。积极倡导提合理化建议活动，经厂部审查后上报公司20项，创效益200万元。

【人力资源】 根据公司要求，完成"四定"第二阶段后评价前期工作。深挖内部潜力，优化人员配置。面对岗位缺员的严峻形势，多次深入作业区、班组进行调研，最终把三个作业区的48名检修人员集中起来，根据双向选择原则优选出25名检修人员，另有23人充实到操作岗位。对加班费用进行严格管控，设计了加班费用审批表，明确了安排人员、加班人员、时间、具体工作，明确责任人，合理利用加班费用，极大地调动了广大职工的工作积极性。根据人社厅"吃空饷回头看"普查要求，以劳动合同管理为依据,严格执行公司制度要求,实现"全员""全过程""全覆盖"管理。

【疫情防控】 加强组织落实,全力做好新型冠状病毒引起的肺炎疫情防控工作。认真贯彻落实省、市和本钢疫情防控指挥部文件及会议要求,落实辽阳灯塔市防疫安排。建立联防联控、群防群控机制,成立防控领导小组,制定防疫措施、应急预案,组织现场消杀,对与本溪市第一例新冠患者密切接触的职工及相关接触者及时采取应急措施,保证了疫情可控。完成职工健康档案,建立平安接龙群35个,每天及时准确上报平安接龙汇总表、外埠人员汇总表等信息情况。做好出行职工的网上填报工作,不瞒报、不漏报、不谎报。组织发放消毒液、酒精、口罩、喷壶等防疫物资,全厂每天按要求进行个人防护检查、设施消毒通风。为了减少人员聚集风险,食堂采取分段就餐、浴池实行分段洗浴,确保疫情防控工作有序进行。

【党群工作】 强化政治思想建设,贯彻落实习近平总书记重要指示精神,把疫情防控作为重大政治任务抓实抓好。组织宣贯公司党委会议精神,召开厂党委扩大会,统一职工思想、凝聚力量。深入开展"基层党建工作建设年"和"基层党建制度落实年"活动。以"星级战斗堡垒"评选活动为抓手,增强战斗堡垒作用。修订完善了《本钢板材辽阳球团有限责任公司"三重一大"决策制度实施办法》等9项规章制度,提高党建工作制度化规范化水平。开展党内"建功立业"主题实践活动,较好完成了厂党员大会的筹备工作及党建文化墙的设计和实施。强化党员队伍有效管理,持之以恒组织开展党内帮扶送温暖活动。强化干部人才队伍建设,对干部工作绩效严格考评,强化了履职尽责意识。落实干部人才培养措施,注重后备干部及人才队伍建设。关心新入职大学毕业生日常工作、学习和生活。按集团要求完成挂职锻炼干部学习培训、业绩考核等工作。以生产经营高质量发展为中心,坚持全面从严治党。落实从严治党主体责任,认真执行党风廉政建设责任制。建立健全教育预防体系。加强廉政文化建设,开展形式多样的党风党纪教育。认真落实公司工会决策部署及指示精神,围绕服务企业、服务职工,以暖人心、聚人心、添动力、创效益为目标,履职尽责。以"安康杯"竞赛活动为载体,开展事故隐患及整改建议征集活动并全部整改落实。坚持送温暖、促和谐、聚人心,增添企业发展动力,组织走访慰问大病职工5人。为职工住院医疗互助保险理赔2.03万元。开展暑期为职工送清凉到一线活动,送冰柜、清凉饮料、防暑降温药品等物品价值2万多元;开展"讲述劳模故事、弘扬劳模精神、促进振兴发展"等宣传活动,激发职工活力、弘扬正能量。抓好党建带团建,加强对青工的思想政治引领,组织参加团干大讲堂教育培训,组建青年安全生产监督岗3个,成立了30人的"辽阳球团疫情防控青年突击队"和31人的"本钢辽阳球团防汛救灾青年突击队",67名青年职工成为中国志愿服务网官方网站实名注册的志愿者,助力抗疫。将综治工作纳入重要议事日程,落实"技防、物防、人防"等管理措施,维护企业正常的生产秩序。开展平安本钢建设活动,深化厂区及周边治安隐患整治,持续开展扫黑除恶专项斗争,为生产经营创造平安环境。 （孟祥东）

不锈钢丹东公司

【概况】 不锈钢丹东公司现有正式员工230人,其中硕士毕业生3人、本科毕业生93人、专科毕业生109人、党员86人。共设立了6个科室和4个作业区。6个科室分别是综合办公室、党群工作室、生产技术室、设备管理室、安全管理室、财务室,其中财务室人员由集团公司派驻;4个作业区分别是轧钢作业区、退火作业区、精整作业区、公辅作业区。产品品种以304、316L为代表的AISI300系和以430、409L、410、439为代表的AISI400系的不锈钢冷轧产品,表面等级为2B/2D,带钢厚度0.20—3.0mm,带钢宽度970—1320mm。主要工艺设备包括1条准备机组、2台20辊森吉米尔轧机、1条冷带酸洗退火机组、1条平整机组、1条重卷拉矫机组和磨辊间设备及起重运输设备等。全年生产碳钢冷硬产品6788吨,实现销售收入4379.27万元,综合成材率为99.27%,一级品率为99.9%(扣除原料因素影响2.72%),吨钢变动成本671.77元,全年实现减亏1459万元。

【安全管理】 依照集团公司安全生产隐患"清零"专项治理行动工作要求,针对9方面"清零"任务,认真细致开展隐患排查治理工作,累计消除安全隐患问题73项。本着"不落一个岗位、不遗漏一台设备、不丢一项操作环节"的原则,认真开展安全规程修订工作,对全公司所有岗位723个安全规程的符合性、实用性和可操作性进行了逐条审核修订。组织新版安全规程的学习和培训,确保每名职工掌握安全技能。全年修改下发了34个安全作业文件,明确了506项危险源的风险控制措施。对全厂区110处消火栓、456具灭火器、自动消防系统和重点防火部位设立区域负责人,执行日检查制度,累计发现并整改消防隐患问题72项,确保了不锈钢公司自动消防系统的稳定运行,确保消防工作安全可控。全年组织安全培训和演练33场次,累计参加人数达到1840人次。开展"安全为了谁"大讨论活动,共计收到征文72篇。参与全国、辽宁省安全月知识网络竞赛,组织111名职工参与本钢集团公司开展的安全常识"马拉松"答题奖励活动,共有8名职工进入集团公司前100名。深入贯彻落实"安全第一、预防为主、综合治理"方针,针对轧机区域、退火酸洗区域存在的可能发生重大火灾事故风险,编制了轧机、退火火灾防控措施及应急处置方案下发到作业区,使职工提升了预防火灾发生和应对突发火灾的扑救抢险能力。通过以上工作,强化了安全基础管理,实现了全年安全生产"三为零"的工作目标。

【疫情防控】 严格执行国家、省市和本钢集团公司关于新型冠状病毒防疫工作要求,落实"外防输入,内防扩散"的指导思想和"疫情防控三十条"。认真做好厂区各部位的清洁和每日消毒工作,有效切断病毒传播途径。提前动员部署,发放口罩,采取预防措施,集中制定并下发了不锈钢丹东公司疫情联防联控工作方案等16个文件。成立两个督察组,严格监视审查各管理室及作业区对疫情防控的执行情况,加强督查整改。严格落实"非必要不出市"和"出市提前报备"的防控原则,认真开展微信接龙报平安及日排查工作,严格要求全体职工及时上报个人动态信息,保证信息传达及时、反馈及时。开展疫情防控应急预案演练，大力加强对职工、相关方的防疫宣传教育，做到人人不恐慌、事事不传谣，做好全体职工的思想稳定工作。

【生产管理】 编制下发了《供电商碳钢冷硬产品生产操作要点》《供博思格碳钢冷硬产品生产操作要点》和《不锈钢公司预防轧机断带的操作标准》；补充修订SUS430、SUS304硬态、SUS304中0.2mm极薄规格和钛合金硬态产品等6项生产工艺要点。为满足不同客户需求实现个性化生产，根据碳钢冷硬生产工艺特点，编制了准备机组、轧机、磨辊、质检和检化验五个工序的标准作业卡，进一步提高标准化作业水平；按照集团公司修订三大规程的总体要求，保质保量按期完成了生产岗位规程的修订和培训工作。认真制定防汛工作方案，逐项落实防汛措施，对重点防汛部位进行专项检查，组织进行防汛演练，实现了安全度汛。编制下发了《防寒防冻工作方案》和《防极寒天气应急预案》，逐项落实防寒防冻各项措施，每天对重点防寒部位环境温度进行监控，确保冬季生产稳定顺行。深入推进文明生产常态化管理，各区域按照网格化管理要求，责任落实到人。形成了周检查、评比、通报和月考核的机制，将考评结果与奖金挂钩，奖罚分明，促使文明生产工作得到进一步提升。

【设备管理】 按集团设备管理总体规划，开展了设备规程修订工作。重新梳理了设备分级，其中A级25台、B级150台、C级444台、D级115台。现已完成182个设备规程编制，并对137名相关人员进行了规程培训和考试工作。调整优化检修队伍，推进产线承包，对具备施工条件项目积极配合推进招议标，降低检维修费用644万元。设备功能完善方面，完成轧机挤干辊底座水平精度调整，提高了封油效果；完成检斤房无人值守软件系统升级，完善了用户界面，提高了安全性能；根据碳钢产品生产需求，调整优化MES功能，为生产提供了信息化保障。完成全厂40台变压器的检修及绝保、继保工作；处理了5台变压器的散热器蝶阀、瓦斯继电器等部位的渗油问题，完成37G、47G变压器冷却风机更换，总降2#变压器补油操作，于雨季之前完成全厂防雷检定工作。开展工业建筑设施维修，先后完成了主厂房屋顶维修、天沟清淤及废水处理站墙面维修，对全厂雨排水井进行了集中清理，解决了汛期排水问题。

【技术质量管理】 编制下发了《准备机组生产成品钢卷操作指导意见》，优化碳钢成品生产工艺，减少超厚段切损，提高了成材率。编制碳钢冷硬原料一般用途和热涂层用途标准，上报制造部审批下发；编制了《不锈钢公司碳钢原料验收及检测标准》和《不锈钢公司碳钢冷硬产品质量等级分类和检查判定规范》。完善了ERP产品规范及质量标准，保证了碳钢冷硬产品采、产、销顺行。为中铝沈阳有色金属加工有限公司开展钛合金代工，共轧制钛合金卷板53.574吨，增加销售收入16.5万元，增加效益7.3万元。认真总结2019年SUS430产品产成率低的问题，通过与同行企业对标，优化了生产工艺要点，制定提升措施，做好再生产技术准备。

【成本管理】 开展未轧段控制攻关。加强引带管理和未轧段、超厚段的控制及考核，预防断带，成材率提高至99.27%，比预算吨钢降低成本22.5元/吨，节省成本13.1万元。开展表面残油攻关。通过挤干辊凸度优化、工作压力调整、贴合度检查和液压缸位置标定，表面除油效果明显改善，轧制油消耗大幅度降低至0.17公斤/吨，降低成本2.4元/吨，节省成本1.4万元。轧机挤干辊、背衬轴承自主磨削，节省修复费用19.5万元。汽车运输和包装均通过招标实现了降价，汽运降低费用45.5万元，包装降低费用1.4万元，降低销售费用合计46.9万元。开展备件自修工作，自主修复变电所高压变频器单元控制板光纤通信模块，节约备件费1.8万元。通过上述工作的开展，全年共降本增效82.7万元。

【人事管理】 根据2020年不锈钢公司生产经营计划，制定生产碳钢冷硬产品人员结构及岗位定员方案，对退火、精整产线部分操作工进行特种作业培训取证工作，共有33名职工分别取得工业锅炉司炉、叉车工、起重机司机特种作业资格证书。进一步加强劳动纪律管理。全年共进行31次厂级劳动纪律检查工作，对违反劳动纪律人员进行严格考核。根据劳动合同管理办法，每月对劳动合同整治情况进行统计，全年违反劳动合同、劳动纪律管理1人，给予单方解除劳动合同处理。为强化内部管理，进一步发挥问责追责在企业生产经营工作中的重要作用，2020年在原有制度的基础上，补充编制了《不锈钢公司生产质量设备环保相关责任事故问责追责补充规定》，进一步强化了作业区级管理人员问责追责力度，监督各级管理人员认真履职。积极开展全员培训工作，全年共计培训497课时，共3743人次参加培训，涉及生产、设备、安全、工艺、特种作业等多个方面。

【党建工作】 积极开展纪念建党99周年系列活动。一是坚持开展专题党日活动，各支部围绕"学全会、谋发展，我为本钢献一计"主题进行专题研讨，共收集意见建议3条，本单位解决1条，报集团公司2条。组织党员过政治生日，谈入党感言、重温入党誓词、重读入党志愿等活动；二是开展书记讲党课活动。党委书记、班子成员及各支部书记以"如何促进生产经营和改革发展"为主题为各支部党员讲党课；三是"七一"前夕组织部分党支部书记、优秀共产党员、青年党员、党外人士代表开展座谈交流活动，共同研讨如何加强企业基层党建工作，充分发挥各级党组织和广大共产党员在企业生产经营与深化改革工作实践中的核心模范作用；四是组织党员参加"纪念中国共产党成立99周年党建制度知识竞赛"活动；五是深入开展反腐倡廉教育，组织作业区级管理人员和重点岗位25人分别签订《廉洁自律承诺书》，观看警示教育片《打铁还需自身硬》之《信任不能代替监督》。在疫情期间，为充分发挥党员先锋模范作用，组织党员突击队积极开展疫情防控工作。组织党员自愿捐款7010元支持疫情防控工作。按照集团公司党委要求，在疫情期间,组织制作宣传疫情防控条幅、海报以及进行线上宣传，积极开展意识形态、舆情管控等工作；通过显示屏、挂图等方式宣传"民法典"，并组织各单位通过微课堂等方式学习民法典。2020年完成不锈钢公司各支部换届选举工作。积极开展反浪费"光盘行动"，有效制止餐饮浪费行为，培养职工就餐节约习惯，推动习近平总书记重要指示精神入脑入心、见行见效。

【工会和团委工作】 疫情期间不锈钢公司团委组织成立"不锈钢公司青年突击队"，主动到浴池等公共区域开展集中清理和消毒等工作，被集团公司评选为疫情防控优秀青年突击队。开展爱国主义教育。组织不锈钢公司团干、团员、抗疫突击队参观抗美援朝纪念馆。疫情期间通过工会组织积极购买口罩、消毒液、酒精、防护服、保温饭盒等疫情防控物资。工会组织修缮了职工之家活动室，采购健身器械，完善活动室健身设施。开展台球赛、乒乓球赛、三人篮球赛等丰富多彩、积极向上的文体活动，极大地丰富了不锈钢公司广大干部职工的业余文化生活，增强了员工对企业的向心力。（曾　铮）

栏目编辑　　刘　欣

北营炼铁厂

【概况】 2020年末,本钢集团本溪北营钢铁(集团)股份有限公司炼铁厂(简称北营炼铁厂)共有职工3186人(包含在籍3029人、化肥协力58人、建设协力59人、正信协力40人);其中大专、本科以上学历947人,各类专业技术人员440人(初级332人、中级100人、副高级8人),管理岗人员54人、业务岗人员93人、技术岗人员75人、操作岗人员2964人;下设5个管理室、14个作业区,共计19个单位。党委下设党(总)支部22个、党小组73个、党员责任区49个、党员先锋岗14个、"共产党员之家"阵地建设1个、党员733名。全厂主要设备包括5座炼铁高炉(9号、10号、11号高炉容积为530立方米,新1号、新2号高炉容积为2850立方米)、300平方米、360平方米、400平方米烧结机各1台,75万吨球团系统生产线2套,其他配套设备铸铁机2台、喷煤中速磨机6台等。设备系统主要设备全年可开动率达到95.61%。固定资产总值159.678亿元,固定资产净值120.273亿元。主要产品有炼钢生铁、烧结矿、球团,副产品主要有高炉水渣、高炉煤气、脱硫石膏等。

【主要经营指标】 全年生铁产量完成725.69万吨,铁水合格率100%;烧结矿产量完成1083.84万吨,入炉焦比实现365.37(含焦丁382.7)千克/吨,喷煤比实现153.17千克/吨,烧结矿品位稳定率100%,烧结矿合格率99.73%,烧结有效作业率96.97%;球团产量完成174.57万吨,球团抗压强度2558N/个球;TRT发电量32101万千瓦时。

【成本降耗管理】 大高炉通过优化调整操作制度,保证炉况长期稳定顺行,逐步增加矿批重,提高冶炼强度,2020年燃料比529.3千克/吨,降低燃料成本4085万元。小高炉通过降低锌负荷提高炉况的稳定性,调整布料制度提高煤气利用率,优化燃料结构,全年多配吃小块焦2632吨,烟煤比例37%,降低燃料成本525万元。优化烧结配矿,提高经济性高的地矿配比,降低进口矿粉用量,全年烧结配矿成本创效1.1亿元。烧结持续开展燃耗攻关,通过改善和稳定燃料破碎粒度,提高磁铁矿配比,保证厚料层操作,优化调整焦、煤粉配比,管控烧结矿返矿率,降低燃料成本3352万元。高炉采取大风量低富氧操作,电和氧的综合成本降低609万元。通过能耗指标的日清日结,加强日常能源消耗管控,2020年全厂动力成本降低2331万元。

【安全管理】 层层签订"安全目标责任书",明确安全生产的"责、权、利"互为激励的约束机制。严格从管理制度上下功夫,修订完善《北营炼铁厂安全生产责任制》《北营炼铁厂安全管理制度汇编》。建立、健全安全风险辨识评估、安全风险分级管控、隐患排查治理制度,共辨识安全风险4114项,重要区域设立"四色"风险管控分布图。专门抽调设备管理室专业人员对全厂范围内的起重设备、压力容器、介质管道进行系统排查,共排查出特种设备类隐患367项,所有问题均陆续整改完成。按照炼铁工艺、设备设施特点,从风险源辨识管控,抑制安全事故发生角度,成立8个不同专业安全检查组,共检查处理隐患963项。为规范操作人员正确使用设备、设施，避免因人为失误、设备连锁程序失效造成安全事故，开展了为期3个月的工艺纪律安全大排查工作，共排查出治理连锁点位329个，有效制止了潜在隐患发生安全事故的概率。

【生产管理】 按公司要求做好"2+3""2+0""2+2"生产模式的转变工作，及时制定三种生产模式下的物料组织方案并实施，确保了生产模式转变期间生产稳定顺畅。炼铁厂反复论证停炉方案、高炉放残铁与扒料方案、停煤气方案，确保安全、高效。4月底至5月初三座530立高炉安全顺利停炉。6月初，根据市场需要，炼铁厂迅速筹备、组织高炉的检修及开炉工作，9号高炉、11号高炉陆续投产，10号高炉于8月下旬投产，三座530立高炉按计划达产达效，生产模式平稳过渡。做好雨季块矿筛分工作，加强清理筛子的频率，保证了合格块矿供大高炉配吃，其间合计筛分潮湿块矿7.4万吨，缓解了酸性料紧张的局面；冬季做好物料进厂卸车工作，确保了路局车辆运转及物料消耗工作。

【设备管理】 2020年共计完成计划检修58次，检修项目完成率100%。加强点检培训，提升点检人员业务能力和责任心，采取考核激励机制，共查处设备隐患162项，其中一般隐患147项、较大隐患10项、重大隐患5项。全力推进热风炉自动化烧炉改造工作，通过充分交流论证，分别进行了新1号、新2号高炉的硬件安装及程序调试，自动化烧炉系统投入运行后，每座高炉节约煤气3%以上。开展了大高炉的上料程序优化工作，通过前期的充分准备，完成新1号、新2号高炉上料程序修改，保障了上料系统长期稳定运行。炼铁厂积极开展修旧利废、降本增效活动，2020年度自修备件总计486件，节约费用742.87万元。

【重点工程项目】 北营炼铁厂10号高炉环保改造于5月8日开始施工，该工程是集团公司重点技改工程之一。为保证改造工期，在设备部、采购中心、招标公司的大力协调及炼铁厂各级管理人员精心组织下，保证了改造施工各项资材需要。通过本钢修建公司、本钢矿建公司、炼铁厂等各单位共同努力，克服天气炎热、工期长、施工任务重等诸多困难，用时105天7小时20分钟，在保障安全的前提下圆满完成了此次改造任务，10号高炉于8月21日顺利投产。

【环保管理】 按期完成了生灰破碎还建工程的环评批复和2021年环措项目申报工作；制定了C6、生灰破碎除尘和300㎡烧结燃料破碎除尘改造工程的技术协议；按照省、市、集团环保部门要求，及时启动了重污染天气的应急响应。通过强化环保设施的运行和在线监控设施的管理，保证了污染物排放稳定达标，全年二氧化硫、氮氧化物分别比2019年减排1190吨和726吨，全年污染物排放总量控制在排污许可证许可总量内。2020年缴纳环境税1450万元，不考虑二氧化硫、氮氧化物缴税单价上涨原因，在产量增加的情况下，环境税同比降低200万元。

【技术管理】 重点围绕大高炉提产降耗开展工作，炼铁厂组织技术人员通过与国内同类型高炉进行对标比较分析，积极查找自身差距与不足。在保证外围条件基本不变、高炉炉况稳定顺行的前提下，通过高炉实际操作与理论分析的有效结合，改善入炉原燃料的筛分质量，严格控制高炉原燃料粒级；调整布料制度，实现边缘与中心两道气流同时发展，改善高炉煤气流的分布；缩小风口面积、提高风速及鼓风动能，控制死料柱大小，改善高炉炉缸活性；采用高顶压操作，降低煤气流速，提高高炉煤气利用率。经过一系列调整，大高炉焦比2020年全年实际完成369.2kg/t.Fe，与计划相比降低12.8kg/t.Fe；与2019年同期相比降低32.9kg/t.Fe；与历史最好水平相比降低18.2kg/t.Fe。大高炉焦比及燃料消耗超过历史最好水平，创造了新的历史。

【科技质量成果】 2020年炼铁厂申报科技成果"北营新1号高炉降低入炉焦比技术应用与进步"获本钢集团科技进步奖一等奖；开展的六西格玛项目《降低400㎡烧结机固体燃耗》获本钢优秀六西格玛二等奖；"一种快速修复高炉铁口泥套的工具"等11项专利获国家实用新型专利。全年征集科技论文15篇，张军撰写的《北营新1号高炉降低燃料比生产实践》等5篇论文在2020年全国炼铁生产技术会暨炼铁学术年会发表；李杰撰写的《本钢北营新2号炉休复风操作浅析》被评为本溪市金属学会和本钢科学技术协会优秀论文二等奖，4篇论文获三等奖。

【管理创新】 学习华为公司"小改进，大奖励；大建议，只鼓励"的评审文化，最大限度地激发班组员工参与管理的积极性和创造性，集纳广大员工的智慧和力量，提升管理创效益。一年来，收集合理化建议共2095项，全员提案率达到66%，全年立项1378项，已完成1143项，全年累计发放奖励资金82310元，年创效372万元。通过对标优秀企业的创新管理办法，结合实际编制了《北营炼铁厂精益管理优秀做法实训》管理课程，并深入一线开展宣传引导工作，助推了精益管理工作效果的提升。集团公司在今日本钢栏目中以《让职工的智慧之花绽放全厂》对炼铁厂创新管理工作进行了专题报道；本钢日报《北营炼铁厂"金点子"助生产创效益》《让合理化建议成为优秀的企业文化活动》《〈班组效率手册〉风靡北营炼铁厂》对炼铁厂的创新管理工作进行了集中宣传和报道。

【人资培训】 2020年培训教育工作以转岗培训为基础，以全员三大操作规程培训为重点，结合各单位生产需求、技能大师工作站的工作安排等内容，编制培训计划并组织实施。严格按照定变工种程序组织转岗人员岗前培训，确保每名新入岗人员培训合格后上岗，在做好新调入67名员工入厂培训管理的同时，共组织转岗培训91人次。全年共变更劳动合同218人次，续订劳动合同12人次，新签订劳动合同39人。2020年11月份正式启动第6—7轮高技能岗位竞聘工作，按照炼铁厂高技能操作竞聘工作安排，组织完成首席操作20人和高级操作448人报名、资格审查、笔试、实操考评以及过程中各项信息发布及公示工作，并结合组织考察结果，最终聘任首席操作8人、高级操作265人。

【治安保卫】 签订炼铁厂治安综合治理责任状，全年职工犯罪率控制在0.9‰以下、职工违法率1.5‰以下、重点部位技防安装率达到95%，完成指标。全厂在册库房206个，重点防盗库房20个，保卫人员全部进行逐一排查整治，库房全部明确责任人，同时全部安装了相应技防措施，库房在治安防范上将人防、物防、技防措施做到了有机结合，有效提高了防范质量，大大降低了物资的流失风险。

【党群工作】 厂党委通过党委中心组学习、"两学一做""三会一课"等方式，组织党员干部认真学习党的十九届四中、五中全会精神，贯彻落实习近平总书记讲话精神，学习党史、新中国史、改革开放史和国有企业发展史等政治理论。为充分发挥厂党委领导作用，推进党的领导及企业管理相统一，切实理清厂党委和厂长办公会等其他治理主体的权责，依据相关文件制定了《北营炼铁厂党委会前置研究讨论事项清单示范文本（试行）》。大力宣传"辽宁省好人、本钢好人"——烧结一党支部王世明义工队先进事迹。加强党的全面领导，健全完善了"三议一报告一执行""北营炼铁厂三重一大"等决策机制，完善党委会议事规则，理清党委和行政的权责。在重大人事变动、问责追责、资金使用等方面，均能达到召开党委会，采取民主集中制原则商讨通过意见，全年召开党委会23次。严格落实集团公司年度发展党员计划，2020年厂共计发展党员9名，10名预备党员转正。通过发展党员及合理布置，把党的工作延伸到每个班组，2020年全厂无党员空白班组。深入开展"党员责任区"活动，使党员责任区各项工作达到"两保六无"工作目标。全厂设立党员责任区49个，全年查出问题项共计100余项，在支部的指导及督促下，问题项已全部解决并整改完毕。厂党委第一时间用下拨党费为所辖各单位配发了喷雾器20个、垃圾桶20个、手持喷壶300个、药皂3234块，合计费用20551.2元。有2名职工家属分别到雷神山、火神山抗击疫情一线，党委副书记及所在的党支部书记经常去职工家里进行走访慰问，带去企业的关爱。炼铁厂工会在生产系统开展"降焦比、增效益"劳动竞赛，激发了职工的工作热情。在2020年"工匠杯"炉前工技能大赛中，炼铁厂有3人进入大赛前六名，其中王文生同志获得了炉前工技能大赛冠军。积极开展"送清凉、送健康"活动，全年为基层一线高温岗位人员发放西瓜10000多公斤和各类防暑降温电器60多台。

本钢集团炉前工技能大赛实操考试（关锋 摄）

【疫情防控】 自新冠疫情暴发以来，炼铁厂坚持把职工群众生命安全和身体健康放在第一位，及时传达落实中央、省市、集团各级防疫文件精神和要求，全面贯彻落实防疫指挥部的各项决策部署，建立健全疫情防控工作体系，迅速开展各项防疫措施落实工作，通过应急演练提升突发情况应对能力。全体员工坚持严格执行岗位通风、消毒、测体温、分时洗浴、分段取餐、通勤戴口罩、出行报备等防疫措施，实现了生产防疫两不误。

（毛金凤）

北营炼钢厂

【概况】 2020年，本钢集团本溪北营钢铁（集团）股份有限公司炼钢厂（简称北营炼钢厂）下设5个管理室、15个作业区。现有在岗员工2686人（女职工286人），其中厂班子成员9人、专务1人、管理人员46人、业务人员95人、技术人员61人、操作人员2474人。具有全日制大专以上学历372人（其中研究生学历1人、本科学历112人、大专学历259人）；具有副高级职称6人、中级职称106人、初级职称353人，操作岗高级技师2人、技师43人。北营炼钢厂党委下设23个党支部、63个党小组、党员634名（含新发展党员11人）。北营炼钢厂现有固定资产原值52.15亿元，净值25.26亿元。拥有50T顶底复吹转炉4座、120T顶底复吹转炉3座、板坯连铸机3台、方坯连铸机6台、方矩坯连铸机1台、900T混铁炉1座、1300T混铁炉1座、40T-LF精炼炉2座、120T-LF精炼炉3座、RH精炼炉1座、转炉副枪装置3套、铁水预处理系统3套、40T单线双工位倒罐站1座、135T双线双工位倒罐站1座。

【主要经济技术指标】 2020年北营炼钢厂共计生产钢坯703.87万吨，其中方坯401.94万吨、板坯301.93万吨；钢铁料消耗完成1077.5千克/吨，达近五年最好水平；耐火材料消耗完成39.31元/吨，降耗3561万元；电耗完成55.17千瓦时/吨，同比降低1.83千瓦时/吨；合金消耗完成108.86元/吨，降低消耗7556万元；白灰消耗完成36.8千克/吨，同比降低1.9千克/吨，达历史最好水平；白云石消耗完成21千克/吨，同比降低7.1千克/吨，达历史最好水平；炼钢工序全年较年初预算目标降低成本3.36亿元。

【科技成果】 2020年"北营炼钢厂化验室碳硫分析样品钻屑装置""连铸测量水口插入深度及液渣层厚度装置""连铸方坯低倍取样装置"项目获得"实用新型"国家级专利；《120吨复吹转炉底吹供气强度和炉底渣层控制的研究》《帘线钢小方坯夹杂物的控制》两篇论文分别发表于国家级核心杂志《炼钢》和《河北冶金》；《120吨转炉复吹工艺研究和实践》《提高BZJ60-Ti焊丝钢铸坯质量研究》分别被评为本钢优秀科技论文二等奖和三等奖；"降低连铸一作业区耐材成本"获得辽宁省QC项目优秀二等奖；"降低3#方坯铸机钢坯非定尺率"和"耐材成本≤11.17元/吨钢"获得辽宁省QC项目优秀奖；"降低焊丝钢ER50-6系列氮含量实践与研究"获得本钢科技进步三等奖；"提高ER50-6JQ钢种LF炉硫成分一次合格率"项目获得本钢第十四期六西格玛三等奖；《120吨转炉复吹工艺研究和实践》和《提高BZJ60-Ti焊丝钢铸坯质量研究》分别获

得本钢优秀科技论文二等奖和三等奖；连铸二作业区刘君、精炼二作业区柳长春分别获得第二十三届职工技能大赛"工匠杯"板坯连铸工和炉外精炼工技能竞赛的第五名。

【生产组织】 1. 2020年北营炼钢厂以接铁为首要任务。全年完成钢产量703.87万吨，创钢坯产量历史新高；1月份钢坯产量66.3万吨，日均21387吨，26日22241吨，即月度、日均、单日产量均突破历史新高。2. 10月13日、14日新区开展降铁耗拉练试验，入炉铁耗为950.72千克/吨，综合铁水耗为926.82千克/吨，达到了预期。3. 通过稳定铁水装入量，掌控转炉吹炼节奏、铸机浇注周期等措施，供钢节奏对比基准值略有提升，转炉吹炼节奏对比以前延后4—5分钟，直供铸机节奏缩短约1分钟，LF炉路径供钢节奏缩短约7分钟，攻关项目取得一定效果。4. 灵活应对生产模式转换，使生产效益实现最大化，二季度生产模式调整为"2+0"，执行《经济运行方案》，最大限度降低能耗；待生产模式逐步恢复"2+3"模式，全力组织翻铁，强化转炉操作并对生产计划进行调整，铁水扒渣处理最高实现17吨/炉，为高炉恢复炉况创造条件。

【技术质量】 2020年，北营炼钢厂继续紧密围绕提高重点品种炼成率、挖潜降耗、提升产品质量等开展工作。通过重点品种过程工艺控制及气体含量攻关，帘线系列炼成率稳定达到85%，ER50-6焊丝系列稳步达到90%，H08焊线系列炼成率稳步达到99.3%，均较2019年有很大提高。制定并执行《北营炼钢厂重点品种管控要求及考核方案》，缺陷铸坯和非计划产品量大幅下降，完成降耗及品种增利目标。顺利通过IATF16949质量体系审核，完成了自愿性产品认证审核、ISO9000质量体系审核及螺纹钢产品的现场审核等工作，提高质量管理水平，为通过整车厂质量认证做好准备工作。

【安全保障】 2020年北营炼钢厂按照集团公司"牢固树立安全发展理念，坚守安全发展红线意识和底线思维，全面压实安全生产工作责任"的工作思路，时刻保持高压态势，"严查、真改、重罚"，抓好安全生产工作，全年共检查发现"三违"407人次、安全隐患1720处，共计考核188165元；细化完善重大危险源管理制度，以工艺安全、高温液态金属吊运安全、压力容器及煤气、重点工程施工项目等介质安全运行为重点，强化各环节的安全检查，按规范整改事故隐患。继续严格执行自动消防设施管理运行周、月报制度，以问题为导向，开展消防设施配置合规性检查，实施消防设施管理及运行测评，加大消防设施运行和隐患整改投入，严把质量验收关。

【能源环保】 2020年，大力推进节能项目实施，深入开展主要工序、关键指标对标攻关，全年能源成本实际完成62.85元/吨钢，较计划指标降低2.62元/吨钢，节约成本1845.5364万元；北营炼钢厂现有污染防治设施共计40套，其中大气污染防治设施33套，废水处理设施7套，运行率、完好率、达标率均达到设计要求；全年共对各类污染防治设施检、维修96次，更换除尘布袋4880条，清理转炉烟道186次；全年组织环保专项检查20次，共查出废气违规排放1283项，查出环保隐患99项，整改99项，整改率100%，全部按照经济责任制落实考核。

【设备管理】 2020年，北营炼钢厂持续推进设备基础和运行管理工作，合理组织设备系统维护，强化设备保产奖罚相结合，设备工况不断提高，实现了平稳运行。在做好日常设备点检定修的基础上，持续推进设备对标，制定相应降耗措施，设备故障率大幅降低，2020年共计节约备件及修理费用600余万元；安排定修458次，实际完成439次，完成率95.85%；计划执行准确率50.44%，其中老区45.42%、新区55.96%；计划外新增检修13次，其中转炉新增检修8次；全年储运中心利库完成427.47万元，置换库利库完成417.2万元，均超额完成计划指标。

【技改工程】 北营炼钢厂积极稳步推进装备升级改造。1.炼钢二区转炉一次除尘改造。完成1—3#转炉新OG湿法除尘（厂房内）改造项目及1#、2#转炉一次风机改造（厂房外）并投入运行；3#转炉一次风机改造于2020年12月30日开始实施，计划2021年4月初完成；其余附属设施计划在2021年10月末完成。2.炼钢二区生产提效改造。项目总投资15750万元，分两期建设：一期投资10645万元，7个子项中的6项已完成交工验收，RH双工位改造于2020年12月25日完成热试车，板坯连铸机增加在线调宽装置，正在准备请示流程；二期投资5105万元，计划2022年10月一区产能置换项目投产后组织实施。3.炼钢一区产能置换工程。计划总投资193819万元，其中本体部分计划投资160746万元，外围配套项目计划投资26773万元；本体工程处于现场施工阶段，2020年5月30日完成开工前"三通一平"工作，7月10日工程正式破土动工，主厂房区域完成地下障碍物拆除，内桩基完成80%；主体设备转炉、倒罐站设备基础、连铸机冲渣沟正在进行土建施工；主厂房钢结构、LF精炼炉、铁水预处理总承包、连铸机EP承包已完成合同签订；外围配套正在组织实施；整体项目建设按照2022年10月31日竣工投产推进。

【降本增效】 1.责任状落实。按月度降耗2500万元目标，以17个"场景化"攻关为载体，转化思路，积极开展工作，措施到位、考核到位，实现了成本有效管控。2.对标管理。克服疫情期间影响，采用微信、视频、走访等各种措施，先后与板材炼钢、承钢、鞍钢、柳钢等单位进行了深入对标，特别是与板材炼钢厂进行了"点对点、线对线、面对面"的全面对标活动。按照"知行合一、自我突破、流程优化、精准考核"的管理方法，各项指标不断优化，多项指标日异日新，取得突破，全年降低成本3.36亿元。3.科技创新。"利用存量、控制增量、科技创新驱动"，先后在脱硫渣铁利用、少渣冶炼等方面开展攻关活动，效果显著，仅"合理利用脱硫渣铁降低成本的工艺研究和实践"一项科技项目就为集团减少废钢采购20732吨，创效益4509万元。

【人资管理】 根据集团公司"四定"工作总体安排，北营炼钢厂以党政班子为组长成立竞聘工作领导小组，操作竞聘工作。两轮竞聘共设竞聘岗位228个，通过资格审核的竞聘职工292人，每轮竞聘均经过全厂竞聘信息公示、申报、资格审查及公示、笔试、实操、成绩公示、党委会讨论、组织考察、确定人选上报公司审核备案等程序。经过竞聘各环节，首席操作（技能专家）岗位竞聘报名18人，聘任7人，落聘11人；高级操作岗位竞聘报名274人，聘任188人，落聘86人。

【保卫工作】 北营炼钢厂对重点部位要害岗位开展治安防范检查，加强监控设施的投入和完善；对重点人员进行管控，对职工班中和班后生活状态进行掌控；开展"平安本钢、全员反诈"防范电信网络诈骗宣传活动，开展扫黑除恶宣传工作；开展为期一年的治安防范管理大整治活动，进行综合治理培训；加强治安防盗管理工作，全年排查隐患157项、考核82项，整改完毕75项。

【科协工作】 北营炼钢厂充分发挥科协组织的主观能动性，积极调动广大科技工作者的主动性和创造性，促进企业科技发展。开展了"讲理想、比贡献、献计献策攻难关"活动，全厂上下一心、齐抓共管；陆续开展"质量月"、两项"QC质量攻关活动"和"岗位技术比武活动"；参加"第八届高品质钢研讨会"，与鞍钢设计院等多家单位进行技术交流。

【创新管理】 信息化建设方面，围绕质量一贯制、计划一体化和"大部制、大厂制"管控要求，稳步推进项目建设，为管理创新、降本增效、成本核算和智能装备等方面提供了信息化支撑；合理化建议方面，建立体系，搭建平台，积极引导职工参与企业建设，全年累计征集合理化建议7523条，包括安全隐患（即提即改）类5637条，共计创效1.25亿元；"追责、问责"制度贯彻与实施方面，炼钢厂与下属21个单位以及个人签订了《干部经营业绩考核责任状》，实行精准考核，切实提高了各级人员的工作质量和水平。

【党群工作】 北营炼钢厂党委将安全工作融入到党建日常工作中，开展"安康杯"劳动竞赛活动，促进各项经济技术指标进位争先；推行"党支部责任区制度"，基层党支部结合各自生产经营实际，适时组织党员、

北营炼钢厂获得本钢集团职工"三对三"篮球比赛女子组第一名（吴静 摄）

骨干进行党日奉献活动 140 余次，党员参与党日活动达 2000 余人次。通过《本钢日报》《党建风采》和内刊《活力炼钢》多角度、全方位宣传，弘扬奉献和担当精神，以先进典型为榜样，学先进、赶先进、当先进，争做职工群众信任满意的好党员、好干部。将党风廉政建设作为干部业绩考评的一项重点内容，对发生违规违纪的领导干部坚决实行"一票否决"。组织全厂中层干部和重点岗位人员签订廉政责任状，细化岗位廉政职责，规范责任权属，严肃干部选拔、任用和考核制度。关心青工成长与成才，为青工尤其是大学生职工成长进步搭建平台，鼓励其积极参与各项活动，发挥发掘其综合才能。

（杨丽颖）

北营轧钢厂

【概况】 本溪北营钢铁（集团）股份有限公司轧钢厂（简称北营轧钢厂）下设 5 个管理室、12 个作业区。在籍职工 2679 人，其中大专、本科以上学历 1239 人，管理、业务和技术人员 203 人，初、中级以上职称 590 人，副高级以上职称 5 人，享受本钢集团技术津贴 14 人。北营轧钢厂党委下设 6 个直属党总支、22 个基层党支部、59 个党小组，在籍党员 641 人，共青团员 179 人。全年生产钢材 675.9 万吨，同比提高 9.8%。其中线材 Φ5.5mm 规格 34.86 万吨，占线材产量比例 13.5%；热轧卷板 2.0mm 以下薄规格 17 万吨，占热卷产量比例 6.1%；棒材 Φ12mm 以下规格产量 16.26 万吨，占棒材产量比例 11.7%；轧材出口总量 88.26 万吨，占总产量比例 13.1%；板材供冷轧料 67.6 万吨，占热卷产量比例 25.11%。总成本对比集团预算降 1.3 亿元，降 18.82 元/吨。其中卷板降 4599 万元、棒材降 4886 万元、线材降 2960 万元。

【安全消防管理】 2020 年轧钢厂紧紧围绕"全面从严，共享共担，重心下移，注重过程"的指导思想，保安全，求稳定，促和谐，全面落实安全生产责任制，以夯实安全基础管理工作为主线，以强化责任落实、强化安全培训实效性、强化隐患排查和整治、强化班组安全标准化建设、强化消防管控能力为重点工作，不断强化安全监管，推进工作创新，努力探索和构建长效管理机制，杜绝较大事故的发生，确保安全生产稳定顺行。组织开展危害因素重新辨识、安全生产隐患"清零"专项治理行动、重点时段安全管控工作；全面开展起重设备、煤气系统、电气系统、消防系统、有限空间等安全专项检查工作；逐级签订安全生产责任状，确保安全责任到位、安全投入到位、安全培训到位、安全管理到位、应急救援到位。2020 年轧钢厂千人负伤率 1.12‰，安全培训率 100%，职业健康体检率 100%。消防工作始终坚持预防为主、防消结合原则，落实消防安全责任制，不断提升消防安全管理水平。组织开展对厂级各类消防规章制度、消防设备设施管理台账进行补充完善，组织开展煤气泄漏、火灾救援、细水雾自动喷淋等应急救援演练活动，坚决遏制火灾事故发生。

【生产管理】 根据公司 2020 年生产经营计划，以"增产增效"的管理理念组织生产，以"强化生产过程管理，提升轧材产量；强化现场基础管理，降低生产成本；强化操作岗位培训，提高操作技能；强化监督服务意识，提升现场管理水平"为原则，圆满完成了公司给定的产量任务。优化产线分工，综合考虑各线检修、钢种规格更换频繁及工艺件组织、轧辊准备、坯料供应等因素，合理制定各线生产任务，将产能释放最大化。各级调度系统实施"一贯制管理"，对生产动态处理、提前介入、稳定运行，实现管理能力全面提升。在调度系统协调组织生产过程中，以安全生产为原则，及时与总调、能源调度等单位协调，及时了解炼铁、炼钢、焦化等单位生产运行状况，掌握煤气、水、电等能源介质供应情况，提前做好预判，降低外部影响。细化生产计划排布跟踪流程，明确各层级管控职责，形成闭环管理，实现合同兑现率100%。保证生产稳定顺行，实现企业利润最大化。

【设备管理】 2020年轧钢厂根据集团公司张贵玉副总经理讲话精神，着手建立三支队伍架构及责任制，明确各支队伍的管理职能、组织机构、职责划分、评比考核等工作，使三支队伍职责更加明晰、任务更加明确、人员配置更加合理，使得轧钢厂设备管理队伍人员配置趋于合理，管理职能趋于标准，达到了三支队伍建设的工作目的。2020年轧钢厂设备系统专项检查组织完成了点检基础管理专项检查、机旁库专项检查、工业建筑专项检查、工业炉窑专项检查及起重机械专项检查，共排查问题隐患项目117项，其中110项完成整改，通过设备系统专项检查的深入持续开展，轧钢厂设备标准化运行日趋规范，设备管理水平得到稳定提高。结合集团公司梳理三大规程的相关工作要求，全面开展设备系统规程重新梳理重新编写工作，通过对管理室专区、作业区骨干点检员进行宣贯培训，提高了专业人员的认识，在7月1日前完成三规文件重新编制

并组织下发学习。2020年轧钢厂综合开动率达到95.22%，完成计划指标，较2019年提高3.99%，其中棒材综合开动率94.98%，线材综合开动率95.07%，板材综合开动率96.42%，各产线均完成计划指标。2020年轧钢厂共发生设备故障95.21小时，完成计划指标，同比2019年下降80.47小时，降幅45.77%。其中棒材降低1.14小时，降幅3%，线材降低72.13小时，降幅70.94%，板材降低7.18小时，降幅15.9%。轧钢厂2020年消耗备件14100.9万元，吨钢成本20.84元/吨。2020年消耗指标12199万元，其中备件领用5年以上老库存备件合计3931.16万元，可按50%进行核算，实际完成领用消耗12135.32万元，较设备部管控消耗指标降63.68万元。2020年轧钢厂共组织设备定修103次，合计1254小时；组织联合检修4次，合计33.6小时；组织年修6次，合计2513小时。以"安全、优质、高效、低耗"为工作原则，圆满完成了1780线以及棒材、线材六条生产线的年修组织工作，实现了各产线年修安全事故为"零"、检修质量"优"、项目进度"高效"、成本资金"低耗"的总体目标。

【技术管理】 为有效地对影响产品质量问题进行管控，修订专业质量管理办法和生产岗位工艺技术、操作规程，明确责任，确保各个质量关键点得到有效管控，保证产品质量稳定。全年共组织技术质量攻关项目6项，用以推进工艺优化和产品品质的提升工作。主要涉及产品组织性能方面，各项攻关均取得良好效果。征集科技论文50篇，获得本钢一等奖论文1篇、二等奖2篇、三等奖2篇。全年质量异议率0.06%，计划指标0.1%，完成计划指标；非计划指标0.05%，计划指标

0.13%，完成计划指标。顺利通过莱茵公司 IATF16949 体系外审及内审、北营公司质量体系内审、汽车板 VDA 内审、出口螺纹钢 CARES 外审、CE 产品外审、自愿性产品认证 7 次体系和产品审核。全年长材开发新牌号 4 个，规格拓展 9 个，板材开发 4 个新钢种，延伸了产品链条，拓展了盈利空间，客户反馈良好。全年上报科技项目八项，其中《薄规格轧制稳定性研究与实践》和《本钢高碳系列盘条轧制工艺进步》作为公司级项目已经申报科技成果奖。完成并上报两项管理成果项目《以降低出口低碳冷轧料轧漏缺陷为核心的热轧管理的建立与实施》和《以提高焊线产品强度为核心管理的建立与实施》项目获得本钢集团三等奖。六西格玛项目《降低三高线 BGLD06 顶锻开裂次品率》获得本钢集团二等奖，QC 小组项目《降低 1780 生产线不良品率》获得辽宁省三等奖。

【降本增效】 以"提产降耗、提质增效"为工作核心，以提高设备精度、稳定设备运行、确保产品质量、全面释放产能为主要工作方向，持续扎实开展"日清日结"活动，夯实三级成本管理体系基础工作，推进降本增效工作开展；通过开展全流程、全方位对标攻关，从成材率提升、能源管控、热送等方面查找差距，有针对性地采取措施开展降耗工作。全年节约成本 1.27 亿元，其中能源成本降低 4377 万元、钢坯成本降低 6292 万元。

【党群工作】 2020 年，轧钢厂党委以习近平新时代中国特色社会主义思想为指导，深入贯彻落实党的十九大精神，不断加强党的自身建设，进一步强化管党治党政治责任，围绕从严治党、从严治企，强党建，创业绩，重点加强和发挥党委会的领导核心和政治核心作用，以高质量党建促进企业高质量发展，为轧钢厂圆满完成全年工作目标提供了坚强的思想政治保障。进一步强化党员阵地建设，持续推进繁星评比和建功立业活动，全方位助力生产经营。设立党员先锋岗 30 个、党员责任区 48 个，成立党员先锋队 17 个，结成 106 对党员"一帮一"帮扶对子。在庆祝建党 99 周年、新中国成立 71 周年时，组织开展"三会一课"情景模拟竞赛、"学习强国"知识竞赛、"强业务强素质"党务知识培训、"安全生产、党员先行"主题安全演讲比赛等一系列创意新颖、寓教于乐的活动，受到广大干部职工的好评。定期专题研究和通报意识形态工作，结合生产经营实际，深入开展思想政治工作，针对当前钢铁行业形势、企业提产降耗、降本增效工作任务，开展形势任务教育，确保职工队伍思想稳定和各产线的稳产、高产。坚持党支部书记"日走访"制度，及时解决职工反映的热点难点问题，职工队伍的凝聚力、向心力进一步得到提升。2020 年，职工上访、信访举报、网络舆情等负面信息大幅下降。以宣传引领舆论氛围，深入挖掘和选树轧钢厂先进典型模范人物，积极宣传轧钢厂好产品、讲述轧钢厂好故事、树立轧钢厂好形象。认真履行全面从严治党主体责任，把党风廉政建设和反腐败工作纳入党委中心工作。定期组织召开警示教育大会、党风廉政教育专题会议、直属党组织书记述职述廉专题会议，党风廉政教育工作形成制度化、常态化。轧钢厂工会围绕企业中心工作，深化群众性经济技术创新活动，通过弘扬劳模精神和工匠精神，在广大职工中掀起学技能、练本领，立足岗位做贡献的热潮。通过职工代表安全巡视作为工会组织参与安全管理的重要手段，有效发挥工会在企业安全生产工作中的监督职能。将服务职工作为工会工作的出发点和落脚点，完善困难职工帮扶网络化管理体系，金秋助学、职工疗养、生日蛋糕卡、送清凉和送温暖等活动的持续开展，让职工感受来自"娘家"的关爱。共青团以"青安杯"竞赛为载体，结合"查隐患、反三违、抓安全"主线工作，积极开展提安全合理化建议、查找身边安全隐患、安全演讲等活动，广大青工的安全意识得到有效提升。进一步健全统战工作协调机制，构建统一、精干、高效的大统战格局，以有效载体，团结、调动统战成员的积极性，凝聚共识和献计出力双向发力。武装部门加大正规化建设步伐，以抓队伍为主线，加强业务培训，全年组织2次民兵拉练，在相关军事竞赛中表现优异，展示了轧钢人自律、守纪、刻苦、好学不倦的优良品质。轧钢厂科协征集合理化建议1443项，实施727项，创造经济效益约3660万元，解决了技术和设备等方面的难题。 （张　丹　王晓迎）

北营焦化厂

【概况】 2020年末，本溪北营钢铁（集团）股份有限公司焦化厂（简称焦化厂）下设5室、12个作业区；在籍职工1520人，其中管理岗40人、业务岗53人、技术岗56人、操作岗1371人。全日制研究生学历1人、本科学历74人、大专学历155人；副高级职称7人、中级职称81人、初级职称173人；高级技师1人、技师57人、助理技师5人。焦化厂党委下设党总支2个、直属党支部11个，中共党员503名，共青团员37人。主要设备包括8座焦炉及配套干熄焦装置、除尘地面站设施、煤气处理系统和污水处理系统。

【指标情况】 全年完成冶金焦271.16万吨，超计划3.26万吨；焦油9.88万吨，超同期0.23万吨；硫铵3.36万吨，超同期0.36万吨；粗苯2.68万吨，超同期0.42万吨。焦炭热强度合格率为99.34%，超同期3.19%；化产品质量合格率完成历史最好水平。焦炭总成本较目标计划增效1.3亿元。

【安全工作】 构建安全风险分级管控及隐患排查治理双重预防机制。以安全生产隐患"清零"专项治理行动为契机，开展两阶段安全隐患"清零活动"，清查问题1441项，整改1370项。强化特级动火作业管理，修订焦化厂动火管理规定，明确特级动火和一级动火范围和审批流程，特级动火必须召开专题会、厂长审批、安全措施必须现场落实，动火时要求必须有作业区副职人员在现场进行确认，确保320次特级动火、560次一级动火安全进行。加强重大危险源管控，设置11个监控点，对现场设备、操作人员进行实时监控。结合外委检维修施工项目较多的特点，强化相关方管理，与58家施工相关方签订安全施工协议，严格审核施工方资质和安全措施制定，安全告知及准入960人次。各级管理人员放弃休息时间到现场监督检查，对危险作业现场落实安全措施、全程监护检查，确保全年工程施工及外委检维修施工安全，实现安全效益全员共享，安全责任全员共担，安全生产形势总体稳定。

【环保工作】 以各级环保督促为切入点，加强环保设备设施的运行监管，推进环保工程项目实施。持续强化焦炉感官污染控制，每周开展一次全方位的除尘器检查,专人测量跟踪除尘末端吸力、阻力等参数,强化厂内环保督查,自查问题160余项,保证除尘器运行合格率及稳定率达99.5%以上,从根本上确保环保设施稳定运行,得到市环监部门认可。通过三区炉体改造、三区5、6号焦炉炉墙焊补、炉墙吊顶检修、焊补等项目的实施,焦炉烟囱冒烟情况得到明显改善。生产系统从岗位操作标准化入手,针对炉门卫生清理、加热制度执行、平煤操作等环节加强检查监管;设备系统从环保设备设施点检维护、隐患整改入手,针对加煤除尘翻板密封不严、推焦除尘翻板卡阻等问题实施检修整改。持续开展水处理攻关,通过跟踪水封水和氨氮指标、细化管理各产水点位、针对脱酚系统外排水指标超标组织重点攻关、坚持5个排放点位连续跟踪监测、加强乙方提盐运营工段监管、废水设施自主改造6项措施的实施,外排口在线检测合格率达到98%以上,外排废水全年未影响国控邱家断面,指标稳定合格。

【生产组织】 以满足高炉生产需求为前提,通过严格执行操作标准化、强化设备维护管理、制定焦炭保产措施、稳定K2系数,3月份焦炭产量达24.05万吨,创历史新高。通过1860循环水改造项目的投入使用、清洗换热器、更新旁滤器、清透晾水架喷头、引用观音阁水等一系列措施的实施,硫铵合格率97.58%,粗苯合格率98.04%,焦油合格率99.81%,煤气质量及化产品收率大幅度改善。严抓配煤过程管控,完善均质化、强化落回煤。根据炼焦煤资源和计划,结合生产工艺制定分流预案,确保各区煤种库存均衡。实时监控外进煤质量,对不达标的太气两渡、离柳高硫焦煤、红菱瘦煤等停发整顿。通过炼焦煤卸车、上料微信群,实时拍照上传卸车、上料情况,监控备煤生产过程。全面严抓热工管理,推进炉体维护,确保焦煤均匀成熟。有计划地测温调压、清扫横管、调节弹簧、处理小烟道集灰、清透集气管和焦油盒,定期对回炉煤气水封和预热器末端排液,通过精管细调较好地完成各项指标。通过炉墙吊顶、挖补、喷补、砖煤气道灌浆、更换格子砖等手段,保证焦炉炉体严密。开展岗位操作标准化规程及工艺、设备和皮带卫生等专项检查,每天检查冒烟、焦饼高度、焦罐沾焦和配煤跑盘下料等情况,保证稳定生产。

【技术质量】 以问题为导向,深入研究,创造性开展技术攻关、技术研究和新技术开发应用工作,如使用观音阁水替代制冷机低温水、用热贫油清洗苯塔、焦炉炉墙吊顶维修等。解决制冷机老化问题,低温水和补水系统使用观音阁水800 m^3/h,效果明显,粗苯和焦油收率均有提升,同时节约能源,降低运行费用,夏季节省资金400余万元;初冷器改造,将一段式喷洒改为两段喷洒,改善解决长期困扰初冷器下段焦油沉积堵塞问题;优化初冷器喷洒液配比,改善冷却效果。增加焦油的补充量替代温度高的氨水补充量,喷洒液温度降低,初冷器后煤气温度约降5℃。推进技术改造,积极开展《北营焦化厂煤气脱硫系统改造》《北营焦化厂煤气净化系统温度参数达标改造提高化产品收率》等项目的前期论证。为降低疫情、进口炼焦煤配额、汛期连续台风暴雨、炼焦煤资源和发运紧张等给生产组织带来的不利影响,优化配煤结构,全年配煤比调整145次,对原料煤、槽下煤、配合煤进行抽检跟踪。全年检查入厂煤样495批次、配合煤样

232批次、槽下煤样2837批次、煤岩分析1493批次，有力保证了煤种质量稳定。全力优化配煤结构，多次制定保产稳质预案，稳定焦炭质量，全年焦炭热强度合格率为99.34%，为铁厂顺行提供燃料保证。

【降本增效】 通过对标管理和开发新煤种资源，在保证供高炉焦炭质量稳定的前提下，全年焦炭可控成本对比年初预算降低13020万元。为降低配煤成本，根据炼焦煤资源及焦炭实物指标，继续使用低价离柳焦煤；增加高硫焦煤（太气两渡、阳泉曲）消耗，适当代替马兰肥焦；使用低价盛隆1/3焦煤和双鸭山1/3焦煤；开发低价沁能2.5焦煤，金庄1.5肥煤；适当降低汾西焦煤、马兰肥焦煤比例，全年实现降配煤成本7468万元。通过将液碱泵改为变频调节等技术措施和实行科学合理考评制度等工作，生产辅料定额成本降低1259万元。能源消耗定额成本降低4083万元。通过整改回收水系统、使用观音阁水库补水和新增1860立循环水项目，有效降低系统温度，全年实现化产品增利1176万元。

【设备管理】 以设备管理评价体系为纲领，建立健全设备考评制度，实施季度考评考核、年度淘汰，从制度上约束设备管理人员强化管理，提升管理水平。针对三车连锁故障安排专人跟踪整改，全面恢复使用，建立检查维护制度，从技术上杜绝事故发生。通过立标杆作业区、互检、点评等举措，历时6个月全厂100余个电磁站卫生焕然一新。强化设备隐患治理，通过建立健全设备隐患管理台账制度，对设备隐患实施ABCD分级管理，以设备隐患为导向，落实检修方案、物资计划，建章立制，实现设备良性管理。全年共消除AB级设备隐患186项，12项AB级隐患列入2021年整改计划。强化设备定修管理，依托设备隐患台账，制定严谨的设备定修计划，全年共组织12次定修，消除设备隐患324项，为设备持续稳定运行打下坚实基础。强化备品备件管理，有针对性地进行备件计划申报及跟踪，保证备件计划准确率及到货率。全年共申报备件计划2780万元，合同签订率98%、备件到货率93%。为节约备件资金，实施备件修旧利废攻关，全年完成自修复备件294件，节约资金183.76万元。全年设备运行稳定，可开动率100%。设备故障率较同期降低42.4%，设备故障时间较同期降低41.74%，为生产顺行奠定坚实基础。

【工程建设】 全年在建工程项目26项，其中重点技改10项、安全措施4项、环保措施7项、生产技措1项、节能措施4项。立项前科学严谨考察，成立项目管理部，对现场勘察、可研、初设、设计交底及图纸审核等各环节严格把关；施工阶段周密部署，按照合同约定工期排列施工网络计划，确保工程项目按工期完成；投产验收监管严格，工程现场管理人员对项目实施全过程跟踪管理，组织交工验收。为提高焦炭产量及质量，积极推进一、三区提效改造，三区循环水系统改造及粗苯提产，1号、2号焦炉烟气脱硫脱硝等重点工程的进度，每周召开工程平衡会议，协调解决施工过程中出现的问题，安排专人现场跟踪，掌控施工进度。循环水系统改造及粗苯提产工程已投入运行，各项生产指标超预期；废水处理提标改造工程已投产运行；2号焦炉烟气脱硫脱硝工程已完工；一、三区提效改造工程处理系统调试完成，配套除尘及煤筛分系统进入调试阶段；

1号焦炉烟气脱硫脱硝拆除还建工程完成；其他项目按计划稳步推进。

【防疫工作】 将防疫工作列入常态化管理，严格贯彻执行"本钢集团疫情防控30条"，积极安排部署，落实主体责任，把疫情防控工作做细做实，确保生产顺行。开展3次大排查，同时加强外来人员管控，针对工程项目较多、外来人员复杂等问题，安排专人实时监控。厂党委和工会在年初防疫物资供应紧张的情况下，先后购买口罩、洗手液、消毒液、测温枪等物资，共31500元，确保防疫工作稳步推进。建立微信群报平安，每天在群内详细汇报防疫工作落实情况，做到全员参与、不留死角，形成疫情联防联控工作模版化、网格化管理模式。

【党建工作】 认真贯彻党的十九大和十九届二中、三中、四中、五中全会精神，以高质量党建引领企业改革发展全局。深入学习贯彻支部工作条例、党员教育管理工作、国有企业基层组织工作条例，开展党支部评估定级、"基层党建工作建设年""基层党建制度落实年"和"繁星工程""专题党日活动"等生产实践活动。积极发挥群团组织桥梁和纽带作用，切实解决职工关注的热点、难点问题，一回收浴池还建已投入使用。"安康杯"竞赛、职工技能大赛、合理化建议征集活动等群众性生产实践活动，以及技术交流、文体活动等群众性活动遍地开花。创建劳模工作室、大师工作站弘扬劳模精神，培养企业"工匠"，广泛开展岗位练兵、技能竞赛工作，提高职工技术水平。在集团第十二届青年大学生趣味运动会中焦化厂取得了团体第一名的历史最好成绩。 （吴 蕾）

北营铸管公司

【概况】 本溪北台铸管股份有限公司（简称铸管公司）是由北营钢铁（集团）股份有限公司、中国信达资产管理股份有限公司、长春燃气股份有限公司、中国三冶集团有限公司和天津五矿进出口有限公司五家股东组成的股份有限公司，主要经营球墨铸铁管及配套管件制造、销售安装等。公司注册资本52789.866万元，已形成年产50万吨生产能力，是国内目前同行业设备最先进、规模最大、产品规格最齐全的球墨铸铁管生产厂家之一，已成为中国第二位、世界第四位大型现代化球墨铸铁管生产企业。2020年末，铸管公司下设8个管理室（含销售3个）、3个作业区。职工816人，女职工26人，党员240人。其中大专以上学历205人、大专以下学历611人；副高级职称2人、中级职称41人、初级职称78人、高级技师4人、技师33人。2020年，铸管公司坚决贯彻落实集团公司关于疫情防控和生产经营两不误的指导思想，制定了"提效益、抓品种、降成本、经济运行"的工作措施，对外积极配合国贸公司开拓市场，对内狠抓"品种、规格"。全年完成产量8万吨，销售8.6万吨，其中出口4.5万吨，出口率达到52%。可控成本完成3361元/吨，累计比计划降低880万元。边际利润完成8100万元，完成了5400万元的目标计划，超目标计划49%，实现同比增长15%。全面完成集团下达的责任状指标。

【产品销售】 全力配合国贸公司对各区域市场布局和开发，参与"一带一路"建设项目，落实全款模式签合同。通过认真分析市场需求，重点关注品种增利管。全年新签合同量13.5万吨，其中，11、12月份新签合同8万吨。签订的合同中，特殊品种管、大口径管占比达到50%，为实现全年的经营目标创造了有利条件。防疫关键时期保出口发货。2020年大部分出口管属于高附加值品种新特产品，工艺条件要求苛刻，对环境温度要求较高，为提高温度，在厂房内搭建临时封闭生产线，保证生产顺行。为解决人员短缺问题，发动两级机关及党员干部组成突击队参与一线生产，确保按期交货。全年出口4.5万吨，出口率达到52%，创历史新高。

【生产组织】 在铸管生产组织方面，针对多笔合同同期执行所带来的挑战，铸管公司生产部门从生产工艺革新和生产效率提升入手，以生产线用工不足所衍生的诸多制约产量、质量的拦路虎为切入点，重点破解生产线产能"倒金字塔"的瓶颈问题，同时以销售发货节点为据，倒排工期抢时间，科学组织。根据月度合同量的波动，进行有计划的集中检修、集中生产。筛选效益好的合同品种，实现规格、品种优化生产，通过综合算账，以特殊规格、高附加值品种为主。克服人员短缺困难，合理优化，根据一些品种需要焊接的特点，临时调集维修人员充实到生产岗位兼职作业，实现人、机、料、法、环高效匹配，追求效益最大化，多数月份利用26—28天完成了以前1个月的生产任务。在铸铁生产方面，铸管公司树立"铸铁第一、大局为重"的观念，确保钢铁链条稳定顺行，始终把上级领导关于保铸铁的指示精神不折不扣落到实处，保证了全年下炉役阶段的翻铁工作。2020年4月份以来，连续翻铁作业时间超出历史最高水平，铸铁人员长期处于加班状态。由于新扩建铸铁生产线与原铸铁设备有较大差异，生产异常时，从全厂临时调派人手进行解决，甚至暂停铸管生产线，全力保证翻铁生产。全年翻铁18.3万吨，是2019年同期的22倍，创历史新高。在安全管理方面，一是从严落实厂级领导干部值班值守制度，坚持厂级领导干部带队安全生产履职检查，全面查处违章、隐患，实行早会曝光制度。二是从严落实各级管理干部周安全生产履职报告制度，建立副作业长级以上干部安全绩效考核办法。三是大力开展安全培训教育活动，全年厂级、作业区级共开展相关培训教育10次，实现岗位员工全覆盖，总计参加培训2300人次。四是开展安全生产大检查及专业检查，加大安全生产综合检查、专项检查及日常检查力度。2020年，通过公司级、作业区级、班组级检查，共检查发现安全隐患问题293项，查出"三违"问题36项，均已整改完毕，达到闭环管控。

【设备管理】 设备基础管理工作深入贯彻"目标导向、问题导向、结果导向"的管理理念，同时深化PDCA闭环管理，提升三支队伍履职能力。一是深入推进设备主任、点检员绩效考评工作。以外围保供零影响为工作重点，成立电气、能源介质检查督导小组，对铸铁机实施特护检查，内部严控故障管理和考核，责任落实到人，整改措施执行率100%。同比2019年故障时间降低10%，经济损失降低8%。二是坚持以"两机"（浇铸离心机、衬层离心机）为核心的管理思路，执行设备保证生产、质量、效率的维护理念。严格执行离心机精调整维护要求，按照检修周期更换托压辊及调整托辊座等消耗部件，改造机头密封圈结构，2号离心机机头使用寿命提高40%。衬层机坚持按照检修周期组织托辊轴承座螺栓和导向柱部件的更换,每班执行托压辊的检查和调整 DN2400mm 管辊圈改造,提高衬层质量。三是配合销售品种规格效益最大化的经营思路,充分发挥专业技术人才的改造革新能力。开发并组织制作 DN1200-1600mm 四套顶管模具,自行设计制作翻管机。自行设计、安装调试 2 台大功率内磨机。维修技术人员利用节假日,加班加点,从设备设计直到安装生产,累计投入近 200 个班次人员,为特大管的增产增效提供了保障,年提高经济效益 50 万元以上。

【产品质量】 强化质量管理,严格落实质量缺陷追责,保证有限的铁水生产高质量产品。对出现的质量问题采取倒查方式,从源头查找质量漏洞,问题出现在哪个环节、哪个人一查到底,严格处罚。严控表面质量,持续开展工序质量考核,坚决执行工序间自检、互检,提高工序间产品交接质量,提高辅助岗位操作水平。对重点工序实行 24 小时视频监控,质量问题大幅度降低,全年外销产品未发生质量异议。积极组织新产品开发,全年完成 DN250-1800 共 8 个规格内自锚管的开发工作,分别出口到阿联酋、突尼斯、刚果,用户反馈良好。同时,新开发成功 DN1200、DN1400 顶管,其中 DN1400 顶管已销往浙江嘉兴并在本钢集团本埠得到应用,实现了当年研发,当年销售,当年见效益,实现了多个新产品的成功投放,本钢铸管市场影响力持续提高。

【党群工作】 2020 年铸管公司党委紧紧围绕生产经营中心任务,以"保生产顺行、保质量稳定、保市场合同、降成本消耗、提高经济效益"为目标,全面开展了"三保一降一提高"共产党员先锋工程活动,党的组织优势、政治优势在企业生产经营管理工作中得到充分发挥,有效促进了企业各项工作顺利开展。一是政治理论学习不断加强。在学习内容上,坚持"三必学",即每月必学一篇习近平同志重要讲话;每月必学一篇党风廉政教育文章或典型案例;每月必学一篇

北营铸管公司研发的 DN1200 顶管批量供货(许永春 摄)

党史教育短片。在学习形式上,充分利用"学习强国""中国共产党新闻网"等权威媒体平台,组织集中收听收看音频、视频、微视频等权威内容,真正做到了"读原著、学原文、悟原理"。在学习方法上,以个人自学与集中学习相结合,坚持学习与讨论相结合,在读原文、听原声、看实况的同时,结合各自工作实际开展交流研讨,谈心得体会,写心得笔记。二是巡察整改工作有序推进。集团公司党委第三巡察组于2020年7月1日至8月14日对铸管公司党委开展了常规巡察。巡察结束后,铸管公司把巡察整改作为当前和今后一个时期的重大政治任务,坚持问题导向,积极主动对照巡察反馈意见,针对巡察反馈的51个问题,逐一明确责任分工,全力推进巡察整改,真正做到了"事事有回音、件件有着落",取得阶段性成果。三是党支部标准化、规范化建设成果明显。深入贯彻落实《党支部工作条例》,以"三会一课"和党组织活动经常化为中心,全面推进各党支部的标准化、规范化建设,通过开展"大学习、大检查、大规范、大提升"活动和基层党组织"软、弱、涣、散"专项整治工作,有效确保了《党支部工作条例》重点任务落实落地。四是"三保一降一提高"党员先锋工程活动效果显现。2020年6月份以来,铸管公司紧紧围绕生产经营管理中心工作,坚持以"保生产顺行、保质量稳定、保市场合同、降成本消耗、提高经济效益"为目标,深入开展以"三保一降一提高"为主题的共产党员先锋工程活动,紧紧围绕生产经营、设备管理、技术改造、降本增效、质量提升、市场营销、安全生产等重点工作环节,将产量指标、质量指标、合同及发货量指标、可控成本指标等生产经营指标作为各党支部工作的考核指标,努力搭建与生产经营管理紧密结合的党建工作新平台。截至2020年12月,"三保一降一提高"党员先锋工程活动取得初步成效,铸管公司党委所属6个党支部和19个党小组共创建各类别党员示范岗62个、成立党员先锋队7个、党员责任区12个、党员攻关组6个、党员活动室1个。各党支部不仅找准了支部工作的切入点和落脚点,增强了支部工作的针对性和实效性,而且最大限度地激发了广大党员抓好生产、强化管理、促进发展、保持稳定的责任意识、创新意识和担当意识,基本形成了"党建+生产经营管理"的独具铸管公司特色的党建工作新模式,实现了党建工作与生产经营管理工作的深度整合、同频共振和互促互进。

(许永春)

北营矿业公司

【概况】 截至2020年12月,本溪北营钢铁(集团)股份有限公司矿业公司(简称北营矿业公司)有正式职工1001人,劳务工24人,党员279人。其中管理人员39人,高级职称4人、中级职称31人、初级职称74人,技师56人、高级技师2人。下设5个管理室、11个作业区。主要设备有四立铲、潜孔钻、挖掘机、推土机、各种运矿车辆、液压旋回破碎机、对辊式破碎机、球磨机、分级机、浓缩机、陶瓷过滤机、800吨环保回转窑、2座弗卡斯窑等。固定资产原值7.78亿元,净值3.20亿元。北营矿业公司主要产品有石灰粉、熔剂石、生石灰、铁精矿粉、钢渣精矿和钢粒等。生产工艺主要有石矿采场开采工艺、石灰石机破碎加工工艺、生石灰生产工艺、铁精矿过滤加工工艺、钢渣水磨重选生产工艺。2020年完成采剥总量292万吨，石矿矿石179万吨，生石灰43万吨，石灰粉103万吨，创历史最好水平；完成30—80mm石灰石108万吨，满足下道工序需求；完成铁精矿加工166万吨，对贾矿、球团零影响；完成钢渣处理量19.7万吨，比计划降低成本2277万元，实现安全生产五为零。

【安全管理】 强化安全管理，实现安全生产五为零目标。制定下发《矿业公司重点安全工作措施》文件。与各单位负责人签订安全责任状，形成一级抓一级、层层抓落实，纵向到底、横向到边的安全生产网络。组织员工认真学习企业安全生产责任体系、企业安全生产应急管理规定，修订安全规程500余条，树立管专业必须管安全的安全管理理念。开展安全生产隐患"清零"专项治理行动。开展"安全生产集中整治行动"，持续开展危险介质、易燃易爆危险化学品、爆破安全、有限空间与煤气专项排查、交通运输、矿山专项、特种设备以及防火等安全隐患排查工作。开展班组安全标准化活动，充分发挥班组职能，抓好安全过程管控。强化培训，务求实效，全员安全素质稳步提升。

【生产组织】 细化生产管理、确保各产品产量和质量。优化石矿采场生产工艺，新水平开沟由横向变为纵向，稳定出矿质量，提高回采率；科学、合理安排采掘部位，提高采场贮爆量；加强配矿管理稳定供料质量。加强回转窑和弗卡斯窑的生产工艺纪律管理，严格执行生产工艺标准，提高岗位人员煅烧操作水平，根据石灰石原料质量，及时调整工艺参数，回转窑及弗卡斯窑实现稳质超产。合理安排过滤机的运行时间和清洗时间，保证铁精矿粉的过滤效果，实现处理贾矿–500目粒度矿粉过滤工作，过滤水分达到8.27%，对贾矿、球团生产零影响，成为全国同行业使用陶瓷过滤机最成功的企业。通过优化钢渣水磨重选生产工艺，自制6个脱水吊罐储存渣选精矿缩短沥水时间、保证沥水质量，积极协调下道工序及运输单位及时外发产品等措施，提高钢渣处理量；铁矿恢复建设三条土场矿石回收生产线，对排土场矿石资源进行有效回收利用。

【设备管理】 严抓设备点检定修，保证设备稳定运行。严格执行设备点检定修制度，合理制定设备检修计划和上报备件计划，减少非计划停机。积极开展设备隐患排查和设备状态评估，跟踪落实设备隐患消缺，严格管控检修质量，推行设备检修质量验收模式，提升设备运行状态。加强自动化设备管理，加强自动化维修人员培训，提高自动化维修技术水平，保证自动化设备安全稳定运行。以集团公司PDCA管理模式为载体、专业化设备管理为核心、重心下移管理为方向，进一步提升设备基础管理水平，按照工作方案稳步推进设备系统"三支队伍"建设，积极推进设备管理人员、点检人员、检维保人员履职尽责工作，对设备规程进行完善，新编和修订设备规程101条。

【环保管理】 积极组织石矿边坡环境治理工作，对边坡进行全网覆盖面积约33万㎡，顺利通过7月15日省环保局对该项目的现场验收，完成国家环保督察项目的销号；完成了回转窑环评验收和石矿排污许可证办理工作。强化对环保设施运行的监督检查及定修工作，及时更换除尘布袋，确保现场粉尘排放达设计标准，减少感官污染；做好料场苫盖、道路清扫和洒水抑尘，对成品料放料仓车辆放料过程封闭，硬化石矿区域道路1100 ㎡，绿色矿山取得新成效。

【降本增效】 以降低生产定额、能源定额为重点，从优化工艺、能源攻关、强化管理等方面入手，有效落实降本增效措施，超额完成降本增效目标。建立成本三级管控体系，推进日清日结管理，健全和完善成本核算制度和组织架构，指标细化分解到作业区、班组机台，形成公司级、作业区级、班组级的三级成本管控体系，对重点指标进行日统计、周分析、月考核。推行经济运行模式，提高设备运行效率。制定矿业公司经济运行方案，明确设备开动台数、运行时间和责任人，避峰就谷生产，提高设备运行效率。开展对标管理工作，组织相关作业区到矿业相关单位进行对标学习，借鉴其他单位管理经验，完善三级成本核算模式，对班组、单机台进行核算。积极开展合理化建议工作，鼓励员工全员参与、集思广益，针对工作现状或存在的问题提出可操作的改善意见和改善办法，全面提升综合管理水平和经济效益。

【矿山可持续发展】 成立北营矿业公司矿产资源推进工作小组，明确职责，协调县、区级政府和自然资源、安监、林草、环境等专业管理部门，积极推进石矿、大张北地下开采的采矿权办理。推进矿山环评验收和青山规划调整。编制《本溪北营钢铁（集团）股份有限公司石灰石矿矿山地质环境治理工程实施方案》，积极开展项目实施立项工作。协调辽阳市林草局等多部门圆满完成北营石矿和铁矿位于辽阳界内329公顷林地转非林地工作，已上报国家林草局进行审核。通过多次沟通，顺利与辽宁新时代民爆有限公司签署了合作协议书，推进炸药厂产能转回本钢集团。

【党群工作】 重新整理形成《北营矿业公司党建制度汇编》，以党支部为堡垒，以党小组为抓手，认真落实党委各项管理制度。加强政治理论学习，每月制定公司党委理论学习中心组学习计划及党员学习计划，持续宣贯学习党的十九届四中全会、五中全会精神，进一步增强"两个维护"的思想自觉和行动自觉。把意识形态工作作为党建的重要内容，通过形势任务教育、微信公众号、思想动态调研等形式，了解职工思想动态，稳定员工队伍。落实党风廉政建设主体责任，完善并严格执行党委议事规则和决策程序，认真落实民主评议、民主生活会、诚勉谈话等制度，加大党风廉政建设责任制考核力度。全面落实巡察反馈"回头看"工作，对"回头看"发现的问题进一步分析原因并彻底整改，通过总结反思，把整改中形成的好经验、好做法，完善和上升为流程规范、制度规范，建立长效机制。积极开展各项活动，增强凝聚力。开展党建知识竞赛活动，促进党员对党建知识的学习和领会；举办职工技术比武活动，调动职工学习技术的积极性；"送温暖"活动中看望住院职工32人，送去慰问金9600元，为露天作业职工送西瓜、白糖等防暑物品共计16666元；举行"迎国庆 凝力量 鼓士气 创新高"职工趣味体育活动，进一步密切了干群关系，鼓舞职工士气。持续开展繁星工程，制定完善评比方案，把抓党建、促生产作为完善党建工作考核和党员干部考核评价的重要指标，调动了员工创先争优的积极性。疫情期间把疫情防控与安全生产紧密结合，全面构筑群防群治抵御疫情的严密防线。购买消毒液、洗手液、消毒皂等共计19031元防疫物资，及时发放到职工手中。利用电子屏、板报、标语条幅、微信群平台，将疫情防控的小知识、快讯、经验等传达给职工，保证了疫情期间各项工作安全顺行。

（王　玉）

北营冶金渣公司

【概况】　本溪北营钢铁（集团）股份有限公司（北营冶金渣公司），坐落在北营公司厂区内，占地面积10.6万平方米，主要负责北营炼铁厂、炼钢厂产生的尾渣回收加工处理和北营公司内部废钢组织回收加工及外部采购废钢的仓储、倒运工作。设置5个管理室（生产技术室、设备管理室、安全管理室、综合办公室、党群工作室）、4个作业区（废钢作业区、干渣作业区、焖渣作业区、回收作业区）；党委下设6个党支部，共有党员119人，占职工总数的30%。现有员工399人，其中管理岗19人、业务岗18人、技术岗7人、生产操作岗355人；中级职称12人、初级职称39人；高级技术等级59人、中级49人、初级123人。拥有固定资产原值9616.82万元，净值2196.57万元。

【经营管理】　2020年是北营冶金渣公司持续成长和发展的关键一年。面对严峻的疫情考验，公司全体员工不断创新思维，转变管理理念，采取各种有效措施增强和激发企业活力，促进企业持续健康发展。一是规程管理，统一规范生产、设备、安全三大规程，规范岗位操作，提高生产效率。二是安全管理，全面实施安全生产专项整治三年行动，坚持重大危险源与风险点管控，开展事故隐患"清零"，坚持"反三违"，建立完善安全考核评价体系。三是全面落实集团公司2020年经济责任制中的各项生产指标，在工作中做到分工明确、责任清楚、奖罚分明，保证了全年各项生产指标的顺利实现。四是人资管理，根据四定工作要求，完成了首席操作和高级操作的评定工作，共评定出首席操作岗位2个、高级操作岗位12个，参与人数40人次。五是生产工艺创新，克服诸多不利因素新建矿山场地提纯生产线，全年生产粒钢8500吨，为炼钢生产提供优质含铁物料，创造经济效益1060万元。六是环保管理，完成了焖渣作业区接收炼铁厂烧结脱硫废水工作，解了燃眉之急。在回收和废钢作业区自行设计、施工新建了二套先进的车轮自动清洗喷淋系统，节约资金16万元，为环保工作做出贡献。

2020年主要产品产量和成本完成情况

（单位：万吨）

指标项目		2020年完成量
含铁物料	复用废钢	4.5
	回炉铁	3.28
	脱疏渣块	3.46
	大块废钢	2.41
	粒钢	7.19
	小计	20.84
加工废钢	切割废钢	5.11
	北营压块	1.17
	小计	6.28
接卸废钢	合格废钢	21.27
	破碎废钢	10.15
	汽车板打包块	1.68
钢渣加工		109.93
外发尾渣		28.72
外发水渣		286.24
回炉铁筛选物		31.14
可控成本降低额		654万元

【生产组织】 年初由于废钢需求量、水渣外发量、含铁物料回收量等工作任务的增加,各作业区针对设备老化、人员短缺、工艺落后、安全隐患较多、生产受阻等诸多不利因素,积极主动想办法,通过强化生产、安全、工艺、设备升级改造、控制尾渣质量,实现了生产工作的平稳顺行。生产技术室在生产过程中精心组织,准确下达指令,及时发现生产运行中存在的问题,并有针对性地给予解决,确保炼钢厂、炼铁厂等主要工序零影响目标。各作业区敢打敢拼,根据自身的生产工艺特点,克服各种困难,积极开展工作,保持了生产平稳,实现了年度各项生产指标顺利完成。

【安全管理】 一是贯彻落实集团公司1号文件,厂、作业区、班组层层分解落实到人,建立了厂、作业区、班组三级安全评价考核体系,细化考评标准和考核指标。同时修订完善了《北营冶金渣公司安全生产检查制度》《北营冶金渣公司安全隐患排查治理奖励办法》《北营冶金渣公司消防设施管理制度》等29项制度,并组织进行宣贯学习。二是加强安全教育培训工作,提升职工安全意识和安全技能。全年通过领导干部上讲台、微视频等新媒体、事故案例培训、观看安全展板、开展安全知识竞赛、实施应急演练等不同形式,共完成培训58次,其中厂级8次、作业区级20次、班组级30次,共1865人次参加培训。三是开展安全生产专项整治,强化安全生产监督管理工作。重点开展了安全生产集中整治、秋冬季安全大检查、消防专项检查、电气安全检查、节假日检查等工作,全年查处各类隐患111项,整改完成110项(焖渣屋面板未彻底治理,已采取了防范措施),隐患整改率99.1%,做到了闭环管理;开展了安全生产隐患"清零"行动,解决了隐患问题重复发生、隐患问题屡查不禁、举一反三力度不够的突出问题。四是推进安全生产专项整治,提升安全风险管控能力。落实了集团公司三年安全生产专项整治工作要求,编制并下发了实施方案,克服了生产任务紧、检维修任务重等不利因素,用近1个月时间完成了400平三线皮带系统的全防护改造,确保了操作人员和检修人员日常作业过程中的人身安全,进一步规范和提高了安全管理水平。全面实施风险分级管控和隐患排查治理双重预防机制建设,有效提升了隐患排查处理能力。

【设备管理】 设备管理工作稳扎稳打,工程的方案研究、施工计划和工程质量、检维修等工作成效显著;完成了事故故障停机率0.1%、设备可开动率99.82%的指标,未发生影响生产的事故;全年完成了6项检维修项目,特别是对余热水供暖电机、斜流泵进行了维护和修理,对消音器、电机、电器盘柜等进行了检修和改造,保证了今冬供暖工作安全平稳运行;钢渣处理环保改造项目已完成设计招标工作,中标单位为中冶节能环保有限责任公司,现初步设计阶段已完成。在环保工作方面,完成了"危废的有效处置(废油、废油桶)率100%"和"除尘器运行率100%"的环境目标。

【疫情防控】 面对突如其来的疫情,冶金渣公司严格贯彻落实省、市和集团公司各项决策和部署,全面开展新冠肺炎疫情防控工作,取得了抗击疫情的初步胜利。防疫工作组通过微信群等媒介将疫情防控指示精神传达到每名员工,让广大员工了解疫情防控真实信息。连续9次组织召开由北营冶金渣公司班子、各管理室、作业区参加的疫情防控专题会议，落实部署每日疫情防控工作。建立疫情防控微信群31个进行健康接龙，制作疫情防控宣传片10部，宣传条幅12条，防疫告知牌33块。发放口罩6801片，一次性手套2200支，84消毒液16桶40公斤，酒精60瓶30公斤，抑菌香皂436块。配备测温枪12把、洗手液100瓶、废口罩回收垃圾桶10个。严格执行对外省、市返溪人员建立档案政策，要求员工不出门，少聚集，勤洗手、勤通风、勤消毒和"非必要不出市""出市必须提前报备"。

【党群工作】 深入学习贯彻习近平新时代中国特色社会主义思想和党的十九大及十九届二中、三中、四中、五中全会精神。扎实开展"强党建、比贡献、争先锋、创佳绩"和"立足岗位做贡献、降本增效创高产"主题实践活动，充分发挥党组织和党员的战斗堡垒和先锋模范作用。开展"党支部评估定级和党支部标准化规范化建设"工作。持续开展"不忘初心、牢记使命"主题教育活动。通过各项活动的开展，密切了干群关系，激发了全体党员干部的工作热忱。加强法制宣传和廉政教育，通过学习《民法典》《宪法》《百方治疗"未病"》等内容，增强了干部职工的法制意识和敬畏之心。 （刘有方）

北营公运公司

【概况】 北营公运公司是本溪北营钢铁（集团）股份有限公司下属单位，负责北营公司生产物料公路运输、职工通勤、公务用车、厂内驻在车管理。资产总额1.93亿元，净值0.496亿元，各种运输车辆及工程机械552台，运行521台。2020年末，公司下设5个科室、7个作业区，在职职工总数1001人。公司党委下设8个党支部、29个党小组、280名党员。2020年完成货运量1870万吨，货物周转量21319万吨公里，行驶里程1369万公里，通勤客车运行23万趟次，客运量1151.4万人次，全年成本消耗1.46亿元（含工资）；重大人身、火灾、设备、交通事故为零。

【生产管理】 夯实运量，科学统筹每天保岗任务、计划量、检斤量，实际完成情况及时通报、点评；与各用车单位沟通协调，统一运量单填写标准及要求，实行保岗质量反馈制度，将服务质量与经济责任制挂钩，强化考核监督；职工通勤及公务车服务推行优质服务、优质秩序、优质环境，服务程序化、规范化、标准化，做到用户满意无投诉；建立各作业区生产资料室，类别清晰、摆放有序，规范生产统计结算核准流程；全年整改文明生产管理问题305项，提升文明生产管理水平；修订、细化生产岗位工艺技术规程；制订生产作业月计划，对主要物资运量、重点工作、临时任务、文明生产、燃油消耗、生产工艺纪律等情况实行周分解、周检查、周通报。采取启用报废车辆再运行、驾驶员加班及上副班、细化保岗作业车辆及机械等措施，替代炼钢一区方坯运输任务、14个点除尘灰运输任务、冶金渣及炼钢部分生产物料运输任务、炼铁球团场地及原料一铁场地工程机械拨料及货位清理任务，全年可替代外雇运费约480万元。

【安全管理】 落实安全生产主体责任，严肃安全生产责任追责和安全绩效考核，抓落实、排隐患、堵漏洞、严考核；每周开展安全履职检查，按照2020经济责任制进行考核；修订完善7大类119项安全规程，使规程更具实用性和可操作性；推进4个班组安全操作标准化达标，实现达标2个班组；职业卫生健康体检800余人次；发放工作服3600余套、肥皂8000余块、毛巾3000余条、手套9000多副，保障职工安全基础用需；对1700多人开展培训，组织开展公司级演练2场，作业区级演练5场；"双预防""模块化"管控与安全专项检查和日常履职检查相结合，实行专项检查与日常检查网格化、日报制、闭环管理；对安全重点部位进行"地毯式"隐患排查，查出隐患422项，整改420项，安全隐患"清零"专项整治隐患104项；路面纠违与GPS监控相结合，对驾驶车速、驾驶行为、车内人员状况、道路状况实行实时监控，规范驾驶行为，有效管控和遏制重大道路交通事故发生。

【设备管理】 树立"管好、用好、养好、修好"设备管理理念，不断完善制度，规范工作职责，量化工作标准，把设备基础管理工作纳入日常设备管理评价体系；完善了501台车辆、工程机械的电子版技术档案；强制执行设备维护保养制度，严把专业维修质量关、操作使用检验养护关，设备维护保养制度化、规范化；累计完成点检2.13万台次，一级维护5067台次，二级维护830台次，计划检修实现率98.75%，车辆完好率达95.66%；对超年限运行的101台车辆及工程机械增加点检次数、缩短点检周期，严格"三检制"考核，有隐患必须停驶处理，保证设备技术状况和安全性能；对20余台技术状况老化严重的运输钢坯挂车，严格点检、监护运行，确保了运输钢坯挂车的有效管控。

【综合治理】 出厂检修车辆执行"派遣单"，车辆出厂区检查站执行报告制，使各种车辆（工程机械）处于可控状态；对含铁、合金料运输车辆，规范了运输路线、外排监装管理，确保车辆可控；定期对作业区物资监管、劳纪管理、重点部位（仓库）防盗设施、车辆油箱防盗设施、危货运输车辆监管、合金料运输车辆监管、通勤客车运输车辆监管、车辆运行GPS等方面进行检查，实行周检查、周通报，增强人员综合治理意识；查出各类问题74项，均得到整改。

【党建工作】 严格执行《新形势下党内政治生活若干准则》，紧盯"关键少数"，领导班子带头执行民主集中制、请示报告制度；党建工作与中心工作同部署、同落实、同检查、同考核，制定党委2020年工作要点，明确年度重点工作任务30项；修订完善党委议事规则、"三重一大"决策制度实施细则、"三议一报告一执行"决策机制实施办法以及干部综合考核评价办法，促进党建工作规范化制度化；对支部建设进行评估定级，开展基层党支部党建制度落实回头看，对查摆出的31项问题限时整改，推动党建工作和生产经营相融合；开展"转变观念、扭转局面、真抓实干、树新形象"为主题大讨论及建言献策活动，促进工作作风转变；党委与基层党支部签订党风廉政建设责任书、廉洁自律承诺书，落实"一岗双责"；围绕生产管理及党建工作，通过"测评、谈话、查阅、走访"对作业区薪酬分配、议事制度、劳纪管理、治安防范、党建基础工作等方面存在问题进行巡查，堵塞管理漏洞；开展党委内部巡查，坚持问题导向，通过召开现场启动会，听取支部书记和作业长汇报，公布监督电话，与班组长及职工代表谈话等方式，重点检查议事制度、薪酬分配、考勤制度等执行情况，检查班子是否团结、作业长、支部书记履职情况，检查支部日常活动开展及基础管理情况。有2个支部被北营公运公司党委巡查；设立"精彩公运"公众号，鼓励职工围绕身边亮点及先进撰写稿件，扩大正向激励效果，促进了职工队伍和生产秩序稳定。

【群团工作】 按程序完成工会副主席增补；按要求进行工会费用公示、审核及资产管理；开展汽车维修工、装载机驾驶员技术比武，75名职工参赛，选拔优秀技术职工12名；创建劳模创新工作室，招募成员28名，以技术培训、现场技术难题攻关为重点，发挥技术骨干作用；认真听取基层工会的意见和建议，解决浴池重建、维修班翻修等10项问题，无矛盾纠纷发生；做好"送清凉"服务，为一线职工发放西瓜约1.2万斤、白糖5874斤，配发风扇2台、微波炉2台、电磁炉1台、冰柜1台、洗衣机7台；关怀职工，做好帮扶，为24名困难职工发放慰问金95368元、为1021名职工申请办理医疗保险金9.7万元、为52名住院职工发放慰问金1.56万元、发放丧亡慰问金1.35万元；激励职工参与企业管理监督。集团核心主业合署办公后，公运公司实施一系列管理改革措施，涉及人员安置、业务调整、运力优化、调度指挥权发挥、劳纪管理等各方面，使工作的公平性、透明性得到极大改善；为了解职工对改革的反应，对全体职工开展了不记名调查，参与职工846人，占总数的84%，调查反映了职工对改革支持率达93%，更有86名职工通过留言方式直指北营公运公司目前存在的问题并为下步发展提出建议。

【防疫工作】 新冠病毒疫情突如其来，公运公司立即成立由经理任组长的领导小组，建立联防联控网络，层层落实责任，积极筹措，发放口罩1.7万个、购买消杀液1.3万元、建立"接龙报平安"微信群28个，采取领导分区包保、全员日排查、日报告、区域消毒、个人防护、通勤客车集中消杀通风、门禁外来人员登记等措施，实行日检查、月通报考核，内防扩散、外防输入，对管辖区域涉及人员密集作业场所、职工通勤客车按规定消毒、通风，确保安全。

【特色管理】 实行督查、督导工作制。即对早调会安排的重点工作开展督查督办，内容涉及生产、安全、设备、党建等管理方面，每周对进展和完成情况进行通报，对完成不力的相关责任人按月进行考核。下发周报44期，督导重点工作234项，督导完成228项，有25名管理人员因重点工作推进不力被考核，有13人受到奖励，有3个班子被集体约谈，提高了管理效率和工作执行力。

（禚晓霞　金　梅）

北营铁运公司

【概况】 北营铁运公司是北营公司的辅助生产单位，主要承担北营公司进厂大宗原燃料接入、厂内物料倒运、铁水调运、产品外发等铁路运输任务。现有正式员工974人，其中管理岗位人员34人、业务岗位人员20人、技术岗位人员24人、操作岗位人员896人；中专以上学历366人、初级职称以上人员231人；技师以上人员8人、初级技能以上人员773人；中共党员251人、共青团员32人。下设五个管理室（生产技术室、安全管理室、设备管理室、党群工作室、综合办公室）、11个作业区（机务、内燃、车辆、工务、电务、机车检修、原料站、炼铁站、炼钢站、道口、调度室）。固定资产9.42亿元，净值5.30亿元。主要设备有GK1C型内燃机车15台、GKD1A型内燃机车20台、DF10D型内燃机车6台。普通车辆257台（辆）、320t鱼雷罐车34台、75t铁水罐车26台（辆）、11立方米钢渣车12辆、NS0632型63吨伸缩臂式内燃起重吊车1台、柳工CLG906D型履带式液压挖掘机1台。

【安全管理】 北营铁运公司坚持"安全第一、预防为主、综合治理"方针，通过安全管理制度修订、全员安全教育培训、隐患专项治理、应急处置演练、安全标准化建设、反习惯性违章作业和违章指挥排查以及强化相关方管理等活动的开展，实现了重大人身、生产、设备、火灾、交通事故"五为零"的工作目标。围绕安全生产责任制、安全规程、体系管理、消防安全、职业卫生、双重预防等培训各类人员1046人次，合格率达100%，保证了铁路运输安全顺行。安全风险管控方面，共辨识135项危险源，其中橙色3项、黄色61项、蓝色71项，均制定了作业标准，分区域绘制风险分级四色图，实现风险管控动态化管理。制定了《北营铁运公司安全生产专项整治三年行动实施方案》，包括2个专题和6个专项整治方案，将总体工作分为四个阶段，规划49项阶段性工作目标，按计划推进实施，深化源头治理、系统治理和综合治理，推动公司安全稳定发展。全年公司班子成员深入现场安全检查12次，共查隐患35个，全部整改。排查习惯性违章行为168人次；培训特种作业人员、新职工、劳务工等189人次；审核12家施工单位安全准入资格；开展2次重点岗位人员安全操作和突发事件应急处置培训；修订、完善公司各项安全制度、安全规程35项，共300余条；开展厂内机动车抢行铁路道口综合整治，保证了铁路运输安全顺行。

【生产技术管理】 北营铁运公司积极应对北营公司生产模式变化，优化铁路运输生产组织方案，科学组织、合理调度，2020年机车台日产量完成3360吨/台日，创历史新高。生产调度系统坚持"三个超前"保产原则，加强与生产单位调度信息沟通，压缩鱼雷罐运行数量，鱼雷罐周转率平均完成2.95%，最高达到3.27%，铁罐调运正点率达到100%，为铁、钢工序生产顺行提供有力保障。与铁路部门严格执行"预确报"制度，路企之间详细掌握到达车流及交车信息，全面完成大宗原燃料接卸车任务，全年完成铁路运输量2980万吨，厂内倒运量1100万吨，局车一次作业时间16.42小时/车，全年接车204207辆、交车204193辆，日均周转1116辆。积极组织外发产品配车工作，采取"先验后配"方式，确保配车完好率达到96.6%，全年外发产品80388辆，日均220辆。加强厂内供料组织工作，根据到达车流及厂内生产检修情况，及时组织四百平烧结、大高炉杂矿槽、干煤棚供料运输，确保运输保产保供实现"零影响"。积极响应集团公司号召，加大废钢回收上缴工作力度，全年上缴检维修、固定资产等各类废钢4317.2吨，为北营公司挖潜增效工作做出了积极贡献。

【设备管理】 北营铁运公司结合集团春秋检、点检员绩效考评及专项检查工作，全年自检自查各类缺陷及隐患126项，整改126项，整改率100%，为公司设备安全稳定运行提供了有力保障。在设备日常管理工作中，以"红旗设备"评比为抓手，严抓主体设备定修管理，围绕检修计划、检修备件、检修工具、检修过程及检修质量等落实责任、精准管控。针对动力介质管网、电气设备、特种设备以及计量器具等定期开展专项检查检验，按计划组织实施各项检维修工程管理。全年共计外委年修机车6辆，检修内燃机车144台次，检修鱼雷罐车13辆、冶金车辆132辆，检修铁路线路183公里、铁路道岔522组，共计抬道量2000余延长米、道岔305组，自修自改项目20余项。信息化方面，按照信息系统职能和业务分工变化，对《北营铁运公司信息化系统运行管理制度》进行修订，确保信息系统正常运行，同时根据各系统操作人员业务情况，重新梳理ERP系统权限，累计调整权限51项。优化计量网功能，累计调整权限165项。在软硬件管理上，对11处网络设备进行拆机除尘，备份网管交换机数据，更换主机31台，按照实际需求完成二次分配，更换的机器根据集团公司软件正版化工作安排，完成WPS软件安装运行工作，亚信安全防毒墙网络版安装率100%。信息化运行方面，系统运行平稳，数据传输稳定，完成各项考核指标。清仓利库方面，全年利库29万余元，对老库存充分进行了利用，完成了公司利库指标，同时积极开展修旧利废、自修自改活动，全年共计实施项目200余项，共节约资金34.46万元。

【工程建设】 北营铁运公司2020年检维修工程共计12项，检修合同额798万元，已全部按计划完成现场施工及合同决算、挂账等工作。2020年新立项信息化项目"北营铁运公司鱼雷罐跟踪系统"已完成现场施工并开展试运行工作，对公司提高鱼雷罐周转率、降低铁水温降指标等起到推进作用。

【疫情防控】 按照集团公司统一部署，北营铁运公司迅速成立领导机构，形成党委挂帅、行政落实、群团发动、全员参与的抗疫局面。严格落实集团公司防疫工作"三十条"和《铁运公司疫情防控工作安排意见》要求，明确职责，压实担子，积极筹集防疫物资，先后向作业区、班组发放84消毒液152桶、一次性医用手套1500副、各类口罩1.6万余个，保障疫情防控需要；在各区域、场所设立宣传站，通过广播、画报、专栏等形式，向职工宣传疫情防控知识，指导做好个人防护；加强日常检查和领导干部值班值宿工作，对职工佩戴口罩、体温测量、岗位消杀、环境通风、通勤管理等进行检查。作业区、管理室坚持"接龙报平安"，实时掌握职工身体状况。2020年，累计执行居家隔离243人，累计解除隔离231人，执行在岗观察40人，全体职工未发生疑似病例和确诊病例，为全年顺利完成铁路运输任务创造了条件。

【成本管理】 在2020年挖潜降耗工作中，各工序统一思想、协调联动，以铁路运输高产低耗为核心，以各工序节能降耗、节支降耗、废旧物资回收为"突破口"，全力开展降本增效工作。生产系统以"对标攻关""调度小指标"竞赛等工作为载体，围绕铁水调运、局车接卸、物料倒运、产品外发等主要工序，强化管控措施，全口径"机车台日产量"指标由3280吨/台日提高到3680吨/台日，压缩运用机车，全年节省柴油消耗近46万元，机车吨钢铁耗油0.17千克/吨；设备系统在各维检作业区开展修旧利废、自修自改、机旁库专项盘点等工作共200余项，节约材料、备件费用支出近180万元；组织开展检维修废钢回收上交工作，全年回收上交废钢

302吨。通过各项工作的开展，全年降本增效533元。同时积极响应集团公司号召，完成冶金车辆报废110辆、拆解报废轨排740组，上交固定资产废钢4012吨，配合国贸公司拆解外销报废蒸汽机车16台，累计创效2200余万元。

【党群工作】 深入学习贯彻落实党的十九大和十九届五中全会精神，认真履行全面从严治党主体责任，发挥好党委领导核心和政治核心作用。以"基层党建工作建设年"和"基层党建制度落实年"活动为依托，全面梳理、完善党建工作制度，党建基础工作得到进一步夯实。通过开展"繁星工程"评比、四亮一争、党员承诺践诺、党员创新工作室等党建主题活动，党支部战斗堡垒和党员先锋模范作用在生产经营工作中得到了凸显。牢固树立安全生产"党政同责、一岗双责"理念，通过党员干部安全履职、设立党员安全示范岗、签订党员安全互保协议、职工代表安保视察等措施，将"全面从严抓安全"工作落到实处。加强干部综合考评，强化干部履职尽责，严肃追责问责管理。以《中央八项规定》《中国共产党纪律处分条例》《中国共产党廉洁自律准则》和廉政典型案例为内容，加强党员干部廉政教育，营造风清气正良好氛围。全年组织发展党员6名，预备党员转正7名。工会工作以"建家"活动为依托，围绕生产经营中心，开展内燃机车乘务员、调车员、调度等4个工种136名职工参加的技术比武活动，发放奖励1.32万元；开展"夏季送清凉"和"冬季送温暖"活动，为各岗位送去防暑降温和保暖护膝等物资累计2.9万元。共青团工作在团员青年管理上推进"智慧团建"平台建设；成立4个"青年安全生产监督岗"，以青年团队为基本工作单元，打造青年工作新模式，引导青年，凝聚力量；在团员青年组织活动上，开展了"五四"及"学雷锋"系列活动，组织团员青年义务植树、参加"五四"评先及书画摄影展、趣味运动会等活动；成立了"北营铁运公司疫情防控青年突击队"，支援厂区环境卫生整治和工作区消毒、清理等预防工作，被集团团委授予"2020年度新冠肺炎疫情防控工作优秀青年突击队"称号。武装统战工作完成武装人员信息采集，上报地方与军事对口专业3人、民兵整组3人，对114名退役人员进行了优抚。 （周　田）

北营原料厂

【概况】 2020年末，本钢集团本溪北营钢铁（集团）股份有限公司原料厂（简称原料厂）职工总数768人（在籍职工715人、内部协力工53人）。其中管理岗25人、业务岗31人、技术岗7人、生产操作岗位652人，研究生学历1人、本科学历31人、专科学历132人，副高级职称3人、中级职称17人、初级职称48人，技师4人。下设5个管理室、5个作业区、40个班组。党委下设6个党支部、14个党小组、党员151名，占在籍职工总数的21%。下辖一次料场五座，主要担负大宗原燃料受卸、贮存和为高炉、烧结、焦化供料的生产任务。主要设备有翻车机4台、双螺旋单侧卸料机2台、天车4台、除尘器7台、电磁站5座、斗轮堆取料机6台、皮带95条，皮带累计2.4万延长米。

【主要经营指标】 2020年，完成受卸火车167521节，汽运64641辆；入库原燃料1384.69万吨，出库原燃料1402万吨，年吞吐总量2786.69万吨；完成可控成本费用6107.62万元，对比计划降低9.08%；完成采购总值1894.81万元，对比计划降低6.37%；全年实现吨矿成本2.74元/吨，对比计划降低8.74%，降低吨矿成本0.26元/吨，全面完成集团公司考核指标。

【安全管理】 2020年，原料厂以全面从严抓安全为工作核心，以"安全大整改大整治"为契机，修章立制，夯实安全基础，强化过程管控，突出细节管理，及时有效解决安全生产工作中存在的不利因素，一举扭转安全工作被动局面。一是完善修订安全管理制度90项、操作规程71项，落实"党政同责、一岗双责、失职追责"的责任体系，作业区与班组签订了安全责任状和安全互保协议，建立厂级对作业区、作业区对班组安全管理评价考核体系，完善周五安全例会制度，持续推进安全工作向深入开展；二是成立4个综合组、6个专业组开展"安全大整改大整治"专项检查行动，发现问题124项，均已整改完毕。开展安全生产隐患"清零"专项治理行动。第一阶段共计检查问题58项，整改58项。第二阶段对94条皮带机、12374米皮带进行隐患"清零"，共计制作、安装护栏2371套，使用钢材37.32吨，圆满完成了"清零"工作；三是组织职工进行风险分级管控清单辨识共计343项，全年检查发现安全隐患问题213项，查出"三违"问题28项，消防隐患问题45项，均已全部整改，实现闭环管控；四是以干部职工上讲台的形式，进行安全知识、技能防护教育培训，全年累计700人次参与厂内安全实操培训，组织666名员工参加职业健康体检，无一人异常。

【生产组织】 2020年，原料厂积极贯彻集团公司"均质化"工作方针，克服制约生产的实际困难，全力以赴保稳产、促高产，连续16年实现保产保供零影响。一是科学组织，精准调度，严抓岗位标准化操作，以均质化管理为切入点，严把原燃料入口质量关，加强待卸物料目视验收、品种确认以及专线专用、清仓清料管理，累计外排废弃物及生产废草442车，避免物料混质，确保进厂原燃料卸得下、供得上，全年未发生一起厂际间生产事故和质量事故；二是加强原燃料日清日结，完成5台皮带二级计量秤的调试、上线运行工作；为降低生产能源浪费，严查能源跑、冒、滴、漏问题，全年累计回收散落料1300余吨，节约生产管控成本227.25万元；三是积极落实防汛措施，累计清理地上及地下防洪沟1800余延长米，清理沉淀池、泵坑等54个，安装水泵50台、备用水泵17台，对焦炭及部分含铁料进行雨前封盖35000㎡，确保安全度汛；四是针对冬季生产模式，提前制定了极端天气应急预案、冬储冬运工作方案、防寒防冻工作方案，开展了冬储准备专项检查，确保各项工作落实到位。

【成本管理】 2020年，原料厂多措并举挖潜降耗，全面完成降本工作目标。一年来，原料厂重点从节支、降耗、修旧利废、小改小革、严格考核入手，将有限的资金用在刀刃上。围绕物资管理开展库房整治，完成全年18万元利库指标；通过备件指标分解、宏观控制需求计划金额、延长检修周期等多项举措，在确保设备正常运行的情况下，全年对比计划降低可控成本费用585.05万元，降低采购总值128.82万元。

【设备管理】 2020年，原料厂认真贯彻集团公司设备管理思路，立足自身强化点检定修，加强设备点检和设备日常维护保养，有效解决制约生产的瓶颈问题，全面提升设备稳定运行率。一是积极改善作业区点检自主管理，推进点检机构改革，8月份将专业点检员下沉至作业区，提高作业区设备自主管理能力，及时消除设备隐患，降低事故故障率，提高设备作业率，奠定设备稳定运行基础；二是贯彻设备包机到人，责任到人，将点检出的设备隐患采取补油、补焊、增加点检频次等特护措施，全年共计查出设备隐患258项，均处于受控状态；三是严格实行周期性月计划检修，通过检修平衡会、查设备隐患台账等方式制订检修计划，全年计划检修65次，并对设备实施解体检查，有效解决了平时不易发现的隐性故障，降低突发事故率，为保产保供做足充分的设备保障。

【环保管理】 大力整治厂容环境，稳步推进环保管理，环保治理工作全面向好。2020年，原料厂开展了一场史无前例的环境卫生大整治行动，从管理室到作业区到岗位，从四室到生产现场到厂容厂貌进行了彻底清理和整治。共投入378人次，义务献工4次，清理积土、垃圾等150m^3，投入运输车辆30台次；投资50万元建设修缮一铁料场道路，自修双四百料场尾部公路和料场内车道3000m^2，修理杨树树冠44棵，种植花草40m^2，粉刷亮化房屋建筑物16019.38m^2。为有效降低物料扬尘，组织300余人次进行物料苫盖工作，苫盖面积达60000m^2；为加强对洒料现象的管控，自行建设洗车台2处、刷车点2处，杜绝车轮带料上路现象；严抓除尘设备启停管理，全年除尘设备有效运行率达99.49%，完成环保设施运行指标；自主加强环境自检互检力度，全年共发现厂容环境问题434项，整改434项。

【四定工作】 2020年，原料厂根据集团公司"四定工作"工作组指导意见，经过前期筹备、召开职代会、发布岗位竞聘信息、组织报名、测评、资格审查、笔试、实操等，圆满地完成了"首席操作""高级操作"共计37个岗位的竞聘工作。

【管理创新】 2020年，原料厂扎实推进省级"付祥志劳模创新工作室"建设，2020年创新工作室共计完成改造项目7项，申报专利项目2项，同时，"付祥志技能大师工作站"通过修理斗轮大盘、电机等修旧利废项目全年创效47万余元，被本溪市授予市级技能大师工作站；持续推进合理化建议征集活动，将工作重心向基层操作岗位倾斜，全年征集合理化建议366条，经评审后采纳193条，发放奖励2.21万元，创造效益约36万元。

【职工培训】 2020年，原料厂以关键岗位、易发生事故岗位以及每个员工的薄弱环节作为培训重点，收集基层技术人员和职工学习需求，开展技术培训，力求实效。2020年，共计举办各类培训班10个，培训334人次，完成68学时，职工的技能水平得到了有效提升。

【劳纪管理】 2020年，原料厂围绕生产全面开展劳动纪律检查工作，全年累计进行厂级检查92次，检查发现问题46项，考核44项，整改2项；作业区级自检自查共628次，检查发现问题116项，考核91项，整改25项；开展厂区机动车辆综合整治专项检查9次，查出违规停放车辆6辆并按相关规定进行了考核。

【治安保卫】 2020年，原料厂加强技防设施管理，新增监控点位2处，利用监控技术手段对各重点防范部位进行24小时影像监控。全年开展治安防范检查29次，查出治安隐患13项，已经全部整改完毕；开展盗窃源点清理工作，集中清理回收13处，上缴废钢295.34吨，节约成本52.55万元。

【党建群团】 2020年，原料厂党委以人为本，助力生产发展，坚持围绕中心、服务大局，全面加强党的建设，深入开展党建主题活动，按照组织程序换届选举产生了新一届委员会。新班子认真开展"两学一做"学习教育、依托党员"一带三"和繁星工程等品牌活动，以思想建党为引领，以"两抓两带两服务"为重点，以"四大工程"为抓手，提素质，转作风，抓建设，促发展，荣获2018—2020年度本溪市"文明单位"荣誉称号，彰显国企党建优势。从6月份起，将每月19号设立为"厂长接待日"，厂领导与职工面对面零距离坦诚交流，现场办理解决有关问题16项，真正为职工解难题、办实事，为企业发展源源不断地注入生机和活力。10月份，由原料厂承办的本钢集团2020年"工匠杯"斗轮堆取料机技能大赛完美收官。

【抗击疫情】 2020年，面对突如其来的疫情，原料厂坚决贯彻落实党中央、国务院、省、市、集团公司疫情防控工作部署，抓疫情防控，促安全生产，实现了企业疫情防控平稳有序。按照集团公司防疫工作要求，迅速成立了厂级疫情防控指挥部，建立工作机制，加强组织领导，压实防控责任，提高政治站位，将疫情防控作为第一位的重要工作来抓，形成了全员抗疫防控的良好局面。制定、下发、转发疫情防控相关文件90余件，明确工作职责，提升应急处置能力；利用电子屏、板报、微信群、厂内广播、防疫特别专刊等媒体大力宣传疫情防护知识，引导员

本钢集团2020年"工匠杯"堆取料机操作工岗位技能大赛（崔震 摄）

工正确认识疫情,积极做好自身防护;严格执行接龙报平安"日报告""零报告"制度,严格落实人员排查措施,健全职工安全档案;积极为职工配备防疫口罩、消毒剂、喷壶、体温计、测温枪等防控用品,投入资金近5万元,满足职工和企业防控所需。通过落实落地落细各项防控措施,全方位做好了疫情防控工作,确保了集团公司决策、部署落实到位,确保了员工生命安全和身体健康,确保了全厂上下政令畅通,生产安全顺行。截至2020年末,原料厂职工无疑似病例,无确诊病例,为全年实现高产稳产创造了有利条件。

（丁 明）

北营发电厂

【概况】 北营发电厂是热电联产型企业自备电厂,主要任务是向北营公司内部各单位及三冷轧提供蒸汽和电力能源,是北营公司辅助生产单位。职工总数770人,本科以上学历46人、大专学历170人、中专学历86人,高级职称5人、中级职称35人、初级职称78人。下设五个管理室、五个作业区。拥有固定资产原值14.82亿元,净值10.41亿元。主体设备有汽轮发电机组14台、燃气锅炉10台、干熄焦余热锅炉4台、烧结余热锅炉3台,装机总容量为26.9万千瓦,锅炉产汽总容量为1154吨。

【主要经济技术指标】 全年计划发电量为127600万kWh,实际完成发电量146906万kWh,完成计划的115.13%。全年实现超额降成本2344万元。

【生产组织】 2020年,发电厂抓住外部煤气资源较为充足有利时机,通过优化内部运行方式,保证蒸汽发电效益最大化。根据炉机特点及时合理调整运行方式,优化资源配置,在满足外部生产单位用气需求的前提下,让三电和四电高效率机组少供汽甚至不供汽用来多发电。5、6月份高炉运行方式由2+3模式调整为2+0模式后,积极协调能源管理部门,使一区三电维持了三台锅炉运行,最大限度地减少了产量损失。7月份以后恢复2+3模式,发电厂进入产量爆发期,通过采取积极掺烧混合煤气多发电、保证烧结余热机组稳定运行多发电、充分利用干熄焦余热回收多发电、实现五电安全保供多发电、降低检修影响多发电、大力开展发电量竞赛活动多发电等措施,强化标准化操作和管理,在保证对大高炉、焦化、烧结、三冷轧生产零影响的同时,实现了发电产量的极大攀升,全年完成发电量14.69亿千瓦时,创造发电厂有史以来年产的最高纪录。

【成本管理】 强化日清日结、三级成本核算、对标攻关等日常成本管理体系建设,夯实成本管理基础,突出指标分析与管控,落实成本绩效考核,调动全体人员在成本管理中的主观能动性,为全年成本指标的圆满完成奠定了坚实基础。继续抓好大宗消耗管控工作,对全厂定额辅料、水、电消耗等重点项目采取有效措施,强化目标落实。重点加大了对循环水的浓缩倍率指标管控,使循环水的排水量大幅减少;频繁运用给水泵运行台数与锅炉用水量的匹配调整以及根据机组真空情况调整风机水泵的运行台数等手段,使大型用电设备的运行更加科学合理。发电水耗率对比计划下降了1.43kg/kWh,折合工业水量202万吨;厂用电率下降了0.21%,折合电量296.6万kWh;定额辅料消耗下降了156万元；共计创造经济效益达483万元。2020年9月份在三电铺设水处理原水专线，将循环水补水等全部改为中水后，每天节约新水1.2万吨，全年节约新水400多万吨，对降低北营吨钢新水耗率意义重大。

【设备管理】 发电厂不断夯实设备管理基础，对设备管理制度进行全面梳理、修订和完善，使设备系统各项管理工作做到了有章可循、有规可依。强化岗位点巡检，充分发挥设备管理第一防线的作用。创新考核评比，推行专业检查、综合评比、整体考核的专业评比方式，有效地激发了基层专业人员的竞争意识和履职服务意识，提高了设备综合管理水平。实现联合检修深度融合，合理进行定修时间调整，科学优化检修项目，认真组织开展检修工作，对四电2#干熄焦余热锅炉定修、400平烧结余热环冷罩子抢修、二电1#机抢修组织得力，及时解决制约生产的瓶颈，为提升发电量创造了宝贵条件。在2020年重点检修项目二电干熄焦余热锅炉年修组织上，各级管理人员不等不靠、主动作为，充分吸取一电干熄焦锅炉年修的成功经验，多次召开专题会不断优化、完善施工方案。两次到鞍山锅炉厂考察备件质量及备件生产进度，保证备件按时到货。年修期间执行两级值班制度，主管厂长参与值班，对现场进行实时跟踪，保证了安全、质量和工期。施工单位克服场地狭小、作业环境恶劣等影响，24小时作业，确保检修按期完成。经过全体参战人员的共同努力，二电干熄焦余热锅炉历时56天大修结束，于8月5日投入运行，相比原计划提前4天，实现了安全零事故、质量零问题的检修工作目标，为生产系统稳产高产打下坚实基础。

【安全管理】 发电厂深入贯彻"全面从严、共享共担、重心下移、注重过程"安全工作方针，落实"一岗双责"和"管专业必须管安全"主体责任，积极开展春季安全生产大检查、安全生产隐患"清零"、安全生产专项整治三年行动、冬春火灾防控专项整治及节前安全检查等专项检查工作，扎实开展安全培训，加强职业卫生管理，将安全生产日常管理融入到疫情防控之中，做到生产与防控两不误。先后完善了《北营发电厂受限空间作业安全管理规定》《北营发电厂仓储物资场所防火安全管理制度》等安全管理制度，完成了《运行岗位安全规程》《维检岗位安全规程》等"三大规程"修订并报备。制定并下发《北营发电厂安全风险分级管控和隐患排查治理双重预防机制实施方案》，组织全员开展培训并结合岗位生产实际对现场作业活动进行重新辨识，共计辨识出各类安全风险250项，其中较大风险25项、一般风险74项、低风险151项。积极开展安全生产月活动，认真组织员工参与全国安全知识网络竞赛活动，积极开展领导干部上讲台和"安全为了谁"征文、书法、漫画展以及厂用电全停煤气锅炉应急处置实操演练等一系列活动，提高了职工安全意识。注重对检修作业现场、重大操作的安全管控，紧紧围绕二区干熄焦余热锅炉年修、生产三区停产检修、生产四区400烧结区域停产更换环冷罩、两次配合大高炉联检、一区三电水处理原水管道铺设、恒达物流园三区10KV线路工程以及本钢高装构筑物修缮等重点项目做好现场安全监察工作。

【环保管理】 2020年，受煤气携带杂质影响，SO_2和颗粒物含量过高，烟气在线监测数据频繁超标。发电厂一方面加强烟气在线的监控，及时调整过剩空气系数，降低折算后的数值，必要时减负荷控制烟气排放达标，另一方面，及时与上级部门沟通，查找燃料中的污染物来源，先后查找出二电锅炉的 SO_2 指标超标、三电 3# 炉烟气在线监测的 SO_2 指标超标、五电锅炉的 SO_2 指标超标的根源，从源头上实施控制，保证了烟气在线的达标排放。针对氮氧化物时常超标问题，通过主动询问、随时超标随时报告，发现超标单独记录、协调转炉煤气投放量、适时提示岗位通用喷尿素装置等措施，使氮氧化物超标现象得到了有效控制。积极与上级部门沟通，加强危废物管理，对废树脂、废机油、废油桶等危废物资进行定期妥善处理，保证环保检查合规合格。

【疫情防控】 新冠疫情期间，发电厂严格落实《本钢集团关于进一步做好疫情防控工作的安排意见》（30条）措施，成立保产工作领导小组，实行组长负责制，开展疫情排查、隔离、信息报备和健康接龙等联防联控工作。认真执行外出人员报备制度、隔离制度、分时错峰打餐制度、定时凭票洗浴制度、外来人员健康登记制度，建立全员职工健康档案，建立接龙报平安微信群45个，实现对全厂职工全覆盖，实时动态监控，发现异常情况及时报告，保证了防疫抗疫工作常态化。同时，以疫情防控为切入点，大力开展"四室"清理和环境整治活动，全厂上下迅速行动，针对办公室、会议室、休息室、操作室以及公共区域实施大清理、大整顿，实现了物品定置化管理，极大改善了工作环境和个人卫生条件。组织完成一电煤气管道改造后的遗留垃圾、三电冷却塔填料垃圾、三电捞渣池遗留垃圾、四电厂房盖更换下来的垃圾等大规模的清理工作，有效改善了厂容厂貌。

【党群工作】 2020年，北营发电厂党委坚持思想引领，推进基层支部建设，党建工作呈现亮色。一是厂党委紧紧围绕生产经营工作，坚持和加强党对国有企业的全面领导，提高党建工作质量。二是贯彻落实"基层党建工作建设年"和"基层党建制度落实年"活动，下发了《北营发电厂党委落实"基层党建工作建设年"和"基层党建制度落实年"活动工作方案》《北营发电厂党委关于划分"党员责任区"、设立"党员先锋岗"工作方案》《北营发电厂学习贯彻〈中国共产党国有企业基层组织工作条例（试行）〉的实施方案》，加强"共产党员之家"阵地建设，继续深化"讲奉献、比业绩、创一流"党员建功立业主题活动，设立"党员示范岗"，划分"党员责任区"，组建"党员先锋队"，充分发挥党员在企业各条战线的先锋模范作用。三是认真贯彻执行党内法规制度，按照《北营发电厂中层领导干部考评方案》《发电厂党建责任制考核方案》对在职中层干部进行考核和管理，很大程度上调动了广大中层干部的工作积极性。四是党委与支部、党支部与全体党员签订了党风廉政建设目标责任书，要求党员干部自我约束，对配偶、子女加强教育管理，自觉接受党组织和群众监督，落实重大事项请示报告制度。8月份组织子女升学的干部职工签订不举办升学宴承诺书，每月开展政治性警示教育活动。五是各支部积极上报宣传稿件。截至2020年12月，《发电期刊》发稿300余篇，"北营发电"微信公众平台出稿27篇，制作宣传短视频11个，向本钢日报投稿80余篇，及时宣传发电厂在疫情防控、对标管理、持续改善、安全生产、作风服务中的新实践、新经验、新成效，并深入挖掘和选树各类先进典型模范人物，引导广大职工凝聚力量，提升整体战斗力和向心力。六是深入开展班组建设工作，成立班委会，着力打造生产现场操作标准化、规范化、可视化，实现职工与企业共同进步。开展了全优班组建设、劳动竞赛、"安康杯"竞赛活动等群众性生产实践活动，举办、参与各类职工技能大赛，提升职工素质。广泛开展职工排球赛、羽毛球赛，积极组织职工参加集团工会举办的长跑比赛等文体活动，培养团队精神，营造和谐氛围。扎实做好困难职工精准帮扶工作，解决了职工实际困难；积极响应职工呼声，着力解决通勤、防疫、私家车进出厂等方面存在的问题。七是坚持"党建带团建"原则，坚持"服务企业、服务青年"工作主线，充分激发青年职工干事创业的工作热情，加强青年思想政治引领和企业文化教育，促进"青安岗""青安杯"、青工技术比武和青年突击队创建等"青"字号工程在发电厂蓬勃开展。做好青年大学生职业生涯规划工作，积极引领青年成长成才，组织青年大学生参加集团公司团委举办的第十二届青年大学生趣味运动会。

（韩立伟）

北营能源总厂

【概况】 2020年末，本溪北营钢铁（集团）股份有限公司能源总厂（简称能源总厂）下设5个管理室、1个临时工程项目部、12个作业区。在籍员工985人，其中管理岗43人、业务岗50人、技术岗25人、操作岗867人，硕士学历6人、本科学历70人、副高级职称2人、中级职称52人、初级职称160人、技师25人、党员319名。主要工艺设备有主变压器26台、高压柜1210面、高压线路杆塔143座、水泵135台；制氧机5套、气体存储器16座（总容量达7930立方米）、液体储槽13座（总容量9550立方米）；煤气柜4座、电除尘8座、煤气加压机29台、空压机23台、脱硫塔9座、脱萘塔6座、6KV架空线路17条、导线63根（总长约110910米）、电缆回路169个、电缆419条（总长357741米），承担着北营厂区供电、供水、氧气、氮气、氩气、空压风、高炉、转炉、焦炉煤气等能源介质的安全供应。拥有固定资产总值29.486亿元，净值16.49亿元。全年成本指标对比目标降低2726万元，降幅3.6%；液体销售实际完成29892吨，超计划18073吨；发电量计划115707万千瓦时，实际完成146906万千瓦时，超31199万千瓦时；转炉煤气回收量计划108立/吨，实际完成109.65立/吨。

【疫情防控】 2020年初，面对突发的新冠疫情，能源总厂领导班子迅速成立应急指挥部，建立联防联控微信工作群，对全厂职工进行了全面排查，以作业区、科室为防控单元严防死守，加强职工通勤、测温、消毒、通风、洗浴、用餐等在岗各环节管控，切实将防疫工作抓实抓细抓落地。细化30条模板化措施，花费近5万元购置口罩、体温计和消毒用品，每日执行两次消毒、三次通风、两次测温。根据疫情进展情况，随时调整职工外出省、市审批手续，细化实施"接龙报平安"微信接龙活动，保障了全厂职工和221名第三方人员信息全面受控，阶段性打赢了疫情防控的阻击战。

【安全管控】 能源总厂认真落实集团公司安全工作会议精神，全面从严抓安全管理，加强安全生产责任落实，积极进行安全培训工作，组织职工开展双重预防机制建设，全面实现了安全生产工作目标。一是建立健全安全管理规章制度，持续修订安全操作规程，汇编规程13篇384项，保证了制度的实用性、准确性和科学性。二是稳步推进安全风险分级管控和隐患排查治理双重预防机制建设，由下至上、由点带面逐层进行"双重预防"知识培训，由浅入深引导职工学习辨识、掌握辨识，应用辨识；通过突出重点工艺、重点环节和重点岗位，共辨识出四个等级安全风险748项，从上至下分四个层级包干管控，绘制重大危险源"安全风险四色分布图"，在重点区域设立150多块警示标识牌。三是发动全员参与安全隐患检排查，全年累计排查安全隐患1067项，奖励职工12760元。四是分级管控，严格管理检维修施工安全，重点对转炉煤气柜底及管道泄漏、总降及二级所检修、五万制氧机组检修等36项大型检修进行安全管理，实现了检修安全工作目标。五是扎实做好"白帽子"新员工管理。根据《关于开展新员工安全教育培训专项检查的通知》，为新员工建立了"安全实习期"安全教育档案。以实际操作为主线开展现场岗位操作培训、实操演练培训，做好考核验收，为上岗工作筑牢安全基石。

【环保管理】 按照公司环保管控工作部署，从2月27日起，以细河腾飞桥下拦河坝为起点，对延伸到邱家断面2000米的河道进行清淤整治。厂领导亲自组织，统筹督导，骨干力量积极参战，前后历时40天，本次河道清淤总长度达3000延长米，清运沙石、污染残留物150000立，同时将河道两侧加固夯实，开春后又播撒花籽，圆满完成了河道清淤、整固河道、改善水质任务。另外，在水源头安装了9套排污监测设备，每日对焦化、炼铁、炼钢等重点排污单位进行在线监测，每天对在线COD、氨氮数据进行平台上传及公示，较好地促进了邱家断面的外排水质达标排放。

【生产组织】 以北营高炉"2+3"生产模式为中心，兼顾铁、钢、轧、焦等主线工艺用能，制定出切实可行的保三冷轧、保大高炉用能措施及生产应急处置方案，调度系统精心指挥、科学调度，有力保障了各能源介质链高产稳供。空压风、煤气转供系统严格执行调度指令，规范操控设备，实现了工序平顺稳定；供水系统积极应对种种困难与挑战，时刻关注外单位排水指标和达标外排标准，较好完成预期任务；变电系统加大隐患修复与停送电规范化操作，精心组织生产，实现操作"零差错"；制氧系统通过强化工艺纪律，精心操作，对隐患故障较多的五万制氧机组实施"特护"，年度实现生产保供零影响。

【设备管理】 能源总厂从"点检、定修"入手强化设备保供能力。一是制定下发49项设备管理制度，编制设备规程137条，修订点检标准444条、给油脂标准119条、维修技术标准249条、维修作业标准314条，使设备管理体系有章可循、行有规范。二是再次细化设备系统组织架构，明确各级人员职责、分工及工作标准，做到人岗对应、人责清晰。三是以"设备管理评价体系标准"为依据，全面履行各级点检人员职责，通过各项专项检查，累计发现各类设备隐患372项，已完成隐患整改364项。四是围绕新1#、2#高炉以及小高炉开展设备联检5次，执行检修项目307项；重点完成冷缩电缆头改造259套、电缆更换5900米、66kV架空进线铁塔31处防雷隐患处理等工作，通过系统改造升级和完善，设备保供能力逐年提升，设备事故率逐年下降。五是推进设备改进，合理压缩设备运行成本，重点完成了1#变电所变压器减容更换工作，由原容量为25000KVA两台变压器更换为容量为20000KVA的变压器，更换后每年可节省基本电费264万元。

【工程技改】 能源总厂设备技术改造紧密结合设备设施现状、主线影响范围等因素进行。2020年，能源总厂以"保安全、保质量、保工期、降消耗"为指导原则，对照施工计划，突出重点，有效保障了各项施工改造任务按期推进。一是中水深度处理回用安装工程接近尾声。除盐系统已经调试达产，达标外排计划在2021年春天投运达效。二是新3.5万制氧工程步入设备安装阶段。三是一钢产能置换外围介质管道和供电线路迁移工程包括8条介质管线和供电线路的迁移已在2020年末完成过渡施工。

【降本增效】 降本增效找成绩，跟踪管控抓细处。一是健全成本管控制度，完善《北营能源总厂成本管控实施方案》《北营能源总厂三级成本核算方案》等管理制度，明确各级管理职责，以三级成本管控体系为依托，将厂成本指标自上而下逐级分解至班组、个人，以量化考核为推手，使降本增效真正落到实处。二是对重点指标采取日清日结管控，各关键工序岗位每日对运行数据进行监控、比对、分析、反馈，对异动指标及时分析调整。三是高度关注工序降耗，聚焦制氧机产液，年度外销为公司创效2125万元。合理配置调整电系统无功补偿装置投入率，提高系统功率因数，2020年获本溪电力公司利率电费奖励227万元。四是制定改善措施，实现降耗增利目标。与板材能源总厂、鞍钢等同类型、同工艺对标交流，改善自身短板。抓好重点对标项目（制氧电单耗），调整运行方式，做好跟踪管控，全年制氧工序电单耗完成0.4272kWh/M3，降低0.0195kWh/M3，共创效1928万元。发动职工开展持续改善提案与合理化建议征集，全年共征集合理化建议1198项、简易报告书290条，已实施完成357项，兑现奖励42500元。

【人资管理】 积极稳步推进"四定"改革工作。能源总厂秉持"效益优先、兼顾公平、择优聘用、宁缺毋滥"的工作原则，深入推进高技能操作岗位聘任工作，加速专业融合。通过竞聘，聘任首席操作7人、高级操作85人。全年开展职工培训班54个，培训406学时，培训1182人次，培训合格率100%；积极组织各类职称评定工作，2020年晋级助理工程师7人、工程师6人、助理政工师2人、政工师2人。往届大学生职工庞少昆被集团公司评为"未来希望之星"。

【党群工作】 2020年，能源总厂坚持党委理论中心组学习制度，党委书记带头，采取多样化学习方式互动交流，全年组织学习22次。促进党建与生产经营的深度融合，季度开展"繁星点点 照亮北营"暨繁星工程实践活动。以"基层党建制度落实年"和"基层党建工作建设年"活动为契机，持续开展"大学习、大检查、大规范、大提升"活动，聚焦各党支部建设，规范存档内容，严格落实"三会一课"制度，制订季度"两学一做"工作计划，跟踪指导学习。规范党费收缴标准，加强组织建设，全年培养发展预备党员14名，转正7名。厂党委重视宣传工作，精心组织刊发《能源之声》12期，《本钢日报》发表文章25篇，利用厂及公司微信群编发小视频8个，工会、团委媒体公众号刊发图文10篇。严格落实党风廉政建设责任制和"一岗双责""三重一大"工作制度。重点节假日前，组织全体党员干部进行典型案件警示教育，观看廉政光碟等。全年签订廉洁自律承诺书295份、党风廉政建设目标责任书306份，健全党员干部廉政档案306份。深入推进中层干部月度考评工作，组织38名干部参加"辽宁省干部在线学习"活动，6名新提任干部填写了《领导干部有关事项报告表》，4名科级干部主动申报了《本钢集团党员干部办理婚丧喜庆等事宜报告表》，切实增强中层干部纪律意识、规矩意识和组织观念。厂工会积极开展了关爱职工系列工作，组织职工代表进行安全巡视及提合理化建议，为职工提供安全舒适的工作环境。"送温暖"活动中，为11名困难职工发放救助金78000元和米面油等生活必需品，为15名住院职工发补助金4500元，为29名职工发放直系亲属丧亡慰问金14500元，为全厂职工发放节日慰问品价值517642元。组织116名职工参加集团"无偿献血"活动。"战高温 送清凉"慰问一线职工，并为其购买西瓜、白糖、绿豆、电风扇、冰柜、洗衣机。为全体职工缴付互助医疗保险，为213名女职工参保"女性安康保险"。关爱职工，做职工的贴心人，为临时偏远岗位职工购买保温餐具、微波炉、协调生活水等。本钢"工匠杯"职工技能大赛活动中，能源总厂选送的2名气体深冷分离工取得"本钢职工技术能手"荣誉称号。在集团工会组织的"三对三"篮球比赛中取得小组第三，在职工观光长跑比赛中取得团体第18名。积极开展主题团日活动，组织部分团员青年到煤压作业区二区八万立院内进行围墙粉刷、整理草地，

美化了厂区生态环境。夯实青安岗创建工作，安全意识强、全班无违章、严格执行操作规程的"煤气防护站"团队荣获2020年集团公司敬业奉献类"青年精英团队""全国青年安全生产示范岗"称号。丰富青年文化活动，开展了北营能源总厂青工安全知识竞赛、"迎十一·我与企业共成长"青年大学生座谈会，参加集团大学生趣味运动会、青年志愿者活动等，激发了青年、大学生积极为企业发展做贡献的热情。（钟振华　张　净）

北营生活服务中心

【概况】　2020年5月末，本溪北营钢铁（集团）股份有限公司生活服务中心（简称生活服务中心）职工总数408人。其中中专以上学历110人，高级职称1人、中级职称16人、初级职称23人。下设五个室（综合办公室、党群工作室、生产安全室、设备管理室、食堂管理室）、五个作业区（环卫作业区、维修作业区、土建作业区、综合作业区、食堂作业区）。主要承担北营厂区绿化美化，厂区道路维修维护、保洁，公辅设施维修维护，防汛防寒及临时性工程施工、外委工程管理，职工午餐制作配送，大学生宿舍管理，本钢集团、北营公司机关后勤保障服务，北营公司外转供能源收费及部分行政业务职能。1—5月份，成本费用计划目标2007.29万元，实际发生管理费用1831.44万元，同计划指标相比降低175.85万元。2020年6月，生活服务中心划入本钢新实业公司。

【基础管理】　按照"先易后难、分段实施、彻底消除"的原则，积极开展安全生产"隐患清零"专项治理工作，落实领导干部安全

履职检查及安全生产月总体工作安排，抓好施工现场安全管理，开展职工安全培训等，将安全工作抓实抓细，确保安全生产形势总体稳定；完善设备台账、抓好设备点检定修及维护保养，提高设备可开动率；将岗位点检同现场文明生产管理相结合，提高设备工作效率；做好修旧利废及回收修复工作，降低维修成本；进一步加强治安综治管理，营造和谐稳定的工作秩序；加强计划管理，认真做好物资、设备计划的上报及落实，为成本指标的顺利完成奠定坚实基础。

【职工配餐】 以"安全、优质、高效、节俭"为工作原则，坚持规范化、标准化配餐服务，为职工提供安全、优质、营养的工作餐。从食材进货、检斤验质、加工制作等各环节扎实做好配餐食材保供及食品安全工作。1—5月份，开展食品安全专项检查20次，发现问题立即处理，对配餐食材供货商的加工、储存及物流条件进行了实地考察，对相关证照进行了复审；严格执行索证索票制度，完善各品类食品验收台账；疫情期间实行分时分段打餐，每天对各单位打餐人员防护用品佩戴及分时分段打餐情况进行督察，对供货人员、车辆进行监管并建立台账，同时建立供货方人员接龙报平安群，及时准确掌握各品类供货人员信息，实行全流程、全方位、闭环管理，确保职工安全就餐。截至5月末，窗口供餐110万份，为大学生提供1元自助早餐3838份，制作配送除夕慰问餐3733份。

【道路清扫及环境整治】 生活服务中心负责北营厂区道路清扫面积40万平方米，为提升道路清扫效果，实行道路清扫包片制度，采取人机结合、机械为主、人工为辅的清扫工作思路，认真开展清扫工作，确保厂区道路干净、整洁。对违反和破坏道路环境的行为进行监督考核，杜绝物料运输车辆撒料、漏料等污染厂区道路环境。3月份在北营厂区主干路和所辖区域开展环境卫生"大清理、大整治"活动。对厂区1.12万平方米污染严重路段（矿山路、北营路）采用水车冲洗的方式降低扬尘；对北营路、制氧路、原料路、二钢路、滨河南路、滨河北路、铸管路两侧绿化带中的白色垃圾、施工废弃物、越冬垃圾及绿化带内的枯枝、枯草等杂物进行全面清理；对破损路面、硬质铺装、路牙石、宣传标语、标识牌等设施进行修复，经过清理整顿，厂区环境面貌焕然一新。

【道路维修及厂容治理】 本着先重点参观路线、后主要道路的原则，对厂区主干路进行摊铺修补工作，截至5月末，铺设（修补）沥青混凝土路面5000平方米；积极做好厂区草坪、树木、模纹等绿化带的修剪、拔草、浇水、施肥、病虫害防治等养护管理工作，确保绿化带植被正常生长；为确保公辅设施正常运行使用，延长其使用寿命，降低维修成本，积极做好所辖办公区域上下水、电器线路等日常维修和人行道板、路牙石、护栏网及厂区围墙、职工通勤站等公辅设施维修维护工作，提升北营厂区整体形象。

【防汛及工程项目建设】 为切实做好2020年防汛抢险工作，成立了防汛指挥部，制订并下发了《生活服务中心2020年防汛措施及材料计划》，进一步明确防汛重点及责任分工。同时，安排人员定期对厂区内排水井、排洪沟等泄洪设施进行巡查，发现损坏、缺失或堵塞现象及时维护，保障汛期排水性能良好；按照集团设备部安排，配餐中心已完成基础图设计，初步具备开工条件，同时积极做好设备招标前的各项准备,确保设备招标顺利进行。炼钢还建浴池项目施工设计按照计划稳步推进。

【宿舍及宾馆服务】 以"三服务、三满意"为工作目标,全力做好大学生宿舍及宾馆管理。组织宿舍安全消防综合检查24次,为住宿大学生提供"宾馆式"服务;受疫情影响,北营宾馆从4月中旬起启动盒饭制作配送工作,其他对外经营业务视疫情情况逐步恢复;积极做好山上宾馆室内外保洁、绿化、上下水维修、浴池、宾馆、会议室、食堂配餐、冬季供暖等日常工作,为集团公司机关工作人员提供良好的办公环境。

【疫情防控】 高度重视,超前部署。在1月25日紧急视频会议召开后,立即召开疫情防控专题会议,传达集团公司会议精神,对生活服务中心防疫工作进行安排部署;制定了《生活服务中心新型冠状病毒感染的肺炎疫情联防联控工作方案》《生活服务中心突发公共卫生事件应急预案(暂行)》《生活服务中心关于进一步落实集团公司防控工作"三十条"及疫情防控工作细则》等方案及措施10余项;建立生活服务中心新冠肺炎疫情防控工作微信群,及时高效推进各项宣传任务落实。在宿舍防控方面,制定《宿舍回流大学生预防与控制新型冠状病毒感染的肺炎工作预案》,建立健全回流大学生和留守大学生住宿档案;每天对所有住宿职工进行体温测量并做好记录;封停活动室、篮球场、图书室等活动场所,停止一切聚会、文体活动;建立住宿人员健康档案,实时更新,实行动态管理,确保大学生宿舍疫情防控有效落实。在洗浴管理方面,采用分散人流,分时段、分批次进行洗浴的方式,落实浴池等公共区域防疫期间的日常管理工作。结合浴池管理工作实际,延长洗浴时间,提前两个小时开放洗浴;在新区浴池、双四百浴池、北营机关浴池做好分散人流,采取分时段、分批次的方式进行洗浴,避免出现扎堆洗浴现象;要求各单位按照时间顺序排好洗浴人数,尽量在十分钟之内完成洗浴。同时,加强洗浴场所的消毒和卫生打扫工作,改善浴池洗浴环境,确保不留隐患。在食堂管理方面,采用分散人流,分时段、分批次等方式进行取餐。要求各就餐单位打餐人员要以对自己负责、对他人负责的高度责任感,到食堂(供餐点)打餐时必须佩戴防护口罩;严格进行体温检测,按规定对公共区域、操作间、送餐车进行消毒;为减少人员聚集感染风险,要求各单位以集体打餐方式打餐,避免扎堆打餐现象,确保职工生命健康安全和职工队伍稳定。

【党群工作】 生活服务中心党委现有党支部6个、党小组13个、党员151人。1—5月份,中心党委紧紧围绕新冠肺炎疫情防控和中心绩效考核指标,以形势教育为主线,充分发挥党组织战斗堡垒作用和党员先锋模范作用,全力打造"三服务、三满意"工程,为生产任务的完成提供坚强的政治和组织保障。疫情防控方面,紧密结合疫情防控形势,通过开展疫情防控知识宣传、组建工会志愿者团队和青年突击队、购买防控物资、结合"大整改、大整治"开展专题党日活动、对疫情及重点工作落实情况进行监督等措施有效做好疫情防控。组织建设方面,做好《本钢集团党委深入开展"基层党建工作建设年"和"基层党建制度落实年"活动的工作方案》和《中国共产党基层组织工作条例(试行)》等文件精神的宣贯,扎实推动党支部工作规范提升；严格按照本钢组织部要求，做好2020年度党建工作经费和下拨党费使用管理；新增积极分子1人，发展对象1人。思想建设方面，坚持每月一次的中心组理论学习制度，通过自学和集中学习，不断积蓄班子成员理论知识，提升决策能力；发扬民主集中原则，选树弘扬正能量，综合作业区党支部书记被评选为一季度"本钢好人"；围绕疫情、安全生产等方面撰写稿件25篇，在《本钢日报》和集团微信平台发表文章9篇。党风廉政建设方面，切实履行党委主体责任，做好党员廉政教育、重点人员管理和监督。组织各党支部签订责任书，与143名重点岗位人员签订廉洁自律承诺书，为全体党员和重点岗位从业人员共200人建立廉政档案。群团工作方面，围绕"现场管理，青春同行"主题，组织青年突击队清理北营厂区主干路两侧及绿化带白色垃圾、杂物，捡拾废钢铁，清洗道路两侧绿化板积灰，为抗击疫情取得阶段性胜利做出积极贡献，助力"三服务、三满意"工作目标的顺利实现。（王翠波）

北营退管中心

【概况】 截至2020年5月，北营退管中心下设6个管理室，在岗职工55人，其中管理岗13人（专务4人）、业务岗11人、技术岗20人、操作岗11人。2020年6月，按照本钢集团核心业务整合定岗定编的工作要求，北营退管中心原工作业务分四个部分划入本钢退管中心、保卫中心、人力资源中心和辽宁冶金职业技术学院。

【主要指标】 2020年，北营退管中心承担落实离退休职工、离岗职工和领取生活费人员以及工伤职工的管理政策，紧密围绕服务职工、信访稳定和费用管控三项重点工作，精准服务、精准扶贫，加强费用管控，确保离岗、离退休职工队伍稳定。

【行政工作】 1.疫情防控工作。按照本钢集团的统一部署，北营退管中心成立疫情联防联控工作领导小组，制定相关工作方案和应急预案。在疫情严峻时期，综合办公室及时准备各种防控疫情物资，开展接待外来人员值班制度。认真执行"非必要不出市，出市必报备"的请假制度和"接龙报平安"制度等。2.信访稳定工作。北营退管中心始终把职工队伍稳定作为第一工作要务，坚持常抓不懈。受新冠肺炎疫情影响，2020年的信访稳定工作压力大幅度降低，1—5月份共接待登记来访9案批次，计29人次，其中集访2批次，计15人次，个访7案次，计14人次；8890投诉平台交办案件5件。3.提高占地退休（职）人员生活待遇工作。根据《关于适当提高原本钢全民占地招工退休（职）人员生活待遇办法的通知》文件，对2019年占地退休人员进行了核查档案及待遇测算工作，共174人，增加待遇额3850元/月。4.大额补充医疗保险收取工作。自2018年大额补充医疗保险收费工作移交至退管中心以来，积极对退休职工宣贯收费标准和报销政策，2020年电话通知3800多人，共收取7744人，金额272880元。5.取暖费审核报销工作。对退休及离岗职工7215户取暖费发票进行审核，报销金额共计1041.4万元，在4月初将报销费用直接转入职工社保卡。6.培训工作。2020年，突如其来的新冠肺炎疫情给培训工作带来了很大冲击，根据本钢集团防疫工作的总体要求及北营公司培训工作的具体安排，2020年上半年培训计划全部暂停,全体教职工全部投入到疫情防控工作中来,把疫情防控工作放在当前工作的首位。针对学历教育的2019级技校天车班40名学生,为保证教学计划的顺利进行,采用线上教学授课,期末考试全部合格,圆满完成教学计划。从5月下旬开始,集团公司实行机构改革,培训管理室并入辽宁冶金职业技术学院,6—9月份,按集团公司和辽宁冶金职业技术学院工作安排,培训管理室与技术学院进行培训业务、资产核查交接、人事变更等对接工作。2020年10月,培训管理室正式划入辽宁冶金职业技术学院。

【安全管理】 北营退管中心始终坚持"安全第一、预防为主"的工作方针,积极开展各项工作,确保2020年安全工作目标的顺利实现。全面开展安全大检查活动,从劳动纪律、安全规章制度落实、防火防盗、行车安全等各个方面进行深入细致的排查,一旦发现隐患,立即进行整改,坚决将不安全因素消灭在萌芽状态中,杜绝安全事故的发生,让职工真正做到"我会安全、快乐劳动"。

【党群工作】 截至2020年5月份,北营退管中心党委下设4个党支部,管辖党员175人,其中在岗党员40人、离岗党员135人。2020年初,退管中心党委积极响应国家抗疫号召,开展疫情捐款工作;紧紧围绕全年工作目标,以习近平新时代中国特色社会主义思想为指导,推进"两学一做"学习教育常态化、制度化,使全体党员牢固树立"四个意识",坚决做到"两个维护";开展"基层党建制度落实年"和"基层党建工作建设年"相关活动,按程序完成了党支部评估定级工作;加大全面从严治党力度,推动各项制度的完善和落实,为全年各项工作任务和目标的顺利完成提供强大的精神动力和制度保证。

(兰志广 李军英)

栏目编辑 全英实

矿业南芬露天铁矿

【概况】 2020年,本溪钢铁(集团)矿业有限责任公司南芬露天铁矿(简称本钢南芬露天铁矿)在籍职工1700人,其中管理岗位59人、技术岗位73人、业务岗位54人、生产操作岗位1514人。下设8个职能室、13个作业区、93个班组。党委下设25个党(总)支部、70个党小组,有党员619人。主要设备有WK-10B电铲7台、295B电铲3台、WK-20电铲2台、9350E液压电铲1台、YZ55钻机6台、YZ35钻机3台、KY310钻机2台、KY250钻机1台、PV351钻机1台、MT3700电动轮汽车23台、MT3600B电动轮汽车6台、MT4400AC电动轮汽车4台、789C矿用汽车9台、TR100矿用汽车5台、倒装站系统1套、岩石站系统1套、矿石站系统1套。固定资产原值29.22亿元,净值8.31亿元。全年发出矿石1303万吨,为近四年来最好水平;剥岩8027万吨,超产641万吨。安全生产实现"五为零",变动总成本降低6228万元。

【生产组织】 科学组织生产,严格执行推采计划,实现矿石贮量充足,生产运行经济高效。坚持效益优先,充分发挥382岩石站作用,排岩1198万吨,实现经济排岩。深化与选矿厂联产协作,加强质量管理和交流沟通,开展出矿部位硫含量跟踪采样工作,对硫含量超标区域通过限产管控、调整出矿部位等方式组织配矿,全年矿石品位完成30.34%,矿石合格率完成100%,助力选矿厂铁精矿完成464万吨,创历史新高。全年开沟2650米,有效缓解采场空间不足压力;形成砂石山独立运输通路和工作面,增加岩石工作线240米,拓展剥岩作业空间;加快北山推进速度,实现与主采场最低水平相差2个台阶,释放矿石平盘作业空间;结合优化设计,重点推进南北两处端帮,释放采场空间;实施2号土场分段排土工程,将单台阶排土方式改为低段高双台阶排土,有效增强了土场的安全稳定性。

【安全管理】 夯实安全管理基础,建立健全安全管理制度,制定"一号文件"等4项行政规章制度以及46个安委会文件。落实安全生产责任,修订《安全生产责任制》,重新划分各级领导网络履职,逐级签订《责任状》和《安全承诺书》。抓实安全培训教育,组织防火培训班、作业长安全大讲堂等教育培训活动,压实基础安全教育。利用网络平台发布信息350余条,组织学习、答卷活动,参加职工4000余人次。以安全生产月为契机,开展系列专题活动52项。严格管控风险、消除事故隐患,加强风险分级管控,为82个危险源分级制定管控措施,责任落实到人;深化隐患排查整治,开展专项检查48项,排查隐患1269项,全部进行整改。狠抓现场安全,开展爆区审查等日常检查,纠正习惯性违章行为76起;节假日及两会期间组织安全检查18次,整改68项。加强职业卫生及相关方管理,整改职业危害10项、超标岗位12个;组织577名职工参加健康体检。强化相关方管理,开展驾驶员"体感式"培训,处理违规车辆30余台次;坚持"谁主管、谁负责"的原则,督促主管部门、施工方共同纠正违章,防范事故,规范矿山安全生产秩序。

【设备管理】 引进推土机、随车起重运输

车、洒水车等辅助设备10台。全力组织设备大、年修工作，完成主体设备大修9台，年修10台次，计划执行率100%。组织实施两台卡特789C矿用汽车大修，一台WK20电铲大修及电气改造工作。进一步深化点检管理，推进"操检合一"和点检员产线承包工作，保证设备状态，故障停机率比计划降低2.23‰；可开动率高出计划3.18%，设备春检取得集团公司第二名。强化修旧利废和备件国产化，累计节约2894.19万元。主体用能设备全面实现三级计量。对定额备件实施包消耗工作，已推行WK10B电铲铲齿及排岩机托辊的包消耗工作，可节约备件资金20万元。

【成本管控】 依托措施降本增效。制定降成本措施34项，降低变动总成本6580万元，其中降低柴油单耗800万元；延期使用382岩石站降成本1120万元；炸药消耗节约150万元，成效显著。扎实推进对标挖潜，完成与鞍钢齐大山铁矿的对标，全年柴油单耗1301公斤/万吨公里，比预算值降64公斤/万吨公里。炸药单耗3523公斤/万吨，比预算值降56公斤/万吨，为近八年最好水平。深入开展日清日结，将日清日结纳入调度指挥系统，推行定额指标消耗日上报、生产部门集中分析的管理模式，保证经济运行，主要定额消耗均低于预算。全面推行成本三级核算，实行主要消耗指标与职工收入挂钩，调动全员降本积极性。

【重点工程】 完成采场排水工程、下盘扩帮358平台及东沟里水源地供电线路建设工程。乡村公路迁移工程完成挡墙砌筑、渗水点处理、边坡防护、农电线路迁移，新建乡村公路已经投入使用。代家店工业场地建设完成下山道路挡墙浇筑、汽修场地修整、路灯安装、停车场建设及居民动迁。积极推进下盘边坡治理、310边坡治理、二号土场治理设计优化工作，完成了1500万吨/年优化工程的初步设计，为矿山生产提供指导。按计划推进矿山深部补充勘探工作，为下一步采矿证的办理打下坚实基础；取得4号土场土地报卷批复。

【干部管理】 进一步优化、规范干部队伍，全年提任区域正职6人、主任业务师1人、区域副职7人；调整区域正职7人，调整区域副职5人。重新梳理管理、业务、技术三个职群人员信息及编制情况，制作相关材料184份。强化后备人才培养，建立35周岁以下青年干部台账；完成2019年毕业生轮岗见习考核和新入职毕业生的入职安置、职业生涯规划等工作；推荐两名毕业生参加第五期MBA培训班；组织召开高校毕业生座谈会，征集建议20项，均给予反馈、答复。做好"四定"后续工作，完成"四定"第二阶段182名竞聘上岗干部的转正考核，形成考核材料200余件，归档材料87份；完成"四定"后评价工作，涉及人员200余人，整理基础数据1000余项；组织97名干部、311名职工参与"四定问卷调查"，全面检验"四定"工作效果。

【环保绿化】 加强环保管控，对环保设施运行情况、锅炉排放情况以及采场防尘和矿石装卸车等污染防治措施落实情况实行检查考核，持续监督。对2台4吨燃煤锅炉进行更新，采用2台250千瓦常压电锅炉供暖。注重矿区环境改善，栽植树木190棵，各种花草5800盆；修剪草坪1.6万平方米、绿篱5000延长米；保洁路面6万平方米，清运垃圾1510吨,一号公路累计洒水1110余车。

【疫情防控】 制定《新冠肺炎疫情联防联控方案》,成立疫情防控组织机构,组建疫情防控志愿者队伍。相关部门根据工作职责,明确责任、各负其责,群策群力打好防疫阻击战。开展全矿"接龙报平安",建立97个实名制微信群,报平安人数达3120人。广泛宣传,提高全员防疫意识和能力,利用OA、微信群等方式转发疫情防控信息100余条;编制疫情防控宣传稿4篇;制作宣传横幅5幅;《铁山之歌》公众号制作防疫专题17期;制作防疫音乐快板1个、宣传视频1个、防疫知识视频7个。强化人员管理,认真组织内部人员外出情况排查,共排查职工2093名,累计隔离人数106人。加强人群聚集场所日常消毒和人员管控,对浴池、食堂采取分时、分批使用制度,减少人员聚集时间,严控外来人员。多方协调,保证物资供应,为全矿职工及矿属劳务人员发放N95口罩10000个、一次性口罩66080个、额温枪50把、垃圾桶65个、洗手液550瓶、喷壶200个。

【党群工作】 以落实"基层党建工作建设年"和"基层党建制度落实年"为契机,组织开展纪念建党99周年、迎七一座谈会等主题活动,统一思想,凝聚共识,形成合力。落实党委党风廉政主体责任,根据集团公司下发文件,制定《矿党委履行党风廉政建设主体责任工作方案》,建立领导干部、重点岗位人员廉政档案138份;与149名不同岗位人员签订《党风廉政建设责任书》《党风廉政建设承诺书》。发挥党群作用,助推生产经营,党组织围绕生产经营开展了"八比八争做"建功立业活动,组建安全互保对子328对,排查隐患600余项,开展修旧利废、技术攻关等降成本活动,创效益400余万元;工会组织开展了集团A级工种运矿修理工技能大赛、矿电铲及挖掘机司机技能大赛、"争当先锋机组"劳动竞赛、排岩机侧移立功竞

冬季矿山生产(蒋忠敏 摄)

赛等竞比活动，营造了积极的生产拼搏氛围，荣获了省"劳动和技能竞赛优胜单位"荣誉称号；科协围绕增产降耗开展"讲比"活动，征集合理化建议49项，创效益980万元。关心关爱职工，提高职工福利待遇，为矿山职工发放福利物资累计价值97万元；精准帮扶困难职工，为10名职工办理了集团级以上困难职工申报组卷；临时救助困难职工15人次，投入救助金0.9万元；走访困难党员、老党员42人（次），发放慰问金4.2万元；为全矿职工续保医疗互助保险，承担保费14.27万元，为144人（次）发放理赔款14.73万元。精神文明建设取得可喜成绩，被省精神文明建设指导委员会授予"精神文明先进单位"称号，动力作业区荣获市精神文明委员会授予的"雷锋号"称号；举办"我身边的劳模"主题作品征集、"点赞安全"小视频大赛等10余项文体活动，不断丰富职工精神文化生活。全年在《本钢日报》等媒体发表稿件160余篇、电视新闻报道52篇，在矿"铁山之歌"微信平台发布微文42篇，展现了矿山良好形象。 （陈亮）

矿业歪头山铁矿

【概况】 2020年，本溪钢铁（集团）矿业有限责任公司歪头山铁矿（简称歪头山铁矿）在籍职工2220人，其中管理人员75人、技术人员81人、业务人员87人、生产操作人员1977人。下设8个职能室、16个作业区。固定资产原值20.39亿元，净值9.59亿元。2020年全年铁精矿、矿石、岩石、土场回收矿石量均超额完成攻关目标，各项指标均创历史新高，其中精矿完成249.8万吨，超计划24.8万吨，连续3年完成攻关计划；矿石完成647万吨，超计划10万吨，比500万吨设计产能提高147万吨；扩帮岩石完成2143万吨，超计划343万吨，近三年扩帮量完成4667万吨，逐步扭转扩帮欠产的被动局面；土场回收矿石完成228万吨，超产68万吨，同比增产63万吨。全年产品质量均衡稳定，精矿全铁稳定率完成86%，金属回收率完成80.9%，分别超计划6个和0.07个百分点，创历史最好水平。精矿单位成本计划412元/吨，实际386元/吨，全年变动成本降低5086万元，完成攻关目标。

【安全管理】 强化安全管控，落实安全责任。以习近平总书记关于安全生产的重要论述为引导，以"查隐患，反三违"为工作主线，以视频查违章和现场检查为手段，落实一系列安全措施，营造浓厚的安全氛围。严格执行事故问责追责制度，形成责任单位承担全部罚款的考核机制。在采场关键道路及5个运输站场安装路灯17盏、15米塔灯5座、道路反光镜35面，有效解决了夜间行车视线不好的问题，全年整治各类隐患400余项。在作业区推行危险作业层级管控模式，在班组开展事故案例教育，严格落实现场作业责任人制度，把班组作为安全管理重点区域。组织安全管理人员培训100余人次，电气、天车等特种作业人员及新上岗人员培训300余人次，进一步提升安全生产意识。各作业区按防火责任区及时清除杂草，设置警示牌、防火隔离带，购置风力灭火机6台和割灌机2台，遏制了以往年年有火情的势头。研究制定防渗技术措施，解决尾矿库坝西渗水问题。2020年9月，炸药厂火药库划归歪头山铁矿管理，歪头山铁矿完善了门禁、巡视、消防等制度，拓宽了炸药厂道路，铲除了杂草树木，消除了山火隐患，以确保其安全运行。

【生产组织】 以铁精矿增产为目标,优化开采工艺,加快台阶靠界速度,完成下盘2个台阶、上盘扩帮区域4个台阶靠界工作,拓宽采场空间。优化采场开拓运输系统,取消原设计64米倒装站台及其铁路环线建设,利用铁路环线空间布置汽车路堑,节省工程建设投资约3500万元。完成采场开沟550米,增加开拓矿量220万吨,同时加快扩帮北部推进速度,为矿石生产创造有利条件。加大土场矿石回收力度,在下盘土场264米土线新建矿石回收生产线及碎石生产线,同时改造4条生产线,提高回收矿产能;合理组织用工,在冬季颚破生产线无法运行时,积极组织人工进行回收,实现采场低品位矿石"能收尽收",有效弥补矿源不足问题;在各生产线安装监控设备,相关职能室加强抽查,从源头上杜绝弄虚作假,防止以次充好现象发生,回收矿石品位达到19.64%;制订配矿旬计划,加强外部配矿管理。强化对两选上矿作业率考核,压缩交接班时间,检修人员提前到岗,同时加大绩效考核力度,将员工薪酬与自磨作业率、精矿产量质量挂钩,充分调动职工生产积极性,两选自磨作业率较2019年提升3个百分点。

【设备管理】 加强设备管理,坚持点检区域承包、检维修质量标准化管理,同时检修人员绩效与产量挂钩,全年设备故障率较2019年降低5.7‰,其中大汽车作业率同比提高2个百分点。开展春、秋季2次联合检修,顺利完成选矿600管阀门过渡、选矿7#皮带更换、新1号高压室过渡等447项任务,合理压缩检修时间,大停车由两天缩减至一天半。创新设备管理,加大设备投入,新进10立方米电铲顺利组装投产;应用皮带刮板机技术,有效解决马选干堆冬季皮带粘料问题;改造四泵站变频器室通风系统,彻底解决电机、变频器温高问题;自制自动均衡加球机,在选矿作业区2号球磨机试用,有效改善磨机钢球粒级配比,提高磨矿效率。积极开展信息自动化建设,新增3台基站,对三个作业区88台车载终端、两台GPS系统服务器进行升级;新建卡车、机车监量系统并结合到GPS智能调度系统内,与其他生产数据合并管理。完善物资出入管理制度,加强对门岗人员劳动纪律检查,同时对作业区铲车、钩机、拖车等车辆出入岗站上浮一级管理,在库房、门岗安装监控15处,实现人防、物防、技防有机结合,有效控制物资备件流失。

【成本管控】 以日清日结为主线,全力开展降本增效工作。开展技术攻关,优化爆破参数,在保证爆破效果的前提下扩帮区孔深平均降低0.5米,全年降低火药成本400万元,穿凿费用60万元。开展备件修复和国产化,对10立方米铲斗前部壳、后部墙等进行修复,全年修旧4625件,创效1065万元;先后完成电铲左右护齿、铲斗油缸等备件国产化,预计节约备件费93万元。通过4号高压室、精尾泵站安装无功补偿和变频装置以及直购电等措施,电耗降成本541万元;开展矿用汽车效率攻关、单机台核算等措施降低柴油定额,降成本124万元。响应公司号召,全年完成上交废钢3121吨,超计划2121吨,做到了"应收尽收"。

【重点工程】 全力推进低品位矿及废石辊磨干选资源综合利用工程,完成主体设备选型、中细碎厂房、粗矿仓基础施工;筑坝工艺技术优化项目完成主副坝池填法筑坝51万立方米，宽顶子坝40万立方米，保证特殊时期尾矿库正常生产；采场164米倒装站于4月份投入使用，提高了排岩效率；上盘土场252米站、246米站改造铺设铁路2600米，一次试车成功；完成下盘土场稳定性分析研究工作，为土场加高及辊磨干选项目顺利实施创造有利条件。6月份完成主采场深部补充勘探外业工作，勘探报告初稿已形成；花岭沟铁矿于11月取得省自然资源厅划定矿区范围批复；棉花堡子铁矿新设探矿权申请于4月上报省自然资源厅并受理，等待省厅审查。

【人力资源】 优化人力资源配置，撤销矿石回收作业区调度编制，人员充实到一线操作岗位；将水汽作业区司炉岗位人员成建制划归采矿作业区管理，解决生产岗位人员不足问题；水汽作业区和精尾作业区实施管理人员合并、业务合并，充分发挥检修人员集中作业优势，为尾矿生产、精矿发出稳定顺行提供坚实保障。制定双重激励政策，对在公司级技术比武中获奖的职工实行等额再奖励，400余名职工参加8个工种的技能大赛，参赛人数较上年翻倍，80余人获得奖励，营造了浓厚的学技术、用技术氛围；职工提合理化建议218条，采纳115条，创造经济价值550余万元。按照集团公司"四个注重"原则，培养和大胆使用青年大学生，不断增强干部、人才队伍活力。全力推进退休人员社会化管理工作，累计移交退休人员档案3431卷。

【环保工作】 加强环保检查，严格控制粉尘污染，重点组织岱金峪村道路洒水工作，有效改善周边环境。完成二、四泵站事故池、三水泵站透水坝及岱金峪河清淤1.5万立方米；组织马耳岭土场复垦2万平方米，尾矿库喷洒粉尘抑制剂8万平方米；大力开展环境卫生整治工作，加强现场指导、督促、考核，生产作业环境卫生条件进一步改善；制定环保追责问责管理办法，坚持环保罚款由

164米倒装站竣工投产（郝光红 摄）

责任单位全部承担。提升环保意识，坚决遏制环保事故的发生。

【党群工作】 以党委理论中心组学习为指导，深入宣传贯彻落实党的十九大和十九届二中、三中、四中、五中全会精神，进一步增强了"四个意识"、坚定了"四个自信"、做到了"两个维护"。深入推进基层组织建设年和基层党建制度落实年活动，以巡察整改"回头看"为契机，修改完善各项规章制度17项，整改落实巡察回头看反馈问题7项，开展基层党务人员培训140人次，党建质量得到进一步提升。围绕生产经营，开展"不忘初心，不负韶华，加速奔跑，建功2020"主题实践活动。在建矿50周年之际，组织拍摄《从辉煌走向新的辉煌》歪矿发展专题片，以"支部力量""建矿50周年"为主题，号召各作业区拍摄微视频，从不同角度展现歪矿发生的变化和当代矿山人的精神风采。武装、保卫、信访、法律事务等群团组织充分发挥各自职能，促进矿山和谐、稳定、健康发展。

【防疫工作】 2020年初，新冠疫情肆虐，面对地处四市交界、通勤人数众多的防疫严峻形势，歪头山铁矿坚决、果断地贯彻集团公司疫情防控会议精神和本钢防疫相关规定，把住防疫主动权，实行测温上岗制度，并在防疫物资异常紧张期间，依靠多种渠道购置消毒液和口罩，同时在交通停运期间采用"私车公用"方式解决职工通勤问题，最大限度减小对生产检修的影响；在全力打好外防输入阻击战的同时，全面落实各项内防工作；凝聚全员力量，组织党员同志为疫情防控工作踊跃捐款。全矿干部职工履职尽责，开创了防疫、生产"两手抓、两不误"的良好工作局面，疫情防控取得阶段性胜利。

（高　朋）

矿业南芬选矿厂

【概况】 2020年末，本溪钢铁（集团）有限责任公司南芬选矿厂（简称南芬选矿厂）在籍职工总数1328人，其中管理干部和专业技术干部181人、操作人员1147人，研究生学历13人、本科学历153人，高级职称26人、中级职称98人、初级职称65人。下设7个职能室、10个作业区。党委下设19个党（总）支部、66个党小组，党员462人。固定资产原值21.29亿元，净值8.97亿元，主要产品为铁精矿。2020年度被集团公司授予先进党委和先进单位荣誉称号。

2020年，南芬选矿厂铁矿石处理量完成1309万吨，铁精矿产量完成464.7万吨，创造历史之最。铁精矿单位成本完成443.71元/吨，实现销售收入32.58亿元。精矿品位完成67.22%，金属回收率实现82.37%，工序能耗完成5.19千克标煤/吨。实现了安全生产目标。工业废水废气排放处理率为100%。

【生产组织】 面对年初计划的435万吨陡增到464万吨的艰巨生产任务，全厂上下提振信心、鼓足干劲、不等不靠、协调联动，科学均衡组织生产，全面落实增产措施，产量指标实现历史性突破。一是加强工序协调。与露天矿紧密配合，及时了解采场状况，根据矿石性质调整内部操作；加强内部工序间的协作，运输保上矿，碎矿保粒度，选别保收率，全厂保运行。二是提高选别设备技术状态。组织更新44台脱水槽、19台磁选机、

10台磁选柱、34台振网筛,首次应用2台德瑞克高频叠层振动筛,确保铁精矿质量稳定,实现了增产目标。三是新建尾矿回收系统实现增产。在7#50米处增设1台尾矿回收机,增产铁精矿5000吨;二泵站低粉回收系统7月份投入运行,增产铁精矿15000吨。四是开展金属回收率攻关。细化工序要求,严格执行工艺标准,加大检查考核力度,减少跑冒滴漏,回收率实现十年来最好水平。

【安全管理】 安全工作立足双重预防机制建设,以安全标准化管理为载体,以隐患清零工作为主线,深入开展隐患排查治理,认真执行集团公司二十条禁令要求,严抓作业现场不联系确认、无证上岗等违章行为。结合阶段性重点工作,全年累计开展19个专题、105次专项检查,共查处各类隐患问题2245项,下发隐患整改通知单9份,问题全部落实整改。开展隐患清零专项工作,共完成各类清零项目577项。应用皮带清扫器等安全生产技术措施,降低了职工作业风险。结合现场实际,修订完善158项安全规程。实行新员工三年安全实习期师带徒管理制度,对新员工安全管理进行全方位跟踪。领导干部带头开展安全教育培训,带动基层职工学安全、管安全。组织卧龙沟尾矿库汛期实战应急演练,应急组织能力及应急队伍实战能力得到省市应急管理部门高度评价。

【环保工作】 完成了重点排污企业登记并取得固定源排污许可证;开展精矿管道输送环境评价、65吨锅炉及6吨燃气锅炉的环保验收工作;尾矿输送系统实现事故远程自动报警;现场噪音及粉尘得到有效控制,环保工作成绩显著。

【文明生产】 以职工素养、设备维护、工作环境为抓手,全方位开展文明生产工作。制订《南芬选矿厂文明生产联合检查制度》,突出阶段性重点,分系统、分区域强化联检互检,全年共检查出问题3300余项,对检查出的问题立行立改,全厂呈现出现场整洁、环境优美的崭新面貌。

【设备管理】 严抓设备故障管控,降低设备故障率,提高设备作业率。全年设备故障率比计划降低0.24‰,设备可开动率比计划提高1.03%,保证了设备平稳高效运行,为完成生产经营任务奠定了可靠的设备基础;加大设备点检定修管理力度,提高设备内在技术状况,保证设备完好率,全年设备扩大定修共15台,其中碎矿机5台,球磨机10台,稳定了设备技术状况,保证了生产顺行;做好物资保供及管理工作,科学合理储备物资,及时领新交旧,保障物资合理使用。1—12月份上报计划6979.38万元,到货率100%;修旧326件,节约成本682.5万元;利废66.63万元;上缴废旧物资创效697万元;全年维修费完成9779.6万元,比计划降低8.15万元。认真开展设备春秋检、大停车及专项检查工作,及时发现问题及时整改,全年共整改隐患717项,有效降低了设备故障,为生产争取了有效时间;强化设备基础管理,抓好三支队伍建设。全年修订设备规程50项、完善管理制度43项、开展培训4次、与维保队伍交流6次,夯实了设备管理基础,提高了三支队伍人员素质。

【能源管理】 抓好能源消耗管控,积极推进三级计量网络建设,落实能源攻关措施,向能源管理要效益。1—12月份,铁精矿用电单耗91.50kWh,比计划降低5.60kWh,

节约费用1494万元。精矿耗新水完成1.11t，比计划降低1.19t，节约253万元，为降成本做出了贡献。

【重点工程】 65吨锅炉项目于10月中旬完成煤场封闭，达到环保要求；卧龙沟尾矿库补充征地得到批复，为坝体取直奠定坚实基础；精矿管道输送工程完成防洪评价及规划评审工作，为工程建设创造条件；低粉回收改造项目于7月份投入运行，2020年回收铁精矿1.5万吨；修缮职工浴池、新建改建14座厕所、铺设机关周边道路及停车场，解决了广大职工关心的民生问题；5#50米尾矿浓缩机高效化改造工程正在全力推进中，预计2021年1月份投入运行；正在开展选矿大型化改造可行性研究，为打造绿色、高效、智能的现代化选矿厂迈出了坚实一步。

【成本管控】 围绕降本目标，深入开展三级成本核算、日清日结、对标挖潜、合理化建议等工作，全年降成本5254万元。全面落实修旧利废、提产降本、高耗能设备改造等14项措施，降成本4814万元；高度重视合理化建议工作，通过"魅力选矿""选矿厂合理化建议交流平台"等方式广泛收集合理化建议，让职工"全员、全过程、全方位"参与管理，提高主人翁意识，全年合理化建议累计创效1215万元。利用疫情期间国家税收优惠政策，降低税费439万元。

【创新管理】 面对严峻的生产经营形势，树立"向管理要效益、向全员要产量"的思想，采取六项管理新措施，进一步彰显了企业活力。一是以问责追责为核心，大力推行管理首责制。二是重服务、严考核，落实室主任负责制。三是以责任状指标为基准，落实作业区包干制。四是推行工资总额定员承包，实现多劳多得。五是深化"操检合一"，提高设备维检水平。六是实行精准激励，激发职工干劲。

【疫情防控】 疫情来袭，选矿厂以外防输入、内防反弹为工作指导思想，众志成城、科学防控，细致排查、严密把控，实现了疫情防控和生产经营两不误。成立了疫情防控指挥部、督查指导组、"抗疫情、保生产"志愿者服务队，严格执行集团公司疫情防控各项管理制度。组织疫情突发应急演练；利用微信平台进行网格式排查和人员管控；开展义务服务200余人次；组织党员捐款3.4万元；投入23万余元购买口罩、消毒液等防疫物资，满足了防疫需求；投入8.8万元为职工购买饭盒1655套，实行分餐制；走访慰问驰援武汉医务人员职工家属；利用宣传车、倡议书以及"致全体职工的一封信"等形式全面营造了科学防控疫情的氛围。

【党建工作】 在党委领导下，围绕生产经营活动全面开展工作，充分发挥党的政治核心作用。以"省（中）直企业基层党建工作建设年"和"基层党建制度落实年"为契机，贯彻落实中国共产党国有企业基层组织工作条例。认真落实整改省委巡视反馈意见。开展以"亮身份、树形象、做表率"为主题的建功立业活动，重新设立党员责任区36个，党员先锋岗22个。完成党支部书记抓基层党建述职评议考核、党支部评估定级、党员过政治生日、党费网络上缴等工作。开展了以党委书记上专题党课、为11个基层支部授党旗、深入基层走访慰问困难党员为主要内容的纪念建党99周年系列活动。举办党支部书记和党小组长培训班。注重对优秀年轻干部的教育培养，组织 2 人参加集团公司第五期干部培训班，推荐挂职锻炼干部 1 人。依据《选矿厂问责追责管理办法》，对两起发生安全轻伤事故的责任人进行了问责追责。利用"选矿大讲堂"学习平台对干部和技术骨干进行培训。关心关爱大学生，春节、中秋等节日走访慰问外地大学生。认真学习贯彻《2019—2023 年全国党政领导班子建设规划纲要》。召开反腐倡廉警示教育大会，党委书记上廉政专题党课。坚持党管意识形态的原则，深入学习十九届四中、五中全会和全国"两会"精神及《习近平谈治国理政》第三卷。发挥"关键少数"作用，抓好两级班子理论学习。加强企业文化建设，在机关楼安装音箱，让职工伴着欢畅的乐曲上下班，新增设 LED 屏播放"节约粮食从我做起"等公益宣传片。继续创办《选矿工作信息》月报、"魅力选矿"公众号，全年在《本钢日报》发稿 140 篇，在《今日本钢》发稿 16 篇，印发《选矿工作信息》2400 余份，发送微信 99 期 396 条，企业影响力不断增强。

【群团工作】 群团组织充分发挥桥梁纽带作用，为选矿实现高质量发展凝心聚力。工会组织认真执行职工代表大会管理制度，抓好劳模创新工作室和班组建设，举办碎矿工技术比武、职工书画、剪纸、送春联活动，开展集体福利和"送温暖"工程，发放米面油等合计 67.43 万元，为 1327 名在职职工办理医疗保险，全年慰问走访困难职工 10 人次，发放慰问金 5.49 万元。共青团组织召开纪念五四运动 101 周年、建团 98 周年座谈会，开展网上答题，组织青工植树，清扫职工食堂卫生和开展"青安岗"安全隐患随手拍活动。武装保卫继续加大厂区治安防范管理和打击整治力度，维护厂区治安环境。加强信访稳定工作，积极协调化解矛盾，维护了企业和谐稳定。老干部各项活动丰富多彩，老有所乐。科协积极组织合理化建议征集活动，全力助推企业实现新发展。

（王学思）

矿业石灰石矿

【概况】 2020 年末，本溪钢铁（集团）矿业有限责任公司石灰石矿（简称石灰石矿）固定资产原值 8.3 亿元，员工 1178 人，下设 10 个职能室和 14 个作业区。主要设备有 600t/d 回转窑 2 座、500t/d 套筒窑 1 座、300t/d 套筒窑 1 座、280m^3 竖窑 1 座、250m^3 竖窑 4 座、YQ150A 潜孔钻机 7 台、WD-400 等型号挖掘机 14 台、BZK3530 等型号自卸式载重汽车 26 辆等。主导产品有成品石灰石、成品生石灰、活性石灰。

2020 年，完成采剥总量 473.99 万吨、石灰石原矿 277.28 万吨、生石灰总量 103 万吨；粉灰稳定率 88.01%，活性灰 CaO 含量达 90.38%，均高于公司考核计划；成本降低 1897 万元；安全生产实现"五为零"；粉尘达标排放，污染因子合格率达 100%。

【疫情防控】 成立防疫领导小组，制发防控相关文件，指导防疫工作顺利开展。组织进行联防联控，有效阻断疫情传播途径。细致排查全矿职工动态，对职工身体状况、行程动向做到全面掌握。对重点场所、重点区域进行全面消杀，确保企业生产经营环境安全稳定。按照公司安排，开展防疫演练，规范疫情防控流程和应急情况处置措施。通过一系列措施的有效执行，防疫工作常态化初具成效，疫情防控取得阶段性胜利。

【生产组织】 根据炉窑大年修计划和公司三次联检实际情况,细化生灰平衡方案,强化生产组织,满足炉窑检修期间炼钢、炼铁需求。理清钢铁生产需求波动、外部运输受限等不利因素,科学合理组织矿岩生产,明山、阎家沟两矿区均完成设计剥采比,提升了采场技术状况。通过积极与制造部沟通,外发北营 0.38 万吨生灰,为公司降低外购灰成本做出贡献。

【设备管理】 "保安全、保质量、保工期"完成两座回转窑定修、1# 套筒窑定修、1# 竖窑大修以及 2# 回转窑年修工作,有效提高炉窑运行状况和技术水平,为生产提供设备支持。积极落实集团公司设备工作推进方案,结合本单位实际,制订有针对性的推进方案计划,按计划组织学习宣贯,重新修订三大规程和四大标准,并组织培训学习及考试,管理人员和操作人员的基础水平得以提高。

【安全管理】 对安全管理规章制度进行修订完善,确保安全管理有章可循、有据可依。持续开展"反三违、除隐患"和隐患清零专项行动,三级检查累计查出隐患 6080 项,全部整改。有针对性地提升管理部门安全履职能力和基层单位自主安全管理能力,形成安全生产齐抓共管的合力,实现管理部门由被动安全履职向主动履责的转变、基层单位由被动接受检查向主动自查自纠转变的良好态势。组织职工进行火灾扑救、火灾疏散、防洪防汛等应急演练 1712 人次,有效地提高了职工在应急事件中的救援和自救能力。

【降本增效】 与作业区和主要职能部门签订责任状,制定并执行全工序降成本工作方案,细化节能降耗、降本增效工作措施,层层分解,压实责任。实现全年累计降低成本 1897 万元。2019 年建立三级成本核算系统,2020 年 3 月份正式运行。厂级管理指标 8 项,作业区级 17 项,班组级 97 项,每班次完成 327 个指标导入。经过一年的运行,对用能控制和降低成本工作起到一定成效,呈现出从"粗放式"管理向"精细化"管理转变的良好态势。

【环保管理】 严格落实环保工作安排部署,围绕"从源头抓起、从基础抓起、严格控制、重点整治、全面达标"的总体要求,始终坚持"环保工作与生产经营同步规划、同步实施"的方针,着力做好敏感点环境保护工作,不断改善职工作业环境,消除感官污染。根据省、市、公司重污染天气应急工作要求,启动应急预案,通过采取封闭料仓、料场整治、增设喷淋装置以及减少倒料等措施,有效起到减排、抑尘作用。

【质量管理】 始终贯彻落实集团公司质量工作方针,突出强调源头控制和持续改进要求,及时掌握钢铁厂质量情况反馈,确保质量管理体系运行的有效性。加大对采场原矿质量管理力度,强化煅烧过程控制,准确控制活性灰质量,粉灰 SiO_2 与 CaO 的稳定率均有明显提高。

【人力资源】 实现部分岗位无人值守,自我消化自然减员带来的冲击和矛盾,完成职工培训计划。加强劳动纪律管理,有针对性开展劳动纪律检查工作,全年集中检查 150 余次(其中夜间 75 次),及时纠正违规违纪现象。在公司多次抽检中,无违纪情况,受到好评。

【技术管理】 组建本溪市级大师工作站，完成进站项目2项；强化合理化建议工作，上报的8项中有4项获奖；申报的14篇论文中，6篇获省金属协会奖励，其中一等奖1篇、二等奖2篇、三等奖3篇。

【炼铁厂协力】 加强炼铁厂协力人员管理，完善各项基础工作，严格实施各项考核，水泥厂善后办各项工作平稳有序开展，干部职工队伍思想稳定，圆满完成各项协力工作任务。

【集体企业改制】 完成综合厂在职职工养老、医疗、工伤、失业保险补缴工作。整理、统计、计算、上报失业人员失业金申领材料，确保数据准确，项目、内容符合要求，目前失业金已经发放。完成大额医疗保险收取以及人员档案移交等临时性工作。

【党建工作】 发挥企业党组织的领导核心和政治核心作用，保证党和国家以及两级公司的方针政策、重大部署在企业有效贯彻落实。明确党组织在决策、执行、监督各环节的权责和工作方式，使党组织的作用组织化、制度化、具体化，为生产经营顺行提供强有力的政治保障。用理论指导实际，充分运用"专题教育"在线学习成果为生产经营顺行保驾护航。

【群团组织】 群团组织充分发挥自身桥梁纽带作用，将行政工作的难点作为重点，展现优势，在促进企业发展、协调劳动关系方面发挥积极作用。持续做好对一线职工、困难职工的服务，切实帮助和解决一线职工、困难职工工作生活中的实际问题。坚持党建带团建，加强团的思想、组织、作风建设和阵地建设，引导青工完成职业生涯规划。科协进一步完善工作职能，全面提高科技人员的专业水平，为矿山的发展提供技术支持。密切关注职工思想动态和重点信访人员动向，把信访调解与走访、救助、解决职工生活困难等工作有机结合。综合治理、安全防范、武装保卫等工作紧密结合企业需要，积极发挥自身作用，为生产经营顺行创造条件。

（许子朋）

矿业辽阳贾家堡铁矿有限责任公司

【概况】 2020年末，本溪钢铁（集团）矿业辽阳贾家堡铁矿有限责任公司（简称辽阳贾家堡铁矿有限责任公司）在籍职工374人，其中管理人员22人、业务人员28人、技术人员18人、生产操作人员306人，党员133人。下设5个管理室、4个作业区。公司管理设备751台（套），其中主体设备129台（套），固定资产原值144369.76万元，净值123847.61万元。2020年，辽阳贾家堡铁矿有限责任公司完成采剥总量735.1万吨，其中矿石443万吨，岩石292.1万吨；完成铁精矿产量123.5万吨，超计划5.5万吨，创贾矿历史新高；精矿品位63.15%，超计划0.15%；质量合格率完成94.26%，超计划14.26%；铁精矿计划单位成本385.79元/吨，实际完成360.41元/吨，总成本累计降低3134.93万元。

【基础管理】 针对矿石性质差、磨机能力不平衡、精矿质量波动大等问题，开展球磨机磨头筛改造、旋流器沉砂嘴优化、增设细筛提前得精等多项工艺技术改造，为全年稳质提产创造了条件。大力开展合理化建议征集活动，全年提报合理化建议167项，经严格审查后采纳了56项，其中评为公司级（含原矿业公司级）16项，当年创直接效益321万元，在安全、环保等方面取得了显著的综合效益，极大地调动了广大职工的积极性，在全矿职工中形成了群策群力、献计献策的正能量。加大对劳动纪律的管理、检查力度，全年累计检查岗位作业人员2000多人次，考核扣款5750元，有力保证了疫情期间生产作业秩序。贾矿荣获辽阳市"五一"劳动奖先进集体荣誉称号，为集团公司增光添彩；马廷斌劳模创新工作室被辽宁省总工会授予"职工创新工作室"荣誉称号；邓庆超"提高精矿质量稳定率"项目获得中国质量协会六西格玛项目技术优秀奖；选矿作业区关红军团队被授予本溪市市级技能大师工作站。为深入贯彻落实中央、省、市及集团公司对新冠疫情的重要指示精神，自正月初一以来，贾矿高度重视，以高压态势推进新冠疫情防控工作。尤其是辽阳县寒岭镇出现两起新冠病例后，全员发动、全方位落实疫情防控各项措施，有效切断病毒传播途径，确保贾矿生产经营零影响、职工疫情零发生。

【安全管理】 构建全员参与的安全管理体系，推进危险源网格化管理，明确安全职责，月、季领导安全履职检查形成常态化。细化安全生产规章制度，强化全员安全教育培训，有效提高了全员安全意识和防范能力。在组织学习集团20条禁令、强化动火作业安全管理、做好疫情期间安全工作等七个方面制定了安全工作措施，为贾矿安全生产目标实现打下基础。开展春季安全大检查、厂内牌照车辆月检查、夏季职工宿舍和加油站等重点防火部位专项排查、天车专项检查、电气防雷接地专项检查、用电安全专项检查和节前、节日期间安全检查，共计排查出安全隐患451项，已全部整改完成，整改率达到100%，有效遏制和减少生产事故的发生。持续推进采场补勘施工作业的安全检查、安全履职检查、"习惯性违章作业及违章指挥"专项整治、安全生产隐患"清零"专项整治行动等工作，彻底转变"重生产、重设备、轻安全"的思想，坚决杜绝"无知者无畏""领导带头违章"等现象的发生，提高职工安全操作技能和安全素养。全年实现轻伤以上人身事故、重大设备事故、重大火灾事故及行车事故"三为零"。

【生产组织】 通过优化采场布局，及时调整采掘计划，灵活组织挖掘、穿凿、爆破作业，精细组织精矿生产，加强生产操作检查，全面采用新型淘洗机选别设备替代部分四段磁选机等措施，为全年铁精矿稳产高产创造了条件。强化配矿管理，制定稳定质量、提高精矿产量措施和配矿具体实施管理办法，针对矿石性质差、磨机能力不平衡、精矿质量波动大等问题，开展了碎矿细筛由14mm改为12mm、球磨机磨头筛改造、旋流器沉砂嘴优化、增设细筛提前得精等多项工艺技术改造。提高磨选岗位人员的操作技能和责任意识，收窄精矿质量波动范围。全年铁精矿稳定率完成94.05%，比计划提高14.05%；选比完成3.506吨/吨，比计划降低0.096吨/吨。

【设备管理】 为保证球磨机作业率，夯实基础管理、点检定修工作，实现设备稳定运行，球磨机作业率达到96.31%，比计划提高3.11%。通过对标考察、聘请集团公司专业部门人员到贾矿培训、成立学习工作室、每月开展一次小课堂讲课等方式，全面提高设备管理室人员综合素质和业务能力。重点开展电气、特种设备等专项检查，电气防小动物窜入、电气防水、防火、防倒灌，对发现的问题进行及时处理；2020年，采场1#、2#线路电气防雷通过更换防雷绝缘子、设立避雷针、增设接地装置等措施杜绝了雷击影响球磨机停机事故的发生。针对电耗定额超计划指标，采取日清日结分析。改善钢铁球质量，根据入磨量调整填充率等措施解决了因矿石性质下降，钢铁球填充量增加，磨机负荷大幅波动的问题。6月末开始，球磨机电耗大幅下降。开展点检考评、设备点检区域承包，制定正向激励考核等方案，充分调动点检的积极性。以保证球磨机运行为中心，开展查改隐患，取得显著成效。岗位点检准确率进一步提高，对一系一球磨机同步机轴瓦温升高、甩油环变形、皮带接头开裂等问题及时发现整改，有效遏制了事故的发生。设备完好率达到100%。设备可开动率达到98.96%。优化检修方案，在保证质量的前提下，缩短检修时间，提高球磨机作业率，全年10次定修共402个项目全部按时完成，严格执行检修质量验收管理，实现两次定修无故障，为设备稳定运行创造条件。2020年修理费调整后指标2208.57万元，全年实际消耗2026.55万元，比计划降低182.02万元。精矿综合耗电定额134.45千瓦时/吨，比计划降低0.15千瓦时/吨；生产水定额4.93吨/吨，比计划降低0.34吨/吨。

【工程管理】 完成了尾矿混排筑坝试验、磨选工艺优化研究等试验研究类项目的评审；申请贾矿400万吨露采安全生产许可证并开展了"三同时"设计，12月28日取得了400万吨露天开采安全生产许可证；实施贾矿深部扩界勘探工程，11月底完成第一期勘察内容；细河恢复漫水桥完成了方案批复；采场滑体治理年底前完成120米水平以上的削坡工程量。组织编制贾矿中期发展规划，科学推动贾矿露采转地采设计工作取得显著成效。

【矿山规划】 露天开采400万吨采矿权经过艰苦努力，2020年1月2日由省自然资源厅颁发采矿证，规避了自然资源部门再次处罚的风险。围绕地下开采的探矿权办理工作于4月份已递交到省自然资源厅，6月份上交本溪地区相关补充材料，10月10日取得地下开采探矿权，探矿面积增加到5平方公里，为取得地下开采采矿证奠定基础，办理采矿证所需要的地质勘探（深部）工程报告12月23日省自然资源厅已经受理。积极推进采场北部2个小选厂动迁工作，经与辽阳县政府沟通协调，已明确通过第三方评估途径，目前评估公司已完成取证工作。2020年7月，贾矿开展办理林业和土地报卷前期工作并形成工作报告，经集团公司与辽阳县沟通，争取在地采开工建设前取得土地证，使土地合法化。

【环保管理】 重视环保设备日常运行管理，完善各项环保设施运行及检维修记录，规范各项台账，定期对运行情况进行检查维护，杜绝了除尘灰外排。规范生活垃圾处理程序，实现环保合法排放。积极开展矿区绿化，自行拉运绿化用土500立方米，平整场地400平方米，种植金叶垂榆、垂柳等苗木1000多株，在排土场边坡种植刺槐3万株，撒苜蓿草籽250公斤，种植百日草、二月兰等各种草花4000平方米，按规范要求处理垃圾共45吨。

【财务管理】 坚持眼睛向内，采取减少运距、优化采选工艺流程、增加精矿产量、提高金属回收率、降低定额消耗等九项措施，实现生产成本大幅降低。2020年实现收入7.32亿元，全年盈利1.85亿元。全年上缴税费1.67亿元。

【党群工作】 夯实党建基础工作，制定下发《贾矿深入开展"基层党建工作建设年"和"基层党建制度落实年"活动工作方案》。开展贾矿纪念建党99周年迎"七一"系列活动和"讲奉献、比业绩、创一流"建功立业评选等活动。大力开展宣传工作，在《本钢日报》《今日本钢》《贾家堡铁矿阅报》、微信等平台发表宣传报道共102篇。持续加大干部考核力度，提升干部业务水平，培养人才队伍。加强干部队伍考核，开展中层干部半年述职评议工作，填写业绩考核表存入个人档案。做好高校毕业生职业规划，做好技术人员管理和业务培训，促进贾矿科技进步和生产经营能力提高。开展"班组小课堂"活动，为职工技术交流、岗位练兵搭建平台，共授课25期，参加职工320多人次。组织开展班组建设活动，使班组管理向科学化、标准化发展。矿团委同时获得集团公司"红旗团委""优秀青年突击队"两项集体荣誉；参加集团公司青年大学生趣味运动会，获得团体第四名。有两名团员青年获得青年标兵、集团优秀团员称号。 （刘焕诚）

矿业矿产品厂

【概况】 2020年末，本溪钢铁（集团）矿业有限责任公司矿产品厂（简称矿产品厂）留守职工总数4人。矿产品厂拥有一条年设计生产能力200万吨的链箅机－回转窑球团生产线，于2015年11月23日关停，2020年处于停产留守状态。

【安全管理】 根据停产后制定的安全管理工作方案，对停产厂房的治安防范设施进行检查，在各重点部位、路口设置巡更器进行巡查。严格执行门禁管理规定，加大出门车辆检查力度，确保停产后资材不流失。对存在安全隐患的基础设施建筑物进行排查与整改。

【设备运行管理】 2020年，本溪钢铁（集团）矿业有限责任公司与本溪南芬华润燃气有限公司签订工业用户供用气合同，华润燃气为矿产品厂2台燃气锅炉供应天然气。2020年，本溪钢铁（集团）矿业有限责任公司与本溪钢铁（集团）机械制造有限责任公司签订《生产运行承包合同》，由矿机修承包矿产品厂部分设备存续运行。2台2吨燃气蒸汽锅炉机相关辅助设备运行维护良好，为周边本钢内部全民企业提供冬季供暖，实现保供零影响。厂内浴池、变电室、厂区门卫及监控设施运行良好。2020年8月，购置安装3台HP-M-20-DW空气源热泵，项目投资26.67万元，取代燃气锅炉，用于职工洗浴，节能效果显著。设备维护简单，运行良好。

【留守工作】 按照集团公司统一部署，全面做好疫情防控各项工作。集团核心主业管控模式调整后，矿产品厂留守业务划归本钢板材马耳岭球团厂管理。按集团公司要求，完成本钢土地、房产资产评估及清查工作。完成监控系统维保、北部料场彩钢棚维修、厂设备维护检修、燃煤锅炉检修四个检修工程，保证了矿产品厂资产和设备的完好完整。 （杨志坚）

矿业设备修造厂

【概况】 矿业设备修造厂是本溪钢铁（集团）矿业有限责任公司所属国有企业分支机构，下设党群工作室、综合办公室、安全管理室、设备管理室、生产技术室5个管理室及工矿、电修、修加、汽修、备件、检修、机修、运修8个作业区。2020年末在籍464人，其中在岗449人、长病休7人、保留劳动关系7人、见习岗1人、党员180人。管理岗28人，其中作业区级正职20人、副职8人；业务岗20人，其中主任业务师2人、专业业务师5人、责任业务师13人；技术岗13人，其中主任工程师1人、专业工程师4人、责任工程师8人。高级职称6人、中级职称36人、初级职称9人。

2020年底，自有固定资产499项，原值为84947147.77元。新进固定资产10项。机加、电修、修旧产值考核计划为1900万元，实际完成2043万元。年修考核计划142台，实际完成148台。整修、碎修、临修考核计划166台，实际完成227台。推土机维保碎修完成372台次；电铲维保碎修完成402台次；牙轮钻机维保碎修完成279台次。

【生产管理】 2020年面对肆虐全球的新冠肺炎疫情对生产工作的影响，积极贯彻落实省、市和集团公司党委在疫情期间的保产工作安排，克服重重困难，在集团公司的正确领导下，边防疫边生产，严格按照公司计划会议确定的目标任务开展工作。2020年完成电机车年修12台，自翻车年修136台；整修、碎修设备227台次；机加、电修、修旧产值2043万元；维保碎修设备1053台次；协助主体厂矿大停车抢修、泄洪塔封堵会战4次。全年为主体抢修设备、制作加工备件、维保碎修、临时性急活加班315天，出勤3931人次，保证了主体厂矿生产需要。针对服务矿山采场作业环境实际，制定了《防滚石预案》和《逃避险预案》，并于5月中旬进行了预案演练。

【安全管理】 全年实现了安全生产"四为零"，共编制下发厂文件19个、安委会文件14个、各类通知29项。调整安委会机构，重新划定领导干部安全生产责任制分片承包。签订安全生产目标责任书、联防互保责任书，组织开展班组安全建设评优竞赛活动。持证上岗率100%，安全教育培训率100%。共组织日常安全（防火）综合性检查19次，专项检查34次，厂、作业区、班组共排查不符合项598项。认真开展安全专项整治工作，共排查厂级不符合项11项，作业区、班组级不符合项56项，均已整改完毕。根据集团公司工作部署，积极开展安全生产隐患问题"清零"工作，全厂共排查出"应急照明、疏散指示、安全出口""防火门"等各类隐患达117项，已全部"清零"。安全生产月中，制定并下发《设备修造厂2020年安全生产月活动方案》，组织安全展板巡展和全厂职工签名；悬挂安全条幅，更换安全旗，利用LED显示屏、各级安全群等形式宣传安全生产月相关内容，积极营造安全月期间良好宣传教育氛围。利用修造厂简报在全厂开展"安全为了谁"大讨论，以全员参与的形式开展提升安全意识教育。制作"二十条禁令"展板40块配发至各班组；对全厂安全题库进行更新，修订达500余条；聘请南芬区消防应急大队专业人员为100余名职工进行消防培训。

【设备管理】 全厂可用设备424台，封存设备75台，设备运行状态良好。设备开动率完成76%，故障停机率完成0.6%，完好率完成100%。检修费全年计划561万，其中备件费79万元、检修材料费443万元、施工费35万元、检测费4万元。修理费全年消耗606.7万元，其中备件费66.2万、检修材料费486.9万元、施工费50.8万元、检测费2.82万元，检修消耗费用全部完成计划指标。检测起重机20台，压力容器3台，氧气、乙炔、压力表130块，一氧化碳报警器2个，千分尺（游标卡尺）90件，均按要求进行定期检测，检测合格率100%。为完成机修铸造厂房搬迁工作，部门和作业区上下联动，从方案制定到搬迁结束，历时9天时间，共计搬迁原材料钢材190余吨，上交废钢铁250多吨。

【能源环保】 全年总用电量为138.6万千瓦时，汽油16.6吨，柴油13.2吨，焦炭购进32.2吨。认真开展节能宣传周活动，完善各项能源计划及考核办法。高耗能设备按照要求躲峰运行，有效节约能源消耗。全年完成废钢铁指标765.2吨，超额完成集团公司下达的指标任务。全年各作业区栽种花草树木2000余棵（株），成活率95%，进一步美化了厂区环境。完成了三级计量电表和超声波流量计安装。各作业区紧紧围绕第33个爱国卫生活动月，通过LED电子显示屏等方式宣传爱国卫生知识和爱国卫生常识。

【成本管理】 针对2020年成本考核指标实际情况，重新修订了成本考核制度。认真抓好月度分析，严格审查采购项目申报。及时做好跟踪确认，杜绝了违规与不合理上报物料情况的发生。严格按照相关规定按日记账、按月结账，做到日清月结。收入资金及时存入银行，不坐支；资金支出坚持领导一支笔，500元以上必须领导签批。坚持收支两条线，没有发生一笔错账，保障了生产需要。2020年计划考核费用905.25万元，累计实际发生656.4万元，累计降低248.85万元。非定额非修理辅料定额、能源性费用、安全费用等项目累计得到降低。

【技术质量】 根据公司工艺规程修订工作总体要求，制订了生产岗位操作规程推进计划，组建了生产岗位操作规程推进小组，设立三个专业组，召开专题会议3次，对厂属8个作业区生产操作岗位进行确认。共确认25个生产岗位、2个设备检修岗位。修订生产操作岗位通用规程15个、专项操作规程20个。对厂属8个作业区42个班组利用抽检和普检的方式对规程学习、规程执行、备品备件技术、质量等情况抽检42次，确保了规程学习质量，实现了学习全覆盖，备品备件、设备修理质量均达到要求。全年共征集合理化建议47项，科技论文3篇，专利技术3项，创经济效益320余万元。

【人资管理】 采集在职职工工资总额，共采集529人，保险基数3080325元。为3名职工申请办理失业保险补助金达2500元。办理退休39人，办理新入职职工劳动合同签订1人，调出2人，死亡5人。根据生产、安全实际需求开展各类培训班10期，共培训职工426人，组织开展师带徒6对。组织2020年技能鉴定申报工作，共有28人申报晋级考试。组织特殊工种培训56人。

【党群工作】 党委紧紧围绕生产经营中心开展党建工作，充分发挥党委政治核心作用。在管大局、把方向上以习近平新时代中国特色社会主义思想为指导，认真学习贯彻十九大精神和习近平总书记系列重要讲话精神，牢牢抓住思想建设主阵地，重新修订、下发了《矿业设备修造厂党委网络意识形态工作责任制实施细则》等4个意识形态文件。认真召开民主生活会和开展民主评议党员工作，厂班子成员带头开展自查整改，征求基层意见。全年党委理论中心组学习12次，编辑下发学习资料150多万字。"七一"期间举行9次党委、党支部书记党课观摩活动，提升了党支部战斗堡垒作用，提高了党员自身素养。12月，8名党支部书记为党员上了"不忘初心、牢记使命"主题党课，进一步加强党员的思想政治教育。按照集团公司统一要求，对全厂党员党费收缴标准进行了统一核算，全年上交党费55566元，发展预备党员2名，2名党员按期转正。2020年共转出退休党员12名，调出党员3名。严格干部考核管理和相关制度建设，按照集团干部档案"回头看"要求，审查整改管理、业务、技术人员档案缺失情况，干部档案工作进一步规范。组织1名处级干部和27名区域正、副职管理人员参加辽宁省国有企业管理干部在线学习。牢牢把握宣传舆论主动权，积极宣传服务矿山好人好事，全年编辑印发《修造简报》27期2295份，发表各类宣传稿件300多篇。在《本溪日报》《本钢日报》等外部媒体发表稿件200余篇。节日期间各级组织对困难职工进行了慰问救助，共计68人次，发放帮扶款8万余元，送去节日慰问品大米、面粉、豆油等共计2000余斤。共青团积极组织团员青年开展纪念五四运动101周年"释放青春 奉献本钢 绿色发展 健康生活"主题环保志愿行活动。组织大学生参加集团公司大学生趣味运动会、召开青年职工座谈会。疫情期间组织成立了以防控疫情为主要内容的"矿业设备修造厂团员青年志愿者服务队"，在厂区宣传防疫知识，配合防疫主管部门做好工作场所消杀和防疫知识宣传工作。计生、信访、民兵、保卫等组织也卓有成效地开展自身工作，为设备修造厂的和谐稳定做出了积极贡献。不断强化网络舆情和职工群众意识形态安全管理，加强反邪教宣传教育工作，牢牢把握意识形态工作主动权。加强对党员干部的思想教育和作风监管。

（李　欣）

矿业汽车运输分公司

【概况】　2020年末，本溪钢铁（集团）矿业有限责任公司汽车运输分公司下设5个科室、5个作业区。职工总数315人，其中在岗311人、保留劳动关系2人、长病休2人，男职工300人、女职工15人，管理岗19人、业务岗19人、专业技术岗6人、操作岗271人，副高级职称1人、中级职称12人、初级职称28人、技师13人、助理技师11人，中共党员138人。运行车辆214台，其中客车59台、吊车17台、粉物料运输（罐）车8台、重型自卸车21台、工程机械车14台（含拖车、铲车、钩机、推土机）、洒水车2台、油槽车8台、10吨以上货车3台（不含重型自卸）、1.5—10吨货车67台、1.5吨以下车辆（含公务车、工程客货车）15台。全年完成产值3530万元，超计划80万元，降低成本267万元，实现安全生产六为零，保产保供服务零影响。

【生产管理】　牢固树立责任意识、大局意识、服务意识，妥善应对交通、运输、环保等多部门专项集中整治活动频繁对运输生产造成的不利影响，前移管理关口，下移工作重心，深入开展现场调研，组织召开保产协调会，深挖人员潜力和设备潜能，全力组织运输生产，竭力满足矿山需求。制定、完善和修订设备"三大规程""问责追责"管理办法等制度20余项，强化"学贯用"工作落实，加强劳动纪律和操作纪律执行，推行站立式交接班等制度，不断提升工作效率和执行力。两级机关加强生产信息动态关注，16个主要行车班组坚持节假日、双休日不休息，把矿山职工通勤、两灰保供、燃油供给、动力煤冬储、重点大型设备检修服务等工作作为"生命线工程"来抓，确保24小时用车随叫随到，保证矿山生产线延伸到哪里，运输服务就保障到哪里，打通运输服务"最后一公里"，竭尽全力满足各家厂矿100余个生产作业区和管理室运输服务进班组、到机台的需求。在抢运硝铵、防洪防汛、迎战台风、防滑保产等突发性、临时性任务面前，汽运分公司主要领导昼夜值守，靠前指挥，科学组织，各作业区不计得失，密切配合，人员到岗，车辆到位，为矿山系统生产平稳顺行提供了坚强有力的保障。疫情初期，全市公共交通停运，分公司各作业区克服驾驶员紧缺、超长春节假期、运行线路和时间加长、班次重新调整等困难，积极组织职工放弃假期，以自驾、拼车、步行等方式回岗、返岗。通过增加运输线路、增设临时站点，采取早出车、连班、延时等方式组织运输生产，为集团公司疫情初期保产稳产奠定基础。

【安全管理】 牢固树立安全发展理念，坚持"安全第一，预防为主，综合治理"方针，制定高起点"六为零"安全目标，先后两次修订安全管理制度56项。细化《安全管理绩效考核办法》，与各作业区签订《安全生产责任状》和《绩效考核责任书》，把安全指标层层分解落实到班组、机台。结合"两节""两会"、春秋检、"百日攻坚""反习惯性违章作业和违章指挥""隐患清零专项整治"等活动，累计组织安全行车、设备、电气、防火综合大检查34次，查出各类安全隐患和问题305项，全部整改。组织30余个岗位400多名在籍及项目承包相关方职工进行安全风险告知签字确认。吸取国内客车事故教训，增加频次，加大力度，列出"21项检查清单"，对作业区59台运行客车进行逐台逐项检查，清除和整改客车运行安全隐患，为运输生产创造了安全条件，实现轻伤以上事故和火灾事故为零。加强文明生产管理。由一把手带队，以疫情防控和爱国卫生活动为契机，对5个作业区29个班组、300多间车库及作业间现场进行多频次、"清单式"专项检查，召开现场会议进行点评，广泛听取职工意见和建议，妥善解决作业区老旧库门改造和基层防疫消毒药品、器具短缺等实际问题，为职工生产生活创造良好环境。

【设备管理】 开展设备管理人员、点检人员、检修维保人员"三支队伍"履职尽责能力管理提升。进一步修订"三大规程"，完善车辆技术档案、设备台账，规范岗位点检卡，加强门检制度执行，将《车辆维护管理制度》等35项制度印制成册。完善点检计划、事故故障、点检考核评分制度，形成闭环管理。强化点检员培训，组织两级点检和岗位点检培训124人次。以推进"红旗设备"评比为抓手，对214台运行车辆实行作业区点检员与驾驶员车辆承包，确保专业点检的执行和落实。全年完成车辆门检3.10万台次，月检、临检、专检5180余台次，完成车辆二级维护保养320余台次，保养计划执行率100%，为安全运输生产和服务矿山零影响奠定坚实的设备基础。

【成本管理】 扎实开展"降本增效"攻关，在作业区单车核算制度基础上，健全备件、能源等成本核算体系，完善各项费用管理，细化核算单位，由事后核算变事前算账，事中管控。作业区提取综合奖20%纳入成本考核，激发基层降成本积极性。组织班子成员向兄弟单位对标，通过开展模拟日清日结、三级成本核算、推进单车考核等措施，有效降低成本。水费、电费等能源指标在产值增长、作业量增大的条件下全部控制在计划指标之内，备件费、汽柴油等变动费用指标大幅下降。全年汽柴油消耗比计划降低236吨；节电24万千瓦时/年；完成修旧利废2402件，节约备件费41.3万元；上交废钢铁55.36吨、废旧轮胎28.4吨、废机油10.2吨。

【疫情防控】 面对年初突如其来的疫情，积极落实疫情防控主体责任，成立分公司疫情防控指挥部和防疫工作领导小组，制定下发《联防联控工作方案》和《应急预案》，建立33个微信群，每日做好全员排查。疫情防控初期，在物资极度匮乏的情况下，提前研判，积极寻找多家供货商，采购消毒防疫物资的同时，详细制订上报采购计划，在公司帮助下率先实现59台客车每日消毒、驾驶员全防护出车作业，使广大矿山职工消除疑虑，放心乘坐。加强常态化防控不放松，组建志愿者服务队和"防控抗疫"青年突击队42人，组织开展疫情防控演练和通勤大客车、浴池等交通工具和人员密集场所环境消杀，实现防疫保产两不误。本钢全面复工复产后，汽运分公司党委集中统一领导，多部门联合发力、共同抗疫，在物流不畅、供给紧张的条件下，千方百计采购微波炉15台、配套专用餐盒328个、抗菌洗手液100瓶、喷壶10个、消毒液44桶，全部及时发放到一线职工手中。组织全体党员干部和职工抗疫捐款10410元；向一线抗疫党员发放慰问金5000元。

【党群工作】 充分发挥党组织政治核心作用，紧紧围绕矿山运输生产服务中心，把深入学习贯彻习近平新时代中国特色社会主义思想和汽运分公司改革发展相结合，教育引导党员干部职工旗帜鲜明讲政治，增强"四个意识"、坚定"四个自信"、做到"两个维护"，坚决拥护以习近平同志为核心的党中央集中统一领导，把党建优势转化为汽运分公司发展优势，为矿山系统生产平稳顺行提供坚强组织保证。坚持党管宣传、党管意识形态，把握正确舆论导向。大力开展形势任务教育，弘扬主旋律，深入挖掘先进典型，选树一名职工为"本钢好人"。在《本钢日报》等报刊和新媒体发稿80余篇。坚持党要管党、从严治党，确保八项规定落实和反四风常态化、长效化。组织开展廉政教育3次，完善49个关键岗位人员台账。签订《领导干部廉洁自律承诺书》18份，建立全体党员《廉政档案》并签订《党风廉政建设目标责任书》。切实维护职工合法权益，坚持厂务公开、奖金公示等制度，保障职工的知情权、参与权和监督权；加大春节、端午、国庆和员工生日普惠制福利资金投入；走访慰问困难、患病职工及直系亲属去世职工44人次，发放慰问金9100元；举办迎新春职工书画摄影展，丰富业余文化生活，提升全体职工安全感、幸福感、获得感。

（李　洪）

矿业炸药厂

【概况】 本溪钢铁（集团）矿业有限责任公司炸药厂（简称炸药厂）现有职工178人，其中生产操作人员152人、管理岗9人、业务岗10人、技术岗7人、高级职称3人、中级职称14人、党员78人。下设5个科室、2个作业区，分布在南芬矿和歪头山矿。拥有特种混装炸药车11台。主要为南芬露天矿、歪头山矿、石灰石矿、贾家堡子矿、阎家沟矿生产爆破所需炸药。2020年完成炸药量40000吨，全年主要费用指标降低255万元；安全生产实现"五为零"。

【安全管理】 完善安全管理考核体系、双重预防机制建设、风险管控数据库等基础工作；开展民爆安全生产三年整治专项行动、三大规程、隐患清零等专项工作。组织民爆安全知识学习，提升全员安全意识；开展重点行业专项整治、吸取黎巴嫩爆炸事故教训大检查等专项安全检查43次，发现并整改隐患问题98项，下发PPT通报23期，安委会考核总计12700元。

【生产组织】 针对矿山高产运行、生产压力大等困难，全厂干部职工不讲条件、不打折扣、通过双休日出勤、延时加班等方式满足矿山爆破需求，南芬作业区全年累计双休日出勤8次，延时加班1827小时；歪头山作业区全力做到炸药供应、新线改造两不误，全年出勤加班64次；未雨绸缪、主动作为，拿到工信部给歪头山旧炸药生产线延期3个月的生产许可，保障了矿山生产。

【炸药质量】 严格按照《工艺技术规程》，加强炸药全过程质量控制，强化对炸药原材料、半成品和爆区现场的日常质量跟踪及检测工作；定期测试混装车炸药爆速，测试结果远高于国标；运用2019年科研成果，对乳化炸药进行黏度分析、离心分析和显微观察，实现对乳化炸药生产过程的质量管控。

【设备管理】 完善设备管理制度，坚持周点检和日常检查相结合制度，扎实开展好春季、秋季设备大检查，确保了设备安全稳定运行；持续开展民爆专用设备、现场混装炸药车等设备设施专项检查，全年检查发现问题68项，全部完成整改；坚持民爆设备安全联锁装置试验，完善民爆专用设备台账、档案，保证炸药生产的本质化安全。

【工程管理】 全厂干部职工全力以赴，完成歪头山炸药生产线改造工程设备调试、试生产考核、试生产及三同时建设等工作。12月15日，歪头山乳化炸药生产线改造工程正式通过了国家验收，获得领导和专家好评；积极完成用国产复合油相替代澳瑞凯进口复合油相的试验工作，炸药性能稳定。

【防疫防控】 制定《炸药厂外省市送货人员和车辆防疫管理规定》，严格管控外省送硝酸铵和爆破器材的司机和押运员，做好装卸场所消毒工作；全力做好歪头山炸药生产改造工程复工的防疫准备和复工后的防疫管控；做好常态化防疫防控工作，严格贯彻外防输入、内防扩散要求，认真做好人员排查、报备和报平安、人员不出市管理；制定完善炸药厂《新冠疫情防控预案演练方案》，积极组织演练，提升应急处理能力。

【党群工作】 1.落实党委主体责任，教育广大党员干部在工作中履职尽责、担当作为，塑造求真务实的工作作风。2.充分发挥了党支部战斗堡垒作用和党员的先锋模范作用，积极开展建功立业活动，全年创效益100余万元。3.切实开展党风廉政教育建设，加大自检自查工作力度，保证了党员队伍的纯洁性。4.四定工作再延伸，歪头山新炸药生产线的所有班组长全部实行竞聘上岗，取得了较好效果。5.厂工会积极开展劳动竞赛、双增双节活动，春节期间，走访慰问困难职工11名，把党的温暖送到困难职工的心坎上；在抗击新冠肺炎疫情工作中，主动作为，购买体温计、分餐饭盒、洗手液等防疫物资，共计支出12444元。 （侯明辉）

矿业矿产资源管理办公室

【概况】 根据2020年5月13日本钢集团有限公司党委常委（扩大）会议要求，集团核心主业管控模式调整，矿业公司下设本钢集团矿业公司矿产资源管理办公室，集团公司按厂矿级（正职）直接管理，代集团公司行使矿产资源管理等相关业务，主要负责对外沟通、协调和联络，对内指导厂矿办理采矿权、探矿权证（含北营矿权），并负责日常资源工作的管理及监督考核。截至2020年末，矿产资源管理办公室共有职工4人，其中主任1人、高级业务师1人、专业业务师1人、责任业务师1人。矿产资源办公室4名工作人员全部为党员。

【矿权办理】 贾家堡铁矿采矿证：2020年1月2日取得400万吨采矿证，有效期至2022年12月2日。花岭沟铁矿采矿证：2020年5月14日取得省政府协议出让采矿权批复，11月25日花岭沟铁矿划定矿区范围通过省自然资源厅审核。北营石灰石矿采矿权延续：2020年12月31日采矿权组卷材料上报平山区自然资源局审核。南芬露天铁矿及歪头山铁矿扩界采矿证：11月完成补充勘探报告编制，12月勘探报告上报辽宁省矿产资源事务服务中心评审。贾家堡铁矿深部探矿权：贾家堡铁矿2020年10月22日取得了深部探矿证。棉花堡子铁矿探矿权：2020年4月上报辽宁省自然资源厅，正在审核。明山石灰石矿深部探矿权完成各类保护区核查。

【资源评估】 按照集团公司改革要求，完成了矿产资源、排土场、尾矿库资源第三次评估。

【党群工作】 2020年8月份，根据集团公司核心主业管控模式调整实际，在上级党组织的指导下，按照组织程序，完成矿产资源办公室党支部组建工作。自支部成立以来，在集团机关党委的正确领导下，以习近平新时代中国特色社会主义思想为指引，宣传和执行党的路线方针政策，履行基层党建工作职责，提高基层党建工作质量，提升组织力，突出政治功能，充分发挥党员先锋模范作用，党支部党建工作凸显成效。 （孙 雷）

栏目编辑　刘　欣

本钢年鉴 2021

特载

大事记

概述

经营管理

综合管理

党群工作

钢铁主业

★ 多元产业

改制企业

统计资料

人事与机构

人物与表彰

附录

本钢集团

多元产业

本钢集团国际经济贸易有限公司

【概况】 本钢集团国际经济贸易有限公司,现有职工365人(含腾达公司),承担本钢集团生产的各类钢铁产品、焦化产品、气体产品、各类钢铁副产品的国内外销售及设备、大宗原燃材料的进口采购,以及对外劳务输出、工程承包、技术引进等工作;承担本钢集团物流服务、反倾销等贸易救济案件的预警、组织与协调工作。

下设综合管理部、进口部、出口市场销售部、出口计划执行部、商贸部、物流事业部、非钢产品销售部、长材销售部、铸管销售部、不锈钢销售部10个内设机构;国内在上海、广东、江苏、福建、山东、沈阳、长春、黑龙江设立8个驻外贸易分公司;在天津、本溪设立2个加工配送公司;在本溪设立国贸腾达公司、北方恒达物流有限公司,在大连设立北营大连进出口公司,分别在中国香港地区及欧洲、美洲、韩国、越南、日本设立6个境外分公司。

【出口工作】 出口市场销售部紧盯国际市场,抓住市场机会,加大出口力度。三月份单月出口36万吨,位居全国第一。根据集团和国贸公司安排,大力开发品种钢。四季度抓住欧洲镀锌汽车板出口的窗口期,在价格高位抢抓订单,镀锌品种比例高达88%。加大管线钢市场开发,同印度三家最大的管线钢生产工厂(JINDAL、MAM、WELSPUN)成功签订合同。加大对特钢新市场开发,2020年先后开发了韩国、马来西亚、越南、泰国和意大利等国家的新用户,提升了直供用户和品种钢比例。2020年本钢出口190.3万吨钢材(其中国贸132.7万吨,大连进出口57.6万吨),同比下降29%;创汇9.4亿美元(其中国贸6.7亿美元,大连进出口2.7亿美元),同比下降35%。

【进口工作】 进口原燃料保产保供工作:大宗原燃料完成进口采购总量1452万吨,其中铁矿石1273万吨、焦煤179万吨。用好用足进口煤配额,按平均低于内贸200元计算,全年节约配煤成本3.3亿元。开展非澳煤攻关寻源工作,定期反馈市场资源和动态信息,开发非澳洲焦煤和喷吹煤,实现进口俄罗斯喷吹煤新突破。重点工程项目进口设备情况:与招标公司、项目部配合,实现项目成功引进并降本增效,保障疫情期间工程项目需要。重点项目设备有歪头山辊磨干选工程用圆锥破碎机、本钢浦项磁过滤器、北营轧钢厂中压交直流变频器、歪矿10立电铲、一冷轧酸再生机组改造用进口设备等。生产备件保供情况:坚持备件原厂采购原则,在逐年压价基础上实现了不同程度降幅或维持了历史价格。提高外贸签约率,引入宝欧、OCTOPUS、法国德伯等外商参与竞标,大幅降低采购成本,外贸采购占比30%,同比提高了15%。增加集中采购数量,提高规模采购效益。推动多品牌和国产化创效工作。汇总缴税和AEO认证工作:通过开展本钢财务公司税款担保、汇总缴税、关税保证保险、对美加征关税排除等举措,全年有效减少资金占用15.32亿元,降本0.34亿元。高效有序通过国贸公司海关AEO认证复审和年度专项稽查工作,获得海关总署和大连海关的肯定和好评,成为大连关区进出口收发货人的认证样板企业。为本钢的进出口业务争取到了AEO高级认证企业的政策支持,提升了本钢品牌的国际形象。强化供应商考核和管理：对网内供应商和网外报名供应商资质进行严格审查，发现问题及时处理，2020年度考核淘汰供应商41家。进口设备备件合格供应商共710家，其中制造商412家、代理商236家、贸易商58家、电商平台类1家、成套设备集成商3家。原燃料合格供应商共23家，其中制造商4家、贸易商19家。

【非钢产品销售】 2020年销售副产品951.48万吨，同比增加6.46%。销售收入（不含税）完成15.55亿元，同比下降11.5%。

【铸管销售】 2020年继续将严控资金风险放在第一位，扎实推进铸管销售模式由赊销向有款销售转变。在新冠肺炎疫情影响下，上半年市场需求基本停滞。疫情缓解后，迅速扭转不利局面，全年累计签订铸管合同14.28万吨，订货量同比增加9%，实现了逐年增长，并连续三年保持了有款订单比例100%。

【调坯轧材】 2020年板坯调坯轧材业务共计完成业务量6.87万吨，实现销售收入2.37亿元，实现利润736.7万元，平均单吨利润107元/吨。保证了三热轧开轧过渡料需求。

【电商销售工作】 2020年国贸公司开拓欧冶云商线上线下平台相关业务，以效益为中心，提升电商业务规模，在电商平台交易、仓库货物监管、客户服务、物流园建设、进口采购招标等方面保持了良好的发展势头。在完成钢材产品电商平台竞价销售任务的同时，继续扩大非钢产品电商销售的品类和数量，通过欧冶云商的化工宝和循环宝实现非钢产品的电商销售。

【党群工作】 一是强化思想政治建设，狠抓学习教育，不断提升党员综合素质。把学习贯彻习近平新时代中国特色社会主义思想作为首要政治任务。按照"抓首要、大学习、促发展"要求，认真组织学习贯彻习近平新时代中国特色社会主义思想和党的十九届四中、五中全会精神，深入学习贯彻习近平总书记关于东北、辽宁振兴发展重要讲话和指示批示精神，特别是在深入推进东北振兴座谈会上的重要讲话精神。年内开展党委理论中心组学习17次，基层党组织书记上党课136场次，自觉用习近平新时代中国特色社会主义思想武装头脑、指导实践、推动工作，始终在思想上、政治上、行动上同以习近平同志为核心的党中央保持高度一致。扎实推进"不忘初心、牢记使命"主题教育常态化制度化，始终坚持问题导向，持续深入抓好专题民主生活会问题整改，领导班子的12个问题、班子个人合计115个问题全部完成整改。全面落实意识形态工作责任制，抓好意识形态工作，依托"学习强国"平台、"干部在线学习"网站、"三会一课"等，深化党员领导干部理想信念教育，夯实党员干部思想基础。把意识形态工作纳入党支部目标管理，确保意识形态工作责任制的落实，让党支部在基层工作中发挥战斗堡垒作用。二是坚持党建工作与经营管理深度融合，以国贸公司发展成果检验党建工作成效。面对突发疫情带来的重大影响，坚持党建引领，制定了创新解决方案。特别是结合习近平总书记在中央政治局常委会会议研究应对新型冠状病毒肺炎疫情工作时的重要讲话、习近平总书记在统筹推进新冠肺炎疫情防控和经济社会发展工作部署会议上的重要讲话，明确了党建工作目标，采取积极有效措施，创新工作方法和管理模式，疫情防控和经营管理取得显著成绩。面对复杂动荡的市场形势，国贸公司坚持以效益为导向，全面贯彻集团公司增产增效工作要求，通过优化品种结构、科学制定价格政策、合理匹配产线资源等营销策略，较好地完成了各项任务指标，实现产销率100%，确保集团公司生产经营稳定运行。为职工搭建展示自我风采的平台。在集团公司青年素质挑战赛及"第三届辽沈最美翻译官外语云端演讲大赛"等活动中，国贸公司有9名优秀青年员工取得了骄人成绩，提升了本钢对外形象，展示了国贸人的精神风貌。三是聚焦集团重点任务，推动基层党建工作水平全面提升。2020年，面对严峻的疫情防控和复杂多变的国际国内市场形势，国贸公司党委全面落实集团公司党委决策部署，持续提升把方向、管大局、保落实能力，以党建引领推动经营工作高质量发展。对基层党组织机构进行优化设置，进一步健全完善基层党组织体系，夯实了基层组织建设。突出党支部政治功能和政治标准，引导广大党员旗帜鲜明讲政治，牢固树立"四个意识"，坚定"四个自信"，做到"两个维护"。针对国贸公司点多、面广、人员分散的特点，推广"互联网+党建"、建立"党建工作群"等做法，拓展党建工作新模式，强化驻外党组织建设，提升党组织战斗力。四是认真履行职责，推动全面从严治党向纵深发展。履行全面从严治党和抓基层党建工作第一责任人职责，贯彻落实全面从严治党和党风廉政建设工作部署。深化党风廉政建设，组织处干签订廉洁自律承诺书。组织参加集团警示教育大会。针对业务人员长期与用户保持联系，存在发生利用工作便利谋取私利的违法、违纪事件的可能，有针对性地进行廉政警示提醒谈话。深入开展制止餐饮浪费专项整治活动，把全面从严治党要求落实落细。多次对驻外党员干部理论学习、活动开展等提出要求，驻外党员采取网络学习、远程交流等方式加强理论学习和思想武装，依托网络媒体等平台，及时认真学习习近平新时代中国特色社会主义思想和党的十九大精神，引导驻外党员不忘初心，牢记使命，围绕中心，服务大局，保持党员的先进性和纯洁性，立足岗位积极发挥党员的先锋模范作用。

（贺　聪）

本钢板材股份有限公司采购中心

【概况】　本钢板材股份有限公司采购中心（简称采购中心）主要负责集团公司生产、基建、技改所需大宗原燃料、设备备件、辅料等物资的采购经营工作。2020年，采购中心在岗职工206人，下设焦煤、燃煤、原料、矿粉废钢、金属建材、电气化工材料、生产备件、工程设备8个专业采购部和计划管理、供应商管理、质量监督管理、技术商情、财务结算、综合管理6个管理部。

【采购经营指标】　2020年，完成采购总值435.27亿元，比公司预算降低32.81亿元。完成环比降本10022万元，比公司预算多降本1622万元；对比市场及同行业均有降低或持平。保产、保供实现"零影响"。质量指标、途耗指标、库存指标全部完成公司考核。

【保产保供工作】　疫情防控物资及时供应。新冠疫情发生后，为保证本钢全体员工生命安全及生产稳定顺行，采购中心提前复工，多渠道组织防疫物资货源，为集团公司采购防护口罩、医用酒精以及消毒液等防疫物资，采购金额465万元，为集团公司疫情防控工作提供了有力物资保障。重点物资资源掌控力度显著增强。在煤炭方面，年初，以长协锁定基础需求量，紧盯供需双方，灵活机动应对突发需求。一方面与"龙煤""山焦""阳煤"等六大国矿签订年度长协，锁定资源1163万吨，与各铁路局和矿方签订产、运、需三方互保协议，确保了煤炭连续稳定供货；另一方面眼睛向内紧盯生产消耗变化，摸清需求，制定煤炭各煤种保供预案，克服诸多困难，合理组织发运，全年组织完成发运煤炭1245万吨，完成率达到104%以上，为公司生产顺行奠定基础。在地矿方面，按照矿粉的经济性排序，加大了地矿采购力度，年初，充分利用协议户制度的优越性，组织与10家具备自主矿山的选厂签订了458万吨协议数量。3月份，开发"沈铁物流""辽宁金昌"为地矿协议户，签订协议数量26万吨，满足了公司生产需要。7月份，为激励地矿采购，通过广泛寻源和逐家商谈，加大鞍矿采购量。全年地矿采购量超500万吨，为5年来最大量，为高炉顺行创造了有利条件。在废钢方面，为增强废钢的保供能力，2020年废钢采购开始试行协议户管理机制，共签订废钢协议户5家，起到了稳定废钢资源供应的作用。由于东北地区废钢资源紧张，招标暂时无法形成有效竞争，通过对标交流，借鉴国内部分大钢厂挂牌采购方式，从6月份开始改变废钢采购模式，执行挂牌价格采购机制，并规范完善了废钢定价流程及制度。严格依据集团公司当期的废钢采购盈亏平衡点及市场价格变化情况，利用"鞍、本、建"采购协同机制，实现价格联动，最大程度达到效益最大化，全年废钢采购量达到80万吨，为增强废钢的保供能力奠定基础，同时起到了稳定市场资源和平抑市场价格的积极作用。在合金及矿产品方面，年初受疫情影响，汽运基本停滞，合金、矿产品库存急剧下降，一方面积极协商本不具备火运条件的合金供应商改发火运保供，协调部分合金品种从港口发货，确保了合金供应，另一方面，因矿产品多处于农村山区，在多地区封村封路的情况下，积极协调当地政府临时开通道路保证本钢生产需要，有效保证了公司生产，实现了保供零影响。7月份，集团公司准备集中生产硅钢品种，急需采购特种硅铁并要求尽快组织到货。接到公司计划后，采购中心及时采取措施，通过招标平台进行招标，与网内供应商积极沟通生产情况，开标后与拟中标供应商沟通排产，在10天内全部组织到货，为集团公司排产硅钢品种争取了时间。备件辅料采购全过程管控成果突出。在联合检修方面，围绕2020年两厂区的三个阶段联合检修任务，在资金和工期紧张的前提下，提前入手，积极主动联系厂矿，掌握厂矿现场备件、辅料需求的第一手资料，为选厂制定采购方案做铺垫。同时，跟踪计划下达、选厂及在招标平台进行公开招标等执行情况，尽快签订合同，组织供应商快速抢制。对于不能满足交货期的资材实时与供应商沟通，掌握制造、生产进度，并派专人到制造厂进行监造，以满足生产现场需求。三个阶段联检共签订备件采购合同1249份，金额4亿元；辅料采购合同637份，金额0.52亿元。在工程技改方面，围绕板材炼钢厂新建8#单流板坯铸机工程、板材炼铁厂拆建5号高炉工程等47项重点工程项目，主动深入制造现场，加强重点设备质量和工期控制，保证了重点设备全部按需到货。技措、环措、能措、安措等214项专项措施项目也全部按节点时间完成到货，为集团公司快速达产增效提供了有力支持。应急抢修及危化品等物资保障能力明显提升。在应急抢修物资方面，针对公司发生的各类生产事故，采购中心及时跟踪落实事故情况，采取"绿色通道"和"应急通道"进货方式，组织抢修过程中的急需用料，保证了在最短时间内恢复生产。尤其是板材焦化厂焦煤车突发火灾事故，电气系统、液压系统烧损严重，采购中心得到信息后，及时与现场确认，克服疫情带来的诸多困难，先后组织急需的64项529件备件到货，确保了焦煤车按公司要求一周内恢复生产。在危化品物资方面，提前制定了"春节""两会""国庆"等重要节日和会议期间盐酸、液碱、硝酸铵等易燃、易爆、易制毒危化品的保供预案，并根据厂矿库存合理安排到货时间，提前完成了备料工作。9月份，受"黎巴嫩港口爆炸"事件影响，国家开展硝酸铵专项大检查，硝酸铵生产企业被限产或暂时停产，市场资源极度紧张。为保障矿山生产，采购中心派人进行催发货，同时针对运力不足问题，为硝酸铵运输单位寻找运输车辆，确保炸药生产不受影响。在防汛物资方面，按照集团公司防汛总体部署，建立了防汛应急预案，6月份，在汛期来临之前完成了编织袋、锹及潜水泵等防汛物资全部到货。特别是受2020年的"巴威""美莎克""海神"台风影响，本溪地区阴雨天气增多，防汛任务十分严峻，建立了防汛物资供应商联络机制，全力做好防汛物资储备，实现公司各厂矿安全度汛。

【降本增效工作】 采购中心在年初制定的月环比降本700万基础上，自压重担，制定了以2019年12月份采购价格为基础价格，2020年降价降本6.26亿元的工作目标，责任落实到人，精准奖罚激励，并通过对标降本、开发新品种进行功能替代、实施择机采购、开发新供应商促进竞争等诸多措施，全年实现降本7.59亿元。焦煤方面，联合鞍钢、宝钢、首钢等十大钢企共同研究降价策略，通过采取调整发运量、品种替代等一系列措施与国有大矿谈判降价。经过反复磋商和多轮降价，"山焦""龙煤""沈煤""开滦"等国有大矿下调价格60—220元/吨，降价幅度达到6%—20%，全年累计降本6.29亿元。燃煤方面，通过联合北方钢企调节采购量和引进新的供应商等手段，与矿方反复沟通，4月份煤炭降价工作取得突破，"阳煤""河南能源"两大国有煤矿无烟煤价格一次性降价7%。另外，在烟煤品种上，结合环渤海动力煤价格指数变化情况，多次调整内蒙古烟煤价格，紧跟市场形势，5月份最高降幅8.8%。全年累计降本1.24亿元。合金方面，受疫情影响，合金价格波动较大，通过紧盯采购大户鞍钢、河钢对标定价，并根据市场研判，在价格处于上升期时尽早实施择机采购，在价格处于下降期时尽量晚于其他钢厂招标定价确保采购价格不高于同行业其他钢厂。全年累计降本1.1亿元。辅料方面，重点是全力推进耐材产线/区域承包，通过与鞍钢、新抚钢等企业对标，引进新供应商实现充分竞争，采购中心、使用厂和招标公司经过三轮以上磋商谈价，综合降幅达13.3%，预计招标周期内可实现降本1.48亿元；在柴油方面实施择机采购降本，受全球疫情、国际油价影响，2020年1月份国内柴油价格下降，3月份国际油价降至40美元/桶以下，国内柴油价格降至"地板价"。采购中心紧盯市场，没有超前择机采购占用资金，而是在市场抬头时抓住有利时机，在6月份、11月份国际油价及国内柴油价格上涨前，在"地板价"上实施择机采购，有效降低了采购成本。全年降低采购成本7000万元。备件方面，通过续签年标合同、集中谈判、引入新供应商进行公开招标降本、加强重点供方战略合作降本等措施，全年降低采购成本10162万元。特别是通过续签年标合同、集中谈判降价，平均降幅9%，全年订单降本2169万元，包消耗降本1270万元。

【党建及职工队伍建设工作】 1.党建工作。围绕采购经营目标，做好党建工作与采购工作深度融合。抓好党员干部建功立业活动，建立共产党员责任区和先锋岗，对责任区业绩进行考核评比，激发党员干部工作热情，从而保证各项采购任务完成；面对新冠肺炎疫情来袭，凝心聚力，各支部配合行政采取应对措施，制定多种预案，抢资源，保库存，克服不利因素，为保证物资供应提供组织保障；面临资金前所未有的紧张情况，要求各部长、室主任等做好供应商稳定工作，增强责任感和使命感，树立大局意识，做到疫情防控、保产保供、降本增效"三个不误"。2.队伍建设。加强员工考核评价工作，全面加强职工队伍建设。按照集团公司"四定"工作总体部署，对岗位任职超过5年以上的员工进行岗位交流，1月份完成岗位竞聘工作；8月份，采购中心完成"四定"后评价工作，建立了后备干部队伍；对优秀员工进行肯定，对后进员工进行谈话提醒，为打造一支风清气正的干部队伍提供了保障。3.巡察整改。认真落实巡察整改工作任务，全面加强采购中心各项工作。针对集团公司巡察反馈50项问题，采购中心党委完成了整改工作任务，5月份按照组织流程上报了50项问题整改报告。通过巡察整改落实，制定完善了涉及采购、财务、党建等各类规章制度20多项，进一步建章立制，规范工作行为。4.廉洁教育。加强廉洁从业教育，全面营造风清气正的采购工作环境。年初，采购中心党委与各党支部签订了《党风廉政建设责任书》。与全体职工签订《廉洁自律承诺书》178份，建立了职工廉政建设档案；针对采购高风险岗位特点，召开党风廉政专题工作会议；发布了致供应商的廉洁经营公开信；进行节前廉洁提醒等。5.群团工作。各群团组织积极发挥桥梁纽带作用，紧紧围绕采购工作，创新开展主题实践活动，促进了采购经营工作的顺利开展。另外，科协、共青团、武装、统战、信访、计划生育等系统围绕采购中心经营工作，积极创新工作方式，有力促进了集团公司及采购中心的平稳运行。

（孙玉娟）

本钢集团财务有限公司

【概况】 本钢集团财务有限公司（简称财务公司）于2014年12月25日成立，注册资本30亿元（含1000万美元），是由本钢集团有限公司（以下简称集团）、本溪钢铁（集团）冶金渣有限责任公司、本溪钢铁（集团）实业发展有限责任公司共同出资设立，经辽宁银保监局批准的非银行金融机构。2020年末，财务公司资产总额180.13亿元，负债147.62亿元，所有者权益32.51亿元；全年实现营业收入1.29亿元，利润总额6694.24万元，缴纳税金5690.33万元，为集团增效约4亿元。自成立以来，财务公司通过存贷款业务内部定价调节等手段，累计为集团增效11.64亿元，节税2.9亿元（不含无偿提供服务的票据、保函业务等）。

财务公司下设综合管理部、信贷部、结

算营业部、风险管理部、审计稽核部、计划财务部6个部门。2020年末在籍职工28人，其中研究生学历4人、本科学历22人，高级职称6人、中级职称11人，党员18人。

【结算业务】 财务公司秉持高质量服务的核心理念，为成员单位提供代理支付、资金下拨、协定存放、定期存款、资金调拨、清算转入等服务，借助银企直联平台实现资金实时划转、线上业务办理、对成员单位免收手续费等功能，充分发挥财务公司作为资金结算中心、金融服务中心的功能作用。2020年，财务公司已开户成员单位达到82家，日均存款额为149.57亿元，同比增加1.23亿元，同比增幅0.83%；吸收存款业务7430笔，共计2184.7亿元，同比增加221.12亿元，同比增幅11.26%；操作内部结算业务5955笔，共计5647.41亿元；代理支付业务18398笔，共计431.96亿元；资金回拨业务5143笔，共计1647.03亿元；结算业务总量40762笔，共计10712.12亿元。2020年，财务公司存放同业及人民银行存款额日均44.76亿元，活期综合利率2.37%，与成员单位直接存放银行活期利率0.35%（资金体量大、稳定的单位协定利率1.15%）对比，每年创效4500—9000万元。稳步推进资金归集工作，为财务公司开展各项经营业务、拓宽业务领域提供了资金保证，发挥了整合资金资源和提高资金使用效率的职能作用。

【信贷业务】 2020年，财务公司紧密结合成员单位融资需求情况，充分发挥平台功能，通过对成员单位贷款利率价格让利等手段，向成员单位提供信贷支持。2020年末，财务公司自营贷款余额139.86亿元，与2019年同期基本持平。

【票据业务】 2020年，财务公司继续以服务集团为经营宗旨、以依法合规为经营理念，为扩充集团对外结算渠道，适时开具电子承兑汇票。财务公司与各银行积极沟通，增加授信。2020年末，银行授信总额达53.8亿元，电票贴现价格从推广初期6.5%降低至4.3%。本钢财票无论是贴现价格还是市场认可度均优于省内所有城市商行。2020年累计签发电票98.32亿元，年末余额66.51亿元，平均期限8.4个月（比2019年延长2.25个月），为集团节约融资成本3亿元。财务公司自开展电票业务以来，累计承兑电票总量458亿元，为集团节约融资成本10.19亿元，极大地缓解了集团的支付难题，有效降低了资金运营成本，进一步体现了财务公司金融服务的作用。

【保函业务】 财务公司自被列为首批海关事务总担保试行单位之一以来，与本钢国贸公司通力合作，以满足通关需求为服务宗旨、以风险可控为基本经营理念。2020年度根据本钢国贸公司进口货物通关量及进口海关的调整，适时提高关税总担额度。2020年末，关税保函余额5.67亿元，与2019年同期相比增加1.37亿元，有效地缓解了银行授信的占用及降低了融资成本。

【风险管控】 2020年，财务公司以"稳健合规经营、强化风险管理"为工作原则，着力控制风险和促进合规经营。一是财务公司不断强化公司治理建设，完善公司基本治理制度，进一步提升财务公司治理水平。二是坚持"制度先行"管理模式，依据不断变化的监管政策，2020年累计修订完善财务公司各类制度29个。三是配合监管部门开展专项自查及现场检查，积极开展内部审计稽核工作。2020年度共计开展20余项审计稽核项目，审计稽核范围覆盖财务公司各部门业务和管理活动，充分发挥财务公司"三道防线"作用。在日常风险管理中，设定各类监管指标20项，对其进行日监控、日报送，确保财务公司各项业务合规稳健开展，全年无重大问题发生，无风险案件发生。

【信息化建设】 2020年，财务公司结合未来发展需要，加强了信息化建设投入。一是对现有核心系统进行升级改造。为进一步加强风险管控，财务公司结合自身业务发展实际，严格按照监管相关要求，对核心系统进行升级改造，新系统于2020年11月正式上线，整体运行效果良好，能够满足资金归集、结算、反洗钱、评级授信和信贷等基本业务需求。下一步计划将开发监管数据标准化报送、监管指标实时监测、各项监管报表等个性化功能；二是完成电票系统线上清算功能。为进一步促进财务公司电票业务开展，财务公司结合国家相关政策，积极与票交所进行沟通交流，2020年10月，电票系统线上清算功能正式上线。

【党建工作】 2020年，财务公司坚持把学习贯彻习近平总书记系列重要讲话精神、党的十九届五中全会精神作为首要的政治任务和领导干部教育培训的必修课。持续开展"两学一做"学习教育活动，严格遵守"三会一课"制度，引导广大党员干部深入领会精神实质，自觉在思想上、政治上、行动上同以习近平同志为核心的党中央保持高度一致。财务公司党支部带领全体党员学习集团领导重要讲话、学习廉政教材资料等，不断增强党员政治意识、纪律意识、廉政意识和大局意识，全体职工呈现出积极向上的精神风貌。

（张 旭）

辽宁恒亿融资租赁有限公司

【概况】 辽宁恒亿融资租赁有限公司（以下简称恒亿公司）是经辽宁省外经贸厅批准成立的辽宁省首家外商投资融资租赁公司，由本钢集团有限公司及本钢集团香港有限公司于2014年9月9日共同出资设立，公司注册资本3.5亿美元。经营范围包括融资租赁业务、租赁业务、向国内外购买租赁财产、租赁财产的残值处理及维修、租赁交易咨询和担保。下设综合管理部、财务部、业务部、风险稽核部四个职能部门，董事会下设风险评审委员会专门机构，主要负责公司租赁业务的风险控制和评估工作。2020年末在籍人员20人，其中本科及以上学历17人，高级职称1人、中级职称5人。

截至2020年末，融资租赁合同余额为193.52亿元，其中直接租赁合同余额为24.72亿元，融资性售后回租合同余额168.8元，租赁业务不良率为零；总资产为197.81亿元，所有者权益为13.94亿元，实现营业收入8.65亿元，实现利润1.64亿元，超出全年考核计划60%。

【直接租赁业务情况】 根据财政部与国家税务总局下发的财税〔2016〕36号文件，恒亿公司不断创新业务模式，依据集团公司采购有形动产的总体情况，将直接租赁业务的标的物从原有改扩建工程的机器设备拓展至备品备件类设备，充分发挥直接租赁业务模式的优势。目前融资租赁标的物已涵盖集团公司固定资产投资、设备零购、备件采购等所有范围。集团公司有形动产投资类直租业务全面展开，额度逐步提高。2020年末，累计已签署直租业务合同2580笔，直接租赁业务合同余额累计24.72亿元，实现收益约0.85亿元。

【财务管理】 2020年，恒亿公司以集团公司整体利益为出发点，为节约集团公司现金流支出，降低所得税的方案设计，通过与集团内部成员单位债务重组全年合理规避所得税约2115万元。

【风险管控】 2020年，恒亿公司始终把风险管控作为公司高质量、可持续发展的重中之重，将风险管控机制贯穿于经营管理各方面，将风险防控意识强化到每名在籍员工。不断强化"三会一层"为主体的法人治理结构，完善公司基本治理制度，定期召开董事会，决策"三重一大"事项及经营管理重大事项，确保集团公司的方针政策、董事会各项决议、公司经营计划的贯彻落实。加强业务全流程封闭化管理，通过全流程的稽核审查管理，有效地规范业务流程，合理防控风险，为公司下一步战略发展夯实基础。

【党建工作】 2020年作为"十三五"收官之年，肩负着承前启后的责任。在全球新冠疫情大爆发的严峻形势下，恒亿公司坚决执行集团公司各项决策部署。以习近平新时代中国特色社会主义思想为指导，全面贯彻党的十九大和十九届二中、三中、四中、五中全会精神，努力用马克思主义立场、观点、方法分析和解决实际问题，不断提高政治素养和理论水平。严格遵守党的政治纪律和政治规矩，积极参加"不忘初心、牢记使命"主题教育，进一步增强"四个意识"，坚定"四个自信"，做到"两个维护"。对党忠诚，立场坚定，自觉在思想上政治上行动上同以习近平同志为核心的党中央保持高度一致。 （王　鹏）

辽宁恒基资产经营管理有限公司

【概况】 辽宁恒基资产经营管理有限公司（简称恒基公司）是本钢集团有限公司全资子公司，注册资本300万元人民币，主要负责对本钢集团授权的部分对外投资产权、股权和外埠经营性房产的经营和管理，2020年末在籍职工14人，其中本科学历14人，高级职称9人，设有综合办公室、经营管理、财务3个科室。

【依法依规实施本溪大河实业公司股权转让工作】 针对本溪市政府拟收购大河公司股权事宜，恒基公司按照集团公司要求做好大河公司股权转让先期的调研，开展大河公司评估、审计工作的招标，协调大河公司配合做好相关资产评估、审计工作。多次与市政府沟通协调、与相关专业部门研究，将股权转让过程中存在的风险降到最低。经部门审核会签和集团公司批准后，于2020年4月与本溪市国资委签订了非公开协议股权转让合同，并完成了交割工作。

【规范有序地开展僵尸企业退出工作】 按照省国资委和集团公司董事会要求，恒基公司全力推进所属"僵尸企业"的退出工作。

密切关注已经进入破产程序的本钢集团丹东钢管公司和本溪富乐多制管公司的破产进度，稳妥地配合破产管理人工作。积极开展所属2020年僵尸企业退出工作。恒基公司克服疫情期间重重困难，在2020年4月和9月完成了广州昌达实业联营公司和本钢大耐运输公司工商注销。针对本溪钢铁集团有限公司长春钢模板厂没有公章、营业执照、财务账簿等相关风险以及税务等问题向集团公司进行了汇报，按照时间节点进行工商详档查询、相关清算注销工作咨询，了解税务相关情况，登报声明并补刻长春钢模板厂公章和法人章，按照预定计划开展对长春模板厂的退出工作。

【退休人员社会化管理】 按照集团公司退休人员社会化管理工作要求，积极做好托管的大耐公司、丹东钢管公司（破产中）退休人员社会化管理工作。由于丹东钢管公司已经没有工作人员，恒基公司利用非工作时间，帮助丹东钢管公司完成了54卷3748页职工档案整理、修补和数字化工作，并将档案移交至丹东市退休职工档案管理中心；完成6名党员移交社区工作。协助本钢大耐公司完成档案运输和数字化540卷。大耐公司和丹东钢管公司已与当地政府签订相关移交协议。

【外埠房产管理】 收集"珠海本钢贸易公司"位于珠海吉大区白莲新村49栋401房产办理房产证、确权更名所需的材料及文件，为下一步办证确权做积极准备。会同集团公司专业部门共同研究原珠海工贸购买的房产确权事宜，经过多方查账，确定拟以诉讼方式将资产确权回来，现该项工作正在办理中。严格执行集团公司和恒基公司房屋租赁管理制度，对房屋承租人进行租金催缴工作，保证租金按合同约定及时履行，全年共收取租金39.94万元（含恒基公司托管集团房产）。按税法规定完成深圳、广州、海南等地的税务申报、缴纳工作，按照集团公司要求做好出租房屋的租费减免工作。

【控股参股公司监管】 深入对大耐公司、波罗勒制管公司土地、股权、生产经营、税务等情况进行调研，为集团公司决策提供依据，帮助波罗勒公司找寻销售市场、强化管理，减少亏损，实现可持续经营。会同本钢大耐公司围绕2009年以来欠缴土地税问题，积极与税务部门进行沟通，利用困难企业减免税的优惠政策，共获批减免2009—2018年土地税1273万元。针对海南冶金矿山联合公司自主清算损害股东权益事宜，联合其他股东配合做好强制清算工作，并多次向强制清算组和海口中法提出异议，维护本钢权益。做好托管公司员工的信访稳定工作，按照集团公司要求，积极协调相关部门确保了按时退休，不上访。

【尽职调查】 提供尽职尽责基础材料。按照集团公司第四次混改要求，完成恒基公司本部和下辖20家控股、参股公司企业营业执照、公司章程、财务报表、人力资源管理等股权投资项目尽职调查的资料信息上报工作。对企业层级查询及资料信息多次进行核实。

【党建群团】 继续强化党建工作。深入推进"两学一做"学习教育常态化、制度化，结合"不忘初心、牢记使命"主题教育工作，以开展"基层党建制度落实年"和"基层党建工作建设年"活动为契机，进一步加强基层组织建设。按照集团公司机关党委要求，恒基公司党支部先后开展了警示教育、专题研讨、"厉行节约、杜绝浪费"专项整治工作和参加云课堂学习等一系列党建工作。为做好新型冠状病毒感染的肺炎疫情防控工作，提高疫情防控能力，恒基公司党支部深入学习贯彻落实习近平总书记关于新型冠状病毒感染的肺炎疫情防控工作的重要指示精神，按照省委、省政府、省国资委党委和市委、市政府和集团公司工作要求，充分发挥关键时刻党组织战斗堡垒和广大党员干部先锋模范作用，做到坚定信心、同舟共济、科学防治、共抗疫情，保证了恒基公司各项工作的有序开展。参与机关工会组织的扶贫帮困消费，把上级工会组织的温暖照进每一名职工的心里，响应机关工会号召，组织员工踊跃参加集团公司篮球赛、长跑比赛和义务献血活动。

（东 风）

辽宁恒汇商业保理有限公司

【概况】 辽宁恒汇商业保理有限公司（以下简称"恒汇公司"）是经辽宁省国资委批准，由本钢集团有限公司出资设立的全资子公司。2017年11月22日注册成立，注册资本10亿元人民币，实缴2亿元。注册地点位于中国（辽宁）自由贸易试验区沈阳片区，日常经营场所位于本溪市东明路10号本钢集团金融中心。下设业务部、风险部、财务部、综合部4个职能部门。根据《商业保理公司管理办法》等相关规定，可以经营以下业务：以受让应收账款的方式提供贸易融资；应收账款的收付结算、管理与催收；销售分户账管理；与本公司商业保理业务相关的信用风险担保；资信调查与评估；相关咨询服务。

【经营情况】 2020年，恒汇公司紧密结合集团公司资金形势开展业务，服务上游客户，通过办理上游供应商保理业务，解决上游中小企业的融资困难。全年保理业务金额1.4亿元，实现利润总额870万元，净利润650万元。此外，恒汇公司资金来源有所突破，已经获得盛京银行5000万元再保理业务授信、兴业银行7亿元联合保理授信，其他金融机构等授信业务也在申报、审批中。恒汇公司自成立以来，所有业务均围绕服务集团公司上游供应商开展，无违约业务发生，2020年度在全省保理企业综合排名中名列行业前茅，获得了省金融监管局的认可。

【主要职能】 恒汇公司核心职能是应收账款的转让，目前主要围绕本钢集团为核心的上游中小企业开展，即上游供应商将本钢集团的应收账款转让给保理公司，保理公司收取一定的利息后对上游供应商提供融资，协助卖方解决流动资金短缺问题，而后通过再保理、联合保理等业务模式，将受让的应收账款转让给外部金融机构，引入外部资金，缓解集团资金压力。在赚取外部利润的同时，不仅解决了本钢集团上游供应链中中小企业的融资问题，而且促进了整个供应链的健康高效发展。同时，恒汇公司还拥有以下3项基本功能，分别是应收账款管理、应收账款催收和坏账担保。1.销售分户账管理。恒汇公司可以根据卖方要求，定期向卖方提供应收账款的回收情况、逾期账款情况、账龄分析等，发送各类对账单，协助卖方进行销售管理。2.应收账款的催收。恒汇公司有专业人员从事追收业务，根据应收账款逾期的时长采取合法有效手段，协助卖方安全回收账款。3.坏账担保。恒汇公司可根据卖方需求为买方核定信用额度,对于卖方在信用额度内有销售活动所产生的应收账款,保理商提供100%的坏账担保。

【内部控制情况】 坚持"稳健经营、科学发展"的经营方针,确保恒汇公司持续、快速、健康发展。2020年,恒汇公司接受了辽宁金融监督管理局现场检查,对监管部门提出的宝贵意见非常重视,进一步强化了内控管理力度。一是完善内控制度。公司新增内控制度7项,截至2020年末累计起草制度17项,其中业务制度5项、风险及稽核制度3项、计财制度4项、综合管理制度5项。在业务控制管理方面,公司根据国家有关部门规定,制定了《保理业务管理办法》《综合授信管理办法》等业务管理办法,建立了评审和业务相分离、分级审批的保理融资业务管理体系。制定了《利率管理办法》,对业务评审委员会的人员构成、职责及议事规则等做出明确规定。公司建立了完整的业务档案,包括申请、调查、评审委员会审批记录、业务合同等,定期进行稽核检查。在风险管理控制方面,制定了《风险管理办法》等风险管理制度,建立了统一领导、独立监控、贯穿过程、量化指标、综合考核、奖惩分明的风险管控体系。恒汇公司实行全面风险管理战略,以服务为核心,通过在公司管理的各个环节和经营过程中执行风险管理基本流程,培育良好的风险管理文化,建立健全风险管理体系,建立风险管理的识别、计量、监测和控制机制,包括风险管理策略、风险应对措施、风险管理的组织职能体系、风险管理信息系统和内部控制系统,从而有效控制信用风险、操作风险、市场风险、流动性风险等。在未来的经营管理过程中,恒汇公司仍会不断完善内控体系建设,适时更新和完善相关制度。二是强化尽职调查工作。恒汇公司在完善业务制度的基础上,强化尽职调查环节的细节要求,在每笔业务开展前依据制度对主债务人及重要相关方开展尽职调查,了解借款人行业特点、经营状况、财务数据、信用状况等信息,强化业务前端控制力度,尽早管控风险。

(董 磊)

辽宁容大投资有限公司

【概况】 辽宁容大投资有限公司(简称容大公司)成立于2009年8月,是本钢金融板块的重要组成部分,是本溪市唯一一家集投资、典当、担保、物流和经济信息服务为一体的综合性准金融机构。公司注册资本5.5亿元人民币。公司全资或控股子公司有辽宁容大融资担保有限公司、辽宁容大典当有限责任公司、辽宁容大物流有限公司和辽宁容大经济信息服务有限公司。容大公司主要经营本钢商票质押典当、本钢商票融资担保、本钢财务公司电票质押典当、本钢上游应收账款质押典当、中小企业贷款、银行贷款担保和短期融资等业务品种。公司下设业务一部、业务二部、科技市场部、风险合规部、资产管理部、计划财务部和综合管理部。在籍职工37人,其中管理岗10人、业务岗22人、操作岗5人。

2020年,在集团公司的正确领导下,容大公司一手抓疫情防控,一手抓市场营销、清收清欠、提质增效,做到疫情防控和企业经营两不误,全面完成各项经营指标。全年实现考核利润1008万元,超计划指标6万元;全年回收不良贷款1054万元,超计划指标154万元;全年业务操作"零"风险,企业的社会影响力和美誉度不断提升，职工整体收入实现稳步增长。

【市场开发】 2020年初，面对突如其来的疫情，容大公司积极响应国家号召、展现国企担当，紧紧围绕支持中小微企业复工复产和助力本钢商票推广，及时下调各项业务费率水平，研究制定相关配套措施，全年新增业务891笔，同比增长84%；业务总额7.69亿元，同比增长48%，全年操作业务零风险，服务中小微企业229家。典当公司1.5亿元经营资金实现满额高效运转。通过银担合作拓展客户票据变现渠道，降低客户融资成本。全年新增担保业务456笔，同比增长794%；担保额4.23亿元，同比增长617%。配合综合工业公司改制，向171名职工发放委托贷款458万元。《中国冶金报》《本溪日报》《本钢日报》等媒体对容大公司助力中小微企业复工复产的典型事例进行了专题报道。

【行业合作】 一是在省担保集团合作框架下，通过再担保方式实现业务风险分担，同时进一步探索新的业务合作模式。二是取得7家银行授信总额12.5亿元。三是担保公司充分发挥政策性融资担保机构作用，得到国家和省市相关部门的高度认可，获批财政部和工信部关于小微企业融资担保业务降费奖补资金73万元，已拨付到位。四是担保公司取得中国人民银行征信中心关于接入征信系统的批复（辽宁省仅获批7家，本溪市唯一一家），便于查询掌握客户征信状况，筑牢经营风险屏障。

【项目清收】 清收工作坚持应诉尽诉、应执尽执、应封尽封的原则，实现所有逾期业务都处在依法清收的轨道上，全年清回资产1054万元。针对长期困扰上海和平茶城出售瓶颈的长达30年的租期问题，以原承租人拖欠租金和物业费为契机，及时果断地采取诉讼方式，在上海虹口区法院立案并开庭，目前案件整体走势对公司有利。为追偿被执行人的收益权，对上海胜嘉5000万元案件所涉沈阳龙城地下车库收益权追索案件在沈阳铁西区法院立案。对上海佳点1815万元案件深挖资产线索所涉的大连嘉业房产进行查封，对农夫超市武山路资产进行续封。资产处置坚持重点突出、有序推进、应租尽租、应售尽售原则，尽快盘活变现。结合容大公司现行股权关系和管理体制特点，积极协调市国资委和本钢相关部门，逐步理清资产出租出售审批流程。目前观山悦抵债房产和沈阳龙城负一层房产的出租工作已进入实质推进阶段。对铸兴泵业所涉抵押厂房、凤岐案件所涉丽舍房产和大连一鼎所涉普兰店抵押房产推进法院司法评估工作。坚持对裁定资产进行定期巡查和维护管理。

【信息化建设】 公司主动对标上海欧冶金服等互联网金融先进企业，结合公司实际组建科技市场部，整体推进公司信息化平台建设。经项目立项、集团规划发展部审批备案，最终与本钢自动化公司合作，已实质推进项目一期建设。规划在二期建设中实现云端与信息化软件的协同运行。

【风险管理】 在公司全面风险防控理念的指导下，坚持以制度建设为先导，在认真听取采纳职工意见建议的基础上，及时修订和完善各项制度流程，健全容大公司制度体系，做到风险防控有章可循，业务经营有规可依。在业务风险审查方面，全年审查操作业务

891笔，创历史新高，且新增业务零风险，展现较高的风险防控水平。风险管理范围延伸到清收清欠、资产处置、运营改善、职工建议征集办理等方面，有效提升公司管理水平。

【疫情防控】 在容大公司疫情防控指挥部的领导下，严格贯彻落实上级疫情防控工作部署，建立涵盖全体职工的疫情防控微信群，及时传达贯彻疫情防控相关文件会议精神，每天常态化开展接龙报平安和人员动态信息排查上报等工作。严格落实集团公司疫情防控30条措施，严格落实日常防控全天候，精准排查全覆盖，对外来客户施行预约和测温登记管理，推出来访人员登记二维码，推行手机视频会议。加强疫情防控演练，保障口罩、消毒液等物资供给，正面引导职工，做好科普宣传，确保无疫情发生。

【综合管理】 在绩效考核方面，打破收入大锅饭，向营销岗位倾斜、向实干能干的人员倾斜。初步实现了鼓励营销、奖励创效的激励效果，初步理顺了管理岗、业务岗和操作岗的收入梯次。公司档案实行归口管理，对标本钢档案管理工作，有序推进容大公司各类档案的规范化管理。全力配合北钢公司清产核资审计工作，配合省金融监管局完成对担保和典当公司的年度检查。对历年审计问题进行全面梳理整改。用好用足惠企政策，主动对接主管部门，申请获批企业所得税退税、稳岗补贴和医疗保险退费28.1万元。

【党建工作】 坚持把支委会研究讨论作为公司董事会、经理会和风险防控委员会研究决策重大问题的前置程序，发挥党组织的政治核心和领导核心作用。严格执行"三重一大"决策制度，坚持依法、科学、民主决策，清收清欠、资产处置等方面重大决策由公司法律顾问评审，出具相关法律意见。在资产出租出售等方面必要时引入第三方机构进行评估。以开展"基层党建工作建设年"和"基层党建制度落实年"为契机，持续推进党支部标准化规范化建设，以检促改，推进党支部内部流程和会议记录标准化规范化。扎实开展"红旗引领、勇争先锋"暨红旗先锋工程主题实践活动，容大公司支部的战斗堡垒作用进一步发挥。公司党支部与全体党员签订2020年度党风廉政建设责任书，与北钢公司签订党风廉政建设目标责任书。建立中层及以上领导干部个人廉政档案。组织容大公司中层及以上领导干部和重点岗位人员签订《领导干部廉洁自律承诺书》。加强职工意识形态教育，加强谈心谈话和合理化建议征集。加强"不忘初心、牢记使命"长效机制建设，倒排时间表，全面完成所有检视问题整改任务。

【群团工作】 开展"迎中秋、庆国庆"全体职工户外拓展集体活动。深入落实职工集体福利，在春节、"五一"、端午、中秋、国庆前夕，按要求购置发放职工集体福利。持续开展为职工购买生日蛋糕活动，在各楼层设置微波炉、电冰箱，落实职工防暑降温物资。为全体职工缴纳医疗互助保障保险和大额医疗补充保险，及时探望生病住院职工。组织青年职工参加本钢集团第二届青年素质挑战赛，有两名职工分别荣获一、三等奖，为容大公司争得荣誉。

（陈利军）

机械制造有限责任公司

【概况】 本溪钢铁（集团）机械制造有限

责任公司（简称机械制造公司）是本溪钢铁（集团）有限责任公司所属的全资子公司。下设综合办公室、党群工作（人力资源）部、经营技术部、财务部、销售部、采购部六个管理和业务部室。下辖第一机修厂、矿山机修厂、第三机修厂三家专业化生产厂和全资子公司本溪爱科液压密封有限公司，与英国合资创办本溪威尔堆焊制造有限公司。公司占地43万平方米，主要从事矿山、冶炼、轧钢、水泥、焦耐、液压、化工、运输等行业部分成套设备及备品备件的加工制作，是与本钢钢铁主业关联度最高的非钢企业之一。具备球磨机、自磨机、高炉冷却壁、环冷烧结机组、大钢坯火焰清整、酸轧连退硅钢机组、高速棒材机组、堆取料机及矿山机械设备备件的全部或部分设计制造经验，具有较强的传统生产优势和历史成功经验。2020年底在籍职工1662人，在岗职工1577人，其中管理人员75人、业务人员131人、技术人员72人、操作人员1299人。固定资产原值27318.5万元，净值5164.2万元。

【企业定位】 为有效遏制机总内部主营收入连年下滑的趋势，将集团向机总"输血"改变为机总自主"造血"，立足于本钢集团的资源优势、机械制造公司的区位优势以及自身的装备能力和历史传承，精准施策，抓住本钢全生产链常规易耗备件及设备改造需求，把全面回归做强主营业务，依托本钢、服务本钢作为机总的生存之基，为机总摆脱困境、强本固基确立了发展方向。

【市场拓展】 为有效化解新冠疫情对生产经营的巨大冲击，下半年机总将市场营销摆在龙头地位，群策群力，发挥技术和产能优势，全面拓展冷却壁、台车、大套、渣罐、炉条"五大核心产品"的营销渠道，加大营销力度，先后承制了中冶长天、建龙集团、宁夏钢铁、安阳钢铁、东北特钢、江苏徐钢、天柱钢铁、柳州钢铁、凌源钢铁以及大连锦汇出口产品，签订合同4243万元。对板材炼铁厂360台车、板材炼钢厂8号铸机、板材连轧1700改造项目提前策划、靠前服务，实现工程承揽2200万元，保证了全工序链

特钢产业链延伸铸造短流程（张维峰 摄）

条活源的基本稳定。四季度营业收入分别为3058万元、4321万元和6100万元，逐步呈现稳产高产态势，奋力撑回了上半年的疫情影响，实现承揽3.33亿元，其中内部承揽2.64亿元，外部承揽6944万元，营销工作整体企稳向好。

【生产组织】 承担的本钢集团360烧结台车、8号铸机、连轧1700三项改造工程，由于交货期短、生产周期重叠，给生产组织带来了巨大难度。机械制造公司根据生产能力和工艺特点，将工程项目分解并推行联合制造，把三厂两公司融入统一的生产链条中，实现活源共享和均衡分布。各单位采取技术攻关、工艺优化、突击会战、单项承包等方式，保证了三项重点工程按期高质量交付，为集团公司重点项目顺利投产做出了重大贡献。全年共抢制主体产线急件、事故件2804项共计32126件，总工时97531小时，履行了为集团公司保产保供的使命。经过24小时连续作业，提前完成了18吨共计27块冷却壁的抢制任务，满足了北营9号、11号小高炉复产需求。板材热轧1700线卷取机减速故障高效抢修，提前12小时完成修复。北营铁厂布料溜槽不仅按照工期及时上线运行，而且改进了结构设计，降低了减速机扭矩载荷，克服冬季生产不利因素，保障了矿山衬板、铲齿的应急供应。第三机修厂主动参与联检任务，确保联检急件按时上机运行。

【项目拉动】 在集团公司的大力支持下，机械制造公司与安徽紫朔组成联合体，借助其先进的环保设备设计理念和工程建设管理经验，与集团签订了总价1.08亿元的三座焦炉脱硫脱硝项目承建合同，一举迈入环保装备制造领域。一机修签订了8号铸机离线维保合同，创造了在本钢关键工序、关键设备产线维保的新业绩。矿机修对连轧1880线轴承座和废钢厂天车开展维保，三机修承接脱硫脱硝和恒达物流园运维，这些项目目前均实现良好运行，既消化了部分富余人员，又为机械制造公司带来了新的利润增长点。

【技术创新】 2020年完成19项新产品研发工作，创产值2200多万元，为机械制造公司创造了可观的经济效益。一机修与鞍钢设计院联合完成了板材炼钢厂渣罐改型设计，并自主实施了篦条降成本攻关、冷却壁凸台工艺优化等项目，矿机修成功开发了抚钢钢水罐和铁水罐修复项目，爱科公司完成了北台插板阀密封改进。新产品、新工艺的创产创效，切实发挥了技术创新驱动的引领作用。295B铲斗获得国家专利局专利授权，目前机械制造公司技术专利已达4项。工程技术人员发表技术工艺论文5篇，其中国家级期刊1篇、《本钢技术》4篇。

【安全管理】 安全生产形势总体稳定，实现"三为零"，千人负伤率控制在2‰指标范围内。全年编制修订安全、消防等各类管理制度10项，堵塞了管理漏洞。开展安全生产集中整治工作专项检查6次，查摆问题23项，各生产单位自行查出并整改问题68项。隐患清零专项整治行动累计自查问题53项，消防、危化品累计检查消防隐患问题50项，全部整改完毕。

【党建工作】 自主增加党委中心组学习次数和学习内容，强化对党的政治理论的掌握，旗帜鲜明讲政治，增强"四个意识"，坚定"四个自信"，坚决做到"两个维护"。对照《中国共产党国有企业基层组织工作条例

（试行）》《中国共产党支部工作条例（试行）》等党内政策法规，深入开展"党建工作建设年""党建制度落实年"活动，积极落实自查自纠、补齐短板，减并基层支部9个，严格按照程序落实了支部评估定级工作。对照集团巡察反馈问题清单开展自查自改，采取"三会两公开"的方式学习传达集团纪委警示教育案例，组织三管六外人员签订廉洁从业责任状，为经营工作营造积极向上、风清气正的良好氛围。

【群团工作】 围绕生产经营中心工作，为提升企业新形象，打造高执行力的干部职工队伍，在党委领导下，开展了厂区环境综合治理、"四室"管理和生产现场定置管理工作，初步营造了整洁、规范、有序的生产生活环境。党委引领工会、共青团紧扣"五一劳动节""五四青年节""十一国庆节"等重要节点，开展"学雷锋、树新风"青年义务献工、大学生运动会、"勤俭持家，节约增效"主题竞赛，推行班组"安康杯"竞赛等一系列主题鲜明、载体多样的劳动竞赛和岗位立功活动，有效提升了企业的凝聚力。2020年发放救济款11.3万元，办理医疗理赔200人次17.8万元，为职工高考入学子女购置箱包49人次。春节、端午节、国庆节期间，工会为全体职工购置了福利品，使广大职工切实体会到了企业的关怀和组织的温暖。 （张维峰）

修建（维检）公司

【概况】 本溪钢铁（集团）修建（维检）公司（以下简称修建维检公司）是本钢集团的部级全资子公司，是集冶金设备大中修、定修、小修、生产设备维护、钢结构件制作、运输和吊装为一体的大型综合专业化公司，具有国家冶炼工程施工总承包一级资质。公司在籍职工3873人，其中修建方向在籍职工953人，维检方向在籍职工2920人，管理人员89人、业务人员159人、技术人员95人、操作人员3530人，正高级职称2人、副高级职称31人、中级职称193人、初级职称234人、高级技师27人、技师567人。公司下设8个部（室）、29个队（站、厂）、作业区。公司党委下设15个党总支、110个党支部、190个党小组，党员1432人。拥有德国产250吨吊车、美国产林肯焊机、数控切割机、卷板机、千吨压力机等一系列施工设备。固定资产原值12485.42万元，净值1353.39万元，其中修建方向固定资产原值8402.07万元，净值940.23万元；维检方向固定资产原值4083.35万元，净值413.16万元。

2020年，公司实现各项收入5.33亿元，其中修建方向2.34亿元，比计划增加了5400万元；维检方向2.99亿元，比计划增加了400万元。全年实现利润55.49万元，比计划增加了8.49万元。可控费用发生1281.36万元，比计划降低了20.64万元。企业资产负债率为93%。国有资产保值增值率为101%，实现了保值增值。实现了安全生产"三为零"和保产"零影响"的目标。

【检维修管理】 充分发挥集团公司检维修主力军作用，积极配合各生产厂开展保产、保运行工作，共完成产线设备定检913次，定检计划执行率100%；发现并整改处理设备隐患657项；完成事故抢修302次；完成板材联检项目5207项、北营联检项目519项，总计投入人力13000余人次；组织工程检修项目29项，组织跨区域协作58次。在检修方面，优质高效地完成了各项定检定修项目，主要包括北营炼钢厂一区4#转炉炉役修、板材冷轧厂一冷工序年修和三冷工序季修等工作。尤其是在北营9#高炉检修工作中，修建（维检）公司克服困难，仅用30小时就完成了检修任务，使高炉提前18小时复风生产。历时106天，出色地完成了北营10#高炉大修工程，同时完成了北营11#高炉复产、3#弗卡斯窑年修等重点检修工作。在集团公司三个阶段的联检工作中，实现了"不着一把火，不伤一个人，不丢一个项目"的目标，做到了联检与保产"两不误"。在维保方面，不断增强主动服务意识，积极参与产线承包工作，满足了生产运行需要，实现了维护保产"零影响"的目标。特别是从大局出发，服从集团公司安排，圆满完成了区域承包范围外的支援协作工作，主要包括冷轧厂二冷酸轧线1月份全部维保和2、3月份定修、能源总厂制氢站煤压机1月份维保和炼钢厂天车维保等工作。节日期间加强管理，使各生产厂节日期间事故抢修率同比降低了50%。在抢修方面，快捷高效地完成了炼钢厂6#铸机、北营炼钢厂3#转炉抢修等任务。尤其是在板材炼铁厂新1#高炉煤粉M302皮带桁架突发火情后的抢修中，修建（维检）公司承担了主项抢修任务，经过全体参战职工的昼夜奋战，最终圆满完成了任务，确保了高炉快速恢复生产，充分体现出了集团公司检维修子弟兵的风采。

【技改工程管理】 在技改工程方面，优质完成了板材炼铁厂新5#高炉建安、7#高炉3#热风炉修缮等工程，受到了集团公司和生产厂的好评。在板材炼铁厂7#高炉及4#热风炉新建工程中，修建（维检）公司按照集团公司的时间节点要求圆满完成了任务，确保了生产平稳过渡。

【质量管理】 在质量管理方面，重新制定下发了《质量管理制度》等一系列规章制度。健全质量管理体系，将质量责任落实到人，形成了闭环的质量保障机制，确保了各项施工作业质量可控。修建（维检）公司到各生产厂进行了服务满意度回访，促进了检维修服务质量的进一步提升。

【安全管理】 一是加强安全履职体系建设，制定了公司2020年《安全工作计划》和《安全管理考核办法》，与各单位签订了安全生产责任书，重新修订了《安全生产责任制》。二是加强安全风险管控，制定了《双重预防机制推进工作方案》和《安全风险分级管控及隐患排查治理双重预防机制实施细则》，完成了《安全风险管控清单》编制工作。三是认真开展了"重点领域行业安全生产百日攻坚战""春季和秋冬季节安全大检查"等各类专项检查150次，排查各类隐患500余项，全部进行了整改。四是组织开展了安全生产月活动，认真落实了《国务院、省、市安委办安全生产电视电话会议精神》。五是完善了安全教育培训相关制度，深入基层班组辅导安全基础工作，对新入职的员工和各级安全管理人员进行了安全培训。六是严格开展了安全检查考核。全年累计检查出各类安全问题150余项，纳入考核100项，累计扣款15万元。查出违反"二十条禁令"行为4项，全部按照事故考核，共扣款4万元。七是加大安全资金投入，全年投入劳动保护费185.7万元，防暑降温费76万元。

【企业管理】 一是积极主动参与集团公司

推行的检维修产线区域承包，在各主线厂的配合和集团公司支持下，取得了显著成效，2020年为集团公司节省检维修人工费用4000多万元。为保障产线承包工作的顺利开展，修建（维检）公司在内部开展了跨区域协作，其中炼钢作业区成立的由歇班骨干、党员和青工组成的应急班组，在抢修保产、跨区域协作上发挥了突出作用，2020年共支援作业1000余次、较大抢修13次。二是认真贯彻集团公司降本增效战略，加强成本管控力度。提高融资能力，科学合理安排调度资金，做好日常资金计划的核算，强化资金使用的计划性、效率性和安全性。结合实际，重点加强对项目的分析与管理，尽可能地规避资金风险。掌握疫情期间相关优惠政策，做好社保及税费的申报减免工作。强化招标管理，全年共完成招标116项，节约资金635万元，投标35项。加强劳务费审核，全年共审减劳务费19.75万元。加强存货管理，降低存货资金占用，提高了存货周转率。三是进一步梳理了问责追责实施细则，完善了E级以下责任事故的等级分解，修订了《领导干部问责追责管理办法》。四是制定了对标管理实施方案和工作清单，明确了22项对标工作，为全面提升公司管理能力和水平指明了方向。五是加强督察督办管理，对于修建（维检）公司安排的重点工作，做到了事事有着落，件件有回音，全年共督办落实工作50项。六是圆满完成了退管职能划拨、档案整理等工作，其中退休职工档案规范化整理和数字化工作被集团公司作为优秀单位向市国资委做了专项工作汇报。七是加大市场开发力度，外揽工程项目产值达到4000余万元。与石灰石矿签订了《本钢矿业石灰石矿水管路、下料口、耐材检修工程》合同，与沈阳盛道科技有限公司洽谈了2021年沥青罐制作与安装事宜，达成了合作意向。特别是特钢电炉升级改造项目，是公司联合北京中冶设计院中标的项目，中标价格为3110万元。八是增加固定资产投入。购买了皮卡、货车、电瓶车、叉车等各类车辆，提升了装备水平。九是加强资质管理，取得了交通运输企业安全生产标准化建设等级证明，完成了"压力管道、起重机械"的资质证书换证工作。

【人力资源管理】 一是在集团公司的正确领导和修建（维检）公司全体干部职工的积极参与和支持下，历时75个工作日，按照规定时间和程序要求完成了"四定"二阶段七轮岗位竞聘工作。完成了公司2019年度干部考评暨四定二阶段岗位竞聘人员考核工作。对"四定"后各职群人员岗位履职情况进行了调研、考核、分析，优化了组织机构，完善了人力资源配置。二是制定下发了《关于在两级机关开展"加强履职尽责、推进作风建设"工作的通知》，促进了两级机关人员履职尽责，更好地发挥了机关服务职能，提高了工作效率。三是加强职工培训工作。进一步做实做优邢伟大师工作站，并以此为依托，加强各分站建设投入，形成了多板块实训基地。确定了公司级师徒53对，作业区级师徒83对，每季度进行1次考核。委托辽宁科技学院对60名班组长分2期进行了集中培训。对新入职的71名员工进行了上岗前培训。组织开展了技术比武活动。全年组织了A类和B类技术比武16项，共有412人参赛，有67人获得了前六名的奖励。推进新型学徒制工作，共172名职工报名参与。市人社局、集团公司和辽宁冶金职业技术学院在修建（维检）公司召开了新型学徒制工作交流会，该工作得到人社局和集团公司的一致肯定。

【疫情防控】 一是认真学习贯彻集团公司有关疫情防控会议、文件及通知要求，成立了疫情防控领导小组，制定下发了《新型冠状病毒感染的肺炎疫情联防联控工作方案》和《疫情防控应急预案》，开展了疫情防控演练。二是加强人员信息排查。组织注册辽事通 4068 人次，防疫工作微信群 255 个，实现了传达贯彻全覆盖，开展了"接龙报平安""零报告"、疫情"涉关"人员大排查等工作。严格按照《本钢集团关于全面加强外埠来本钢人员防疫工作的通知》要求，执行"三十条"规定，确保了外来施工人员始终处于可控状态。三是制定下发了《关于职工就餐及所属浴池分时分段开放方案》，要求全体职工佩戴口罩上岗，对工作、休息场所、通勤大客车等进行全面消毒和卫生清理，建立消杀记录，为职工营造了安全卫生的良好环境。四是建立了督导检查与责任追究机制。成立了"联合检查指导组"，对发现的问题进行了现场指导整改。五是积极组织广大党员为抗击疫情捐款，1493 名党员总计捐款 85880 元。组建了抗击疫情志愿者团队和青年突击队，抗疫青年突击队被集团公司评为优秀工作团队。及时将集团公司下发的防疫物资送到职工手中，并为职工购买测温仪 40 个、保温饭盒 3961 个、微波炉 76 台，累计支出费用 28.07 万元。配合本溪市公安局做好"千名民警联系百万群众"走访活动，共走访 5355 人次。

【保障职工利益】 一是坚持以职工利益为出发点，保障了职工工资收入稳定和各个节日及特殊专项奖的下发，将集团公司对职工的温暖落到实处。特别是修建方向克服资金紧张压力，为职工缴纳了养老保险 548 万元，医疗、工伤、失业、补充保险 547 万元，充分体现出了责任和担当。二是坚持从集团公司改革大局出发，认真配合做好所属集体企业改制工作，保障了集体企业职工的切身利益。三是加强后勤福利建设。完成了特钢作业区轧一和轧电两个工段拆迁后休息室改建、机检二队职工浴池屋面防水、机械化站

庆祝建党 99 周年主题党日暨"灰领计划"启动仪式 （吕彧鹏 摄）

危房改造等工程，开办了机关职工食堂和浴池，为职工创造了良好的工作及休息环境。

【党群工作】 党建基础工作方面。一是明确了公司党委2020年工作计划的"12字工作方针""6项工作任务""4项重点工程"和"2个实践载体"。二是坚持组织党委理论中心组学习，全年共组织中心组学习13次。三是迎接了集团公司党委巡察"回头看"，对集团公司反馈的问题进行了积极有效的整改。四是积极创新工作方式方法，使疫情防控和党建工作"两不误"，有效促进了党建工作的落实。五是深入开展了"三优三保"主题实践活动，充分发挥了各级党组织的战斗堡垒和广大党员的先锋模范作用。六是制订实施了"灰领计划"，举行了以"不忘初心、砥砺奋进、匠心筑梦、星火传承"为核心的庆祝建党99周年主题党日暨"灰领计划"启动仪式，营造出了学习传承技术的良好氛围。党风廉政教育方面。下发了《纪检监察工作简报》14期，召开了中层以上干部视频会议，对干部廉政教育管理提出具体要求。组织观看了专题警示教育片，开展了第22届清风杯答题活动，组织党员干部签订了廉洁从业承诺书。群团工作方面。坚持职工代表大会制度，确保了职工各项权益得到落实。开展了科技论文评审工作，共评审出47篇优秀论文。做好职工走访慰问。共走访慰问困难和住院、工伤职工117名，慰问了驰援武汉医务人员家属。做好抢修及联检期间慰问，为职工送去5400盒牛奶、2750袋蛋糕和面包、100余份香肠，支出费用4.25万元。开展夏季送清凉活动，共发放冰柜5台、电风扇10台、洗衣机10台、西瓜11000斤。此外，法律事务、综合治理、信访稳定、计划生育、科协、统战、武装保卫等工作也都取得了较好的工作成绩。

（吕彧鹏）

建设有限责任公司

【企业概况】 本溪钢铁（集团）建设有限责任公司（简称本钢建设公司）是本钢全资子公司，公司下设一建公司、二建公司、三建公司、矿建公司、机电公司、路桥公司、天宇消防公司、高级装修公司、检测公司等子公司和建筑工程分公司、矿山实业分公司、金属结构分公司、协力分公司、设备供销分公司、混凝土分公司、市场经营分公司、青海分公司、抚顺分公司、深圳分公司等专业化分公司。取得国家建设部颁发的总承包资质，涵盖建筑工程、矿山工程、冶金工程、机电安装工程、市政工程、水利水电工程、公路工程等总承包资质。专业承包资质涵盖钢结构工程、土石方工程、建筑装修装饰工程、消防工程、建筑智能化工程、起重设备安装工程、环保工程、交通工程、桥梁工程、隧道工程、公路路基工程、公路路面工程等专业承包资质。

2020年，公司净资产1.75亿元，注册资本3.2亿元。在籍职工3734人，其中管理岗227人、业务岗386人、技术岗254人、操作岗2867人，中级以上职称477人，国家一级注册建造师107人、二级注册建造师149人、注册安全师17人。

【指标情况】 2020年，面对突如其来的新冠肺炎疫情，在集团公司党委的坚强领导和大力支持下，建设公司反应迅捷，加强领导，落实措施，积极推进疫情防控和复工复产，以顽强拼搏的斗志和坚如磐石的信心，内托本钢抓管理，外闯市场树形象，共克时艰、勇毅笃行，稳步推进建设公司快速发展。全年共进行工程投标403项，中标99项，标的额6.58亿元。其中本钢工程中标42项，标的额4.39亿元；外部工程中标57项，标的额2.19亿元。特别是特钢电炉和北营炼钢产能置换项目近3.6亿元的中标，体现了建设公司与央企同台竞争的实力。全年完成产值13.92亿元，比计划增加1亿元，其中外部产值3亿元，实现报表利润380万元，职工人均工资5.8万元，消化历史潜亏650万元。

【管控运营】 一是积极应对矿山剥岩价格大幅下调和检维修压缩，矿山实业分公司力减从业人员220余人，封存老旧设备54台套，减少备件支出，核减工序，提升设备作业能力，降低成本3000余万元；机电安装公司优化劳动资源配置，通过区域整合、动态管理方式节约开支600余万元；全力降低采购成本，建设公司全年进行招标采购223场次，标的额2.55亿元，降低采购成本共计1051万元，充分发挥了招标平台的管理作用与效能；二是不断提升资质水平，全年新增资质3项，建设公司的资质由三年前的9项增加到现在的24项，市场竞争能力显著提高。调整工作思路及工程项目招投标策略，把市场触角延伸到疫情影响低风险领域及周边市场，与中交、中建、中冶天工、焦耐院保持了密切接触，全力推进深入合作；与广州乾熠投资公司、深圳滨海劳务公司以及辽宁科技大学、辽宁建筑大学土木工程学院等签署了战略合作协议，为开拓外部市场创造了广阔的发展空间；全力跟踪工程项目，2020年建设公司四进广州、三入深圳、三赴天津、三下成都，踪迹遍布青海、山东、山西、河北、大连、淮安等地，马不停蹄跟踪项目，其中亿元以上项目有山东临钢的制氧项目、河北唐山的钢结构项目、淮安的生态养殖项目。广州的技工学校项目目前已基本落实。推进与辽宁交投的战略合作，2020年，在完成钢结构桥梁——马场桥建设项目之后，又完成一座具有多项专利技术、东北首座钢混结构装配式桥梁，建设公司钢结构桥梁的制作安装技术日趋成熟，也为与辽宁交投的深入合作奠定了良好基础；实现沈抚新区招商引资项目、大连中石化投资危废处理工程项目的对接，并签订前期工程合同1700万元；注册成立深圳分公司，与广州乾熠投资公司、深圳滨海公司、广州保利地产公司、深圳合创集团成功对接，市场前景广阔；青海分公司以项目合作为基础，多领域拓展市场份额，全年实现产值7000余万元；三是当好子弟兵，全力服务集团建设，完成了以板材8#铸机为代表的重点工程。在资金匮乏、工期压缩到极限的情况下，建设公司精心组织、昼夜奋战，确保板材8#铸机、CCPP、特钢电炉升级改造项目主厂房钢结构工程、北营三万五制氧等重点项目工期计划不破网，体现了建设公司能打硬仗的工程组织能力；编撰《施工标准化手册》，统一"本钢建设"标识，施工形象有了较大改观；完成了沈阳宝锦工程创优申报、重点工程质量联检、千金八组团项目推进及炼钢厂1#转炉等工程资料归档移交等工作，促进项目施工"精细化"转变；5#炉工程在建设任务极度艰巨的情况下，建设公司作为非施工合同单位，积极响应集团公司抢建任务部署。机电安装公司4个工程队承担了部分电器、液压、结构等方面任务，矿建公司铺设水渣供电线路电缆、事故电源电缆5万多米，路桥公司抢运建筑垃圾及废钢铁700余车，保证了5#炉按期开炉，体现了建设公司在重大抢建抢修方面的责任与担当;四是运用现代信息技术进行管理,推进过程管理信息化、数据化、便捷化。建设公司使用二维码管理办法,建立管理平台,有效应用到合同、安全、文明施工、质量、技术、设备及劳务等管理之中;强力推进装配式建筑产业,自筹资金1890万元完成了金属结构分公司制作厂房改扩建,使金结制作加工厂房总面积超过13000平方米,新增自动剪切、自动焊接、数控设备等固定资产38项,制作加工能力从年1.5万吨提升到3.9万吨。金结综合实验楼作为本溪市第一座装配式建筑,也是建设公司首座装配式建筑实验楼,目前已完成设计及墙板试验,即将装配组建。该工程总建筑面积2415平方米,共三层,建筑总高度10.2米,建筑安全等级为二级。BIM技术日趋成熟,建设公司有10人取得BIM技术等级证书,填补了专业领域空白,已进入独立建模实际应用阶段。2020年,建设公司成功入选辽宁省BIM全产业发展联盟理事单位。科技创新又有新进展,获得省级工法5项,申报专利5项,集团科技立项2项,撰写论文150篇。编撰出版了《2019优秀科技成果汇编》《2019优秀施工组织设计(专项方案)汇编》,通过了"三体四标"认证外部监督审核。

【企业改革】 一是继续推进管理型、专业化,将不适应专业化岗位需求的所有操作职群集结到协力分公司,将活源按专业化进行配置,形成了较为清晰的专业化运行体系;进一步理顺建设公司、子分公司、作业区(项目部)三个管理层级职能定位和专业化发展方向,深化"放管服"改革,完善项目管理体系建设,促进了管理能力有效升级;结合"四定"后续工作,推进"市场化、多元化、差异化、精准化"绩效薪酬改革,形成了"以岗定资、以效定薪"的绩效考核新格局;"僵尸企业"处置工作进展顺利,一建、三建公司进入破产程序,二建公司吸收合并方案待集团公司审核,丰华房地产按照破产程序有序推进,好佳建筑托管已实现有序对接,作为重要民生工程的千金八组团工程进展顺利;离退休人员社会化管理移交工作已准备就绪;二是全面梳理管理流程,优化合同管理、项目管理、资金管理、采购管理等管理办法39项,使建设公司流程管理的水平明显提升;彻底清查多年累积的资产

金结分公司装配式综合楼项目(李前 摄)

问题838项,已整改解决836项,2项进入法律诉讼程序;对企业运行情况及较大工程项目,由项目督察部进行过程督察和结果审计。全年督察和审计项目23项,挽回经济损失580余万元,专项经营审计3项(丰华、好佳、青海),开展专项督察3项(采购管理、分包管理、项目管理),发现问题179项,整改问题179项;加强合同管理。严控法律风险,凡是建设公司对外签订合同一律进行合同评审,并经法务部门或律师认定再签订。全年共进行外部合同评审46次,材料招标评审176件,建设公司的风险防范意识和能力大幅提升;增强法务管理能力。全年起诉6件,标的额4225万元,审结2件,胜诉2件,收回资金393万元,其余案件在审理之中。积极应对被诉案件,全年应诉14件,被诉金额3185万元,胜诉10件,避免经济损失2626万元;实行预算编制、报审、签证专业化管理、市场化计酬。2020年,市场经营分公司编制预算及处理三冷预算遗留问题2.3亿元。预算编制报审完全能够跟随本钢工程管理节奏,预算准确率大幅度提升,以往编审中存在的滞后、散乱、丢失、漏项等现象得到了彻底改观,也使建设公司的劳动价值得到了真实体现。

【党群工作】 一是巩固"不忘初心、牢记使命"主题教育工作成果,制定下发了《全面从严治党党委、党总支主体责任工作任务清单》和《落实党组织政治巡察工作任务的通知》,着力推进"基层党建工作建设年"和"基层党建制度落实年"活动落实;以党支部评估定级工作为抓手,深入推进党支部标准化规范化建设,持续夯实党建工作基础;高度重视意识形态工作,定期召开专题会议总结部署意识形态工作,利用微信公众号、微信群等平台,弘扬主旋律、传播正能量;积极开展党风廉政警示教育、建功立业、纪念建党99周年系列活动,组织了节能降耗、提质增效劳动竞赛、二维码系统管理和安全生产活动月知识竞赛等项活动;响应号召、支持抗疫,踊跃捐款,1452人共计捐款96845元,捐款覆盖面百分之百;关爱弱势群体和困难党员,走访发放慰问金81500元;发放疫情防控慰问金10000元;积极应对信访稳定事态,完成信访维稳安保工作任务,努力促进企业的和谐稳定;二是帮扶慰问工作有序开展,全年发放帮扶资金、物资40余万元;组织参加职工保险互助会,累计321人次赔付金额36.09万元;开展了送清凉活动,发放绿豆、白糖5200斤;组织一线管理人员、先进人物进行健康体检200余人次,为一线职工发放冰柜、洗衣机、热水器、电风扇等慰问品7万余元;三是罗佳全同志被中华人民共和国国务院授予"全国劳动模范",被辽宁省委宣传部授予"辽宁好人——最美退役军人"等荣誉称号;四是疫情防控期间,积极组织职工参加各种网络文化活动;五是积极围绕共青团、统战、科协、武装、保卫等中心工作开展活动,并在信访稳定、安全协管、团结教育群众、建设企业文化等工作中攻坚克难,切实发挥应有作用,为建设公司各项工作任务顺利完成做出了积极贡献。

(高新丽)

辽宁恒通冶金装备制造有限公司

【概况】 辽宁恒通冶金装备制造有限公司(简称恒通公司)是生产轧辊及铸铁异型件的制造企业,承担着本钢及其他大型轧钢企业所需各种轧辊等备件生产和开发的主要任务。下设7个职能科室（生产部、技术质量部、设备部、采购部、财务部、销售部、综合部）、5个作业区（热轧辊作业区、冷轧辊作业区、加工作业区、维检作业区、磨辊间运维技术服务中心）。截至2020年末，在籍职工355人，其中女职工53人，管理人员24名、业务人员20人、工程技术人员25人、生产操作人员286人，高级职称5人、中级职称41人，初级职称41人，技师16人，助理技师13人。

2020年，恒通公司固定资产原值48169.62万元，净值37804.60万元。固定资产总数量为703台（套、条、座），建筑面积60012平方米。2020年实现销售收入2.155亿元，比预算增加2350万元，增长12.23%；实现利润792.70万元，比预算增加192.70万元，增长32.1%；实现外销收入11735万元，比预算增加935万元，增长8.67%。全员劳动生产率实现57.99万元/（人·年）。

【市场营销】 截至12月30日，恒通公司累计承揽总额21424.65万元（不含税），其中外部11515.42万元，同比增长51.49%；外部累计回款8969.91万元，回款率96.7%。尤其是面对疫情影响及国内外轧辊市场竞争严峻形势，销售部面对不足2个月的生产合同，不等不靠，主动出击，在维持老客户基础上，组织精干力量新开发外部客户4家，新签订合同金额达2190万元；持续加强对外合作，3月24日与江苏中赫签订《战略合作协议》《销售代理协议》，6月中旬江苏中赫轧辊专家进驻恒通公司，提供技术咨询服务，钢辊生产与外销工作全面展开。全面与上海唐舢公司合作，签订外贸出口轧辊合同290万元。

【质量技术管理】 首先，坚持高速钢轧辊质量持续改进，采用以支撑辊身研蜕氧化层的方式进行差温冷却处理，促使轧辊组织均匀转变，提升高速钢轧辊硬度均匀性及整体质量；为保证新开发客户合同交付期，利用低温回火方式解决热处理瓶颈，保证了轧辊整体内在质量；全力推动轧辊车床数控程序应用，编制数控加工程序54份；完成轧辊新产品的基础数据收集统计和本钢集团4条热轧线轧辊使用质量跟踪与数据统计分析。其次，积极研究国内外轧辊制造技术及发展动向，先后开发出贝氏体球墨离心复合轧辊、半钢离心复合轧辊、半高速钢离心复合轧辊以及设计、制造了铸钢轧辊工装具；高镍铬钼、高铬铁离心复合平整轧机工作辊、钼钒高镍铬钼轧辊实现批量生产，共计铸造342吨，取得了阶段性成果；在精车、铣、磨削等加工工序超出机床极限的基础上，圆满完成印度11236Q中板辊出口任务；实现改进型轧辊工作层材质设计多样化，适应不同轧机需要的耐磨型轧辊、抗事故型轧辊等的制造技术积累日趋完善。第三，按照集团统一部署，公司统一规范生产、设备、安全三大规程并进行系统性修订，实现岗位操作简单有效，提高工作效率；积极与鞍钢轧辊、德龙轧辊联系，深入开展全方位全流程工作对标；以规范现场管理为前提，公司质量、环境、职业健康安全三体系顺利通过北京国金衡信外部审核并获得证书。

【生产组织】 第一，公司坚持以"提产、保供"为工作目标，在毛坯辊数量不足的情况下，采取毛坯互相改制、成品互相改制等措施，适时提升成品数量，基本保证客户需求。截至12月末，生产各种规格轧辊毛坯1320支，产量14020吨；成品1179支，产量12308吨。第二，积极做好基层作业区热处理工序的整合，有效解决生产瓶颈，月平均热处理轧辊135支，工作效率提升34%，逐步实现了企业生产稳定顺行的良好态势。第三，进一步发挥MES生产制造系统管理功效，生产数据反馈准确，为公司管理决策提供翔实的科学参考。第四，质量检验人员强化过程控制，严把产品质量关，探伤、硬度、金相检测均按照加工作业区班次配备连班作业，完善了外购合金原料的现场成分采集判定管理流程，做到了与进料同步建档。第五，采购人员密切跟踪生产消耗及市场资源动态，适时调整采购策略，找准市场切入点优质低价采购，全年采购金额1.02亿；同时物流人员全力做好物资验收、配送工作，全年累计接收各种物料1.53万吨，发出物料1.35万吨，外发轧辊1186支，为公司生产顺行提供了稳定可靠的保障。

【安全环保】 一是持续加大工作力度，严抓狠抓安全生产。公司相继完成了30#天车等30余处改造，对43处配电柜、140个防火门安装孔进行防火封堵；持续加强隐患排查治理力度，通过外请同行业安全专家及自检自查对现场进行检查，共计查出隐患39项，全部完成整改；强化危险源及各类事故风险管控，下发隐患整改通知单113份，公司日常考核12430元，月度绩效考核56045元。全年通过各种途径开展安全考试达400余人次，安全投入共计40余万元。二是以减少公司直接外排污染物为核心，落实环保设施等同主体设备的管理要求，2020年对中频炉及砂处理除尘系统灰仓管道进行疏通，除尘设备开动率100%。完成利旧中频炉烟尘捕集设备试车及交付，使用效果良好；完成第三方监测单位年度环境监测工作，废气、废水、噪声测试结果均符合国家及行业标准。按照突发环境应急预案周期要求，重新制定恒通公司突发环境应急预案，并在溪湖区环保局进行备案。

【财务成本管控】 一是加强税收管理，使企业和个人充分享受国家税改的政策红利，全年税费节约300万元以上；对已经进入法律程序的陈欠款积极关注并完备手续，天铁债务得到顺利解决，目前已经通过债转股及信托受益权份额两种方式分别予以清偿。二是在保证产品质量的前提下，热轧辊作业区严格按工艺要求控制钢铁料、合金料入炉量，按照工艺上限入炉返回料，降低成本150余万元；实施夜间开炉躲峰用电，节约费用135万元，持续为生产成本降低做贡献。此外提高集团内部废辊回收循环利用率、破碎废旧轧辊及冷型、降低非生产性费用支出等降成本措施均取得显著成效。

【设备管理】 坚持以"精控设备"为目标，强化设备精准稳定运行管理，支付18万元委外维修1台落地数控锐铣、1台数控轧辊车床，满足现阶段轧辊精加工技术要求；持续做好设备点检定修和设备故障预知性维修工作，通过设备维保维修招标、修旧利废，降低备件及修理费直接成本50余万元。设备检修部门利用节假日及生产间隙时段做好设备点检及预知维修，完成设备检修计划120项，完成率100%；设备故障停机率控制在2.5‰，总停机率为2.5‰，开动率为98%，基本满足生产需求。

【重点项目】 全面介入板材公司磨辊间设备及生产维保工作，2020年签订合同632.33万元，配合完成热轧1700、1880、2300、一冷等各生产线年修共172项任务，获得各相关服务厂家一致好评；12月初集团公司党委会研究同意恒通公司关于板材热连轧厂2300机组轧辊承包及实施方案，相关各项准备工作正在有条不紊进行中。恒通一期工程质量鉴定及竣工验收工作如期开展，完成二期热轧增产环评、工程土建、电气的竣工验收、决算及转固工作。支承辊项目持续推进，2020年成功修复2支1700支承辊。

【人力资源管理】 坚持"四个注重"的用人导向，构建能者上、庸者下、劣者汰的良好机制，以适应辽宁恒通公司未来发展需要为核心，进行科学调配，高君健、单玉文等一批年轻技术人才脱颖而出，跨入管理系列，成为基层作业区管理工作的骨干。广开渠道招揽符合企业发展需要的各类人才，全年招聘高校及高职专毕业生10人；开展工作纪律检查督查工作，加大劳动纪律的日常检查和节假日及夜班抽查力度；采取外委培训、自行组织培训等多种方式，开展职工教育等培训300余人次，培训支出8.7万元，进一步提升职工队伍整体素质。

【党建工作】 一是突出党组织政治核心地位，恒通公司党委传达学习集团党委一届七次全委（扩大）会精神，确保传达到每一个党组织、每一位共产党员；学习贯彻落实习近平在"不忘初心、牢记使命"主题教育总结大会上的讲话精神，以"学理论、抓建设、夯基础、提服务"为导向，深入推进学习型党组织建设；利用下拨党费，购买75%酒精、杀菌皂、消毒喷壶、抗菌洗手液等物资，深入开展疫情防控；组织党员"抗击疫情"自愿捐款，共计捐款15396元，捐款党员达140人；开展庆祝建党99周年系列活动，组织开展了"红色经典诵读"以及"学习强国挑战答题"活动；持续推进"两学一做"学习教育，党员责任区、党员示范岗创建工作深入落实，实现全体党员"在区、上岗"的目标；二是落实管党治党主体责任，公司党委持续深入组织学习贯彻党的十九届二中、三中、四中全会精神，贯彻落实习近平总书记关于辽宁振兴的重要指示批示精神，把党风廉政建设宣传教育纳入党委宣传学习教育工作的总体部署和年度安排；先后组织开展了"以案释纪明纪、不忘初心使命"赵明远案件警示教育大会精神宣贯、作业区级干部观看《东北特钢腐败案启示录》等活动，全体50名三管六外人员签订了廉洁自律承诺书。明确领导干部"一岗双责"的责任担当，强化合同签订、备件及物资采购的管理监督，全年审核各类经济合同453份，参与业务采购招标8次，防范了人员"经济风险"。进一步完善《辽宁恒通公司安全生产质量设备环保等方面相关人员问责追责管理意见（暂行）》，强力开展问责追责，问责科级干部4人，科级以下职工4人。三是坚持和完善职工代表大会制度，顺利召开辽宁恒通公司二届五次会员（职工）代表大会，审议并通过《2020年经济考核分配方案》，保障职工民主权利；认真组织开展"眼睛向内挖潜力，全面发力增效益"劳动竞赛及合理化建议征集和"安康杯"活动；完成公司195名职工健康体检工作；为342名职工办理医疗互助保险，27名职工获得理赔，赔付金额达3万余元。建立健全困难职工档案，全年累计发放救济款、物折合3.9万元，共救助困难职工20余人次。投入专款20余万元，为基层作业区、班组及职工个人购置了微波炉、冰柜、拉杆箱、保温桶、生日卡及米面油等物品，受到职工的普遍欢迎。 （徐洪国）

辽宁恒泰重机有限公司

【概况】 辽宁恒泰重机有限公司（简称恒泰公司）是本溪钢铁（集团）有限责任公司一级子公司，是集研发、设计、制造、安装、大中修为一体的起重运输机械设备制造企业。拥有国家A级特种设备（起重机械）制造许可和A级特种设备（起重机械）安装改造维修许可及建筑业起重设备安装工程专业承包一级资质、钢结构工程专业承包三级资质；具有电磁搅拌装置及成套设备的销售与维修，机械式停车设备制造、安装、维修，起重机安全监控和起重机设备安全保护装置、定子异常失电保护装置和单片机控制产品的设计制造维修销售资质；拥有省级技术中心和市级研发中心。2020年末共有职工555人，在籍职工346人，在籍职工中管理人员18人、业务人员26人、技术人员22人、操作人员280人，副高级职称4人、中级职称37人、初级职称25人、高级技师2人、技师17人、助理技师4人。下设6个职能室和3个作业区。党委下设4个党支部，共有党员80人。

2020年实现收入5397.45万元，同比2019年减少712.55万元；实现利润-2923.94万元，同比2019年多亏1479.94万元；上缴税金344.34万元；治安综合治理及计划生育工作等均完成上级考核指标；安全生产实现"四为零"。

【市场销售】 2020年，起重机制造行业形势依旧严峻，由于集团比价招标原因，集团内部在手活源严重丢失，起重机制作项目全年无订单，检维修主营业务急剧萎缩，经营业绩严重下滑。面对严峻的市场形势，恒泰公司始终坚持发挥自身技术和产品优势，以贴心服务为手段强化市场开发，在生产经营逆势环境下，市场开发在年末取得突破。内部市场方面，9月份开始，深入集团内部各主体厂矿深挖潜在活源，密切跟踪集团各主体厂矿生产经营需求，积极主动为各主体厂矿解决问题，恢复良好合作关系。经过努力，板材特钢厂、热轧厂丢失的维保市场重新签回；新开发建设公司、新五炉、北营公司等维保项目；歪矿2台32吨起重机等项目的结构制作协议已经达成，废钢厂8台磁盘起重机、特钢厂2台上回转起重机正在洽谈中。积极开发外部市场，渣罐、鱼雷罐等设备制作、检维修项目成功打入德隆集团天铁市场，平车制作项目打入江西新余钢铁市场并运行良好，中冶京城设计院项目按时保质量的交付得到项目部好评。2020年共签订销售合同2767.55万元，累计回款8094.66万元。

【生产组织】 2020年1—8月份，受资金影响，大宗原材料无法及时供应，生产陷入近乎停工待料状态，导致多项合同工期违约。9月份，新任班子上任后，立足生产任务，明晰工作思路，达成"保现场才能抢市场"的共识，以"保交付，树形象"为目标，带头深入一线，靠前指挥，统筹安排，狠抓工期管控，加强采购、销售、生产等方面的组织协调。在集团重点项目上，尤其是在九、十月份集团特钢厂电炉升级工程10+10t起重机制造、125t起重机制造、16t半门式起重机改造、东北特钢200T起重机制造的生产中，对外积极协调供应商、对内多次组织专题会，逐项落实施工任务，合理平衡资金，专款专用，使得重点项目生产进度得到有效推进，逾期合同得到有效控制，生产项目逐渐恢复平稳运行。

【成本控制】 全面推行成本第一意识，细化审批程序，严控研发、生产、采购、销售各环节费用支出，倡导降本增效理念，积极制定相应奖罚机制，提高全员降本意识。积极推进技术攻关，利用原有闲置车床设备进行改造并试车成功，实现大部件轴孔的厂内加工，单项目上为企业节省外协费用0.8万元，节约购置新设备成本20.08万元，而且从长远来看，经济效益显著。10月份，全力推进清产核资、存货盘点工作，充分利用库存材料大力推进降本工作，利用原材料103吨，销售库存电机两台，降低采购成本达60余万元。

【安全管理】 压实各级安全责任，完善安全管理制度，编制恒泰重机公司2020年1号文件、2020年专项检查计划、2020年目标考核方案等各项管理制度。认真开展冬季安全大检查、安全防火监督检查、安全隐患清零行动、设备专项大检查等专项活动。扎实推进安全活动月、"安全为了谁"大讨论、"两会期间"保安全生产等工作，促进职工在工作中转变思想、提高安全意识、规范操作行为。加强重点项目施工现场的检查，消除安全隐患，共查出问题79项，整改79项。全年开展安全培训604人次，进一步提高了职工安全意识和安全操作水平。

【劳动纪律管理】 强化劳动纪律管理办法宣贯与执行，加大劳动纪律检查力度，狠抓劳动纪律考核，全年共下发劳动纪律检查通报12期、劳动检查考核通报3次，考核人员16人次，考核金额5300元，一名职工试岗三个月。日常考勤从严管理，上线"钉钉"办公系统，实现线上考勤，职工考勤打卡意识明显增强，营造了积极、规范的工作氛围。

【质量管理】 加强现场产品制作、外观质量、外购件源头等方面的检查，不合格原材料坚决退回，不合格的工序坚决返工，通过一系列举措切实推动了质量管理水平的提高。全年安装检验起重机30台，其中新安装9台、改造7台、重大修理14台，全部通过技术监督局验收。

【基础管理】 完成省级企业技术中心的运行评价，完成机械式停车设备制造资质换证评审，完成职业健康安全、环境、质量体系三合一认证换证审核。为进一步规范工作程序，10月份，组织全面梳理并重新编制生产、营销、人资、采购等管理制度和管控流程，明确各单位工作职责，切实推进企业管理制度、管控流程与生产经营实际相结合。加强生产现场、环境卫生、厂容厂貌等方面整改工作，完成桥头围墙修补粉刷、厂房楼体修补、厂区地面硬化，生产车间和库房清理工作。积极推进桥头生产基地路面铺设和文明生产工作，全面提升恒泰公司形象。

【抗疫工作】 坚决把广大干部职工的生命安全和身体健康放在第一位，筑牢抗疫防护盾牌，保障职工疫情期间的身体健康。成立疫情防控领导小组，制定管理制度10项，积极做好疫情期间应急值班值守、数据上报、门岗登记、人员测温、防疫志愿者服务、出市报备审批等相关工作，周密部署抗疫演练，严密构筑疫情防线。积极组织防疫物资采购与发放,采购1.9万元的口罩、消毒液等物资,及时发放到职工手中。加强疫情宣传工作,刊发宣传报道12次。积极组织全体党员捐款,累计捐款81人次共计9620元。

【党群工作】 1.党建方面。加强党建工作,切实加强政治理论学习,制定《党委意识形态工作责任制实施细则》等文件29份,促进党委各项文件的进一步制度化和规范化。编制《2019年度恒泰公司党支部书记抓基层党建述职评议考核工作实施方案》,组织开展2019年度党组织书记抓基层党建述职评议考核工作,组织党员、群众对四个支部开展评估定级工作,通过赋分的过程分析落后支部存在的问题,把握整改方向。深入开展"基层党建工作建设年"和"基层党建制度落实年"活动,组织全体党员学习党内政策法规、党史、改革开放史;充分利用集团公司划拨党费,完善"党建阵地"基础建设;按照支部标准化建设要求,购置专属卷柜、档案盒,划分党建基础工作为10大类;设立"党员先锋示范岗"5个。2.巡察整改方面。恒泰公司党委认真研究部署巡察整改工作,成立巡察整改领导小组,针对58项问题,制定整改工作方案,划分责任单位和责任人,要求制定详细的整改措施,明确整改时限,恒泰公司对上报的整改材料进行两次全面检查,做到逐条检查逐条完善,在集团纪委要求的时间内按时完成资料上报,通过此次整改有力地夯实了党建工作基础。3.廉政建设方面。深入开展党风廉政建设,11月份,组织召开全员警示教育大会,结合集团纪委对公司违规违纪人员的处分决定,深入剖析存在问题,提出廉洁自律工作要求,促进全员树牢红线意识。加强对党员干部节假日期间廉洁自律教育,组织全体党员干部和重点岗位人员签订廉洁从业承诺书,对全体党员开展廉洁宣传教育,杜绝违规违纪现象发生。4.工会方面。关心职工群众生活,为职工投保互助保险416人次,支出38240元;为职工办理保险理赔24人次,理赔金额31848元;为父母去世的职工发放慰问金2970元;为职工发放送温暖资金16000元。5.群团方面。组织全体青年建立恒泰公司青安岗97人次。通过青安岗的建立,牢固树立青年安全生产监督意识。按期组织部分青年职工参加本钢青年大学习网上团课活动,科协、法律事务、武装保卫等均积极开展工作,营造企业良好发展氛围。

(王 红)

信息自动化有限责任公司

【概况】 本溪钢铁(集团)信息自动化有限责任公司(以下简称信息自动化公司)成立于2003年11月27日,是本钢集团全资子公司,由信息化中心统一管理,注册资金5000万元。担负着本钢集团信息化、自动化、智能化系统运行维护、技改工程和新建工程等任务,是集团公司信息化、自动化设备稳定运行的保障单位,集团公司信息化、自动化技术和人才的支持、储备单位,集团公司生产经营、企业管理各类信息化和自动化项目的研发、实施单位,集团公司对外经营创收的高科技公司。同时也是国家级高新技术企业、辽宁省计算机"双软"认证企业、辽宁省省级企业技术中心。

2020年末,信息自动化公司在籍员工146人,其中管理人员16人、业务人员22人、技术人员108人,高级职称28人、中级职称42人,中高级职称人员占技术人员总数的64.81%。2020年实现合同承揽20751.27万元，销售收入17094.15万元，利润1311万元，实现人均创利8.99万元，承揽、收入、利润主要经营指标均创历史最好水平。

【保产保供】 面对突如其来的新冠疫情，信息自动化公司第一时间启动公共卫生事件联防联控工作机制，通过统筹兼顾，积极应对，主动参与集团公司突发应急故障处理和紧急工作任务。成立3个工作组快速恢复受勒索病毒攻击的检化验、物料网、铁区MES和石矿MES等系统，创造了12天成功上线马球、焦化检化验系统的软件开发新速度。为满足集团公司成本核算和精细化管理需求，信息自动化公司在大年初二抽调精兵强将成立了日清日结项目部，集中全力自主开发实施日清日结系统，圆满完成了板材炼铁厂、板材焦化厂、板材原料厂、板材发电厂、北营炼铁厂、北营焦化厂6个厂矿52个作业区共92套一、二级自动化设备的数据采集、传输、统计和分析工作，为集团公司在疫情期间的生产经营平稳顺行提供了有力支撑。

【市场开发】 信息自动化公司坚持以满足集团公司需要为己任，以提供系统性解决方案为手段，深度融入到集团公司生产经营各个环节，全力做好工程项目建设，2020年为集团公司编制各类技术解决方案99份。积极参与集团公司降耗增效实际工作，自主开发实施了北营三级计量、板材铁区成本管控和北营日清日结等工程，为集团公司成本精细化管理提供了及时准确的核算依据。通过精细组织，与集团联合检修衔接，圆满完成了铁厂360烧结改造、特钢大棒轧机改造、炼钢7号铸机改造等重点联检项目，确保了集团公司三次联合检修顺利完成。发扬"技术过硬、能打硬仗"的光荣传统，取得了越南和发榕橘钢铁公司3#高炉、山西高义钢铁2#转炉、本钢北营10#高炉、板材炼钢厂5#转炉四个项目在8月同时投产的骄人成绩。加快新技术吸收和应用，无人天车、5G网络、虚拟化、智能图像识别和永磁调速技术等大量前沿技术在物流园信息化项目和发电厂永磁调速改造工程中成功落地，提升了专业技术厚度和宽度，内部市场覆盖面持续扩大。2020年受疫情和外部环境叠加影响，信息自动化公司主要目标客户复工复产普遍较晚，外部市场开发工作受到严重影响。为对冲疫情影响，信息自动化公司科学研判、精准把握，坚持"稳"字当头，实现了逆势突破。通过主动出击与战略合作企业和重点客户进行全方位项目交流和商务洽谈，成功签订越南和发榕橘钢铁股份公司$4 \times 1080m^3$高炉工程（二期）高炉PLC控制系统技术服务、山西高义钢铁公司转炉MCC及PLC系统工程项目、山西晋钢转炉三电自动化控制系统、北京京诚瑞达北营高炉工程三电技术服务等合同。顺利通过山西电力设计院、中冶华天、本溪移动公司、本溪联通公司和沈阳铁路局的供方入网审核，开创了外部市场营销新局面，为后续拓展技术产品外销领域创造了有利条件。

【技术创新】 信息自动化公司始终将科技创新作为引领企业高质量发展的第一动力，积极推进项目自主研发工作，2020年共申报变电所无人值守控制系统等研发立项13项，归集研发费用1336.61万元，远超2019年同期，其中废钢彩西园区信息化系统研发被列为集团公司重点科技项目。申报冶金科学技术奖1项、本钢科技进步成果奖6项，"钢渣热闷自动控制系统的开发与实践""机加行业产销一体化管理系统的开发与应用"获得本钢科技进步3等奖；无人值守"运输系统"成功取得国家版权局实用新型专利授权。获辽宁省科技厅研发费用后补助专项资金5万元，获集团知识产权专项奖励1.248万元。全年奖励取得成果、专利和著作权等技术人员13.128万元。完成两化融合管理体系贯标、高新技术企业换证、软件企业认证换证、省级企业技术中心年度评定等资质管理工作，获得中国软件诚信示范企业称号，为企业享受国家优惠政策和高质量发展提供了保障。

【降本增效】 信息自动化公司紧扣保产保供基本任务，通过加大平台采购、集中招标管理、加强战略合作和优化资金支付等措施，全方位实施降本增效工作。深化与华为、海康、宇视、卡得、佳明、京东、公牛等品牌供应商的合作，新引进合格施工队伍12家，清除不合格施工方3家，扩大了选择范围，规避了经营风险。在继续扩大本钢财务公司电票、本钢商票支付范围的基础上，积极采取"聚零为整、统筹支付"的方式，有效降低电票兑付延期带来的违约风险和现金支出，大幅减少了财务成本。

【基础管理】 信息自动化公司坚持一体推进机制体制建设，治理效能和机制活力得到持续提升和释放。严格执行"三重一大"决策制度和重大决策合法合规性审核机制，制定"党委会前置研究讨论事项清单"，坚持把党委研究讨论作为"三重一大"决策的前置程序，充分发挥党组织把方向、管大局、保落实的领导作用。完善问责追责制度体系，编制下发"责任事故问责追责补充规定"，

进一步强化了各级管理人员"党政同责、一岗双责、失职追责"的责任担当意识。始终将持续推进绩效分配改革作为全面激发内在活力的重要举措。通过完善以利润为导向的薪酬分配机制，深入推进重点指标考核与日常管理相结合、月度考核与年度兑现相结合的绩效考核办法。坚持绩效向创效、降本、创新单位和个人倾斜的工作原则，鼓励员工学技术、学业务、敢担当、敢作为。有效地激励了员工创效热情，2020年实现人均创利同比增加2.99万元。强化资金和库存的统一管理、统一调度、统一平衡，提高了资金统筹使用效率，全年实现资金周转率1.5，同比提高0.4。加强依法清欠外部债权工作力度，降低了坏账损失风险，收回外部历史工程尾款50万元，另有53.42万元欠款形成还款方案。落实国家阶段性减免企业社会统筹保险费用相关政策，全年减免各类统筹保险费用231.77万元。全面深化安全体系建设，结合信息自动化公司专业特点，修订完善了"领导履职管理办法""分片承包管理办法""相关方安全管理规定"和"仓储场所安全管理规定"等规章制度，把安全生产目标责任落实到部门和岗位。开展"党政同责""一岗双责"安全生产责任制落实工作，全年组织领导履职等专项检查209次，考核涉及项目实施质量、劳动保护穿戴、现场违规操作等安全问题21项，考核责任单位7个，累计处罚20482元，实现安全奖惩与安全责任人挂钩的考核目标。这些工作的开展有效提升了本质化安全管理水平，实现了安全生产"五为零"的工作目标。

【党群工作】 坚持党建工作与生产经营深度融合，动员和组织各基层党组织围绕疫情防控和管理经营统筹推进党员先锋岗、党员

先锋工程、党员责任区创建和党员作风竞赛活动，有效推动基层党建整体效能的提升和企业的高质量发展。依托微信群、公众号、学习强国视频会议等形式灵活深入地学习十九届四中、五中全会和习近平总书记系列讲话精神。积极响应总书记提出的"厉行节约 反对浪费"号召，通过倡议书形式在全公司范围内形成了"浪费可耻 节约光荣"的良好氛围。以纪念建党99周年为契机，通过网络直播方式开展"强组织、增活力、创一流"为主题的系列活动和"党员教育公开课"评选，教育引导党员"不忘初心、牢记使命"，坚定马克思主义信仰和中国特色社会主义信念。开展多种形式反腐倡廉教育，召开廉政教育警示大会，播放警示教育专题片，通报典型案例促进各级党员干部筑牢思想防线，推进党风廉政建设和反腐倡廉工作全方位覆盖，开展常态化廉政教育5次。密切与纪委派驻组的工作联系，组织作业区级以上管理人员和重点岗位人员签订《廉洁自律承诺书》并撰写心得体会文章，提振党员干部精神和优化工作作风，为信息自动化公司高质量发展提供坚实的政治保障和作风纪律保障。发挥群团组织桥梁纽带作用，广泛开展献计献策活动，共收集涉及发展、专业方向、技能提升、民生工程等方面合理化建议10条。深入开展关爱员工活动，2020年对生病住院及直系亲属去世职工进行走访慰问，慰问金额共计6200元。开展防疫书法作品和最美"口罩"工作照展示活动，反映出自动化人积极向上的乐观精神和坚韧不拔的工作作风，增强了全体员工的凝聚力，有效巩固了来之不易的疫情防控成果。

（王大鹏）

新实业发展有限责任公司

【概况】 本钢新实业发展有限责任公司为本钢集团有限公司多元产业发展板块下属公司。2020年6月，根据集团公司核心主业调整要求，北营生活服务中心划归新实业公司。在籍职工1688人，劳务工190人，北营宾馆合同工22人；大专以上学历714人，其中研究生7人、本科学历197人、专科学历510人；高级职称58人、中级职称189人、初级职称172人。下设9个职能科室及26个分（子）公司。主要生产及生活服务项目有炼钢辅料、炼钢生铁、炼钢炉料、烧结配料、渣罐涂料、氧化锌粉、钝化镁粉、增碳剂、尘泥干粉、劳动防护工装、特种作业防护用品、防尘滤袋、印刷制品、工业水处理剂、冷饮制品、公路运输、设备维修、工业管道清洗、板材厂区公交线路运维、厂容绿化美化及环境综合治理、防寒防汛工程施工、工程设备维修、厂区职工生活服务（餐饮、洗浴）、办公用品销售、报纸印刷、媒体广告宣传、职工公寓及物业管理、宾馆餐饮住宿及会议接待、幼儿管护及教育、农场看护等。

【指标完成情况】 2020年，新实业公司实现销售收入6亿元，利润230万元，超计划130万元。实现了全年重大人身、设备、火灾、交通、食品安全事故"五为零"的安全工作目标。主要产品完成情况：炼钢生铁及铸件3.9万吨、增碳剂9364吨、尘泥干粉44万吨、脱锌回收料3.5万吨、氧化锌粉3772吨、钝化镁粉5419吨、水处理药剂9817吨、职业工装6.83万件套。

【生产服务工作】 以提产、提质、降本增效和管理创效为抓手，通过优化生产组织，加强源头管理，促进生产效益不断提升。通过狠抓各分厂设备日常点检、小改小革以及实施开源节流等手段，实现降本增效。通过全面加强生产经营管理，积极克服制约生产的实际困难，全力以赴稳生产，实现了向产量要效益的目标。东风湖分公司在提高处理沉泥能力的同时，小沟铁厂炉体出铁口通过技术改造，休风时间由原来每月2次以上到现在可连续运行100天无需休风，有效提高了生产效率。铝粒厂在加大设备点检定修力度的同时实行一人多能混岗作业，有效降低设备检修费用和人工成本。回收分公司严抓设备和现场管理，多次与相关部门、厂矿沟通协调，将铁碳球结算存在的困难及问题逐一梳理并解决，主要产品产量、质量得到了有效提升。焦化分公司积极调整工业循环水加药方案，规范操作流程及步骤，提高了工作质量，降低了成本。炉料分公司钝化镁粉、切削铝等主要产品实现保供"零影响"。汽水厂以良好的信誉和质量，稳定并提升了汽水、冰果供应量，超额完成全年经营任务。劳动防护分公司通过科学安排工序衔接，提高了生产效率，保质保量完成了新款工装制作。

【后勤服务工作】 在食堂管理方面，紧抓食品安全不放松，认真落实辽宁省餐饮单位主体责任10项制度，加强食品安全体系建设，严格落实食品安全检查制度，发现问题立即处理，确保职工安全就餐；科学合理制定菜谱，深入源头产地统一采购蔬菜类、水产类等原材料，提高了配餐质量，降低了职工用餐成本；调整北营区域食材采购品类和渠道，有效提高了配餐质量。结合北营宾馆经营实际，将北营宾馆23名人员充实到北营各食堂，缓解了食堂缺员情况。2020年，各食堂无一例食品安全事件发生。在住宿管理方面，物业分公司和综合作业区认真细致做好大学生宿舍卫生死角清理和环境全面消毒；安排专人对进出宿舍人员进行防控、登记，开辟外省返溪人员隔离场所，确保职工宿舍防控有序；筹措资金对一些陈旧设备、设施进行更新改造，增设洗衣机和烘干机等设施，力所能及地为住宿职工提供良好生活环境。在厂区环境综治方面，环保绿化分公司负责的板材厂区道路保洁、绿化管护、垃圾清运及冬季除运雪等工作得到了能源环保部肯定，超额完成2020年经营任务；环卫、维修、土建、综合四个作业区主动作为、通力配合，全面完成北营厂区道路铺设、道路清扫、垃圾清运、厂区绿化、公共设施维修维护、防寒防汛等工作，实现了北营厂区道路清洁达标、重大设备事故为"零"的工作目标。

【城市服务工作】 在扎实做好集团公司内部后勤保障工作的同时，积极拓展外部市场。生活服务分公司东明早市、平山万达本钢食品店顺利实现对外经营，经营的特色食品和良好的服务态度得到了广大市民一致认可，在收到良好经济效益的同时，有效树立了"本钢品牌"形象；本钢宾馆业余时间举办"金山啤酒花园烧烤"，优质的食材和半自助式服务得到百姓青睐；幼教中心开展"乘风破浪扬帆起航"和"感恩重阳，让爱延续"等特色教学活动，吸引幼儿，增加收入；文体中心加大房屋出租工作力度，将疫情影响带来的损失降到最低；铁源传媒分公司稳定办公用品销售，拓展广告业务，在疫情期间主动出击，积极筹办防疫应急物资，解决各单位燃眉之急；中石油合资公司通过与中石油本溪分公司和集团公司相关部门积极磋商，实现了中石油合资公司在本钢采购中心柴油销售零的突破。

【疫情防控工作】 紧跟集团公司疫情防控工作节奏，在全力做好本钢主体厂矿生产生活保供、企业内部安全生产基础上，严格做好基层各单位、服务窗口的消毒预防、食品安全、车辆停运、人员密集场所关停和人员健康信息摸底排查管控工作；第一时间传达集团公司疫情防控要求，制定了《本钢新实业公司应对新型冠状病毒感染的肺炎疫情联防联控工作方案》，落实人员健康、接触经历和外出信息日报制度；幼儿园、本钢宾馆全面关停，宿舍对留溪宿员逐一进行摸底登记排查及相应管控工作；金山宾馆作为本钢省外返溪复工职工隔离酒店开放；积极做好疫情防控期间的食材采购，精心设计防疫食谱、对就餐职工进行分流服务；定时对食堂、浴池进行消毒，禁止外来人员洗浴，圆满完成了防控任务。紧绷疫情防控这根弦，抓紧抓实常态化疫情防控。一是坚持消毒通风。每天对公用设施、公共区域及公用车辆，尤其是食堂、浴池、宿舍等人员密集场所及窗口服务单位进行消毒，消杀率达到100%；二是全面排查人员。严格落实扫描"健康码"、体温测量、佩戴口罩及值班值守等规定，对外地返溪职工进行登记，包括返回时间、体温、乘坐交通工具、车次、途经地区等，掌握职工动态信息，保障职工生命健康安全。

【基础管理工作】 1.安全管理。制定下发了《新实业公司领导干部安全履职管理办法》《新实业公司安全操作规程》及《新实业公司动火管理规定》等安全管理制度10余个。开展安全生产互检互查，发现隐患214项，全部整改完毕。实现了全年重大人身、设备、火灾、交通、食品安全事故"五为零"的安全工作目标。2.设备管理。坚持以防为主的指导思想，将设备点检工作纳入设备管理重点，最大限度地减少设备事故和故障发生。完善各项检查及维护保养记录，对每一台设备做到心中有数，确保设备安全运行；3.生产管理。完善操作制度，提高操作水平，将产量、产品质量与职工收入挂钩，增强了职工的责任感和工作积极性。水处理工作由被动变为主动，取得了良好效果，得到了业主单位的好评和信任；4.人资管理。平稳地完成了机电安装公司48名职工的分流安置及7名全民派集体人员回流安置工作。全年开展劳动纪律检查35次，下发通报11次。完成了1338人社会保险年度基数采集工作。薪酬管理及发放严格执行闭环管理，确保按规定标准及时发放。5.财务管理。规范资金支付审批程序，坚持以收定支，明确审批权责和各单位费用支出计划，指导基层单位合理使用资金，有效控制成本费用，资金使用效率有所提高。6.采购管理。规范化、程序化操作，做好市场调研，不断扩大供应商范围，广纳合格生产厂家直接采购，去除中间环节，有效降低采购成本。2020年，降低采购成本200余万元。

【党群工作】 新实业公司党委有党支部28个，党小组68个，党员661人。2020年，新实业公司党委紧紧围绕疫情防控、业务整合、冲刺生产经营任务目标等核心工作，发挥战斗堡垒和先锋模范作用。以"基层党建工作思维导图"指导工作，确定建党99周年活动主题，开展大讨论活动，整理党员合理化建议23项；扎实落实集团党委"基层党建工作建设年"和"基层党建制度落实年"工作部署,组织党委理论中心组学习24次,开展大型党课2次、大型廉政教育2次、党建交流会1次,更新党建制度7个,发展预备党员6名;深入开展"讲奉献、比业绩、创一流"建功立业活动,"新实业生活后勤抗疫志愿者团队"被评为本溪市优秀抗疫志愿者团队;发表宣传稿件85篇;工会发挥桥梁纽带作用,全年共走访救济46人,发放慰问金1.65万元。为71名退休职工发放纪念品,慰问住院职工11人次,慰问去世职工直系亲属和直系亲属去世职工52人次。为集团级以上困难职工建立档案,为患病职工办理医疗二次理赔,理赔金额13.7万元;团组织以青年安全教育为重点,深入开展"青安杯"竞赛和"青年安全生产示范岗"创建活动,得到集团团委认可,有2个优秀青安岗在集团公司备案。组建"新实业青年志愿服务团队"和"防汛救灾青年突击队",实名注册"青年志愿者"。北营区域抗疫青年突击队被集团团委授予"新冠肺炎疫情防控工作先锋青年突击队"。

(金艳琪　王翠波)

冶金渣有限责任公司

【概况】 本溪钢铁(集团)冶金渣有限责任公司(简称冶金渣公司)是本溪钢铁公司全资子公司,主要承担本钢炼钢过程中产生的冶金渣的加工处理及综合利用职能。截至2020年末,下设6个职能室(党群工作室、生产技术室、设备管理室、综合办公室、财务室、保卫室)、7个作业区(炼钢协力、钢渣、热闷、磁选、加工、检修、运输)、3个独立经营子公司(本溪金路汽车运输有限责任公司、本溪华源建筑材料有限责任公司、辽宁矿渣微粉有限责任公司),在籍职工433人,党员208人。

2020年,冶金渣公司实现收入3.91亿元,超计划5918万元;实现利润4076万元,超计划1451万元。实现了轻伤以上责任事故、火灾事故、较大设备事故、交通安全责任事故、职业危害事故"五为零"的安全生产工作目标。

【安全管理】 认真贯彻落实集团公司文件精神,压实安全生产主体责任。逐级签订安全生产责任书,分解安全生产目标任务。修订完善安全管理规章制度23项,实现安全、消防制度全覆盖。加强执行过程的履职监督,确保制度有效落实。持续开展领导干部履职检查和安全生产责任制逐级考评工作,全面提升安全管理水平。狠抓安全隐患整改,推进双重预防机制建设。开展安全专项检查27项,整改隐患331项,有效杜绝各类事故发生。加强安全教育和培训,开办领导干部上讲台讲安全、双重预防机制建设培训等安全教育培训班11期,累计培训1000余人次,提升全员安全意识。

【生产管理】 紧跟集团公司生产节奏,以"排渣保产、含铁料保供"为主线,不断优化生产工艺,加强生产全流程管控,实现了保产保供"零影响"目标。积极落实集团公司"内回含铁料、降低采购成本"要求,尽全力回收含铁料。通过对原渣场地进行清底,增加资源量30万吨;平整固态渣项目场地,清理出铁水预处理铁坨、铁粉共计4万吨;针对场存的含铁料,通过提高一次粒铁提纯量、钩机破碎、磁盘挑选等措施,全年多回收含铁料15.22万吨;无偿为集团公司加工报废轧辊 2040 吨。

【设备管理】 完善设备基础管理工作。修订完善管理制度 21 项，持续开展设备管理评价体系和点检员、设备主任考评工作，提高设备管理水平和点检员工作能力。加强能源管理。实施三级计量数据统计、分析工作，实现对油、电、水、氧等能源介质成本有效管控，全年能源消耗费用比计划降低 276 万元。加强废旧物料管理。完善废旧物料回收的全过程管控，防止废旧物料流失，全年销售废旧耐材 6000 吨，按程序处置危险废物 20 吨。

【环保管理】 强化环保责任落实，加强环保设施的检查频次，确保设备良好运行，颗粒物达标排放。充分利用 2 台洒水车对现场道路进行洒水，7 台雾炮进行抑尘，苫盖料堆 2.78 万平方米，不断改进现场环境。

【工艺改造、装备升级】 对 5#、7# 磁选线进行工艺改造，采用多级磁选，提纯后的精矿粉产品完全能满足炼铁烧结配料需要，年可节约二次提纯成本 120 万元。借助热闷厂房维修契机，在厂房两侧增设 6 处蒸汽排放孔，有效缓解冬季厂房内蒸汽集聚对热闷生产的影响，提高了热闷生产效率。经多次到矿业公司考察，结合排渣实际，购置 3 台 60 吨非公路宽体自卸车替代原有的 9 台 12.5 吨公路自卸车，彻底解决排渣车辆劣化严重、运力不足问题，同时优化了操作人员，提高了排渣效率。

【成本管理】 加强财务管理，有效降低成本费用。将成本指标细化分解到作业区和子公司，按月对成本完成情况进行考核。强化资金管理，加大对成本的考核力度，严格把关，全年可控费用比计划降低 530 万元，定额成本比计划降低 174 万元。利用各种有效手段积极开展债权清理工作，全年清理陈欠款 174 万元。依靠国家资源综合利用优惠政策，做好税收筹划工作，依法节税，减免所得税 834 万元。

【人力资源管理】 加强人力资源管理，提升职工工作效率。修订完善管理、业务、技术职群综合考核评价办法及操作职群业绩考核办法，实现全员业绩考核。积极开展人力资源调研，优化人力资源配置，实现满负荷设置工作岗位，全年优化操作岗位人员 49 人。加强职工技能培训，全年开办培训班 70 期，累计培训 2195 人次。加强劳动纪律管理，全年开展白班、夜班检查 60 次，下发检查督查通报 11 期，整改问题 11 项，有效提升了员工操作技能和工作效率。

【治安防范】 加强治安综合治理，营造良好经营环境。不断完善风险管控措施，通过视频监控、GPS 定位、增加抽检和回放次数等措施加大重点部位和运输车辆的监控力度，降低生产作业过程中含铁料外流风险，杜绝含铁料流失。加强综合治理工作，落实治安防范责任。针对管理机构、业务分工、作业流程的变化，重新梳理治安防范风险点 210 个。加强职工法制教育、日常检查及夜间巡查工作，生产经营秩序稳定。

【党群工作】 落实意识形态责任制，加强思想政治工作。组织党员通过"学习强国""三会一课"、主题党日等方式开展自学和集中学习，提高党员干部思想政治素质。夯实基础，加强党的组织建设。持续推进"两学一做"学习教育常态化、制度化，做好巡视巡察反馈意见整改落实工作。扎实开展"基层党建工作建设年""基层党建制度落实年"、党支部评估定级等工作，完善党建基础，推进党建工作规范化、标准化。围绕生产经营和疫情防控实际，组织党员开展建功立业、自愿捐款活动，发挥党员的先锋模范和党支部的战斗堡垒作用。履行全面从严治党主体责任，召开党风廉政教育大会，加强党员干部廉政教育，营造风清气正良好氛围。对混合尾渣、废耐材的生产、回收、付货实施全流程效能监察，及时发现问题，堵塞漏洞。发挥工会等群团组织作用，凝聚改革发展正能量。围绕生产经营实际，开展"安康杯"竞赛、合理化建议征集、技术比武等活动，调动职工积极性。关心职工生活，春节为职工办福利，按月为过生日职工发放生日礼包，组织职工参加医疗互助保险，开展女职工"两癌"筛查，办理女职工特殊疾病互助保险，为作业区配备微波炉、冰柜、洗衣机、热水器。加强对青工的思想引领，组织开展学雷锋、青年大学生座谈交流会等活动，组队参加本钢集团青年大学生趣味运动会，多措并举丰富青年业余文化生活。

（翟利彬）

辽宁冶金职业技术学院

【概况】 辽宁冶金职业技术学院（简称职业技术学院）是经辽宁省人民政府批准、国家教育部备案的省属全日制普通高等学校，2010年实现首届招生。学院在职职工452人，其中本科及以上学历331人，副高级及以上职称138人，中级职称170人。2020年，职业技术学院以习近平新时代中国特色社会主义思想为指导，坚定社会主义办学方向，坚持立德树人根本任务，坚持产教融合发展主线，贯彻落实《国家职业教育改革实施方案》，不断深化教育教学改革，深入推进产教融合、校企合作。面对2020年突发疫情，职业技术学院坚决贯彻落实党中央、国务院、省、市、集团公司疫情防控工作部署和"六稳六保"要求，形成了党委挂帅、行政落实、群团发动、全员参与的抗疫工作格局。一手抓疫情防控，一手抓稳教学、生产，做到了疫情防控和教学培训、生产经营两不误。截至2020年12月，学院师生无疑似病例，无确诊病例，为全年教学培训、生产经营创造了有利条件。

【教学工作】 1.优化专业布局，凝练专业特色。大力开展职业教育人才培养模式改革、示范专业建设，黑色冶金技术被评为省级"订单、定制、定向"人才培养示范专业，电气自动化技术被评为现代学徒制示范专业。特殊焊接技术、网店运营推广、冶金机电设备点检、大数据分析与应用等11个专业获1+X证书制度试点专业。2.修订教学计划，开展教学工作。积极组织专业人员到企业调研，结合1+X证书制度职业技能等级评价标准，制（修）定中高职专业教学计划50个。高职扩招教学采用学徒制培养模式、"互联网+面授"线上线下同步教学模式，确保高职扩招学员的综合职业素养和专业技能水平得到全面提升。3.强化师资培训，线上教学效果显著。开展教学质量月活动、教研室主任培训、精品在线开放课程建设交流和信息化教学能力培训，提升教师信息化教学及网络线上教学能力。组织60余名教师参加教育部信息化教学能力提升培训，17名骨干教师参加国家级、省级专项培训，30名专业教师参加 1+X 培训师和考评师培训。4.深化产教融合，开创教学新模式。制定"产业学院"管理办法，机电系、汽车系与亿通管业公司校企共建本溪亿通产业学院，自动化系、信息系与高远公司校企共建高远产业学院。引进本钢机电罗佳全技能大师工作站、本钢板材焦化杨韬技能大师工作站入校设站，构建"两站融通、双导师育人"模式。聘请7名本钢集团培训师驻校授课，实现校企双导师育人。5.科研硕果累累，技能大赛再创佳绩。2020年获国家级教学能力大赛三等奖1项，省赛一等奖1项；省级科研课题1项；主编并出版教材2本；在国家级、省级期刊发表论文28篇；申报专利3项；10名教师在全国冶金行业组织的大赛中获奖，学院荣获优秀组织奖；6名教师在省级职工技能大赛中获奖；25名学生在国家级、省级大赛获奖。

【学生工作】 1.加强疫情安全健康教育。按照疫情防控工作要求，组织学生微信群接龙报平安、微信公众号健康打卡，开展5次疫情防控演练，提高防疫安全意识。组织师生参与心理健康支持热线和在线心理辅导平台活动，提高防疫健康意识。2.学生管理效果显著。组织辅导员参加国家、省级等35人次100学时的专题培训，提升辅导员的业务能力，提高学院学生管理水平。参与省教育厅组织的易班建设培训，2020级全体学生已经入住易班，利用易班开展了纪念"一二·九"运动、学习四史知识竞赛。2020学年发放国家奖助学金122万元。大学生应征入伍57人。组织学生参加省第三届网络文化节，举办"我的寝室，我的家"公寓文化节、校园歌手大赛和篮球赛、羽毛球赛、红旗接力赛等文体活动，组织"把我的大学带回母校"等校外实践活动。开展学生消防安全应急演练，加强学生公寓安全和实习安全教育，促进大学生全面健康成长。40余名学生参与到所在地区的防疫战斗中。学院团委被评为辽宁省暑期三下乡社会实践活动优秀组织单位和集团公司五四红旗团委标兵，全年共20多名优秀青年获各级共青团先进荣誉称号。

【招生就业工作】 1.招生人数再创新高。学院在严格落实防疫工作要求的基础上，以线上宣传为主线开展招生工作，先后与辽阳县中等职业技术学校等3家学校签约"3+2联合办学"协议。积极开展校企合作，与京东物流、长城汽车等大型企业签订校企合作协议，开设本钢、凌钢、中天等订单班，设立企业奖学金，实施订单培养拉动了全年招生。2020年，中高职招生2009人（高职新生报到1481人，中职新生报到528人），在校生达6724人。2.就业工作稳步提升。受疫情影响，辽宁省高校2020届毕业生就业较往年有明显下降趋势。学院积极开展网上招聘工作，发布招聘信息，采取"就业人员包系部、系部领导包学生"方式，进行一对一服务，有力推动学生成功就业。2020年举办专场招聘会30余场，提供优质就业岗位5000余个。高职毕业生就业率95.75%，中职毕业生就业率98%，均位于省内同类院校前列，受到了省教育厅的表扬。

【培训工作】 1.积极拓展外部培训市场。按照防疫期间线上职业技能培训工作要求，组织搭建职业培训在线平台，开展中小微企业线上培训。编制168个工种的培训方案，发布培训视频19065个，服务企业490家，涉及线上培训27189人。线下培训恢复后，加大集团外部培训开发力度，先后为建安公司、电信公司、烟草公司等外部企业开展特种作业、员工礼仪、党员轮训、职业技能等培训项目，努力增加外部培训收入。2.集团培训工作亮点纷呈。举办第五期本钢MBA和离岗人员培训班，开设工商管理、党性教育等核心课程，组织井冈山红色教育、抗联纪念馆、廉政教育基地等党校特色活动，完成340名入党积极分子网络培训。组织集团公司38家基层单位1085人开展企业新型学徒制培训，创新培训模式，实现培训与岗位的零距离对接。承办集团公司作业长、计算机等6项职工技能大赛。3.继续教育及鉴定工作取得佳绩。继续教育通过增设函授站点、走访企业拉动招生，全年本专科录取1380人，创历史新高。学生技能鉴定882人通过考核。专业转换培训资格以及职业技能等级认定工作顺利通过省市人社部门评审。

【技术服务工作】 生产技术服务抢抓机遇，争产创效。克服疫情和经济形势等诸多不利因素影响，适时调整经营策略，在努力增大原有市场份额基础上，依据自身特点，拓宽新的经营渠道，研制新产品，开发新业务。实习厂（亿通管业）先后设计制造了加湿机、刮板机、螺旋输送机、提升机等小型成套设备，到厂矿现场为企业提供优质服务。全年累计报竣吨量637.01吨，生产金属软管4769件，胶管4006件，补偿器265台。完成营业收入2506万元，实现利润21万元，承担办学费用170余万元。高远公司确立高科技多元化发展道路，在稳住集团内部市场的同时，积极与辽宁电信、湖南威盛、辽煤化等外部企业展开深入合作，外部收入实现历史性突破。研发的综合培训平台系统已逐渐成为高远公司成熟产品，实现了"多端一平台"模式，具备对外商业推广价值。在移动互联网、工业机器人等领域持续发力，成功获评国家级高新技术企业。

【安全工作】 1.提升后勤服务意识。树立全员过紧日子思想，增收节支、降本增效。采购成本较2019年度降低13%。建立后勤维修服务微信平台，服务工作及时、准确。加强食堂管理，清理校园环境。自行解决亮化工程、消防清零行动、电气改造、护栏制作等5项改造工程，节约资金20余万元，清理废钢创效15万余元。2.构建平安校园。完善安全管理制度，修订安全规程。加强疫情防控、安全管理、治安稳定等工作，开展师生安全、法制教育，完善校园及周边治安防控体系，落实"安全隐患清零"工作。做好信访稳定工作。加强安全生产（实习）、防火、校舍、食品卫生等安全管理工作，扎实推进平安校园建设。

【管理工作】 以学院章程为总纲，不断完善规章制度。全面推进对标双高校管理提升行动，深入开展全方位全流程对标。继续完善责任状考核制度，实现"业绩、薪酬、职位"三挂钩。全面推行绩效考核，按照注重实绩、优劳优酬、多劳多得、公正公开的原则，制定《绩效工资分配调整方案》《教学工作量核算办法》，发挥了绩效考核的激励作用，调动了广大教职工的工作热情。按照集团公司推进核心主业管控模式调整工作要求，接收北营培训管理室、全民派驻集体和集团机构改革安置等职工共24人。完成离退休人员人事档案整理和数字化工作，顺利通过集团公司验收。

【党建工作】 1.全面加强党的政治建设。学院党委始终把政治建设摆在首位，引导党员干部牢固树立"四个意识"、坚定"四个自信"、坚持"两个维护"。推动"两学一做"学习教育常态化制度化。深入开展"基层党建工作建设年"和"基层党建制度落实年"活动，以基层党支部评估定级为契机，加强党支部规范化建设，继续深化"讲奉献、比业绩、创一流"党员建功立业主题活动。疫情期间组织373名党员捐款3.95万元。2.加强新时代思想宣传工作。贯彻落实习近平总书记在学校思想政治理论课教师座谈会上的重要讲话精神，加强"大思政"建设，组织师生"同上一堂思政课"。严格落实意识形态工作责任制，守住课堂教学意识形态安全底线和红线。对外媒体宣传27次，更新校园网、公众号、微博信息175条，制作疫情防控宣传海报29张。推荐评选省优秀教师1人。完成省国资委统战课题立项3项，市委统战课题立项2项，市社科立项结题2项。3.充分发挥职代会作用，维护职工利益。坚持集体协商制度，签订并严格执行《2020年集体合同》，维护职工的权利和义务。为每名职工制作职业工装，发放春节、五一节、国庆节奖金134.7万元，提高工资待遇，月人均涨幅500元。疫情期间，购买、发放酒精600升，购买微波炉32台。组织职工参加集团平板支撑比赛、三人制篮球比赛和学院趣味活动项目。　　　　　　（谭艳艳）

房地产开发有限责任公司

【概况】　本溪钢铁（集团）房地产开发有限责任公司（简称房地产公司）是本钢集团全资子公司。注册资金5亿元。是集房地产经营、开发、销售、工程建筑设计、工程建筑施工，产品生产、矿山开采加工及房产物业管理为一体的多产业、综合性房地产开发企业，具有国家房地产开发三级资质、房屋建筑安装施工二级资质、房产物业管理三级资质。截至2020年底，在籍职工120人。下设8个科室（综合办公室、党群工作室、人力资源/组织室、财务管理室、开发管理室、合约预算室、工程技术室、计划管理室）、5家分子公司（好佳物业公司、微细粉公司、海口公司、经营分公司、清欠办）。2020年实现营业收入1557.89万元，利润-3738.6万元。实现安全生产"三为零"。

【人力资源管理】　根据集团公司要求，持续推进四定工作，全面完成专业业务师、专业工程师、责任业务师、责任工程师等岗位竞聘工作。加强劳务用工管理，对劳务用工进行摸底清查，进一步规范劳动用工管理，对相关分子公司劳务岗位落实减编核岗，减少劳务15%，降低了劳务费支出，进一步提高了工作效率；加强劳动纪律管理，整顿考勤管理制度，提高职工的出勤率和工作效率。要求各单位对房地产公司劳动合同履行情况进行自查，跟踪自查反馈情况，对发现的问题及时进行整改，对负责人进行考核。针对管理岗位人员变化需要，在干部的选拔使用中，从动议—组织考核—党委研究—征求意见—聘任等各环节，严格流程、依规办事；根据集团部署加强相关职群人员学习，制定《房地产公司2020年干部在线学习方案》，组织房地产公司中层干部观看第三期高端企业对话，跟踪学习进度并汇总上报。

【主业开发】　千金棚户区一期改造8#组团（嘉合园）按计划正式复工，科学合理组织项目现场工程管理，为2021年工程顺利竣工、居民进户打好坚实基础。通过平山区政府申请国家地债资金用于八组团二期建设，8500万地债资金手续已经办理完毕，目前第一笔建设资金3000万元已经发放到位。争取到国家保障性住房配套设施专项资金1820万元，确保项目施工的正常进行。香溪园11#、12#楼施工至二层，已经初步确定项目规划开发范围，编制项目开发成本测算，寻求到有初步意向合作方，合作方正在对项目进行深入测算。南山小学教学楼加固设计合同签订完毕。泉涌玉枫园目前完成场地平整，与合作方落实规划条件，同时与市房改办沟通调整经济适用房建设指标，经市政府同意批准按照2013年原规划执行，文件已下发到平山区政府及自然资源局；已向市住建局申请增补经济适用房指标，市住建局同意并向市政府提请审批等待通过。

【企业改革】 按照集团公司要求，配合资本部完善房地产公司后续处置方案，梳理债权债务。配合集团资本管理部研究好佳建筑公司后续股权转让事宜。继续推进吊销未注销分子公司的工商注销工作，已完成2家企业注销，3家企业网上注销公示完成并开展清算工作。认真贯彻落实中央、省、市要求，推进国有企业退休人员社会化管理工作，房地产公司各单位、部门积极按照人事档案移交专项工作组要求，克服困难，采取增加人员、两班制作业等方式圆满完成退休人员人事档案规范化整理及数字化处理工作。

【经营管理】 面对疫情考验和经济持续下行的双重压力，房地产公司坚持执行原定生产经营计划。领导班子带领全体员工不懈努力，克服种种困难，找出存在的不足及形成差异的原因，提出解决问题的具体措施和改进建议，保证了各项指标按计划完成，确保全年经营工作顺利进行。全年共实现销售收入2336.62万元，其中现金收入280万元，抹账收入2056.62万元。清欠办为确保房地产公司利益不受损，坚定不移地执行房产清欠方针政策，结合所辖区域管理现状制定有效实施方案，全年电力稽查收入390万元、房产监察收罚没款74万元、清欠收入191万元（现金收入29万元），清回实物评估价值162万元。

【多元产业】 各分子公司根据自身生产经营状况，结合市场发展形势，充分发挥主动性、积极性，确保收益最大化。好佳物业公司以维修促收费，以质量要效益，以服务求生存，以管理求发展，2020年完成收入590万元，超计划指标15万元。飞腾矿业销售方解石31612吨，完成产值347.73万元，实现利润56.65万元。鑫汇公司收入租金121万元，厂房设备完好。好佳建筑公司按照集团公司总体部署整体划转到本钢建设公司。

【积极稳妥处理历史遗留问题】 房地产公司信访稳定工作任务艰巨，维稳压力较大，并且矛盾主体成分复杂，包含未安置动迁户、提前退休、退养群体、缠访闹访老户等多个群体。1.在积极办理回迁房建设前期手续的同时，稳妥做好动迁户信访稳定工作，主动化解动迁安置矛盾，货币化回购8户动迁协议。发放一次陈欠租房补助费100万元。2.积极与政府相关部门协调沟通，加快完成已建成入户项目的确权工作及居民分照工作，全年完成826户居民个人产权分照办理。3.切实做好信访维稳工作，2020年信访案件中，市长热线受理138件，办理回复率90%；省市交办信访积案86件，办结率100%；行风热线91件，办结率90%；民心网178件，回复率100%。到省上访7批次51人次；进京上访3批次13人次，与2019年同期相比批次下降，进京非访为零。4.积极应对法律案件，与集团法务部密切沟通，请求其协助研究案情，积极寻找律师和法官进行法律咨询。主动采取措施，保障资金安全，保护优良资产不被强制执行。2020年共办理案件34件，其中审结案件21件，胜诉率约50%，案件减损为房地产公司挽回经济损失约1644万元；在审案件13件，涉案金额约20195万元；未执行案件80件，涉案金额约14550万元。

【党建工作】 扎实开展党建和群团工作。2020年，房地产公司党委在集团公司党委的正确领导下，持续深入贯彻党的十九大精神，坚持以习近平新时代中国特色社会主义思想为指导，坚持全面从严治党，强化意识形态工作责任，围绕房地产公司中心工作不动摇，扎实开展党建工作，提升党建工作科学化水平，为推动房地产公司安全、持续、有序发展提供良好的政治生态。一是深入学习贯彻落实习近平总书记在深入推进东北振兴座谈会上的重要讲话精神，凝聚职工力量，团结和带领广大党员干部职工为企业发展提供坚实的政治保证，实现党建工作与企业发展共进共融。二是坚持加强和改进党的领导，党委前置审议在公司治理决策和企业生产经营中发挥重要作用。三是切实加强基层党组织建设，开展"基层党建工作建设年"和"基层党建制度落实年"活动，各党支部认真落实《中国共产党支部工作条例》，严格党的组织生活制度，丰富党建工作载体，组织开展党员活动。四是促进党建工作与生产经营深度融合，以"围绕生产经营抓党建，抓好党建促生产"为主题，深入基层开展调研工作，把生产经营的重点作为党员建功立业活动的着力点，组织引导党员立足岗位做贡献、当先锋，不断推进创先争优活动，引领企业发展得到全面提升。五是抓好党风廉政建设，传达落实集团公司纪委廉政教育大会精神，严格落实党风廉政建设责任制，加大反腐倡廉教育力度，以案明纪，用身边的典型案件督促各级干部知敬畏、存戒惧、守底线。集中力量重点查处顶风违纪问题，对履行党内监督职责不力、管党治党责任缺失、问题整改不落实的，严肃追责问责。六是工会组织积极配合行政工作，以服务为宗旨，切实维护职工的合法权益。继续长效帮扶机制，确保困难职工切实得到及时救助。开展惠及全体职工的福利，全年为职工发放福利3.7万余元，职工住院二次报销45人次，报销金额4.5万余元，继续开展温暖助学活动，为参加高考的职工子女购买了慰问品。普及女性健康知识，组织全体女工进行了两癌筛查，对出现问题的女职工进行跟踪回访，积极与集团公司沟通申请女工特病资金救助，为每位女职工购买了女工特病保险，充分保障了女工特殊权益。

【防疫工作】 坚决贯彻落实习近平总书记对新型冠状病毒感染的肺炎疫情重要指示批示精神，根据辽宁省、本溪市、集团公司新型冠状病毒感染的肺炎疫情防控指挥部的具体工作要求，成立了本钢房地产公司新型冠状病毒感染的肺炎疫情联防联控工作领导小组。根据科学应对、联防联控、防治结合的原则，检查各单位防控工作部署情况，督促落实疫情防控责任，提高疫情防治水平和应对能力，做到早发现、早报告、早隔离、早治疗，控制疫情传播和蔓延，坚决打赢疫情防控阻击战，切实保障广大职工的生命安全和身体健康。建立本钢房地产临时疫情通报群（微信群），把国家、省、市、集团公司相关文件及要求在群内下发，要求落实执行到位。严格要求各单位落实辽宁省、本溪市、本钢集团新型冠状病毒感染的肺炎疫情防控指挥部会议精神，严格落实信息报送制度，按每日时间节点要求，坚持"日报告""零报告"制度。对各单位往来高风险地区人员及其接触群体信息进行搜集、排查、建档、监测并将排查情况及时上报。对本单位公共场所卫生进行管理和消毒，对所辖会议室、食堂、浴池等人员密集场所实施严格消毒和封闭管理。全力组织采购口罩、消毒物品、测温仪等防控物资共计2.1万元。

（黄　卓）

热力开发有限责任公司

【概况】　本溪钢铁（集团）热力开发有限责任公司（简称热力公司）为本钢集团公司的全资子公司，是集工业余热开发、余热供暖和锅炉供暖为一体的专业化供暖公司。供暖区域涵盖市内的南地、平山、东明区域和市郊的南芬、歪头山地区，2020年末供暖面积731.8万㎡，供暖用户达10.186万户。下设8个职能部室、4个双职能单位、7个供暖分公司、1个热水经销分公司。2020年末在籍职工546人，固定资产原值8.38亿元，固定资产净值3.76亿元。2020年实现利润-1065万元，比计划减亏2840万元。实现收入19815.81万元，比计划增收97.31万元。

【生产管理】　2020年春、冬季供暖期，积极发挥生产调度的指挥作用，强化供暖运行调控，不断提高管网和热源运行可靠性，为生产平稳顺行提供了保障。利用生产运行控制平台，动态跟踪调整运行参数，保证各区域管网水力工况平衡；根据天气情况适时调整热源供给，保证热源供应充足均衡；严格落实生产调控指令，最大程度地减少运行故障，保证供暖运行连续稳定。在"两节、两会"的关键时期，面对新冠肺炎疫情的严峻考验，将"保产保供"和"疫情防控"工作当作重大的政治任务来抓，党政班子齐抓共管，靠前指挥，制定和落实疫情期间保供方案，全力保证供暖运行平稳顺行，圆满完成了"两节、两会"和疫情防控关键时期的保供任务。

【重点工程】　2020年4月份，热力公司着手开展夏季检修动员和实施重点供暖设施技改工程。为有效降低管网失水率和提高供暖运行质量，结合上个供暖期实际运行情况，逐项落实检修项目和技改工程计划，完成供暖夏季检修项目和外网大修64项；完成歪头山集中供热改造工程、七炉冲渣水换热器改造工程、发电首站高压变频改造工程等重点技改项目。此外，省环保督查"回头看"项目即南芬集中供热脱硝改造项目，实施后的实际运行效果达到了环保质量要求。通过加大招标采购管控力度，严格履行集团公司招标采购流程，大幅度降低了工程项目的采购成本。同时，积极争取国家配套老旧小区改造资金支持，2020年已立项7个老旧小区外网改造项目，涉及住宅楼70栋，预算金额约840万元，预计2021年4月份以后具备施工条件。

【安全管理】　认真贯彻落实上级各类安全会议精神，制定了《本钢热力公司2020年安全生产工作任务》，修订了《本钢热力公司安全管理绩效考核办法》等25个安全管理文件，开展了一系列安全活动，逐项明确安全工作任务，层层压实安全管理责任。一是大力推行厂级领导安全生产责任分片承包制，通过制定《本钢热力公司领导干部安全履职管理办法》，督促落实安全主体责任，做到窗口前移，重心下移。二是全面落实《本钢热力公司建立安全风险分级管控和隐患排查治理双重预防推进计划》，对危险源进行重新辨识，形成了安全隐患四色图，修订完善了23个岗位标准化作业卡，不断夯实风险管控基础工作。三是积极开展"安全月"系列活动，分别组织8名供暖分公司经理参加集团作业长级安全知识竞赛；开展应急演练8次；组织全体员工参加"安全为了谁"大讨论，征文13篇。四是重点开展安全生产隐患"清零"专项治理行动，共计完成查整介质管线标识、色环、流向66处，应急照明、疏散指示、安全出口84处，防火门21处，防火封堵32处，安全标识584处，传动、转动部位防护20处。五是加大现场安全检查力度，通过开展安全生产集中整治、冬春季火灾防控检查、春季安全大检查、全国"两会"安全检查、电气安全专项检查、违反集团公司"20条禁令"检查、秋冬季安全大检查，共检查出问题53项，全部落实整改。通过扎实开展各项安全生产管理，查改堵塞安全漏洞，全年实现安全生产"三为零"的佳绩。

【营销管理】 不断强化收费规范化管理，持续加大清欠工作力度。安排专人集中催缴挂账、缓交账；有针对性地制定清欠措施，对未及时交费住宅用户加大监管力度，对恶意拖欠用户严格采取上锁和断管措施；开展了拉网式普查"门改窗"工作，补全供暖手续，主动追缴欠费。积极采取"银行+微信供热+微信生活缴费+支付宝生活缴费"多种缴费方式，方便广大用户及时缴费。此外，发挥企业自身供暖技术优势，积极尝试对外承揽供暖技术服务项目，实施的欧洲城甲楼技术服务项目为今后开展此类项目积累了经验，将成为公司新的利润增长点。

【成本管理】 全面抓好经济责任制落实工作，按照《本钢热力公司绩效考评管理办法》，逐项分解成本费用指标，分别签订《2020年作业区绩效考评责任书》，严格落实管控责任，促进供暖运行效率不断提高。在供暖运行中，根据室外温度调节供水温度，结合实际调整运行参数，降低了燃煤及热源消耗；开展外网查漏、测漏、堵漏工作，降低了失水率；开展技术攻关，优化运行工艺，降低了用电消耗。继续推行各项能耗指标"日报表、日分析"制度，对能耗指标实行动态监控，发现异常问题，立即分析、及时整改。此外，针对个别时段失水量大的情况，重点加大查处刷车点、洗衣房、餐馆及住户私放热水等违章行为力度，降低了能耗损失。通过与同行业先进指标对标，按照"三级"管理原则，制定攻关目标，压实管控责任，按月召开经济活动分析会，持续加大绩效考核工作力度，实现了经济运行目标。

【稽查工作】 坚持"违章必究、紧盯不放"的原则，积极开展查违章突击行动。供暖期间利用夜间和周末开展查违章突击会战28次，严厉惩治违章采暖行为，维护企业合法利益。在供暖区域开展了对小公建面积核查工作，共计核查小公建1617户。全力做好欠缴住宅用户核查取证工作，共计核查6961

户。此外，积极协助客服中心办理新入网小公建用户125户。按照热力公司加强稽查服务管理的要求，供暖稽查队紧紧围绕供暖稽查中心任务，深入开展建功立业活动，建立党员示范岗，全体党员先锋队成员将身份、承诺上墙，统一着装，严肃工作纪律，自觉接受群众监督，为百姓提供优质服务，树立了良好的窗口形象。

【客服服务】 在上半年供暖严寒期和"两会、两节"的重要时间节点，特别是在春节期间面对突发的新冠疫情，热力公司全体职工积极响应集团公司号召，提高政治站位，工作提速，全力保供。为保证广大用户温暖度过疫情防控的特殊时期，广大干部职工顽强拼搏、迎难而上，全力确保快速抢修、平稳供暖。客服中心充分发挥职能作用，切实加强内部、外部沟通与协调，真诚对待每一位用户的咨询、报修和诉求，做到快速受理、迅速解决，实现春节期间外部各媒介平台"零投诉"工作目标。强力推进《行风及服务管理考核办法》制度的落实，持续加大服务考评力度，严格落实主体责任，全面提升服务质量，做到工单办结率100%、回访率100%。全年投诉件总量较2019年同期下降62%，综合办结率居全市第一，继续保持"零差评"的成绩，努力将客服中心打造成"一站式"服务平台和受理用户诉求的终点。

【法律事务】 全面做好法务管理工作，积极运用法律武器，强化案件管理，严格依法办案、依规办事，有效预防和规避企业法律风险，依法维权工作取得预期效果。全年办理法律诉讼案件26件，挽回经济损失151.68万元。合同管理从严从实，通过完善会签审批流程，严格审核把关，有效避免合同风险。全年共签订合同244份，继续保持合同会签审核率和合格率"双达百"。

【企业管理】 积极推进依法治企进程，逐项优化管理流程，加强内控制度建设。全年共制定和修订管理制度69项、废止19项，涵盖公司内控管理各个方面。结合审计部门提出的问题，以管理制度为依托，逐项细化管控环节，规范各项业务流程。优化了供应商准入会议联审流程，规范了招议标采购流程，完善了工程预算、决算管理流程，理顺了清欠管理流程，强化了绩效考评流程，建立了责任追究制度，提高了防范风险能力。坚持问题导向原则，全面加强企业经营管理。按照"本钢集团对标世界一流管理提升行动"工作安排，制定《本钢热力公司对标世界一流管理提升行动工作方案》。通过对企业生产经营环节全方位、全流程梳理，完成了《本钢热力公司对标世界一流管理提升行动实施方案》和《本钢热力公司对标提升工作清单》制定任务，为企业提质增效打下基础。

【企业党建】 按照《本钢热力公司党委2020年工作要点》，认真组织开展企业党建工作。持续推进"两学一做"学习教育常态化制度化工作；定期召开党支部书记例会；开展了《国企基层组织工作条例（试行）》答题赛活动、党建征文活动、纪念建党99周年系列活动。为落实好"基层党建工作建设年"工作，开展了为公司发展献良策活动，实现了党建活动与生产经营的有机融合。以"不忘初心、牢记使命"学习教育为契机，各党支部结合"三会一课"组织党员对照《党章》《准则》《条例》自我检视问题，自我整改提高。开展了2019年度基层领导班子和作业区级干部考评工作，评出优秀干部11人，并结合"四定"试用期综合考核评价结果，对12名作业区级管理人员职务进行了调整。持之以恒地推进建功立业活动，2020年结合歪头山地区供暖改造项目，专门下发了《歪头山地区供暖改造项目党员先锋工程实施方案》，积极打造共产党员先锋工程，取得当年新建工程项目当年投产运行的佳绩。把党委巡察反馈问题的整改列为重点任务，认真组织，逐项制定整改措施，较好地完成了各项整改任务。

【群团工作】 一是廉政建设和反腐败工作。按照公司2020年度《党风廉政建设和反腐败工作计划及任务清单》，分别组织各层级签订了《党风廉政建设目标责任书》；组织38名作业区级人员及102名重点岗位人员分别签订了《廉洁自律承诺书》；建立了重点岗位人员及党员廉政档案。在建党99周年之际，专门聘请老师对150余名党员干部和重点岗位职工进行党风廉政建设和反腐倡廉警示教育专题培训，开展了青工思想教育及党建视频评选等系列活动。二是宣传工作。创办"精彩热力"微信公众号，全年共推送专刊42期。通过宣传报道，让职工及时了解公司的生产、经营及发展情况，传递正能量。三是团委工作。举办"党建育英才青工思想教育暨青工安全工作座谈会"，增强了青工的安全生产意识。组织青工参加防疫保供战，获集团团委"新冠肺炎疫情防控工作——先锋青年突击队"荣誉称号。四是凝聚力工程建设工作。工会组织积极为工会会员发放集体福利、给一线职工送温暖、向特殊职工发放慰问金、替女性职工办理安康保险；举办了2020年度电工技能竞赛；开展了"炽热情怀、助力温暖"迎国庆团建活动。通过开展丰富多彩的活动，使广大职工倍感温暖，为企业健康发展集聚奋进力量。

【疫情防控】 2020年1月23日，面对突发的新冠肺炎疫情，热力公司党政班子认真贯彻党中央、国务院决策部署和省市、本钢集团公司疫情防控工作安排，全面部署，全员发动，严格落实各项疫情防控措施。充分发挥主体责任，以"防疫保供暖，保供促稳定"作为疫情防控工作总思路，紧紧围绕"防控和保供"两项重点工作，坚持抓组织领导、抓人员排查、抓舆论引导、抓统筹协调、抓工作纪律、抓保供生产，做到"六抓六到位"，扎实布控疫情防控网，全力以赴做好"防疫情""保供暖"工作。截至12月31日，公司制定内部疫情防控制度文件10余个、下发各级防控文件192个、建立防疫工作微信群32个、开展重点排查20余次、坚持每日跟踪排查职工和劳务人员789人、开展基层督导检查3次。通过"精彩热力"微信公众号推送防控疫情宣传稿件8篇；组建75人热力工会志愿者团队、组建22人热力公司志愿者团队、15人"热力青年突击队"。全体干部职工以高度的责任心，努力践行"辛苦我一人，温暖千万家"的服务宗旨，圆满完成了疫情防控和各项供暖任务，为打赢疫情防控阻击战做出了贡献。 （吕景慧）

北台钢铁（集团）有限责任公司

【概况】 北台钢铁（集团）有限责任公司（简称北钢公司）隶属于本钢集团有限公司，下设4个处室、6家全资子公司、3家控股子公司，注册资本40.468亿元。截至2020年末，拥有资产总额77.05亿元，在岗员工1847人。

2020年，北钢公司完成工业总产值3.3亿元，实现营业收入6.83亿元，实现税金2055.5万元。生产尿素10.38万吨，销售钢管4.28万吨。

【生产经营】 各尽所能多点发力，确保经营持续稳定。面对突发疫情严峻考验，北钢公司突出效益导向，一企一策，科学筹划部署生产经营工作，切实保证疫情影响不停产、不减效。辽煤化公司坚持市场导向，充分利用网络、微信平台沟通稳定客户，分析研判市场，实施产销联动，实时调整氨水、尿素、热水、甲胺营销比例，实现优价优利。北重公司立足北营备件市场，主动向本钢技改项目扩展服务范围，积极采取网络招标、线上承揽等方式加大合同承揽力度，在新产品开发上创新发力，全年对应市场需求研发设计了日照110吨钢包热修车、营口五矿300吨渣盘车、200吨LF炉钢水罐车、本钢110吨钢水罐、南芬MT3700后桥壳总成等大型成台套产品。钢管公司克服疫情和贸易保护主义给产品出口造成的冲击，在海洋工程用管、深加工钢管上实现销售突破，高附加值钢管成为新的增效点。容大公司紧紧围绕支持中小微企业复工复产，重点挖掘本钢上游客户需求。工业装备公司加强运营保障，积极拓展产线承包维保业务。窗业公司全力以赴开展清欠清收工作。

【安全环保】 持续深化安全管理，实现安全生产"三为零"。夯实安全生产主体责任，贯彻落实集团公司安全生产责任制实施细则、领导干部问责追责管理办法等规章制度，严格执行"零事故，零伤亡"安全方案，各单位层层签订《责任状》和《互保协议》，切实做到安全生产工作责任到位、管理到位、落实到位。深化安全生产隐患整治，深入开展安全生产隐患问题"清零"专项整治行动，全年共检查各类安全隐患300项，全部完成整改。扎实开展安全教育培训，以"安全生产月"活动为契机，先后组织了安全知识竞赛、领导安全大讲堂和"安全为了谁"大讨论等活动，并依托省安全生产培训平台，组织952人完成网络培训和考试，提高职工安全意识。深入开展环保治理，对照国家最新法律法规和标准，实施"三项"安全环保就地改造项目，加强污染物源头管控，确保清洁生产。

【疫情防控】 全力开展疫情防控，确保企业稳定运行。加强组织领导，精心安排部署。新冠肺炎疫情发生后，北钢公司第一时间召开专题党委会议进行研究部署，启动应急响应机制，成立疫情联防联控领导小组和督导组，制定应急预案，确保公司迅速全面开展疫情防控工作。抓紧抓实抓细常态化疫情防控各项工作。严格执行《本钢集团关于进一步做好疫情防控工作的安排意见》，针对重点场所、重点单位、重点部位和重点人群，严格日常防控，严格外来人员管控。强化日常信息采集，精准开展疫情排查。针对节假日及秋冬季等特殊时点和黑龙江、大连等地局部疫情情况，均在第一时间迅速开展全员排查，及时掌握人员信息动态，持续做好疫情信息日动态采集和微信接龙报平安等工作。加强战"疫"督导指引。坚持正确舆论导向，加强督导检查，及时向广大职工宣传普及疫情防控相应知识，增强防范意识和应对能力，增强广大职工打赢疫情防控阻击战的信心和决心。

【综合管理】 多措并举强基固本，积极向

管理要效益。深化"考核、薪酬、职位"一体化责任状考核体系，严格开展绩效考核和问责追责，确保各基层单位全部完成年度考核目标。深入开展减亏增收工作。把减亏增收作为全年减收不减效的重要举措，制定方案、明确目标、强化措施、落实责任、专项考核，开展对标管理提升行动，通过拓展市场、优化工艺、调整品种、采购压价、争取优惠政策、降低非生产性支出等具体措施，全年实现减亏增利1200余万元。强化资金管控，推行全面预算管理，严格资金使用规定，通过采取统筹资金使用、合理控制资金收付时点等措施，提高资金使用效率，缓解资金压力，防范资金风险。优化物资采购流程，借助集团招标电子平台，进一步规范优化招标采购流程，扩大招标范围，努力实现"统一归口、全面覆盖、合规高效、有效协同"的管理目标。加大综合督导检查力度，由北钢公司主要领导挂帅、机关各处室联合组成综合督导检查组，采取集中、专项检查相结合的方式，对基层单位开展了为期2个月的综合督导检查，推动各类规章制度有效执行，企业规范化管理能力进一步提升。

【党建工作】 守正创新汇聚合力，党建统领作用充分发挥。发挥党委领导作用，把方向、管大局、保落实，坚持服务生产经营不偏离，把疫情防控、保企业稳定运行、提高企业效益作为党建工作的出发点和落脚点，严格执行"三议一报告一执行""三重一大"决策制度。推动创新党建工作载体，坚持"重在基层、重在建功、重在创新、重在实效"的活动原则，以抓好生产经营、提高企业效益为目标，深入开展"红旗引领、勇争先锋"暨红旗先锋工程主题实践活动，共筑坚强堡垒，切实发挥先进典型的示范引领作用，推动党建工作与生产经营深度融合。深入开展"基层党建工作建设年"和"党建制度落实年"活动，基层党支部标准化规范化建设显著增强，党建工作制度得到全面梳理，"不忘初心、牢记使命"主题教育成果进一步巩固。驰而不息正风肃纪，严格履行全面从严治党主体责任，认真贯彻落实党风廉政建设责任制和"一岗双责"制度，持续开展廉洁警示教育，加强廉政提醒，集中整治形式主义和官僚主义，适时开展"小金库""厉行节约、杜绝浪费"专项整治，督促党员领导干部严格遵守中央八项规定，充分运用监督执纪"四种形态"重点查处顶风违纪问题，组织举办"笔墨书廉心，丹青绘初心"主题书法绘画创作比赛，深化廉政文化建设。加强群团工作领导，以正能量助力企业发展。扎实履行集体合同，推动厂务公开，构建帮扶体系，开展夏送清凉、冬送温暖活动，竭诚维护职工合法权益，广泛开展形式多样的劳动竞赛、安康杯竞赛、技能比武和文体活动。认真研究部署意识形态工作，确保意识形态和网络意识形态工作责任制及相关制度落实落细落地。

（潘玉红）

本溪钢联发展有限公司

【概况】 本溪钢联发展有限公司（以下简称钢联公司）成立于2011年7月，厂办大集体改革之前是（原）本钢综合工业公司直属企业。2019年11月，随着本钢厂办大集体改革工作的深入，大集体企业陆续关闭，在关闭企业中有部分业务需要存续保留。按照集团公司安排，企业关闭后，各项存续业务由改制后的钢联公司及其所属子公司管理和承接。

2020年，钢联公司不断深化体制机制改革，精简业务机构和人员，完善法人治理结构，优化产业布局，通过体制机制改革，初步形成集高温耐材、精细化工、机电制造、矿产品加工、建筑安装和冶金实业于一体的多元产业格局。下设5个专业部室、4个业务中心、62家子公司（其中包括5家板块子公司）、27个基层党组织，现有职工4618名。资产总额157881.15万元（固定资产净值10731.50万元），负债总额107979.46万元，所有者权益总额49901.68万元。

【生产经营】 2020年，钢联公司实现社会总产值17.84亿元。其中51家对集团承担保产保供保服务的子公司累计实现产值17.66亿元，占总产值98.99%。2020年，钢联公司各企业坚持以提质增效为中心，对标挖潜、力争效益最大化。4家子公司实现产值过亿，其中钢联金属资源公司实现产值3.01亿元、聚丰发展公司实现产值2.15亿元、钢联矿产品公司实现产值1.34亿元、钢联矿产品加工公司实现产值1.2亿元。5家板块子公司实现产值均接近或超过规模企业水平，其中钢联发展实业公司实现产值6559.1万元、钢联建筑工程安装公司首次实现工程产值4124万元、钢联高温耐材公司实现产值3328.8万元、钢联精细化工公司实现产值1767.9万元、钢联机电设备制造公司实现产值1626.5万元。多数整体改制子公司保持固有规模，其中钢联矿石精选公司实现产值8797.7万元、钢联土石方公司实现工程产值7880.9万元、钢联金属铸造公司实现产值7541.5万元、钢联金属板材加工公司实现销售产值6001.3万元、钢联安装维修公司实现工程产值5436万元。产值逾千万的改制企业还有钢达锌业公司、钢联石油化工公司、钢联第一轧钢公司、钢联液压设备制造公司、聚源矿渣炉料公司、矿业建筑工程公司、钢联铁器公司、钢联振兴环保科技公司、钢联天元机械设备公司、钢联尾矿综合利用公司、环宇磁业公司、钢联抗磨特种铸造公司、筑炉安装工程有限公司、钢联建筑环保工程公司和电器设备公司等。2020年，钢联公司贯彻新发展理念，千方百计扩大生存发展空间，不断提高经济效益。已建在建项目有：集团北营厂区内新建铁磷球生产线项目，已建成并开始试生产；钢联金属资源公司新建废钢铁加工二期建设项目；钢联高温耐材公司在废旧耐火砖中提炼耐火材料的资源综合利用项目；北营公司淤泥清理项目；钢联矿产品公司利用自产碎石修整运岩和采场道路项目；在全集团推广托辊消耗总承包项目；参与上海宝冶集团的北营炼钢厂炼钢土方工程项目；矿业系统配餐中心食堂改造项目；南芬露天矿五号土场供水改线工程项目；矿业南芬选矿厂、歪头山铁矿报废管道拆除等两项工程项目；钢联金属铸造公司新增板材炼钢厂石灰压球加工项目和设备净化系统清理维保项目；钢联福康炉料公司以小投资新建净水药剂生产项目等。

【安全环保】 2020年，钢联公司认真贯彻"安全第一、预防为主、综合治理"的方针，全面推进各子公司安全生产目标管理责任制落实，实现较大人身伤亡事故、较大火灾事故、重大设备事故、重大交通事故"四为零"。全年加大了监管力度，着力排查隐患，夯实各项安全生产管理基础。制定实施了《钢联公司安全生产专项整治三年行动实施方案》。开展了"隐患清零""百日安全大检查"等专项治理行动。共整改隐患202处，有效防范各类安全生产事故发生。2020

年，钢联公司积极强化主体责任落实，构建完善的目标管理责任体系，制定实行了《钢联公司安全风险抵押金管理办法》，与51家子公司签订《安全责任状》和《环保责任状》。提前做好强降雨和台风防御工作，经受住了台风等恶劣天气考验，实现安全度汛。加强重大节日期间安全巡视，对钢联精细化工公司的危化品企业和交通运输单位进行安全监控，做到安全监管不留隐患、不留死角。2020年，钢联公司加强安全文化建设，全年组织安全知识培训及安全考试30余场次。实战应急演练及消防灭火演练10余次。在钢联公司机关刊物《新征程》报开辟安全专版，宣传报道安全生产法律法规和企业安全生产情况，营造安全生产的良好氛围。加强安全管理重点人员培训，全年培训安全管理干部135人次，特殊工种人员和特种作业人员培训率和持证上岗率均达100%。企业经营者和管理者的环保意识和法律意识进一步增强。根据集团要求，进一步完善落实能环管理各项措施。对各子公司及分公司能源使用情况进行严格清查整顿，保证了冬季生产和供暖需求。积极做好中央及省级环保督察"回头看"迎检准备工作，大力开展秋、冬季爱国卫生行动。以辽宁省开展水、气"双二十"污染防治攻坚战为契机，督促企业加强日常环保设施运行管理。钢联拓隆矿产品公司新增70型环保除尘风送式喷雾机，钢联金属铸造公司引进了振打带式除尘器有效降低烟尘污染。钢联金属资源公司废钢场地的沉降池定期监护、定期清理、实行按品类分类堆放，钢联精细化工公司企业地埋式污水处理器、减压蒸馏环保设施正常运转，确保达标排放、无泄漏。钢达锌业公司改造煤气发生炉为电炉，防止粉尘污染。

【党群工作】 2020年，钢联公司加强党的政治建设，坚持"贯穿主线、突出重点、结合实际、知行合一"的学习方针，深入学习贯彻落实习近平总书记在深入推进东北振兴座谈会上重要讲话精神，为企业经营和改革提供思想指导。坚持强化党的领导，保证党委会前置审议公司治理决策和生产经营重大事项。扎实推进党建工作，开展"基层党建工作建设年"和"基层党建制度落实年"活动，推进党建工作责任制考核评价和支部评估定级。开展改革重组后新钢联公司党组织现状调研，为组建党委做好准备。推进党建与生产深度融合，设立共产党员先锋岗58个。加强党员队伍建设，巩固"两学一做"学习教育常态化制度化，开展了以"纪念建党99周年""过好政治生日"为主题的党日活动，使党员干部铭记初心和使命。进一步精干企业班子，坚持"德才兼备、以德为先、五湖四海、任人唯贤"工作方针，在改革过渡时期，及时整合配备企业领导班子，增强企业班子的整体功能、凝聚力和执行力。2020年，钢联公司加强案件查办力度，召开警示教育大会和廉政专题党课。以审计为手段强化改制期间监督职能，解决职工反映强烈的违规违纪问题。严格督查新钢联公司各项政策、措施及工作任务的完成。全年共受理举报信件25件。2020年，钢联公司强化党群建设，凝聚发展力量。以学习贯彻习近平新时代中国特色社会主义思想和党的十九大和十九届二中、三中、四中、五中全会精神为主线，着力打造企业核心价值观。巩固意识形态工作责任制，有针对性地强化班子理论中心组学习和形势任务教育活动，注重抓好意识形态宣传阵地建设，通过《新征程》报，把握党的舆论导向，弘扬正能量主旋律，讲好企业故事，全年共发刊26期，文稿360篇，大力弘扬先进典型奉献精神，着力构建和谐劳动关系，不断增强职工群众的责任意识。2020年，钢联公司工会开展困难职工精准救助和节日送温暖工作，全年发放各类救济款和粮油折合人民币783.832万元，救助困难职工达3243人次。对3244名女职工进行了"两癌"筛查。成立了工会系统疫情防控志愿团队参加各级疫情防控阻击战，为1784名跨年加班加点保产保供职工送去口罩等防疫物资。积极参加集团公司举办的"迎十一、展新姿、爱本钢、促发展"观光长跑比赛。为钢联公司职工健身中心购买跑步机、动感单车、综合训练健身器、乒乓球桌、羽毛球网座等，满足职工健康文化需求。

【厂办大集体改革】 2020年，按照省市厂改领导小组总体部署，钢联公司克服疫情和申报系统升级调试影响，积极推进厂改后续收尾阶段工作，努力打通"最后一公里"，各项保险接续工作有序推进，为14041人返还垫付的保险费2.5亿元，返还率98%；为14023人补缴养老保险欠费3.02亿元，完成率94.5%；为11034人医保在职补费1900万元，为9526名退休人员医保补足缴费年限趸交1.16亿元；为182家参改企业、14811人核销养老保险欠费10.8亿元；为103家工伤保险欠费企业趸交和补费1.22亿元；为189家失业保险欠费企业补缴1.52亿元；为10287人办理转为灵活就业人员，通过审核6859人，3000人已领到失业金；完成2018年9月至2020年12月退休审批办理补费到账工作；完成195名全民派集体职工妥善安置工作；完成5—10级工伤职工"两个一次性"发放265人，完成率75.5%；完成困难职工补缴个人保险贷款审核289人。成立本钢综合工业公司留守业务部门，部门下设综合管理部、保卫信访部和人事服务部3个管理部门，按地域、行业等不同性质划分设立了6个管理区，无缝承接各项遗留工作。留守业务部门信访维稳工作按照"三个不发生、一个减少"的工作目标，通过层层压实工作责任制、领导干部包案责任制等有力措施，较好地完成了国家三级"两会"，庆祝新中国成立71周年等重大敏感时期信访稳控工作。

（王军民）

栏目编辑　　刘　欣

本钢年鉴 2021

特载

大事记

概述

经营管理

综合管理

党群工作

钢铁主业

多元产业

☆ 改制企业

统计资料

人事与机构

人物与表彰

附录

本钢集团

改制企业

本钢耐火材料有限责任公司

【概况】 本钢耐火材料有限责任公司现有职工493人,其中管理人员60人、专业技术人员13人。公司下设10个专业部室、4个生产分厂、2个全资子公司和1个分公司,其中全资子公司——本溪南芬鑫和冶金炉料有限公司因环保问题自2015年11月至今始终处于关停状态。主要产品和服务项目有球团、耐火材料的生产销售,鱼雷罐整体承包。2020年拥有固定资产原值20679.33万元,净值1752.34万元,净资产8784.26万元。2020年(不含子公司)完成球团67.14万吨,耐火材料9570吨,其中不烧砖7234吨(鱼雷罐砖4931吨,约合50个罐),不定型及散状料完成2336吨。全年共砌筑鱼雷罐35个,拆除35个,中修198个。实现销售收入17227.79万元。

【生产管理】 球团生产方面,2020年比2019年产量提高了7万吨,但上半年仅完成31.32万吨。主要原因是受冬季气温较低、回转窑气流不顺造成结圈速度加快等因素影响。下半年对窑内气流不顺的问题进行了改进,结圈速度明显减缓,生产周期提高到两个月以上,球团产量明显提高。耐火公司全资子公司——本溪鑫钰冶金炉料有限公司2020年共完成产量705935.7吨,销售收入8505.37万元。产量减少的主要原因是受新冠肺炎疫情影响,北营公司小高炉停产,导致鑫钰公司于2020年4月15日停机,历时一个半月,全年产量比2019年度减少36820吨。耐火材料生产方面,由于受年初疫情及资金短缺影响,鱼雷罐用耐火原料采购困难,无法满足耐火材料制品生产需求,直接威胁到鱼雷罐的及时砌筑。耐火公司经充分论证后,决定用鱼雷罐废砖作为原料,生产5套试验用鱼雷罐砖。生产组织部门制订了详细生产计划,并及时为废砖加工提供场地,合理安排车辆倒运。2020年累计加工废砖再利用原料1600余吨,共生产5套试验用鱼雷罐砖和4套锥环部分耐材。在原料紧张的前提下,为了减少停工停产,保障职工队伍稳定,生产单位自5月份开始实行单班作业,压砖机由过去每天生产12台次调整为每天6台次,通过优化作息时间等措施提高了机台的生产效率,平均月产量达到587吨,与2019年度相比,仅下降了22%。

【疫情防控】 2020年,新冠肺炎疫情防控工作成为重中之重。耐火公司按照省、市、区及本钢集团公司疫情防控要求,及时成立了疫情防控组织机构,制定了联防联控工作应急预案。围绕疫情防控和生产经营"两不误"的目标,坚持区域管理、依法防控、预防为主、科学应对、联防联控、分级负责的工作原则,扎实做好流动人员的排查摸底、上岗人员的监测防护、工作现场和生活区的消杀等基础工作,协调好各类防疫物资的保障和供应。在疫情期间主要借助视频、电话、微信等平台进行业务沟通和联络,少开会、少聚集,取消非生产经营性活动,最大限度降低疫情带来的不利影响。

【安全管理】 认真开展全国安全生产活动月各项活动,强化职工"安全第一"思想,杜绝"三违"行为,实现"三不伤害"。继续开展岗位隐患排查专项治理行动,进一步夯实安全生产基础工作,各生产单位通过悬挂安全旗、张贴安全标语、横幅、更新安全板报等方式，大力营造安全生产月氛围。以查摆整改隐患为重点，将各类事故消灭在萌芽状态，对12项隐患下达了整改通知单，现已整改完毕。以安全活动月为契机，开展全员安全教育考试，参与人员450人次，组织球团厂、筑炉公司进行应急演练一次。严把新工人入厂关，对新招协力人员进行三级安全教育，填写三级安全教育卡，规定各级教育的内容和重点，逐级分步进行教育培训。严格落实特种作业人员持证上岗制度。全年共组织新工人厂级安全培训33人次，特种作业人员新办、复审培训37人次，安全管理人员资格培训7人次。对职业卫生现场危害情况进行检测，组织429名接触粉尘职工进行职业健康体检。实现了安全生产"五为零"目标。

【劳动人事管理】 严格执行工资管理制度，确保工资及奖金合理发放。加强劳务人员管理，及时进行人员补充，全年累计招聘劳务人员45人次，为其缴纳各类保险，基本满足了生产岗位需求。按照集团公司统一部署，耐火公司从各部门抽调20余人，历时七个月时间，对离退处委托管理的1271卷退休人员（改制前）人事档案进行了规范化整理和数字化处理，按时高质量完成了工作任务。坚持人尽其才、合理调配的原则，全年调配职工40余人次。积极向上争取各类扶持资金，上半年申请稳岗补贴19.46万元，办理2、3月份医疗保险退费18.09万元。下半年申请了以工代训补贴83.4万元，降低了新冠疫情带来的不利影响。

【设备管理】 球团生产线对电除尘系统进行改造，有效缓解了生产过程中电除尘火花率增高、二次电流随着生产日期延长而不断下降导致粉尘指标上升的问题，粉尘含量达到了＜ $10mg/m^3$ 的超低排放标准；利用环冷机二、三段热风到烘干机系统对矿粉进行干燥现已完成；回转窑内气流不顺导致火焰变形一直是煤气改喷煤后困扰球团生产的主要问题，在多次试验取得效果后，利用10月份检修期间进行了改造，投入生产后效果良好，窑内结圈速度明显减缓，生产周期有所提高。不断对设备运行中出现的问题进行改进和完善，相继自行设计制作了沸腾炉风帽、供热风系统的翻板阀等。积极与本钢设备部沟通，将集团公司位于耐火公司院内的四座报废炉窑进行拆除。

【质量管理】 质量管理方面，由于受疫情和资金短缺影响，耐火材料原料的采购难度增大，个别原料供货紧张，进货渠道不畅，导致原料质量波动较大，鱼龙混杂。质量管理部门加强对原料入厂后的取样、外观检查工作，对有较大缺陷、主要理化指标不合格的原料果断采取降级、退货处理，防止不合格原料进入下一道工序，全年共完成原料取样432批次，成品取样91批次，对外购原料扣款合计27万元。对供货紧张的原料采取科学合理的工艺调整和品种替代，在确保产品实物质量不受影响的前提下，满足了用户生产需求。质量管理部门组织生产单位开展机台质量竞赛活动，每月评选一次，充分调动了一线职工严把质量关的积极性。

【党群工作】 耐火公司认真落实党内监督制度，严格执行民主集中制、"三重一大"事项决策、个人有关事项报告、述职述廉等制度。认真贯彻落实中央八项规定精神，抓住节假日等重要节点开展监督检查，加大正风肃纪工作力度。不断提高政治能力，实现党建和业务深度融合、相互促进。发挥党支部的战斗堡垒作用和党员先锋模范作用，助力疫情防控工作，做到"党委有号召、组织有响应、党员有行动"。深化管党治党政治责任，健全全面从严治党主体责任，完善党委书记第一责任、班子成员一岗双责机制。加强对党支部履行全面从严治党政治责任情况的监督检查，形成层层传导压力的工作常态。严格落实"三会一课"、主题党日活动，完善领导干部上党课、民主生活会、组织生活会、民主评议党员和谈心谈话制度。落实《党委会议事规则》，加强和改进党建工作制度体系、工作规程。依托"学习强国"等平台，有效发挥"互联网+"的作用，助推"智慧党建"。落实意识形态工作责任制，牢牢把握意识形态工作主动权，提高意识形态领域舆情预判、分析、处理等能力，及时掌握动态，坚决反对和抵制各种错误思潮和负面言论。全年共救助困难党员15人次，发放慰问金5000元。工会救助困难职工14人次，救助金额4200元；通过职工医疗互助报销医疗费59人次，报销金额34312元；温暖助学10人，助学金额4800元，全年温暖基金共筹款8645元，为职工提供借款2人次，共计8000元。

（陈树伟）

本钢汽车运输有限责任公司

【概况】 本钢汽车运输有限责任公司是以承担本钢生产、基建、生活等公路运输为主，对外运输为辅的专业运输企业，具有铲、吊、装、货运、客运、修理、机械加工、备件供应综合配套作业能力以及进出宽敞便利的仓储运输能力。公司总部位于解放路南端，总占地面积84759平方米，房屋建筑总面积20182平方米。截至2020年末，总资产12771万元，总负债11132万元，净资产1639万元，产值收入13650万元，成本13702万元，实现利润-52万元。更新设备48台约817万元。在籍职工468人，劳务用工230人，其中在岗职工685人，管理岗69人、生产操作岗629人。公司下设7个机关科室（办公室、生产科、安全科、机动科、供应科、劳资科、计划财务科），5个基层单位（客运队、货运队、机械化队、土石方队、检修车间）。客运队拥有大客、中客、危货及5吨以下小型车，主要负责本钢职工的通勤、日常工作联系及主体厂矿的油料、危险货物运输和散货运输；货运队主要是10吨以上货车，专门负责本钢三冷轧各类生产用车；机械化队主要是挂车、吊车，负责本钢卷板等大型物件的运输；土石方队主要是铲车、自卸车，负责本钢主体厂矿球团、碎石、渣粉等货物的运输；检修车间负责本钢各主体厂矿的车辆维保及各种工程机械的大修及联轴器制造加工等。全公司各类机动车辆279台；2020年货运量1437万吨，周转量8859万吨公里。

【运输服务管理】 运输主业仍以本钢生产链条为主，稳固已在"两钢"占有的活源。划分外委车辆和公司内部车辆的生产组织及收入，真实反映各车队生产经营状态，强化调度室生产指挥作用，做到"产值收入日清日结"。经统计，2020年新增固定活源产值231万元。在本钢急难险重任务及厂内联检期间，汽运公司克服人员少、设备老旧等困难，实现24小时作业，保障本钢生产顺行。在春节过后疫情最严重的3个月里，汽运公

运卷车辆作业中(常鹰 摄)

司生产车辆出车率达到100%。特别是客运队根据本钢生产需要,调增了3条客车运行线路,汽运公司为客车驾驶员配备口罩、防护服等必要防护用品;坚持每日客车消毒;在全市公交停运的情况下,保障本钢职工通勤,受到本钢集团公司的好评。

【设备成本管理】 公司设备分为机械设备和动力设备,如下表所示。

1.设备管理。坚持门检、日检、月检、季检等制度,对问题车辆进行有针对性的专项检查,发现隐患及时整改;加强车辆二级维护保养,以保代修,提高管理人员和司修人员责任心,坚持修车记录谁签字谁负责,以此减少设备事故的发生。各队在维保方面有不同亮点,如机械化队98台车二级维护达到260台次、发动机等总成件维修22台次。石方队修理采取外包的方式从根本上解决了车辆老旧维修能力弱的问题,二级维护车辆达到100%。电动客车实行错峰充电,保证了公司节能减排和降本增效工作需要。

2.物料管理。制定物料消耗"日清日结"制度,提升物料消耗管理水平。各单位按固定表格,每日填报消耗情况并上传到汽运公司微信群。不定期对各单位物料领用进行检查核对,严把出口关,使物料消耗管理更加清晰、规范。2020年百元产值油耗比比2019年下降了0.175%,油耗整体水平有所下降。

3.车辆管理。加强对车辆运行的动态监管,有效地堵塞了跑冒滴漏。全年共计96次不定时到车队检查调度派车记录、车辆停放、

序号	类别	种类	小类
Ⅰ	机械设备	金属切削设备	车床、铝床、刨床、磨床、铣床、镗床、插床、滚齿床、锯床、数控车床、数控铣床
		锻压设备	液压机、锻锤、剪板机、滚筒机等
		起重运输设备	各类汽车、吊车、铲车、挖掘机、桥式吊车、电动客车等
		木工铸造设备	木工刨床、锯床
		其他机械	光鼓机、骑马螺栓拆装机、电动轮胎搬子
Ⅱ	动力设备	动能发生设备	锅炉、空压机、水泵
		电器设备	地沟举升机、充电机、变压器、电焊机、发电机、清洗机、启动器等
		其他动力设备	潜水泵、高压泵试验台、发动机磨合机等

收车回库情况，车辆乱停乱放、车辆下线、公车私用现象明显减少。

【安全管理】 突出重点、强化教育，降低企业经营风险。认真吸取2020年"4·2"掉卷事故教训，为解决车辆掉卷问题，经公司董事会研究决定，对于运卷车辆实行"新车新办法、老车老办法"，即新车安装厂家定制的安全卷架，老车安装侧面挡板，一次性投资近50万元。同时增强驾驶员的安全行车教育和法律观念，提高路检路查频次，加大对违章违规驾驶员的处罚力度等有力措施，2020年公司安全形势总体平稳。

【财务管理】 进一步规范会计基础工作，完善财务制度。一是优化资金请款办法，保证了资金的良性运转。二是实行资金平衡制度，做到一保生产运行，二保职工开支。三是定期审核各车队核算台账，对资产存货进行盘点清查，掌握资产状况。四是定期分析企业的资产及经营状况，为下一步经营决策提供依据。五是测算各车型单车成本，为决策层确定市场导向提供数据。六是加强财务指导和监审，发现问题及时进行查处和纠正。财务管理工作本着开源节流、紧缩支出的原则，为汽运公司正常生产经营提供保障。

【人力资源管理】 2020年，人力资源管理着重完善业务流程、规范基础工作、强化日常考核，规避各类劳动用工风险。建立劳务驾驶员聘用档案，完善招、用、退等各环节的法律手续，制定实施了《汽运公司用工管理办法》《汽运公司劳务派遣管理办法》。实行科学用工，根据岗位需要调剂人员、劳动重组，合理调配改制职工，减少劳务用工，提高劳动效率，降低人工成本。全年共招录劳务人员33人，虽然用人紧张的状况有所缓解，但挂车驾驶员仍缺员严重；退休职工档案数字化工作时间紧任务重，办公室克服各种困难，加班加点，历时8个月时间整理925卷退休职工档案并一次验收合格，得到了集团办公室及退管中心的认可。

【职工福利待遇】 2020年共投资20余万元用于维修职工浴池、屋面防水、车库大门、休息室门窗、供暖管网和提高食堂伙食标准；加奖及发放福利51.5万元，为全体工会会员发放粮油13.9万元。职工为企业创造价值，企业为职工提高待遇，实现了双赢。

【动迁还建工作】 自2011年7月拆迁至今，院内所承建工程施工项目业已结束，部分建筑物已经投入使用。公司多次协调市交通局、征迁办及有关部门，沟通还建工程消防设施和主体建筑物进行竣工验收的相关收尾工作及新建加油站的选址、建设工作，此项工作由于改制单位与本钢没有土地证使用协议，土地不属于汽运公司，还建手续办理无法进行。

【党群工作】 全面贯彻党章和《条例》要求，在完善"三会一课"制度基础上，积极推动"两学一做"学习教育活动；制定公司班子每月一次中心组学习制度；召开党代会，补选汽运公司党委委员；组织观看《不忘初心、大国崛起》视频；参加本钢集团党委组织的"辽宁国企党建云课堂"培训12人次，党务工作者培训19人次；全年走访慰问困难党员15人次，发放慰问金8000元；党员新冠疫情自愿捐款151人，捐款金额9600元，较好地发挥了基层党组织战斗堡垒作用和党员的先锋模范作用。依据《中国共产党党员章程》，制定《本钢汽运公司党委会前置研究讨论事项清单》；严格贯彻落实《本钢汽运公司"三重一大"决策制度实施办法》，依法依规上会研究相关事项。党建、经济建设两不误、两促进，为完成全年经营目标提供了坚实的政治保证。　　　　（李玉萍）

本钢电气有限责任公司

【概况】 2020年末，本钢电气有限责任公司（简称电气公司）在籍职工364人，其中管理人员69人、专业技术人员4人，中高级职称27人，工人助理技师以上19人。公司下设7个部室、4个分厂、2个分公司。资产总额8531.54万元，固定资产原值5046.65万元，净值1425.33万元，净资产3132.52万元。

【生产经营】 2020年初，集团公司改变了多年来一直采用的招标、议标、直接发包的承修方式，对电气公司推行了专项运营承包办法。由电气公司负责各在建厂日常设备检修、维护、抢修等工作，由业主单位对专项运营承包单位进行设备运行指标考核。承包后，电气公司与集团公司签订电机、变压器检修承包合同额为3778.6万元，比前三年同期平均额减少了近1000万元。生产方面，在北营轧钢厂F2转子换导条工作中，从落实导条、端环的采购，到具体的现场吊装方案、转子运输、更换转子导条的具体办法等逐一确认落实，与施工单位通力合作，连续作战，最终比用户要求工期提前2.5天完成检修。北营轧钢厂19000KVA变压器经过其他厂家2次大修，均出现线圈受冲击后脱落事故，电气公司采取线圈及整体加固等措施抢修，完成对该变压器的首次施工。2020年，电气公司共检修电机6296台，比2019年增加491台，检修容量772775KW，比2019年增加52719KW；检修变压器106台，比2019年增加50台，检修容量239715KVA，比2019年减少3426 KVA；检修电焊机154台，比2019年增加46台，检修容量3656KVA，比2019年增加1256KVA。炉料分公司完成主要产品产量11325吨，比2019年减少783.68吨。实现销售收入2.08亿元，比2019年减少689万元；炉料分公司实现销售收入1.56亿元，比2019年减少889万元；华丰会计师事务所审计确认电气公司实现利润总额负4万元，2020年电气公司共享受国家保险费减免274万元。

【企业管理】 1.设备管理。2020年度随着公司对外承揽的经营体制发生改变，总体工作量增加，设备工作负荷加大，电气公司设备主管部门采取一系列措施加强设备管理，一是将设备点检工作纳入设备管理重点，通过制定详细的巡检制度，推行"故障前置预警"的巡检理念，减少设备事故和故障发生；二是完善各项检查及维护保养记录，对每一台设备做到心中有数，确保设备安全运行；三是积极自制和改造采买困难的备件，保障了各分厂设备的正常运行；对重点设备及故障率高设备实行分片负责，做到设备到人责任到人，有效降低了设备故障率。2020年顺利完成解决各项故障130余项，其中包括4#干燥炉加热线路重新铺设、北台分厂10T龙门吊减速机及大车制动系统重新设计改造、试验台高压断路器修复更换、75T天车主卷液压制动系统修复等比较大的故障25项。2.档案及人员管理。2020年人员变动36人次，解除劳动合同8人，退休7人，办理放假1人，放假回归岗位1人；在岗364人，放假34人。续签劳动合同6人，新签劳动合同1人。由退养转退休1人，在职退5人。完成121册财务档案移交工作并整理上架。2019年文书档案存档40件（永久19件、短期21件）。2019年12月17日至2020年10月12日完成412名退休职工人事档案数字化移交工作。完成411名退休职工社会化管理移交工作。3.质量管理。通过找动平衡，解决了用户550KW无刷励磁同步机励磁绕组加压后噪音问题；通过排查，确定北营800KW电机施工关键点是装配，解决多年检修难点；北营铁厂2800KW除尘电机多年来一直处于振动状态运行，2019年连续修复两次仍不能维持运行，电气公司技术人员通过对安装过程进行现场全程监督，发现联轴器尼龙胶棒配合较为松动，说服用户更新后，电机带负载成功运行，电气公司检修质量的可靠性打消了用户外委电机的念头。

【疫情防控】 一是根据溪湖区政府防疫工作要求，结合本单位工作特点制定下发了《联防联控》《延迟复工工作方案》《疫情防控及分工工作预案》《疫情防控工作应急方案》等文件，下发通知15次，及时更新防疫信息。组织建立微信报平安群13个，全体职工每天平安接龙。二是为切实保障员工身体健康和生命安全，为员工购买了口罩、洗手液、消毒液、酒精、湿巾、护目镜等。党群部门除坚持对公共区域进行消杀外，还深入现场检查员工佩戴口罩情况，宣传防疫知识，教育引导党员职工了解疫情防控，加强防范意识。警卫人员对公司外来人员进行登记、扫码、测温，严把入门第一关。三是积极响应集团党委号召，组织全体党员进行自愿捐款，电气公司共有党员119名，累计捐款8995元。

【党群工作】 一是以建党99周年为契机，开展了一次"重温入党誓词，集体过政治生日"活动。二是为持续加大"学习强国"学习平台推广使用力度，大力营造崇尚学习的浓厚氛围，"十一"前夕开展了一次评选"学习强国"学习能手活动。三是继续开展救助困难党员活动。利用"七一"和春节慰问救助了16名生活困难党员，发放慰问金7500元。四是2020年新发展预备党员1名，办理党组织关系转出5名。民生工程持续推进，为职工防暑降温购买西瓜、冰棍儿，发放汽水200余箱；为职工购买生日大礼包344份；看望慰问生病住院、直系亲属去世职工12人次，发放慰问金4580元；疫情期间慰问出勤职工1165元，慰问抗疫一线人员家属1人次；为337名职工支付互助保险金33700元，办理互助保险理赔44人次。

（王 茹）

本钢设计研究院有限责任公司

【概况】 本钢设计研究院有限责任公司（简称设计院）注册资本金1960.63万元，拥有冶金行业甲级、建筑行业建筑工程甲级、市政行业（给水工程、排水工程、城镇燃气工程、城镇热力工程）专业乙级、勘察行业岩土工程专业乙级、压力管道、工程总承包、工程咨询、对外承包、土地复垦等多项资质，是本溪市资质最全、规模最大、综合实力最强的勘察设计单位。设计院下设综合办公室、人力资源部、财务部、经营部、工程部（工程总承包管理部）5个管理部门、6个专业设计室（工艺、总图规划、环保动力、自动化、工民建、技术经济）、3个子（分）公司（监理公司、岩土公司、检测公司）。2020年末在籍职工143人，其中高级职称55人、中级职称61人、初级职称15人。

【经营管理】 贯穿2020年的新冠疫情严重影响了设计市场的经营活动。设计院在科学防范疫情的同时，以全国范围内的冶金企业为开拓市场方向，以氧化球团项目为重点突破，2020年新签合同金额1690.68万元，实现收入2100万元，全年财务盈利1000万元。实现人身、火灾、重大质量事故、网络事故"四为零"的目标。子（分）公司全年完成产值近500万元。

【工程管理】 2020年度，设计院全年共发出施工图1878份，计18542张，折合A1 11096.72张。全年完成山东石横特钢球团、辽宁通鑫球团、柳钢料场、印度Rashmi球团、玻利维亚球团、北营35000制氧、珠海粤裕丰电鼓、扬州泰富球团等项目的设计任务65项，其中可研4项、初设（含专篇）3项、方案（含投资估算）8项、投标文件4项、施工图46项。

【企业管理】 奉行"学习、诚信、责任、创新"的企业文化，坚持以人为本原则，以《公司法》为准绳，全心全意依靠员工办企业。坚持以制度管人、按制度做事，规范化运作公司制企业，做到重大事项集体讨论、民主决策，坚持院务公开。全年累计投入113万元用于更新设备、软件，改善办公环境，发放职工福利。

【质量管理】 严格执行ISO9001质量管理体系要求，通过OA办公系统规范设计生产流程，强化内部质量体系审核工作，坚持设计成品质量抽查，持续关注技术能力提升和人才培养，充分发挥技术委员会的技术决策作用，有针对性地推行业务建设项目，及时进行重点项目后评价，保证设计产品质量稳步提高。

【党群工作】 2020年设计院党委加强党委理论中心组学习，进一步提高党员领导干部的思想理论水平和政治业务素质，用好"学悟讲用"基本方法，力促党员干部在思想上和政治上与党中央保持高度一致，增强"四个意识"，坚定"四个自信"，做到"两个维护"。在"七一"党建活动中为全体党员干部发放《民法典》书籍，加强党建知识学习。扎实做好学习宣贯党的十九大精神等各项工作，引导设计院广大党员干部把思想和行动统一到企业改革发展的决策部署上来，切实把主体责任落到实处。理清党委主体责任，健全责任体系，加强党风廉政体系建设，实现党风廉政建设常态化。关心职工群众生活，春节走访困难、退休职工，发放慰问金2500元；发放职工福利52835元；工会会员生日慰问7000元；购买新冠肺炎防疫物资16005元；按期缴纳市总工会职工医疗互助保险，2020年度参保人数141人，缴纳保费18330元，理赔金额近5000元。

（谢登强　陈虹）

栏目编辑　全英实

本钢年鉴 2021

特载

大事记

概述

经营管理

综合管理

党群工作

钢铁主业

多元产业

改制企业

★ 统计资料

人事与机构

人物与表彰

附录

本钢集团

统计资料

工业总产值及主要产品产量完成情况

产品名称	计算单位	2020年实际	2019年实际	同比增减 %
一、工业总产值	万元	5958489	5752194	3.59
本　钢	万元	4608889	4581771	0.59
北　营	万元	1349600	1170423	15.31
二、工业增加值	万元	1294686	1405311	−7.87
本　钢	万元	896390	999289	−10.30
北　营	万元	398296	406022	−1.90
三、主要产品产量				
1. 生　铁	吨	17326113	15899865	8.97
本　钢	吨	10069205	9727241	3.52
北　营	吨	7256908	6172624	17.57
2. 钢总计	吨	17358293	16174655	7.32
本　钢	吨	10319605	9972712	3.48
北　营	吨	7038688	6201943	13.49
电炉钢	吨	294701	184591	59.65
特钢厂	吨	285187	175767	62.25
机总公司	吨	9514	8824	7.82
转炉钢	吨	17063592	15990064	6.71
本　钢	吨	10024904	9788121	2.42
北　营	吨	7038688	6201943	13.49
3. 钢材商品量	吨	16629784	15838654	4.99
本　钢	吨	12650369	12520234	1.04
北　营	吨	3979415	3318420	19.92
特钢材	吨	721276	486650	48.21
热轧板生产量	吨	12235137	12267411	−0.26
连轧厂	吨	9455568	9430796	0.26
其中：一热轧	吨	3000049	3049846	−1.63

续表

产品名称	计算单位	2020年实际	2019年实际	同比增减%
二热轧	吨	1815329	1916957	-5.30
三热轧	吨	4640190	4463993	3.95
1780热轧机组	吨	2779569	2836615	-2.01
冷轧板生产量	吨	5655243	5697634	-0.74
其中：一冷轧	吨	1710642	1840606	-7.06
二冷轧	吨	1878612	1818880	3.28
三冷轧	吨	2059438	1966781	4.71
不锈钢	吨	6551	71367	-90.82
北营：钢筋	吨	1391251	828781	67.87
线材	吨	2588164	2489639	3.96
4. 铁矿采剥总量	吨	132044307	137267109	-3.80
南芬	吨	91632463	95210279	-3.76
歪头山	吨	32864674	32159534	2.19
贾家堡	吨	7547170	9897296	-23.75
北营	吨			
5. 铁矿石	吨	22288601	22273271	0.07
南芬	吨	11356809	11687395	-2.83
歪头山	吨	6473480	6380791	1.45
贾家堡	吨	4458312	4205085	6.02
北营	吨			
6. 铁精矿	吨	8381376	7892271	6.20
南芬	吨	4647823	4430977	4.89
歪头山	吨	2498278	2260616	10.51
贾家堡		1235275	1200678	2.88
北营	吨			
7. 人造富矿	吨	30598911	28232538	8.38
炼铁厂	吨	14419834	13909287	3.67
球团厂	吨	2165772	2012460	7.62
带料加工球团（耐火厂）	吨	694710	583306	19.10

续表

产品名称	计算单位	2020年实际	2019年实际	同比增减 %
北 营	吨	13318595	11727485	13.57
8. 焦 炭	吨	7821398	7787012	0.44
本 钢	吨	4665096	4589444	1.65
北 营	吨	3156302	3197568	-1.29
9. 石灰石采剥总量	吨	7656438	7099532	7.84
本 钢	吨	4739954	5027054	-5.71
北 营	吨	2916484	2072478	40.72
10. 成品石灰石	吨	4567997	4320875	5.72
本 钢	吨	2779347	2898213	-4.10
北 营	吨	1788650	1422662	25.73
11. 发电量	万千瓦时	372274	350222	6.30
发电厂	万千瓦时	198189	204984	-3.31
燃气厂	万千瓦时	37579	34187	9.92
北 营	万千瓦时	136506	111051	22.92
12. 水 渣	吨	6269348	5713151	9.74
本 钢	吨	3848242	3628138	6.07
北 营	吨	2421106	2085013	16.12
13. 工业水	万吨	87136	91036	-4.28
本 钢	万吨	81300	85570	-4.99
北 营	万吨	5836	5466	6.77
14. 氧 气	万立方米	175942	161586	8.88
本 钢	万立方米	105532	97165	8.61
北 营	万立方米	70410	64421	9.30

主要技术经济指标完成情况

指标名称	单位	2020年实际	2019年实际	同比增减
1. 剥采比	t/t	4.92	5.16	−0.24
露天矿	t/t	7.07	7.15	−0.08
歪头山	t/t	4.08	4.04	0.04
贾家堡	t/t	0.69	1.35	−0.66
北　营	t/t			
2. 选矿实际金属回收率	%	81.1	78.98	2.12
选矿厂	%	82.37	79.79	2.58
歪头山	%	80.95	80.70	0.25
贾家堡	%	76.69	72.95	3.74
北　营	%			
3. 高炉利用系数	$t/m^3 \cdot d$	2.5015	2.3942	0.11
本　钢	$t/m^3 \cdot d$	2.3047	2.2467	0.06
北　营	$t/m^3 \cdot d$	2.8375	2.6705	0.17
4. 转炉日历利用系数	t/公称 t·d	25.66	24.07	1.59
本　钢	t/公称 t·d	21.8	21.28	0.52
北　营	t/公称 t·d	34.34	30.34	4.00
5. 转炉平均炉龄	炉/次	10275	7701	2574
本　钢	炉/次	11672	6309	5363
北　营	炉/次	9577	9094	483
6. 特钢成材率	%	94.59	93.69	0.90
7. 热轧板成材率	%	97.86	97.72	0.14
连轧厂	%	97.79	97.65	0.14
一热轧	%	97.71	97.61	0.10
二热轧	%	97.24	96.89	0.35
三热轧	%	98.06	98.00	0.06
1780轧机	%	98.08	97.98	0.10

续表

指标名称	单位	2020年实际	2019年实际	同比增减
8．一冷轧成材率	%	94.46	93.79	0.67
9．二冷轧成材率	%	95.34	95.15	0.19
10．三冷轧成材率	%	94.87	94.09	0.78
11．不锈钢成材率	%	99.06	95.29	3.77
12．钢筋综合成材率	%	100.57	99.75	0.82
13．线材综合成材率	%	98.07	97.92	0.15
14．冶金焦率	%	86.36	85.82	0.54
本　钢	%	86.53	85.89	0.64
北　营	%	86.1	85.72	0.38

主要产品质量完成情况

指标名称	计算单位	2020年实际	2019年实际	同比增减
1. 生铁合格率	%	100.00	100.00	0.00
本　钢	%	100.00	100.00	0.00
北　营	%	100.00	100.00	0.00
2. 生铁一级品率	%	86.28	83.79	2.49
本　钢	%	90.74	87.01	3.73
北　营	%	80.10	78.70	1.40
3. 烧结矿合格率	%	98.79	98.84	−0.05
本　钢	%	98.07	98.17	−0.10
北　营	%	99.73	99.83	−0.10
4. 电炉钢合格率	%	99.93	99.93	0.00
5. 转炉连铸坯合格率	%	99.99	99.88	0.11
本　钢	%	100.00	99.82	0.18
北　营	%	99.97	99.96	0.01
6. 钢材合格率	%	99.75	99.71	0.04
（1）特钢材合格率	%	99.74	99.55	0.19
（2）热轧板合格率（连轧）	%	99.67	99.58	0.09
（3）热轧板合格率（1780）	%	99.95	99.98	−0.03
（4）一冷轧合格率	%	99.60	99.70	−0.10
（5）二冷轧合格率	%	99.75	99.87	−0.12
（6）三冷轧合格率	%	99.52	99.45	0.07
（7）不锈钢合格率	%	100.00	100.00	0.00
（8）热轧钢筋合格率	%	99.99	99.98	0.01
（9）热轧线材合格率	%	99.97	99.92	0.05
7. 冶金焦合格率	%	100.00	100.00	0.00
本　钢	%	100.00	100.00	0.00
北　营	%	100.00	100.00	0.00

续表

指标名称	计算单位	2020年实际	2019年实际	同比增减
8. 冶金焦抗碎强度 M40	%	89.79	89.49	0.30
本　钢	%	89.46	89.23	0.23
北　营	%	90.28	89.88	0.40
9. 冶金焦耐磨强度 M10	%	5.64	5.69	−0.05
本　钢	%	5.63	5.65	−0.02
北　营	%	5.67	5.76	−0.09
10. 冶金焦灰分	%	12.42	12.53	−0.11
本　钢	%	12.44	12.51	−0.07
北　营	%	12.38	12.57	−0.19
11. 冶金焦硫分	%	0.89	0.89	0.00
本　钢	%	0.87	0.86	0.01
北　营	%	0.93	0.92	0.01
12. 铁精矿品位	%	66.93	67.33	−0.40
南芬选矿厂	%	67.21	67.26	−0.05
歪头山铁矿	%	68.25	68.22	0.03
贾家堡铁矿	%	63.18	65.92	−2.74
北　营	%			

主要消耗指标完成情况

产品名称	计算单位	2020年实际	2019年实际	同比增减
一、铁矿采矿				
1. 铁矿采总耗火药	千克/万吨	3257	3179	78
露天矿	千克/万吨	3359	3323	36
歪头山矿	千克/万吨	3170	3022	148
贾家堡子	千克/万吨	2393	2299	94
北营	千克/万吨			
2. 采矿耗电	千瓦时/吨	0.89	0.87	0.02
露天矿	千瓦时/吨	0.71	0.68	0.03
歪头山矿	千瓦时/吨	1.47	1.59	−0.12
贾家堡子	千瓦时/吨	0.50	0.32	0.18
北营	千瓦时/吨			
二、铁矿选矿				
1. 处理原矿耗电	千瓦时/吨	33.46	34.79	−1.33
选矿厂	千瓦时/吨	35.16	36.32	−1.16
歪头山矿	千瓦时/吨	28.53	29.99	−1.46
贾家堡子	千瓦时/吨	38.30	39.21	−0.91
北营	千瓦时/吨			
2. 处理原矿耗水	吨/吨	11.74	11.12	0.62
选矿厂	吨/吨	10.64	9.40	1.24
歪头山矿	吨/吨	15.38	15.58	−0.20
贾家堡子	吨/吨	7.73	7.93	−0.20
北营	吨/吨			
3. 处理原矿耗钢球	千克/吨	0.66	0.67	−0.01
选矿厂	千克/吨	0.62	0.64	−0.02
歪头山矿	千克/吨	0.21	0.24	−0.03
贾家堡子	千克/吨	1.68	1.59	0.09

续表

产品名称	计算单位	2020年实际	2019年实际	同比增减
北　　营	千克/吨			
4. 处理原矿耗铁球	千克/吨	0.65	0.62	0.03
选　矿　厂	千克/吨	0.88	0.87	0.01
歪头山矿	千克/吨	0.63	0.55	0.08
贾家堡子	千克/吨	0.00	0.00	0.00
北　　营	千克/吨			
三、烧　结				
1. 烧结耗固体燃料	千克/吨	54.92	56.32	-1.40
本　　钢	千克/吨	53.91	52.64	1.27
北　　营	千克/吨	56.26	61.80	-5.54
2. 烧结耗电	千瓦时/吨	49.57	51.07	-1.50
本　　钢	千瓦时/吨	47.38	48.28	-0.90
北　　营	千瓦时/吨	52.48	55.23	-2.75
四、炼　铁				
1. 综合焦比	千克/吨	502	509	-7
本　　钢	千克/吨	501	501	0
北　　营	千克/吨	513	522	-9
2. 入炉焦比	千克/吨	348	365	-17
本　　钢	千克/吨	336	347	-11
北　　营	千克/吨	365	394	-29
3. 煤　比	千克/吨	154	139	15
本　　钢	千克/吨	154	135	19
北　　营	千克/吨	153	145	8
4. 电力消耗	千瓦时/吨	79.49	78.82	0.67
本　　钢	千瓦时/吨	38.54	39.31	-0.77
北　　营	千瓦时/吨	136.31	141.07	-4.76
五、炼　焦				
吨焦耗湿煤	千克/吨	1396.39	1364.68	31.71
本　　钢	千克/吨	1395.63	1343.81	51.82

续表

产品名称	计算单位	2020年实际	2019年实际	同比增减
北　营	千克/吨	1397.51	1394.63	2.88
六、电炉炼钢				
1. 电炉钢耗钢铁料	千克/吨	1104.91	1111.51	−6.60
2. 电炉钢耗生铁	千克/吨	737.43	743.95	−6.52
3. 电炉钢耗废钢	千克/吨	367.48	367.56	−0.08
4. 电炉钢综合耗电	千瓦时/吨	360.90	204.09	156.81
七、转炉炼钢				
1. 转炉钢耗钢铁料	千克/吨	1058.78	1055.87	2.91
本　钢	千克/吨	1061.94	1061.92	0.02
北　营	千克/吨	1054.27	1046.33	7.94
2. 转炉钢耗生铁	千克/吨	992.01	982.24	9.77
本　钢	千克/吨	981.98	980.85	1.13
北　营	千克/吨	1006.30	984.43	21.87
3. 转炉钢耗废钢	千克/吨	66.77	73.63	−6.86
本　钢	千克/吨	79.96	81.07	−1.11
北　营	千克/吨	47.97	61.90	−13.93
4. 转炉钢耗氧气	m³/吨	56.10	54.83	1.27
本　钢	m³/吨	56.14	53.54	2.60
北　营	m³/吨	56.05	56.87	−0.82
八、转炉钢连铸				
1. 连铸比	%	100.00	100.00	0.00
本　钢	%	100.00	100.00	0.00
北　营	%	100.00	100.00	0.00
2. 合格连铸坯收得率	%	98.46	98.42	0.04
本　钢	%	98.21	98.31	−0.10
北　营	%	98.81	98.77	0.04
3. 连铸机台时产量	吨/小时	176.32	175.32	1.00
本　钢	吨/小时	206.61	204.57	2.04
北　营	吨/小时	145.86	143.05	2.81

续表

产品名称	计算单位	2020年实际	2019年实际	同比增减
九、热轧钢材				
1. 钢材综合耗电	千瓦时/吨	83.83	85.71	−1.88
本　钢	千瓦时/吨	75.59	77.14	−1.55
北　营	千瓦时/吨	110.67	118.67	−8.00
2. 钢材耗轧辊	千克/吨	0.51	0.51	0.00
本　钢	千克/吨	0.62	0.60	0.02
北　营	千克/吨	0.15	0.17	−0.02
十、冷轧钢材				
1. 钢材综合耗电	千瓦时/吨	113.88	119.60	−5.72
一冷轧	千瓦时/吨	97.60	98.60	−1.00
二冷轧	千瓦时/吨	111.62	114.18	−2.56
三冷轧	千瓦时/吨	125.60	124.19	1.41
不锈钢	千瓦时/吨	644.02	495.05	148.97
2. 钢材耗轧辊	千克/吨	0.25	0.25	0.00
一冷轧	千克/吨	0.19	0.16	0.03
二冷轧	千克/吨	0.42	0.50	−0.08
三冷轧	千克/吨	0.21	0.17	0.04
不锈钢	千克/吨	0.20	0.07	0.13

总能耗及工序能耗

指标名称	计算单位	2020 年实际	2019 年实际	同比增减
一、总能耗	万吨			
本　钢	万吨	636.24	624.33	11.91
北　营	万吨	459.07	408.31	50.76
二、吨钢综合能耗	kg/t			
本　钢	kg/t	616.53	626.03	−9.50
北　营	kg/t	652.2	658.36	−6.16
三、吨钢可比能耗	kg/t			
本　钢	kg/t	547.77	552.22	−4.45
北　营	kg/t	535.81	555.43	−19.62
四、万元产值能耗	t/万元			
本　钢	t/万元	1.39	1.36	0.03
北　营	t/万元	3.4	3.49	−0.09
五、万元增加值能耗	t/万元			
本　钢	t/万元	7.1	6.25	0.85
北　营	t/万元	12.12	10.06	2.06
六、工序能耗				
1. 采矿工序	kg/t			
露天矿	kg/t	0.89	0.91	−0.02
歪头山	kg/t	1	0.9	0.10
北　营	kg/t	停产	停产	#VALUE!
2. 选矿工序	kg/t			
选矿厂	kg/t	5.19	5.62	−0.43
歪头山	kg/t	3.68	3.83	−0.15
北　营	kg/t	停产	停产	#VALUE!
3. 石灰石工序	kg/t			
本　钢	kg/t	0.88	0.92	−0.04

续表

指标名称	计算单位	2020年实际	2019年实际	同比增减
北　营	kg/t	1.68	1.72	−0.04
4. 焦化工序	kg/t			
本　钢	kg/t	119.03	117.32	1.71
北　营	kg/t	91.31	95.44	−4.13
5. 烧结工序	kg/t			
本　钢	kg/t	49.5	48.44	1.06
北　营	kg/t	51.81	54.81	−3.00
6. 炼铁工序	kg/t			
本　钢	kg/t	367.55	370.61	−3.06
北　营	kg/t	370.36	382.98	−12.62
7. 电炉炼钢工序	kg/t	62.53	60.08	2.45
8. 转炉炼钢工序	kg/t			
本　钢	kg/t	−20.19	−17.21	−2.98
北　营	kg/t	0.95	−11.2	12.15
9. 连铸工序				
本　钢	kg/t	5.05	5.4	−0.35
北　营	kg/t	10.86	11.5	−0.64
10. 轧钢工序				
特钢厂	kg/t	98.6	114.9	−16.30
连轧厂	kg/t	51.6	53.5	−1.90
一冷轧	kg/t	45.28	44.97	0.31
二冷轧	kg/t	93.44	90.41	3.03
北　营	kg/t	55.89	60.87	−4.98
11. 废钢加工工序				
本　钢	kg/t	0.79	0.87	−0.08
北　营	kg/t	0.14	0.14	0.00
12. 发电总汽煤耗				
本　钢	kg/GJ	37.44	38.01	−0.57
北　营	kg/GJ	40.02	40.09	−0.07

续表

指标名称	计算单位	2020年实际	2019年实际	同比增减
13. 供水吨钢能耗				
本　钢	kg/t	2.91	2.67	0.24
北　营	kg/t	3.23	3.25	−0.02
14. 供电能耗				
本　钢	kg/万 kWh	23.3	23.2	0.10
北　营	kg/万 kWh	22.8	22.98	−0.18
15. 有效氧能耗				
本　钢	kg/m^3	0.12	0.13	−0.01
北　营	kg/m^3	0.11	0.11	0.00
本　钢	kg/t	367.55	370.61	−3.06
北　营	kg/t	370.36	382.98	−12.62

主要钢铁工业产品产、销、存实物量

单位：吨

指标名称	年初库存	本年调入	本年生产	本年自用	本年销售 本年销售小计	其中：本年出口	盘盈(+)/盘亏(-)	年末库存
铁矿石原矿	40509	0	22288601	22300601	0	0	0	28509
本钢公司	40509		22288601	22300601				28509
北营公司	0							0
铁矿石成品矿	149375	0	8381376	8379043	0	0	0	151708
其中：铁精矿	149375	0	8381376	8379043	0			151708
本钢公司	149375		8381376	8379043				151708
北营公司	0							0
烧结铁矿	23500	0	25287292	25283342	0	0	0	27450
本钢公司	23500		14419834	14415884				27450
北营公司	0		10867458	10867458				0
球团铁矿	0	0	5311619	5311619	0	0	0	0
本钢公司	0	0	2860482	2860482	0	0	0	0
马耳岭球团厂	0		2165772	2165772				0
带料加工（耐火）	0		694710	694710				0
北营公司	0		2451137	2451137				0
生铁	24282	0	17326113	17333532	0	0	0	16863
炼铁厂	0		10069205	10069205				0
北营公司	24282		7256908	7264327				16863
粗钢产品	133350	0	17358293	17293271	111	0	0	198261
本钢公司	49510	0	10319605	10287565	111	0	0	81439
特钢厂	8848		285187	285699				8336
炼钢厂	40662		10024904	9992352	111			73103
机总	0		9514	9514				0
北营公司	83840		7038688	7005706				116822

续表

指标名称	年初库存	本年调入	本年生产	本年自用	本年销售		盘盈(+)/盘亏(-)	年末库存
					本年销售小计	其中：本年出口		
其中：连铸坯	133026	0	17343620	17278445	111	0	0	198090
本钢公司	49186	0	10304932	10272739	111	0	0	81268
特钢厂	8524		280028	280387				8165
炼钢厂	40662		10024904	9992352	111			73103
北营公司	83840		7038688	7005706				116822
钢材	258601	0	16629784	0	16644753	2038968	0	243632
本钢公司	241447	0	12650369	0	12658021	1409481	0	233795
北营公司	17154	0	3979415	0	3986732	629487	0	9837
棒材	15058		721276		720175	11278		16159
钢筋	5301		1391251		1394900	60521		1652
线材	11398		2588164		2591832	568966		7730
冷轧薄板	4383		350116		350766	33627		3733
中厚宽钢带	123693	0	6484460	0	6496924	849475	0	111229
本钢公司	123238	0	6484460	0	6496924	849475	0	110774
热连轧厂	55067		4388105		4399351			43821
1780热轧机组	68171		2096355		2097573			66953
北营公司	455		0		0			455
冷轧薄宽钢带	70076	0	3363546	0	3364723	201587	0	68899
一冷轧	17137		867970		869569			15538
二冷轧	21158		822542		818706			24994
三冷轧	31055		1666483		1670976			26562
不锈钢	726		6551		5472			1805
镀层板(带)	28544	0	1680739	0	1676225	312590	0	33058
其中：镀锌板(带)	28544	0	1680739	0	1676225	312590	0	33058
一冷轧	4225		434826		433668			5383
二冷轧	15547		858765		854106			20206
三冷轧	8772		387148		388451			7469

续表

指标名称	年初库存	本年调入	本年生产	本年自用	本年销售		盘盈(+)/盘亏(-)	年末库存
					本年销售小计	其中:本年出口		
涂层板(带)	132							132
电工钢板(带)	16		50232		49208	924		1040
焦炭	1924	0	7821398	7795666	23882	0	0	3774
焦化厂	1924		4665096	4639364	23882			3774
北营公司	0		3156302	3156302				0

基层单位安全情况

序号	单位名称	千人负伤率‰	
		2020年	2019年
1	集团公司合计	0.68	0.93
2	北营公司	0.96	1.16
3	矿业公司	1.01	0.89
4	炼铁厂	0.53	1.95
5	炼钢厂	0.51	0.49
6	热连轧厂	0	0.87
7	一冷轧厂	0	0.5
8	二冷轧厂	3.81	0
9	三冷轧厂	0	0
10	丹东不锈钢厂	0	8.47
11	特钢厂	0	0.58
12	焦化厂	0	5.9
13	发电厂	0	0
14	能源总厂	0	0
15	运输部	1.38	0
16	废钢厂	0	0
17	计控厂	0	0
18	原料厂	0	2.51
19	维检中心	0.68	0.94
20	自动化公司	0	0
21	建设总公司	0.54	0.27
22	修建公司	1.05	0
23	机械制造总公司	1.2	1.08
24	实业发展公司	0	0
25	新事业公司	0.77	0

续表

序号	单位名称	千人负伤率‰	
		2020年	2019年
26	冶金渣公司	0	0
27	热力公司	0	0
28	房地产开发公司	0	0
29	技师学院	0	0
30	起重机厂	0	0
31	恒通公司	2.79	5.31

环境保护主要指标完成情况

指标名称	计算单位	2020年实际
污染物综合排放合格率	%	未统计
本　钢	%	未统计
北　营	%	未统计
厂区降尘量	吨/平方公里·月	30.59
本　钢	吨/平方公里·月	28.25
北　营	吨/平方公里·月	38.33
大气中可吸入颗粒物浓度	mg/Nm^3	
本　钢	mg/Nm^3	未监测
北　营	mg/Nm^3	未监测
大气中一氧化碳浓度	mg/Nm^3	
本　钢	mg/Nm^3	未监测
北　营	mg/Nm^3	未监测
大气中二氧化硫浓度	mg/Nm^3	
本　钢	mg/Nm^3	未监测
北　营	mg/Nm^3	未监测
工业粉尘排放量	万吨	0.6380
本　钢	万吨	0.3650
北　营	万吨	0.2730
工业粉尘回收量	万吨	69.30
本　钢	万吨	30.9320
北　营	万吨	38.3680
工业用水量	万吨	384083.50
集团厂区总计	万吨	352653.98
集团矿区总计	万吨	31429.52
本　钢	万吨	248887.80
厂区总计	万吨	217458.28

续表

指标名称	计算单位	2020年实际
矿区总计	万吨	31429.52
北 营	万吨	135195.70
厂区总计	万吨	135195.70
矿区总计	万吨	0.00
新水量	万吨	7108.70
集团厂区总计	万吨	5150.18
集团矿区总计	万吨	1958.52
本 钢	万吨	4790.60
厂区总计	万吨	2832.08
矿区总计	万吨	1958.52
北 营	万吨	2318.10
厂区总计	万吨	2318.10
矿区总计	万吨	0.00
环水量	万吨	376974.80
集团厂区总计	万吨	347503.80
集团矿区总计	万吨	29471.00
本 钢	万吨	244097.20
厂区总计	万吨	214626.20
矿区总计	万吨	29471.00
北 营	万吨	132877.60
厂区总计	万吨	132877.60
矿区总计	万吨	0.00
厂区废水排放量	万吨	1577.9701
本 钢	万吨	1367.9350
北 营	万吨	210.0351
达标排放量	万吨	1577.9701
本 钢	万吨	1367.9350
北 营	万吨	210.0351
废气排放量	万立方米	38490431.00

续表

指标名称	计算单位	2020年实际
集团厂区总计	万立方米	37500754.00
集团矿区总计	万立方米	989677.00
本　钢	万立方米	24551413.00
厂区总计	万立方米	23561736.00
矿区总计	万立方米	989677.00
北　营	万立方米	13939018.00
厂区总计	万立方米	13939018.00
矿区总计	万立方米	0.00
厂区噪音		
昼间		
本　钢	分贝A	51.81
北　营	分贝A	52.26
夜间		
本　钢	分贝A	47.94
北　营	分贝A	49.18
厂区绿化覆盖率	%	
本　钢	%	31.13
北　营	%	33.61
全年完成环境保护投资	万元	154448.00
本　钢	万元	107381.00
北　营	万元	47067.00

生产设备完好情况

设备名称	年末考核设备台数			在册完好设备台数		不完好	完好率
	合计	在用台数	封存台数	一级	二级	设备台数	%
烧结机	8	8	0	8	0	0	100%
板材公司	4	4	0	4	0	0	100%
北营公司	4	4	0	4	0	0	100%
高　炉	9	9	0	9	0	0	100%
板材公司	4	4	0	4	0	0	100%
北营公司	5	5	0	5	0	0	100%
转　炉	14	14	0	14	0	0	100%
板材公司	7	7	0	7	0	0	100%
北营公司	7	7	0	7	0	0	100%
电　炉	2	2	0	2	0	0	100%
连铸机	16	16	0	16	0	0	100%
板材公司	7	7	0	7	0	0	100%
北营公司	9	9	0	9	0	0	100%
棒材轧机	3	3	0	3	0	0	100%
线材轧机（北营）	3	3	0	3	0	0	100%
热连轧机	4	4	0	4	0	0	100%
板材公司	3	3	0	3	0	0	100%
北营公司	1	1	0	1	0	0	100%
冷轧薄板轧机	8	8	0	8	0	0	100%
一冷轧厂	2	2	0	2	0	0	100%
二冷轧厂	2	2	0	2	0	0	100%
三冷轧厂	2	2	0	2	0	0	100%
不锈钢厂	2	2	0	2	0	0	100%
焦　炉	16	16	0	16	0	0	100%
板材公司	8	8	0	8	0	0	100%
北营公司	8	8	0	8	0	0	100%

固定资产投资完成情况表

单位：万元

项目名称	开工年月	建成投产年月	计划总投资	自开始建设累计完成投资	自开始建设累计新增固定资产	本年完成投资合计	按构成分 建筑工程	按构成分 安装工程	按构成分 设备购置	按构成分 其他费用	基本建设投资	铁矿采选	烧结	球团	炼铁	按投资方向分 合计	炼钢 电炉	炼钢 转炉	连铸	轧材	铁合金
甲	1	2	3	4	5	6	7	8	9	10	11	12	13	14	15	16	17	18	19	20	21
去年同期			2680693	1424275	278831	532377	84128	54019	343300	50930	0	68591	6518	150	136140	89506	21965	67541	0	94508	0
合　计			2799108	1581022	89885	423987	103430	87205	191881	41471	0	48157	1570	0	65791	98578	29456	69122	0	86812	0
冷轧高强钢工程	2013.04		610000	603900		16711	454	3110	8600	4547						0				16711	
南芬矿扩帮延深（矿业）			322851	184025		12276	3053	968	2698	5557		12276				0					
北营炼钢一区产能置换工程	2019.09		170000	20641		13126	5819	609	4700	1998						13126		13126			
特钢电炉升级改造工程	2019.09		160000	48000		29456	11050	3475	12308	2623						29456	29456				
炼铁一5号高炉产能置换工程	2017.12		150000	117000		36000	9947	14141	10228	1684					36000	0					
本钢工业余热暖民工程一期（替代城市燃煤锅炉）	2016.05		101100	18238		11374	447	7767	2402	758						0					
CCPP发电工程项目	2019.03		98827	54355		23555	9047	1808	11227	1473						0					
三冷轧厂热镀锌生产线工程	2020.06		86918	21730		21730	4038	3755	10783	3154						0				21730	
歪头山主采场扩帮延伸	2019.10		85313	38391		25814	9098	2422	12327	1967		25814				0					
一冷轧改造工程	2019.09		84000	14280		12714	1475	761	9859	619						0				12714	
发电二电车间热电联产改造项目	2014.07		71134	56721		0		50	0							0					
炼钢一8号转机工程	2019.03		65000	57200		39177	9904	8247	18640	2386						39177		39177			
歪头山铁矿采、选工艺优化改造	2020.04		60000	1789		1789	1453	50	0	286		1789				0					
北营建设年产60万吨优质线材生产线	2019.09		55900	3354		2839	793	1384	5333	701						0				2839	
1700℃热轧完善改造	2018.07		54000	20750		7784	1731	5134	3086	274						0				7784	
特钢轧机改造	2019.09		50000	38500		10395	4930	1342	5310	444						0				10395	
北营能源总厂新建3.5Nm³/h制氧机	2019.09		38000	23560		11969				387						0					
歪头山低品位矿废石辊磨干选资源综合利用工程	2020.06		32272	2582	2582	2582	203	0	1546	833		2582				0					

续表

项目名称	开工年月	建成投产年月	计划总投资	自开始建设累计 完成投资	自开始建设累计 新增固定资产	按构成分 建筑工程	按构成分 安装工程	按构成分 设备购置	按构成分 其他费用	基本建设投资	本年完成投资合计 铁矿采选	本年完成投资合计 烧结	本年完成投资合计 球团	本年完成投资合计 炼铁	本年完成投资合计 按投资方向分	炼钢 电炉	炼钢 转炉	连铸	轧材	铁合金
北营发电厂高温超高压机组工程	2020.05		32128	321		25			296						321					
4号-6号转炉环保改造	2018.04		27000	21060		930	1681	4279	260						7150		7150			
北营钢渣处理环保改造及资源综合利用	2019.08		25000	2500		248	29	661	100						1038		1038			
板材厂区转炉煤气回收提效改造	2020.11		17500	157		110	0	47	0						157		157			
能源总厂中水深度处理回用	2019.11		17290	16426		5577	2124	7721	868						16290					
北营炼钢二区生产提效改造	2019.03		15750	15593	15593	195	530	783	307						1815		1815			
北营能源总厂中水深度处理回用工程	2020.04		14640	13908	13908	3541	2805	7024	538						13908					
北营新1号高炉及300平烧结机节能环保改造	2019.10		14010	11909		261	767	1083	366					2477	2477	0				
北营公司10号高炉环保改造	2020.06		13000	13000	13000	4904	5179	2774	143					13000	13000	0				
北营焦化一区、三区提效改造	2019.08		11600	11484	11484	195	634	773	140						1742					
歪矿厂排土场加高	2019.10		11467	3211		828	0	110	111	1049					1049	0				
焦化厂新增一塔式脱硫改造	2019.11		10986	8899		505	2438	4824	254						8021	0				
钢渣处理环保改造及资源综合利用	2019.08		10000	800		169	0	0	93						262		262			
北营1780热轧提质调结构改造工程	2019.08		9900	6930		0	865	2564	71						3500	0			3500	
焦化厂8、9号焦炉烟气脱硫脱硝改造	2020.12		9898	51		0	0	31	20						51	0				
本钢发钢厂彩西特钢供料站	2020.05		8050	81		0	0	0	81						81	0			81	
本钢浦顶冷轧退质完善改造	2019.09		7900	3950		95	604	3148	103						3950	0			3950	
热力公司歪头山地区供暖改造	2019.10		7834	5875		2084	1036	2069	197						5386	0				
北营焦化废水处理改造	2020.04		7156	6798	6798	1527	2008	3151	112						6798	0				
冷轧厂(本钢浦项)主退、镀锌机组功能完善改造	2020.11		6600	500		0	0	500	0						500	0			500	
炸药厂歪头山生产点乳化炸药生产线技术改造工程	2019.12		6480	6156		904	901	1198	287	3290					3290	0				
炼钢厂2#、7#铸机设备更新改造	2020.11		6372	500		0	0	500	0						500		500			
炼铁厂热风炉功能完善改造	2020.06		6332	6332	6332	1858	2340	1182	952					6332	6332	0				

续表

项目名称	开工年月	建成投产年月	计划总投资	自开始建设累计		按构成分				本年完成投资合计					按投资方向分				
				完成投资	新增固定资产	建筑工程	安装工程	设备购置	其他费用	基本建设投资	铁矿采选	烧结	球团	炼铁	炼钢		连铸	轧材	铁合金
															电炉	转炉			
焦化厂净化二作业区脱硫系统改造	2020.11		6209	117		31	24	62	0										
冷轧厂（三冷工序）酸轧、连退镀锌机组功能完善改造	2020.11		6000	500		0	0	500	0						0			500	
本钢三产制造管理整体提升	2019.09		5600	4480	2086	0	312	341	1433						0				
焦化厂7号焦炉烟气脱硫脱硝工程	2019.11		5600	5488	1141	48	394	555	144						0				
冷轧厂（一冷工序）硅钢产线功能完善改造	2020.11		5320	500	500	0	0	500	0						0			500	
炼铁厂7号高炉4号热风炉工程	2020.08		5000	4200	4200	784	1174	2132	110					4200					
500万元以下合计			173171	84280	20834	5169	6387	22184	4794		1357	1570		3782	5897		5608		
															38534				

续表

项目名称	本年完成投资合计	按投资方向分						其中					本年新增固定资产	上年末结余资金	本年固定资产投资实际到位资金					房屋面积（米²）	
		焦化	耐火	炭素	金属制品	其他	增加产能	增加新产品	改进工艺	节约能源（材料）	提高产品质量	保护环境	其他			国家预算资金	国内债券贷款	利用外资	自筹资金	其他资金来源	施工面积	竣工面积
甲	22	23	24	25	26	27	28	29	30	31	32	33	34	35	36	37	38	39	40	41	42	43
去年同期	38684	0	0	0	98280	0	75387	142105	23966	124679	70164	96076	0	0	0	0	0	532377	0	0	5316
合 计	24428	0	0	0	98651	21730	98944	77202	10846	28416	102230	84619	0	0	0	0	0	351454	0	0	0
冷轧高强钢工程							16711											16711			
南芬矿扩帮延深（矿业）							13126					12276						12276			
北营炼钢一区产能置换工程							29456											29456			
特钢电炉升级产能改造工程								36000										36000			
炼铁厂5号高炉产能置换工程					11374							11374						11374			
本钢工业余热暖民工程一期（替代城市燃煤锅炉）					23555						23555							23555			
CCPP发电工程项目						21730												21730			
三冷轧厂热镀锌生产线工程								12714										12714			
歪头山主采场扩帮延伸								1789										1789			
一冷轧改造工程								2839										25814			
发电厂三电车间热电联产改造项目							39177											0			
炼钢厂8号转机工程										7784								39177			
歪头山铁矿采、选工艺优化改造																		1789			
北营建设年产60万吨优质线材生产线										10395								7784			
1700热轧完善改造																		10395			
特钢轧机改造					11969							11969						2582			
北营能源总厂新建3.5Nm³/h制氧机												2582									
歪头山低品位矿友废石粗磨干选资源综合利用工程																					

续表

项目名称	本年完成投资合计						其中					本年新增固定资产	上年末结余资金	本年固定资产投资实际到位资金					房屋面积（米²）	
	按投资方向分						增加产能	增加新产品	改进工艺	节约能源（材料）	提高产品质量	保护环境	其他			国家预算资金	国内贷款	债券	利用外资	自筹资金	其他资金来源	施工面积	竣工面积
	焦化	耐火	炭素	金属制品	其他																		
北营营电厂高温超高压机组工程					321					321													
4号、5号转炉环保改造												7150								7150			
北营钢造处理环保改造及资源综合利用												1038											
板材厂区转炉煤气回收提效改造										157										157			
能源总厂中水深度处理回用					16290				1815			16290								16290			
北营昌钢二区生产提效改造																							
北营能源总厂中水深度处理回用工程					13908							13908											
北营第1号高炉及300平烧结机节能环保改造										2477		13000											
北营公司10号高炉环保改造													1049							1049			
北营昌钢一区、三区提效改造	1742								1742														
歪矿非土场增加高																							
焦化厂新增一塔式脱硫改造	8021											8021								8021			
钢造小理环保改造及资源综合利用												262								262			
北营1780热轧提质调结构改造工程											3500												
焦化8、9号焦炉烟气脱硫脱硝改造	51											51								51			
本钢变钢厂彩西特钢供料站													81							81			
本钢辅项冷轧提质完善改造											3950									3950			
热力公司歪头山地区供暖改造					5386								5386							5386			
北营焦化废水处理改造	6798											6798											
冷轧厂（本钢浦项）连退、镀锌机组功能完善改造											500									500			

续表

项目名称	本年完成投资合计	按投资方向分					其中						本年新增固定资产	上年末结余资金	本年固定资产投资实际到位资金						房屋面积（米²）	
		焦化	耐火	炭素	金属制品	其他	增加产能	增加新产品	改进工艺	节约能源（材料）	提高产品质量	保护环境	其他			国家预算资金	国内贷款	债券	利用外资	自筹资金	其他资金来源	施工面积	竣工面积
炸药厂歪头山生产点乳化炸药生产线技术改造工程									3290											3290			
炼钢厂2#、7#铸机设备更新改造											500									500			
炼铁厂热风炉功能完善改造									6332											6332			
焦化厂净化二作业区脱硫系统改造		117										117								117			
冷轧厂（三冷工序）酸轧、连退镀锌机组功能完善改造												500								500			
本钢生产制造管理整体提升						2086							2086	2086						2086			
焦化厂7号焦炉烟气脱硫脱硝工程		1141										1141								1141			
冷轧厂（一冷工序）硅钢产线功能完善改造											500									500			
炼铁厂7号高炉4号热风炉工程										4200										4200			
5000万元以下合计		6558				13762		474	10681	3691	1287	10399	12002							38534			

415

主要财务状况表

指标名称	单位	本年	去年同期
一、期末资产			
流动资产合计	万元	5541774	5298891
固定资产原价	万元	13500706	13303425
累计折旧	万元	5816087	5492935
其中，本年折旧	万元	404619	481893
固定资产净值	万元	7684619	7810490
资产总计	万元	15559646	15344452
二、期末负债			
流动负债合计	万元	9884675	10119784
非流动负债合计	万元	1374993	1033568
负债合计	万元	11259668	11153352
三、期末所有者权益			
所有者权益合计	万元	4299978	4191100
其中，实收资本	万元	18007717200	18007717200
国家资本	万元	18007717200	18007717200
集体资本	万元	0	0
法人资本	万元	0	0
个人资本	万元	0	0
港澳台资本	万元	0	0
外商资本	万元	0	0
四、损益及分配			
营业收入	万元	6159631	6128638
其中，主营业务收入	万元	6068193	6043472
营业成本	万元	5357918	5204973
其中，主营业务成本	万元	5290370	5137644

续表

指标名称	单位	本年	去年同期
税金及附加	万元	74533	85689
其中，主营业务税金及附加	万元	74533	85689
其他业务利润	万元	23891	17836
销售费用	万元	24545	124706
管理费用	万元	263035	325215
财务费用	万元	359611	401876
投资收益（损失记"—"）	万元	22779	2410
营业利润	万元	59416	24412
营业外收入	万元	13275	25728
营业外支出	万元	26778	19675
利润总额	万元	45913	30465
所得税费用	万元	15668	7315
五、增值税			
应交增值税	万元	148632	201149
六、产值资料			
工业总产值（当年价格）	万元	5958489	5752194
工业销售产值（当年价格）	万元	5948887	5757032

产品销售利润构成

指标名称	销售量（吨）	销售收入（万元）	销售成本（万元）	销售费用（万元）	销售税金及附加（万元）	销售利润（万元）
铁矿石成品矿						
其中，铁精矿						
烧结铁矿						
球团铁矿						
生铁						
直接还原铁						
粗钢产品						
其中，连铸坯						
钢材	16498945	5644688	4789964	132954	67893	653877
铁道用钢材						
大型型钢						
中小型型钢						
棒材	719256	256889	245576	6051	3090	2172
钢筋	1392570	431976	376832	10175	5196	39773
线材（盘条）	2491010	800335	686033	18851	9626	85825
特厚板						
厚板						
中板						
热轧薄板						
冷轧薄板	576597	203998	168689	4805	2454	28050
中厚宽钢带	6488764	2101590	1690745	49500	25277	336068
热轧薄宽钢带						
冷轧薄宽钢带	3117452	1149197	1005602	27068	13822	102705
热轧窄钢带						

续表

指标名称	销售量（吨）	销售收入（万元）	销售成本（万元）	销售费用（万元）	销售税金及附加（万元）	销售利润（万元）
冷轧窄钢带						
镀层板（带）	1667335	680020	598608	16017	8179	57216
涂层板（带）						
电工钢板（带）	45961	20683	17879	487	249	2068
无缝钢管						
焊接钢管						
其他钢材						
钢丝						
钢丝绳						
钢绞线						
铁合金产品						
焦炭	23881	1063	931	25	13	94
炭素制品						
耐火材料制品						

劳动工资情况

指标名称	计量单位	代码	本年		去年同期	
			全部人员	主业人员	全部人员	主业人员
一、从业人员年末人数	人	1	59824	31504	62443	33114
其中，女性	人	2	7176	3693	7815	4125
其中，非全日制	人	3				
（一）在岗职工	人	4	59824	31504	62443	33114
（二）劳务派遣人员	人	5				
（三）其他从业人员	人	6				
二、离开本单位仍保留劳动关系的职工年末人数	人	7	3265	419	3417	438
三、单位从业人员年平均人数	人	8	60761	32215	62936	33714
（一）在岗职工	人	9	60761	32215	62936	33714
（二）劳务派遣人员		10				
（三）其他从业人员	人	11				
四、离开本单位仍保留劳动关系的职工年平均人数	人	12	3313	429	3629	437
五、从业人员变动情况	—	—				
（一）增加人数	人	13	3487	1003	4591	1358
1.从农村招收	人	14				
2.从城镇招收	人	15	121	36	1566	149
3.录用的退伍军人	人	16	178	25	129	10
4.录用的大、中专、技工学校毕业生	人	17	528	139	349	111
5.调入	人	18	1			
其中，由外省、自治区、直辖市调入	人	19				
6.其他	人	20	2659	803	2547	1088
（二）减少人数	人	21	6106	2613	5741	2652
1.离休、退休、退职	人	22	2964	1343	2760	1296
2.开除、除名、辞退	人	23	50	31	68	44
3.终止、解除合同	人	24	122	68	134	70
4.离开本单位仍保留劳动关系的职工	人	25				
5.死亡	人	26	187	102	180	92

续表

指　标　名　称	计量单位	代码	本　年		去年同期	
			全部人员	主业人员	全部人员	主业人员
6. 调出	人	27	2		1	1
其中，调到外省、自治区、直辖市	人	28				
7. 其他	人	29	2781	1069	2598	1149
六、从业人员工资总额	万元	30	427166	231756	427844	235848
（一）在岗职工	万元	31	427166	231756	427844	235848
（二）劳务派遣人员	万元	32				
（三）其他从业人员	万元	33				
七、离开本单位仍保留劳动关系的职工生活费	万元	34	6901	935	7227	975

公有经济企业专业技术人才基本情况

项目	序号 合计	女	少数民族	中共党员	博士	硕士	港澳台及外籍人士	研究生	大学本科	大学专科	中专	高中及以下	35岁及以下	36岁至40岁	41岁至45岁	46岁至50岁	51岁至54岁	55岁及以上	高级	正高级	中级	初级	
甲	乙	1	2	3	4	5	6	7	8	9	10	11	12	13	14	15	16	17	18	19	20	21	22
总　计	1	9117	2477	1460	6619	18	722		740	5275	2722	236	144	1276	1326	1718	2085	1538	1174	1557	62	4657	2903
其中，1.在管理岗位工作的	2	5736	1715	912	4686	9	503		512	3233	1791	144	56	480	708	1152	1476	1080	840	1047	44	2951	1738
其中，正高级职务	4	1557	543	246	1296		367		378	1062	109	2	6	31	116	259	472	387	292	1557	62		
中级职务	5	62	12	8	56		25		34	28							3	24	17	15	62		
初级职务	6	4657	1273	742	3540	1	273		274	2835	1446	54	48	478	744	982	1081	832	540			4657	
未聘任专业技术职务	7	2903	661	472	1783	6	82		88	1378	1167	180	90	767	466	477	532	319	342				2903
专业技术职务	8																							
工程技术人员	9	6470	1117	1042	4563	18	536		554	3707	1912	176	121	1093	1047	1186	1372	1001	771	969	46	3297	2204
农业技术人员	10																							
科学研究人员	11																							
卫生技术人员	12	46	32	20	13		1		1	5	20	20	2	2	0	2	19	17	6	3	1	29	14
教学人员	13	334	217	59	222		28		28	213	81	10	5	12	49	56	74	95	48	127	7	160	47
经济人员	14	725	335	108	598		55		55	423	235	7	7	57	64	146	221	117	120	99	2	460	166
会计人员	15	620	410	100	392		25		25	409	168	14	4	68	76	131	174	107	64	159	2	227	234
统计人员	16	54	37	7	37		1		1	21	27	3	2	0	2	10	10	19	13	4	3	26	24
翻译人员	17	22	16	5	11		2		1	20	1			7	5	3	3	4	1	5		4	13
图书档案、文博人员	18	61	51	8	40		2		2	28	30	1	2	0	5	15	15	20	8	8		46	7
新闻、出版人员	19	60	29	10	52		1		1	48	11		5	11	11	12	11	8	2	5	1	41	14
律师、公证人员	20	2		1	2				1	1						0	0	1		7		1	1
播音员	21																							
工艺美术人员	22	5	3							3	2		3	0	0	1	0	1		1		1	3
体育人员	23																							
艺术人员	24	5	1	1	1					1								0	3			5	
政工人员	25	713	229	99	688		72		72	396	234	5	6	23	67	156	178	150	139	177		360	176

中国钢铁工业协会重点统计钢铁企业排名

单位：万吨

粗 钢			生 铁			钢 材		
单位	产量	名次	单位	产量	名次	单位	产量	名次
宝武集团	11528.81	1	宝武集团	10117.68	1	宝武集团	10936.23	1
河北钢铁集团	4237.65	2	河北钢铁集团	3957.83	2	沙钢集团	4114.56	2
沙钢集团	4158.92	3	鞍钢集团	3652.55	3	河北钢铁集团	4057.56	3
鞍钢集团	3819.37	4	沙钢集团	3389.42	4	鞍钢集团	3542.04	4
北京建龙重工集团	3571.70	5	北京建龙重工集团	3358.14	5	北京建龙重工集团	3322.27	5
首钢集团	3400.34	6	首钢集团	3124.73	6	首钢集团	3204.64	6
山东钢铁集团	3111.42	7	山东钢铁集团	2904.99	7	山东钢铁集团	3090.48	7
德龙钢铁有限公司	2825.61	8	德龙钢铁有限公司	2264.10	8	华菱钢铁集团	2515.55	8
华菱钢铁集团	2677.74	9	华菱钢铁集团	2109.18	9	德龙钢铁有限公司	2467.68	9
方大钢铁集团	1960.43	10	本钢集团	1732.61	10	方大钢铁集团	1980.95	10
本钢集团	1735.83	11	方大钢铁集团	1646.61	11	广西柳钢集团	1882.33	11
广西柳钢集团	1690.63	12	包钢集团	1498.57	12	本钢集团	1662.98	12
包钢集团	1561.06	13	广西柳钢集团	1487.17	13	包钢集团	1462.06	13
日照钢铁集团	1440.40	14	日照钢铁集团	1310.61	14	日照钢铁集团	1401.56	14
中信泰富特钢集团	1409.06	15	中信泰富特钢集团	1215.13	15	中信泰富特钢集团	1223.25	15

栏目编辑　邹丽颖

本钢年鉴 2021

特载

大事记

概述

经营管理

综合管理

党群工作

钢铁主业

多元产业

改制企业

统计资料

☆ 人事与机构

人物与表彰

附录

本钢集团

人事与机构

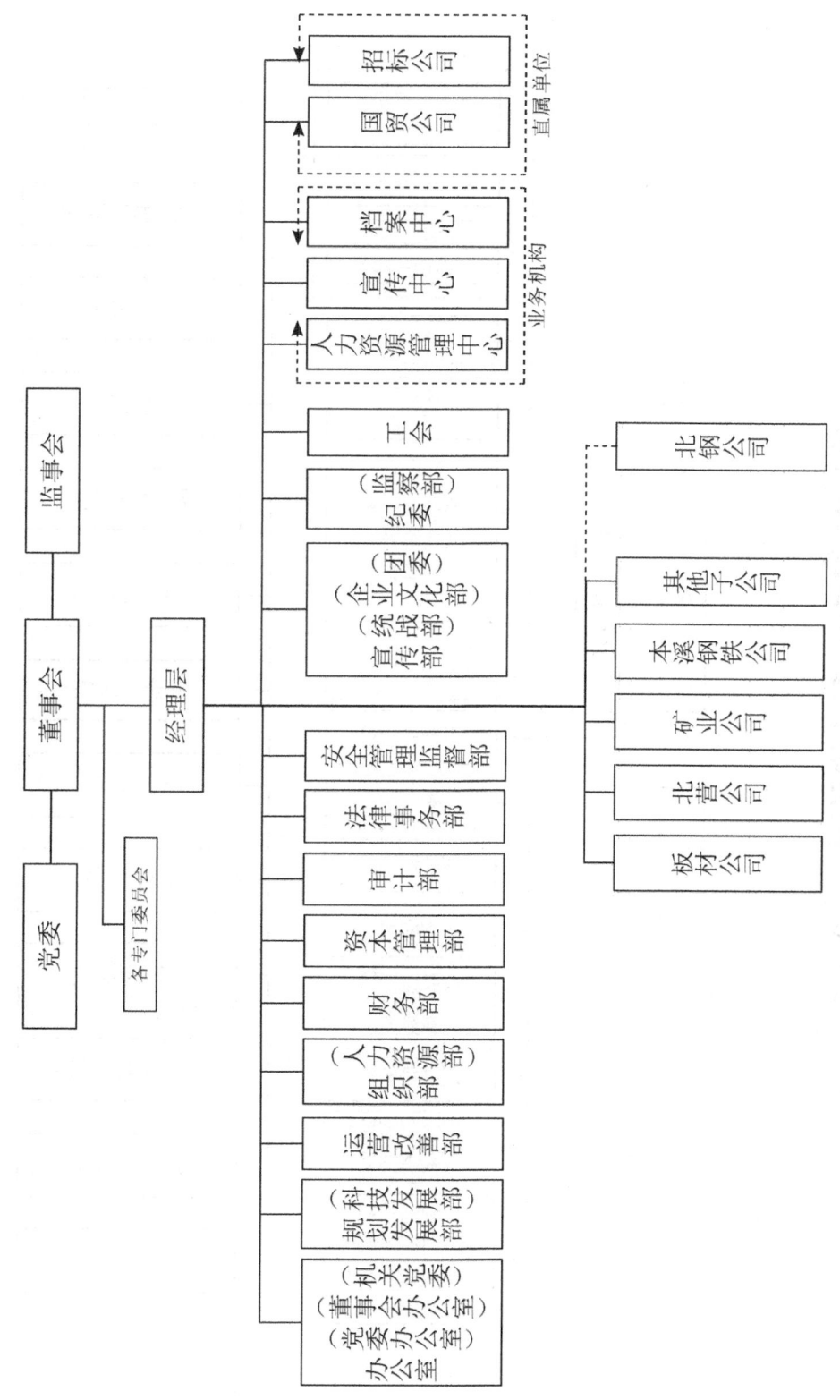

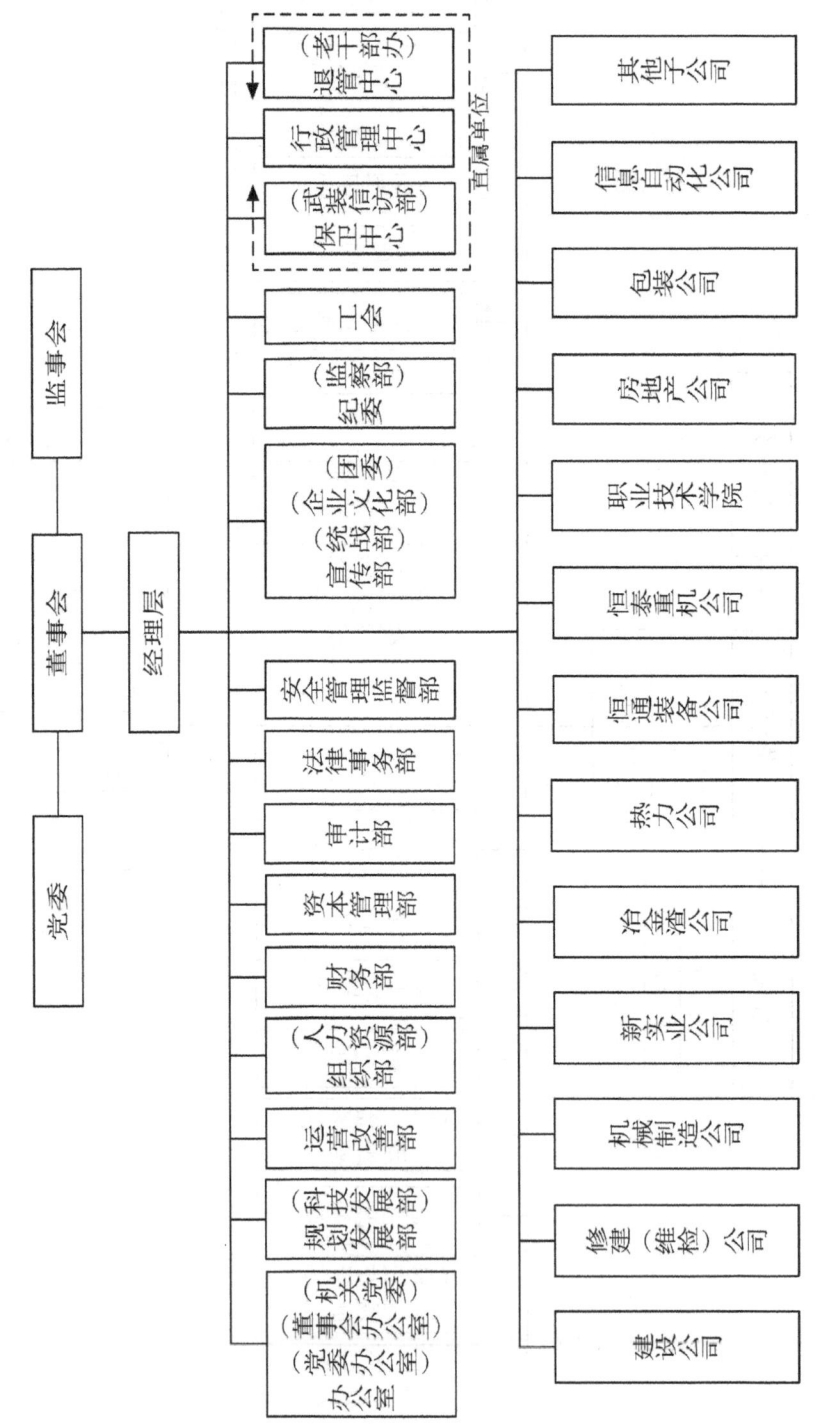

2020年本溪钢铁公司组织机构图

说明:本溪钢铁公司与集团公司一体化运作,职能部门实行"一套班子,两块牌子"。

人事与机构

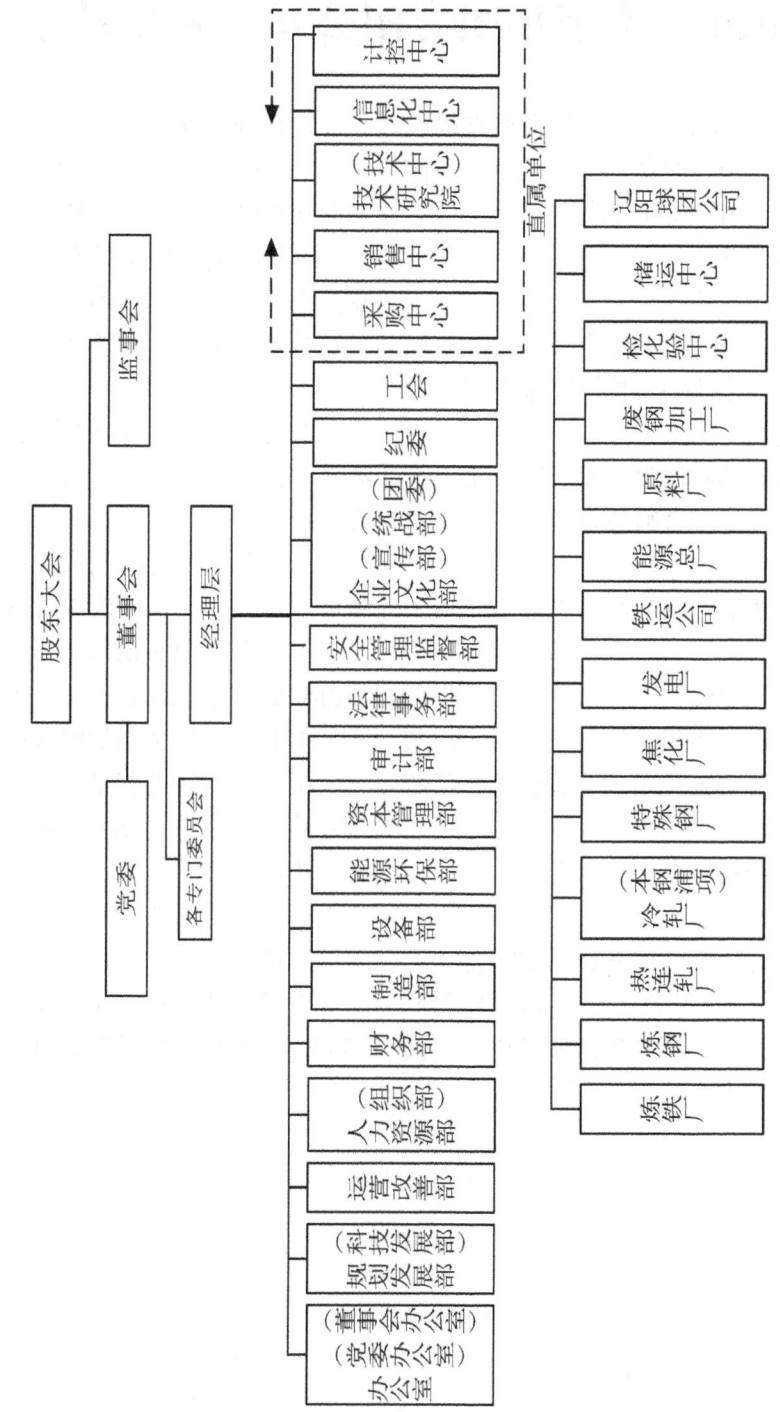

2020年板材公司组织机构

2020年本钢集团有限公司机构变动情况

8月25日，为完成2020年省委省政府对省属企业三项制度改革、瘦身健体等工作任务的要求，集团公司研究决定：

一、机构调整

（一）职能部门

1.办公室：将下设的综合处、政策研究室（机关党委工作处）更名为综合室、政策研究室（党群工作室）。

2.运营改善部：增设多元管理单元。

3.工会：增设综合财务单元。

（二）业务机构

设立档案中心，在办公室领导下开展工作。

（三）直属单位

保卫中心：将下设的综合管理处、门禁管理处、交巡管理处更名为综合管理、门禁监管、交巡管理。

（四）子公司职能部门及直属单位

1.北营公司

撤销办公室、运营改善部、组织部（人力资源部）、制造部、设备部、能源环保部、安全管理监督部、工会、生活服务中心、离岗管理（培训）中心。

2.矿业公司

（1）设立矿产资源管理办公室，代集团公司行使矿产资源管理职能。

（2）撤销办公室（党委办公室）、规划资源部、组织（人力资源）部、生产安全部、技术质量部、设备部、工会。

二、职能调整

1.办公室负责的保密业务划入保卫中心；档案管理指导、年鉴等职责划入档案中心。

2.规划发展部（科技发展部）将矿权协调办理职能划入矿产资源管理办公室。

3.财务部负责的绩效考核方案和专项考核办法的制定职责划入运营改善部。

4.资本管理部增加混改试点业务。

5.安全管理监督部负责工伤事故前期管理；将工伤事故后期管理职能划入人力资源管理中心。

6.人力资源管理中心增加离岗人员集中管理职能。

7.行政管理中心增加集团厂区公交车管理职能；将档案馆的职责和业务划入档案中心。

2020年板材公司机构变动情况

9月3日,为完成2020年省委省政府对省属企业三项制度改革、瘦身健体等工作任务的要求,持续推进"四定"改革工作,板材公司研究决定:

一、机构调整

(一)职能部门调整

1. 制造部增设工艺管理单元、矿产品管理单元。

2. 设备部撤销内设职能单元技术专家室。

(二)直属单位调整

技术研究院(技术中心)增设科技保障单元;增设科技情报研究所,不设机构规格。

二、职能调整

1. 板材规划发展部负责的固定资产投资管理业务中的初步设计审查职责划入设备部。

2. 能源环保部增加公共卫生职能。

(运营改善部 供)

领导干部一览表

本钢集团有限公司（董事会、党委会、监事会、经理层）

1	董事会	董 事 长：杨 维 副董事长：汪 澍 董　　事：赵忠民　杨成广　曹爱民
2	党委会	党委书记：杨 维 党委副书记：汪 澍　赵忠民 工会主席：张彦宾 纪委书记：曹宇辉 党委常委：杨成广　曹爱民　高 烈　张贵玉　张彦宾　王代先　曹宇辉　王乔鹤　唐朝盛
3	监事会	主　　席：张连义 监　　事：郑东林　崔 贺　王 勇　陶玉民
4	经理层	总 经 理：汪 澍 副总经理：杨成广　高 烈　张 鹏　张贵玉　王代先　王乔鹤 总工程师：张贵玉 总会计师：曹爱民

本钢集团有限公司（部门）

1	总经理助理	唐朝盛　邵剑超　卫传文　赵铁林　陈　新
	副总经济师	苑兴垚　周　辉
	副总工程师	戴法贞　孙东升　王凤民　包明伟　韩永德　谭洪柱　蒋光炜
	首席信息官	邵剑超
2	办公室	主　　任：孙　震 副 主 任：陈　军　那　丽
3	规划发展部 （科技发展部）	部　　长：王长波 副 部 长：栾吉德　王忠东　刘宇方　朱洪波　宋　舒　许志中
4	运营改善部	部　　长：苑兴垚 副 部 长：郭永权　范洪彬　刘慧玉　李　明
5	组织部 （人力资源部）	部　　长：吕学明 副 部 长：张凤臣　何　瑛
6	财务部	部　　长：黄兴华 副 部 长：左占国　王东晖　瞿宏伟　李永全
7	资本管理部	部　　长：马海滨 副 部 长：冯艳玲　闻　伟
8	审计部	部　　长：韩　梅 副 部 长：李晓炜
9	法律事务部	部　　长：康　杰 副 部 长：侯学亮　闫洪彬
10	安全管理 监督部	部　　长：吴忠刚 副 部 长：刘　锐　冯朝晖　张国强
11	宣传部（企业文化部、 统战部、团委）	部　　长：钱振德 副 部 长：石晓姝
12	工　会	主　　席：张彦宾 副 主 席：陶玉民　王晓明
13	纪委（监察部）	纪委书记：曹宇辉 纪委副书记：牛　力 监察部部长：
14	党委巡察工作 领导小组办公室	主　　任：牛　力 副 主 任：王　丹

本钢集团有限公司（业务机构）

1	人力资源管理中心	主　　任：郭银辉 副主任：程　刚
2	宣传中心	主　　任：李洪武 副主任：王魁璞　孙亚男

本钢集团有限公司（直属单位）

1	国贸公司	党委书记、董事长兼工会主席：李明伟 经　　理：张永帅 副经理：谭　宏　李忠诚　费济溪　石玉海　赵文军　张　宏
2	招标公司	主　　任：白宇飞 副主任：刘宏宇　李云峰

板材公司（董事会、党委会、监事会、经理层）

1	董事会	董　事　长：高　烈 副董事长：曹爱民 董　　事：黄兴华 董事会秘书：高德胜
2	党委会	党委书记：高　烈 党委委员：曹爱民
3	监事会	主　　席：韩　梅 监　　事：李晓炜
4	经理层	副总经理：于凤民　句明伟　霍　刚

北营公司（董事会、党委会、经理层）

1	董事会	董 事 长：张贵玉 董　　事：王东晖　张建军　冯艳玲　白晓明　荆鸿鹏
2	党委会	党委书记：张贵玉
3	经理层	总会计师：王东晖

矿业公司（董事会、党委会、经理层）

1	董事会	董 事 长：赵铁林 董　　事：瞿宏伟　付国龙　刘克铜　冯艳玲
2	党委会	党委书记：赵铁林

本溪钢铁公司（董事会、党委会、监事会、经理层）

1	董事会	董 事 长：杨成广 董　　事：张鹏　黄兴华　陶玉民 董事会秘书：秦大伟
2	党委会	党委书记：杨成广 工会主席：陶玉民 纪委书记：牛　力
3	监事会	主　　席：李乃明
4	经理层	总 经 理：张鹏 副总经理：孙东升

北钢公司(董事会、党委会、经理层)

1	董事会	董 事 长：陈 新 副董事长：马忠岩 董 事：张世明 赵英军 张东为
2	党委会	党委书记：陈 新 工会主席：赵英军 纪委书记：
3	经理层	总 经 理：马忠岩 副总经理：张东为 张世明

财务公司(董事会、监事会、经理层)

1	董事会	董 事 长：曹爱民 董 事：李永全 韩 梅 季国峰 瞿宏伟
2	监事会	监 事：李晓炜 曹丽娜 刘林峰
3	经理层	总 经 理：季国峰 副总经理：罗 震 王长伟

恒亿公司(董事会、经理层)

1	董事会	董 事 长：李永全
2	经理层	经 理：季国峰 副 经 理：关文辉 徐 强

恒汇公司（董事会、监事会、经理层）

1	董事会	执 行 董 事：王长伟
2	监事会	监　　　事：李晓炜
3	经理层	总　经　理：王长伟

恒基公司（董事会、监事会、经理层）

1	董事会	董　事　长：闻　伟 董　　　事：郭晓刚　张其明 董事会秘书：郭晓刚
2	监事会	副　主　席：冯艳玲 兼 职 监 事：东　风
3	经理层	总　经　理：张其明 副　经　理：郭晓刚　欧继胜

（组织部　供）

第十三届全国人民代表大会代表

陈继壮

辽宁省第十三届人民代表大会代表

汪 澍　罗佳全　赵 迪

本溪市第十六届人民代表大会代表

陈继壮　曹爱民　杨成广　陈 新　赵铁林　程 斌　邓 锐　李鸿友
单 斌　王继伟　田 姝　蔡宏军　陈正林　王大为　万秀丽　宋万喜
侯 阳　胡文龙　焦秀华　刘天忠　张宇虹　何文元

（组织部　供）

中国人民政治协商会议
辽宁省第十二届委员会常委、委员

常务委员 陈继壮
委　　员 郭永全

中国人民政治协商会议
本溪市第十三届委员会常委、委员

常务委员	钱振德	郭永全	张万志	赵兴涛	刘惠生	
委　　员	卫传文	张凤臣	李明伟	李　彬	高延伟	宋　涛
	关永久	宁玉涛	王　克	唐　微	詹宏惟	张惠杰
	陈文奇	黄玉成	朱元芹	刘淑清	王大勇	徐海涛
	吕原鑫	刘宏亮	张维安	惠国东	于江洋	霍雪洁
	郭　鹏	代　琳	王世明	杨　旭		

（宣传部　供）

本钢集团晋升高级技术职称人员名单

一、正高级

工程系列

宋　涛　正高级工程师	高洪刚　正高级工程师	张　冰　正高级工程师
丛铁地　正高级工程师	罗佳全　正高级工程师	李志伟　正高级工程师
岳连忠　正高级工程师	乔玉华　正高级工程师	

会计系列

黄兴华　正高级会计师

高教系列

殷　宏　教授　　　常　烨　教授

二、副高级

工程系列

孙忠斌　高级工程师	张健鹏　高级工程师	李　国　高级工程师
袁　亮　高级工程师	李大光　高级工程师	王　振　高级工程师
郑维东　高级工程师	王君连　高级工程师	李景成　高级工程师
于宗丽　高级工程师	张城铭　高级工程师	苗　隽　高级工程师
张秀香　高级工程师	左海霞　高级工程师	卢秉仲　高级工程师
吴杰群　高级工程师	刘廷友　高级工程师	吴东明　高级工程师
刘克云　高级工程师	王文澜　高级工程师	马　楠　高级工程师
徐　彪　高级工程师	姜君仁　高级工程师	冯红玉　高级工程师
李溪平　高级工程师	康立军　高级工程师	孙海平　高级工程师
李　鹏　高级工程师	冯洪江　高级工程师	赵永光　高级工程师
吕东升　高级工程师	周　江　高级工程师	宋永刚　高级工程师
杨　波　高级工程师	韩廷全　高级工程师	李　英　高级工程师
鲍振东　高级工程师	杨海军　高级工程师	胡德威　高级工程师
曹国屹　高级工程师	唐　亮　高级工程师	胡小兵　高级工程师
张立明　高级工程师	于振宁　高级工程师	李　宁　高级工程师

张伟勃	高级工程师	于大彭	高级工程师	王东明	高级工程师
栗忠浩	高级工程师	谭　帅	高级工程师	安利凯	高级工程师
田　巍	高级工程师	蔡宏军	高级工程师	张　莹	高级工程师
包海军	高级工程师	陈朝斌	高级工程师	毛　亮	高级工程师
霍广超	高级工程师	姚恩勇	高级工程师	吴吉军	高级工程师
王连禧	高级工程师	谷　明	高级工程师	郑　滢	高级工程师
曹玉国	高级工程师	马斌杰	高级工程师	肖启飞	高级工程师
赵洪锋	高级工程师	宋万强	高级工程师	张少飞	高级工程师
潘忠义	高级工程师	邴英南	高级工程师	孙中胜	高级工程师
蒋　科	高级工程师	梅晓东	高级工程师	陈　强	高级工程师
杨雪夫	高级工程师	陈　松	高级工程师	吕永全	高级工程师
吕传红	高级工程师	郝建勇	高级工程师		

会计系列

杨　楠	高级会计师	王文芳	高级会计师	韦书洪	高级会计师
陈　双	高级会计师	张维安	高级会计师	周君卉	高级会计师
王晨阳	高级会计师	王贺敏	高级会计师	马永威	高级会计师
肖秀丽	高级会计师	陈校锐	高级会计师	王跃辉	高级会计师
张光瑞	高级会计师	孔庆玲	高级会计师	滕　云	高级会计师
吴　莹	高级会计师				

高校系列

夏　松	副教授	王　颖	副教授	何　新	副教授
李　冰	副教授	穆　炜	副教授	鲁阳艳	副教授
曹洪利	副教授	徐　莹	副教授	段胜原	副教授
姬振宇	副教授	郭景生	副教授	洪宗海	副教授
郑勇志	副教授	岳连忠	副教授	常纪成	副教授
付晓宁	副教授				

2020年本钢集团晋升高级技师人员名单

张玉臣	铆工	孙凤军	锅炉运行值班员
王学东	燃气轮机值班员	吴齐雄	仪器仪表维修工
徐玲枝	化学检验员	张庆祥	电力电缆安装运维工
覃　兵	变配电运行值班员	鲁向东	仪器仪表维修工
范须凯	仪器仪表维修工	李世平	仪器仪表维修工
潘利军	仪器仪表维修工	包仁库	仪器仪表维修工
关红军	选矿工	吴宝军	露天采矿工
周洪伟	起重装卸机械操作工		

（组织部　供）

栏目编辑　　邹丽颖

本钢年鉴 2021

- 特载
- 大事记
- 概述
- 经营管理
- 综合管理
- 党群工作
- 钢铁主业
- 多元产业
- 改制企业
- 统计资料
- 人事与机构
- ★ 人物与表彰
- 附录

本钢集团

人物与表彰

先进人物

全国劳动模范

罗佳全 男，1962年3月15日出生，中共党员，仫佬族，高级工人技师，大专，本钢机电安装工程有限公司电调队首席操作。辽宁省第十三届人大代表。曾获得2007年本溪市雷锋奖章、2010年辽宁五一劳动奖章、2011年辽宁省首届省（中）直企业道德模范、2011年全国五一劳动奖章、2012年辽宁省有突出贡献高技能人才、2014年本溪市道德模范、2014年全国技术能手、2015年辽宁省有突出贡献高技能人才、2015年辽宁好人·最美人物、2016年国务院政府特殊津贴、2017年辽宁工匠等荣誉。

罗佳全手到病除解决了数不清的"电气"技术难题，保证了生产安全运行，挽回经济损失近亿元。板材炼铁厂265平方米烧结机10KV主轴高压变频风机，是从英国引进的当代高端设备。有一次电气发生"放炮"故障，英国专家到现场分析后都摇头说"NO"。为了保证生产，罗佳全冥思苦想，大胆运用自己所掌握的技术，用国产备件替代进口元件，解决了外国专家都束手无策的技术难题。丹东不锈钢公司工程建设期间，1000多米长的地下10KV高压电缆突发故障，几千人被迫停工。本钢集团公司紧急调罗佳全赶赴丹东，到现场解决疑难，排除故障。他仅用1小时就准确找到故障点，解决了影响施工建设的重大难题。板材原料厂变电所扩容改造时，几家专业设计院现场勘察都无法解决的难题，罗佳全凭借自己扎实的技术实力，大胆设计出《有限空间高压柜不停电整体平移》施工方案，为企业节省800余万元。

他发明创造的《一种快速恢复交联高压电缆接地故障的施工工法》和《有限空间高压柜不停电整体平移的施工工法》以及《10KV"T"型进口电缆接头附件国产化替代施工工法》等，获得"辽宁工法"荣誉。由他所带领的团队先后被本溪市和辽宁省授予"罗佳全技能大师工作站"和"劳模创新工作室"，并在2018年晋升为国家级"罗佳全技能大师工作室"。他在做好本职工作的同时，全身心地投入到"传、帮、带"工作中，所带的徒弟20余人考取了高级工人技师，4人考取了电气工程师，8人考取了国家一级建造师。

辽宁"五一劳动奖章"获得者

陈继壮 男，1958年出生，汉族，中共党员，高级会计师，经济学硕士，本钢集团有限公司党委书记、董事长。曾获得2017年辽宁优秀企业家荣誉称号。

近年来，陈继壮同志作为辽宁省属最大国有企业集团负责人，以卓越的领导才能和高度的责任感与使命感，团结和带领本钢广大干部职工开拓创新、锐意改革，取得了历史性的工作成绩。陈继壮同志持续推进企业全面深化改革，积极稳妥推进本钢集团层面的混合所有制改革，2019年本钢被列入国家第四批国有企业混改试点名单；推动完成了本钢历史上调整最大、涉及面最广、周期最长的以"定岗、定编、定责、定薪"为核心的三项制度改革，使企业面貌焕然一新；对领导干部实施综合考评末位淘汰，签订责任状实行"红黄牌"制，系统整合修订问责追责制度，创新开展机关部门工作作风测评，收到了显著成效。此外，他还组织并顺利完成了涉及近5万人、存在长达半个世纪的本钢厂办大集体改革。

在深化改革的同时，陈继壮同志实施创新发展战略，开发新客户32家，新钢种45个，实现产销率100%的目标；部分汽车板产品进入奔驰汽车全球采购名单，中标中俄东线天然气管道工程、北京大兴国际机场工程；本钢产品销往"一带一路"沿线30多个国家、100万吨，占出口总量的42%；本钢问鼎2019年辽宁省省长质量奖金奖。企业核心竞争力显著提升。

陈继壮高度重视人才战略。2019年他组织实施了本钢有史以来最大规模的领导干部公开竞聘，共计334人参加竞聘，其中20名优秀人才走上管理、技术、业务关键岗位，真正建立起能者上、平者让、庸者下的选人用人机制，干部人事制度改革迈出了重要一步。组织开办本钢MBA三期、四期班，发现、培养、储备年轻干部和后备人才近200名，干部队伍结构得到有效改善。

此外，陈继壮同志认真贯彻落实省委主题教育总体安排部署，将主题教育与改革发展实际紧密结合，本钢集团的主题教育在省属企业考核中名列前茅。陈继壮同志还持续推动民生改善，实施全员健康疗养和健康体检；建立健全困难职工档案，全年发放救助资金1200万元；不断改善职工薪资待遇，在岗职工人均工资同比增长12%，发放春节、五一节、国庆节奖金；进行立体停车场改造，总建筑面积达2万平方米；积极推进开通厂内公交车，职工的获得感和幸福感明显增强。

张吉胜 男，1968年11月出生，汉族，中共党员，大学学历，副高级工程师，现任本钢板材公司热连轧厂厂长。曾获2011年本溪市劳动模范荣誉称号。

2019年，在张吉胜和全厂职工的共同努力下，热轧卷板缴库量943.08万吨，比公司计划超产21.07万吨。其中热轧品种钢累产638.1万吨，占总产量的67.0%，同比品种钢产量增加20万吨。全年外部异议率0.29%，同比降低0.01%，相比公司考核指标降低0.16%。全厂非计划率0.19%，完成公司考核指标。6月23日全厂日产34249吨、6月29日全厂日产34283吨，两次刷新了全厂最高日产纪录。

他通过开展日清日结及三级成本管控体系管理，累计降低成本 12903 万元，吨钢降成本 13.65 元。尤其是 11 月份达到了 18.63 元 / 吨的全年月最低水平。该厂 2019 年设备基础管理进步较大。三条产线设备故障时间由 2018 年的 125.83 小时降至 2019 年的 86 小时。全厂实现重大安全事故"三为零"。

崔勇 男，1967 年 2 月出生，汉族，中共党员，硕士研究生，教授研究员级高级工程师，现任本钢板材公司冷轧厂首席工程师。曾荣获本溪市优秀青年科技人才，第四、五届本溪市自然科学带头人，本溪市第三批优秀专家和 2009 年本溪市劳动模范荣誉。获得辽宁省科技进步二等奖、辽宁省优秀新产品奖、本溪市科技进步奖。

该同志具有高尚的道德品质和职业情操，爱岗敬业，干事创业，为提高企业科技创新能力、生产经营效益和推动企业高质量发展做出了突出贡献。他带领技术团队成功开发新品种百余个。其中"双相钢汽车板冷轧工艺自主研发及创新"项目，年创效益 5000 万元。2019 年组织重点产线高档汽车面板质量提升攻关工作，实现宽幅汽车板、华晨雷诺和奔驰重卡汽车面板、电镀锌汽车板面板供货，酸洗汽车板东风日产质量产量双提升。成功研制热镀锌 DP780、冷轧 1180MPa 马氏体钢及 0.35mm 厚度硅钢产品，填补了本钢产品空白。成功试制全球最高强度 PHS2000 热成型钢，实现 2000mm 宽板合同的大批量稳定生产，使本钢集团成为世界首家同时满足薄、宽、深冲以及高表面质量要求的汽车板供货商。

崔勇同志发挥冷轧整合优势，组织 6 个专业化管理团队开展技术和管理攻关，共创效益 7500 万元。完成科研项目 7 项，创效益 1700 多万元。参与并推进"本钢电镀锌质量提升攻关""热压成型钢系列研制"等公司重点项目，均获得中国金属学会的国际先进水平以上的鉴定。

周宏伟 男，汉族，1974 年出生，现任本钢板材公司技术研究院钢轧工艺研究所首席工程师，教授研究员级高级工程师。曾获本溪市劳动模范、辽宁省百千万人才百人层次、辽宁青年科技奖、辽宁省优秀科技工作者、中国金属学会冶金先进青年科技工作者等荣誉，发表论文 20 余篇，在行业内得到广泛的认可。

从技术员到项目组长，再到首席工程师，周宏伟吃苦耐劳的奉献精神、攻坚克难的初心依旧。本钢为上汽乘用车供应冷轧外板初期，因"纵向条纹"缺陷面临断供风险。这种缺陷是钢铁行业中很难解决的技术问题。周宏伟和他的团队一起，通过大量试验和分析，在该缺陷产生机理、控制措施、检验判定方面均取得突破，把缺陷降级率由原来的 30% 以上控制在 5% 以内，且近半年来无该缺陷降级，达到同行业先进水平。

2020 年 1 月初，东风日产 534 新车型的两个重要件外板试模料寻求合作，其中一个规格用于发动机罩外板部件，生产难度大，质量要求高。客户订货规格为 0.65×1805 毫米，此规格是板材冷轧厂机组生产产品的极限规格，此前从未生产过，没有成熟经验。周宏伟带领团队，结合前期的生产经验，与板材冷轧厂现场人员共同讨论生产试验方案，制定下发了冷轧工序控制点关键工艺要求。每天跟踪在酸轧、连退生产线现场，对关键控制点执行情况仔细检查监督，不放过一个环节。在大家共同努力下，73.44 吨质量优良的产品顺利下线。此项工作得到东风日产的充分认可。4月份"534车型超宽面板（1800mm）试做材料导入"项目被列为2020年东风日产重点合作项目。

周宏伟带领团队通过对冶炼、连铸、热连轧、酸轧、连退、热镀锌全流程的100多项关键控制点进行优化和管控，形成本钢冷轧及热镀锌汽车外板生产一贯制技术诀窍，使产品表面质量稳步提升，市场认可度进一步提高。他负责的20个牌号汽车外板产品通过国内、国际的认证和评定，使汽车板产品市场进一步拓展。他主持开发的超宽幅冷轧汽车板、高等级冷轧汽车外板、热镀锌汽车外板等产品，实现工业化批量稳定供货，为企业创造了可观的经济效益和社会效益。其中宽度≥2050mm的超宽幅汽车板可替代进口和激光拼焊产品，可大幅降低汽车制造成本，市场前景看好。高等级汽车外板代表了企业的技术水平，通过与汽车厂开展深入合作，加强技术服务，完成了SP121AE、HC180Y、DC06等10个牌号30多个零部件的试用和稳定供货。

2018年下半年起，本钢成立"上汽乘用车冷轧外板开发项目组"，周宏伟负责项目组的日常管理及工作推进，组织相关单位与上汽乘用车专家共同组织召开工作组电话例会，对项目进度进行评审，对产品质量及使用情况进行动态分析，持续推进本钢各工序的工艺、设备及汽车外板质量改善。生产过程严格按体系文件要求进行管控，及时完成试验料的交付；对各规格部件的冲压试模进行跟踪并进行网格试验，为上汽模具调整提供有效参考依据。根据试验及优化结果下发质量管控文件，确保生产过程稳定，表面质量缺陷得到有效改善。通过不懈努力，产品质量得到上汽的认可，外板由原来的一个车型的顶盖件，扩展为2019年末的5个车型、9个部件，供货量逐步增加。

冯芝勇 男，1965年8月出生，汉族，中共党员，技师，现任本钢矿业公司南芬选矿厂三五选作业区磁选检修组班长。曾获得2015年本溪市劳动模范荣誉称号。

该同志充分发挥优秀共产党员、基层班组带头人的作用，围绕各项检维修任务，发扬苦干、实干和巧干精神，全面彰显个人和班组的智慧和力量。为了延长给排矿缸的使用寿命，他和同事研究设计、安装缸口胶套，减小磨损，延长了球磨机给排矿大盖子的使用寿命，创造效益240万元；完成球磨机大接手改小接手项目，节约备件材料，年创效8万元；完成球磨机安装排矿口角笼改造项目，延长设备使用寿命，实现效益20万元；完成磁选机给矿箱改造项目，每年可节约成本约10万元。除此之外，他负责的五选上矿皮带改造、球磨机联合给矿机改造、振动筛给矿器改造、脱水槽排矿三通和调整轴改造、球磨机上下架体改造等一系列改造均取得了突出的经济效益。

他带领的团队，2009年被集团公司评为标杆班组，2011年荣获集团公司模范班组称号。2012年经集团公司验收，继续保持集团公司标杆班组荣誉。该班组还多次被选矿厂工会评为"模范职工小家"。

宋滋谭 男，1980年5月出生，汉族，中共党员，助理工程师，现任本钢北营公司轧钢厂三高线作业区作业长。曾获2015年本溪市劳动模范荣誉称号。

宋滋谭同志勤政务实，真抓实干，勇于担当。他通过采取内部人员整合、岗位合理调配、强化设备系统点巡检等有力措施，解决了多项技术难题，使产品产量、质量均稳步提升，高效完成了各项生产任务。

他担任三高线作业长以来，在提高产品质量的同时，针对工艺设备缺陷进行改造升级。2019年，他通过对控制大规格卷型、焊丝表面划伤两大难题的技术攻关，使产品成材率指标达到98.46%，较计划指标提高0.08%；日历有效作业率实现了78.53%，较2018年提高8.72%，产品质量得到质的提升。根据客户需求，针对焊丝产品，他制定了严格的工序执行标准，实现了对焊丝产品生产的全流程监控，确保出厂产品质量。

他紧紧抓住产量指标，建立健全"设备系统定修区间无故障"等措施，保证了设备系统的有效运行率，为生产指标的提升奠定了坚实的基础。

范育新 男，1971年3月出生，汉族，中共党员，大学学历，高级工程师，现任本钢板材公司炼钢厂生产技术室主任。曾获2018年本溪市五一劳动奖章。

范育新同志勇于创新。作为作业区主任，他抓落实、重操作；作为高级工程师，他破难题、勇攻关；作为厂生产技术室主任，他重质量、强管理，在创新中实现一次次超越，为企业发展贡献着自己的聪明才智。他带领的连铸一作业区及生产技术室实现了安全生产零伤害，作业区连续5年实现了安全生产零事故。

在管理创新工作中，范育新详细分解关键技术指标到每个职工，规范标准化操作，实行"分片包干"、责任到人，人人都有"责任田"，人人做到知责、担责、尽责，发现隐患不回避、出现问题不遮掩、追究责任不护短，有效提高了职工的执行力与工作效率。杜绝漏钢隐患，截至2019年底，实现3台铸机8个流全年无漏钢的成绩，创造了本钢集团连铸作业区新纪录，其中一号铸机实现连续3年6个月无漏钢事故，创连一作业区新高，在国内同行业处于领先地位。

在技术创新工作中，范育新加大工艺创新力度，推进煤脱氧工艺、热渣循环利用、预处理石灰石加镁粉工艺（石灰粉）混合风吹、精炼双路径改单路径攻关，解决限制炼钢厂生产的工艺难题。降本是企业的主旋律，范育新注意做好钢铁料攻关工作，同时做好能源介质降耗，合金优化工艺攻关，耐材匹配等项工作，全年降低成本51.27元/吨钢。他推进热态渣返回工艺，带领各相关作业区负责人在现场确认折渣位置、折渣量、折渣角度，同时制定相应的临时操作制度，确保工作效果。通过试验，可降低铝消耗45千克/吨钢，降低成本1.21元/吨钢。

作为炼钢生产管理人员，范育新打通工序间壁垒，通过工艺流程的技术创新与控制系统的开发升级，建立了全流程标准操作与工序协同的生产过程控制，促成炼钢三大工序的高效全流程生产。特别是在连铸工序，他全力推行不漏钢承包工作，深入连铸各生产班组，与现场操作人员讨论生产中关键环节，实现了全年板坯4个铸流及矩形坯4个铸流全年无漏钢的本钢集团纪录。

在实现技术突破的同时，他还创新应用智能化技术，在生产管理中应用智能计划排产、智能生产过程协同、智能设备互联互通、智能质量管控、智能资源管理等，提高管理智能化水平，推动劳动效率和产品质量稳步提升。

陈长虹 男，1976年3月出生，汉族，中共党员，大学学历，工程师，本钢北营公司炼铁厂烧结一作业区副作业长。曾获本钢集团劳动模范荣誉。2019年辽宁省职工技能大赛暨全省炼铁技能大赛"烧结工"第一名。

陈长虹工作中以身作则,每天深入生产一线了解掌握生产的第一手资料。在生产管理及操作上,更是精益求精,始终以保烧结矿质量稳定为中心,通过严抓燃料破碎、生灰加水、烧结查堵漏风和厚料层操作等生产操作,努力降低燃耗和成本,促进产量提高。他强化员工的点检责任心与点检技能,全年无责任性设备事故;加强对员工的安全意识、安全技能、安全标准化作业的管理,全年无险肇及轻伤以上事故发生。

他从 300 ㎡烧结调任 360 ㎡烧结,保供新一号大高炉,同时,参与 450 ㎡烧结的前期设计论证、工程建设的跟踪、改进及快速投产、达产等。他深入一线,了解并解决实际问题。面对烧结投产期间混匀料场无法正常投入使用的问题,陈长虹完善了上料组织方案,铁运公司与原料厂按照方案执行,保证了烧结的正常生产。

作为一名党员和基层领导,他凡事能够起到先锋模范作用,从"两学一做"学习教育开展以来,他认真学习理论知识,时刻以合格党员的标准要求自己,并注重与员工的沟通,切实考虑员工工作,为员工解决实际问题,管理氛围和谐。

他撰写的论文《发展标准化 增强企业竞争力》《烧结布料系统的改造》等在集团、市里获奖。

高立波 男,1980 年 10 月出生,中共党员,大学毕业,工程师,现任本钢板材公司炼铁厂五号高炉作业区专业工程师。曾获全国钢铁行业技术能手、辽宁五一劳动奖章、本溪市青年岗位能手、本溪市五一劳动奖章、本溪市"高炉炼铁"技术状元、本钢集团五四青年奖章、本钢集团时代青年先锋等荣誉。2019 年获辽宁省"振兴杯"高炉炼铁工技能大赛状元。

高立波从担任工艺专责开始,就不断熟悉五号高炉操作参数和相关炉况处理经验,积极探索降低燃耗操作的方法。在保证高炉顺行的基础上,对高炉操作参数做出调整,以中心气流为主,扩大矿石平台,提高煤气利用,燃料比降低 20—25 千克/吨。2018 年 8 月,热风炉拱顶钢甲开裂,严重影响五炉风温的使用,受风温影响,高炉鼓风动能严重降低。高立波在保证高炉顺行基础上尝试通过提高入炉风量来保证炉缸中心活跃,抬高高炉操作炉温,保证炉缸温度充沛,使高炉顺利渡过难关。

2019 年面对高炉超期服役、炉前设备老化严重、四座热风炉劣化加速、基础设施薄弱等诸多难题,高立波迎难而上,带领操作人员不仅实现了"炉役后期和超期服役期间设备、人身安全"这一中心工作目标,而且在外围条件极其不利的条件下全面超额完成了产量进度考核计划。同时在 3 月份煤粉管道改造后,抓住时机,尝试提高喷煤量,降低焦比,使喷煤比从以往的 95 千克/吨达到目前的 140 千克/吨,创造历史最好水平。

除了提高自身高炉操作技术以外,高立波时刻不忘跟上时代的步伐,在工作之余时刻关注党和国家的发展方向,组织广大党员展开讨论活动,带头参与"亮比做"党员建功立业活动,眼睛向内,献计献策,挖潜增效,勇于担当,发挥党员的模范带头作用,为炼铁厂节能降耗工作做出了自己的贡献。

马广东 男,1974 年 4 月出生,汉族,技师,本钢板材公司铁运公司机务段内燃机车验收员。曾获全国钢铁行业技术能手、本溪市五一劳动奖章等荣誉。辽宁省技能竞赛"内燃机车司机"工种第一名。

马广东在工作中不断学习、总结经验，提高技能。从内燃机车的操纵、点检、维护到机车故障判断、处理、维修，都有着自己的"绝活"。内燃机车结构复杂，风路、水路、油路、电路等上千个零部件，马广东凭借自己的技能在一小时内点检全部零部件，并能及时发现存在的问题。通过点检，成功避免设备事故10余次，挽回经济损失近百万元。

2017年12月份马广东由北口司机长调换到机务段验收员岗位，负责全段机车的质量验收工作，同时负责本作业区机车故障处理、维修等工作。2019年处理故障机车120余台次，检修电控阀、降压电阻、电压调整器等30多件，不但缓解了机车备件的紧张，还节约成本5000多元。从事验收员工作以来，累计排查机车设备隐患故障900余项，仅2019年排查较重大隐患9项，累计挽回经济损失约7万多元。

该同志能够解决机车运用中的实际问题。针对GKD2型内燃机车无低水位报警器存在安全隐患的问题，他提出了安装低水位报警器的建议，解除了这一安全隐患。针对GK1C型机车上水管设置在转向架上方，上水困难且冬季经常冻结的问题，他提出将上水管移位到柴油机间的建议，解决了冬季上水困难易冻结的难题。GK1C-603内燃机车空压机频繁打风，他提出改用风压开关直接控制的建议，解决了空压机频繁打风的问题，延长了电机的使用周期。

他经常利用班前会、班后会时间，理论联系实际，给职工讲解内燃机车专业知识。多次对机务段青工、司机长、点检员进行培训授课。积极参与机务段乘务员大赛备选手技术培训工作，把冶金行业内燃机车司机技术大赛的知识经验传授给大家。他的徒弟点检员龙震海，在省级技术比武大赛中获得第二名。

马广东在自己的岗位上攻坚克难，尽职尽责，甘于奉献，为本钢铁路运输事业默默地奉献着，无怨无悔，是职工们公认的"大工匠"。

张海龙，男，1990年3月出生，大专学历，高级钳工，本钢北营冶金渣公司职工。曾荣获辽宁省技术能手、辽宁省青年岗位能手荣誉。本溪市"工匠杯"技能大赛钳工第三名、辽宁省技能精英挑战赛工具钳工第一名。

几年来，张海龙不但为企业争得了荣誉，还为企业创造了很大的价值。特别是在本钢开展"人人参与改善，时时追求提高"工作以来，主动发挥"大工匠"精神，刻苦钻研、献计献策。他参与改进的振动筛，将原有低碳钢筛面替换规格为$\phi 30×2000$ mm低合金圆钢，筛面间隙为15mm，采用整体压板满焊，加强了整体筛面的抗冲击及耐磨的强度，原来1个月更换一次的筛面延长到现在8个月更换一次，大大提高了钢渣筛分生产效率，减少了设备故障率，创造的经济效益达90万余元。张海龙发现钢渣筛分剩余的尾渣还有可利用的价值后，积极与班组同事及领导一起研究并提交集团职能部门考察后，决定组织新建一条粒钢再提纯加工生产线进行试生产，建成后全年生产粒钢约8万吨，生产后的粒钢可以作为铁厂及钢厂使用的炼铁及炼钢的原材料，既减少了废渣外排倒运工作量，又缓解了作业区场地堆放紧张等问题，为企业创造经济效益达30万余元；他还积极对作业区所属设备的结构、原理进行学习、研究，并提出合理化建议10多项，利用废旧备件进行拆装拼凑，修旧利废，组装修复大型备件30余件，节约成本近110万。

郭鹏，男，1978年6月出生，汉族，中共党员，高级技师，大学学历，本钢板材公司热连轧厂首席操作。本溪市第十三届政协委员。多次获得省市工匠、五一劳动奖章、共产党员岗位标兵、道德模范、青年岗位能手、技术能手称号，是2019年辽宁省有突出贡献高技能人才。他所在工作室被评为省级技能大师工作站、职工创新工作室、全国机械冶金建材行业示范性创新工作室。

郭鹏1997年从本钢技校毕业分配到热连轧厂工作，23年来他一直投身于热轧生产一线，利用工余时间完成了东北大学金属材料成型及计算机应用两个本科学业。通过钻研轧钢理论知识，并与实践不断结合，编制的《1880轧机模拟操作系统》《1880轧机工作辊更换操作系统》软件，可以真实地对操作联锁进行模拟，解决了新操员培训中误操作所带来的安全隐患问题。

他在工作中善于创新，目前拥有一项国家发明专利和三项国家实用新型专利。撰写专业技术论文7篇，并有效地应用于生产实际中。他作为黑带主持的《短流程薄带钢硌印缺陷消除》项目，仅通过降低"硌印"缺陷一项，每年可为公司节约200余万元。在解决薄规格轧制稳定性上，他起草编制了薄规格操作规程，使薄规格的操作、事故处理走向标准化、制度化，对薄规格稳定生产起到积极的作用。他主持的《降低热轧在线切损》项目，成功将热轧在线切损率降低到0.38%，每年可节约成本900余万元，并保持着国内2000mm以上宽带钢轧机且月均切损率最小纪录。高密度花纹板是出口韩国的新型花纹板产品，郭鹏带领小组进行攻关，攻克了轧辊花型、辊型配置、负荷分配等技术难点，形成了完善的高密花纹板生产工艺。目前已实现批量稳定的生产能力，本钢集团也成为目前国内唯一能够生产此种高密度花纹板的企业。

2018年他开始负责2300产线增产提效项目，他大胆地提出更改全部SSP与R1轧机间的控制联锁，增加定宽机防碰撞功能。通过攻关，轧制能力由攻关前的平均28块/小时，提高到34块/小时。2019年全年因提速攻关增产达10万吨。同时，他还在"极限规格批量生产""DP钢扁卷缺陷攻关""薄规格高强酸洗板""超宽幅石油管线钢"等新产品的生产中做出了突出贡献。多年来通过技术改进和技能创新为企业创效达四千余万元。

郭鹏是全国机械冶金建材行业示范性工作室、省级职工创新工作室和省级技能大师工作站领创人。两次获得本钢集团职工技能大赛状元，是本钢集团最年轻的技术状元。郭鹏以劳模创新工作室和大师工作站为支点，将自己的知识经验向其他技术人员倾囊相授，他所带的徒弟多人考取了高级技师、工人技师、高级工。近三年来郭鹏提出了二十余项合理化改进方案，总结、编写了60余项标准化作业指导书，参与了热连轧厂三大规程和《热连轧厂质量图谱》的编写，全部在生产工序得到了应用。他先后在公司、厂进行20多次专题技术讲座，内容涵盖生产操作、工艺技术、产品质量和安全管理等，录制教学视频20余部，累计培训800余人次，被聘为第一批本钢集团内训师。

（工会 供）

荣誉表彰

获省以上荣誉称号先进集体名单

奖项名称	获奖单位	授奖部门	授奖时间
辽宁五一劳动奖状	辽宁恒通冶金装备制造有限公司	省总工会	2020.4
辽宁工人先锋号	北营炼钢厂吊车一作业区	省总工会	2020.4
	矿业歪头山铁矿采矿作业区排岩班		
2018-2020年度辽宁省文明单位标兵	本钢集团有限公司	省精神文明建设指导委员会	2020.12
2018-2020年度辽宁省文明单位	板材冷轧厂	省精神文明建设指导委员会	2020.12
	板材能源总厂		
	矿业南芬露天铁矿		
第七届冶金矿山"十佳厂矿"	矿业歪头山铁矿	中国冶金矿山企业协会	2020.12
全国机械冶金建材行业示范性创新工作室	郭鹏劳模创新工作室	中国机械冶金职工技术协会	2020.8
辽宁省技能大师工作站	杨韬技能大师工作站	省人社厅	2020.8
辽宁省劳模创新工作室	付祥志劳模创新工作室	省总工会	2020.10

续表

奖项名称	获奖单位	授奖部门	授奖时间
辽宁省职工创新工作室	郭鹏职工创新工作室	省总工会	2020.10
	卢锐职工创新工作室		
	马廷斌职工创新工作室		
	冯芝勇职工创新工作室		
辽宁慈善奖	本钢集团有限公司	省民政厅	2020.12
2020年全省统战工作实践创新成果	本钢集团党委	省委统战部	2020.12
辽宁省首批高价值专利培育中心	本钢板材有限公司	省知识产权局	2020.6
2020年度省企业事业保卫工作先进集体	本钢集团保卫中心	省公安厅	2021.1
辽宁省军区先进基层人武部	本钢集团人民武装部	省军区	2020.12
新一届辽宁省爱国拥军模范先进单位	本钢集团人民武装部	省双拥工作领导小组	2020.7
辽宁省青年文明号	板材信息化中心信息管理部	团省委	2020.12
辽宁省五四红旗团支部	本钢集团机关财务团支部	团省委	2020.5
辽宁省优秀青年突击队	板材检化验中心青年突击队	团省委	2020.6
辽宁省青年安全生产示范岗	板材储运中心合金耐材作业区保验二班	团省委 省应急管理厅	2020.6
第五届中国青年志愿服务项目大赛辽宁赛区铜奖	板材发电厂团委	团省委 省精神文明办 省青年志愿者协会	2020.9

续表

奖项名称	获奖单位	授奖部门	授奖时间
全国青年安全生产示范岗	北营能源总厂煤气防护站	团中央 应急管理部	2020.9
中国软件诚信示范企业	本钢信息自动化公司	中国软件协会	2020.11
2017-2019年度全国内部审计先进集体	本钢集团审计部	中国内部审计协会	2020.11
2020年度信息工作先进单位	本钢集团有限公司	中国钢铁工业协会	2020.11
营销统计信息工作先进单位	本钢集团有限公司	中国钢铁工业协会	2020.3
成本信息网优秀单位	本钢集团财务部预算管理单元	冶金工业经济发展研究中心	2020.11
2019年度钢铁企业财务结算价格工作先进单位	本钢集团财务部预算管理单元	中国钢铁工业协会	2020.5
2019年度财务指标快报工作先进单位	本钢集团有限公司	中国钢铁工业协会	2020.4
第九届钢铁行业课件大赛优秀组织奖	辽宁冶金职业技术学院	中国钢协职业培训中心	2020.11
全省工会"保安全、比质量、抢工期、增效益、做贡献"主题劳动竞赛优胜单位	矿业露天铁矿	省总工会	2020.6
	建设公司		
"网聚职工正能量 争做中国好网民"主题活动正能量微课项目一等优秀作品奖	本钢集团工会	中华全国总工会 中央网信办	2020.11

续表

奖项名称	获奖单位	授奖部门	授奖时间
"网聚职工正能量 争做中国好网民"主题活动正能量专题活动"同心圆"三等优秀活动奖	本钢集团工会	中华全国总工会 中央网信办	2020.11
中国职工保险互助优秀单位	本钢集团工会	中国职工保险互助会	2020.8
	北营炼铁厂工会		
	建设协力分公司工会		
	矿业南芬选矿厂工会		
全国职工气排球赛嘉兴站第四名	本钢集团代表队	中国企业体育协会	2020.9
第四届中国职工足球联赛总决赛第七名	本钢集团代表队	中国企业体育协会	2020.11
迎百年建党系列活动－网上健步走活动亚军	本钢集团有限公司	省总工会 职工服务有限公司	2020.11
全国质量信得过班组	板材铁运公司机车检修段柴油机班	中国质量协会	2020.12
辽宁省质量信得过班组	歪头山铁矿马耳岭选矿作业区生产一班	省质量协会	2020.9
	板材冷轧总厂桥北连退1630甲班班组		
	南芬选矿厂三五作业区生产二班		
	板材计控中心电力试验作业区继电保护班		

人物与表彰

续表

奖项名称	获奖单位	授奖部门	授奖时间
辽宁省质量信得过班组	板材铁运公司机车检修段走行班组	省质量协会	2020.9
	板材废钢厂加工作业区点检组		
	南芬选矿厂细碎作业区生产三班		
	板材炼铁总厂检验作业区白班班组		
	南芬露天矿地质测量作业区地质组		

获省以上荣誉称号先进个人名单

奖项名称	获奖人姓名	授奖部门	授奖时间
全国劳动模范	罗佳全	党中央 国务院	2020.11
全国机械冶金建材行业工匠	罗佳全	中国机械冶金职工技术协会	2020.8
第20届全国青年岗位能手标兵	刘鸿智	团中央 人社部	2020.7
全国巾帼建功标兵	冯琳琳	中华全国妇女联合会	2021.3
第十届中国金属学会冶金青年科技奖	刘宏亮	中国金属学会	2020.9
辽宁省五一劳动奖章	陈继壮 张吉胜 崔 勇 周宏伟 冯芝勇 宋滋谭 范育新 陈长虹 高立波 马广东 张海龙	省总工会	2020.4
辽宁省五一劳动奖章	郭 鹏	省总工会	2020.12
辽宁省技术能手	张海龙	省人社厅	2020.8
辽宁省三八红旗手	俞 静	省妇女联合会	2021.3
辽宁省第十二届优秀科技工作者	丛铁地	省科学技术协会	2020.9
2020年辽宁省科技创新领军人才	黄 健	省人事厅 省科技厅	2020.10
"十三五"中国企业文化建设典范人物	赵忠民	中国企业文化研究会	2020.11
辽宁向上向善好青年	刘宏亮	省团委	2020.6

续表

奖项名称	获奖人姓名	授奖部门	授奖时间
全国钢铁行业职工技术创新成果一等奖	张守喜	中国机械冶金职工技术协会	2020.10
全国钢铁行业职工技术创新成果二等奖	张　勇 于　浩	中国机械冶金职工技术协会	2020.10
中国大学生自强之星	赵　旭	团中央	2020.12
第七届冶金矿山"十佳厂矿长"	游　维	中国冶金矿山企业协会	2020.12
全国钢铁企业工会优秀劳动保护工作者	韩忠雷	中国机械冶金建材工会全国委员会	2019.10
2020年度省企事业保卫工作先进个人	张　伟	省公安厅	2021.1
辽宁好人·最美退役军人	罗佳全	省委宣传部 省精神文明办	2020.8
辽宁好人·最美职工	郭　鹏	省委宣传部 省精神文明办	2020.11
2020年全国最美家庭	邓玉红	中华全国妇女联合会	2020.12
中国职工保险互助优秀个人	万　丽 杜春艳 张　艳	中国职工保险互助会	2020.8
中国技能大赛—辽宁省"技师杯"全省技能精英挑战赛钳工第一名	张海龙	省技师杯职业技能竞赛组委会	2020.1
2020年辽宁省职工技能大赛暨全省职工创新大赛专业组一等奖	张守喜	省总工会 省人社厅	2020.10

续表

奖项名称	获奖人姓名	授奖部门	授奖时间
2020年辽宁省职工技能大赛暨全省职工创新大赛专业组优秀奖	郭 鹏	省总工会 省人社厅	2020.10
2020年辽宁省"技师杯"全省技能精英挑战赛电工第二名	郑勇志	省人社厅	2020.12
辽宁省工程建设工法	张守喜 罗宏刚 郭玉伟 陈豁磊 周 江	省住房和城乡建设厅	2020.3
优秀营销统计信息员	张永良 党俊艳	中国钢铁工业协会	2020.3
板带材信息统计工作先进个人	党俊艳	中国钢铁工业协会	2020.10
辽宁省第四次全国经济普查优秀工作者	张永良	省第四次全国经济普查领导小组办公室	2020.3
2019年度钢铁企业财务结算价格工作先进个人	于 浩	中国钢铁工业协会	2020.5
2019年度财务指标快报工作优秀个人	杨婷婷 代天元	中国钢铁工业协会	2020.4
全国千户集团优秀数据联络员	白国兴	国家税务总局大企业税收管理司	2020.5
2018-2019年度辽宁省内部审计先进工作者	张艳玲	辽宁省内部审计协会	2020.9
第二次全国污染源普查表现突出个人奖	项晓玲	国务院第二次全国污染源普查领导小组办公室	2020.6
第二次全国污染源普查表现突出个人奖	王 伟	省第二次全国污染源普查工作领导小组办公室	2020.7

续表

奖项名称	获奖人姓名	授奖部门	授奖时间
"网聚'政'能量 共筑同心圆"2020年各地走好网上群众路线典型案例征集展示活动优秀个人案例	肖　林	中国互联网发展基金会 人民网	2020.11
"网聚职工正能量 争做中国好网民"主题活动正能量诵读项目直播类优秀作品奖	任　赞	中华全国总工会 中央网信办	2020.11
"网聚职工正能量 争做中国好网民"主题活动正能量诵读项目最佳原创作品奖	董立红　孙艳娇　王首鹏	中华全国总工会 中央网信办	2020.11
"中国梦·劳动美–决胜小康 奋斗有我"全省职工战"疫"网络朗诵大赛金奖	任　赞	省总工会	2020.12
"中国梦·劳动美–决胜小康 奋斗有我"全省职工读书征文活动金奖	宋　颖	省总工会	2020.9
"中国梦·劳动美–决胜小康 奋斗有我"全省职工读书征文活动银奖	侯明辉　金　进	省总工会	2020.9
"中国梦·劳动美–决胜小康 奋斗有我"全省职工读书征文活动铜奖	李文斌	省总工会	2020.9
2020年度好新闻一等奖	高晓曦	中国企业报协会	2020.12
2020年度好新闻二等奖	冯巨擘　谢玉静　龙天翊 李　雪　孙晓庆	中国企业报协会	2020.12
2020年度好版面三等奖	吕　爽　王　宇	中国企业报协会	2020.12
辽宁新闻奖三等奖	高　辉　王晓宁	省新闻工作者协会	2020.4
辽宁省高校思想政治理论课"精品教案"	王　颖　王冠华	省教育厅	2020.4

续表

奖项名称	获奖人姓名	授奖部门	授奖时间
2020年辽宁省职业院校技能大赛现代电气控制系统安装与调试赛项三等奖	洪宗海 郑勇志	省教育厅	2020.6
2020年辽宁省职业院校技能大赛（高职）电子信息类虚拟现实（VR）设计与制作 三等奖	李雅男	省教育厅	2020.6
2020年辽宁省职业院校技能大赛移动互联应用软件开发三等奖	李雅男 梁雪峰	省教育厅	2020.6
2020年辽宁省职业院校技能大赛英语口语（非专业组）三等奖	侯 阳	省教育厅	2020.6
第二届辽宁省技工院校教师职业能力大赛电工电子类第一名	吴 洋	省教育厅	2020.9
第二届全国技工院校教师职业能力大赛电工电子类三等奖	吴 洋	人社部	2020.11
辽宁省"技师杯"职业技能精英挑战赛数控车第二名	郑勇志	省人社厅	2020.10
2020年辽宁省高职院校课程思政教学典型案例	康元红	省教育厅	2020.12
第九届钢铁行业课件大赛二等奖	白 玉	中国钢协职业培训中心	2020.11
第九届钢铁行业课件大赛三等奖	吴 洋 张春红 郑勇志 时永贵 洪宗海	中国钢协职业培训中心	2020.11
第九届钢铁行业课件大赛优秀奖	徐 莹 鲁阳艳 赵艳英 郑文杰	中国钢协职业培训中心	2020.11
第九届辽宁省高校思政理论课教学大赛三等奖	于冠华 王 颖 张春红	省教育厅	2020.10

续表

奖项名称	获奖人姓名	授奖部门	授奖时间
第二十四届辽宁省教师教育教学信息化交流活动中等职业教育组微课类三等奖	赵艳英	省教育厅	2020.11
2020年"辽科大杯"全国模拟炼铁－炼钢－轧钢大赛高职组轧钢单项三等奖指导教师	冯阿强　雷党萍	中国金属学会	2020.10

本溪市劳模创新工作室

章伟劳模创新工作室	板材计控中心
于浩劳模创新工作室	板材热连轧厂
刘宏亮劳模创新工作室	板材技术研究院
刘晓峰劳模创新工作室	板材冷轧厂

本溪市职工创新工作室

马廷斌职工创新工作室	矿业贾家堡铁矿
冯芝勇职工创新工作室	矿业南芬选矿厂

2020年度本钢集团先进党委

板材炼钢厂党委	板材热连轧厂党委	板材冷轧厂党委
板材特殊钢厂党委	板材铁运公司党委	板材能源总厂党委
板材检化验中心党委	板材采购中心党委	北营轧钢厂党委
北营焦化厂党委	北营矿业公司党委	北营铁运公司党委
北营发电厂党委	矿业南芬露天铁矿党委	矿业南芬选矿厂党委
矿业石灰石矿党委	矿业贾家堡铁矿党委	行政管理中心党委
退管中心党委	修建（维检）公司党委	建设机电安装公司党委
建设矿山实业分公司党委	冶金渣公司党委	新实业公司党委
北钢辽煤化公司党委	国贸公司党委	

2020年度本钢集团先进单位

板材炼钢厂	板材热连轧厂	板材冷轧厂
板材特殊钢厂	板材铁运公司	板材能源总厂
板材检化验中心	板材采购中心	北营轧钢厂
北营焦化厂	北营矿业公司	北营铁运公司
北营发电厂	矿业南芬露天铁矿	矿业南芬选矿厂

矿业石灰石矿　　　　　矿业贾家堡铁矿　　　　　行政管理中心
修建（维检）公司　　　建设机电安装公司　　　　建设矿山实业分公司
冶金渣公司　　　　　　新实业公司　　　　　　　北钢北重公司
国贸公司

2020 年度本钢集团先进党支部

板材公司
　　板材炼铁厂新 1 号高炉作业区党支部　　板材炼钢厂精炼作业区党支部
　　板材热连轧厂轧辊作业区党支部　　　　板材冷轧厂 CDCM 作业区党支部
　　板材冷轧厂桥北精整作业区党支部　　　板材特殊钢厂大棒作业区机关党支部
　　板材焦化厂焦二作业区党总支　　　　　板材焦化厂焦三作业区党支部
　　板材发电厂热电作业区党支部　　　　　板材铁运公司电信段党总支
　　板材铁运公司焦化站党总支　　　　　　板材原料厂原料二作业区党支部
　　板材废钢加工厂加工作业区党支部　　　板材能源总厂冶炼作业区党支部
　　板材计控中心物资计量作业区党支部　　板材计控中心外发作业区党支部
　　板材储运中心辅料作业区党支部　　　　板材储运中心合金作业区党支部
　　板材检化验中心原料化验作业区党支部　板材检化验中心炼钢检验作业区党支部
　　板材采购中心燃煤采购部党支部　　　　板材技术研究院第五党支部
　　板材信息化中心信息化管理部党支部　　丹东不锈钢公司轧钢党支部

北营板块
　　北营炼铁厂烧结二作业区党支部　　　　北营炼钢厂原料一作业区党支部
　　北营轧钢厂生产准备作业区党支部　　　北营焦化厂一炼焦作业区党支部
　　北营矿业公司回转窑作业区党支部　　　北营铸管公司浇铸作业区党支部
　　北营能源总厂供水运行作业区党支部　　北营铁运公司机务作业区党支部
　　北营公运公司二作业区党支部　　　　　北营发电厂生产一区党支部
　　北营原料厂转料作业区党支部　　　　　北营冶金渣公司机关生产设备党支部

矿业板块
　　矿业南芬露天矿爆破作业区党支部　　　矿业南芬露天矿碎矿作业区党支部
　　矿业歪头山矿选矿作业区党总支　　　　矿业歪头山矿马选作业区党总支
　　矿业南芬选矿厂中碎作业区党支部　　　矿业石灰石矿白灰作业区党支部
　　矿业贾家堡铁矿选矿作业区党支部　　　矿业辽阳球团厂原料党支部
　　矿业设备修造厂修加党支部　　　　　　矿业汽运分公司客车车队党支部
　　矿业炸药厂歪头山作业区党支部

多元板块
　　退管中心职能党支部
　　保卫中心（武装信访部）板材警卫大队
　　　党总支
　　机械制造公司矿山机修厂铸造作业区
　　　党支部
　　修建（维检）公司机械检修二队党总支
　　建设矿建公司消防工程作业区党支部
　　建设机电安装公司机械安装六队党支部
　　建设矿山实业分公司机关党支部
　　建设高级装修公司包装党支部
　　恒通公司维检作业区党支部
　　冶金渣公司运输作业区党支部
　　新实业公司劳动防护分公司党支部
　　热力开发公司歪头山分公司党支部
　　包装公司作业区党支部
　　综合工业公司本钢钢材轧制厂党支部
　　综合工业公司本钢化工厂型煤车间
　　　党支部
　　耐火公司球团厂党支部

　　行政管理中心机关党支部
　　机械制造公司第一机修厂锻热作业区
　　　党支部
　　机械制造公司第三机修厂三加作业区
　　　党支部
　　修建（维检）公司冷轧作业区党总支
　　建设机电安装公司机械安装三队党支部
　　建设金属结构分公司作业区党支部
　　建设矿山实业分公司贾家堡作业区党支部
　　建设混凝土分公司综合党支部
　　恒泰公司机电作业区党支部
　　新实业公司综合作业区党支部
　　房地产公司好佳物业公司党支部
　　冶金职业技术学院自动化控制系党支部
　　综合工业公司本钢振兴加工厂党支部
　　综合工业公司本钢筑炉公司党支部
　　汽运公司客运队党支部
　　电气公司变压器分厂党支部
　　设计院工艺党支部

北钢公司
　　辽煤化公司合成作业区党支部
　　钢管公司生产党支部

　　北重公司后桥二加党支部

国贸公司
　　国贸公司无锡分公司党支部

机关党委
　　宣传部党支部

　　法律事务部党支部

2020年度本钢集团先进作业区

板材公司
　　板材炼铁厂五号高炉作业区
　　板材热连轧厂一热轧生产作业区
　　板材冷轧厂本浦连退作业区
　　板材焦化厂焦油精制作业区

　　板材炼钢厂炼钢作业区
　　板材冷轧厂硅钢酸洗作业区
　　板材特殊钢厂铸钢作业区
　　板材发电厂鼓风作业区

板材铁运公司原料站
板材废钢加工厂配料作业区
板材计控中心自动化一作业区
板材检化验中心原料化验作业区
板材信息化中心自动化事业部
丹东不锈钢公司公辅作业区
板材原料厂原料三作业区
板材能源总厂供电一作业区
板材储运中心合金作业区
板材技术研究院汽车板研究所冷轧产品研究室

北营板块

北营炼铁厂新2号高炉作业区
北营轧钢厂1780生产作业区
北营矿业公司机加作业区
北营能源总厂动力维修作业区
北营公运公司一作业区
北营原料厂原料二作业区
北营炼钢厂炼钢二作业区
北营焦化厂三回收作业区
北营铸管公司整理作业区
北营铁运公司原料站作业区
北营发电厂维检作业区
北营冶金渣公司干渣作业区

矿业板块

矿业南芬露天矿穿凿作业区
矿业歪头山矿选矿作业区
矿业南芬选矿厂运输作业区
矿业石灰石矿加工作业区
矿业辽阳球团厂焙烧作业区
矿业汽运分公司歪头山作业区
矿业南芬露天矿电铲作业区
矿业歪头山矿马选作业区
矿业南芬选矿厂三五选作业区
矿业贾家堡铁矿选矿作业区
矿业设备修造厂机修作业区
矿业炸药厂南芬作业区

多元板块

保卫中心（武装信访部）交巡处板材巡逻防范大队
机械制造公司第一机修厂二加作业区
机械制造公司第三机修厂一加作业区
修建（维检）公司热轧作业区
建设机电安装公司机械安装四队
建设机电安装公司电气仪表工程队
建设矿山实业分公司歪头山作业区
建设混凝土分公司综合项目部
恒泰公司机电作业区
新实业公司回收作业区
行政管理中心公车服务中心
房地产公司本溪市好佳物业管理有限公司
机械制造公司矿山机修厂维检作业区
修建（维检）公司机械检修二队
建设矿建公司消防维保作业区
建设机电安装公司液压检测中心
建设金属结构分公司标准化金属结构作业区
建设建筑工程分公司第三项目部
恒通公司加工作业区
冶金渣公司热闷作业区
新实业公司板材机关服务区
热力开发公司平山供热分公司

北钢公司

辽煤化公司电仪作业区
北重公司特种设备分公司扇形段作业区

2020年度本钢集团优秀共产党员标兵

板材公司
王景涛　魏建华　左永军　刘岩松　杨柳松　孙家勇　朱　赤　张松岩
赵兴涛　赵贵胜　刘琳纬　张玉臣　孟祥辉　刘清恒　邱明铭　姬振兴
康　勇　张承武　栗　伟　杨　莉　左　宏　刘志璞　高　洋　高秀敏
郭红生

北营板块
苏红权　孙建益　高振崇　宋宝库　孟　利　边　超　李明石　王战国
钟振华　韩　闯　李春来　高国庆　付祥志　朱立国

矿业板块
吴凤海　赵　辉　谭海生　戴联和　杨　涛　蒋守立　徐宗恩　刘长蛟
曾朋毅　赵言勤　董　野

多元板块
李利新　万　晶　闫东华　刘春学　李丽红　王　宇　高延伟　凤　茂
冯玉全　庄　严　郭建锋　罗　勇　高春刚　张　秀　李莹莹　李太博

北钢公司
李　忠　李　甦　张东为

国贸公司
刘小冬　李明伟

机关职能部门
邹成星　鄂嘉楠　毛秀茹　左　琨　牛　力　石晓姝　尹广舜

支持脱贫攻坚
朱晓旭

疫情防控
王　伟　郭国辉

2020年度本钢集团劳动模范

板材公司

赵　喜	颜　鹏	史雪飞	张纳新	樊本义	刘晓波	张艳龙	丛铁地
张　策	徐林哲	史志勇	刘东野	张吉胜	乔　健	周文奎	李鸿友
顾忠帅	霍　刚	赵暎镐	梁永强	赵抒阳	王殿甦	赵　辉	任　健
肖荣和	刘玉峰	卢　锐	李　振	闫吉船	刘　明	田宪辉	李　威
张义斌	顾金朋	时圣海	王　萍	周嘉琦	陈宁朝	赵明辉	程　斌
陈　宇	燕际军	周宏伟	徐海涛	高维才			

北营板块

郑　文	李晓龙	闫　凯	孟大江	李久闯	邹德胜	王世友	侯铁刚
于海啸	刘艳庆	丁　锐	富　强	李　鑫	丁　勇	胡建军	王海蛟
刘书杰	金玉辉	姜　龙	张成展	邱广德	孙　旭	高维铁	富国武
都兴海	赵　刚	邵晨东	赵庆成	赵会勇	刘　波	付　国	张道庆
刘培强	张浩龙						

矿业板块

赵雅新	孙继敏	付国龙	姜永刚	张敬明	刘喜宏	王守平	丁　波
杨旭亮	张荣富	马明刚	单成利	高　群	李明浩	汪志东	

多元板块

林　宇	吴振华	庞宗华	姜　昕	栾景民	高凤武	郭　军	张大鲁
孙　涛	李　勇	宗海玲	范先辉	关　磊	张　剑	陈英全	辛广志
佟春利	王敬峰	刘子辉	周　伟	王　宇	范中元	王春雷	孙　涛
常纪成							

北钢公司

徐蕴纲	刘　群	李成明

国贸公司

金永胜	范洪波	何昌新	张永帅

机关职能部门

武默涵	黄方毅	刘廷友	张世灿	齐　振	韩　梅	林　东	孙　震
黄作为	黄兴华	王长波	苑兴垚	徐　强	李云峰	董家胜	

2020年度本钢集团优秀共产党员

板材公司

颜景东	江　辉	乔宏伟	王国振	宗士威	陶贵峰	黄海峰	许世琪
李敬丹	陈世宇	韩在辉	高永超	刘　彬	李　刚	孙国庆	邓利勇
朱国栋	郭志岩	张　巍	李　勇	王　庆	张彦东	王晓飞	虎雨涝
沈维锋	张　莹	张建威	刘永胜	吴广斌	赵伟涛	张丽英	刘莉娜
韦宝祥	李　勇	陈　凯	乔长敏	于连红	房　斌	李俊星	刘汉波
张四海	刘春华	樊宏波	南　军	段宝军	赫洪波	吉冰海	张世阳
姜　海	吴　冬	张　霞	赵鸿波	刘　娜	王　博	曹　放	

北营板块

孙世家	庄和喜	弓大海	齐英伟	富　裕	裘　文	孙　雪	赫英利
兰恭俊	何　武	赵兰勇	刘运斌	刘殿林	曲广学	于　颖	闫　海
张利业	浦海军	赵守财	曲克义	果先华	崔士文	曹　刚	黄光辉
崔国辉	陈佐忠	张　利	张海波	奚延民	孙跃东	兰洪铁	

矿业板块

康　宁	辛明颖	孟祥东	赵克南	孟祥君	孟令财	贾忠明	李德财
康　良	吴宝军	孙　锋	翟志民	白尚钢	吴　杨	李　英	李光沛
杨纪君	薛海涛	王忠贵	许子朋	赵鲁东	华正茂	王　浩	陈彦宏
郑晓东	宿晓伟	李　欣	张凤伟	邢志忠			

多元板块

王立国	邵　杰	刘　岩	王耀辉	李　程	赵　伟	杨　军	李宏毅
何红文	陶有君	范拥军	宋万龙	于诗圣	李　勇	崔德龙	蒋文杰
李孝刚	王永存	孙李洋	陈　剑	孙志洋	奚延忱	赫明波	马　超
郭利伟	宋万喜	刘建军	张海峰	袁　刚	孙业波	冯卫华	王志波
李　军	马志洪	苗雨新	赵旭利	潘宇舟	孙庆铁	景　琳	王冠华
李　伟	田向阳	陈　军	隋永刚	赵　丹	杨　宇	史英军	赵　毅
孙元龙	陈　强	刘国武	柴申伟	赵春雨	卢政伟		

北钢公司

| 高英男 | 郑泽军 | 樊金汉 | 郝建勇 | 王　雨 |

国贸公司

| 刘　刚 | 陈传湖 |

机关职能部门

| 于　莉 | 李兆安 | 朴永鹏 | 王鹏飞 | 王若苏 | 张晓峰 | 王世军 | 金　龙 |
| 宫　兵 | 李　国 | 史占春 | 孙德佳 | 马广强 | 阚利志 | 袁　野 | 冯红玉 |

阮凯兴　张俊东　刘钢生　刘发顺

2020年度本钢集团先进生产（工作）者

板材公司

张　波	张启涛	母　惺	吴　军	支兴春	孟庆林	王　建	李　萌
闫福安	符振华	徐　强	王宏伟	白晓东	韩立军	富国峰	温海溪
曹大龙	朱　勇	吴　奇	李　军	侯永俊	杨　义	李志强	张　鹏
王晓东	程宏远	姜　明	陈兆刚	孙大伟	谢恩东	赵　凯	丁士军
陈天辉	何伟刚	李　刚	张立明	吴长发	李聚涛	金　钢	李国栋
乔福祥	金　进	赵　涛	翟　勇	侯　斐	郭建军	杨　江	张东海
苑　斌	陈全新	穆嘉强	许金夫	易洪明	郭　壮	于　洋	秦秀娟
王华新	魏成喆	葛洪文	刘　军	夏　军	秦显伟	刘孔鸿	赵俊锋
六十一	孔德久	姚烨楠	刘文治	房启民	徐　刚	孙亚君	马继增
周德宏	杨卫东	王宗明	吴　辉	张兆延	沈广明	王殿元	金绍全
陈　健	于福秋	苏再游	柏铁良	王　刚	赵　卫	孙兆福	吴贵保
芦柄喜	安利凯	李福功	刘晓颖	苏国明	赵名波	朱广军	李宪军
宋城锁	王晓丹	刘德政	李　光	黄煜洲	李　卓	王立升	邵　军
刘　文	王庆顺	李春雨	魏艳冬	宋诗忠	林喜刚	池学平	王兰阁
刘　红	娄　颖	秦伟成	张洪雪	吴国林	王亚芬	高洪刚	苗　隽
杨洪彬	景致巍	路　鑫					

北营板块

于民洁	宁长龙	杨　奇	陈长虹	宋福彬	何　勇	罗洪义	王　驹
郑　波	潘忠平	孟祥阳	田振军	潘国庆	王俊清	赵国福	石　峰
张宏才	鹿　林	王恩军	姚志龙	李　鑫	倪福治	兆　岩	徐金成
王利臣	吴世伟	武建华	张宝成	张　帅	田　雨	邱传新	陈　庚
丁德荣	于生东	翟富民	王殿禹	罗　明	张志强	史　超	张立伟
马少滨	王晓刚	郑　博	刘　海	宋建成	翟伟光	李振来	宋培忠
吴立明	贾纯瑞	曹　飚	荆　哲	代明亮	杜宝东	王　健	郑　涛
张玉财	马克友	秦显柱	王洪剑	张兴胜	王振野	王树东	高　兵
李　刚	潘利军	魏　军	朱海龙	陈立军	刘旺臣	李洪歧	吴长文
范成利	王庆国	宋海亮	杨跃武	闫振和	于　洋	何德新	黄立林
寇　亮	宁宝刚	迟贵强	牟　舟	穆　剑	吴　帅	李福海	

矿业板块

戈会臣	丁国忠	高松权	李大海	赵玉强	张安春	马士博	马明鑫

马永威	谷 明	李 瑛	陈 诺	邓 勇	黄金龙	金永革	刘 冬
刘 辉	王 鹏	王 伟	王 洋	许建新	闫业伟	杨志杰	姜永丰
许庆贺	张春田	关云龙	宋恩刚	任亚伦	宋占利	王 峰	陈庆柏
吴亚军	顾魁洪	梁厚川	吴建斌	李 溪	李仁和	陈长宏	李学波
马廷斌	关宏军	董志刚	宗宝森	于海波	陈玉文	陈庆杰	刘 波
李奎生	王 洋	何 伟	朱 宇	卜庆祥			

多元板块

戎 亮	高晶新	赵宝岩	周学义	芦 妍	尚玉玲	赵维刚	李军英
蒋晓清	程显龙	姜成城	张文龙	姜洪涛	卢相会	王守军	杨国军
闫 峰	张海明	原桂喜	王 麟	迟宏强	陈兆兵	王建军	孙 钢
王兴峰	王 钢	张丽明	程朋军	王庆义	于 辉	王 威	刘庆智
吴宏鑫	李玉刚	李 涛	赵宝伟	刘志辉	富 强	于 杰	魏晓勇
杨洪强	徐荣波	李 娜	郭雪松	杨 朕	魏忠源	陈 璋	侯艳明
吴宝义	吴 越	郑宝钦	金勇志	符宏武	陈 涛	于 派	于 森
潘军昌	孙贵财	王成林	奈作声	冯 科	孙宏刚	刘加彬	郭占伟
魏 兵	刘宝利	戴 勇	郭俊峰	董 晶	杨金文	赵 薇	闫立菲
张长伟	斗建华	周海臣	孙清斌	李 洋	于 涛	吴 洋	庄传铁

北钢公司

| 杜 杰 | 张晓红 | 张 杰 | 赵振文 | 陈利军 | 董 婷 | 穆大亮 | 刘 军 |
| 刘尚标 | 李翠玲 | 潘玉红 | | | | | |

国贸公司

| 张丽萍 | 张 威 | 何艳敏 | | | | | |

机关职能部门

金一嘉	吕君超	肖 林	姚 可	贾 勇	张 辉	吴兴刚	闫 鹤
郭万行	王笃坤	李 巍	黄 亮	兰传宇	于江洋	胡迎桥	王 威
东 风	肖 雪	刘存友	申清雅	李树清			

2020年度本钢集团"三八"红旗集体

板材炼铁总厂焦化分厂检验作业区女工小组　板材炼铁总厂原料分厂机关女工小组
板材储运中心本溪备件作业区女工小组　　板材储运中心露天作业区女工小组
板材能源总厂制氢作业区第二制氢站女工　板材能源总厂行政支部行政女工小组
　小组
板材铁运公司工会女职工委员会　　　　　板材发电厂工会女职工委员会
板材特钢厂工会女职工委员会　　　　　　板材炼钢厂工会女职工委员会

板材计控中心计量管理室女工小组
板材热连轧厂计算机作业区信息化区域女工小组
国贸公司出口计划执行部女工小组
宣传中心工会女职工委员会
北钢北重公司金结天车班女工小组
建设矿山建设公司消防工程作业区女工小组
建设市场经营分公司预算编制中心女工小组
修建维检公司机械检修一队工会女职工委员会
矿业石灰石矿机电作业区变电班女工小组
退管中心直管室女工小组
矿业歪头山铁矿设备管理室女工小组
本溪钢联发展有限公司财务管理中心女工小组
北营炼铁总厂原料分厂原料一作业区确认班女工小组
北营炼铁总厂焦化分厂一回收作业区水泵房班女工小组
北营能源总厂变电三区 5# 变电所女工小组
北营轧钢厂二棒材作业区调度原料班女工小组
北营炼钢厂吊车一作业区成品甲班女工小组
北营轧钢厂吊车作业区 1780 天车操作丁班女工小组
板材冷轧总厂综合办公室女工小组
板材检化验中心原料化验作业区化学分析一班女工小组
板材检化验中心生产技术室女工小组
北钢辽煤化公司综合办食堂女工小组
机械制造公司工会女职工委员会
机械制造公司矿山机修厂机关女工小组
热力公司收费中心女工小组
矿业南芬露天铁矿地质测量作业区地质女工小组
矿业南芬选矿厂工会女职工委员会
矿业歪头山铁矿运输作业区运转女工小组
辽宁冶金职业技术学院管理工程系女工小组
新实业公司东风湖检化验班女工小组
新实业公司炼钢服务区维检食堂班女工小组
北营炼铁总厂焦化分厂三炼焦作业区交换机班女工小组
北营能源总厂生产技术室化验班女工小组
北营炼钢厂吊车二作业区成品丁班女工小组
北营发电厂生产一区三电水处理女工小组

2020 年度本钢集团"三八"红旗标兵

侯斐　徐玲枝　田丹　纪晓红　贾福红　陈萍　韩爽　王艳　高嫄　王莲

2020 年度本钢集团"三八"红旗手

庞 晶	高 杰	朴春淼	陈静岩	徐 菲	陈必英	张 芬	钟 英
曹新斌	石 璐	连喜萍	林 丽	王双双	奚红霞	关 静	幸晓汀
辛 蕾	薛桂华	张秀香	于 红	孙衍伟	万 丽	朱 丹	朱秋荣
洪 霞	宫 农	李 宏	沈 月	岑 玲	黄 爽	孙小艳	关 锋
李 阁	李 芹	孙连跃	陈玉梅	焉 巍	蒋丽芹	卜海增	石盛楠
冯 军	刘 娟	吴 君	赵秀杰	谢铁玲	艾 辉	何 彬	崔 军
刘 娟	袭 伟	段 敏	任慧英	谢艳秋	孙江红	祝 君	张美丹
巴营营	任 鸿	李艳娟	杨艳玲	唐翠华	康振慧	姜 莹	高 明
刘 霞	贾金艳	赵颖楠	王晓霞	王 红	李春艳	黄进文	袁丽萍
赵 敏	冯岩石	田玉芬	代 璐	李 薇	高佳娜	杜树杰	高 赛

2020 年度本钢集团五四红旗团委标兵

| 板材冷轧总厂团委 | 板材特钢厂团委 | 板材发电厂团委 |
| 北营轧钢厂团委 | 矿业南芬露天铁矿团委 | 本钢修建(维检)公司团委 |

2020 年度本钢集团五四红旗团委

板材炼铁总厂团委	板材炼钢厂团委	板材热连轧厂团委
板材铁运公司团委	板材检化验中心团委	板材储运中心团委
板材计控中心团委	北营炼铁总厂团委	北营能源总厂团委
北营发电厂团委	矿业选矿厂团委	矿业石灰石矿团委
辽宁冶金职业技术学院团委	信息自动化公司团委	冶金渣公司团委
建设公司团委	国贸公司团委	集团机关团委

2020 年度本钢集团五四先进团委

| 板材废钢厂团委 | 北营炼钢厂团委 | 北营铁运公司团委 |
| 矿业歪头山铁矿团委 | 矿业辽阳球团厂团委 | 新实业公司团委 |

2020年度本钢集团五四红旗团支部

板材炼铁总厂焦化分厂焦三作业区团支部　　板材冷轧总厂桥北热镀锌团支部
板材发电厂鼓风作业区团支部　　　　　　　板材能源总厂制水团支部
板材铁运公司电信段团支部　　　　　　　　北营发电厂生产三区团支部
北营公运公司团总支　　　　　　　　　　　矿业南芬露天铁矿电铲作业区团支部
矿业歪头山铁矿汽车作业区团支部　　　　　矿业南芬选矿厂三五选团支部
矿业石灰石矿阎家沟团支部　　　　　　　　辽宁恒通公司加工车间团支部

2020年度本钢青年精英团队

生产创效类
　板材炼铁总厂新一号高炉中控室青年团队　　板材热连轧厂一热生产管理技术青年团队
　矿业南芬露天铁矿生产指挥中心青年团队

技术创新类
　板材冷轧总厂本浦热镀锌外板攻关　　　　　板材炼钢厂精炼作业区智能炼钢研发
　　青年团队　　　　　　　　　　　　　　　　青年团队
　板材技术研究院热成型钢研究室青年团队

降本增效类
　招标公司工程招标部青年团队

敬业奉献类
　建设机电安装公司电气仪表工程队
　　青年团队

2020年度本钢集团青年五四奖章

韩佳东　　李国栋　　王　刚　　姚烨楠　　胡　冰　　李振忠　　昌长帅　　姜　帅

2020年度本钢集团青年标兵

勾　旭	王子昂	薛长江	耿明璐	白晓东	黄煜洲	王　焕	李海涛
穆德君	丁广宇	吕延庆	肖启飞	付一鸣	荣晓梅	李　娜	于海涛
高君键	刘龙海	李玖佳	崔瑞平	钟印江	黄晶恒	宋　艺	周子林
高明星	庄　重						

2020年度本钢集团大学毕业生创业成才标兵

宿　杰	周　航	韩　飞	王嘉璐	刘　鹏	王鲲鹏	王锡龙	李雪涛
李宇航	秦金博	王宏英	张　锐	杨　晨	刘　宇	孔德华	于　派
刘佳韵	魏宝森						

2020年度本钢集团优秀团委书记

李　梅	马秀玲	姜　涛	于晓东	王晓溪	仁薇名	朱　丹	王　麟
张薇薇	史海鸣						

2020年度本钢集团优秀团干部

庄硕林	韩　松	陈　程	于文禹	吴晓燕	荣一龙	赵　琦	杨明月
崔宏亮	陈　阳	孙伟道	李　治	戴　帅	代俊鹏	李书羽	肖承志
丛　林	张继文	董　茹	闫　傲	盛晓琳	郭高华		

2020年度本钢集团优秀共青团员

戚智刚	吴佳哲	闫德旭	胡　振	姜顺舰	刘浩明	栾　健	王艺霖
王　帅	贾　翔	祝华宇	任天祥	王俊超	王得全	牛嘉略	曹英楠
于旱岑	张　远	顾金富	孙博文	张　宇	宋　波	王玥瑶	蔡瑞霖
于嘉启	张亦先	冯　浩	姜焕英	唐明煜	刘庆超	郭煜鑫	徐明新

孟繁超　　魏之彤　　王清泉　　李盛来　　周　宇　　李诗宇　　张喜龙　　迟佳慧
任彦姣　　裴照霖

2020年度本钢集团三好学生

董晓威　　何东宇　　霍思成　　鞠　超　　刘文杰　　刘志广　　任　申　　吴昊翰
张　帅　　郑书新

2019年度优秀高校毕业生

学习专研之星
　　杨元宁　　关　琳　　王　猛　　杨成明　　梅锐东　　王　帅　　于梓涵　　时　珍
　　孙　卓　　王　铎　　杨占山　　李玉扬
岗位实干之星
　　刘希瑶　　张兴胜　　赵云峰　　韩　阔　　张峻阁　　左志远　　秦杉杉　　雷中强
　　里　升　　张世佳　　张明远　　陈厚良
成长进步之星
　　刘京京　　王　焕　　孟宪鹏　　田国志　　秦子豪　　栗　野　　王瀚森　　隋广财
　　宋建明　　迟佳慧　　杨　智　　王国强
潜力希望之星
　　裴照霖　　杨　波　　王小宇　　刘浩明　　杜金昊　　魏之彤　　汤富亮　　郑　睿
　　庞少昆　　姜焕英　　吴俊祥　　兰功平

新冠肺炎疫情防控工作先锋青年突击队

板材热连轧厂团委青年突击队　　　　　　板材发电厂团委青年突击队
板材铁运公司团委青年突击队　　　　　　板材检化验中心团委青年突击队
北营生活服务中心团支部青年突击队　　　矿业南芬选矿厂团委青年突击队
保卫中心团委青年突击队　　　　　　　　热力公司团委青年突击队

新冠肺炎疫情防控工作优秀青年突击队

板材炼钢厂团委青年突击队　　　　　　　板材冷轧厂团委青年突击队

板材特钢厂团委青年突击队　　　　　　　　板材焦化厂团委青年突击队
板材储运中心团委青年突击队　　　　　　　板材计控中心团委青年突击队
板材信息化中心团委青年突击队　　　　　　不锈钢冷轧丹东公司团委青年突击队
北营轧钢厂团委青年突击队　　　　　　　　北营铁运公司团委青年突击队
矿业南芬露天矿团委青年突击队　　　　　　矿业歪头山铁矿团委青年突击队
矿业石灰石矿团委青年突击队　　　　　　　矿业贾家堡铁矿团委青年突击队
矿业设备修造厂团委青年突击队　　　　　　矿业辽阳球团厂团委青年突击队
矿业汽运分公司团委青年突击队　　　　　　矿业炸药厂团委青年突击队
修建（维检）公司团委青年突击队　　　　　建设机电安装公司团委青年突击队
建设矿建公司团委青年突击队　　　　　　　建设矿山实业分公司团委青年突击队
辽宁恒通公司团委青年突击队　　　　　　　北钢容大公司团委青年突击队

栏目编辑　　邹丽颖

科技奖项

2020年度科技进步奖名单

奖项名称及等级	成果名称	完成单位	授奖部门	授奖时间
冶金科学技术奖一等奖	最高强度与特厚规格热冲压钢研制及其系列化开发	本钢集团有限公司	中国钢铁工业协会 中国金属学会	2020.7
冶金科学技术奖三等奖	最优活惰比及工艺优化技术在低成本配煤炼焦中的应用	本钢集团有限公司	中国钢铁工业协会 中国金属学会	2020.7
	电镀锌产品自主开发与技术集成			
	商用车用1200MPa级非调制高强结构钢开发与应用			
辽宁省科技进步奖三等奖	汽车用热镀锌烘烤硬化高强系列产品研制开发与应用	本钢集团有限公司	辽宁省科学技术奖励委员会	2020.11
	白车身汽车用钢轻量化技术EVI研究与推广应用			
	冷轧汽车外板纵向冲压条纹缺陷控制关键技术及应用			
中国爆破协会科技奖二等奖	南芬露天铁矿延长382岩石站服务年限的精细爆破技术研究与应用	南芬露天铁矿	中国爆破行业协会	2020.12
中国岩石力学与工程学会科技奖二等奖	巨型NPR锚索新材料研发及滑坡灾变临滑预警关键技术	中国矿业大学 南芬露天铁矿	中国岩石力学与工程学会	2020.10

续表

奖项名称及等级	成果名称	完成单位	授奖部门	授奖时间
本钢科技进步奖特等奖	转炉高强度供氧工艺技术研发与应用	板材炼钢厂	本钢科技进步奖评委会	2020.9
	电镀锌产品自主开发与技术集成	板材技术研究院		
本钢科技进步奖一等奖	北营新1号高炉降低入炉焦比技术应用与进步	北营炼铁厂	本钢科技进步奖评委会	2020.9
	桥北酸轧板形控制轧制模型优化	板材冷轧厂		
本钢科技进步奖二等奖	基于整车轻量化应用的1500MPa热成形钢系列化开发	板材技术研究院 辽宁科技学院	本钢科技进步奖评委会	2020.9
	影响高炉炉缸使用寿命因素的研究	板材技术研究院		
	提高本钢180吨转炉复吹冶金效果攻关	板材技术研究院 板材炼钢厂 制造部		
	冷轧板纵向条纹缺陷研究	板材技术研究院		
	超宽幅冷轧板质量控制攻关	板材技术研究院		
	低碳冷镦用BGLD06热轧盘条的研制	制造部		
	汽车用钢胶粘性能评估技术创新与推广应用	板材技术研究院		
	生产物流信息化管控应用于炼钢厂智能制造的实践	板材炼钢厂		
	电镀锌产品表面色差缺陷攻关	板材技术研究院		

续表

奖项名称及等级	成果名称	完成单位	授奖部门	授奖时间
本钢科技进步奖二等奖	电镀锌磷化产品工艺技术开发与质量稳定的研究	板材冷轧厂	本钢科技进步奖评委会	2020.9
	车轮轮辐用铁素体-马氏体双相热轧酸洗板(BR330/580DP)及制备方法	板材技术研究院制造部		
本钢科技进步奖三等奖	石墨压球电炉炼钢工艺开发	板材特钢厂	本钢科技进步奖评委会	2020.9
	绿色清洁表面板材生产技术创新与应用	板材技术研究院板材炼钢厂板材热连轧厂		
	本钢ERP系统兼容性升级	板材信息化中心		
	汽车用冷轧低合金高强钢340MPa级别产品的开发及应用	板材技术研究院板材冷轧厂		
	焦化厂生物脱氮废水零排放	板材焦化厂		
	提高磁矿流程金属回收率研究	南芬选矿厂		
	本钢汽车板表面夹杂缺陷分类与控制研究	板材技术研究院板材炼钢厂制造部		
	优化工艺设计降低合金成本攻关	板材技术研究院板材炼钢厂制造部		
	降低焊丝钢ER50-6系列氮含量实践与研究	北营炼钢厂		

续表

奖项名称及等级	成果名称	完成单位	授奖部门	授奖时间
本钢科技进步奖三等奖	高品质气保焊丝用热轧盘条研制开发	制造部	本钢科技进步奖评委会	2020.9
	5号镀锌机组Mn、Si高强钢表面质量提升研究	板材冷轧厂		
	电镀锌内部产品合格率提升的攻关	板材冷轧厂		
	热轧1700mm机组供冷轧高强双相钢轧制工艺研究	板材热连轧厂		
	铬铁中磷、铝、钛、铜、锰、钙含量的测定电感耦合等离子体原子发射光谱法	板材技术研究院		
	冷轧镀锌双相钢780MPa级点焊工艺及点焊接头疲劳试验评估技术与应用推广	板材技术研究院		
	碳素弹簧钢丝SWRH67B+Cr热轧盘条开发	制造部 技术研究院 北营炼钢厂		
	钢渣热闷自动控制系统的开发与实践	信息自动化公司		
	机加行业产销一体化管理系统的开发与应用	信息自动化公司		
	球磨机钢球系列用钢	板材技术研究院 辽宁科技学院 制造部		
	低钛轴承钢GCr15的冶炼工艺研究	板材特殊钢厂		

人物与表彰

续表

奖项名称及等级	成果名称	完成单位	授奖部门	授奖时间
本钢科技进步奖三等奖	提升1700线热轧带钢产品表面质量的控制与研究	板材热连轧厂	本钢科技进步奖评委会	2020.9
	高强工程机械用钢系列产品开发及应用	板材技术研究院		
	本钢1880mm密集型花纹板边部纹高和板型控制方法的研究	板材热连轧厂		

（科技创新部　供）

2019 年度企业管理创新成果名单

成果名称	完成单位	奖项名称及等级	授奖部门	授奖时间
以"四定"工作为核心的三项制度改革创新与实践	本钢集团组织部（人力资源部）本钢集团运营改善部	本钢集团管理创新成果特等奖	本钢集团有限公司	2020.6
		辽宁省企业管理创新成果一等奖	辽宁省企业管理创新成果评审委员会	2020.9
		冶金企业管理现代化创新成果二等奖	中国钢铁工业协会	2020.9
以运营管理为平台，构建"责权利"一体化管理体系	本钢集团运营改善部	本钢集团管理创新成果一等奖	本钢集团有限公司	2020.6
		辽宁省企业管理创新成果二等奖	辽宁省企业管理创新成果评审委员会	2020.9
		冶金企业管理现代化创新成果三等奖	中国钢铁工业协会	2020.9
以电子招标平台为依托的集中招标采购管理体系的探索与构建	招标公司	本钢集团管理创新成果一等奖	本钢集团有限公司	2020.6
		辽宁省企业管理创新成果二等奖	辽宁省企业管理创新成果评审委员会	2020.9
		冶金企业管理现代化创新成果三等奖	中国钢铁工业协会	2020.9
多炉型高炉经济冶炼模型的成果推广	板材制造部	本钢集团管理创新成果一等奖	本钢集团有限公司	2020.6
		冶金企业管理现代化创新成果二等奖	中国钢铁工业协会	2020.9
构建以"事故预防"为核心的设备运行管理体系	板材设备部	本钢集团管理创新成果一等奖	本钢集团有限公司	2020.6
		冶金企业管理现代化创新成果三等奖	中国钢铁工业协会	2020.9

续表

成果名称	完成单位	奖项名称及等级	授奖部门	授奖时间
"生产场景化小承包"降耗体系的建立和实施	北营炼钢厂	本钢集团管理创新成果一等奖	本钢集团有限公司	2020.6
建设本钢住房公积金双贯标管理系统 全面提升住房公积金管理多渠道服务职工	本钢集团财务部	本钢集团管理创新成果二等奖	本钢集团有限公司	2020.6
钢材产品新型营销管理模式探索	本钢集团国贸公司			
创新管理优化配矿降低烧结含铁料配矿成本	板材炼铁厂			
炼钢厂炼钢全流程降低钢铁料消耗降成本增效	板材炼钢厂			
以实现冷轧厂客户服务管理系统化为目标的管理创新	板材冷轧厂			
"铁料循环法"在降本增效中的应用	北营炼钢厂			
矩阵式管理模式在本钢信息化项目管理中的建立和实施	板材信息化中心			
推进两化深度融合助推企业精益生产及产销一体化的管理与实践	板材信息化中心			
以高效管理体系建设为引领的本钢异议管理工作实践	板材制造部			

续表

成果名称	完成单位	奖项名称及等级	授奖部门	授奖时间
互联网+设备备件招标采购的创新与实践	招标公司	本钢集团管理创新成果三等奖	本钢集团有限公司	2020.6
通过公开招标促进竞争降成本	招标公司			
炼钢厂转炉炉清炉结攻关	板材炼钢厂			
以日清日结为基点创新管理降本增效	板材热轧厂			
通过精细化管理提高热轧产品成材率降低原料消耗	板材热轧厂			
以优化冷轧产线分工提升产品效益为目标的创新管理	板材冷轧厂			
优化内部管理流程提高产品成材率	板材冷轧厂			
创新实施薪酬总额包干办法，提升企业薪酬管理水平	板材特钢厂			
推进用人机制改革，激发企业内部人力资源活力	板材特钢厂			
生产企业可视化岗位管理系统建设	板材焦化厂			
以成本超前控制为核心的日清日结核算管理	板材焦化厂			
以提高出口低碳冷轧钢种成材率为核心的热轧管理的建立与实施	北营轧钢厂			

续表

成果名称	完成单位	奖项名称及等级	授奖部门	授奖时间
以提高焊线产品强度为核心管理的建立与实施	北营轧钢厂	本钢集团管理创新成果三等奖	本钢集团有限公司	2020.6
组建备件全寿命管理系统	北营铁运公司			
喷吹焦化除尘灰，提升管理创效益	北营制造部			
以降合金消耗为核心，构建产品低成本竞争优势	北营制造部			
优化冶金焦利用，降低炼铁成本	北营制造部			
建立设备基础管理系统平台，降低人为因素影响，提升设备管理水平	北营设备部			
"三突出、六结合"合理化建议管理体系的建立与实施	北营运营改善部			
五位一体绩效考核体系的构建与实施	北营运营改善部			
矿业公司主体产线作业区能耗与绩效挂钩激励的实施	矿业设备部			
实施创新驱动战略提升企业核心竞争力	建设公司			

续表

成果名称	完成单位	奖项名称及等级	授奖部门	授奖时间
机制创新助推建设公司拓展外部市场	建设公司	本钢集团管理创新成果三等奖	本钢集团有限公司	2020.6
建立矿粉资源信息库的管理实践	板材制造部			
建立高炉有害元素管控体系的管理实践	板材制造部			

（运营改善部　供）

2020年度名优产品名单

奖项名称及等级	成果名称	完成单位	授奖部门	授奖时间
金杯特优产品	车轮用热连轧钢板及钢带	板材热连轧厂	中国钢铁工业协会	2020.12
金杯优质产品	车轮用热连轧钢板及钢带	板材热连轧厂	中国钢铁工业协会	2020.12
	奥的斯 GeN2 系列电梯曳引轴用 C45E+N 热轧圆钢	板材技术研究院		

（板材制造部　供）

2020年度优秀六西格玛项目名单

奖项名称及等级	成果名称	完成单位	授奖部门	授奖时间
六西格玛优秀项目（国家级）	提高超低碳钢钢包温度合格率	板材炼钢厂	中国质量协会	2020.11
	提高精矿质量稳定率	贾家堡铁矿		
	降低连退机组上汽面板内部降级率	板材冷轧总厂（本钢浦项）		
	降低1700线带钢氧化铁皮缺陷率	板材热连轧厂		
	提高二区粗苯收率	北营炼铁总厂（焦化分厂）		
	降低三高线BGLD06顶锻开裂次品率	北营轧钢厂		
辽宁省优秀质量管理小组二等奖	降低1700线精轧工作辊轴承座故障数量	板材热连轧厂梦之队QC小组	辽宁省质量协会	2020.7
	减少1#镀锌机组出口段设备停机时间	板材冷轧总厂镀锌QC小组		
	提高三段磨选流程磨机作业率	南芬选矿厂自由飞翔QC小组		
	提高5#铸机吨钢耐材成本	北营炼钢厂连铸一区QC小组		
辽宁省优秀质量管理小组三等奖	降低普碳产品板形缺陷量	板材冷轧总厂头脑风暴QC小组	辽宁省质量协会	2020.7
	降低800轧线生产热停时间	板材特殊钢厂轧钢生产QC小组		

续表

奖项名称及等级	成果名称	完成单位	授奖部门	授奖时间
辽宁省优秀质量管理小组三等奖	提高柴油机活塞连杆组检修合格率	板材铁运公司机车检修段QC小组	辽宁省质量协会	2020.7
	降低GK1C型内燃机车基础制动装置故障台次	板材铁运公司精检细修QC小组		
	提高转炉工序磷合格率	板材炼钢厂炼钢作业区QC小组		
	降低内燃机车运用成本	板材铁运公司机务段QC小组		
	提高水熄焦焦炭质量合格率	板材炼铁总厂焦四作业区QC小组		
	提高RH钢种一次脱氧命中率	板材炼钢厂精炼作业区QC小组		
	降低1780生产线不良品率	北营轧钢厂1780QC小组		
	提高南芬选矿厂铁路运输精矿装车合格率	南芬选矿厂智慧QC小组		
	降低铁道车辆轮对轴承拆装作业故障次数	板材铁运公司车辆段QC小组		
	降低轧钢产线自动化设备停机影响时间	板材特殊钢厂设备管理室QC小组		
	降低蒸氨液碱消耗定额	北营炼铁总厂碧水QC小组		
	降低1880线2#磨床涡流探伤仪误报率	板材热连轧厂轧辊QC小组		

续表

奖项名称及等级	成果名称	完成单位	授奖部门	授奖时间
辽宁省优秀质量管理小组三等奖	降低小棒波浪弯缺陷率	板材特殊钢厂轧钢工艺QC小组	辽宁省质量协会	2020.7
	降低连铸断浇次数	板材特殊钢厂轧钢工艺QC小组		2020.7

（板材制造部　供）

栏目编辑　　邹丽颖

本钢年鉴 2021

特载

大事记

概述

经营管理

综合管理

党群工作

钢铁主业

多元产业

改制企业

统计资料

人事与机构

人物与表彰

★ 附录

本钢集团

附　录

上级文件目录

发文单位	文件编号	文件标题
省委 省政府	辽委传发 〔2020〕1号	中共辽宁省委 辽宁省人民政府关于加强新型冠状病毒感染的肺炎疫情防控工作的紧急通知
省委组织部	辽组发 〔2020〕3号	中共辽宁省委组织部印发《关于在疫情防控工作中考察识别干部办法》的通知
省委省政府	辽委传发 〔2020〕3号	中共辽宁省委 辽宁省人民政府关于坚决打赢新冠肺炎疫情防控阻击战全力做好改革发展稳定各项工作的若干意见
省委组织部	辽组明字 〔2020〕7号	中共辽宁省委组织部关于在打赢疫情防控阻击战中进一步发挥人才作用的通知
省委办公厅	辽委办发 〔2020〕10号	中共辽宁省委办公厅关于认真学习贯彻《中国共产党国有企业基层组织工作条例（试行）》的通知
省委办公厅	辽委办发 〔2020〕9号	中共辽宁省委办公厅 辽宁省人民政府办公厅关于印发《辽宁省劳动模范和先进集体评选管理办法》的通知
省委办公厅	辽委办发 〔2020〕11号	中共辽宁省委办公厅关于省委管理领导班子和领导干部2019年年度考核评优结果的通报
省委办公厅	辽委办传发 〔2020〕11号	中共辽宁省委办公厅关于进一步做好党内规范性文件备案审查工作的通知
省委办公厅	厅秘发 〔2020〕32号	中共辽宁省委办公厅 辽宁省人民政府办公厅关于印发《辽宁省污染防治攻坚战成效考核实施措施》的通知
省委组织部 省扶贫开发办	辽组通字 〔2020〕32号	中共辽宁省委组织部 辽宁省扶贫开发领导小组办公室印发《关于建立选派驻村工作队和第一书记工作长效机制的实施方案》的通知
省委	辽委发 〔2020〕13号	中共辽宁省委 辽宁省人民政府关于印发《辽宁省省属企业领导人员管理暂行规定》的通知

续表

发文单位	文件编号	文件标题
省委宣传部	辽宣〔2020〕13号	关于公布2019年取得全省政工系列专业技术资格人员名单的通知
省委办公厅	厅秘发〔2020〕43号	中共辽宁省委办公厅印发《关于加强省属国有企业党风廉政建设的意见》的通知
省委办公厅	辽委办发〔2020〕38号	中共辽宁省委办公厅 辽宁省人民政府办公厅印发《关于强化知识产权保护的实施意见》的通知
省委巡视办	辽巡发〔2020〕15号	关于在本钢集团建立巡察制度开展巡察工作的批复
省委组织部 省扶贫开发办	辽组通字〔2020〕47号	中共辽宁省委组织部 辽宁省扶贫开发领导小组办公室关于印发《2020年度全省选派到乡镇和村工作干部考核工作实施方案》的通知
省委宣传部	辽宣干发〔2020〕25号	关于公布2020年全省企业思想政治工作高级专业技术资格评审通过人员名单的通知
省委宣传部	辽宣干发〔2020〕26号	关于公布2020年全省企业思想政治工作人员专业考试通过人员名单的通知
省政府	辽政发〔2020〕3号	辽宁省人民政府关于奖励第二批"辽宁工匠"的决定
省政府办公厅		枫林、向群同志在《本钢集团有限公司关于恳请批复协议出让花岭沟铁矿采矿权的请示》上的批示
省政府办公厅	辽政办发〔2020〕9号	辽宁省人民政府办公厅关于提高城乡居民最低生活保障、特困人员救助供养、孤儿基本生活养育和60年代精简退职职工生活补助标准的通知
省政府	辽政〔2020〕45号	辽宁省人民政府关于协议出让本溪钢铁（集团）矿业有限责任公司花岭沟铁矿采矿权的批复

续表

发文单位	文件编号	文件标题
省政府办公厅	辽政办〔2020〕46号	辽宁省人民政府办公厅关于推进辽宁省矿产资源管理改革若干事项的意见
省政府办公厅		立林副省长在《关于恳请省政府协调各金融机构在本钢集团改革时期稳定信贷投放 加大金融支持的请示》上的批示
省政府	辽宁省人民政府令第337号	辽宁省女职工劳动保护办法
省国资委		关于协议转让恒基公司所持本溪大河实业有限公司股权的意见
省档案局	辽档发〔2020〕3号	辽宁省档案局关于印发《辽宁省档案科技项目管理办法》的通知
省国资委	辽国资党委〔2020〕12号	转发省委省政府疫情防控工作部署及省国资委党委防控工作方案的通知
省国资委办公室		转发《辽宁省档案局关于做好全省新冠肺炎疫情防控文件收集归档工作的通知》的通知
辽宁利盟国有资产经营有限公司		关于处置本钢第三轧钢厂、本溪钢铁公司钢管总厂债权的告知函
省扶贫开发领导小组办公室	辽扶贫办字〔2020〕11号	省扶贫办关于2019年度省（中）直定点扶贫先进单位和先进工作者的通报
省国资委		关于持续推动省属企业三项制度改革专项行动有关工作的通知
省国资委	辽国资分配〔2020〕44号	关于下发《2020年度省属企业三项制度改革评价方案》的通知
省国资委	辽国资〔2020〕28号	关于印发《省国资委推动省属企业开展安全生产专项整治三年行动实施方案》的通知

续表

发文单位	文件编号	文件标题
省国资委		关于转发《关于本钢集团有限公司增加进口焦煤额度的请示（领导批示）》的通知
东北特钢公司		关于需本钢集团有限公司协调200吨冶金吊立即交货事宜的函
省自然资源厅	辽自然资财〔2020〕11号	关于本钢集团恳请免除棉花堡子铁矿矿业权出让收益滞纳金的复函
省档案局	辽档函〔2020〕47号	关于入选辽宁省档案专家库专家的通知
省地方金融监督管理局		关于帮助本钢集团协调融资问题有关情况的报告
大连市沙河口区人民政府		关于商请推进本钢集团大连耐火材料厂闲置土地盘活利用的函
省国资委	辽国资分配〔2020〕170号	关于本钢集团有限公司2019年工资总额清算评价的意见
省国资委党委	辽国资党委〔2020〕73号	印发《关于进一步加强省属企业人才队伍建设的指导意见》的通知
省国资委	辽国资考核〔2020〕145号	关于2019年度省属企业负责人经营业绩考核结果的通报
省国资委	辽国资分配〔2020〕192号	关于本钢集团有限公司2020年工资总额预算方案的批复
省国资委	辽国资财审〔2020〕198号	关于本钢集团有限公司2020年财务预算的批复
省精神文明建设指导委员会	辽文明委〔2020〕16号	辽宁省文明委关于表彰2018—2020年度全省文明城市（区）、文明村镇、文明单位和第二届全省文明家庭、文明校园及新一届全省未成年人思想道德建设工作先进的决定

续表

发文单位	文件编号	文件标题
省国资委	辽国资改革〔2020〕216号	关于本钢集团有限公司章程的批复
省国资委党委	辽国资党委〔2020〕78号	省国资委党委关于印发《2021年省（中）直企业发展党员指导性计划》的通知
市委	本委〔2020〕10号	中共本溪市委 本溪市人民政府关于表彰2019年度重点纳税工业企业的决定
市委宣传部、市退役军人事务局、本溪军分区政治工作处	本退役军人〔2020〕20号	关于表彰本溪市第二届"最美退役军人"及提名奖的决定
市委办公室		姜小林同志在《本钢集团有限公司关于领导班子成员工作分工的报告》（本钢发办字〔2020〕97号）上的批示
市政府	本政发〔2020〕2号	本溪市人民政府关于授予本溪龙山泉啤酒有限公司等10家企业2019年本溪市市长质量奖的决定
市政府办公室	本政办请〔2020〕107号	市政府关于《本钢集团关于协调解决厂办大集体改革相关问题的请示》的批复
市政府办公室	本政办请〔2020〕113号	田树槐同志在《本钢集团关于协调解决北营采矿证办理有关问题的请示》上的批示
市政府办公室	本政办发〔2020〕14号	本溪市人民政府办公室关于提高城乡居民最低生活保障、特困人员救助供养、孤儿基本生活养育和60年代精简退职职工生活补助标准的通知
市政府办公室	本政办请〔2020〕194号	市政府关于《南芬区人民政府关于恳请市政府支持本钢南芬露天铁矿4号排土场土地报卷工作的请示》的批复

续表

发文单位	文件编号	文件标题
市政府办公室	本政办请〔2020〕197号	市政府关于《本钢集团有限公司关于解决本溪市衡泽热力公司和本溪市广惠热力公司兴安地区居民供暖热源的意见》的批复
市政府办公室	本政办请〔2020〕223号	市政府关于本钢集团有限公司《关于急需市政府协调解决影响本钢厂办大集体改革进度相关问题的请示》的批复
明山区政府	本明政〔2020〕66号	明山区人民政府关于帮助协调解决本钢热力开发有限公司"北一锅炉房"续签租赁房屋事宜的函
市政府办公室		田树槐同志在《本钢集团关于协调解决北营矿业炸药厂库存硝酸铵调拨至本钢矿业炸药厂公路运输事宜的请示》上的批示
市政府办公室	本政办请〔2020〕354号	市政府关于《本钢集团关于征缴医疗保险风险调剂金问题的请示》的批复
平山区政府	平政〔2020〕91号	本溪市平山区人民政府关于商请占用本钢岩芯库房产及土地相关事宜的函
南芬区政府		南芬区人民政府关于恳请本钢（集团）有限公司排除五处安全隐患的函
南芬区政府		南芬区人民政府关于恳请本钢集团有限公司协调延迟采暖费报销期限的函
市政府办公室	办公会议纪要第80期	关于推进解决本钢集团5亿元短缺融资有关问题办公会议的纪要
市精神文明建设指导委员会	本文明委发〔2020〕2号	关于命名表彰2019年度本溪市"雷锋号"的决定

续表

发文单位	文件编号	文件标题
市城镇人口密集区危险化学品生产企业搬迁改造工作领导小组办公室		关于尽快实施辽宁北方煤化工（集团）股份有限公司就地改造工作的函
市城镇人口密集区危险化学品生产企业搬迁改造工作领导小组办公室		关于请进一步明确辽宁北方煤化工（集团）股份有限公司就地改造工作安排的函
市厂改办	本集改办发〔2020〕5号	关于转发市人社局《关于厂办大集体改革养老保险欠费核销有关问题的答复意见》的通知
市厂改办	本集改办发〔2020〕6号	关于转发市人社局《关于规范办理厂办大集体改革职工退休有关问题的通知》的通知
市安全生产委员会办公室	本安委办发〔2020〕29号	关于明确辽宁冶金职业技术学院围墙重大安全隐患整改责任的通知
市应急管理局	本应急发〔2020〕71号	关于歪头山铁矿、南芬露天铁矿外包工程存在问题的监管意见
市应急管理局	本应急发〔2020〕82号	市应急管理局转发《辽宁省应急管理厅关于注销本溪北营钢铁（集团）股份有限公司矿业公司铁矿等3家非煤矿山企业安全生产许可证的批复》的通知
市文化旅游和广播电视局		关于恳请帮助建设本钢二电发电历史博物馆的函
中国钢铁工业协会	钢协〔2020〕48号	关于表扬2019年度财务指标快报工作先进单位和优秀个人的通知
中国钢铁工业协会	钢协〔2020〕72号	关于对2019年度钢铁企业财务结算价格工作先进单位和优秀信息员给予表扬的通知
中国钢铁工业协会	钢协〔2020〕161号	中国钢铁工业协会关于表扬"2020年度信息工作先进单位"及"2020年度优秀钢铁信息员"的通知

续表

发文单位	文件编号	文件标题
中国内部审计协会	中内协发〔2020〕44号	中国内部审计协会关于表彰2017年至2019年全国内部审计先进集体和先进工作者的决定
海南万花坊置业有限公司	〔2020〕万置字第18号	关于合作开发本钢2.012亩地土地的函
海南胤泓实业投资有限公司		关于本溪钢铁（集团）有限责任公司名下土地有效利用的建议函

（办公室　供）

董事会文件目录

文件编号	文件标题
本钢董发〔2020〕1号	本钢集团有限公司关于调整组织机构设置的通知

（办公室　供）

党委文件目录

文件编号	文件标题
钢委发〔2020〕1号	本钢集团党委 本钢集团关于表彰2019年度先进集体和先进个人的决定
钢委发〔2020〕2号	关于成立本钢集团新型冠状病毒感染的肺炎疫情防控指挥部的通知
钢委发〔2020〕3号	关于调整本钢集团新冠肺炎疫情防控指挥部工作职责的通知
钢委发〔2020〕4号	关于本钢第三批派驻乡村干部调整的请示
钢委发〔2020〕5号	关于组织党员自愿捐款支持新冠肺炎疫情防控工作的通知
钢委发〔2020〕6号	关于印发《全面从严治党党委主体责任工作任务清单》的通知
钢委发〔2020〕7号	关于给予高良广同志党内警告处分的决定
钢委发〔2020〕8号	关于印发《本钢集团有限公司党费收缴使用管理实施细则》的通知
钢委发〔2020〕9号	关于印发《本钢集团有限公司党委2020年工作要点》的通知
钢委发〔2020〕10号	关于开展2017—2019年度本溪市先进集体、劳动模范候选人推荐工作的通知
钢委发〔2020〕11号	关于给予荆玉明同志党内警告处分的决定
钢委发〔2020〕12号	关于印发《本钢集团有限公司共青团工作经费管理办法(暂行)》的通知

续表

文件编号	文件标题
钢委发〔2020〕13号	关于2017—2019年度本溪市先进集体和劳动模范评选推荐报告
钢委发〔2020〕14号	关于建立巡察机构与相关部门（单位）协作机制的意见
钢委发〔2020〕15号	关于加强巡察整改有关工作的意见
钢委发〔2020〕16号	本钢集团党委关于认真学习贯彻《中国共产党国有企业基层组织工作条例（试行）》的通知
钢委发〔2020〕17号	关于下发《本钢集团党委关于深入开展"基层党建工作建设年"和"基层党建制度落实年"活动的工作方案》的通知
钢委发〔2020〕18号	关于开展第四轮巡察工作及前两轮巡察整改落实"回头看"的通知
钢委发〔2020〕19号	本钢集团有限公司关于领导班子成员工作分工调整的报告
钢委发〔2020〕20号	本钢集团党委关于调整部分基层党组织设置的通知
钢委发〔2020〕21号	本钢集团党委关于开展纪念建党99周年系列活动的通知
钢委发〔2020〕22号	关于对韩宏举等部分干部职务调整的通知
钢委发〔2020〕23号	关于对赵铁林等部分干部职务调整的通知
钢委发〔2020〕24号	本钢集团党委2020年上半年意识形态工作报告
钢委发〔2020〕25号	关于印发《本钢集团有限公司2020年保密工作要点》的通知

续表

文件编号	文件标题
钢委发〔2020〕26号	本钢集团有限公司关于调整保密委员会成员的通知
钢委发〔2020〕27号	关于向本钢集团财务有限公司派出监事的通知
钢委发〔2020〕28号	关于印发《本钢集团有限公司宣传工作管理办法》的通知
钢委发〔2020〕29号	关于印发《本钢集团有限公司党委理论学习中心组学习管理规定》的通知
钢委发〔2020〕30号	关于印发《本钢集团有限公司新闻宣传管理办法》的通知
钢委发〔2020〕31号	关于签订2020年度党风廉政建设目标责任书的通知
钢委发〔2020〕32号	关于印发《本钢集团有限公司严格落实中央八项规定精神若干规定（暂行）》的通知
钢委发〔2020〕33号	关于建立巡察制度开展巡察工作的请示
钢委发〔2020〕34号	关于印发《本钢集团有限公司网络舆情管理办法》的通知
钢委发〔2020〕35号	关于印发《本钢集团有限公司领导干部保密工作责任制实施办法》的通知
钢委发〔2020〕36号	关于给予刘太斗同志党内严重警告处分的决定
钢委发〔2020〕37号	本钢集团混改试点工作进展情况报告
钢委发〔2020〕38号	关于印发《2020年平安本钢建设工作要点》的通知

续表

文件编号	文件标题
钢委发〔2020〕39号	本钢集团混改工作最新进展情况报告
钢委发〔2020〕40号	关于对黄忠江同志职务调整的通知
钢委发〔2020〕41号	关于调整本钢集团新冠肺炎疫情防控指挥部工作职责的通知
钢委发〔2020〕42号	关于调整《本钢集团新冠肺炎疫情联防联控工作方案》的通知
钢委发〔2020〕43号	关于本钢混改进展情况的紧急报告
钢委发〔2020〕44号	关于号召本钢集团广大职工积极参与本钢集团与桓仁县合作开展"抖音"直播带货助农活动的通知
钢委发〔2020〕45号	本钢集团关于学习贯彻习近平总书记对制止餐饮浪费行为重要指示精神的工作方案
钢委发〔2020〕46号	关于前两轮巡察反馈问题整改落实"回头看"情况的通报
钢委发〔2020〕47号	关于联合向省委省政府汇报涉及本钢混改有关意见的请示
钢委发〔2020〕48号	关于恳请帮助争取省委省政府支持本钢混改工作的请示
钢委发〔2020〕49号	关于编报本钢集团2021年因公临时出国(境)及因公赴台计划的通知
钢委发〔2020〕50号	关于对邓振刚等部分干部职务调整的通知
钢委发〔2020〕51号	关于印发《本钢集团有限公司党委会前置研究讨论事项清单示范文本(试行)》的通知

续表

文件编号	文件标题
钢委发〔2020〕52号	关于开展第五轮巡察工作的通知
钢委发〔2020〕53号	本钢集团有限公司党内定期谈心谈话工作实施细则
钢委发〔2020〕54号	关于调整本钢集团党的建设工作领导小组（本钢集团党委履行全面从严治党主体责任领导小组）成员的通知
钢委发〔2020〕55号	本钢集团各级党委履行全面从严治党主体责任实施细则（试行）
钢委发〔2020〕56号	关于调整保密委员会成员的通知
钢委发〔2020〕57号	本钢集团贯彻落实《关于加强省属国有企业党风廉政建设的意见》工作方案的报告
钢委发〔2020〕58号	关于印发《本钢集团党委关于整治形式主义官僚主义自检自查工作方案》的通知
钢委发〔2020〕59号	关于印发《本钢集团党委学习宣传贯彻党的十九届五中全会精神工作方案》的通知
钢委发〔2020〕60号	本钢集团有限公司报刊资料订购管理规定
钢委发〔2020〕61号	本钢集团党委关于深入学习贯彻习近平总书记在中央政治局第二十一次集体学习时重要讲话精神 做好党建重点工作的通知
钢委发〔2020〕62号	中共本钢集团有限公司委员会关于陈铁同志退休的请示
钢委发〔2020〕63号	关于调整本钢集团新冠肺炎疫情防控指挥部工作职责的通知
钢委发〔2020〕64号	关于调整《本钢集团新冠肺炎疫情联防联控工作方案》的通知

续表

文件编号	文件标题
钢委发〔2020〕65号	关于杨维同志在中国钢铁工业协会兼任领导职务的请示
钢委发〔2020〕66号	本钢集团党委 本钢集团关于评选2020年度先进集体和先进个人的通知
钢委发〔2020〕67号	关于认真开好2020年度党员领导干部民主生活会的通知
钢委发〔2020〕68号	关于2020年度本钢集团各级党组织书记抓基层党建述职评议考核工作的通知

（办公室　供）

行政文件目录

文件编号	文件标题
本钢发安字〔2020〕1号	本钢集团有限公司关于做好2020年安全生产工作任务的通知
本钢发制字〔2020〕2号	关于印发《2020年1月份生产经营计划》的通知
本钢发运营字〔2020〕3号	关于印发《本钢集团退休人员社会化管理工作实施方案》的通知
本钢发制字〔2020〕4号	关于印发《2020年本钢集团有限公司产品标准目录》的通知
本钢发监字〔2020〕5号	关于给予王加雁同志记过处分的决定
本钢发办字〔2020〕6号	关于印发《本钢集团新型冠状病毒感染的肺炎疫情联防联控工作方案》的通知
本钢发办字〔2020〕7号	关于启动本钢集团新型冠状病毒感染的肺炎疫情防控Ⅰ级响应的通知
本钢发办字〔2020〕8号	本钢集团关于进一步加强新型冠状病毒感染的肺炎疫情防控工作的通知
本钢发办字〔2020〕9号	本钢集团关于延长2020年春节假期的通知
本钢发办字〔2020〕10号	本钢集团关于延迟企业复工和进一步加强疫情防控的通知
本钢发运营字〔2020〕11号	关于北营公司退管中心名称职能变更的通知
本钢发制字〔2020〕12号	关于印发《2020年2月份生产经营计划》的通知

续表

文件编号	文件标题
本钢发规字〔2020〕13号	关于本钢歪头山低品位矿及废石辊磨干选资源综合利用工程可研性研究报告的批复
本钢发法字〔2020〕14号	本钢集团转发省国资委关于依法防控疫情切实防范法律合规风险的通知
本钢发安字〔2020〕15号	关于印发《本钢集团有限公司消防设施管理制度》的通知
本钢发安字〔2020〕16号	关于印发《本钢集团有限公司消防安全管理制度》的通知
本钢发制字〔2020〕17号	关于印发《2020年3月份生产经营计划》的通知
本钢发规字〔2020〕18号	关于印发《2020年本钢集团有限公司科技项目计划》通知
本钢发规字〔2020〕19号	关于下达《本溪钢铁（集团）有限责任公司2020年第一批固定资产投资计划》的通知
本钢发规字〔2020〕20号	关于下达《本溪北营钢铁（集团）股份有限公司2020年第一批固定资产投资计划》的通知
本钢发规字〔2020〕21号	关于下达《本溪钢铁（集团）矿业有限责任公司2020年第一批固定资产投资计划》的通知
本钢发制字〔2020〕22号	关于印发QBB101-2020《热轧钢板和钢带的尺寸、外形、重量及允许偏差》企业标准的通知
本钢发规字〔2020〕23号	关于印发《本钢集团"十四五"发展规划纲要编制工作方案》的通知
本钢发规字〔2020〕24号	关于印发《本钢集团有限公司固定资产投资计划管理办法》的通知
本钢发规字〔2020〕25号	关于印发《2020年本钢集团有限公司产品认证项目计划》的通知

续表

文件编号	文件标题
本钢发规字〔2020〕26号	关于下达《本钢集团有限公司2020年新产品研发计划》的通知
本钢发制字〔2020〕27号	关于印发《2020年4月份生产经营计划》的通知
本钢发监字〔2020〕28号	关于给予冯朝晖同志记过处分的决定
本钢发监字〔2020〕29号	关于给予刘爱民同志记过处分的决定
本钢发监字〔2020〕30号	关于给予张强同志警告处分的决定
本钢发规字〔2020〕31号	关于印发《本钢集团有限公司建设项目工程其他费管理实施细则》的通知
本钢发运营字〔2020〕32号	关于印发《本钢集团所属单位及子公司责任状补充说明》的通知
本钢发规字〔2020〕33号	关于北营能源总厂220kV变电所项目接入系统可行性研究的批复
本钢发制字〔2020〕34号	关于印发QBB102-2020《结构钢热轧钢板和钢带》等7项企业标准的通知
本钢发制字〔2020〕35号	关于印发《2020年5月份生产经营计划》的通知
本钢发制字〔2020〕36号	关于印发《本钢集团有限公司铁路运输管理办法》的通知
本钢发制字〔2020〕37号	关于印发《本钢集团有限公司外购原燃料途耗管理规定》的通知
本钢发规字〔2020〕38号	关于印发《本钢集团有限公司重点技术改造项目前期工作管理办法》的通知

续表

文件编号	文 件 标 题
本钢发制字〔2020〕39号	关于印发《本钢集团有限公司铁路车辆使用管理办法》的通知
本钢发采字〔2020〕40号	关于印发《本钢集团有限公司外购产品异议管理办法》的通知
本钢发采字〔2020〕41号	关于印发《本钢集团有限公司外购产品验收管理办法》的通知
本钢发制字〔2020〕42号	关于印发《2020年6月份生产经营计划》的通知
本钢发审字〔2020〕43号	关于印发《本钢集团有限公司单位负责人任中经济责任审计全覆盖实施办法（暂行）》的通知
本钢发规字〔2020〕44号	关于印发《本钢集团有限公司战略规划管理办法》的通知
本钢发国贸字〔2020〕45号	关于印发《本钢集团矿业公司南芬露天矿硅石销售管理细则》的通知
本钢发办字〔2020〕46号	本钢集团有限公司关于领导班子成员工作分工的通知
本钢发制字〔2020〕47号	关于印发《本钢集团有限公司2020年防汛工作安排》的通知
本钢发安字〔2020〕48号	关于调整本钢集团有限公司安全生产（消防）委员会的通知
本钢发制字〔2020〕49号	关于印发QBB109-2020《车轮用热轧钢板和钢带》等5项企业标准的通知
本钢发制字〔2020〕50号	关于印发QBB315-2020《冷轧硬钢带研究院反馈》等4项企业标准的通知
本钢发人字〔2020〕51号	关于印发《本钢集团关于加强新冠肺炎疫情期间员工管理的暂行规定》的通知

续表

文件编号	文件标题
本钢发规字〔2020〕52号	关于北营焦化厂煤气净化系统温度参数达标改造提高净化产品收率项目可行性研究的批复
本钢发人字〔2020〕53号	关于印发《本钢集团有限公司外事工作管理办法》的通知
本钢发保字〔2020〕54号	关于印发《本钢集团有限公司治安防范管理考核细则》的通知
本钢发制字〔2020〕55号	关于印发《2020年7月份生产经营计划》的通知
本钢发保字〔2020〕56号	关于印发《本钢集团公司治安保卫人员着装管理规定》的通知
本钢发行字〔2020〕57号	关于调整本钢集团有限公司人口和计划生育领导小组成员的通知
本钢发制字〔2020〕58号	关于印发《本钢集团有限公司铁前工序生产用物料质量管理实施办法》的通知
本钢发规字〔2020〕59号	关于本钢浦项冷轧废水处理系统改造项目可行性研究的批复
本钢发信息字〔2020〕60号	关于印发《本钢集团有限公司软件正版化管理规定》的通知
本钢发信息字〔2020〕61号	关于印发《本钢集团ERP系统终端设备及配件管理规定》的通知
本钢发信息字〔2020〕62号	关于印发《本钢集团有限公司信息化系统用户权限管理规定》的通知
本钢发信息字〔2020〕63号	关于印发《本钢集团有限公司ERP系统软件网络和终端机运行维护实施细则》的通知
本钢发制字〔2020〕64号	关于印发《本钢集团有限公司质量事故管理规定》的通知

续表

文件编号	文件标题
本钢发制字〔2020〕65号	关于印发《本钢集团有限公司铁前物料质量预警实施细则》的通知
本钢发制字〔2020〕66号	关于印发《本钢集团有限公司铁前原燃料开发新资源的管理办法》的通知
本钢发监字〔2020〕67号	关于给予孙昊同志记大过处分的决定
本钢发监字〔2020〕68号	关于给予李田茂同志记大过处分的决定
本钢发监字〔2020〕69号	关于给予李玉福同志记过处分的决定
本钢发监字〔2020〕70号	关于给予郭晓春同志记过处分的决定
本钢发信息字〔2020〕71号	关于印发《本钢集团有限公司新建技改工程同步建设信息化系统管理规定》的通知
本钢发国贸字〔2020〕72号	关于印发《本钢集团矿业公司歪头山铁矿矿山副产品销售管理细则》的通知
本钢发制字〔2020〕73号	关于印发《本钢集团有限公司质量异议技术管控实施细则》的通知
本钢发制字〔2020〕74号	关于印发《本钢集团有限公司外购生产用物料质量管理实施办法》的通知
本钢发制字〔2020〕75号	关于印发《本钢集团有限公司大宗原燃料计划管理考核实施细则》的通知
本钢发能字〔2020〕76号	关于印发《本钢集团有限公司能源平衡表编制细则》的通知
本钢发能字〔2020〕77号	关于印发《本钢集团有限公司外付能源费用管理规定》的通知

续表

文件编号	文件标题
本钢发能字〔2020〕78号	关于印发《本钢集团有限公司汽、柴油管理规定》的通知
本钢发办字〔2020〕79号	关于印发《本钢集团有限公司定密管理规定》的通知
本钢发办字〔2020〕80号	关于印发《本钢集团有限公司手机使用保密管理规定》的通知
本钢发保字〔2020〕81号	关于印发《本钢集团有限公司公路运输物资出入厂实施办法》的通知
本钢发信息字〔2020〕82号	关于印发《本钢集团有限公司机构变动信息系统调整实施细则》的通知
本钢发制字〔2020〕83号	关于印发《本钢集团有限公司产品标签和质量证明书管理规定》的通知
本钢发制字〔2020〕84号	关于印发《本钢集团有限公司钢后工序质量监督抽查管理规定》的通知
本钢发制字〔2020〕85号	关于印发《本钢集团有限公司钢后产品炉批号的管理规定》的通知
本钢发制字〔2020〕86号	关于印发《本钢集团有限公司产品质量缺陷叫停规定》的通知
本钢发国贸字〔2020〕87号	关于印发《本钢集团矿业公司石灰石矿岩石销售管理细则》的通知
本钢发能字〔2020〕88号	关于印发《本钢集团有限公司厂容环境管理办法》的通知
本钢发能字〔2020〕89号	关于印发《本钢集团有限公司能源使用审批管理规定》的通知
本钢发能字〔2020〕90号	关于印发《本钢集团有限公司合同能源管理实施细则》的通知

续表

文件编号	文件标题
本钢发能字〔2020〕91号	关于印发《本钢集团有限公司总量减排管理规定》的通知
本钢发能字〔2020〕92号	关于印发《本钢集团有限公司排污许可管理规定》的通知
本钢发制字〔2020〕93号	关于印发《本钢集团有限公司非计划产品管理实施细则》的通知
本钢发制字〔2020〕94号	关于印发《本钢集团有限公司六西格玛管理办法》的通知
本钢发制字〔2020〕95号	关于印发《本钢集团有限公司质量管理(QC)小组活动管理办法》的通知
本钢发制字〔2020〕96号	关于印发《本钢集团有限公司矿山岩石验收管理办法》的通知
本钢发制字〔2020〕97号	关于印发《本钢集团有限公司外购合金管理规定》的通知
本钢发制字〔2020〕98号	关于印发《本钢集团有限公司生产计划管理实施细则》的通知
本钢发能字〔2020〕99号	关于印发《本钢集团有限公司能源介质质量管理办法》的通知
本钢发计字〔2020〕100号	关于印发《本钢集团质量环境安全管理体系计量工作管理规定》的通知
本钢发计字〔2020〕101号	关于印发《本钢集团量值传递管理规定》的通知
本钢发计字〔2020〕102号	关于印发《本钢集团计量器具分类管理实施细则》的通知
本钢发计字〔2020〕103号	关于印发《本钢集团电能计量设施技术管理规程》的通知

续表

文件编号	文件标题
本钢发计字〔2020〕104号	关于印发《本钢集团产线贸易秤日常标定管理办法》的通知
本钢发计字〔2020〕105号	关于印发《本钢集团有限公司标准替代物使用及管理的相关规定》的通知
本钢发制字〔2020〕106号	关于印发《本钢集团有限公司钢后工序质量责任归户管理规定》的通知
本钢发制字〔2020〕107号	关于印发《本钢集团有限公司半成品、成品库存管理实施细则》的通知
本钢发能字〔2020〕108号	关于印发《本钢集团有限公司建设项目环境影响评价和环保验收管理办法》的通知
本钢发能字〔2020〕109号	关于印发《本钢集团有限公司环保设施运行监督管理办法》的通知
本钢发资字〔2020〕110号	关于印发《本钢集团有限公司子公司上市工作管理办法》的通知
本钢发制字〔2020〕111号	关于印发《本钢集团有限公司生产订单管理细则》的通知
本钢发运营字〔2020〕112号	关于印发《本钢集团进一步处置"僵尸企业"实施方案》的通知
本钢发国贸字〔2020〕113号	关于印发《本钢集团有限公司进口大宗原料资源转销管理办法》的通知
本钢发行字〔2020〕114号	关于印发《本钢集团有限公司人口与计划生育管理规定》的通知
本钢发计字〔2020〕115号	关于印发《本钢集团流体能源计量管理规定》的通知
本钢发计字〔2020〕116号	关于印发《本钢集团电能计量管理规定》的通知

续表

文件编号	文件标题
本钢发计字〔2020〕117号	关于印发《本钢集团物资计量管理规定》的通知
本钢发计字〔2020〕118号	关于印发《本钢集团外进合金料计量管理规定》的通知
本钢发制字〔2020〕119号	关于印发《本钢集团有限公司技术标准管理办法》的通知
本钢发能字〔2020〕120号	关于印发《本钢集团有限公司固定资产投资项目节能审查管理规定》的通知
本钢发制字〔2020〕121号	关于印发《本钢集团有限公司矿山用数码电子雷管管理办法》的通知
本钢发安字〔2020〕122号	关于印发《本钢集团有限公司消防应急救援队伍管理制度》的通知
本钢发安字〔2020〕123号	关于印发《本钢集团有限公司动火作业管理规定》的通知
本钢发制字〔2020〕124号	关于印发《本钢集团有限公司生产岗位工艺技术规程和生产岗位操作规程管理办法》的通知
本钢发监字〔2020〕125号	关于印发《本钢集团有限公司监察工作条例》的通知
本钢发办字〔2020〕126号	关于印发《本钢集团有限公司信息传递管理办法》的通知
本钢发办字〔2020〕127号	关于印发《本钢集团有限公司督查督办工作管理办法》的通知
本钢发制字〔2020〕128号	关于印发《2020年8月份生产经营计划》的通知
本钢发制字〔2020〕129号	关于印发《本钢集团有限公司外购生产用包消耗产品管理规定》的通知

续表

文件编号	文件标题
本钢发运营字〔2020〕130号	关于印发《本钢集团有限公司合理化建议管理办法》的通知
本钢发规字〔2020〕131号	关于印发《本钢集团有限公司征地管理办法》的通知
本钢发监字〔2020〕132号	关于印发《本钢集团有限公司严禁私设"小金库"管理规定》的通知
本钢发设字〔2020〕133号	关于印发《本钢集团有限公司特种设备事故应急救援预案》的通知
本钢发制字〔2020〕134号	关于印发《本钢集团有限公司产品生产许可证实施办法》的通知
本钢发制字〔2020〕135号	关于印发《本钢集团有限公司合金计划实施办法》的通知
本钢发计字〔2020〕136号	关于印发《本钢集团计量监督处罚管理规定》的通知
本钢发计字〔2020〕137号	关于印发《本钢集团计量管理职责权限的管理规定》的通知
本钢发计字〔2020〕138号	关于印发《本钢集团外销钢材计量异议处理管理规定》的通知
本钢发保字〔2020〕139号	本钢集团有限公司关于调整反恐怖工作领导小组成员的通知
本钢发保字〔2020〕140号	关于成立本钢集团有限公司国家安全工作领导小组的通知
本钢发规字〔2020〕141号	关于印发《本钢集团有限公司科技进步奖管理办法》的通知
本钢发规字〔2020〕142号	关于印发《本钢集团有限公司专利管理办法》的通知

续表

文件编号	文件标题
本钢发办字〔2020〕143号	关于印发《本钢集团有限公司接待工作管理办法》的通知
本钢发制字〔2020〕144号	关于印发《本钢集团有限公司外购生产用物料试验管理规定》的通知
本钢发制字〔2020〕145号	关于印发《本钢集团有限公司外购废钢铁质量管理规定》的通知
本钢发安字〔2020〕146号	关于印发《本钢集团有限公司消防设施管理制度》的通知
本钢发财字〔2020〕147号	关于印发《本钢集团有限公司会计核算制度》的通知
本钢发办字〔2020〕148号	关于启用本钢集团矿业公司矿产资源管理办公室印章的通知
本钢发规字〔2020〕149号	关于印发《本钢集团有限公司试制资源管理办法》的通知
本钢发保字〔2020〕150号	关于印发《本钢集团有限公司涉及国家秘密文件信息资料保密管理规定》的通知
本钢发保字〔2020〕151号	关于印发《本钢集团有限公司涉密人员管理规定》的通知
本钢发安字〔2020〕152号	关于印发《本钢集团有限公司领导干部安全履职管理办法》的通知
本钢发安字〔2020〕153号	关于印发《本钢集团有限公司有限空间作业安全管理规定》的通知
本钢发安字〔2020〕154号	关于印发《本钢集团有限公司检维修安全管理规定》的通知
本钢发安字〔2020〕155号	关于印发《本钢集团有限公司冶金安全管理规定》的通知

续表

文件编号	文件标题
本钢发安字〔2020〕156号	关于印发《本钢集团有限公司危险介质作业安全许可管理规定》的通知
本钢发安字〔2020〕157号	关于印发《本钢集团有限公司建设工程安全防火管理制度》的通知
本钢发安字〔2020〕158号	关于印发《本钢集团有限公司铁路运输安全管理规定》的通知
本钢发安字〔2020〕159号	关于印发《本钢集团有限公司矿山安全管理规定》的通知
本钢发规字〔2020〕160号	关于印发《本钢集团有限公司新产品转产管理办法》的通知
本钢发规字〔2020〕161号	关于印发《本钢集团有限公司对外合作科技项目管理办法》的通知
本钢发规字〔2020〕162号	关于印发《本钢集团有限公司科技项目管理办法》的通知
本钢发安字〔2020〕163号	关于印发《本钢集团有限公司安全生产专项整治三年行动实施方案》的通知
本钢发设字〔2020〕164号	关于印发《本钢集团有限公司设备系统重大突发事件应急预案》的通知
本钢发制字〔2020〕165号	关于印发《本钢集团有限公司2020年"质量月"活动安排》的通知
本钢发制字〔2020〕166号	关于印发《2020年9月份生产经营计划》的通知
本钢发行字〔2020〕167号	关于印发《本钢集团有限公司房产、土地租赁实施细则》的通知
本钢发运营字〔2020〕168号	关于印发《本钢集团对标世界一流管理提升行动工作方案》的通知

续表

文件编号	文件标题
本钢发行字〔2020〕169号	关于印发《本钢集团有限公司房产、土地管理办法》的通知
本钢发行字〔2020〕170号	关于印发《本钢集团有限公司固定电话通讯费用管理规定》的通知
本钢发监字〔2020〕171号	关于给予刘绍东同志记大过处分的决定
本钢发监字〔2020〕172号	关于给予张兴国同志警告处分的决定
本钢发财字〔2020〕173号	关于印发《本钢集团有限公司一手房住房公积金贷款管理规定》的通知
本钢发安字〔2020〕174号	关于印发《本钢集团有限公司安全生产监督管理办法》的通知
本钢发安字〔2020〕175号	关于印发《本钢集团有限公司安全生产归口费用管理规定》的通知
本钢发安字〔2020〕176号	关于印发《本钢集团有限公司建设项目安全、消防及职业病防护设施评价审查验收管理办法》的通知
本钢发能字〔2020〕177号	关于印发《本钢集团有限公司环境统计管理规定》的通知
本钢发财字〔2020〕178号	关于印发《本钢集团有限公司住房公积金提取管理规定》的通知
本钢发财字〔2020〕179号	关于印发《本钢集团有限公司二手房住房公积金贷款管理规定》的通知
本钢发能字〔2020〕180号	关于印发《本钢集团有限公司用能违约金管理规定》的通知
本钢发能字〔2020〕181号	关于印发《本钢集团有限公司碳排放核算核查管理规定》的通知

续表

文件编号	文件标题
本钢发规字〔2020〕182号	本钢集团有限公司关于调整"结对帮扶"责任人的通知
本钢发行字〔2020〕183号	关于印发《本钢集团有限公司印刷品管理规定》的通知
本钢发行字〔2020〕184号	关于印发《本钢集团有限公司办公用品管理规定》的通知
本钢发财字〔2020〕185号	关于印发《本钢集团有限公司住房公积金管理办法》的通知
本钢发能字〔2020〕186号	关于印发《本钢集团有限公司环保措施项目管理办法》的通知
本钢发能字〔2020〕187号	关于印发《本钢集团有限公司危险废物管理办法》的通知
本钢发能字〔2020〕188号	关于印发《本钢集团有限公司环境监测管理办法》的通知
本钢发能字〔2020〕189号	关于印发《本钢集团有限公司能源管理办法》的通知
本钢发能字〔2020〕190号	关于印发《本钢集团有限公司动力煤管理规定》的通知
本钢发安字〔2020〕191号	关于印发《本钢集团有限公司危险作业安全管理规定》的通知
本钢发安字〔2020〕192号	关于印发《本钢集团有限公司劳动防护用品管理规定》的通知
本钢发安字〔2020〕193号	关于印发《本钢集团有限公司安全生产检查制度》的通知
本钢发安字〔2020〕194号	关于印发《本钢集团有限公司生产安全事故应急预案管理办法》的通知

续表

文件编号	文件标题
本钢发能字〔2020〕195号	关于印发《本钢集团有限公司节能措施项目实施细则》的通知
本钢发财字〔2020〕196号	关于印发《本钢集团有限公司采购结算实施办法》的通知
本钢发规字〔2020〕197号	关于北营焦化厂煤气脱硫系统改造项目可行性研究的批复
本钢发能字〔2020〕198号	关于印发《本钢集团有限公司放射源与射线装置安全和防护管理办法》的通知
本钢发规字〔2020〕199号	关于印发《本钢南芬选矿厂精矿粉管道输送工程可行性研究报告》批复的通知
本钢发安字〔2020〕200号	关于印发《本钢集团有限公司安全生产费用提取和使用管理办法》的通知
本钢发监字〔2020〕201号	关于给予周江同志记大过处分的决定
本钢发监字〔2020〕202号	关于给予李培福同志记大过处分的决定
本钢发监字〔2020〕203号	关于给予邱立勇同志记过处分的决定
本钢发监字〔2020〕204号	关于给予张佳林同志记过处分的决定
本钢发监字〔2020〕205号	关于给予游维同志记大过处分的决定
本钢发监字〔2020〕206号	关于给予刘春政同志记大过处分的决定
本钢发运营字〔2020〕207号	关于印发《本钢集团对标世界一流管理提升行动实施方案》的通知

续表

文件编号	文件标题
本钢发制字〔2020〕208号	关于印发《2020年10月份生产经营计划》的通知
本钢发监字〔2020〕209号	关于给予孙景田同志降级处分的决定
本钢发监字〔2020〕210号	关于给予梁科同志记过处分的决定
本钢发监字〔2020〕211号	关于给予郭玉伟同志记过处分的决定
本钢发采字〔2020〕212号	关于印发《本钢集团有限公司废钢铁采购管理规定》的通知
本钢发安字〔2020〕213号	关于印发《本钢集团有限公司相关方安全管理办法》的通知
本钢发制字〔2020〕214号	关于印发《本钢集团有限公司生产事故管理制度》的通知
本钢发制字〔2020〕215号	本钢集团有限公司关于2020年防寒防冻工作安排的通知
本钢发能字〔2020〕216号	关于印发《本钢集团有限公司能源检查管理实施细则》的通知
本钢发能字〔2020〕217号	关于印发《本钢集团有限公司国有资产交易监督管理办法》的通知
本钢发办字〔2020〕218号	关于启用本钢集团国际经济贸易有限公司新印章的通知
本钢发规字〔2020〕219号	关于本钢板材220kV变电站工程可行性研究的批复
本钢发运营字〔2020〕220号	关于成立本钢料场环保智能化改造项目部的通知

续表

文件编号	文 件 标 题
本钢发行字〔2020〕221号	关于废止《本钢集团关于调整女职工生育费用和计划生育手术费用的通知》的通知
本钢发财字〔2020〕222号	关于核准本钢厂办大集体改革清产核资专项审计报告的批复
本钢发办字〔2020〕223号	关于启用本钢集团有限公司新印章的通知
本钢发制字〔2020〕224号	关于印发《2020年12月份生产经营计划》的通知
本钢发办字〔2020〕225号	本钢集团有限公司关于领导班子成员工作分工的通知
本钢发规字〔2020〕226号	关于北营公司汽暖改水暖工程可行性研究的批复
本钢发办字〔2020〕227号	本钢集团关于印发"整顿工作作风 严肃工作纪律 树立本钢形象"等5个专项工作推进组实施方案的通知
本钢发行字〔2020〕228号	关于印发《本钢集团有限公司职工停车场及厂区内停车位（区域）管理规定》的通知
本钢发运营字〔2020〕229号	关于印发《本钢集团2021年绩效考核办法》的通知
本钢发安字〔2020〕230号	关于调整本钢集团有限公司安全生产（消防）委员会的通知
本钢发制字〔2020〕231号	关于印发《本钢集团有限公司公路运输装载管理办法》的通知
本钢发制字〔2020〕232号	关于印发《本钢集团有限公司废钢铁回收管理规定》的通知
本钢发人字〔2020〕233号	关于印发《本钢集团有限公司工资包干办法》的通知

续表

文件编号	文件标题
本钢发采字〔2020〕234号	关于印发《本钢集团有限公司进口原燃材料采购管理办法》的通知
本钢发资字〔2020〕235号	关于印发《本钢集团有限公司国有资产评估管理办法(暂行)》的通知

（办公室　供）

行政文件目录（上行）

文件编号	文件标题
本钢发规字〔2020〕1号	本钢集团关于恳请本溪市自然资源局协调解决花岭沟铁矿协议出让相关问题的函
本钢发财字〔2020〕2号	本钢集团关于办理股票质押式回购融资业务方案调整的请示
本钢发资字〔2020〕3号	关于请省国资委对本钢设计院实际控制人变更工作给予指导的请示
本钢发办字〔2020〕4号	本钢关于协调调配疫情防控物资的请示
本钢发财字〔2020〕5号	本钢集团关于协调各国有大型商业银行及政策性银行给予信贷支持的函
本钢发办字〔2020〕6号	关于新冠肺炎疫情对辽宁本钢物流运输影响的报告
本钢发办字〔2020〕7号	关于新冠肺炎疫情对本钢集团物流运输影响的报告
本钢发办字〔2020〕8号	关于新冠肺炎疫情对本钢集团物流运输影响的报告
本钢发规字〔2020〕9号	本钢集团关于恳请帮助协调解决贾家堡铁矿平面扩界的请示
本钢发办字〔2020〕10号	关于近期涉及本钢不实负面舆情的报告
本钢发资字〔2020〕11号	关于支持本钢板材公司公开发行可转债有关工作的请示
本钢发规字〔2020〕12号	本钢集团关于下达2020年度投资计划的报告

续表

文件编号	文件标题
本钢发规字〔2020〕13号	本钢集团关于申请花岭沟铁矿协议出让采矿权的请示
本钢发财字〔2020〕14号	本钢集团关于办理股票质押式回购融资业务方案调整的请示
本钢发办字〔2020〕15号	本钢集团关于复工复产及面临问题的报告
本钢发规字〔2020〕16号	本钢集团关于本钢沈阳研究院项目选址地块用地调规等意见的函
本钢发法字〔2020〕17号	关于协调辽宁利盟国有资产经营有限公司暂停处置本钢相关企业债权的紧急请示
本钢发运营字〔2020〕18号	本钢集团关于协调解决厂办大集体改革相关问题的请示
本钢发法字〔2020〕19号	关于请求协调辽宁省高法停止执行其以无偿划入北钢集团资产为由追加本钢集团为被执行人案的请示
本钢发规字〔2020〕20号	本钢集团关于协调解决北营采矿证办理有关问题的请示
本钢发资字〔2020〕21号	本钢集团关于辽宁恒基资产经营管理有限公司拟转让所持本溪大河实业有限责任公司股权的报告
本钢发规字〔2020〕22号	本钢集团关于恳请帮助协调解决贾家堡铁矿探矿权的请示
本钢发规字〔2020〕23号	本钢集团关于协调解决北营石灰石矿采矿证办理相关问题的请示
本钢发规字〔2020〕24号	本钢集团关于恳请帮助协调解决贾家堡铁矿探矿权的请示
本钢发国贸字〔2020〕25号	本钢集团关于协调2020年港口费用上涨的请示

续表

文件编号	文件标题
本钢发规字〔2020〕26号	本钢集团有限公司关于恳请批复协议出让花岭沟铁矿采矿权的请示
本钢发规字〔2020〕27号	本钢集团有限公司关于设立本钢集团日本株式会社的请示
本钢发财字〔2020〕28号	本钢集团关于办理股票质押式回购融资业务的请示
本钢发财字〔2020〕29号	关于呈报本钢集团有限公司2020年财务预算的报告
本钢发规字〔2020〕30号	本钢集团有限公司关于恳请增加进口焦煤额度的工作请示
本钢发能字〔2020〕31号	本钢关于不能提供本溪市衡泽热力公司和本溪市广惠热力公司兴安地区居民供暖热源的请示
本钢发能字〔2020〕32号	关于上调北营公司供衡泽热力发展有限公司余热水价格的函
本钢发规字〔2020〕33号	关于申请及下达2020年技术改造专项（第二批）中央预算内投资计划的请示
本钢发规字〔2020〕34号	关于申请及下达2020年技术改造专项（第二批）中央预算内投资计划的请示
本钢发运营字〔2020〕35号	关于急需市政府协调解决影响本钢厂办大集体改革进度相关问题的请示
本钢发法字〔2020〕36号	本钢集团关于与辽宁信达执行和解的请示
本钢发规字〔2020〕37号	关于请求协调本钢技术研发中心项目享受差别化用地政策的请示
本钢发财字〔2020〕38号	本钢集团有限公司关于上报2019年度财务决算材料的报告

续表

文件编号	文件标题
本钢发资字〔2020〕39号	关于本钢板材成功发行68亿元可转换公司债券的专项报告
本钢发规字〔2020〕40号	本钢集团有限公司关于增加进口焦煤额度的请示
本钢发规字〔2020〕41号	本钢集团关于申请北营公司炸药厂灭点整合奖励炸药产能的请示
本钢发制字〔2020〕42号	本钢集团关于继续爆破作业的商请函
本钢发规字〔2020〕43号	关于加快启动贾家堡铁矿征地范围内小选厂动迁的函
本钢发规字〔2020〕44号	关于急需搬迁贾家堡铁矿三号排土场下方两户住户的函
本钢发制字〔2020〕45号	本钢集团关于协调解决北营矿业炸药厂库存硝酸铵调拨至本钢矿业炸药厂公路运输事宜的请示
本钢发资源字〔2020〕46号	关于本钢北营石灰石矿在办理矿权延续期间生产情况说明的报告
本钢发规字〔2020〕47号	关于申请2021年度东北振兴重大项目前期工作专项补助资金的请示
本钢发规字〔2020〕48号	关于《钢铁行业产能置换实施办法（征求意见稿）》回复意见
本钢发办字〔2020〕49号	关于鞍本联合和本钢混改工作情况报告
本钢发人字〔2020〕50号	本钢集团有限公司关于2020年度辽宁省"百千万人才工程"人选推荐选拔报告
本钢发运营字〔2020〕51号	本钢集团关于对标世界一流管理提升行动部署落实情况的报告

续表

文件编号	文件标题
本钢发人字〔2020〕52号	本钢集团关于征缴医疗保险风险调剂金问题的请示
本钢发规字〔2020〕53号	本钢集团关于将板材公司105兆瓦发电指标有偿转让给沈阳华润热电有限公司的请示
本钢发资字〔2020〕54号	关于本钢集团实际控制的深部矿产资源参与混改对价的请示
本钢发资字〔2020〕55号	本钢集团混改试点工作进展情况报告
本钢发资字〔2020〕56号	本钢集团混改试点工作进展情况报告
本钢发运营字〔2020〕57号	本钢集团关于完成国有企业退休人员社会化管理移交工作的报告
本钢发办字〔2020〕58号	关于对本钢集团电子文件归档和电子档案管理试点项目进行验收的请示
本钢发规字〔2020〕59号	本钢集团关于煤炭长协合同执行情况的报告
本钢发规字〔2020〕60号	关于本钢板材5号高炉产能置换项目投产前老5号高炉的拆除方案的报告
本钢发运营字〔2020〕61号	关于呈报《本钢集团对标世界一流管理提升行动实施方案》的报告
本钢发财字〔2020〕62号	关于本钢房地产公司在工行本钢支行建立资金专项账户的函
本钢发办字〔2020〕63号	关于恳请支持本钢混改工作的请示
本钢发办字〔2020〕64号	对本钢改革走向意见,的报告

续表

文件编号	文件标题
本钢发规字〔2020〕65号	关于办理北营公司220kV变电站工程项目用地预审和规划选址意见书的申请
本钢发规字〔2020〕66号	关于办理本钢板材220kV变电站工程项目用地预审和规划选址意见书的申请
本钢发办字〔2020〕67号	关于恳请帮助争取省委省政府支持本钢混改工作的请示
本钢发办字〔2020〕68号	关于本钢当前改革工作的报告
本钢发财字〔2020〕69号	关于中国进出口银行暂缓审批本钢集团到期信贷业务的紧急报告
本钢发资源字〔2020〕70号	本钢集团恳请省自然资源厅免除棉花堡子铁矿矿业权出让收益滞纳金的请示
本钢发规字〔2020〕71号	关于本钢板材股份有限公司CCPP发电项目接入系统可行性研究报告审查的函
本钢发规字〔2020〕72号	关于对《本溪市城区供水价格调整实施方案》征求意见的复函
本钢发办字〔2020〕73号	关于本钢集团党委常委会和董事会研究审议本钢混合所有制改革事项的报告
本钢发资字〔2020〕74号	关于《本钢集团有限公司国有资产交易监督管理办法》备案的报告
本钢发财字〔2020〕75号	本钢集团有限公司关于中勤万信会计师事务所出具2019年财务决算审计报告和管理层建议书中存在问题整改情况的报告
本钢发人字〔2020〕76号	本钢集团有限公司关于申报"智汇本溪·聚力振兴"活动"优秀组织单位"的工作报告
本钢发办字〔2020〕77号	本钢集团关于越级上报企业混改情况的检讨报告

续表

文件编号	文件标题
本钢发财字〔2020〕78号	关于光大银行无法继续包销本钢集团超短期融资券的紧急报告
本钢发规字〔2020〕79号	本钢集团关于协调推进沈阳本钢技术研发中心项目相关工作的请示
本钢发规字〔2020〕80号	关于本钢板材股份有限公司220kV变电站工程项目核准的函
本钢发规字〔2020〕81号	关于本溪北营钢铁（集团）股份有限公司220kV变电站工程项目核准的函
本钢发规字〔2020〕82号	关于开展本钢板材股份有限公司CCPP发电项目接入系统前期工作的函
本钢发财字〔2020〕83号	关于省审计厅对本钢集团2020年度省属国有企业内部控制制度和资产管理情况专项审计调查报告的反馈建议的报告
本钢发财字〔2020〕84号	关于为本钢集团出具说明函的请示
本钢发能字〔2020〕85号	关于批复本钢板材能源总厂新建东风厂区至煤气柜焦炉煤气管网工程项目跨越太子河工程建设方案的请示
本钢发规字〔2020〕86号	本钢集团关于焦煤急缺提供帮助的请示
本钢发规字〔2020〕87号	关于申请2021年度东北振兴重大项目前期工作专项补助资金的请示
本钢发资字〔2020〕88号	关于国家投入抚顺特钢专项款（军工固定资产投资）转为本溪钢铁公司债权并适时转为国有股权的请示
本钢发财字〔2020〕89号	本钢集团有限公司2019年度企业负责人履职预算和集团总部公车预算执行情况报告
本钢发财字〔2020〕90号	本钢集团有限公司2020年度企业负责人履职预算和集团总部公车预算方案的报告

续表

文件编号	文件标题
本钢发人字〔2020〕91号	本钢集团2019年度工资总额清算报告
本钢发运营字〔2020〕92号	本钢集团关于处置"僵尸企业"职工安置补助费用的请示
本钢发能字〔2020〕93号	关于报批北营公司建设年产60万吨优质线材生产线项目节能评估报告的请示
本钢发能字〔2020〕94号	关于报批北营能源总厂中水深度处理回用工程节能评估报告的请示
本钢发能字〔2020〕95号	关于报批本钢板材股份有限公司能源总厂中水深度处理回用工程节能评估报告的请示
本钢发办字〔2020〕96号	关于呈报《本钢集团落实12月7日干部大会省委省政府领导讲话精神的任务分解和责任分工方案》的报告
本钢发办字〔2020〕97号	本钢集团有限公司关于领导班子成员工作分工的报告
本钢发财字〔2020〕98号	关于恳请省政府协调各金融机构在本钢集团改革时期稳定信贷投放 加大金融支持的请示
本钢发能字〔2020〕99号	关于报批本钢板材股份有限公司焦化厂新增一塔式脱硫改造项目节能报告的请示
本钢发人字〔2020〕100号	本钢集团有限公司关于2020年度工资总额预算报告
本钢发规字〔2020〕101号	关于本钢板材股份有限公司CCPP发电项目接入系统可行性研究报告审查的函
本钢发办字〔2020〕102号	关于修订本钢集团有限公司章程的请示

（办公室　供）

本溪钢铁公司党委文件目录

文件编号	文件标题
本钢公司委发〔2020〕1号	关于印发《本溪钢铁（集团）有限责任公司党委会前置研究讨论事项清单（试行)》的通知

（办公室　供）

2020年部分社会媒体对本钢集团报道索引

媒 体	标 题	日 期
中国冶金报	本钢：改革创新赋能高质量发展	2020.1.10
中国冶金报	本钢2019年新增授权专利113件	2020.1.16
中国冶金报	打造人才高地——本钢集团以人才为核心积蓄发展能量纪实	2020.1.24
中国冶金报	小康路上一个也不能少	2020.1.24
中国冶金报	本钢为华晨紧急生产抗"疫"救护车用板	2020.2.4
中国冶金报	钢企多举措强防控、稳生产	2020.2.7
中国冶金报	原料企业聚合力 平稳有序抗疫情	2020.2.7
中国冶金报	爱你就支持你！看，本钢逆行者背后的温暖力量	2020.2.9
工人日报	本钢工会为职工建起"健康通廊"	2020.2.10
中国冶金报	"本钢干部来了，我们心里就更有底了"——本钢驻村"第一书记""硬核"担当战疫记	2020.2.11
中国冶金报	他们联合督导检查打造"安全本钢"	2020.2.12
辽宁日报	我省国企有序精准复工复产	2020.2.13

续表

媒　体	标　题	日　期
中国冶金报	图片新闻：本钢全力打好疫情防控阻击战	2020.2.13
中国冶金报	抗击疫情 迎战暴雪 本钢集团干部职工全力保障生产道路交通顺畅	2020.2.15
中国冶金报	抗疫情 战风雪 保生产	2020.2.17
中国冶金报	图片新闻：防疫情 战暴雪 保生产	2020.2.18
辽宁日报	陈求发到本钢调研	2020.2.21
辽宁新闻（电视）	陈求发到本钢调研	2020.2.21
辽宁学习平台	风雪中的本钢人	2020.2.23
辽宁新闻	严防严控不松劲，我省重点企业重点项目有序复工复产	2020.2.24
中国冶金报	本钢矿业用"硬核"操作战风雪保顺行	2020.2.25
中国冶金报	本钢多举措强化原燃料保供	2020.2.28
中国冶金报	汇聚"硬核"力量 递交"本钢答卷"——访本钢集团党委书记、董事长陈继壮	2020.3.4
中国冶金报	退役老兵捐款41万余元驰援抗疫	2020.3.5
中国冶金报	等你回家	2020.3.5

续表

媒 体	标 题	日 期
辽宁日报	本钢板材以质量先行理念推动企业升级	2020.3.10
中国冶金报	视频新闻——泪目又暖心，本钢职工杨天美与支援武汉的妻子隔空对话	2020.3.10
中国冶金报	40万元专项党费助对口扶贫村抗疫——本钢送来"及时雨"	2020.3.10
中国冶金报	不能不赞！钢企抗疫"黑科技"到底有多强？	2020.3.11
辽宁日报	本钢集团五项措施战"疫"保生产	2020.3.12
中国冶金报	本钢成功研制页岩气开发用特钢 E4340	2020.3.12
中国冶金报	战疫中，后勤保障这件"小事"	2020.3.12
中国冶金报	本钢2月份拿下国内最大出口签单量	2020.3.17
辽宁日报	本钢成功研发油气钻采防喷管用钢	2020.3.19
中国冶金报	本钢做活"水文章" 算好"成本账"	2020.3.24
辽宁日报	本钢深挖潜力产能逆势增长	2020.3.26
辽宁国企先锋	争分夺秒！省属企业誓把时间抢回来（上）	2020.3.26
CCTV-13 新闻频道	战疫情 生产生活 有序恢复 辽宁本溪重点企业复工 出口订单增加	2020.3.30

续表

媒 体	标 题	日 期
中国冶金报	本钢技改工程融入"纵横"两大管理系统	2020.3.31
中国冶金报	本钢跻身第三代汽车钢生产商行列	2020.4.1
中国冶金报	本钢建设公司集中"兵力"推进复工复产	2020.4.7
辽宁学习平台	本钢靠强势科研赢得市场话语权	2020.4.7
辽宁日报	持续加大新产品研发力度，以新技术带动各领域提档升级 本钢靠强势科研赢得市场话语权	2020.4.7
中国冶金报	本钢被评为上汽乘用车2019年度优秀供应商	2020.4.15
中国冶金报	本钢板材储运中心党委 全力战疫 彰显"硬核"力量	2020.4.16
中国冶金报	活力钢城 奋进诗章	2020.4.17
中国冶金报	本钢功勋产线迸发新活力 40年来累计提供优质板材9780万吨	2020.4.22
中国冶金报	矿企首季度成绩亮眼 本钢矿业铁矿石、铁精矿产量达历史最高水平	2020.4.23
辽宁学习平台	细河：碧波荡漾白鹭飞	2020.4.28
辽宁国企先锋	本钢集团打响蓝天保卫战	2020.4.30
中国冶金报	原料企业的成绩单，振奋人心！	2020.4.30

续表

媒 体	标 题	日 期
中国冶金报	本钢容大与本溪银行联合推出"快捷贷" 疫情期间为60余家本溪中小微企业融资5000多万元	2020.5.7
北斗融媒	"钢痴"崔勇：跑赢技术创新的"马拉松"	2020.5.8
辽宁日报	本钢板材发电厂首季降成本1224万元	2020.5.9
中国冶金报	倾情履职 建言国是丨钢铁业两会代表委员风采录	2020.5.20
北斗融媒	我省全国人大代表今天赴京参会	2020.5.20
中国冶金报	本钢何以"匠才辈出"	2020.5.21
辽宁日报	本钢集团7家新晋技能大师工作站挂牌	2020.5.23
北斗融媒	习近平总书记参加内蒙古代表团审议时的重要讲话在我省代表委员和干部群众中引起热烈反响	2020.5.23
CCTV-1综合频道	【同心协力 砥砺奋进——代表委员议国是】上下齐心真抓实干 凝聚力量勇往直前	2020.5
中国冶金报	疫情熔铸钢铁硬核担当	2020.5.26
中国冶金报	钢铁"疫"思：如何把失去的时间、效益夺回来	2020.5.27
中国冶金报	钢铁行业如何补短板，推动高质量发展	2020.5.28
中国产经新闻	全国人大代表、本钢集团党委书记、董事长陈继壮：加大力度支持东北地区国有企业深化改革	2020.5.28

续表

媒 体	标 题	日 期
中国冶金报	坚定信心 未来可期 ——十三届全国人大三次会议闭幕侧记	2020.5.29
中国经济时报	国企改革提速见实显效——访本钢集团董事长、党委书记陈继壮	2020.5.29
辽宁国企先锋	硬核操作！本钢集团降本增效2亿多元	2020.6.1
中国冶金报	陈继壮代表：改革破冰 百年国企加速"蝶变"	2020.6.3
中国冶金报	以钢铁担当答好"收官之卷"	2020.6.3
中国冶金报	本钢板材厂区消化积压渣铁砣创效1864万元	2020.6.3
中国冶金报	本钢青年科技人才担起创新重任	2020.6.4
中国冶金报	钢企学习贯彻两会精神掀热潮	2020.6.4
中国冶金报	本钢 升级绿色制造 守护"山水之城"	2020.6.5
中国冶金报	本钢螺纹钢首次挺进"一带一路"项目	2020.6.11
工人日报	只想练技术的全能电工	2020.6.15
中国冶金报	中国华冶承建的本钢一高炉主体工程完工	2020.6.18
辽沈晚报	本钢好人"数字人牛"书写满爱心	2020.6.18

续表

媒 体	标 题	日 期
辽宁学习平台	本钢好人林钢"数字"里写满爱心	2020.6.18
辽宁新闻	17户省属国企向行业新增长点发力	2020.6.21
辽宁国企先锋	初心如磐 使命在肩 ——省属企业热烈庆祝中国共产党成立99周年	2020.7.3
中国工业新闻网	以精神文明之魂汇聚磅礴力量 ——本钢集团党委精神文明建设工作综述	2020.7.4
中国工业新闻网	本钢的90后"姐妹花"——记"辽宁好人"、一季度"本钢好人",驻村第一书记任枭一、任枭雄	2020.7.4
辽沈晚报	帮别人就是帮自己 助人悦己是我人生最大收获 本溪好人一束阳光温暖别人	2020.7.4
中国冶金报	本钢电镀锌产品质量提升攻关成效凸显 内部产品合格品率由85%提升到96%以上	2020.7.8
中国冶金报	本钢汽车板表面夹杂缺陷控制获突破	2020.7.9
中国冶金报	匠心筑梦 砥砺传承 ——记本钢机电安装公司罗佳全技能大师工作室	2020.7.14
中国冶金报	本钢与盛京银行签订战略合作协议	2020.7.14
辽宁日报	本钢攻克电镀锌技术磷化不均难题 达到国际同类先进水平,产品质量大幅提升	2020.7.16
中国冶金报	钢铁森林里的文学之花	2020.7.17
北斗融媒	习近平总书记在企业家座谈会上的重要讲话在我省引起热烈反响	2020.7.22

续表

媒　体	标　题	日　期
辽宁日报	吃下定心丸 蓄力谋发展——习近平总书记在企业家座谈会上重要讲话在我省企业家中引发热烈反响	2020.7
中国冶金报	本钢 战役保产彰显"硬核力量"	2020.7.28
中国冶金报	本钢800兆帕级热镀锌产品实现批量供货	2020.7.31
中国冶金报	如何彰显社会责任中的钢铁力量？	2020.8.5
中国冶金报	钢铁行业绿色化发展之路怎么走？	2020.8.5
中国冶金报	矿企上半年交出亮丽成绩单	2020.8.5
中国冶金报	科技创新路在何方？	2020.8.5
中国冶金报	本钢上半年实现降本5.74亿元	2020.8.6
中国冶金报	撑起深铁11号线输水管道"半壁江山" 这个"詹天佑奖"也有本钢贡献	2020.8.12
辽宁国企先锋	本钢刘宏亮，获大奖！	2020.8.19
中国冶金报	本钢与中国钢研携手战略合作	2020.8.25
辽宁日报	本钢集团与中国钢研签署战略合作框架协议	2020.8.25
中国冶金报	北方恒达物流园冷轧纵切机组热负荷试车成功	2020.8.26

续表

媒 体	标 题	日 期
辽宁国企先锋	战"巴威"！辽宁国资国企总动员	2020.8.28
北斗融媒	奋力开拓发展新局面	2020.8.28
中国冶金报	鞍钢工程发展工程技术公司再度牵手本钢 双方签订工程咨询及设计战略合作框架协议	2020.9.2
中国冶金报	本钢俩原料厂：非常时期，非常保供	2020.9.2
中国冶金报	别样培训在钢企（本钢与清华大学共办"云课堂"开展干部教育培训）	2020.9.4
省国资委官网	本钢集团开展体感式个体防护安全培训	2020.9.4
中国冶金报	本钢采购全面进入"网购"新时代	2020.9.6
省国资委官网	本钢集团自主研发超高强结构用钢达国际先进水平	2020.9.9
辽宁日报	东北，"上新"	2020.9.9
中国冶金报	南芬选矿厂前7个月铁精矿超产16.5万吨	2020.9.9
中国冶金报	本钢非调质超高强结构用钢达国际先进水平	2020.9.10
经济参考报	"四梁八柱"集结上新 东北新动能"拔节生长"	2020.9.14
省国资委官网	本钢集团攻克极限规格难题首次成功批量轧制 Φ18mm 螺纹钢	2020.9.14

续表

媒　体	标　题	日　期
辽宁日报	本钢板材炼钢厂精炼作业区党支部充分发挥党员示范带动作用	2020.9.16
辽宁日报	门外汉罗佳全孜孜以求终成"大国工匠"	2020.9.18
辽宁新闻	罗佳全："退役不褪色"的"大工匠"	2020.9.19
中国冶金报	"每名职工都是质量攻关先锋"	2020.9.22
辽宁日报	辽宁本钢罗佳全："王牌电工"带出徒弟三千多	2020.9.24
辽宁学习平台	辽宁本钢罗佳全："王牌电工"带出徒弟三千多	2020.9.24
省国资委官网	本钢集团举办振兴乡村发展消费扶贫集体福利采购订货会	2020.9.24
省国资委官网	本钢集团退休人员人事档案规范化整理和数字化工作高质量完成	2020.9.27
省国资委官网	本钢集团官方抖音账号国庆节正式上线	2020.9.29
经济参考报	"靶向"出招 东北重装制造业力撑产业安全	2020.10.12
中国冶金报	阵地前移 速度提升 坚守标准 本钢服务升级让品牌更加"闪亮"	2020.10.14
省国资委官网	本钢打造便民立体停车场	2020.10.14
中国冶金报	本钢北营轧钢厂极限规格产品生产实现新突破	2020.10.15

续表

媒 体	标 题	日 期
省国资委官网	"十一钢"钢研院（所）长联席会热成形钢产品开发及应用专题技术交流会在本钢召开	2020.10.19
省国资委官网	2020年全国钢铁行业职工创新节活动本钢集团三项一线职工创新成果获奖	2020.10.19
中国冶金报	本钢在标准研究"快车道"上跑出"加速度"	2020.10.20
中国冶金报	本钢板材能源总厂抢抓黄金季做到保供"零影响"	2020.10.20
省国资委官网	本钢集团助农直播两小时"带货"73万元	2020.10.21
辽宁国企先锋	全面网购，本钢集团让每分钱都花得值	2020.10.23
省国资委官网	本钢集团与辽宁移动签署"5G+智慧钢铁"战略合作协议	2020.10.23
中国冶金报	把"精准扶贫"扶到"真贫"上	2020.10.27
中国冶金报	本钢与辽宁移动合作打造"5G+智慧钢铁"	2020.10.27
中国冶金报	1979人！辽宁冶金职业技术学院招生总数创新高	2020.10.28
省国资委官网	本钢集团坚决打赢四季度生产攻坚战	2020.10.30
中国工业报	本钢集团3名职工获全国钢铁行业职工技术创新成果奖	2020.11.2
省国资委官网	本钢集团含铁料消耗攻关 前三季度减少资金占用1亿元	2020.11.5

续表

媒 体	标 题	日 期
辽沈晚报	他为何将一穗玉米当宝贝珍藏？	2020.11.10
中国冶金报	本钢集团精细爆破技术研究与应用成果达国际先进水平 有效延长南芬露天矿382岩石站服务年限	2020.11.11
学习强国 - 辽宁学习平台	辽宁本溪丁天君：志愿服务12年 超过1.5万人受益	2020.11.13
中国冶金报	吹响冲锋号 打赢收官战	2020.11.17
中国冶金报	我心中的"羊圈子"模样	2020.11.17
省国资委官网	本钢集团参展辽宁国际投资贸易洽谈会	2020.11.18
中国冶金报	本钢新产品研发多点开花	2020.11.19
辽宁日报（快手客户端）	探秘全球首发的2GPa热冲压成形钢	2020.11.23
省国资委官网	"辽宁工匠"本钢职工郭鹏做客全国产业工人学习社区直播间	2020.11.23
央视影音	《瞬间中国》-谢永辉	2020.11.23
中国工业报	本钢职工又一科技创新成果获殊荣	2020.11.24
中国工业报	本钢集团深化产学研用打造"双向互动"新模式	2020.11.24
中国工业报	本钢集团新产品研发聚焦"高端制造"多点开花	2020.11.24

续表

媒 体	标 题	日 期
中国冶金报	本钢"功勋轧机"第5次"升级"成功 产能将升至380万吨 轧制产品规格更薄、更宽	2020.11.25
中国冶金报	本钢职工一科技创新成果获殊荣	2020.11.26
北斗融媒	省委十二届十四次全会在我省各界引起热烈反响	2020.11.29
中国冶金报	成本再下探 高端价更高	2020.12.1
省国资委官网	本钢节能环保新高炉投产	2020.12.2
中国冶金报	本钢"双向互动"强创新 今年已有效实施对外合作技术开发项目17项	2020.12.3
辽宁日报	本钢板材炼铁厂新五号高炉投产	2020.12.3
辽宁日报 北国客户端	高大尚！本钢"新五号"上线	2020.12.3
辽宁日报	依靠科技创新 提升钢铁产业链现代化水平	2020.12.6
辽宁日报	辽企创新故事｜本钢的"2.0GPa"攻关路	2020.12.7
省国资委官网	本钢世界可轧产品强度最高的宽幅轧机突破设计产能	2020.12.7
中国冶金报	本钢铸管产品前10个月出口同比增加近四成	2020.12.9
中国冶金报	本钢板材公司联合检修顺利收官	2020.12.10

续表

媒 体	标 题	日 期
中国冶金报	杨维任本钢集团党委书记、董事长	2020.12.10
省国资委官网	本钢板材公司获颁省长质量奖金奖	2020.12.10
省国资委官网	本钢集团举办高端智能制造技术交流会	2020.12.11
北斗融媒	从"卫星上看不见"到"让人看不够" ｜这里是本溪	2020.12.12
省国资委官网	本钢集团重点环保工程竣工投产板材发电厂超低排放改造工程投入运行	2020.12.14
中国冶金报	钢铁扶贫万里路——本钢	2020.12.17
中国冶金报	圆脱贫夙愿 献钢铁力量	2020.12.17
北斗融媒	凝心聚力 开拓进取 在构建新发展格局中展现"辽宁之为"	2020.12.20
辽宁学习平台	郭鹏：创新路上的"奔跑者"	2020.12.21
省国资委官网	本钢集团有限公司"十二五"发展战略与规划纲要	2020.12.22
中国冶金报	脱贫攻坚硕果丰 携手奋斗奔小康	2020.12.31

（宣传中心　供）

栏目编辑　　邹丽颖

本钢年鉴 2021

索 引

说 明

» 一、本索引采用分析索引方法，按索引款目第一个字的汉语拼音字母的顺序排列，音节相同时，按声调排列，声调相同时，按第二个字的汉语拼音字母顺序排列，以此类推。

» 二、类目，分目均用黑体字标示，条目用宋体字标示。

» 三、本索引编有"参见"系统，索引名称后面第二页码起为"参见"。

» 四、内容有交叉的款目，在索引中重复出现，以便检索。

» 五、索引标引词一般采用中心词或简称，请在检索时注意。

索　引

安全、环保、文明生产　250
安全保障　262
安全工作　268，362
安全管控　291
安全管理　143，208，210，215，217，221，
　　227，229，231，234，237，241，253，
　　257，275，278，279，282，285，289，
　　298，299，302，306，309，311，313，
　　314，317，319，338，340，351，358，
　　366，377，381
安全管理　128
安全和文明生产管理　245
安全环保　225，348，370，372
安全基础管理　128
安全教育培训　128
安全设备能源管理　247
安全生产运行　201
安全生产专项整治工作　129
安全消防管理　265
安全隐患整改资金投入　130
安全责任体系建设　128
案件管理　118
板材公司机构变动情况　431
板材公司组织机构　429
报道索引　537
办公室工作　153
包装公司　248
保产保供　353

保产保供工作　325
保函业务　329
保卫工作　264
保卫信访工作　159
保险管理　108
保障职工利益　342
北台钢铁（集团）有限责任公司　369
北营发电厂　288
北营公运公司　279
北营焦化厂　268
北营矿业公司　274
北营炼钢厂　261
北营炼铁厂　257
北营能源总厂　291
北营生活服务中心　294
北营铁运公司　281
北营退管中心　297
北营冶金渣公司　277
北营原料厂　284
北营轧钢厂　265
北营铸管公司　271
本钢板材股份有限公司　201
本钢板材股份有限公司采购中心　325
本钢电气有限责任公司　382
本钢各民主党派概况　184
本钢好人评选及宣传　177
本钢集团财务有限公司　328
本钢集团国际经济贸易有限公司　323

553

本钢耐火材料有限责任公司　377
本钢浦项公司　220
本钢汽车运输有限责任公司　379
《本钢日报》出版发行　179
本钢设计研究院有限责任公司　383
本溪钢联发展有限公司　371
本溪钢铁公司党委文件目录　536
本溪市第十六届人民代表大会代表　438
本溪市劳模创新工作室　464
本溪市职工创新工作室　464
标准管理　121
不锈钢丹东公司　253
部门建设　110
财务成本管控　348
财务管理　313，331，381
财务管理　110
财务与经审工作　188
采购工作　203
采购管理　138
采购经营指标　325
采购开拓新平台　138
仓储管理　246
测量体系管理　143
产品包装成本完成情况　248
产品包装量完成情况　248
产品包装质量完成情况　249
产品认证工作　101
产品设计管理　120
产品销售　271
产品销售利润构成　418
产品研发　204
产品质量　273
产品质量认证　121
产品质量异议　121
厂办大集体改革　374
厂容绿化及设施管理　135

车辆管理　122
成本管控　300，303，307
成本管理　214，239，242，254，283，285，288，
　　315，318，359，367
成本降耗管理　257
成本控制　351
成果管理　104
城市服务工作　356
充分发挥党组织在疫情防控中的保障作用　171
出口工作　323
储运中心　246
"创建做"活动　177
创新管理　264，307
创业成才标兵　476
大气污染防治　133
大事记　69
档案工作　157
档案管理　155
档案信息化建设　158
档案学术研究　158
档案业务指导培训　158
党费和党建工作经费管理　173
党风廉政建设工作　197
党建工作　157，163，210，216，230，237，
　　239，249，271，280，307，310，330，
　　331，336，338，349，362，365，371
党建及职工队伍建设工作　328
党建群团　204，287，332
党群工作　144，167，207，213，220，223，
　　226，228，233，243，246，248，252，
　　260，264，267，273，276，279，284，
　　290，293，296，298，301，305，313，
　　315，318，320，320，324，343，346，
　　352，354，357，359，373，378，381，
　　383，384
党群工作　94

党外知识分子工作　184
党委文件目录　503
党委巡察工作　182
党员教育管理　172
党员日常管理　172
党组织标准化规范化建设　172
道德典型选树及宣传　177
道路清扫及环境整治　295
道路维修及厂容治理　295
第十三届全国人民代表大会代表　438
电商销售工作　324
董事会文件目录　502
动迁还建工作　381
督查工作　154
对标工作　105
对标降本管理　217
对台侨务工作　184
对外合作　205
对外技术交流与合作　102
对外宣传　179
多元产业　364
多元管理　105
发电厂　229
"法轮功"教育转化　178
法律培训　118
法律审核　117
法律事务　368
法律事务管理　117
法治宣传　178
反恐怖防范和国家安全教育工作　161
反倾销管理　137
防火安全管理　129
防汛及工程项目建设　295
防疫防控　319
防疫工作　219，239，271，305，365
房产土地管理　155

房地产开发有限责任公司　363
非钢产品销售　324
废钢厂　240
费用管控　155
费用管理　122
分公司管理　137
风险管控　137，329，331
风险管理　335
扶贫工作　100
服务企业生产经营　189
服务青年成长成才　190
辐射安全管理　134
高级技师人员名单　442
高级技术职称人员　440
改革改制档案工作　158
改造工程　212
概　述　91
概　况　101，102，106，110，113，116，117，118，123，128，130，135，138，139，142，145，147，153，155，159，163，171，175，180，183，186，189，191，194，195，201，204，208，210，213，217，220，226，229，231，233，237，240，243，246，248，250，253，257，261，265，268，271，274，277，279，281，284，288，291，294，297，299，302，305，308，310，313，314，316，319，320，323，325，328，330，331，333，334，336，339，346，350，352，355，358，360，363，366，369，371，377，379，382，383，99
概要　157
干部管理　300
干部管理基础工作建设　174
岗位聘任管理　108
港途耗管理　120

555

高校毕业生管理　108
高效生产创效益　210
工程管理　143，312，319，384
工程计划管理　127
工程技改　293
工程建设　235，270，283
工程项目档案建档验收　158
工程预算管理　127
工程招投标管理　127
工程质量管理　126
工会工作　167，197
工会工作　186
工会和团委工作　255
工商事务　118
工序质量管理　120
工业总产值及主要产品产量完成情况　387
工艺改造、装备升级　359
工作作风整顿　161
公车运行　156
公司治理　202
公有经济企业专业技术人才基本情况　422
共青团工作　189，198
供应商管理　139，141
固定资产投资完成情况表　410
固体废弃物利用　134
管控运营　344
管理创新　202，259，286
管理创新增效益　211
管理工作　362
规程管理　122
规范有序地开展僵尸企业退出工作　331
规划管理　99
规划投资管理　99
国防动员　191
国防教育　178
国防教育工作　191

国企战略性重组和混改工作　114
行业合作　335
行政工作　297
行政管理工作　155
行政后勤　154
行政文件目录　509，528
红旗标兵　473
红旗集体　472
红旗手　474
红旗团委　474
红旗团委标兵　474
红旗团支部　475
后勤保障　155
后勤服务工作　356
环保工作　212，228，236，268，304，306
环保管理　258，275，286，289，292，309，312，359
环保绿化　300
环保设施　133
环保税　134
环措专项计划　133
环境保护主要指标完成情况　406
环境管理体系运行　135
环境监测　135
环境信访　134
环评和环保验收　133
会计基础管理　112
机构变动情况　430
机关党委工作　195
机关工作　154
机械制造有限责任公司　336
积极稳妥处理历史遗留问题　364
基层单位安全情况　404
基层党建制度学习　171
基层组织建设基础工作　171
基层组织设置　171

基础管理　207，243，247，294，310，351，
　　354，357
基础能源管理　132
基础业务建设　157
稽查工作　367
集体企业改制　310
计量管理　142
计量过程管控　142
计量器具管理　142
计量设施建设　142
计量数据管理　142
纪检监察干部队伍建设工作　182
纪检监察工作　180
纪律审查工作　181
技改工程　225，230，263
技改工程管理　227，340
技改工作　218
技能鉴定　109
技术创新　338，353
技术创新要效益　211
技术服务工作　362
技术攻关　205
技术管理　258，266，310
技术交流　206
技术研究院　204
技术质量　262，269，315
技术质量管理　218，221，227，254
绩效考核　104
价格管理　111，135
检化验管理　244
检化验中心　243
检维修管理　339
建设有限责任公司　343
讲理想比贡献活动　194
降本增效　123，143，222，224，235，251，
　　263，267，270，276，293，309，354

降本增效工作　327
降低电费支出　132
交通管理　160
交易平台管理　141
焦化厂　226
教学工作　360
节能项目实施　132
结算业务　329
《今日本钢》电视概况　179
进口工作　323
经济技术工作　187
经济运行管理　119
经济指标完成情况　246
经营管理　230，232，277，364，384
经营情况　333
经营指标　140
精神文明建设概况　177
军事训练　192
开展"基层党建工作建设年"和"基层党建
　　制度建设年"活动　171
抗击疫情　287
抗疫工作　351
科技成果　261
科技成果管理　101
科技创新　202
科技管理　101
科技奖项　479
科技进步奖名单　479
科技项目管理　101
科技之家建设　194
科技质量成果　259
科协工作　264
科协工作　194
科学普及活动　195
客服服务　368
客户服务　136

控股参股公司监管　332
矿权办理　320
矿山规划　312
矿山可持续发展　276
矿业矿产品厂　313
矿业矿产资源管理办公室　320
矿业辽阳贾家堡铁矿有限责任公司　310
矿业南芬露天铁矿　299
矿业南芬选矿厂　305
矿业汽车运输分公司　316
矿业设备修造厂　314
矿业石灰石矿　308
矿业歪头山铁矿　302
矿业炸药厂　319
劳动保护工作　187
劳动工资情况　420
劳动纪律管理　351
劳动模范　469
劳动人事管理　378
劳纪管理　286
劳务市场管理　109
冷轧厂　217
离退休人员和退养职工管理工作　163
理顺劳动关系　107
历史沿革　91
廉洁宣教工作　182
炼钢厂　210
炼铁厂　208
炼铁厂协力　310
辽宁恒汇商业保理有限公司　333
辽宁恒基资产经营管理有限公司　331
辽宁恒泰重机有限公司　350
辽宁恒通冶金装备制造有限公司　346
辽宁恒亿融资租赁有限公司　330
辽宁容大投资有限公司　334
辽宁省第十三届人民代表大会代表　438

辽宁五一劳动奖章获得者　446
辽宁冶金职业技术学院　360
辽阳球团公司　250
六西格玛项目　490
领导班子配备和领导干部调整　174
领导干部日常管理与考核　173
领导干部一览表　432
领导干部政治理论和业务培训　173
留守工作　313
流程管理　103
落实离退休人员待遇　163
落实退养职工待遇　164
落实意识形态工作　176
落实中央八项规定精神工作　181
矛盾隐患排查与领导包案工作　162
门禁管理　159
民兵参建工作　193
民生及社会责任　204
民主党派工作　184
民族宗教工作　184
敏感时段维稳工作　162
名优产品名单　489
内部管理　166
内部控制情况　334
能耗指标管理　131
能源管理　212，306
能源环保　262，315
能源环保管理　130，218，222
能源介质系统节能　131
能源总厂　233
年轻干部培训与挂职锻炼　174
女职工工作　188
派驻监督工作　181
培训工作　109，361
培训管理　244
配送管理　247

票据业务　329
品种钢开发　136
品种开发管理　101
平安建设（综治工作）　161
期货贸易　138
企业党建　368
企业定位　337
企业改革　345，364
企业概况　343
企业管理　209，225，340，368，382，384
企业管理创新成果　484
企业内部控制　103
企业文化建设　147
企业文化建设　147
企业现状　92
企业形象塑造　148
青工思想教育　189
青年标兵　476
青年精英团队　475
青年五四奖章　475
权益保障工作　188
全方位对标　138
全国劳动模范　445
群团工作　213，216，237，240，281，308，336，339，369
群团组织　310
热力开发有限责任公司　366
热连轧厂　213
人才队伍建设　174
人才管理　219，222
人防工作　193
人力资源　144，251，304，309，341，349，359，363，381
人力资源管理　106，245
人民武装工作　191
人事管理　255

人资工作　236
人资管理　230，263，293，315
人资培训　259
认证工作　206
荣誉表彰　453
融资管理　111
三大基本亮点　179
三好学生　477
商标管理　118
上级文件目录　495
设备成本管理　380
设备工程管理　123
设备管理　209，212，214，222，227，232，234，238，242，244，251，254，258，263，266，270，272，275，278，280，282，285，289，292，299，303，306，309，311，315，317，319，348，359，378
设备环保管理　229
设备基础管理　124
设备检修管理　125
设备运行管理　124，313
设计管理　126
社会责任　95
深化改革　104
审计负责的专项工作　117
审计工作创新举措　117
审计管理　116
审计项目完成情况　116
生产服务工作　356
生产管理　213，221，227，238，250，254，258，265，279，314，316，358，366，377
生产计划　120
生产技术管理　282
生产经营　208，370，372，382

559

生产经营 92
生产设备完好情况 409
生产运行管理 218，234
生产质量管理 118
生产组织 119，143，229，241，262，269，272，275，278，285，288，292，299，303，305，309，311，319，338，347，350
省管干部考核调整 173
施工管理 126
实验室建设 207
市场开发 335，353
市场拓展 337
市场销售 350
市场营销 347
双拥工作 192
水保和水保验收 133
水污染防治 134
税费筹划管理 112
四定工作 286
索　引 551
特　载 1
特钢厂 224
特色管理 281
提质创效 224
体系管理 103
体系认证 109
体系审核 213
调坯轧材 324
铁运公司 231
同比总量减排 135
统一战线工作 183
统战活动 183
投资管理 99
途耗管理 139
团组织建设 189

推动党建工作与生产经营深度融合 172
推进 ERP 人资模块运行 107
退休人员社会化管理 332
退休人员社会化推进工作 164
"五级书记抓信访"工作 162
外埠房产管理 332
外事事务审批与管理 175
网络舆情监控 149
危险废物管理 134
维修管理 155
文明生产 213，306
文明生产及现场 6S 管理工作 249
污染物排放量 134
武器装备 193
物流管理 136
物品管理 247
先进单位 464
先进党委 464
先进党支部 465
先进个人 458
先进集体 453
先进生产（工作）者 471
先进人物 445
先进团委 474
先进作业区 466
乡村振兴与消费扶贫 174
项目拉动 338
项目清收 335
协力派工人员管理 109
新冠肺炎疫情防控工作先锋青年突击队 477
新媒体建设 148，179
新实业发展有限责任公司 355
新闻宣传概况 178
新闻宣传综合管理 180
薪酬管理 107
信贷业务 329

信访案件办理　162
信息化管理　146
信息化建设　139，145，330，335
信息自动化有限责任公司　352
形势任务教育　176
修建（维检）公司　339
宿舍及宾馆服务　296
宣传工作　197
宣传工作　175
宣传教育工作　187
宣传思想工作　176
宣传舆论氛围营造　176
学会、协会工作　195
学雷锋志愿服务活动　178
学生工作　361
学术交流活动　195
学习型党组织建设　175
研发平台建设　102
验质管理　246
养老待遇审核工作　108
优秀高校毕业生　477
优秀共产党员　470
优秀共产党员标兵　468
优秀共青团员　476
优秀团干部　476
优秀团委书记　476
冶金渣有限责任公司　358
依法依规实施本溪大河实业公司股权转让工作　331
疫情防控　153，156，160，166，180，186，212，216，230，236，245，252，253，261，278，283，290，291，296，301，307，308，318，336，342，357，369，370，377，383
营销工作　203
营销管理　367

营销管理　135
营运管理　140
应用平台建设　145
预算管理　110
员工配置管理　107
原料厂　237
原料质量管理　120
运输服务管理　379
运输管理概述　122
运输组织　232
运营管理　102
炸药质量　319
战备工作　194
招标管理　140
招标管理　139
招标专家管理　141
招生就业工作　361
争取补贴资金　109
政府科技项目申报　102
政协工作　184
政研工作　153
直接租赁业务情况　330
职工档案管理　107
职工福利待遇　381
职工培训　286
职工配餐　295
职工文体活动　188
职业规划及人才测评　108
职业健康体系建设　129
指标情况　208，241，268，343
指标完成情况　355
制度管理　103
制度建设　116
制度修订　154
质量改进工作　121
质量管理　139，214，251，309，340，351，

378，384
质量技术管理　347
质量体系运行　121
治安保卫　259，287
治安防范　359
治安管理　160
中国钢铁工业协会重点统计钢铁企业排
　　名　423
中国人民政治协商会议本溪市第十三届委员
　　会常委、委员　439
中国人民政治协商会议辽宁省第十二届委员
　　会常委、委员　439
重点工程　300，303，307，366
重点工程项目　258
重点节能工作　131
重点群体与突出信访问题办理　162
主机网络平台建设　145
主要财务状况表　416
主要产品产量指标完成情况　119
主要产品质量完成情况　392
主要钢铁工业产品产、销、存实物量　401
主要技术经济指标完成情况　390
主要经济技术指标　261，288
主要经济指标　110
主要经营指标　201，257，284
主要消耗指标完成情况　394
主要运输指标　122

主要职能　333
主要指标　297
主业开发　363
助力社会化专项工作　159
铸管销售　324
专利管理　102，125
专业技术职称管理　108
卓越绩效管理　121
资本管理　113
资本管理工作　115
资本类投资管理工作　115
资本运营工作　114
资产处置工作　116
资产管理　112
资金管理　111，139
资源评估　320
综合工作　153
综合管理　336，370
综合治理　280
总能耗及工序能耗　398
总体概况　224
组织工作　196
组织工作　171
组织机构管理　103
组织机构图　427，428
组织建设工作　186
组织与协调管理　123